General Exposition on Administrative Law
Theory, System and Practice

教材编号：2017-2-136

新世纪法学教材

行政法总论

原理、制度与实案

杨登峰 著

图书在版编目(CIP)数据

行政法总论:原理、制度与实案/杨登峰著.—北京:北京大学出版社,2019.11
新世纪法学教材
ISBN 978-7-301-30890-5

Ⅰ.①行… Ⅱ.①杨… Ⅲ.①行政法—中国—教材 Ⅳ.①D922.1

中国版本图书馆 CIP 数据核字(2019)第 245108 号

书　　　　名	行政法总论:原理、制度与实案 XINGZHENGFA ZONGLUN:YUANLI、ZHIDU YU SHI'AN
著作责任者	杨登峰 著
责 任 编 辑	徐　音　王业龙
标 准 书 号	ISBN 978-7-301-30890-5
出 版 发 行	北京大学出版社
地　　　　址	北京市海淀区成府路 205 号　100871
网　　　　址	http://www.pup.cn　新浪微博:@北京大学出版社
电 子 信 箱	sdyy_2005@126.com
电　　　　话	邮购部 010-62752015　发行部 010-62750672　编辑部 021-62071998
印　刷　者	北京市科星印刷有限责任公司
经　销　者	新华书店
	787 毫米×1092 毫米　16 开本　25 印张　502 千字 2019 年 11 月第 1 版　2019 年 11 月第 1 次印刷
定　　　价	65.00 元

未经许可,不得以任何方式复制或抄袭本书之部分或全部内容。
版权所有,侵权必究
举报电话:010-62752024　电子信箱:fd@pup.pku.edu.cn
图书如有印装质量问题,请与出版部联系,电话:010-62756370

前　言

本教材是一本集行政法一般原理、主要制度与典型实案于一体的教科书。笔者的初衷是，尽可能地将理、法、案有机地结合起来，使行政法学习者能够融会贯通，以便对我国行政法的基本原理、主要法律制度和行政执法状况有一个更好的学习和掌握，提升学习行政法的效果。

本教材主要面向初学行政法者，对于行政法一般原理的介绍不求深入，但求浅出，相关理论介绍也不求面面俱到。由于笔者对于行政法一般原理的前期研究状况不同，有些章节的前期研究和积累较深厚，要说、可说的话也就较多，相应的，这些部分的内容可能会比较多，讲得比较深入；有些章节的前期研究和积累比较薄弱，要说、可说的话就比较少，相应的，这些部分的内容可能会比较少，讲得比较肤浅。其结果是，本教材第二章至第七章的相关原理相应地讲得多一些，丰富一些，后面几章的相关原理讲得少一些。这里要说明的是，对于初学者而言，第一章至第三章的内容更加理论化一些，学习起来会有一定困难。如果觉得费劲，不妨先阅读后面几章的内容，然后再回过头来阅读前面的章节。另外，关于行政法原理的学习，每章末尾"拓展研读文献"部分开列了相关论文和论著，可以找来认真阅读，以弥补本教材在这方面的不足。

本教材选入的案例主要是"指导案例"、《最高人民法院公报》刊载的典型案例、最高人民法院行政审判庭编的《中国行政审判案例》上刊载的经典案例，还有一些案例则是最高人民法院选列的专业性典型案例，如"政府信息公开十大典型案例"等。有个别案例虽然不属于上述几类案例，但笔者认为比较典型、对于说明相关问题具有重要意义的，也选入本教材之中。不论怎么讲，本教材选列的案例都是实际发生的真实案例。对于这些"实案"，在正文中引用时，除非明显的文字和句读错误，笔者尽可能地保留判决书或者相关资料的原貌，以便学习者对我国行政审判实践有一个真实的体验。所谓原貌，也不是将原裁判的全部内容悉数录入，而是将法院认定的事实、裁判内容和相关裁判理由尽量原封不动地保留下来。有些案例，全部引述三类内容实在太长的，还是作了一些必要的删减。如此一来，对于有些读者来说，可能会对冗长、复杂的案情介绍和裁判理由感到厌烦、头痛，难得要领。若果如此，简单的治疗办法是越过不读。不过，在笔者看来，培养阅读冗长、乏味、复杂案件材料的耐心以及归纳、总结案情和要点的能力，是每个法律人必须努力塑造的修养。本教材为了尽可能丰富案例，在每章末尾"拓展研读案例"中又列举了一系列典型案例。但囿于篇幅，大多数仅介绍该案的核心问题或者裁判摘要（要旨），没有对案情与裁判理由作全面介绍。有兴趣的学者，可以通过"北大法宝"等数字资源或者其他渠道寻找阅读。由于一个典型案例所涉及的法律问题比较多，其典型意义也往往不是单一的，因此，一个案例可能在不同章节的不同部分作为典型案例加以引介，但对于该案的事实和裁判理由等仅在一处加以介绍，其他部分不再重复。

本教材引用的法律制度，除了实案中相关裁判文书引用的法律文件以及为介绍法律制度变迁而引用的法律文件，都是撰写本教材时已经施行而且还在施行的。不过，这里要说明两点：第一，当您阅读本教材时，有关制度可能已经发生变化，所以在适用法律时，要注意查阅相关法律文件，不能以本教材引用的法律文件为准；第二，本教材引用的案例中，有些发生的时间比较早，它们所引用的法律文件是当时施行的，但在本教材编写时可能已经废止了。总之，学习本教材过程中，要注意这些法律制度的变化，不能将已经废止的法律制度当作仍然有效的法律制度加以适用。换言之，学习法律制度与阅读案例一定要有历史感，不能把老皇历当真经念，避免以讹传讹。

最后要说的是，将理、法、案三者结合起来虽然有助于学习行政法，但要理想地将三者融合在一起却是一件比较困难的事。笔者努力试图实现"融合"的愿望，但很可能还没有摆脱"堆砌"的泥淖。在这一方面，国内行政法学界已经作了诸多尝试和努力，本教材也只是这种尝试和努力的一个方面，其中的问题或者不令人满意的地方肯定不少，笔者一定虚心听取各位读者的指教，以便在以后的修订过程中能够做得更好。

杨登峰
2018 年 9 月 16 日

第一章 行政法与行政法学简说

第一节 认识行政法的四个基本问题 …………………………………………… 1
  一、行政法是"行政管理的法",还是"管理行政的法" ……………… 1
  二、行政法是实体法,还是程序法 ……………………………………… 3
  三、行政法仅调整行政管理关系,还是也调整其他关系 ……………… 4
  四、行政法是自古就有的,还是近现代以后才出现的 ………………… 5
第二节 行政法与其他部门法的关系 …………………………………………… 6
  一、行政法与宪法的关系 ………………………………………………… 6
  二、行政法与民法的关系 ………………………………………………… 7
  三、行政法与刑法的关系 ………………………………………………… 11
  四、行政法与行政诉讼法的关系 ………………………………………… 12
第三节 本教程的内容结构 ……………………………………………………… 13

第二章 行政法的基本原则

第一节 行政法定原则 …………………………………………………………… 19
  一、行政法定原则的基本内涵 …………………………………………… 19
  二、行政法定原则的基本功能 …………………………………………… 20
  三、行政法定原则的法定范围 …………………………………………… 21
  四、行政法定原则的法律位阶 …………………………………………… 28
第二节 法律优位原则 …………………………………………………………… 30
第三节 比例原则 ………………………………………………………………… 36

一、比例原则及其基本要求 …………………………………………… 36
　　二、比例原则与（英国）合理原则、平等原则的关系 ………………… 40
第四节　正当程序原则 ……………………………………………………… 43
　　一、正当程序原则的源流 …………………………………………… 43
　　二、正当程序原则的基本要求 ……………………………………… 43
　　三、正当程序原则的应用 …………………………………………… 47

第三章　行政法渊源及其解释与适用

第一节　行政法的渊源及其种类与适用 …………………………………… 63
　　一、我国行政法律渊源及其位阶 …………………………………… 63
　　二、下位法不得与上位法相抵触原则 ……………………………… 69
　　三、下位法先于上位法适用原则 …………………………………… 73
第二节　行政法律规范的解释方法 ………………………………………… 76
　　一、法律解释的一般方法 …………………………………………… 76
　　二、行政法律解释的特殊性 ………………………………………… 86
第三节　行政法律规范的适用规则 ………………………………………… 97
　　一、行政法律规范冲突及其种类 …………………………………… 97
　　二、行政法律规范冲突的解决路径 ………………………………… 99
　　三、行政法律规范的适用规则 ……………………………………… 101

第四章　行政法律关系的主体

第一节　行政主体 …………………………………………………………… 114
　　一、行政主体的概念 ………………………………………………… 114
　　二、行政主体的认定 ………………………………………………… 115
　　三、行政职权的取得与行使 ………………………………………… 116
　　四、我国行政主体的种类 …………………………………………… 119
第二节　行政公务员 ………………………………………………………… 124
　　一、行政公务员的概念 ……………………………………………… 124
　　二、行政公务员的职务、职级与级别 ……………………………… 124

三、行政公务员的主体属性 ………………………………………… 125
　　四、行政公务员的权利和义务 ……………………………………… 126
第三节　行政相对人与行政第三人 …………………………………… 127
　　一、行政相对人 ……………………………………………………… 127
　　二、行政第三人 ……………………………………………………… 128

第五章　行政行为

第一节　行政行为的概念与功能 ……………………………………… 138
　　一、行政行为的概念 ………………………………………………… 138
　　二、行政行为的功能 ………………………………………………… 142
第二节　行政行为的分类 ……………………………………………… 142
　　一、内部行政行为与外部行政行为 ………………………………… 142
　　二、有利（授益）的行政行为与不利（侵益）的行政行为 ……… 145
　　三、行政行为（具体行政行为）与行政规定（抽象行政行为）… 145
　　四、程序性行政行为与实体性行政行为 …………………………… 149
　　五、羁束性行政行为与裁量性行政行为 …………………………… 152
　　六、附条件的行政行为与无条件的行政行为 ……………………… 153
　　七、行政行为的其他分类 …………………………………………… 153
第三节　行政行为的效力 ……………………………………………… 155
　　一、行政行为效力的本质及其法定性 ……………………………… 155
　　二、行政行为效力的发生以成立为前提 …………………………… 155
　　三、行政行为效力的制约因素与层次 ……………………………… 157
　　四、基于程序作用行政行为所取得的效力 ………………………… 158
　　五、基于法律评价与情势变化行政行为应然的效力 ……………… 167

第六章　行政程序

第一节　行政程序概述 ………………………………………………… 180
　　一、行政程序的概念与功能 ………………………………………… 180
　　二、行政程序的基本分类 …………………………………………… 181

第二节　行政管辖 ··· 184
第三节　行政证据 ··· 191
　一、行政证据的概念与特征 ··· 191
　二、行政证据的种类 ·· 192
　三、非法行政证据的排除 ··· 192
　四、行政举证责任的分配 ··· 198
　五、行政证据的收集与查证 ··· 202
第四节　行政的基本步骤 ··· 203
　一、程序启动 ··· 203
　二、调查 ·· 204
　三、听证 ·· 206
　四、作出决定 ··· 211
　五、送达与归档 ··· 211

第七章　政府信息公开

第一节　政府信息公开的基本问题 ·· 218
　一、政府信息及其公开的概念 ·· 218
　二、政府信息公开的法治意义 ·· 219
　三、政府信息的认定 ·· 219
第二节　政府信息公开的方式与原则 ·· 225
　一、政府信息公开的方式 ·· 225
　二、政府信息公开的基本原则 ·· 225
第三节　政府信息公开的范围 ··· 227
　一、例外不公开的政府信息 ··· 228
　二、主动公开的政府信息 ·· 235
第四节　政府信息公开的程序 ··· 236
　一、公开义务主体 ··· 236
　二、公开期限 ··· 237
　三、申请的形式与申请书的内容 ·· 237
　四、答复种类与形式 ·· 244
　五、强制公开程序 ··· 246
　六、送达 ·· 247

第八章　行政强制

第一节　行政强制概述……………………………………………………………254
　　一、行政强制的概念与立法……………………………………………………254
　　二、行政强制的原则……………………………………………………………255
第二节　行政强制措施……………………………………………………………255
　　一、行政强制措施的特征………………………………………………………255
　　二、行政强制措施的种类与设定………………………………………………256
　　三、行政强制措施的实施………………………………………………………257
第三节　行政强制执行……………………………………………………………262
　　一、行政强制执行的特点………………………………………………………262
　　二、行政强制执行的种类与设定………………………………………………263
　　三、行政机关强制执行程序……………………………………………………265
　　四、人民法院强制执行程序……………………………………………………273

第九章　行政补偿

第一节　行政补偿的概念与特征…………………………………………………279
　　一、行政补偿的含义……………………………………………………………279
　　二、行政补偿的特征……………………………………………………………280
　　三、行政补偿与行政赔偿的区别………………………………………………281
第二节　行政补偿的事由、范围与方式…………………………………………282
　　一、行政补偿的事由……………………………………………………………282
　　二、行政补偿的范围……………………………………………………………288
　　三、行政补偿的方式……………………………………………………………291
第三节　行政补偿的主体、程序与标准…………………………………………291
　　一、行政补偿的主体……………………………………………………………291
　　二、行政补偿的程序……………………………………………………………292
　　三、行政补偿的标准……………………………………………………………295
第四节　现行法律对行政补偿的具体规定………………………………………296
　　一、《物权法》对财产征收、征用补偿的规定…………………………………296
　　二、《土地管理法》对土地征收补偿的规定……………………………………297

三、《国有土地上房屋征收与补偿条例》对房屋征收补偿的规定……… 297
四、《行政许可法》对行政许可撤回补偿的规定……………………… 299

第十章 行政赔偿

第一节 行政赔偿概说 …………………………………………………… 304
一、行政赔偿及其特征 ……………………………………………… 304
二、行政赔偿的归责原则 …………………………………………… 307
三、行政赔偿责任构成要件 ………………………………………… 308

第二节 行政赔偿的范围与事由 …………………………………………… 313
一、人身损害赔偿及其事由 ………………………………………… 313
二、财产损害赔偿及其事由 ………………………………………… 314
三、免于行政赔偿的事由 …………………………………………… 314

第三节 行政赔偿关系的当事人 ………………………………………… 318
一、行政赔偿请求人 ………………………………………………… 318
二、行政赔偿义务机关 ……………………………………………… 318
三、行政赔偿第三人 ………………………………………………… 320

第四节 行政赔偿的程序 ………………………………………………… 321
一、单独提起行政赔偿请求的程序 ………………………………… 321
二、一并提起行政赔偿请求的程序 ………………………………… 322
三、行政赔偿的举证责任与调解 …………………………………… 323

第五节 行政赔偿的方式和计算标准 …………………………………… 324
一、行政赔偿的方式 ………………………………………………… 324
二、行政赔偿的计算标准 …………………………………………… 326

第六节 行政赔偿后的追偿 ……………………………………………… 333

第十一章 行政复议

第一节 行政复议概述 …………………………………………………… 347
一、行政复议的概念和特征 ………………………………………… 347
二、行政复议与行政诉讼的关系 …………………………………… 348
三、行政复议的基本原则 …………………………………………… 350

第二节 行政复议的范围 ··· 351
　　一、可直接申请复议的事项 ··· 352
　　二、可附带申请审查的事项 ··· 355
　　三、不得申请行政复议的事项 ·· 359
第三节 行政复议参加人 ··· 365
　　一、申请人 ··· 365
　　二、被申请人 ··· 369
　　三、第三人 ··· 370
第四节 行政复议机关及其管辖 ··· 373
　　一、行政复议机关 ·· 373
　　二、行政复议管辖 ·· 373
第五节 行政复议程序 ·· 375
　　一、行政复议申请 ·· 375
　　二、行政复议受理 ·· 379
　　三、行政复议审理 ·· 380
　　四、行政复议决定 ·· 383
第六节 行政复议中的和解与调解 ·· 386
　　一、行政复议中的和解 ·· 386
　　二、行政复议中的调解 ·· 386

后　记 ··· 390

第一章

行政法与行政法学简说

本章主要对行政法与行政法学的概念、行政法的目的与价值、行政法与其他部门法的关系、行政法的基本内容结构等问题作了讨论。这些内容的学习与掌握一方面有助于行政法学习者培养正确的行政法治价值观,另一方面有助于行政法学习者形成完整清晰的法制体系,以便在整个法律体系中把握行政法的地位与功能,从而更好地理解行政法规范之间的内部与外部关系。

学习行政法,需要搞清楚几个基本问题:第一,什么是行政法,或者行政法是干什么的;第二,行政法与其他部门法是什么关系,尤其是与宪法、民法、刑法和行政诉讼法是什么关系;第三,行政法(学)由哪些基本内容构成,或者说,它的基本结构如何。上述问题搞清楚了,行政法的基本问题也就搞清楚了。

第一节 认识行政法的四个基本问题

要明白什么是行政法,关键要搞清楚四个小问题:其一,行政法是"行政管理的法",还是"管理行政的法"。这里所说的"行政管理的法",是指"行政机关管老百姓的法";这里所说的"管理行政的法",是指"老百姓管行政机关及其公务人员的法"。其二,行政法是实体法,还是程序法。其三,行政法是仅调整行政主体和行政相对人之间关系的法,还是也调整行政主体与立法主体、司法主体之间关系的法。其四,行政法是自古就有的法,还是近现代以后才出现的法。这四个问题涉及行政法的目的与功能、规范对象、规范性质以及所调整的社会关系四个方面。

一、行政法是"行政管理的法",还是"管理行政的法"

从行政法的规范构成看,行政法既是"行政管理的法",又是"管理行政的法"。但在本质上,它是"管理行政的法",也就是"老百姓管行政机关的法"。

之所以说行政法是"行政管理的法",乃是因为行政法中确实存在大量关于行政管理的法，如《税收征收管理法》《城市房地产管理法》《药品管理法》《土地管理法》《出境入境管理法》《治安管理处罚法》《企业投资项目核准和备案管理条例》《铁路安全管理条例》《医疗器械监督管理条例》等等。这些法律法规大多为行政相对人设定法律义务，为行政机关设定行政职权，的确发挥着行政管理的功能与作用。但我们又说它是"管理行政的法"，乃是因为，在行政法中还有不少制约和规范行政机关之行政行为的法，如《国务院组织法》《地方各级人民代表大会和地方各级人民政府组织法》《公务员法》《行政处罚法》《行政许可法》《行政强制法》《政府信息公开条例》及与此相关的众多法规、规章。这些法律法规主要为行政主体设定法律义务，如规定行政主体行使职权应当遵循的基本原则、执掌行政职权应依据的法律规范位阶、处理行政事务应遵循的行政程序等，同时，这些法律法规还为行政相对人和利害关系人设定相应的权利，如参与行政程序的权利、寻求法律救济的权利等，的确发挥着制约和规范行政职权运作的功能。

与上述两类行政法律规范相对应，行政法可分两部分：一是一般行政法，也称"普通行政法"；二是部门行政法，也称"特别行政法"。一般行政法，就是"管理行政的法"，它为行政主体规定行使职权、处理事务时应遵循的一般原则和规则，行政程序法、政府信息公开法以及现行的行政处罚法、行政许可法、行政强制法等是这方面的典型。部门行政法，就是"行政管理的法"，它为行政主体提供管理某一领域行政事务的法律依据，治安管理法、工商管理法、税收征收管理法、交通管理法、环境管理法等都属于这方面的典型。一般行政法之所以"一般"，乃是因为，它们是所有行政机关从事行政管理和服务活动时都要普遍遵循的行为规范，是所有行政活动的"总章程"。例如，《行政处罚法》关于行政处罚程序的规定，是所有治安管理行政处罚、工商管理行政处罚、交通管理行政处罚、税收征收管理行政处罚等都要遵循的；《行政许可法》关于行政许可程序的规定，是所有治安管理行政许可、工商管理行政许可、交通管理行政许可、环境管理行政许可等都要遵循的；《行政强制法》关于行政强制程序的规定也是如此。所以，更加准确地说，一般行政法是关于"管理行政的法"，而部门行政法是关于"行政管理的法"。由于我们教学中通常所讲的行政法其实是一般行政法，如果仅着眼于一般行政法，则行政法本质上就是制约和规范行政行为的法，也即是"管理行政的法"。

不过，即便是部门行政法，尽管在形式上看是"行政管理的法"，其实也发挥着"管理行政"的功能与作用。这是因为，但凡是法律规则，都具有制约和规范权力的功能，行政管理法更是如此。例如，《治安管理处罚法》第41条规定："胁迫、诱骗或者利用他人乞讨的，处十日以上十五日以下拘留，可以并处一千元以下罚款。反复纠缠、强行讨要或者以其他滋扰他人的方式乞讨的，处五日以下拘留或者警告。"在这一法律规定下，对于"胁迫、诱骗或者利用他人乞讨的"违法行为，除非有法定的免于处罚的情形，行政机关必须予以处罚。在这里，处罚既是一种权力，也是一种义务。而且在处罚时，可以"处十日以上十五日以下拘留，并处一千元以下罚款"，不能"处十日以下拘留，并处一千元以上罚款"；否则，就是违法。因此，单从表面看，似乎是对行政相对人违法行为的处罚，但从本质上看，也潜在地达到了对行政职权的制约与规范作用。人们常说，"有规则就有制约"，"有规则总比没有规则好"，就是这个道理。

行政法的上述特性，即便在服务行政领域也是如此。

二、行政法是实体法，还是程序法

大多数部门法，它们的实体法规范与程序法规范往往是分开和对应的。例如，民法是实体法，民事诉讼法是程序法；刑法是实体法，刑事诉讼法是程序法；宪法是实体法，宪法诉讼法是程序法（我国没有这样的法律，但有些国家有）。以此类推，人们往往会认为，行政法是实体法，行政诉讼法是程序法。但这样理解行政法是不正确的。

程序大致可分为两类：一类是关于权力（权利）实现或行使的程序；一类是关于权利救济的程序。前者如立法程序、选举程序等，后者如诉讼程序、仲裁程序、复议程序、申诉程序等。诉讼程序、仲裁程序、复议程序等也发挥着权力（权利）实现或行使的功能，如诉讼程序也是司法权得以行使的程序。但这种程序本质上都是为了救济受侵害的权利而设置和运行的；因此，这种程序的第一属性是救济性的，尽管不能完全排除其权力行使的属性。与两类程序相对应，调整程序的法也分为两大类：一是调整权力（权利）实现的程序法，二是调整权利救济的程序法。

在行政法律体系中，行政诉讼法、行政复议法、行政申诉程序规则（规定在公务员法和行政监察法中）、行政赔偿程序规则（规定在国家赔偿法中）都属于程序法，但属于调整权利救济的程序法。除此之外，在行政法律体系中，还存在大量调整行政权力实现、运行的程序法，即"行政程序法"。尽管我国还没有制定全国统一的行政程序法，但必须注意两点：第一，在我国《行政处罚法》《行政许可法》《行政强制法》中，已经规定了行政处罚、行政许可和行政强制的统一程序规则；第二，不少地方政府制定了地方"行政程序规定"，如《湖南省行政程序规定》《山东省行政程序规定》《江苏省行政程序规定》《宁夏回族自治区行政程序规定》《西安市行政程序规定》《海口市行政程序规定》《兰州市行政程序规定》等等。此外还有不少地方制定了"重大行政决策程序规定"，如《辽宁省重大行政决策程序规定》《上海市重大行政决策程序暂行规定》《广州市重大行政决策程序规定》等。这些法律占据了一般行政法的绝大部分。我们甚至可以说，一般行政法就是调整行政主体处理行政事务的程序法。

在这一点上，部门行政法不同于一般行政法。部门行政法中充斥着大量的实体法律规范。实体法在部门行政法中占据主导地位。这些实体规范或者授予特定行政主体执掌特定行政事务的管辖权,如《税收征收管理法》第5条第1款规定,"国务院税务主管部门主管全国税收征收管理工作。各地国家税务局和地方税务局应当按照国务院规定的税收征收管理范围分别进行征收管理";或者为行政相对人设定相关行政权利、义务或责任;或者为行政主体设定在特定情形下实施行政行为的权力、义务或责任,如《税收征收管理法》第44条规定,"欠缴税款的纳税人或者他的法定代表人需要出境的,应当在出境前向税务机关结清应纳税款、滞纳金或者提供担保。未结清税款、滞纳金,又不提供担保的,税务机关可以通知出境管理机关阻止其出境"。因此,我们可以说部门行政法主要是实体法,虽然有些部门法也会规定一些特别行政程序。

综上可见,对于一般行政法而言,主要是程序法;对于部门行政法而言,主要是实体法。但如果立足于整个行政法,则可以说,行政法既是实体法,更是程序法。

三、行政法仅调整行政管理关系,还是也调整其他关系

法律所调整的社会关系是划分法律部门的重要依据,也是认识法律部门的重要途径。例如,通常认为,私法是调整平等主体之间的人身与财产关系的,公法是调整不平等主体之间的国家权力关系的;劳动法是调整劳资双方之间的劳动关系的,婚姻法是调整夫妻家庭财产关系的。因此,明确行政法所调整的社会关系对于理解行政法至关重要。

在众多行政法教科书中,常常将行政法所调整的社会关系确定为行政管理关系,即行政主体与行政相对人、利害关系人之间的社会关系。如果仅仅站在部门行政法的角度来分析,这种看法有一定道理。例如,治安管理法主要是调整治安管理机关与城乡居民之间关系的,工商管理法主要是调整工商管理机关与工商经营企业之间关系的,药品管理法主要是调整药品管理机关与药品生产、销售企业之间的法律关系的。有些部门行政法也有可能调整两种以上的行政管理关系。不过,如果站在一般行政法的角度来分析,尽管它也调整行政机关与行政相对人以及利害关系人之间的关系——行政程序法、政府信息公开法等在这一方面体现得尤为明显,但将其所调整的社会关系仅仅局限于行政管理关系则不全面。

首先,如果将行政复议法、行政申诉法、行政赔偿法、行政诉讼法等关于行政救济的法律规范悉数纳入一般行政法范畴的话,那么,行政法所调整的社会关系就还包括上级行政机关与下级行政机关、同级行政监督机关与被监督行政机关以及司法机关与行政机关的法律关系。其中,行政复议法、行政申诉法是调整上级行政机关与下级行政机关,或者同级行政监督机关与被监督行政机关之间关系的,行政诉讼法是调整司法机关与行政机关之间关系的。其次,即便将行政复议法、行政申诉法、行政赔偿法、行政诉

讼法等关于行政救济的法律规范悉数排除在一般行政法范畴之外，单就最狭义的一般行政法而言，其中也不乏调整上下级行政机关关系的法律规范，[1] 还有一部分规范则是调整立法权与行政权之间的关系。这集中体现于行政处罚法关于行政处罚"设定权"和"规定权"的规定、行政许可法关于行政许可"设定权"和"规定权"的规定以及行政强制法关于行政强制"设定权"和"规定权"的规定。例如，《行政强制法》第10条规定："行政强制措施由法律设定。尚未制定法律，且属于国务院行政管理职权事项的，行政法规可以设定除本法第九条第一项、第四项和应当由法律规定的行政强制措施以外的其他行政强制措施。尚未制定法律、行政法规，且属于地方性事务的，地方性法规可以设定本法第九条第二项、第三项的行政强制措施。法律、法规以外的其他规范性文件不得设定行政强制措施。"第11条规定："法律对行政强制措施的对象、条件、种类作了规定的，行政法规、地方性法规不得作出扩大规定。法律中未设定行政强制措施的，行政法规、地方性法规不得设定行政强制措施。但是，法律规定特定事项由行政法规规定具体管理措施的，行政法规可以设定除本法第九条第一项、第四项和应当由法律规定的行政强制措施以外的其他行政强制措施。"

这些规定虽然是划分行政强制措施立法权限的，但从"行政强制法定原则"的角度看，[2] 它们其实在根本上反映的是立法权与行政权之间的关系。因此，行政法既调整行政机关与行政相对人、利害关系人之间的社会关系，又调整行政机关与上级行政机关、立法机关、司法机关之间的社会关系。

四、行政法是自古就有的，还是近现代以后才出现的

之所以提出这样的问题，是因为许多中国法制史教材提出，中国古代就有行政法律制度，但现代行政法学教材却讲，行政法是近现代才出现的法律现象。

经由上述三个问题的讨论，这个问题的回答就比较简单明了了。如果将行政法理解为关于行政机构设置和行政管理的法律制度，则自古有之；如果将行政法理解为规范行政权力、保障行政相对人权利的法律制度，则应该是近代宪法产生以后才出现的法律制度。换言之，古代行政法是纯粹"行政管理"的法，近现代行政法则首先是管理（规范）行政的法，其次是行政管理的法。我们所讲的行政法是后一种意义上的，因此，应当是近现代以后才出现的。

---

[1] 如《行政许可法》第60条规定："上级行政机关应当加强对下级行政机关实施行政许可的监督检查，及时纠正行政许可实施中的违法行为。"

[2] "行政强制法定原则"属于行政法定原则的组成部分，或者说是行政法定原则在行政强制法中的体现。关于行政法定原则在第二章有详细论述，可参阅。

第二节　行政法与其他部门法的关系

除了从内部解剖行政法（学）之外，搞清楚行政法与其他部门法之间的"外围"关系也是理解行政法（学）的重要方面。但是，作为一本行政法案例教材，要对行政法与各个法律部门之间的关系——细说，不大可能；为此，这里主要说明行政法与宪法、民法、刑法和行政诉讼法之间的关系。这样的说明对于理解行政法的外围关系其实已经足够充分。

一、行政法与宪法的关系

关于行政法与宪法的关系，行政法学有两种比较流行的说法。一种是："宪法死了，行政法还活着。"这句话旨在说明行政法对于宪法的独立性。另一种是："宪法是静态的行政法，行政法是动态的宪法。"这句话所强调的是行政法与宪法的紧密关联性。应该说这两种说法都有道理，但都仅强调了问题的一方面，如果合在一起，会更恰当地说明行政法与宪法之间的关系。不过这种说明还是过于抽象。

要说明行政法与宪法之间的关系，可以从宪法与行政法各自调整的社会关系以及各自所追求的价值目的之间的关联性入手。不同国家的宪法有一定的差异性，但总体看，宪法主要调整两个层次的社会关系：第一个层次是国家以及国家权力与公民及其基本权利之间的关系，旨在明确公民所享有的基本权利和国家的任务；第二个层次是国家机构之间的关系，旨在通过国家权力的合理划分与配置，达到保障公民基本权利和实现国家任务的目的。这两个关系中，第一个层次的关系是基本的，第二个层次的关系是国家权力的转化和落实，是服务于第一个层次的。当把国家权力分化为立法权、监察权、行政权和司法权等公权力之后，国家与公民之间的权力义务关系也就转化为公民与立法机关、监察机关、行政机关和司法机关之间的权力义务关系。这种关系及其转化可见图1-1。

比之于宪法，行政法（特别是一般行政法）也调整公民与国家之间的关系，但主要调整行政相对人（公民）与行政机关之间的权利（权力）义务关系，旨在通过制约和规范行政机关之行政权的运作，达到保护行政相对人合法权益和实现行政任务的目的，以便在行政领域一定程度和范围内达至宪法保障公民基本权利和实现国家任务的目的。换言之，宪法上的公民与国家之间的关系，在行政法中具体化为行政机关与行政相对人之间的关系。行政法虽然也调整行政机关与立法机关、检察机关、司法机关之间的关系，但这种关系不再是双向的，而是单向的，即主要反映立法权对于行政权的事前立法制约

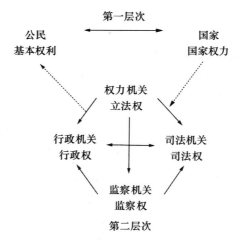

图 1-1 宪法调整的社会关系

关系、司法权对于行政权的事后司法审查关系。前者主要通过"行政法定原则"体现出来，后者主要通过行政诉讼制度体现出来。这种转化可见图 1-2。

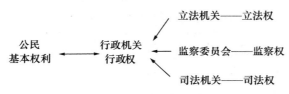

图 1-2 行政法调整的社会关系

由上可以得出，行政法既不同于宪法，又与宪法紧密相关。"宪法死了，行政法还活着"与"宪法是静态的行政法，行政法是动态的宪法"两种表述都有道理，合在一起方能更好地阐释宪法与行政法的关系。民法、刑法、诉讼法等部门法都与宪法有密切关系，但行政法与宪法的关联可能更加紧密。

二、行政法与民法的关系

民法是私法的典型，行政法是公法的典型。人们往往认为两者之间没有多少关联性，但其实不然。两者之间的关联性可从以下几个方面来说明：

第一，民事主体在法律上的认可往往取决于行政行为。自然人一般是在出生后才取得民事权利能力，而出生时间则取决于出生证明或者户口簿的记录。出生证明或者户口簿的记录因人为作用的影响未必总是和自然人的实际出生时间相一致。例如，20世纪中期，国家开始实行晚婚晚育，有些人想让自己的孩子早结婚，就虚报年龄，有些18岁的人变成了20岁的人；又如，20世纪晚期，实行领导干部年轻化，有些人想争取更多的晋升空间，就瞒报年龄，有些50岁的人变成了46岁的人。除自然人之外，法人和其他组织的成立（也就是作为民事主体地位在法律上的认可）更是取决于工商登记或者行政审批。

第二，一些民事行为的实施须以行政许可为前提。在一些生活、生产和工作领域，如果法律法规已经设定了行政许可，则在该领域从事相关生活、生产、工作活动，就必须以取得相关行政许可为前提。例如，要做高等学校教师，必须取得并持有高校教师资格证；要做医生，必须取得并持有医师执业证；驾驶机动车辆，必须取得并持有机动车驾驶证；从事药品食品生产，必须取得并持有药品食品生产许可证；等等。当然，并非所有的民事行为都要以行政许可为前提。行政许可事项须法律法规来规定。[①]例如，《食品安全法》第35条第1款规定："国家对食品生产经营实行许可制度。从事食品生产、食品销售、餐饮服务，应当依法取得许可。但是，销售食用农产品，不需要取得许可。"《药品管理法》第14条第1款规定："开办药品批发企业，须经企业所在地省、自治区、直辖市人民政府药品监督管理部门批准并发给《药品经营许可证》；开办药品零售企业，须经企业所在地县级以上地方药品监督管理部门批准并发给《药品经营许可证》。无《药品经营许可证》的，不得经营药品。"

第三，一些民事行为法律效果的发生取决于行政行为。例如，结婚本来是两情相悦的事，是民事行为，不论是配偶的选择还是婚礼的形式完全由当事人自己来决定，但是，婚姻的缔结完全以婚姻登记为标志。不论婚礼多么的盛大，不论相爱多么的真诚，不论同居多么的甜蜜，如果双方没有按照婚姻法规定的方式办理婚姻登记手续，当事人在法律上就等于没有结婚。不仅结婚是这样，离婚也是这样。当然，并不是所有民事行为法律效果的发生都以行政行为为要件，但对民事主体权益影响重大的民事行为基本上都以行政行为作为民事法律效果发生的要件之一。如不动产交易、机动车辆交易等都要过户登记。这里可以《物权法》关于不动产登记的相关规定来说明。该法第6条规定："不动产物权的设立、变更、转让和消灭，应当依照法律规定登记。……"第9条第1款规定："不动产物权的设立、变更、转让和消灭，经依法登记，发生效力；未经登记，不发生效力，但法律另有规定的除外。"第24条规定："船舶、航空器和机动车等物权的设立、变更、转让和消灭，未经登记，不得对抗善意第三人。"这里的登记都属于典型的行政行为。

第四，一些影响民事法律责任的法律事实要由行政行为来认定。这方面的典型例子是交通事故认定、工伤事故认定、医疗事故认定以及其他一些行政确认行为。这些行政

[①] 《行政许可法》第15条第1款规定："本法第十二条所列事项，尚未制定法律、行政法规的，地方性法规可以设定行政许可；尚未制定法律、行政法规和地方性法规的，因行政管理的需要，确需立即实施行政许可的，省、自治区、直辖市人民政府规章可以设定临时性的行政许可。临时性的行政许可实施满一年需要继续实施的，应当提请本级人民代表大会及其常务委员会制定地方性法规。"按此规定，在有些情形下，省级地方政府规章也可以作为实施行政许可的依据。

确认行为对于民事法律问题的处理会产生深刻影响。例如，交通事故认定决定着由谁承担交通事故赔偿责任以及承担多少的问题。工伤事故认定决定着用工单位要不要承担工伤责任以及承担怎样的法律责任的问题。《工伤保险条例》第30条第1款规定："职工因工作遭受事故伤害或者患职业病进行治疗，享受工伤医疗待遇。"第33条第1款规定："职工因工作遭受事故伤害或者患职业病需要暂停工作接受工伤医疗的，在停工留薪期内，原工资福利待遇不变，由所在单位按月支付。"这些责任是一般的人身损害赔偿责任没有包含的。医疗事故认定对于医疗损害赔偿责任的影响也是大同小异。

第五，在民事法律秩序的修补上，行政法律责任往往是民事责任的进一步加强。例如，在民事损害赔偿案件中，如果侵权行为造成的后果比较轻微，侵权人仅承担民事赔偿责任就可以了。但是，如果侵权行为造成的后果比较严重，仅仅责令侵权人承担民事赔偿责任不足以达到惩戒的目的，或者不足以维护民事法律秩序的，则在承担民事赔偿责任的基础上，还需要追究侵权人的行政法律责任。

以上几个方面说明的是民事主体、民事行为与行政行为，以及民事责任与行政责任之间的关联性，但由于民事主体、民事行为、民事责任受民法调整，行政行为、行政责任受行政法调整，行政法与民法之间的关系因此也就基本上明确了。下面以"念泗三村28幢楼居民35人诉扬州市规划局行政许可行为侵权案"[①] 进一步说明行政法与民法之间的关系。

◆ 念泗三村28幢楼居民35人诉扬州市规划局行政许可行为侵权案

【案情概要】

2003年5月6日，第三人东方天宇公司向被告扬州市规划局提出《关于申请办理"东方百合园"中心高层规划建设许可证的报告》，申请核发东方百合园第十一组团二期工程11-6号高层住宅楼的《建设工程规划许可证》。被告扬州市规划局在履行了提供规划设计条件、审查设计方案施工图纸等程序后于2003年7月7日向第三人东方天宇公司核发了2003076号《建设工程规划许可证》。原告28幢楼曹育新等35名居民（以下简称"28幢楼居民"）认为，规划许可的建筑物侵犯了他们的通风、采光等相邻权益，遂向江苏省扬州市中级人民法院提起行政诉讼，请求撤销被告颁发的2003076号《建设工程规划许可证》。

【争议焦点】

被诉规划许可行政行为是否合法，是否侵犯了原告的相邻权。

---

① 本案刊载于《最高人民法院公报》2004年第1期。

【法院裁判】

本案经两审审理结案，二审判决由江苏省高级人民法院作出。终审判决认定，被告扬州市规划局核发的2003076号《建设工程规划许可证》符合有关法律的规定，并未侵犯原告28幢楼居民的合法权益。判决理由如下：

本案中的当事人不是具体行政行为的直接相对人，而是因相邻权受到侵害而提起行政诉讼。起诉所基于的相邻权，属于民法范畴。根据《民法通则》的规定，民事主体因建筑物相邻产生的日照、通风、采光、排水、通行等民事纠纷，应当通过民事诉讼的方式解决。但现实中，如果一方当事人实施的与其他当事人相邻权有关的行为是经行政机关批准、许可的，其他当事人就无法通过民事诉讼获得救济。为此，《最高人民法院关于执行〈中华人民共和国行政诉讼法〉若干问题的解释》第13条第1项规定，相邻权人有对行政主体作出的涉及相邻权的具体行政行为提起行政诉讼的原告主体资格，其目的是保护民事主体享有的相邻权不受侵害。本案28幢楼居民因认为扬州市规划局核发给东方天宇公司的2003076号《建设工程规划许可证》侵犯其日照、通风、采光等相邻权而提起行政诉讼，因此，这类行政诉讼的审查重点，应当是被诉具体行政行为许可建设的建筑项目是否符合有关建筑管理的技术规范，是否侵犯了原告的相邻权。

《江苏省城市规划管理技术规定》根据居住建筑日照标准和当地实际情况，确定南京、镇江、扬州（除宝应、高邮外）等地住宅楼的日照间距系数为1∶1.2。2003076号《建设工程规划许可证》涉及的百合园小区11-6号住宅楼与28幢楼之间的日照间距比，经测算已达1∶1.365，超过了国家和江苏省有关部门规定的日照间距最低标准，上诉人对此没有异议。因此，虽然扬州市规划局许可东方天宇公司建造的百合园小区11-6号住宅楼缩短了28幢楼的原日照时间，但不构成对28幢楼居民日照权的侵犯。此外，11-6号住宅楼与扬州市规划局另外许可建设的11-4、11-5号住宅楼，在布局上呈由南向北的倒品字形，各楼之间均有一定间距。按照国家标准《城市居住区规划设计规范》的要求和说明，各住宅楼间距的设定，以满足日照要求为基础，并综合考虑采光、通风、消防、防灾、管线埋设、视觉卫生等因素。因此原审判决认定扬州市规划局的行政许可行为并不影响上诉人享有的法定日照、采光、通风等相邻权，是有事实和法律依据的。28幢楼居民认为上述三幢楼房形成170米的屏障，影响其通风、小区管线埋设等，因无事实和法律依据，故不予采信。……

综上，江苏省高级人民法院依据《行政诉讼法》第61条第1项的规定，于2004年3月19日判决：驳回上诉，维持原判。

《最高人民法院公报》编者就本案撰写的裁判摘要指出：根据《城市规划法》第21条的规定，编制分区规划城市的规划主管行政机关，依照法律和地方性法规的授权规划许可的建筑工程，虽然缩短了相邻人住宅的原日照时间，但符合国家和当地行政主管部门技术规范规定的最低日照标准，且不违反其他法律、法规规定的，应认定其许可行为合法。

从本案来看，对原告民事权益造成损害的，实际上是相邻的建设工程，是相邻的工程影响了其日照、采光、通风等权利。但由于该工程是经过行政许可的，从而与行政行为发生了联系，民法问题也因而与行政法发生了关联。经由本案判决理由可以看出，如果扬州市规划局颁发的《建设工程规划许可证》合法，第三人东方天宇公司依据该建设工程规划许可实施的建筑行为也就合法，原告就不能主张其建筑行为侵犯了他们的相邻权。在这里，民事行为不仅以行政许可行为为前提，且行政行为的合法性决定着民事行为的合法性。

三、行政法与刑法的关系

刑法是规定犯罪、刑事责任和刑罚的法律，是对公民违法行为的一种司法制裁。作为一种法律罚，它与行政法的关系主要体现在与行政处罚、行政处分的关联性方面。

行政处罚是行政主体对违反法律规定但尚未构成犯罪的相对人给予的行政制裁。如果不考虑实施处罚的主体，行政处罚与刑事处罚都是对公民违法行为的惩戒，只是基于公民违法行为的严重性和危害性，予以惩戒的程度有差异而已。如果公民的违法行为比较轻，危害性比较小，则采用行政处罚予以处置；如果公民违法行为比较重，危害性比较大，便采用刑事处罚予以处治。所以，行政处罚与刑事处罚有一定的性质差异，但主要还是量和度的差异。例如，《治安管理处罚法》第49条规定："盗窃……公私财物的，处五日以上十日以下拘留，可以并处五百元以下罚款；情节较重的，处十日以上十五日以下拘留，可以并处一千元以下罚款。"《刑法》第264条规定："盗窃公私财物，数额较大的……处三年以下有期徒刑、拘役或者管制，并处或者单处罚金；数额巨大或者有其他严重情节的，处三年以上十年以下有期徒刑，并处罚金；数额特别巨大或者有其他特别严重情节的，处十年以上有期徒刑或者无期徒刑，并处罚金或者没收财产。"在对盗窃行为的处置上，行政处罚与刑事处罚之间的差异显然是量与度的差异。

行政处分是指国家机关、企事业单位对所属国家工作人员作出的尚不构成犯罪的违法失职行为，依据法律、法规所规定的权限给予的一种惩戒。如果从行政法的角度看，行政处分主要指的是行政主体给予其公务人员的一种惩戒。行政处罚与行政处分的主要区别在于惩戒对象不同，前者是针对普通公民的，后者是针对内部公务人员的。基于此，行政处分与刑事处罚之间的差异也是量与度的差异。这可以从一系列法律规定看出来。例如，《税收征收管理法》第82条规定："税务人员徇私舞弊或者玩忽职守，不征或者少征应征税款，致使国家税收遭受重大损失，构成犯罪的，依法追究刑事责任;尚不构成犯罪的,依法给予行政处分。……税务人员违反法律、行政法规的规定,故意高估或者低估农业税计税产量,致使多征或者少征税款,侵犯农民合法权益或者损害国家利益,构成犯罪的,依法追究刑事责任;尚不构成犯罪的,依法给予行政处分。"

需要注意的是,并非所有的行政处罚和行政处分都有与之相对应的刑事处罚。对于公民或者公务人员的有些违法行为而言,行政处罚或者行政处分便是最为严厉的法律惩戒了,不会上升到刑事处罚的严厉程度。因此,行政处罚和行政处分的适用范围和适用频率要远远大于或者高于刑事处罚。总之,行政处罚、行政处分和刑事处罚都属于维护和修复法律秩序的手段,但刑罚是最严厉的,因而是最后采用的。因此之故,刑法便具有"谦抑"的品格。在行政法的其他方面,如规范行政救助、行政补贴、行政奖励、行政许可、行政征收等行政行为的法律领域,刑罚只是这些行政法律秩序的最后维护手段,彼此之间的关联性不及行政处罚和行政处分紧密。

四、行政法与行政诉讼法的关系

在所有部门法中,行政法与行政诉讼法的关系是最密切的。国内行政法教科书中,除了将行政法与行政诉讼法分割开来的,还有将行政诉讼法作为行政法一部分的,也有将行政法与行政诉讼法并列在一起的。为便于区分,我们可将包括行政诉讼法的行政法称为"大行政法",将不包括行政诉讼法的行政法称为"小行政法"。① "大行政法"与"小行政法"的共存情形一方面表明,行政法与行政诉讼法的关系的确不同寻常;另一方面反映出,对行政法与行政诉讼法的关系看法不一致。

行政诉讼法是调整人民法院(司法机关)审查行政行为的法律规范的总和。如果把行政法视为制约和规范行政职权运作的法律规范,且把对行政职权的制约机制大致分为依靠立法授权机制的事前制约、通过行政程序机制的事中制约和依赖司法审查机制的事后制约三部分的话,则行政诉讼法便是整个制约机制中事后制约机制部分,从而也就可以视为行政法的一部分。不过,行政诉讼法与行政法之间还是有较大区别的。行政诉讼是行政救济的一部分,而且不同于行政复议、行政申诉等救济方式,属于行政体制之外的司法救济,属于诉讼法中的一个成员。据此,胡建淼教授的如下意见值得肯定:"依作者之见,既然刑事诉讼法是与刑法相对应的一个独立的法律部门,民事诉讼法是与民法相对应的一个独立法律部门,那么,行政诉讼法也必然是,而且应该是,与行政法相对应的一个法律部门。与此相适应,行政法学与行政诉讼法学也应该是两个独立的

---

① 有些人甚至主张将行政复议法、国家赔偿法中的行政赔偿法、行政申诉制度等救济制度也从行政法中剥离出来,与行政诉讼法一起组成行政救济法。

法学部门而不是相反。如果在《行政诉讼法》尚未制定以及行政诉讼法学理论尚未形成的前期，采用行政法学的'大体系'尚可接受的话，那么在《行政诉讼法》也已实施了11年以及行政诉讼法学理论也已成熟的今天，继续坚持行政实体法学与行政诉讼法学不分的主张是不可理喻的。"[1]

当然，如前所述，将行政诉讼法与行政法并列起来，并不等于把行政法等同于行政实体法。就一般行政法而言，更多、更主要的还是关于行政主体作出行政行为的组织法和程序法规范。而我们所讲的行政法通常指的是一般行政法，不包括部门行政法或者特别行政法在内。

第三节 本教程的内容结构

上文在解释行政法时，已经就行政法的内容结构从不同层面作了一些解剖，如按照目的将行政法分为一般行政法和部门行政法，按照功能将行政法分为实体法规范和程序法规范等。对行政法所调整的社会关系的分析，其实也可以帮助我们理解行政法的内部结构，即可将其分为调整行政主体与行政相对人、利害关系人之行政管理关系的法律规范、调整行政主体与立法主体之法律授权关系的法律规范、调整上级行政机关与下级行政机关之行政监督关系的法律规范、调整行政主体与司法主体之司法审查关系的法律规范等。当然，对行政法的内容结构还可以根据其他一些标准进一步划分，如按照"行政流程"和功能将行政法分为行政组织法、行政行为法、行政强制执行法、行政救济法等等。这些划分对于我们理解行政法都有一定的帮助。

不过，对于学习行政法的人来说，除了了解行政法的结构外，更重要的是要了解行政法学的内容结构。通过了解行政法学的内容结构，在行政法学教学过程中，可以明确需要学哪些东西、彼此的先后顺序如何安排。而了解这一点，对于从宏观上把握行政法学的内容总量、不同教学内容之间的衔接关系、教学进度都具有重要作用。

至于行政法学由哪些基本内容构成，或者说，它的基本结构如何，不同学者有不同的看法，不同学者编写的行政法教科书也有不同的安排。这与他们各自对行政法的理解不同有关，还与他们的学术兴趣和学术积累有关，有的还可能与教材的适用对象以及教学目的有关。但总体来看，行政法基本原则、行政法律关系的主体、行政行为、政府信息公开、行政救济等是绝大多数教学或教材或多或少都要涉及的，只是它们在不同教材中所占的比重或分量不同。应该说，这些内容是行政法的基本骨干。本案例教材是立足于一般行政法的，目的在于帮助初学行政法者了解和掌握一般行政法的基本原理和基本

---

[1] 胡建淼：《行政法学》（第四版），法律出版社2015年版，第29页。

内容。因此，本案例教材以行政法基本内容为基础，结合本人研究志趣和理解，增加一些必要内容，主要讲述以下几个方面的问题：

——行政法基本原则；

——行政法的解释与适用规则；

——行政法律关系的主体（行政主体、行政相对人和行政第三人）；

——行政行为及其程序；

——政府信息公开；

——行政强制执行；

——行政补偿与赔偿；

——行政复议。

最后要说的是，本书第一章、第二章和第三章的理论性相对比较强，如果初学者阅读比较困难，可以先阅读第三章之后的内容，然后再回过头来阅读前面几章的内容。

思考题

1. 行政法的目的与功能是什么？
2. 行政法是实体法，还是程序法？
3. 行政法调整的社会关系包括哪几个方面？
4. 如何理解行政法与宪法之间的关系？
5. 如何理解行政法与民法之间的关系？
6. 如何理解行政法与刑法之间的关系？
7. 如何理解行政法与行政诉讼法之间的关系？
8. 行政法学主要研究哪些问题？
9. 一般行政法与特别行政法是什么关系？
10. 一般行政法由几部分内容构成？

拓展研读案例

[指导案例90号] 贝汇丰诉海宁市公安局交通警察大队道路交通管理行政处罚案[①]

说明：本案是有关城市交通管理的部门行政法案例，有助于理解行政法的价值与内在结构。

---

① 最高人民法院审判委员会讨论通过，2017年11月15日发布。

【裁判要点】

礼让行人是文明安全驾驶的基本要求。机动车驾驶人驾驶车辆行经人行横道，遇行人正在人行横道通行或者停留时，应当主动停车让行，除非行人明确示意机动车先通过。公安机关交通管理部门对不礼让行人的机动车驾驶人依法作出行政处罚的，人民法院应予支持。

【相关法条】

《道路交通安全法》第47条第1款。

【案情概要】

原告贝汇丰诉称：其驾驶浙F1158J汽车（以下简称"案涉车辆"）靠近人行横道时，行人已经停在了人行横道上，故不属于"正在通过人行横道"。而且，案涉车辆经过的西山路系海宁市主干道路，案发路段车流很大，路口也没有红绿灯，如果只要人行横道上有人，机动车就停车让行，会在很大程度上影响通行效率。所以，原告可以在确保通行安全的情况下不停车让行而直接通过人行横道，故不应该被处罚。海宁市公安局交通警察大队（以下简称"海宁交警大队"）作出的编号为3304811102542425的公安交通管理简易程序处罚决定违法。贝汇丰请求：撤销海宁交警大队作出的行政处罚决定。

被告海宁交警大队辩称：行人已经先于原告驾驶的案涉车辆进入人行横道，而且正在通过，案涉车辆应当停车让行；如果行人已经停在人行横道上，机动车驾驶人可以示意行人快速通过，行人不走，机动车才可以通过，否则，构成违法。对贝汇丰作出的行政处罚决定事实清楚、证据确实充分、适用法律正确、程序合法，请求判决驳回贝汇丰的诉讼请求。

法院经审理查明：2015年1月31日，贝汇丰驾驶案涉车辆沿海宁市西山路行驶，遇行人正在通过人行横道，未停车让行。海宁交警大队执法交警当场将案涉车辆截停，核实了贝汇丰的驾驶员身份，适用简易程序向贝汇丰口头告知了违法行为的基本事实、拟作出的行政处罚、依据及其享有的权利等，并在听取贝汇丰的陈述和申辩后，当场制作并送达了公安交通管理简易程序处罚决定书，给予贝汇丰罚款100元，记3分。贝汇丰不服，于2015年2月13日向海宁市人民政府申请行政复议。2015年3月27日，海宁市人民政府作出行政复议决定书，维持了海宁交警大队作出的处罚决定。贝汇丰收到行政复议决定书后于2015年4月14日起诉至海宁市人民法院。

【裁判结果】

浙江省海宁市人民法院于2015年6月11日作出〔2015〕嘉海行初字第6号行政判决：驳回贝汇丰的诉讼请求。宣判后，贝汇丰不服，提起上诉。浙江省嘉兴市中级人民法院于2015年9月10日作出〔2015〕浙嘉行终字第52号行政判决：驳回上诉，维持原判。

【裁判理由】

法院生效裁判认为：首先，人行横道是行车道上专供行人横过的通道，是法律为行人横过道路时设置的保护线，在没有设置红绿灯的道路路口，行人有从人行横道上优先通过的权利。机动车作为一种快速交通运输工具，在道路上行驶具有高度的危险性，与行人相比处于强势地位，因此必须对机动车在道路上行驶时给予一定的权利限制，以保护行人。其次，认定行人是否"正在通过人行横道"应当以特定时间段内行人一系列连续行为为标准，而不能以某个时间点行人的某个特定动作为标准，特别是在该特定动作不是行人在自由状态下自由地做出，而是由于外部的强力原因迫使其不得不做出的情况下。案发时，行人以较快的步频走上人行横道线，并以较快的速度接近案发路口的中央位置，当看到贝汇丰驾驶案涉车辆朝自己行走的方向驶来，行人放慢了脚步，以确认案涉车辆是否停下来，但并没有停止脚步，当看到案涉车辆没有明显减速且没有停下来的趋势时，才为了自身安全不得不停下脚步。如果此时案涉车辆有明显减速并停止行驶，则行人肯定会连续不停止地通过路口。可见，在案发时间段内行人的一系列连续行为充分说明行人"正在通过人行横道"。最后，机动车和行人穿过没有设置红绿灯的道路路口属于一个互动的过程，任何一方都无法事先准确判断对方是否会停止让行，因此处于强势地位的机动车在行经人行横道遇行人通过时应当主动停车让行，而不应利用自己的强势迫使行人停步让行，除非行人明确示意机动车先通过。这既是法律的明确规定，也是保障作为弱势一方的行人安全通过马路、减少交通事故、保障生命安全的现代文明社会的内在要求。综上，贝汇丰驾驶机动车行经人行横道时遇行人正在通过而未停车让行，违反了《道路交通安全法》第47条的规定。海宁交警大队根据贝汇丰的违法事实，依据法律规定的程序在法定的处罚范围内给予相应的行政处罚，事实清楚、程序合法，处罚适当。

拓展研读文献

1. 李洪雷：《中国行政法（学）的发展趋势——兼评"新行政法"的兴起》，载《行政法学研究》2014年第1期；

2. 朱新力、唐明良：《行政法总论与各论的"分"与"合"》，载《当代法学》2011年第1期；

3. 包万超：《面向社会科学的行政法学》，载《中国法学》2010年第6期；

4. 关保英：《论行政法史的学科定位》，载《法制与社会发展》2008年第4期；

5. 关保英：《行政法学分析逻辑的认识》，载《中国法学》2007年第3期；

6. 罗豪才、宋功德：《现代行政法学与制约、激励机制》，载《中国法学》2000年第3期；

7. 包万超:《行政法平衡理论比较研究》,载《中国法学》1999 年第 2 期;

8.〔德〕施密特·阿斯曼:《行政法总论作为秩序理念——行政法体系建构的基础与任务》,林明锵等译,元照出版有限公司 2009 年版;

9. 关保英:《行政法的价值定位——效率、程序及其和谐》,中国政法大学出版社 1997 年版;

10. 孙笑侠:《法律对行政的控制——现代行政法的法理解释》,山东人民出版社 1999 年版。

第二章 行政法的基本原则

本章主要讲解行政法的基本原则。行政法的基本原则是行政法的法哲学或者方法论,决定了行政法的法律思维方法和法律解释方法,是学习行政法时必须首先加以重视和掌握的。对于行政法基本原则的内容,国内尚未形成统一认识,本章主要介绍了行政法定原则、法律优位原则、比例原则和正当程序原则。对于每一个基本原则的学习,除了掌握它的基本内涵之外,更重要的是把握它的应用。

法律的基本问题是判断行为的合法性。对此,不同的部门法有不同的判断方法。总体上,法律分为公法和私法两大类。其中,民法可谓是私法的代表;行政法可谓是公法的代表。法律行为合法性判断的差异性便可通过民法和行政法对于民事行为和行政行为合法性判断的区别上体现出来。民法在判断民事行为的合法性时,仅考虑民事行为是否与法律的禁止性或强制性规定相抵触。如果民事行为未违反法律的禁止性或强制性规定,即为合法。行政法在判断行政行为的合法性时,虽然也考虑行政行为是否违反法的禁止性或者强制性规定的问题,但却不限于这一点。总体上,行政法关于行政行为合法性的思维路径和方法在四个方面不同于民法:首先,行政法要审查行政行为(尤其是干预性行政行为)有无法律依据;若无法律依据,便可能违法。其次,行政法要审查行政行为是否与法律规定(不仅是禁止性规定,还包括授权性规定)相抵触;如抵触,便必然违法。再次,如果行政行为是裁量性的,行政法还要审查行政裁量是否合理适当;如果明显不当或滥用职权,也属于违法。最后,行政法不仅要审查行政行为的实体要素,还要审查行政行为的程序要素,即审查行政程序是否合法;即便行政行为实体合法,但若程序违法,仍然属于违法。这四个方面不仅构成了行政法律思维的基本特点,也构成了行政法律思维的四个基本步骤。而这都是由行政法基本原则所决定的。行政法的基本原则不仅决定着行政法律思维方法,还决定着行政法的法律解释方法。对此,后文具体介绍各个基本原则时再作说明。

对于行政法基本原则的数量、名称和内容,国内行政法学界有不同认识,不同教材有不同表述。本书主要讲解行政法定原则、法律优位原则、比例原则和正当程序原则。

还有一些基本原则,如平等原则、诚实信用原则和公序良俗原则等,也是行政法遵守和应用的。不过,这些原则在民法中也得到应用,不是行政法独有、独用的。即便行政法在应用这些原则时与民法有一些差异,这些差异尚不足以影响它们的"共有性"。

第一节 行政法定原则

一、行政法定原则的基本内涵

行政法定原则是法律保留原则的本土化,是对法律保留原则的发展。法律保留原则首先是宪法原则,其次才是行政法原则。作为宪法原则,法律保留原则主要揭示立法机关与行政机关之间的关系。它揭示了:哪些事项须先由立法机关通过立法加以规定,而后由行政机关依据法律规定来处理;哪些事项可由行政机关自行来处理,而无须以法律规定为前提。前者为法律保留的事项,后者则为法律保留之外的事项。在行政法上,这种权限划分的结果就转化为:但凡属于法律保留的事项,行政机关必须以法律规定为前提;未经法律规定的,行政机关则不得为。因此,行政法便有了"法无规定即禁止"的法谚。①

但是,在我国现行宪法制度、立法制度和法律实践等条件下,要揭示和处理我国行政与法的关系,停留在法律保留原则层面还远远不够。首先,在我国,如同行政权不单纯由行政机关行使一样,立法权并非仅由全国人大及其常委会行使。除了全国人大及其常委会,国务院、国务院所属部委、省级人大和设区的市的人大及其常委会、省级人民政府和设区的市的人民政府也在行使部分立法权。如此一来,行政机关不仅可以依据法律从事行政活动,还可以依据行政法规、地方性法规、自治条例、单行条例、部门规章和地方政府规章从事行政活动。这说明,我国行政的依据不限于全国人大及其常委会制定的法律。仅拘泥于法律保留原则,只能反映和处理我国法律与行政之间的关系,却不能反映和处理其他法规范与行政之间的关系。其次,基于法治原则,在法律保留范围之外,仍需在一定范围由行政法规和规章先行作出一般性规定,而后由行政机关依行政法规和规章对特定行政事务予以处理,不能任由行政机关为之。这是因为,与法律一样,行政法规、规章是一般性行为规范,制定者无须也不大可能考虑特定人的利益,从而有助于他们站在更为公正和理性的立场上进行分析和判断,防止偏袒和恣意的发生;此外,"从较为技术面的观点看,法律是以公开方式作成的一般性、预先性的规范,可使

---

① 关于这一法谚,国内有多种表述,如"法无规定不可为""法无授权即禁止""法无授权不可为"等。

国家行为对人民而言更具有可量度性、可预见性与可信赖性"①。因此,不需要法律保留,不等于不需要法规或者规章的"保留"。正是基于上述考虑,本书使用"行政法定"这一概念,在法律保留的基础上进一步讨论"法的保留",试图对我国"法与行政"的关系作出更加全面的说明。如果要下个定义的话,则可将行政法定原则表述为:行政机关作成行政行为必须有法上的依据;无法上的依据,行政行为即为违法。显然,行政法定不是对法律保留原则的颠覆或抛弃,而是在保留或继承该思想的基础上,将问题作进一步延伸。

除了法律保留,理解行政法定原则还须明确它与行政职权法定原则之间的关系。行政法定,不仅指行政职权法定,更指行政行为法定。行政职权法定,即行政机关的管辖权,包括地域管辖权、事项管辖权和层级管辖权,均须先由法律、法规或规章来规定,而后由行政机关在法定的管辖权限内行使职权。行政行为法定,即行政行为的事实构成要件和法律后果均由法来规定,行政机关只能在法定的事实构成要件成就时,作出行政行为,赋予相对人法定的后果。行政职权关乎行政体系建构,不宜由行政机关各自为政,故行政职权法定无可厚非。但是,行政职权的设定往往比较宽泛,如果行政法定原则仅停留在职权法定层面,其法治功能就难以彰显。只有行政行为得以法定化,才具有确定性和可预期性,行政法定原则也才能体现法治与人权保障的功能。因此,行政法定应当包括行政职权法定和行政行为法定两个层面。②

二、行政法定原则的基本功能

行政法定原则作为行政行为合法性判断的尺度,是行政法与民法的分水岭。民法中也有法定的事项,如"物权法定"和"侵权责任法定"等。《物权法》第5条的规定——"物权的种类和内容,由法律规定"——是"物权法定"的体现。《侵权责任法》第2条的规定——"侵害民事权益,应当依照本法承担侵权责任"——是"侵权责任法定"的体现。但民事行为大多是可以"自定"的。在行政法领域,如下面所讨论的,并非所有的行政行为都要以法律规定为前提,但以法律规定为前提的行政行为在整个行政法中占有相当重要的分量。正因为如此,行政行为合法性判断的第一步是审查行政行为(尤其是干预性行政行为)有无法律依据,从而使其成为区隔民事法律思维与行政法律思维的标杆。

与法律优位、比例原则、正当程序等其他行政法原则相比,行政法定原则体现和确

---

① 转引自许宗力:《论法律保留原则》,载许宗力:《法与国家权力》(一),元照出版公司2006年版,第121—122页。
② 关于行政法定原则的详细论述,可参见杨登峰:《行政法定原则及其法定范围》,载《中国法学》2014年第3期。

立了以立法权制约行政权的基本制度设计，即行政机关只能做法律、法规或规章授权或允许做的行为或事项，法律、法规或规章未授权的，则不得做。这种制约行政权的装置或理念不仅是事前的，而且是最为有力和彻底的，可以实现"无法之治"。因此，行政法定原则在实现行政法之制约和规范行政权力的目的方面，发挥着最为积极、主动和重要的功能。

在行政法律规范解释方面，行政法定原则是选择法律解释方法的主要依据，尤其在法律漏洞的认定与补充方面发挥着重要作用。这可以比照民法和刑法。刑法由于遵循"罪刑法定"原则，对于刑事法律规范之事实构成要件的解释非常严格，不得随意作扩张解释。通常情形下，刑法也不承认法律漏洞的存在。这是因为，"罪刑法定"意味着，只能对法律明确规定为犯罪的行为予以刑事处罚；反过来讲，对法律没有明确规定为犯罪的行为就不能给予刑事处罚。其结果是，在刑法领域，法律的无规定也是一种规定，刑法因而也就没有漏洞，不承认漏洞，尽管这不是绝对的。民法则不然。由于没有"民事行为法定"一说，民法是普遍承认法律漏洞并允许对民事法律规范漏洞予以填补的。在行政法领域，既然承认行政法定，则至少在行政法定的范围，在法律解释与法律漏洞的认定和填补上，与刑法有一定相似性。

不过，要真正适用行政法定原则，还要搞清楚这一原则的法定范围、法定位阶两个问题，法定范围主要回答：是所有的行政行为都须以法的规定为前提还是其中一部分？如果是其中一部分的话，是哪一部分？法定位阶主要回答：属于法定范围的行政事项应由哪个位阶的法律文件来规定？两个方面的问题虽相互关联，但最核心的是法定范围，故先讨论第一个问题，后讨论第二个问题。

三、行政法定原则的法定范围

基于立法程序的复杂性和人民对行政效率的基本要求，将所有行政行为纳入行政法定范围不现实。如果将所有行政行为纳入行政法定范围，会过分束缚行政机关的手脚，人民权益反受其害。因此，行政法定只能是部分法定。确定行政法定范围可按照以下问题来思考：第一，以行政行为是否侵害行政相对人利益为标准，将行政行为分为侵益性行政行为和授益性行政行为的话，则仅侵益性行政行为须以法律规定为前提，还是包括授益性行政行为？第二，以行政行为所指向的对象为标准，将行政行为分为外部行政行为和内部行政行为的话，则仅外部行政行为须以法律规定为前提，还是包括内部行政行为？第三，以行政行为所包含的要素为标准，将行政行为要素分为实体方面和程序方面的话，则仅行政行为的实体要素须以法律规定为前提，还是包括程序要素？第四，以行政行为的性质为标准，将行政行为分为管理行为与组织行为的话，则仅管理行为须以法律规定为前提，还是包括组织行为？下面分别就这几个问题予以回答。

（一）行政法定主要针对侵益性行政行为

目前，我国法律法规对行政法定的范围尚未作出明确规定，但有两个中央文件较为明确地回答了这一问题。一是 2004 年国务院制定的《全面推进依法行政实施纲要》。其中指出："没有法律、法规、规章的规定，行政机关不得作出影响公民、法人和其他组织合法权益或者增加公民、法人和其他组织义务的决定。"二是 2014 年中共中央十八届四中全会通过的《中共中央关于全面推进依法治国若干重大问题的决定》。其中指出："行政机关不得法外设定权力，没有法律法规依据不得作出减损公民、法人和其他组织合法权益或者增加其义务的决定。"这两个文件的表述虽然略有差异，但有一点是一致、明确的，即行政机关"作出减损公民、法人和其他组织合法权益或者增加其义务的决定"必须以法律规定为前提。除此之外，行政处罚法、行政许可法、行政强制法和税收征收管理法的相关条文也规定该类侵益性行政行为须以法律规定为前提。据此可以肯定地说，行政法定原则主要指的是侵益性行政行为（如行政处罚、行政强制、行政征收、行政禁令等），授益性行政行为（如行政奖励、行政救助、行政救济、行政服务等）一般不受这一原则的约束。[①] 关于侵益性行政行为法定原则，可参阅指导案例 41 号"宣懿成等诉浙江省衢州市国土资源局收回国有土地使用权案"[②]。本案裁判要点指出："行政机关作出具体行政行为时未引用具体法律条款，且在诉讼中不能证明该具体行政行为符合法律的具体规定，应当视为该具体行政行为没有法律依据，适用法律错误。"

◆［指导案例 41 号］宣懿成等诉浙江省衢州市国土资源局收回国有土地使用权案

【案情概要】

原告宣懿成等 18 人系浙江省衢州市柯城区卫宁巷 1 号（原 14 号）衢州府山中学教工宿舍楼的住户。2002 年 12 月 9 日，衢州市发展计划委员会根据第三人建设银行衢州分行（以下简称"衢州分行"）的报告，审查同意衢州分行在原有的营业综合大楼东南侧扩建营业用房建设项目。同日，衢州市规划局制定建设项目选址意见，衢州分行为扩大营业用房等，拟自行收购、拆除占地面积为 205 平方米的府山中学教工宿舍楼，改建为露天停车场，具体按规划详图实施。18 日，衢州市规划局又规划出衢州分行扩建营业用房建设用地平面红线图。20 日，衢州市规划局发出建设用地规划许可证，衢州分行建设项目用地面积 756 平方米。25 日，被告衢州市国土资源局（以下简称"衢州市国土

---

① 有意见认为，授益性行政行为也应在一定范围遵循法定原则或者法律保留原则。参见杨登峰：《行政法定原则及其法定范围》，载《中国法学》2014 年第 3 期；黄学贤：《行政法中的法律保留原则研究》，载《中国法学》2004 年第 5 期。

② 最高人民法院审判委员会讨论通过，2014 年 12 月 25 日发布。

局")请示收回衢州府山中学教工宿舍楼住户的国有土地使用权187.6平方米,报衢州市人民政府审批同意。31日,衢州市国土局作出衢州市国土〔2002〕37号《收回国有土地使用权通知》(以下简称《通知》),并告知宣懿成等18人其正在使用的国有土地使用权将收回及诉权等内容。《通知》说明了行政行为所依据的法律名称,但没有对所依据的具体法律条款予以说明。原告不服,提起行政诉讼。

【裁判结果】

浙江省衢州市柯城区人民法院于2003年8月29日作出〔2003〕柯行初字第8号行政判决:撤销被告衢州市国土资源局2002年12月31日作出的衢州市国土〔2002〕37号《通知》。宣判后,双方当事人均未上诉。

【裁判理由】

法院生效裁判认为:被告衢州市国土局作出《通知》时,虽然说明了该通知所依据的法律名称,但并未引用具体法律条款。在庭审过程中,被告辩称系依据《土地管理法》第58条第1款作出被诉具体行政行为。《土地管理法》第58条第1款规定:"有下列情形之一的,由有关人民政府土地行政主管部门报经原批准用地的人民政府或者有批准权的人民政府批准,可以收回国有土地使用权:(一)为公共利益需要使用土地的;(二)为实施城市规划进行旧城区改建,需要调整使用土地的;……"衢州市国土局作为土地行政主管部门,有权依照《土地管理法》对辖区内国有土地的使用权进行管理和调整,但其行使职权时必须具有明确的法律依据。被告在作出《通知》时,仅说明是依据《土地管理法》及浙江省的有关规定作出的,但并未引用具体的法律条款,故其作出的具体行政行为没有明确的法律依据,属于适用法律错误。

本案中,衢州市国土局提供的衢州市发展计划委员会〔2002〕35号《关于同意扩建营业用房项目建设计划的批复》《建设项目选址意见书审批表》《建设银行衢州分行扩建营业用房建设用地规划红线图》等有关证据,难以证明其作出的《通知》符合《土地管理法》第58条第1款规定的"为公共利益需要使用土地"或"为实施城市规划进行旧城区改造,需要调整使用土地"的情形,主要证据不足,故被告主张其作出的《通知》符合《土地管理法》规定的理由不能成立。根据《行政诉讼法》及其相关司法解释的规定,在行政诉讼中,被告对其作出的具体行政行为承担举证责任,被告不提供作出具体行政行为时的证据和依据的,应当认定该具体行政行为没有证据和依据。

综上,被告作出的收回国有土地使用权具体行政行为主要证据不足,适用法律错误,应予撤销。

(二)内部侵害行政行为须以法律规定为前提

内部侵害行政行为,是在对行政行为进行内外部划分的基础上,进一步以是否对相对人有利为标准进行划分的结果，主要指免职、降职、辞退、处分等内部行政行为。

内部侵害行政行为法定在《公务员法》中得到明确规定。该法第 15 条第 2 项规定，公务员"非因法定事由、非经法定程序，不被免职、降职、辞退或者处分"。免职、降职、辞退或者处分是内部侵害行政行为的典型，可以说这是对内部侵害行政行为法定原则的纲领性宣示。在此基础上，第 26 条在明确列举录用和禁止录用要件后，以"有法律规定不得录用为公务员的其他情形的"作为禁止录用情形的兜底条款；第 86 条在列举公务员不得辞职的情形后，以"法律、行政法规规定的其他不得辞去公职的情形"作为限制公务员辞职的兜底条款；第 83 条以封闭式列举的方式规定了辞退公务员的条件；第 89 条在列举不得辞退的情形后，以"法律、行政法规规定的其他不得辞退的情形"作为限制辞退的兜底条款。经由这些条款，将拒绝录用、拒绝辞职、拒绝辞退纳入法律、法规的保留范围。

与内部侵害行政行为法定相对应，对于行政机关和事业单位的内部授益行政行为，《公务员法》则明显将其排除在法定范围之外。例如，关于内部奖励，该法第 51 条仅规定："对工作表现突出，有显著成绩和贡献，或者有其他突出事迹的公务员或者公务员集体，给予奖励。"对于公务员的工资、福利等待遇，该法第 80 条、第 82 条、第 83 条仅规定，公务员按照"国家规定"，享受基本工资、津贴、补贴、补助、奖金和其他福利待遇，享受休假，因公致残的享受伤残待遇。这里的"国家规定"显然超出了法律、法规和规章的范畴。

（三）义务性程序也属于法定的范畴

我国不少法律文件都规定，行政行为要依照法定程序作出。例如，《行政处罚法》第 3 条规定，行政处罚"由行政机关依照本法规定的程序实施。没有法定依据或者不遵守法定程序的，行政处罚无效"。《行政许可法》第 4 条规定："设定和实施行政许可，应当依照法定的权限、范围、条件和程序。"《行政强制法》第 4 条规定："行政强制的设定和实施，应当依照法定的权限、范围、条件和程序。"《湖南省行政程序规定》和《山东省行政程序规定》第 3 条规定："行政机关应当依照法律、法规、规章，在法定权限内，按照法定程序实施行政行为。"不过，"依照法定程序"并不等于"程序全面法定"，不意味着行政程序只能以法律规定的程序为限。

其实，（外部）行政程序可分为两类：一类是为规范行政主体行为设定的程序，如告知、听证、说明理由等。它为行政主体设定程序义务，为行政相对人赋予程序权利。另一类是为规范行政相对人参与行政设定的程序，如提出申请、提供资料、遵循期限、缴纳费用等。这类程序为利害关系人设定程序义务，给行政主体赋予程序权利。第一类程序受正当程序原则节制，旨在规范行政权；第二类程序则不然，主要在于便利行政程序的开展。站在行政相对人的立场上，可称第一类程序为"赋权性程序"，称第二类程序为"义务性程序"。

就行政法定原则而言，仅义务性程序需要以法律规定为前提。这是因为，如果允许行政主体基于自身便利的考虑，随意增加义务性程序，则人民办事的成本就会无限制增加，有些情况下，会使人民所享有的实体法律权利根本无法实现。但是，对于赋权性程序而言，由于它们受正当程序原则的约束，则不需以法律规定为前提。在法律对告知、听证、说明理由、送达等程序没有规定，但依据正当程序原则的要求需要告知、听证、说明理由、送达时，可在法外增加这些程序。这里可以"王春诉太和县建设局建设规划许可案"[1] 和"陈爱华诉南京市江宁区住房和城乡建设局不履行房屋登记法定职责案"[2] 为例来说明。

王春诉太和县建设局建设规划许可案

【案情概要】

安徽省太和县居民王春所住的 20 世纪 80 年代建造的三间砖瓦房几年前被有关部门鉴定为危房。根据有关法律规定，王春备齐房产证、土地证等法定要件，向太和县建设局申请颁发危房改建规划许可证。太和县建设局受理王春的建房申请后，要求其联系四邻签署认可意见。王春西邻是谢某。谢某之前翻建楼房时两家曾发生过矛盾。后在他人协调下，谢某在两家共用山墙处打下双地基建起楼房。王春现提出危房改建申请，谢某即执意阻拦。在王春让步不再使用共同地基的情况下，谢某仍不给王春申请表"四邻意见栏"签字，且以王春建房可能影响其墙头及院落地面质量为由，要求太和县建设局不准给王春颁发规划许可证。太和县建设局遂以王春建房缺少谢某签字为由，拒绝颁发规划许可。王春无奈，以太和县建设局为被告，向法院提起行政诉讼，并将谢某列为诉讼第三人。

【法院裁判】

法院认为，被告太和县建设局不为王春办理建设工程规划许可证没有法律依据，遂判决撤销其不予颁证的行政行为，判令重新作出具体行政行为。第三人谢某不服一审判决，以一审相同理由提起上诉。阜阳市中级人民法院终审认为，被告太和县建设局未能提供四邻签字是办理行政许可事项必要条件的法律依据，被诉不予颁证的行政行为违法，最终裁定驳回上诉，维持原判。

《城市规划法》并没有规定办理建设规划许可要由四邻签发同意书的程序。本案行

---

[1] 资料来源：http://www.lawyee.net/Case/Case_Hot_Display.asp? RID=199541，2019 年 9 月 24 日访问。
[2] 参见江苏省南京市江宁区人民法院〔2013〕江宁行初字第 49 号行政判决书。本案刊载于《最高人民法院公报》2014 年第 8 期。

政机关在没有法律依据的情形下要求申请人找四邻签字，不过是为了避免给自己的颁证行为带来麻烦而自行增加的程序。从本案可以看出，如果行政机关执意以谢某在"四邻意见栏"签字为办理建设规划的前提，而谢某始终不肯签字的话，则王春在实体法的权益就根本无法实现。"陈爱华诉南京市江宁区住房和城乡建设局不履行房屋登记法定职责案"的情形与此相似。

◆ 陈爱华诉南京市江宁区住房和城乡建设局不履行房屋登记法定职责案

【案情概要】

2011年5月23日，曹振林自书遗嘱一份，将其房产及一间8平方米的储藏室以及名下所有存款、住房中所有用品无条件赠与陈爱华。6月22日，曹振林在医院病逝。7月22日陈爱华经南京市公证处公证，声明接受全部遗赠。8月3日，陈爱华携带遗嘱、房产证、公证书等材料前往南京市江宁区住房和城乡建设局（以下简称"住建局"）下设的房地产交易中心办理过户登记手续时被拒绝。10月10日，陈爱华向住建局提出书面申请，要求住建局为其办理房屋所有权转移登记。10月27日，住建局以"遗嘱未经公证，又无'遗嘱继承公证书'"为由，书面回复不予办理。

陈爱华不服，遂提起行政诉讼，要求法院确认被告拒绝为其办理房屋所有权转移登记的行为违法，责令被告为其办理相关房屋所有权转移登记。被告认为，《司法部、建设部关于房产登记管理中加强公证的联合通知》（以下简称《联合通知》）第2条规定："遗嘱人为处分房产而设立的遗嘱，应当办理公证。遗嘱人死亡后，遗嘱受益人须持公证机关出具的'遗嘱公证书'和'遗嘱继承权公证书'或'接受遗赠公证书'，以及房产所有权证、契证到房地产管理机关办理房产所有权转移登记手续。"陈爱华仅依据曹振林所立书面遗嘱提出房屋所有权转移登记申请，该遗嘱并未经过公证，且陈爱华也未提供该遗嘱分割协议，故不符合《联合通知》的规定，不应为其办理房屋所有权转移登记。因此不予办理的行政行为合法，请求法院依法驳回原告的诉讼请求。

【法院裁判】

南京市江宁区人民法院认为，根据《继承法》第16条第3款的规定，"公民可以立遗嘱将个人财产赠给国家、集体或者法定继承人以外的人"，公民享有通过设立遗嘱方式处分包括房产在内的个人财产的权利。我国法律、法规并未规定"遗嘱人为处分房产而设立的遗嘱应当办理公证"，也未要求遗嘱受益人须持公证机关出具的遗嘱公证书才能办理房屋转移登记。《联合通知》中关于"遗嘱人为处分房产而设立的遗嘱，应当办理公证"的规定与《物权法》《继承法》等法律精神不符，不能成为房屋登记主管部门不履行房屋登记职责的法律依据。① 故本案中，被告依据《联合通知》的相关规定对该涉案房屋不予办理房屋所有权转移登记的具体行政行为违法。遂依照《行政诉讼法》第54条规定，判决撤销被告住建局于2011年10月27日作出的《关于陈爱华办理过户登记申请的回复》，责令被告住建局在本判决书发生法律效力后30日内履行对原告陈爱华办理该涉案房屋所有权转移登记的法定职责。

《最高人民法院公报》编者就本案撰写的裁判要旨指出：国家对不动产实行统一登记制度。统一登记的范围、登记机构和登记办法，由法律、行政法规规定。司法部、建设部《关于房产登记管理中加强公证的联合通知》不属于法律、行政法规、地方性法规、规章的范畴，且与《物权法》《继承法》《房屋登记办法》等有关法律法规相抵触，不能成为房屋登记主管部门不履行房屋登记法定职责的依据。

《江苏省高级人民法院公报》2014年第1辑将此案作为参阅案例刊载。其裁判摘要和裁判理由如下：公民可以立遗嘱将个人财产赠给国家、集体或者法定继承人以外的人。现行法律、法规并未规定遗嘱受益人须持公证机关出具的遗嘱公证书才能办理房屋转移登记。《联合通知》中关于"遗嘱人为处分房产而设立的遗嘱，应当办理公证"的规定与《物权法》《继承法》等有关法律法规精神不符，不能成为房屋登记主管部门拒绝履行房屋登记职责的法律依据。《最高人民法院公报》2014年第8期也刊载了本案，并对裁判理由作了些许补充和修改：《联合通知》是由司法部和建设部联合发布的政府性规范文件，不属于法律、行政法规、地方性法规或规章的范畴，其规范的内容不得与《物权法》《继承法》《房屋登记办法》等法律法规相抵触。行政机关行使行政职能时必须符合法律规定，行使法律赋予的行政权力，而不能在有关法律法规规定之外创设新的权力来限制或剥夺行政相对人的合法权利。行政机构以此为由干涉行政相对人的合法权利，要求其履行非依法赋予的责任义务，法院不予支持。故，被告依据《联合通知》的规定要求原告必须出示遗嘱公证书才能办理房屋转移登记的行为与法律法规相抵触，对该涉案房屋不予办理房屋所有权转移登记的具体行政行为违法。

就程序法定原则而言，本案涉及的"强制公证程序"对于原告来说是义务性程序，属于程序法定的范围。既然属于法定的范围，就必须以法律、法规或者规章的规定为前提。《联合通知》虽然规定应当提交公证书，但是《联合通知》属于规范性文件，并不是正式的法律渊源，不属于程序法定原则之"法"的范畴。因此，强制公证违反了程序

---

① 《物权法》第10条第2款规定："国家对不动产实行统一登记制度。统一登记的范围、登记机构和登记办法，由法律、行政法规规定。"《继承法》第16条第3款规定："公民可以立遗嘱将个人财产赠给国家、集体或者法定继承人以外的人。"《继承法》第17条第2款规定："自书遗嘱由遗嘱人亲笔书写，签名，注明年、月、日。"《房屋登记办法》第32条规定："发生下列情形之一的，当事人应当在有关法律文件生效或者事实发生后申请房屋所有权转移登记：……（三）赠与……"

法定原则，被诉不予办理房屋过户登记的行政行为违法。

以上两个案例都说明义务性程序须以法律规定为前提，遵守程序法定原则。关于赋权性程序无须以法律规定为前提的、不受行政法定原则约束的问题在正当程序原则中再行说明。

（四）组织行为应当纳入法定范围

组织行为，系指设立行政机关及其内部机关和行政岗位的行为。从我国现行立法来看，组织行为已在一定范围被纳入法定范围，但法定范围限于高级别的行政机关层面。如《宪法》第86条第3款规定："国务院的组织由法律规定。"第95条第2款和第3款规定："……地方各级人民政府的组织由法律规定。""自治区、自治州、自治县设立自治机关。自治机关的组织和工作根据宪法第三章第五节、第六节规定的基本原则由法律规定。"《立法法》第8条第2项规定，"各级人民代表大会、人民政府、人民法院和人民检察院的产生、组织和职权"只能制定法律。这些规定表明，各级人民政府的产生、组织和职权被纳入法律保留的范围，处于行政法定的最高位阶。但这只是对各级人民政府的规定，对各级人民政府的工作部门或办事机构的设立却没有作出同样规定。因此，组织行为法定范围有待进一步扩展和完善。

四、行政法定原则的法律位阶

由于我国立法法所讲的法包括法律（基本法律和普通法律）、行政法规、地方性法规、部门规章和地方政府规章（省级人民政府规章和设区的市的人民政府规章），则如果一个行政行为需要以法律规定为前提的话，应当以哪一个位阶的法律规范为前提便是需要搞清楚的另一个问题。

行政法定原则的法律位阶可根据立法权的划分来确定。划分立法权的法律规范不仅存在于立法法中，还存在于行政处罚法关于行政处罚的种类和设定、行政许可法关于行政许可的设定、行政强制法关于行政强制的种类和设定、税收征收管理法关于税种和税率的设定等一系列法律文件中。例如，《行政处罚法》第9条规定："法律可以设定各种行政处罚。限制人身自由的行政处罚，只能由法律设定。"这就意味着，所有的行政处罚都可以以法律为依据，但是限制人身自由的行政处罚只能以法律为依据，即便行政法规规定了也不行。再如，《行政强制法》第10条规定，行政强制措施由法律设定。尚未制定法律，且属于国务院行政管理职权事项的，行政法规可以设定除限制公民人身自由、冻结存款和汇款以及应当由法律规定的行政强制措施以外的其他行政强制措施。尚未制定法律、行政法规，且属于地方性事务的，地方性法规可以设定查封场所、设施或者财物以及扣押财物的行政强制措施。法律、法规以外的其他规范性文件不得设定行政强制措施。这就意味着，实施冻结存汇款的行政强制措施只能以法律为依据，而不能依据行政法规和地方性法规的规定。

将我国《立法法》《行政处罚法》《行政许可法》《行政强制法》《税收征收管理法》的相关条款加以总结的话,设定侵益性行政行为的法律位阶如下:

(1) 只能由全国人大法律设定

① 限制人身自由的强制措施和处罚;

② 冻结存款、汇款的行政强制措施;

③ 行政强制执行。

(2) 授权性行政法规可设定

① 对非国有财产的征收;

② 税收。

(3) 职权性行政法规可设定

① 除限制人身自由之外的其他行政处罚;

② 除限制公民人身自由和冻结存款、汇款之外的行政强制措施。

(4) 地方性法规可设定

① 除限制人身自由和吊销营业执照之外的其他行政处罚;

② 查封场所、设施或财物以及扣押财物的行政强制措施。

(5) 部门规章和地方政府规章可设定警告和一定数量罚款的行政处罚

(6) 其他规范性文件不得设定行政处罚、强制、征收等行政行为

确定行政法定范围内的行政行为应当依据的法律位阶,除了依据上述几部一般行政法律文件外,还可依据部门行政法律文件提供的信息,尤其是一些兜底条款。例如,《工伤保险条例》第14条规定:"职工有下列情形之一的,应当认定为工伤:(一)在工作时间和工作场所内,因工作原因受到事故伤害的;(二)工作时间前后在工作场所内,从事与工作有关的预备性或者收尾性工作受到事故伤害的;(三)在工作时间和工作场所内,因履行工作职责受到暴力等意外伤害的;(四)患职业病的;(五)因工外出期间,由于工作原因受到伤害或者发生事故下落不明的;(六)在上下班途中,受到非本人主要责任的交通事故或者城市轨道交通、客运轮渡、火车事故伤害的;(七)法律、行政法规规定应当认定为工伤的其他情形。"这里的兜底条款是:"法律、行政法规规定应当认定为工伤的其他情形。"这就意味着,行政机关作出认定为工伤的行政行为,必须以法律、行政法规规定的情形为依据,地方性法规和规章不能作为这类行政行为的法依据。

总之,行政行为性质不同,对相对人权益的影响程度不同,所要依据的法律位阶就不同;目前,现行法对此还没有统一的要求。具体应用中,应当根据相关法律的具体规定来分析判断。

第二节　法律优位原则

法律优位原则，又称法律优先原则，其基本内涵有两个方面：第一，法律的位阶高于法规、规章，法规、规章必须符合法律，不得与法律相抵触；第二，法律规范的位阶高于行政行为，行政行为必须符合法律规范，不得与法律规范相抵触。第二个要求以第一个要求为前提。这就意味着，行政行为要符合法律规范，而法律规范要符合宪法和法律。下面以指导案例5号"鲁潍（福建）盐业进出口有限公司苏州分公司诉江苏省苏州市盐务管理局盐业行政处罚案"[①]来说明。本案的裁判要点之一是，地方政府规章违反法律规定设定许可、处罚的，人民法院在行政审判中不予适用。

◆ [指导案例5号] 鲁潍（福建）盐业进出口有限公司苏州分公司诉江苏省苏州市盐务管理局盐业行政处罚案

【案情概要】

2007年11月12日，鲁潍公司从江西等地购进360吨工业盐。江苏省苏州市盐务管理局（以下简称"苏州盐务局"）认为鲁潍公司进行工业盐购销和运输时，应当按照《江苏省〈盐业管理条例〉实施办法》（以下简称《江苏盐业实施办法》）的规定办理工业盐准运证，鲁潍公司未办理工业盐准运证即从省外购进工业盐涉嫌违法。2009年2月26日，苏州盐务局经听证、集体讨论后认为，鲁潍公司未经江苏省盐业公司调拨或盐业行政主管部门批准从省外购进盐产品的行为，违反了《盐业管理条例》第20条、《江苏盐业实施办法》第23条、第32条第2项的规定，并根据《江苏盐业实施办法》第42条的规定，对鲁潍公司作出了（苏）盐政一般〔2009〕第001-B号处罚决定书，决定没收鲁潍公司违法购进的精制工业盐121.7吨、粉盐93.1吨，并处罚款122363元。鲁潍公司不服该决定，于2月27日向苏州市人民政府申请行政复议。苏州市人民政府于4月24日作出了〔2009〕苏行复第8号复议决定书，维持了苏州盐务局作出的处罚决定。原告仍不服，提起行政诉讼。

原告认为，被告苏州盐务局根据《江苏盐业实施办法》的规定，认定鲁潍公司未经批准购买、运输工业盐违法，并对鲁潍公司作出行政处罚，其具体行政行为执法主体错误、适用法律错误。苏州盐务局无权管理工业盐，也无相应执法权。根据《国家计委、国家经贸委关于改进工业盐供销和价格管理办法的通知》等规定，国家取消了工业盐准运证和准运章制度，工业盐也不属于国家限制买卖的物品。《江苏盐业实施办法》的相

[①] 最高人民法院审判委员会讨论通过，2012年4月9日发布。

关规定与上述规定精神不符，不仅违反了《国务院关于禁止在市场经济活动中实行地区封锁的规定》，而且违反了《行政许可法》和《行政处罚法》的规定，属于违反上位法设定行政许可和处罚。因此，原告请求法院判决撤销苏州盐务局作出的（苏）盐政一般〔2009〕第001-B号处罚决定书。

被告辩称，根据国务院《盐业管理条例》第4条和《江苏盐业实施办法》第4条的规定，苏州盐务局有作出盐务行政处罚的相应职权。《江苏盐业实施办法》是根据《盐业管理条例》的授权制定的，属于法规授权制定，整体合法有效。苏州盐务局根据《江苏盐业实施办法》设立准运证制度的规定作出行政处罚并无不当。《行政许可法》和《行政处罚法》均在《江苏盐业实施办法》之后实施，根据《立法法》法不溯及既往的规定，《江苏盐业实施办法》仍然应当适用。鲁潍公司未经省盐业公司或盐业行政主管部门批准而购买工业盐的行为，违反了《盐业管理条例》的相关规定，苏州盐务局作出的处罚决定，认定事实清楚，证据确凿，适用法规、规范性文件正确，程序合法，请求法院驳回鲁潍公司的诉讼请求。

可以看出，本案涉及的基本问题是：苏州盐务局依据《江苏盐业实施办法》对行政相对人鲁潍公司的行政处罚是否合法。而这一争议问题的焦点是：国务院制定的《盐业管理条例》没有设定工业盐运输许可制度，《江苏盐业实施办法》设定工业盐运输许可制度并对违反该制度的行为实施处罚是否合法。

【裁判结果】

江苏省苏州市金阊区人民法院于2011年4月29日作出〔2009〕金行初字第0027号行政判决，撤销苏州盐务局（苏）盐政一般〔2009〕第001-B号处罚决定。

【裁判理由】

法院生效裁判认为：苏州盐务局系苏州市人民政府盐业行政主管部门，根据《盐业管理条例》第4条和《江苏盐业实施办法》第4条、第6条的规定，有权对苏州市范围内包括工业盐在内的盐业经营活动进行行政管理，具有合法执法主体资格。

苏州盐务局对盐业违法案件进行查处时，应适用合法有效的法律规范。《立法法》第79条规定，法律的效力高于行政法规、地方性法规、规章，行政法规的效力高于地方性法规、规章。苏州盐务局的具体行政行为涉及行政许可、行政处罚，应依照《行政许可法》和《行政处罚法》的规定实施。法不溯及既往是指法律的规定仅适用于法律生效以后的事件和行为，对于法律生效以前的事件和行为不适用。《行政许可法》第83条第2款规定，本法施行前有关行政许可的规定，制定机关应当依照本法规定予以清理；不符合本法规定的，自本法施行之日起停止执行。《行政处罚法》第64条第2款规定，本法公布前制定的法规和规章关于行政处罚的规定与本法不符合的，应当自本法公布之日起，依照本法规定予以修订，在1997年12月31日前修订完毕。因此，苏州盐务局有关法不溯及既往的抗辩理由不成立。根据《行政许可法》第15条第1款、第16条第3款的规定，在已经制定法律、行政法规的情况下，地方政府规章只能在法律、行政法规设定的行政许可事项范围内对实施该行政许可作出具体规定，不能设定新的行政许可。法律及《盐业管理条例》没有设定工业盐准运证这一行政许可，地方政府规章不能设定工业盐准运证制度。根据《行政处罚法》第13条的规定，在已经制定行政法规的情况下，地方政府规章只能在行政法规规定的给予行政处罚的行为、种类和幅度内作出具体规定，《盐业管理条例》对盐业公司之外的其他企业经营盐的批发业务没有设定行政处罚，地方政府规章不能对该行为设定行政处罚。

人民法院审理行政案件，依据法律、行政法规、地方性法规，参照规章。苏州盐务局在依职权对鲁潍公司作出行政处罚时，虽然适用了《江苏盐业实施办法》，但是未遵循《立法法》第79条关于法律效力等级的规定，未依照《行政许可法》和《行政处罚法》的相关规定，属于适用法律错误，依法应予撤销。

鲁潍公司案充分说明，行政行为的合法性，首先取决于法律规定本身的合法性。

对于法律优位原则的第二个要求，即"行政行为必须符合法律规范"，还应进一步作更为具体的解读。行政法的法律规范可进一步划分为法律原则与法律规则，而法律原则的位阶高于法律规则，法律规则须服从于法律原则。此外，任何一个法律规则都包含法律目的和法律措施两个要素，法律措施是实现法律目的的手段。据此，"行政行为必须符合法律规定"便可进一步具体化为两个方面的要求：第一，行政行为不仅要符合法律规则，还要符合法律原则；第二，行政行为不仅要符合法律规则条文，还要符合法律目的。下面举"潘龙泉诉新沂市公安局治安行政处罚案"[1] 和"李党林诉西安市人民政府工伤认定案"[2] 两个案例来分别说明。其中，"潘龙泉诉新沂市公安局治安行政处罚案"说明，行政行为不仅要符合法律规则，还要符合法律原则。"李党林诉西安市人民政府工伤认定案"说明，行政行为不仅要符合法律规则，还要符合法律目的。

◆ 潘龙泉诉新沂市公安局治安行政处罚案

【案情概要】

1997年8月26日，潘龙泉与刘廷选、陆敬山、李明臣四人在新沂市新安镇四华里张向荣家中打麻将。至被徐州市公安局督察大队查获时，刘廷选输140元、潘龙泉赢

---

[1] 参见江苏省句容市人民法院〔2010〕句行初字第14号行政判决书。另参见最高人民法院行政审判庭编：《中国行政审判案例》（第3卷），中国法制出版社2013年版，第128—132页。

[2] 参见西安市中级人民法院〔2006〕西行终字第50号行政判决书。

260元。徐州市公安局当场暂扣刘廷选现金4860元、潘龙泉3980元、陆敬山1380元、李明臣460元。当日，新沂市公安局对此事立案调查，并分别对陆敬山、李明臣作出治安拘留十五日并罚款3000元的行政处罚。因原告潘龙泉、刘廷选属于被告单位民警，徐州市公安局督察大队对两人另行处理。1998年12月4日，决定没收潘龙泉赌资260元、刘廷选860元，同时退还潘龙泉现金3720元、刘廷选4000元。原告不服提起行政诉讼。2000年2月27日，徐州市公安局作出徐公局〔2000〕54号决定："撤销市局督察大队、纪委之前就此案出具的一切暂扣、没收、信函处理情况等文书；责成市局督察大队将此案所暂扣的财物随同案件材料一并移交发生地新沂市公安局依法处理。"2000年2月28日，此案被移交给新沂市公安局，但徐州市公安局并未返还潘龙泉等人被没收的财产。2000年11月2日，潘龙泉不服徐州市公安局没收财产的决定，提起行政诉讼。2000年12月8日，徐州市云龙区人民法院作出〔2000〕云行初字第34号行政判决："一、徐州市公安局督察大队没收潘龙泉财产的行为违法。二、自判决生效之日起三日内，由徐州市公安局返还没收潘龙泉的现金260元。"潘龙泉不服提起上诉后，经徐州市中级人民法院〔2001〕徐行终字第27号行政判决维持原判。2006年12月26日8：50至11：50，被告新沂市公安局对潘龙泉进行传唤，并进行询问，同日14：30告知潘龙泉处罚的事实、理由及依据，并听取其陈述及申辩。后于2007年1月31日作出行政处罚决定：对潘龙泉予以治安拘留七日并罚款1500元。潘龙泉不服，提起行政诉讼，请求撤销该行政处罚决定。

问题：本案法院该如何判决呢？

从本案案情来看，对当事人潘龙泉实施赌博行为的真实性，各方没有异议，可以认定。对于赌博行为，《治安管理处罚条例》第32条规定："严厉禁止下列行为：（一）赌博或者为赌博提供条件的；……有上述行为之一的，处十五日以下拘留，可以单处或者并处三千元以下罚款；……"由此，被告行政机关对潘龙泉给予"治安拘留七日并罚款1500元"的行政处罚，符合法律规定。当然，比较对同案之陆敬山、李明臣作出的"治安拘留十五日并罚款3000元"的行政处罚，本案没有做到相同情形相同对待，有违平等原则，不尽合理。实际上，陆敬山、李明臣提供的赌资最少（徐州市公安局当场暂扣刘廷选现金4860元、潘龙泉3980元、陆敬山1380元、李明臣460元），情节似乎更轻。因此，即便不能对潘龙泉作出更重的行政处罚，也不应作出更轻的行政处罚。不论怎样，对潘龙泉进行行政处罚是必要的。不过，本案的核心问题在于，潘龙泉的赌博行为发生于1997年8月26日，被告于十年后，即2007年1月31日还能否对其作出行政处罚？这则是本章需要讨论的问题。潘龙泉实施赌博行为之时，正在实施的《行政处罚法》和《治安管理处罚条例》均未对行政处罚的期限作出规定。不过，法律没有规定处罚的期限，是否就意味着行政处罚不受时间限制呢？特别是在 2000 年 12 月 8 日徐州市云龙区人民法院作出〔2000〕云行初字第 34 号行政判决的情况下。答案应该是否定的。

行政行为不仅受法律规则约束，更受法律原则约束。在行政法律原则中，与本案有关的有法的安定性原则与信赖利益保护原则。这两个原则与行政法定、法律优先等原则一道约束、规范着行政行为。法的安定性原则的内涵之一是借由法律达成的社会秩序的安定性，系指透过法律的规范功能，维持社会秩序的安定状态。在此意义下的法的安定性，旨在保障既已存在的法律关系与状态，使其免受权力恣意运作的侵害。① 信赖利益保护原则是借由法的安定性原则发展而来的。这一原则意味着，人民对于国家行为存续之信赖所产生的利益应受法律保护。具体地讲，当人民对于行政机关作出的行政行为、行政规划、行政合同形成信赖并因此产生正当利益时，法律应当对其加以保护。在信赖利益保护原则下，对于权力的不行使或迟延行使，有所谓权力（权利）失效的理论。按照这一理论，在法律未对时效、期限等加以规定的情形下，如果允许权力（权利）的行使无期间的限制，则当事人之间的权力（权利）义务关系将长期处于不确定状态，一旦权力（权利）行使，将给相对人造成突袭的侵害。为防范这一结果发生，当权力（权利）人长久不行使权力（权利）并使相对人相信其不再行使该权力（权利）时，权力（权利）人的权力（权利）归于失效。②

用法的安定性原则和信赖利益保护原则来分析本案，尽管从法律规则层面来看，潘龙泉案的被告新沂市公安局有作出行政处罚的依据，可以处罚，但由于时隔十年，从维护既有法律秩序的稳定性和保护潘龙泉的信赖利益的角度看，再行处罚，便是不符合这两个法律原则的。因此，新沂市公安局对潘龙泉的行政处罚决定违法，应予撤销。③

---

① 除此之外，法的安定性原则还有第二层含义，即"法律本身的安定性"，系指法律本身之安定状态的维持。在此意义下的法安定性，旨在要求法律条文对权利义务表述的明确性，即对法律规则之构成要件、法律效果、主客体及权利义务内容的规定都需明确、可认知。参见城仲模主编：《行政法之一般法律原则》（二），三民书局 1997 年版，第 272—273 页。

② 参见城仲模主编：《行政法之一般法律原则》（二），三民书局 1997 年版，第 237—242 页。

③ 本案二审法院徐州市中级人民法院经审理认为，上诉人潘龙泉等人打麻将行为发生于 1997 年 8 月 26 日，被上诉人新沂市公安局于同日对其他两名参加打麻将人员作出治安处罚，在无违反治安管理人逃跑等客观原因的情况下，再于 2007 年 1 月 31 日对上诉人潘龙泉作出被诉的治安处罚决定，既不符合《治安管理处罚法》第 99 条关于"公安机关办理治安案件的期限，自受理之日起不得超过三十日；案情重大、复杂的，经上一级公安机关批准，可以延长三十日。为了查明案情进行鉴定的期间，不计入办理治安案件的期限"的规定，也有违《行政处罚法》的立法精神。被上诉人对上诉人作出新公（治）决字〔2007〕第 N23 号行政处罚决定违反了法定程序，亦属滥用职权，依法应予撤销。二审法院遂作出了撤销判决。这一判决结论虽然与本文分析意见相同，但本人对其理由却不能赞同。第一，不能引用 2007 年才实施的《治安管理处罚法》；第二，认为属于裁量权滥用不完全妥当。在法律没有对行政处罚期限作出规定的情形下，处罚期限确实属于行政裁量的范畴。如果新沂市公安局认为，本案行政处罚的期限延长至十年后处理为宜，那的确属于裁量权的滥用。但问题在于，新沂市公安局可能当初并不是这样认为的。而且，如果仅以"滥用职权"为由撤销该行政处罚决定，还得重新作出，但本案是不能重作决定的。

李党林诉西安市人民政府工伤认定案

【案情概要】

李党林为陕西兴源电子设备有限公司（以下简称"兴源公司"）的员工，在给公司搬运货物时腰部受伤。医院诊断为腰椎间盘突出。为此，他于2004年7月21日向西安市劳保局申请工伤认定。西安市劳保局于2004年7月23日向兴源公司发出《工伤认定调查材料通知书》，该通知书载明："依据《工伤保险条例》第19条的规定，需对申请人受伤情况调查核实，请你单位自收到通知之日起30日内提出答辩意见和相关证据，送西安市劳动和社会保障局工伤保险处。逾期不提供，我局将按照劳动和社会保障部《工伤认定办法》第14条的规定，根据申请人提供的证据，依法作出工伤认定结论。"兴源公司逾期至2004年11月2日将《企业法人营业执照》和一份说明提供给市劳保局。2004年12月14日，西安市劳保局对原告的受伤事实进行调查核实，并于2005年1月12日作出《关于李党林工伤认定决定通知书》，认定李党林所受伤害为工伤。兴源公司不服工伤认定决定，向西安市人民政府申请复议。西安市人民政府于2005年5月19日，作出市政复决字〔2005〕21号行政复议决定，以工伤认定事实不清、超出法律规定期限从而程序违法为由，撤销了西安市劳保局作出的《关于李党林工伤认定决定通知书》，并责令西安市劳保局收到行政复议决定书后60日内重新作出具体行政行为。李党林对行政复议决定不服，提起行政诉讼。

问题：复议机关撤销被复议机关作出的工伤认定决定是否合法？

从本案裁判文书来看，复议机关撤销劳保局的工伤认定主要有两个理由：一是认定事实不清；二是违反法定认定期限，程序违法。关于事实问题，西安市劳保局主要以用人单位兴源公司举证不能对事实作出认定。《工伤保险条例》第19条规定："劳动保障行政部门受理工伤认定申请后，根据审核需要可以对事故伤害进行调查核实，用人单位、职工、工会组织、医疗机构以及有关部门应当予以协助。职业病诊断和诊断争议的鉴定，依照职业病防治法的有关规定执行。对依法取得职业病诊断证明书或者职业病诊断鉴定书的，劳动保障行政部门不再进行调查核实。职工或者其直系亲属认为是工伤，用人单位不认为是工伤的，由用人单位承担举证责任。"按此规定，在兴源公司不能证明李党林所受伤害不属于工伤的情形下，西安市劳保局认定为工伤，符合《工伤保险条例》规定的证据规则。对此，没有多少讨论的余地。在这种情形下，值得讨论的问题就为，复议机关西安市人民政府可否以西安市劳保局超过法定的工伤认定期限为由撤销该工伤认定决定？

《行政复议法》第28条规定，行政行为"违反法定程序的"，复议机关应当撤销该行政行为。《工伤保险条例》第 20 条第 1 款规定："劳动保障行政部门应当自受理工伤认定申请之日起 60 日内作出工伤认定的决定，并书面通知申请工伤认定的职工或者其直系亲属和该职工所在单位。"李党林于 2004 年 7 月 21 日向西安市劳保局提出工伤申请，西安市劳保局迟至 2005 年 1 月 12 日作出工伤认定决定，耗时五个多月，远远超过了法定的 60 日期限。行政期限属于法定行政程序，超过法定期限自然属于违反法定程序的范畴。简单地看，复议机关依据《行政复议法》第 28 条的规定作出撤销所复议的工伤认定决定，符合法律规定。但如此处理是否符合《工伤保险条例》第 20 条关于工伤认定期限的立法目的则不无疑问。

《工伤保险条例》第 20 条将工伤认定的期限限定在 60 日，其立法目的在于敦促工伤认定之行政机关在合理的期限内及时作出工伤认定决定，防止因工伤认定机关无期限地拖延而损害工伤认定申请人的合法权益。本案工伤认定机关——西安市劳保局虽然因各种原因，拖延五个月后才作出工伤认定决定，但总算作出了一个工伤认定。如果该工伤认定决定没有其他违法之处，仅仅超过了法定的认定期限，复议机关便以此为由撤销该工伤认定决定的话，工伤认定机关势必还得重新作出相同的认定，其结果只能是进一步延长工伤认定的期限，进一步拖延对工伤认定申请人的救济，与《工伤保险条例》第 20 条的立法目的背道而驰，且越走越远。因此，本案复议机关以超过法定期限为由撤销工伤认定决定，虽然有法律依据且符合法律规定，但不符合所依据法律的立法目的，依然是违法的。

本案经两审审理结案。一、二审法院一致判决撤销复议决定。二审法院的判决理由全面地体现了行政行为不仅须符合法律规则，还须符合法律目的的实质法治理念。二审法院西安市中级人民法院认为："《工伤保险条例》第 20 条规定：劳动保障行政部门应当自受理工伤认定申请之日起 60 日内作出工伤认定的决定。此规定是为了提高行政效率，及时维护行政相对人及利害关系人的合法权益。在本案中，如果以此规定为由撤销工伤认定决定，责令重新作出，势必会造成行政期限的进一步拖延，与立法本意不符。"遂依法作出维持原判的判决。

总而言之，我们讲法律优位，不是仅指法律规则优先；我们讲行政合法，也不单指行政合乎法律规则，法律目的和法律原则也是行政行为合法性判断的有机组成部分。

第三节 比 例 原 则

一、比例原则及其基本要求

比例原则是约束行政裁量权的原则。它为判断行政裁量的合理性、适当性提供基准和依据。行政裁量是行政行为的普遍现象。例如《治安管理处罚法》第41条第1款规定："胁迫、诱骗或者利用他人乞讨的，处十日以上十五日以下拘留，可以并处一千元以下罚款。"行政机关据此作出行政处罚决定时，在上述幅度内，拘留几日、是否罚款以及罚多少，便属于裁量问题，同时也出现裁量是否合理、适当的问题，从而需要判断的标准与依据。

比例原则与法律保留原则、法律优位原则一样，最早由德国人提出，于20世纪末传入我国。一般认为，比例原则包括适当性、必要性和平衡性三个子原则。其中，适当性原则要求，所采取的行政措施应当有助于或能够实现法的目的；必要性原则要求，在可实现法律目的诸措施中，行政机关所采取的措施应对利害关系人权益侵害最小或者成本最低；平衡性原则要求，行政措施所谋求的公共利益不得小于给利害关系人所造成的损害。这三个子原则也可看作判断裁量性行政行为合理与否的三个基本步骤。目前，比例原则在我国行政诉讼实践中得到普遍应用，不仅作为衡量实体裁量合理与否的依据，也作为衡量程序裁量合理与否的判断依据。"刘云务诉山西省太原市公安局交通警察支队晋源一大队道路交通管理行政强制案"[①]与"陈宁诉庄河市公安局行政赔偿纠纷案"[②]是这方面的两个典型例证。

◆ 刘云务诉山西省太原市公安局交通警察支队晋源一大队道路交通管理行政强制案

【案情概要】

2001年7月，刘云务通过分期付款的方式在山西省威廉汽车租赁有限公司购买了一辆东风运输汽车。刘云务依约付清车款后，车辆仍登记挂靠在该公司名下。2006年12月12日，刘云务雇用的司机任治荣驾驶该车行驶至太原市和平路西峪乡路口时，晋源交警一大队的执勤民警以该车未经年审为由将该车扣留并于当日存入存车场。2006年12月14日，刘云务携带该车审验日期为2006年12月13日的行驶证去处理该起违法行为。晋源交警一大队执勤民警在核实过程中发现该车的发动机号码和车架号码看不到，遂以该车涉嫌套牌及发动机号码和车架号码无法查对为由对该车继续扣留，并口头告知刘云务提供其他合法有效手续。刘云务虽多次托人交涉并提供相关材料，但晋源交警一大队一直以其不能提供车辆合法来历证明为由扣留该车。刘云务不服，提起行政诉讼，请求法院撤销晋源交警一大队的扣留行为并返还该车。在法院审理期间，双方当事人在

---

① 参见最高人民法院〔2016〕最高法行再5号行政判决书。本案刊载于《最高人民法院公报》2017年第2期。
② 参见辽宁省庄河市人民法院〔2002〕庄行赔字第1号行政判决书、辽宁省大连市中级人民法院〔2002〕大行终字第98号行政判决书。另参见最高人民法院行政审判庭编：《中国行政审判指导案例》（第1卷），中国法制出版社2010年版，第94页。本案刊载于《最高人民法院公报》2003年第3期。

法院组织下对该车车架号码的焊接处进行了切割查验，切割后显示的该车车架号码为GAGJBDK0110××××2219，而刘云务提供的该车行驶证载明的车架号码为LGAGJBDK0110××××2219。

【裁判结果】

最高人民法院最后判决：确认被诉扣留行为违法，并责令被告在判决生效后30日内将扣押车辆返还再审申请人。

【裁判理由】

最高人民法院审理后，针对被告既不调查核实又长期扣留涉案车辆是否构成滥用职权的问题进行了如下分析：

在涉案车辆发动机缸体未打刻发动机号码且车架号码被钢板铆钉遮盖无法目视确认的情况下，刘云务让所雇用的司机驾驶车辆上路具有过错，晋源交警一大队认为涉嫌套牌依法有权扣留车辆，刘云务应承担相应责任。但扣留车辆属于暂时性的行政强制措施，不能将扣留行为作为代替实体处理的手段。晋源交警一大队扣留车辆后，应依照《道路交通安全法》第96条第2款和《道路交通安全违法行为处理程序规定》第15条的规定，分别作出相应处理：如认为刘云务已经提供相应的合法证明，则应及时返还机动车；如对刘云务所提供的机动车来历证明仍有疑问，则应尽快调查核实；如认为刘云务需要补办相应手续，也应依法明确告知补办手续的具体方式方法并依法提供必要的协助。刘云务先后提供的车辆行驶证和相关年审手续、购车手续、山西省威廉汽车租赁有限公司出具的说明、山西吕梁东风汽车技术服务站出具的三份证明，已经能够证明涉案车辆在生产厂家指定的维修站更换发动机缸体及用钢板铆钉加固车架的事实。在此情况下，晋源交警一大队既不返还机动车，又不及时主动调查核实车辆相关来历证明，也不要求刘云务提供相应担保并解除扣留措施，以便车辆能够返回维修站整改或者返回原登记的车辆管理所在相应部位重新打刻号码并履行相应手续，而是反复要求刘云务提供客观上已无法提供的其他合法来历证明，滥用了法律法规赋予的职权。

行政机关进行社会管理的过程，也是服务社会公众和保护公民权利的过程。建设服务型政府，要求行政机关既要严格执法以维护社会管理秩序，也要兼顾相对人实际情况。对虽有过错但已作出合理说明的相对人，如果可以采用多种方式实现行政目的，则在足以实现行政目的的前提下，应尽量减少对相对人权益的损害。实施行政管理不能仅考虑行政机关单方管理需要，而应以既有利于查明事实，又不额外加重相对人负担为原则。实施扣留等暂时性控制措施，应以制止违法行为、防止证据损毁、便于查清事实等为限，不能长期扣留而不处理，给当事人造成不必要的损失。因此，晋源交警一大队扣留涉案车辆后，既不积极调查核实车辆相关来历证明，又长期扣留涉案车辆不予处理，构成滥用职权。

陈宁诉庄河市公安局行政赔偿纠纷案

【案情概要】

2001年12月24日，原告丈夫韩勇驾驶的红旗牌出租轿车在庄河市栗子房镇林坨附近发生交通事故。庄河市公安局交通警察大队接到报警后，立即出警，赶到事故现场。在事故现场初步查明，韩勇驾驶的红旗牌轿车已被撞变形，韩勇被夹在驾驶座位中，生死不明，需要立即抢救。为了尽快救出韩勇，警方先后采用了撬杠等方法，都不能打开驾驶室车门，最后采用了气焊切割的方法，在周围群众的帮助下，将韩勇从车中救出送往医院。虽然在气焊切割车门时采取了安全防范措施，但切割时仍造成了轿车失火，因火势较大，事先准备的消防器材无法将火扑灭，扩大了汽车的损失。事后，原告陈宁要求庄河市公安局赔偿抢险警察气焊切割时造成车辆被烧毁的损失，庄河市公安局于2002年4月16日作出不予赔偿决定。陈宁不服，遂提出诉讼，请求行政赔偿。

【法院裁判】

本案经两审审理，最终法院驳回了原告的诉讼请求。二审法院大连市中级人民法院认为：根据国家赔偿法第2条第1款的规定，国家机关及其工作人员违法行使职权，是给予国家赔偿的必要前提。本案中，警方是在司机韩勇被夹在发生事故的轿车驾驶室里生死不明，需要紧急抢救的情况下，决定实施强行打开驾驶室车门措施的。由于当时其他方法都不能打开已经变形的车门，为及时抢救出韩勇而采取气焊切割车门的方法，实属情况紧急，迫不得已。因为不及时打开车门，就无法对生死不明的韩勇实施紧急救护；尽早打开车门救出韩勇，就有可能挽救其生命。气焊切割车门的方法虽然会破损车门，甚至造成汽车的毁损，但及时抢救韩勇的生命比破损车门或者造成汽车的毁损更为重要。因此，警方当时强行打开车门抢救韩勇的决定，具有充分的合理性，而且在采取措施之前，警方已经尽可能地采取了相应的防范措施。此外，由于事故现场客观条件的限制，无法准确判断司机韩勇的生死状况，故不能以事后证实的结果为理由，认定警方对韩勇的救助行为没有实际的意义，故上诉人陈宁认为警方实施的紧急抢险行为不当的理由亦不成立。上诉人陈宁要求警方对在不得已情况下的紧急救助行为所造成的损失给予行政赔偿，没有法律依据。

《最高人民法院公报》编著就本案撰写的裁判要旨指出：《国家赔偿法》第2条第1款规定，国家机关或者国家机关工作人员违法行使职权侵害公民、法人和其他组织的合法权益造成损害的，受害人可以取得国家赔偿。违法行使职权，是给予国家赔偿的必要前提。行政机关为了履行职责，为保证当事人的生命财产安全，采取了紧急抢险行为，虽然给当事人造成了一定的物质损害，但如果没有违反法律的规定，且采取行为方式并无不当，当事人不能依照国家赔偿法取得国家赔偿。

可以看出，虽然两个案例均没有明确使用"比例原则"这一概念，但它们是按照比例原则的要求和逻辑进行分析和判断的。

二、比例原则与（英国）合理原则、平等原则的关系

在理解和适用比例原则时，还需注意，在制约和规范行政裁量权的法律原则中，除了比例原则，还有英国的合理原则（reasonableness or rationality）和平等原则。因此，如何处理与合理原则、平等原则的关系也是必须解决的问题。

（一）比例原则与英国合理原则的关系

合理原则发端于16世纪末的英国。① 之后，这一原则不断得到补充和发展，② 最终在1948年的韦德内斯伯里案中得到较为完整的阐述："无庸置疑，裁量权必须合理行使。但这意味着什么呢？……它意味着，裁量权的行使应当以法律目的为目的，必须全面考虑该当考虑的相关因素，必须将不相关因素排除在考虑范围之外。如果他没有遵循这些规则，那么他的作为就是不合理的。同样的，如果行政当局的决定是如此荒唐，以至任何有理智者都不可想象那是行政当局的职责所在，则该行政行为就是不合理的。"③ 经此论述，英国的合理原则往往被称为"韦德内斯伯里合理原则"。④

通常认为，英国的合理原则大致包含审查内容（或标准）和审查强度两个方面的内容。其中，"裁量权的行使应当以法律目的为目的，必须全面考虑该当考虑的相关因素，必须将不相关因素排除在考虑范围之外"可以说是审查内容（或标准）；"如果行政当局的决定是如此荒唐，以至任何有理智者都不可想象那是行政当局的职责所在，则该行政行为就是不合理的"则是审查强度。

从审查内容看，合理原则属于英国行政法之禁止越权原则（ultra vires）的组成部分。⑤ 就两者之间的内在机理，韦德指出："在要求合理地、善意地和正当地行使法定权力时，法院仍在众所周知的禁止越权原则的范围内工作。这一推论既不困难也不神秘。无须证明，议会不可能授权行政当局去做不合理的行为。因此，不合理的行为必然是越

---

① 1598年，柯克（Coke）在 Rooke's Case. [1598] 5 Co. Rep. 99b. 中声称，合理行政是行政当局的一种义务，裁量权必须受到理性和法律的约束，不能任由行政官员依其喜好而为。在 Keighley's Case, [1609] 10 Co. Rep. 139a. 中，这一原则得到重述。See H. W. R. Wade, *Administrative Law*, Oxford: Oxford University Press, 2009, pp. 293-294.

② See Leader v. Moxom [1773] 2 W. BI. 924; Westminster Corporation v. L & NW Raiway [1905] AC 426 at 430; Roberts v. Hopwood [1925] AC 578.

③ Associated Provincial Picture Houses v. Wednesbury [1948] 1 K. B. 223 (C. A.).

④ See H. W. R. Wade, *Administrative Law*, Oxford: Oxford University Press, 2009, pp. 293-294.

⑤ 禁止越权原则源于宪法上的法治原则，要求政府必须服从法律，不得超越法律授予的权限。

权的和无效的。"① 就审查强度而言,"韦德内斯伯里合理原则"实际上是一个高标准。本案的判词即对此予以特别强调:"当行政行为是如此的不合理以至于任何有理性的当局都不可能作出该决定时,法院才可以干预。但是,要证明行政行为不合理到这种程度,则需要压倒一切的优势证据才行。"② 从这一判词来看,该审查标准之"高"体现在两个方面:一是不合理的程度,即只有当行政行为达到"失去理智般的荒唐"时,法院才肯加以干预;二是对不合理的证明程度,即"需要压倒一切的优势证据",法院才能加以干预。

目前,英国以及其他一度应用合理原则的国家,如加拿大、南非、澳大利亚、新西兰以及印度等,于 20 和 21 世纪之交在一定程度或范围放弃了该原则,改而应用比例原则。③ 与合理原则在英语国家的退缩相对应,比例原则则不断从德国向欧洲乃至其他各洲的众多国家推广,呈现出以比例原则替代合理原则的趋势。其根源在于,合理原则立基于禁止越权原则,以确保行政行为的合法性为宗旨,不能完全胜任人权保障的时代使命;而比例原则则在确保行政行为合法性的基础上,进一步把人权保障作为其主要目的,对人权的保护更为有力。从当下我国行政实践的现状以及人民法院所担负的基本权利保障任务和采行的积极主动司法政策来看,统一采用比例原则为评价行政裁量合理性或者适当性的基准更符合我国法治建设和人权保障的需要。④ 不过,在我国行政审判实践中,也有采用(英国)合理原则来裁判行政裁量性行为合理性的案例,如"黄金成等 25 人诉成都市武侯区房管局划分物业管理区域行政纠纷案"⑤。

◆ 黄金成等 25 人诉成都市武侯区房管局划分物业管理区域行政纠纷案

【案情概要】

自 1998 年起,金雁房产有限责任公司以"中央花园"项目名称,在成都市武侯区晋阳街道办事处辖区内的草金公路以北、清水河以南,开发建设了"中央花园清水河片区"商品房楼群,共有楼房 207 幢 5726 套(户)。按开发先后顺序和规格,该片区可分为一期、二期、三期、精装版一区、二区、沿河别墅、临河别墅等楼群。其中一期楼群属沙堰社区居委会管辖,其他楼群属金雁社区居委会管辖。不同楼群之间,由围墙、道

---

① See H. W. R. Wade, *Administrative Law*, Oxford: Oxford University Press, 2009, pp. 389-390.
② Associated Provincial Picture Houses v. Wednesbury [1948] 1 K. B. 230, 233 (C. A.).
③ See R. v. Oakes, [1986] 1 S. C. R. 103, 135—42; S. v. Zuma & Others 1995 (2) SA 642 (CC) (S. Afr.); Kartinyeri v. Commonwealth [1998] 152 A. L. R. 540 (Austl.); Ministry of Transp. v. Noort, [1992] 3 N. Z. L. R. 260, 282—85 (C. A.); S. R. Bommai v. Union of India [1994] 3 SCC 1 (India).
④ 关于比例原则与合理原则关系的详细论述可参见杨登峰:《从合理原则走向统一的比例原则》,载《中国法学》2016 年第 3 期。
⑤ 本案刊载于《最高人民法院公报》2005 年第 6 期。

路等分割为相对独立的院落；院落之间，有一些市政公共通道。该小区由于建设年代较早，公共配套设施有其自身特点。其中，部分供电设备为小区自管，不属市政公共供电配套设施；该小区内其他一些共用设施、设备及物业管理用房，尚未作出权属界定。1999年6月，"中央花园清水河片区"成立了第一届业主委员会。2002年7月，该业主委员会任期届满，未换届选举。2003年10月28日，被告武侯区房管局与晋阳街道办事处共同向武侯区政府办公室提交了《关于划分中央花园清水河小区物业管理区域的情况报告》。该报告根据中央花园清水河小区物业管理区域的现状和存在的问题，提出将该小区划分为A、B、C、D、E共五个物业管理区域的意见。同年11月14日，武侯区房管局将划分物业管理区域的方案在相关区域公示，征求业主意见。同年11月24日，武侯区房管局向"中央花园清水河片区"的业主发出通知，公布了最终确定的校区划分方案。原告不服，提起诉讼。

【法院裁判】

二审法院成都市中级人民法院判决撤销被诉行政行为。法院认为：《物业管理条例》第9条第2款规定："物业管理区域的划分应当考虑物业的共用设施设备、建筑物规模、社区建设等因素。具体办法由省、自治区、直辖市制定。"被上诉人武侯区房管局考虑到"中央花园清水河片区"的建筑规模较大、分属两个社区等实际情况，为便于管理，对该片区进行物业管理区域的划分，该行为并无不当。但是根据《物业管理条例》第9条第2款的规定，武侯区房管局在划分物业管理区域时，应当考虑物业的共用设施设备、建筑物规模、社区建设等因素。在本案诉讼中，武侯区房管局没有以证据证明，其在对"中央花园清水河片区"进行物业管理区域的划分时，考虑了除物业管理用房以外的其他共用设施设备等因素。而在划分物业管理区域时如不考虑共用设施设备的权属、使用与维护等因素，就可能会对物业业主的合法权益造成损害。故武侯区房管局作出的划分"中央花园清水河片区"物业管理区域的通知，不符合《物业管理条例》第9条第2款的规定。

可以看出，上述判决理由虽然是根据《物业管理条例》第9条第2款的规定展开的，但也是符合合理原则分析方法的，至少有合理原则的影子。

(二) 比例原则与平等原则的关系

平等原则是法律的普遍原则，不论是宪法、民法、刑法还是其他法律部门，都遵循这一原则。平等原则要求：等者等之、异者异之，即对相同的同等对待、不同的区别对待。基于这一要求，平等原则也可以发挥制约行政裁量权的功能，是衡量裁量行政行为合理性和适当性的重要依据。但平等原则只能适用于本质相同的两个案件之间，即必须以本质相同的先例为前提和参照。如果是对新型案件的第一次审查，或者要对不同案件作有差异的处理，平等原则便无用武之地，其合理性与适当性则只能适用比例原则或者合理原则。

第四节　正当程序原则

一、正当程序原则的源流

一般认为，正当程序原则源于英国的自然公正原则。自然公正（natural justice），可以追溯到1215年英国《大宪章》（*Magna Charta*）（俗称《自由大宪章》）第39条的规定："任何自由民，未经其同等贵族之依法裁判或经国法判决，皆不得被逮捕、监禁、没收财产、剥夺法律保护权、流放或加以任何其他伤害。"[①] 1354年《自由律》第3章进一步规定："任何人不论其财产或身份如何，不得未经正当法律程序，加以逮捕、监禁、剥夺继承权或处以死刑。"[②] 有人将其翻译为："未经法律的正当程序进行答辩，对任何财产和身份拥有者一律不得剥夺其土地或住所，不得逮捕或监禁，不得剥夺其继承权和生命。"正当法律程序虽然源自英国的自然公正原则，但正当法律程序在美国的发展却对自然公正原则有所超越。根据美国法院的解释，宪法规定的正当法律程序具有两方面的意义：一是程序性的正当法律程序。它要求政府的正式行为必须符合对个人的最低公正标准，如得到充分的通知、在作出裁决之前提供有意义的听证等。二是实质性的正当法律程序。它要求国会所制定的法律，必须符合公平与正义。如果法律剥夺个人的生命、自由或财产，不符合公平与正义的标准，法院将宣告其无效。[③] 就我国而言，正当程序原则主要是作为程序法的原则而应用的，因此，这里主要讨论正当程序原则对于行政程序的基本要求。

二、正当程序原则的基本要求

从我国学者的论述及相关法律的规定来看，正当程序原则对于行政程序提出的基本要求主要包括以下几点：

第一，事前告知，即行政主体在作出不利于行政相对人的行政行为前，应当先行告诉行政相对人或利害关系人可能作出的行政行为及相关事项，告知其享有的相关权利。例如，《行政处罚法》第31条规定："行政机关在作出行政处罚之前，应当告知当事人作出行政处罚决定的事实、理由及依据，并告知当事人依法享有的权利。"

[①] 转引自李龙：《宪法基础理论》，武汉大学出版社1999年版，第3页。
[②] 〔英〕丹宁勋爵：《法律的正当程序》，李克强等译，法律出版社1999年版，第1页。
[③] 参见周佑勇：《行政法的正当程序原则》，载《中国社会科学》2004年第4期。

第二，回避，即当行政工作人员执行公务时，与本人有利害关系，会影响对行政事务的公正、公平处理的，或者会使人对其行为的公正、公平性产生怀疑的，不得参与该行政事务的处理。对此，《公务员法》第76条有具体规定。① 此外，一些地方政府制定的"行政程序规定"中也有具体规定。

第三，听取对方意见或者听证，即行政主体作出不利于行政相对人或者利害关系人的行政行为前，应当充分听取他们的陈述和申辩，必要时要举行正式的听证程序。例如，《行政许可法》第47条规定，"行政许可直接涉及申请人与他人之间重大利益关系的，行政机关在作出行政许可决定前，应当告知申请人、利害关系人享有要求听证的权利"。②

第四，说明理由，即行政主体在作出不利于行政相对人或利害关系人的行政行为时，应当说明作出该行政行为的事实根据、法律依据和裁量根据。例如，《行政处罚法》第39条规定，行政机关作出的行政处罚决定书应当载明"违反法律、法规或者规章的事实和证据"以及"行政处罚的种类和依据"。③

第五，事后送达，即作出行政行为后要及时将行政行为书送达给行政相对人和利害关系人。对此，相关法律也作了规定。例如，《行政许可法》第44条规定，"行政机关作出准予行政许可的决定，应当自作出决定之日起十日内向申请人颁发、送达行政许可证件"。④

第六，救济权利告示，即在送达行政行为时，应当告知当事人不服该行政行为时，寻求法律救济的途径与期限等事项，以便当事人更好地行使救济权利。例如，《行政处罚法》第39条规定，行政处罚决定书应当载明"不服行政处罚决定，申请行政复议或者提起行政诉讼的途径和期限"。

上述要求中，回避、听证和公开应当是正当程序原则的基石，是它们维护或者保证了行政程序的基本正当性或者公正性。从实践层面看，一个正当或者公正的程序首先应当具备的品格是，在程序启动之后直至程序终止之前，任何人都不能提前预设或者操纵程序运作的最后结果；否则，便是不正当或者不公正的。例如，选举程序、赌博程序或

---

① 该条规定，行政机关工作人员执行公务时，与本人有利害关系的，或者与本人有夫妻关系、直系血亲关系、三代以内旁系血亲关系以及近姻亲关系的亲属有利害关系的，或者有其他可能影响公正执行公务的情形的，行政机关工作人员应当自行申请回避，公民、法人和其他组织也可以提出回避申请。

② 再如，《行政处罚法》第6条规定，"公民、法人或者其他组织对行政机关所给予的行政处罚，享有陈述权、申辩权"；第42条规定，"行政机关作出责令停产停业、吊销许可证或者执照、较大数额罚款等行政处罚决定之前，应当告知当事人有要求举行听证的权利；当事人要求听证的，行政机关应当组织听证"。

③ 再如，《行政许可法》第38条第2款规定："行政机关依法作出不予行政许可的书面决定的，应当说明理由，并告知申请人享有依法申请行政复议或者提起行政诉讼的权利。"

④ 再如，《行政处罚法》第40条规定："行政处罚决定书应当在宣告后当场交付当事人；当事人不在场的，行政机关应当在七日内依照民事诉讼法的有关规定，将行政处罚决定书送达当事人。"

者其他竞技程序，一旦结果被提前锁定或者被操纵，人们便会认为这个程序是不公正的、不正当的，程序就会变为走过场。应当说，回避正是为了实现这一程序目的而设计的，它通过排除裁决主体与待决案件之间的利害关系来保证程序结果的不确定性。不过，对于法律程序来说，仅仅具备上述这一品格还是不够的。这是因为，法律程序并不等同于赌博或者竞技，它必须建立在一定的法律事实基础之上。法律事实是基于证据规则认定的事实。它可能与客观事实相同，也可能与客观事实不同。但法律事实越接近客观事实，越有助于实现法的实体公正性。这种情况下，程序越是有助于发现客观事实，就越具有正当性或者公正性；反之，则不然。可以说，听证正是为了实现这一目的而设计的。"兼听则明"，通过认真听取利益相关各方的不同意见，可以使行政主体对于事实的判断更加客观。至于公开，则是对于回避、听证等程序制度的监督和保证。公开的本质是行政过程中的信息公开。它意味着行政的过程能够看得见，意味着人们可以经由信息公开对行政过程予以有效监督。如果没有公开，回避、听证制度是否得到真正落实便无从知晓、无从保证。正所谓"正义的实现固然重要，但正义实现的过程看得见更为重要"。

以上几个方面是正当程序原则的基本要求，但不是全部要求。下面以"射阳县红旗文工团诉射阳县文化广电新闻出版局程序不正当注销文化行政许可纠纷案"[①] 为例就正当程序原则的基本要求作一个说明。

◆ 射阳县红旗文工团诉射阳县文化广电新闻出版局程序不正当注销文化行政许可纠纷案

【案情概要】

被告射阳县文化广电新闻出版局于2009年8月19日向原告射阳县红旗文工团发放了《营业性演出许可证》（射民演01号），该许可证上未注明有效期限。2009年8月28日，文化部公布新的《营业性演出管理条例实施细则》，并于2009年10月1日起施行。该细则第41条第1款规定："文艺表演团体和演出经纪机构的营业性演出许可证包括1份正本和2份副本，有效期为2年。"2013年5月13日，被告在未告知原告、未听取原告陈述、申辩的情况下，依据《行政许可法》第70条之规定，以原告的《营业性演出许可证》已到期为由，作出射文广新注告字〔2013〕1号行政许可注销公告，对原告的《营业性演出许可证》（射民演01号）予以注销。该公告在《射阳日报》和被告网站上刊登，但被告并未送达给原告。后原告在江苏省文化厅得知该注销行为，认为该行为不合法，诉至法院，请求撤销被告的行政许可注销行为。

---

① 本案刊载于《最高人民法院公报》2018年第8期。

【争议焦点】

原告射阳县红旗文工团诉称：射阳县红旗文工团成立后，于 2008 年 8 月 25 日由射阳县民政局发放了《民办非企业单位登记证书》，于 2009 年 8 月 19 日由被告射阳县文化广电新闻出版局发放了《营业性演出许可证》（射民演 01 号），并于 2010 年 1 月 8 日领取了工商营业执照。2013 年 6 月 3 日原告从网上查询得知，被告于 2013 年 5 月 13 日以原告许可证到期为由，注销了原告《营业性演出许可证》，并于次日在《射阳日报》上公告。被告发放的《营业性演出许可证》未注明期限，则长期有效。被告未进行调查、未将注销决定送达原告、未向上级备案，该具体行政行为违法，现请求撤销被告注销原告《营业性演出许可证》的具体行政行为。

被告射阳县文化广电新闻出版局辩称：被告单位于 2009 年 8 月 19 日向原告射阳县红旗文工团发放《营业性演出许可证》（射民演 01 号），并按照当时的法律规定没有注明有效期。2009 年 10 月 1 日新的《营业性演出管理条例实施细则》施行，第 41 条明确规定了营业性演出许可证的有效期限为两年。2011 年 8 月 18 日以后，被告单位工作人员数次通过电话和口头告知的方式通知原告单位负责人对许可证办理延期手续，均遭拒绝。故被告单位于 2013 年 5 月 13 日依据《行政许可法》第 70 条第 1 款之规定对原告的《营业性演出许可证》（射民演 01 号）予以注销，该注销决定在《射阳日报》和射阳政府网站上予以公告，并告知了原告单位负责人赵玉贵。被告单位作出注销公告有事实和法律依据，请求法院判决维持。

【裁判结果】

撤销被诉行政行为。

【裁判理由】

一审法院江苏省射阳县人民法院认为：行政机关实施行政管理，除涉及国家秘密和依法受到保护的商业秘密、个人隐私外，应当公开，注意听取公民、法人和其他组织的意见；要严格遵循法定程序，依法保障行政管理相对人的知情权、参与权和救济权。本案中，被告射阳县文化广电新闻出版局根据 2009 年 10 月 1 日施行的《营业性演出管理条例实施细则》第 41 条第 1 款的规定："文艺表演团体和演出经纪机构的营业性演出许可证包括 1 份正本和 2 份副本，有效期为 2 年"，认为原告射阳县红旗文工团的许可证到期未延续应予注销；原告认为被告于 2009 年 8 月 19 日向其发放的《营业性演出许可证》上未注明有效期应视为长期有效，且被告注销许可证前未调查，亦未将注销决定送达原告。法院认为，被告作出注销行为前未告知原告、未听取原告的陈述、申辩，使作为行政相对人的原告未能参与该具体行政行为，丧失了表达意见和为自己利益辩护的机会，被告违反了程序正当原则，严重侵害了原告的参与权与救济权。

江苏省射阳县人民法院依照《行政许可法》第 7 条、第 8 条第 1 款以及《行政诉讼法》第 54 条第 2 项之规定，于 2014 年 4 月 13 日作出判决：撤销被告射阳县文化广电新闻出版局于 2013 年 5 月 13 日所作的射文广新注告字〔2013〕1 号行政许可注销行为。

射阳县文化广电新闻出版局不服一审判决，提起上诉。上诉人认为：一审法院认定事实不清，适用法律错误。射阳县文化广电新闻出版局注销行为有事实和法律依据，属于行政监督检查行为，目前尚无须向被许可人进行告知的程序性规定，被上诉人射阳县红旗文工团的《营业性演出许可证》虽被注销，可以申领新的演出证，其救济权可充分行使，请求撤销原审判决，发回重审或改判维持上诉人的注销行为。被上诉人射阳县红旗文工团答辩称：上诉人射阳县文化广电新闻出版局注销《营业性演出许可证》的具体行政行为，违反程序正当原则，严重侵害了被上诉人的知情权、陈述申辩权与救济权，属程序违法，且作出的注销公告也未送达给被上诉人，严重违反了法律规定，请求驳回上诉，维持原判。

二审法院江苏省盐城市中级人民法院认为：国务院《营业性演出管理条例》第 5 条第 2 款规定，县级以上地方人民政府文化主管部门负责本行政区域内的营业性演出监督管理工作。据此，上诉人射阳县文化广电新闻出版局具有监督管理本行政区域内的营业性演出工作的法定职责。射阳县文化广电新闻出版局于 2013 年 5 月 13 日作出射文广新注告字〔2013〕1 号行政许可注销公告，对被上诉人射阳县红旗文工团依法取得的《营业性演出许可证》（射民演 01 号）予以注销，之前未告知被上诉人依法享有陈述、申辩权，之后又未向被上诉人送达该注销决定，程序严重违法。故原审法院依法判决撤销上诉人于 2013 年 5 月 13 日作出的射文广新注告字〔2013〕1 号行政许可注销公告并无不当。射阳县文化广电新闻出版局的主要上诉理由不能成立，法院不予支持。

《最高人民法院公报》编者就本案撰写的裁判摘要指出：行政机关设定和实施行政许可，应当遵循公开、公平、公正的原则。虽然现行法律对行政许可注销行为的程序没有具体规定，但行政机关在注销行政许可时仍应遵循程序正当原则，向行政相对人说明行政行为的依据、理由，以充分保障当事人的知情权和陈述申辩权。行政机关在注销行政许可前未告知行政相对人，未听取行政相对人的陈述申辩，违反了程序正当原则，在作出注销决定后又未依法送达行政相对人，行政相对人要求撤销行政机关行政许可注销行为的，人民法院应予支持。

射阳县红旗文工团案与后面要介绍的赵博案具有很大的相似性。学习时可以前后参照，以便加深理解。

三、正当程序原则的应用

正当程序原则的基本要求是对行政程序的最低要求，是保证行政程序公平与公正的底线，其中的有些要求在一些法律文件中得到规定，有些在法律文件中没有规定或者规定得不够周详。如此一来，正当程序原则在适用上就存在如下问题：对于某种行政行为，如果成文法没有规定相应的程序，或者成文法规定的程序与正当程序原则的要求有一定差距，应当按照成文法规定的程序实施行政行为，还是按照正当程序原则要求的程序实施行政行为？换言之，可否根据正当程序原则的要求对成文法规定的程序进行必要的补充？进而言之，如果须按照正当程序原则的要求对成文法规定的程序进行补充，需要在怎样的情形下补充哪些程序？补充到怎样的程度？这些是适用正当程序原则必须回答的问题。

在理解和回答上述问题时，必须处理好正当程序原则与行政（程序）法定原则之间的关系。前文在介绍行政程序法定原则时已经指出，外部行政程序可分为两类：一类是为规范行政主体行为设定的程序，如告知、听证、说明理由等。它为行政主体设定程序义务，为行政相对人赋予程序权利。另一类是为规范行政相对人参与行政设定的程序，如提出申请、提供资料、遵循期限、缴纳费用等。这类程序为利害关系人设定程序义务，为行政主体赋予程序权利。第一类程序受正当程序原则节制，旨在规范行政权；第二类程序则不然，主要在于便利行政程序的开展。站在行政相对人的立场上，可称第一类程序为"赋权性程序"，称第二类程序为"义务性程序"。就行政法定原则而言，仅义务性程序需要以成文法规定为限，赋权性程序则不以成文法规定为限。

由于赋权性程序不以成文法规定为限，且受正当程序原则节制，基于行政法原则对于行政法规则的优先地位以及解释、补充功能，则在当成文法对行政程序没有规定，或者规定得不明确，或者所规定的程序不能满足正当程序原则的要求时，须按照正当程序原则的要求补充相关程序。据此，可将正当程序原则在行政法上的适用分为两个方面：一是对法律规定程序的扩张性解释；二是对行政程序的漏洞填补。

（一）正当程序原则对法律规定程序的扩张解释功能

正当程序原则对于法律规定的程序的扩张解释功能，是指如果成文法规定的某种程序的适用范围过小时，可以根据正当程序原则的要求对该程序的适用范围加以扩张。指导案例6号"黄泽富、何伯琼、何熠诉四川省成都市金堂县工商行政管理局行政处罚案"① 是这方面的典型案例。

---

① 最高人民法院审判委员会讨论通过，2012年4月9日发布。参见成都市中级人民法院〔2006〕成行终字第228号行政判决书。另参见《最高人民法院公报》2012年第12期，载《人民法院报》2012年4月14日。

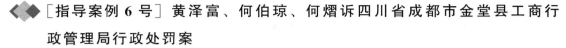

[指导案例6号] 黄泽富、何伯琼、何熠诉四川省成都市金堂县工商行政管理局行政处罚案

【案情概要】

2005年6月2日，金堂县工商局会同金堂县文体广电局、金堂县公安局对黄泽富经营的"多媒体电子阅览室"进行检查时发现，该阅览室没有取得行政许可，① 有几名未成年人在上网打游戏。金堂县工商局按照《互联网上网服务营业场所管理条例》第27条"擅自设立互联网上网服务营业场所，或者擅自从事互联网上网服务经营活动的，由工商行政管理部门或者由工商行政管理部门会同公安机关依法予以取缔，查封其从事违法经营活动的场所，扣押从事违法经营活动的专用工具、设备"的规定，决定扣押原告的32台电脑主机。何伯琼对该扣押行为及扣押电脑主机数量有异议，认为实际扣押了其33台电脑主机，遂诉至法院，请求撤销该《扣留财物通知书》。同年10月8日金堂县人民法院作出金堂县人民法院〔2005〕金堂行初字第13号行政判决，维持了该《扣留财物通知书》，但同时确认金堂县工商局实际扣押了何伯琼33台电脑主机，而不是32台。同年10月12日，金堂县工商局作出没收扣押的电脑主机32台的行政处罚决定。金堂县工商局在作出这一处罚决定时，仅按照行政处罚的一般程序告知黄泽富等三人有陈述、申辩的权利，但没有告知其享有要求听证的权利，也因此未举行听证程序。原告不服，遂提起行政诉讼，请求人民法院依法撤销该决定。

本案争议的焦点是如何解释《行政处罚法》第42条的如下规定："行政机关作出责令停产停业、吊销许可证或者执照、较大数额罚款等行政处罚决定之前，应当告知当事人有要求举行听证的权利"。这一条仅明确，行政机关作出责令停产停业、吊销许可证或者执照、较大数额罚款的行政处罚时，应当告知当事人有要求举行听证的权利，没有提及没收类行政处罚。那么，被告作出没收原告32台电脑主机的行政处罚决定之前，要不要告知原告有要求听证的权利？要不要举行听证程序？被告在未告知原告有要求听证的权利、未举行听证程序的情况下，作出该行政处罚决定是否违反法定程序？该具体行政行为是否应予撤销？

【法院裁判】

审理法院认为，《行政处罚法》第42条虽然没有明确列举"没收财产"，但该条中的"等"系不完全列举，应当包括与明文列举的"责令停产停业、吊销许可证或者执照、较大数额罚款"类似的其他对相对人权益产生较大影响的行政处罚。为了保证行政相对人充分行使陈述权和申辩权，保障行政处罚决定的合法性和合理性，对没收较大数

---

① 《互联网上网服务营业场所管理条例》第7条规定："国家对互联网上网服务营业场所经营单位的经营活动实行许可制度。未经许可，任何组织和个人不得设立互联网上网服务营业场所，不得从事互联网上网服务经营活动。"

额财产的行政处罚，也应当根据《行政处罚法》第 42 条的规定适用听证程序。关于没收较大数额的财产标准，考虑到本案发生在四川省，应比照《四川省行政处罚听证程序暂行规定》第 3 条 "本规定所称较大数额的罚款，是指对非经营活动中的违法行为处以 1000 元以上，对经营活动中的违法行为处以 20000 元以上罚款" 中对罚款数额的规定来确定。按此，金堂县工商局没收黄泽富等三人 32 台电脑主机的行政处罚决定，应属没收较大数额的财产，对黄泽富等三人的利益产生重大影响的行为，金堂县工商局在作出行政处罚前应当告知被处罚人有要求听证的权利。本案中，金堂县工商局在作出处罚决定前只按照行政处罚一般程序告知黄泽富等三人有陈述、申辩的权利，而没有告知听证的权利，违反了法定程序，依法应予撤销。

在上述推论过程中，法院将 "保证行政相对人充分行使陈述权和申辩权" 作为立论的基础，而陈述权和申辩权实际上是正当程序原则之听证制度所保护的主要内容，因此，本案在一定程度上潜在地或者间接地明确了正当程序原则对于行政行为的普遍约束力，明确了正当程序原则对于成文法规定的程序的扩张解释功能。虽然本案判决主文中没有明确提及正当程序原则，但最高人民法院案例指导工作办公室在说明本案之裁判要点时是把正当程序原则作为出发点的。其认为：正当程序原则是最低限度的程序正义要求。当行政机关作出行政处罚时，应当告知当事人有要求举行听证的权利而没有告知的，或者未依法举行听证的，人民法院应当根据《行政诉讼法》第 54 条的规定，以违反法定程序为由，撤销或部分撤销原具体行政行为，并可以判决行政机关重新作出具体行政行为。[①]

（二）正当程序原则对法律规定程序的补充功能

正当程序原则对法律规定程序的补充功能，是指当成文法对于赋权性程序没有规定或者规定有所不足从而存在程序法律漏洞时，行政主体可按照正当程序原则的基本要求对该程序予以补充。我国人民法院所作的一系列判决充分体现了这一点。指导案例 38 号 "田永诉北京科技大学拒绝颁发毕业证、学位证案" 是这方面的典型案例之一。本案案情等相关内容将在本书第十章第一节中作详细介绍，这里仅将与此相关的判决理由引述如下：

"退学处理决定涉及原告的受教育权利，为充分保障当事人权益，从正当程序原则出发，被告应将此决定向当事人送达、宣布，允许当事人提出申辩意见。而被告既未依此原则处理，也未实际给原告办理注销学籍、迁移户籍、档案等手续。被告于 1996 年 9 月为原告补办学生证并注册的事实行为，应视为被告改变了对原告所作的按退学处理的

[①] 参见最高人民法院案例指导工作办公室：《指导案例 6 号〈黄泽富、何伯琼、何熠诉成都市金堂工商行政管理局行政处罚案〉的理解与参照》，载《人民司法》2012 年第 15 期。

决定，恢复了原告的学籍。被告又安排原告修满四年学业，参加考核、实习及毕业设计并通过论文答辩等。上述一系列行为虽系被告及其所属院系的部分教师具体实施，但因他们均属职务行为，故被告应承担上述行为所产生的法律后果。"

在上述判决理由基础上，最高人民法院概括的裁判要点之一是："高等学校对因违反校规、校纪的受教育者作出影响其基本权利的决定时，应当允许其申辩并在决定作出后及时送达，否则视为违反法定程序。"

除了田永案，"赵博诉平邑县人民政府土地行政许可案"①"宋莉莉诉宿迁市建设局房屋拆迁补偿安置裁决案"②"陆廷佐诉上海市闸北区房屋土地管理局房屋拆迁行政裁决纠纷案"③"张成银诉徐州市人民政府房屋登记行政复议决定案"④ 等都是这方面的典型案例。这里再以"赵博案"为例加以说明。

赵博诉平邑县人民政府土地行政许可案

【案情概要】

被告平邑县人民政府于 2004 年 2 月 9 日作出《关于赵博、高建远补办用地手续的批复》，同意由县国土资源局代表县人民政府征用第三人平邑镇西张庄二村集体土地 2664 平方米，并将其土地使用权出让给原告赵博使用。随后，平邑县国土资源局与平邑县平邑镇西张庄二村村民委员会签订了《征用土地协议书》。2004 年 3 月 20 日，平邑县国土资源局与原告签订了《国有土地使用权出让合同》。2004 年 3 月 31 日，原告向平邑县国土资源局交纳了征地管理费、耕地开垦费、违法占地罚款及国有土地出让金。后因原告征用地的原承包户不准原告建设形成纠纷。2009 年 4 月 20 日，被告作出《关于撤销〈关于赵博、高建远补办用地手续的批复〉的决定》。原告不服并向临沂市人民政府提起行政复议，临沂市人民政府于 2009 年 8 月 5 日作出行政复议决定书，维持了被告的撤销

---

① 参见山东省费县人民法院〔2009〕费行初字第 39 号行政判决书、山东省临沂市中级人民法院〔2010〕临行终字第 74 号行政判决书。另参见最高人民法院行政审判庭编：《中国行政审判指导案例》（第 3 卷），中国法制出版社 2013 年版，第 118—121 页。

② 本案判决指出："尽管国务院《城市房屋拆迁管理条例》与《江苏省城市房屋拆迁管理条例》对拆迁裁决程序没有明确规定，但行政机关在裁决时应当充分保障当事人的合法权利，允许当事人对争议问题进行申辩和陈述。但宿迁市建设局在裁决宋莉莉与万兴公司的拆迁纠纷时，未允许宋莉莉对争议问题予以陈述与申辩，有失公正。"参见江苏省宿迁市宿城区人民法院〔2003〕宿城法行初字第 022 号行政判决书、江苏省宿迁市中级人民法院〔2003〕宿中行终字第 24 号行政判决书。本案刊载于《最高人民法院公报》2004 年第 4 期。

③ 本案判决指出："基于正当程序原理，为保护被拆迁人、房屋承租人对被拆迁房屋评估报告依法申请复估的权利，拆迁人应将被拆房屋评估报告及时送达被拆迁人、房屋承租人。房屋拆迁行政裁决机关在裁决过程中，也应当对被拆房屋评估报告是否送达被拆迁人、房屋承租人的问题予以查明，并确保在裁决作出之前将评估报告送达被拆迁人、房屋承租人。"本案刊载于《最高人民法院公报》2007 年第 8 期。

④ 本案判决指出："行政复议法虽然没有明确规定行政复议机关必须通知第三人参加复议，但根据正当程序的要求，行政机关在可能作出对他人不利的行政行为时，应当专门听取利害关系人的意见。"参见江苏省高级人民法院〔2004〕苏高行字第 35 号行政判决书。本案刊载于《最高人民法院公报》2005 年第 3 期。

决定。2009年10月，原告提起行政诉讼。

本案争议的问题之一是，撤销批复决定的程序是否合法。问题的缘由在于，相关法律没有对撤销批复决定的程序作出规定。就上述问题，法院认为：《行政许可法》虽然没有规定撤销行政许可的具体程序，但该法第一章"总则"中第5条、第7条规定了设定和实施行政许可所应遵守的原则、程序和利害关系人享有的法定程序权利。没有设定行政机关撤销行政许可所要遵循的具体程序性义务，并不意味着其就可以不要程序，在行使职权的方式、步骤、顺序、时限上享有绝对的自由裁量权，而程序合法的底线在于正当程序原则，行政机关在此情况下应当遵循这一法律原则。根据这一法律原则的要求，行政机关作出影响当事人权益的行政行为时，应当履行事先告知、说明根据和理由、听取相对人的陈述和申辩、事后为相对人提供相应的救济途径等正当法律程序。本案中，平邑县人民政府作出的撤销决定，对赵博造成不利影响，其作出该具体行政行为时应当遵循公开、公平、公正的原则，应当听取行政相对人的陈述和申辩，即应受正当程序的控制。平邑县人民政府只是根据上诉人吴加存等人的反映，审查了当时的相关材料，并结合调查的情况作出该具体行政行为，并没有告知被上诉人，说明撤销的根据和理由，听取被上诉人的陈述和申辩，因此，本案被诉具体行政行为违背公开、公平、公正的正当程序原则，不具有合法性。

这一意见非常明确地反映了正当程序原则对于成文法规定的程序的补充功能。《最高人民法院公报》刊载公布这一案件，充分说明，最高人民法院对这一判决的意见是予以充分肯定和支持的。

（三）正当程序原则解释和补充行政程序的限度

明确了正当程序原则对于成文法规定的程序的补充功能，并不等于正当程序原则在这一方面的适用问题就彻底解决了。更为复杂的问题是，如果按照正当程序原则的要求对成文法规定的程序进行补充的话，需要在怎样的情形下补充哪些程序？补充到怎样的程度？或者说，在具体个案中，补充哪些程序，行政程序方为正当？例如，就听证而言，如果需要听取申请人的意见，什么情形下仅简单地听取申请人的陈述与申辩就可以了？什么情形下必须举行正式的听证程序？上述案例对这一问题均未予以清晰回答。在"黄泽富、何伯琼、何熠诉四川省成都市金堂县工商行政管理局行政处罚案"中，法院并不主张不分案情一味采用最为复杂的程序——如听证程序，而是主张仅对没收"较大数额财产"的行政处罚予以听证，至于"较大数额财产"则比照"较大数额罚款"来确定。但这只解决了没收类行政处罚的听证问题，对其他行政行为及其程序没有指导意义。迄今为止，国内法律界对这一问题鲜有讨论。这里介绍加拿大和美国的案例和做法，以供参考。

1. 加拿大法院的权衡方法

加拿大的权衡方法主要体现在 Baker v. Canada (Minister of Citizenship & Immigration) 案①中。在本案中，Mavis Baker 女士是牙买加人。她于1981年到加拿大旅游并一直非法滞留在该国。期间，她生了四个孩子。第四个孩子出生后，Baker 患上了产后抑郁症和妄想型精神分裂症。为此，她向政府申请福利资助。审查期间，行政当局发现她是非法打工和非法滞留人员，遂于1992年12月对她下达了驱逐出境令。1993年，Baker 依据《加拿大移民法》第114（2）条关于人道和同情之考虑的规定，请求豁免。她向政府提供的材料表明，如果被驱逐回牙买加，她的精神疾病就会复发，而且孩子也将无人照管。移民局认为，豁免理由不充分，遂直接拒绝了她的请求。Baker 认为，移民局在作出决定前，未给予她口头陈述和申辩意见的机会，未告知她的孩子和孩子的父亲，未通知她的孩子和孩子的父亲提供相关资料，未告知孩子和孩子的父亲享有听证和聘请律师的权利，而且决定也未说明理由，程序不公正。

就 Baker 的主张，法院首先认为，正当程序原则适用于本案涉及的豁免请求。②但同时又指出，针对一个具体案件而言，正当程序原则的具体要求通常是变化不定的，须视个案具体情况来定。不过，正当程序原则的这种灵活性和可变性，并不意味着它的应用是无章可循的。具体来讲，依据正当程序原则选择程序形式时须分别考虑以下因素：

第一，拟作出的行政行为的性质及方式。行政行为与司法行为的相似程度决定了正当程序原则的应用程度。具体而言，行政行为及其方式越是接近司法行为，正当程序原则对它的要求就越高，相应的，采用的程序形式就越正式、越复杂。

第二，行政行为所属法律体系以及所适用法律条款的性质。行政行为作出后，法律为利害关系人提供的救济程序越少，或者，行政行为越是具有终局的决定性，决定后利害关系人提出进一步请求的可能性越小，则正当程序原则对行政程序的要求越高，行政机关为相对人提供的程序保障应当越充分。

第三，行政行为对利害关系人的重要性，或行政行为对利害关系人权利的影响程度。行政行为对利害关系人的生活而言越是重要，或者对利害关系人的影响越大，正当程序原则对行政程序的要求就越严格，对利害关系人的程序保障要求也越高。

第四，利害关系人的合法期待。法院认为，合法期待原则是自然正义和正当程序原则的内容之一。如果申请人已经对特定行政行为的作出形成了合法期待，若可能挫伤这种期待，正当程序原则要求为申请人提供更严格的程序保障。

第五，行政机关对程序的选择权。总体上，司法机关对行政机关选择程序的权力应

---

① Supreme Court of Canada [1999] 2 S. C. R. 817; 1999 S. C. R. LEXIS 141.
② 加拿大行政法将正当程序原则表述为"程序公正原则"或"程序公正义务"，英文为：the duty of procedural fairness。从相关文献看，其内涵与 due process 差不多。为避免不必要的误解，本文仍用"正当程序原则"表述。

当给予必要的尊重,尤其当法律赋予行政机关自行选择自定程序的权力时,或者当行政机关在具体个案中对于程序之选择具有专业优势时。

从上述几个方面分析 Baker 案,法院认为,尽管有些因素要求采用较为严格的程序形式,有些因素要求采用较为宽松的程序形式,但综合各方面因素看,正当程序原则所要求的程序是最低程度的。具体而言,利害关系人有权利提交与案件相关的书面证明资料,行政机关应当对利害关系人所提交的材料认真审查,并在决定中就不予豁免的理由予以说明,但行政机关没有告知利害关系人听证的权利,没有举行听证程序,并不违反正当程序原则。

2. 美国法院的权衡方法

美国的标准与加拿大有较大差异。其观点集中体现在 Mathews v. Eldridge 案[①]中。Eldridge 先生身有残疾,一直接受残疾人社会保障金资助。管理部门根据 Eldridge 填写的调查问卷以及他的医生出具的报告,初步认为他已经康复,不再符合受领残疾人社会保障金的条件,遂决定月底停发他的残疾社会保障金,同时告知他,如果不服,可依法提请"复查"(reconsideration);复查程序将是全面的正式听证程序;复查成功,停发的保障金将如数补发。Eldridge 以未在终止决定前听证从而违反正当程序原则为由提起诉讼。法院认为,在本案情形下,正式听证没有必要,并为此提出了判断程序正当与否的三个标准:

第一,必须考虑行政行为所影响的个人利益的重要性;

第二,必须考虑法定程序可能错误地剥夺个人权益的危险性,以及适用更复杂的程序或适用正式听证程序减小这种危险的可能性;

第三,必须考虑适用法定程序与适用更复杂程序或正式听证程序的行政成本差异。

法院利用这些标准比照 Goldberg 案[②]进行了分析:

首先,法院认为,Eldridge 先生享有的持续地受领残疾保障金的利益是重要的,但比不上 Goldberg 案中最低生活保障金领受者的利益。最低生活保障金领受者是贫困人口,对他们来说,最低生活保障金是最后的社会保障制度,暂时的错误中止很可能造成灾难性后果。但残疾保障金领受者未必是贫困人口,暂时的错误中止一般不会造成灾难性后果。即便他们是贫困人口,暂时失去残疾社会保障金后,还有机会取得其他种类的社会福利。

---

① 424 U. S. 319 [1976].

② 397 U.S.254 [1970]. 在本案中,Kelly 女士是政府福利救助的对象。市政府未经听证程序即终止了对她的福利救助。在传统的正当程序分析话语中,福利是一种特权,不受正当程序保护。但本案法院明确指出,在当代社会,从对个人影响的角度看,终止个人的福利待遇与剥夺个人传统意义上的私有财产权利没有两样;考虑到接受福利待遇的法定条件是非常贫困,错误地终止福利会给相对人生活造成严重困难,正当程序原则要求在作出终止决定前给予相对人口头陈述和申辩的机会。

其次，在残疾认定上，正式听证不会发挥特别作用。在 Goldberg 案中，相关争论涉及证人的可信性和证言的客观性。这种情形下，审判式听证程序自然可以发挥一定的功能。

再者，由于相对人是贫困者，文化水平低，以书面方式陈述或申辩的效果不及面对面的口头表达。但在 Eldridge 案中，残疾人是否康复通常依据"例行的、标准的、公正的内科专家的医学报告"来确定，而且在残疾认定上，医学专家都是专业人士，对于残疾的特征和程度完全可以用准确、专业的书面语言加以表述。

最后，不及时终止支付可能会带来高昂的行政成本。如果要求政府持续支付残疾保障金直到听证程序结束，万一在听证后发现当初停发保障金是正确的，则很难要求受助人返还已经错误地支付的保障金。[①]

总之，法院认为，在本案中，终止决定作出前的正式听证不是必需的。法院最后总结说："司法模式的正式听证程序既不是任何情形下必须采用的决定方法，也不是最有效的决定方法。正当程序原则的本质要求是，'当一个人处于严重侵害境地时，应当告知他并听取他的意见'。所有必要的程序设计都应考虑即将作出的决定的实际情况，应当按照听证当事人的能力和实际情况来决定，确保他们能够有意义地参与到他们的案件中来。"[②]

最后要说明的是，除了上述原则，信赖利益保护原则、诚实信用原则、公序良俗原则等也是行政过程中应当遵循的重要原则。

思考题

1. 如何理解行政法定原则？哪些行政行为必须以法律规定为前提？
2. 如果一个行政行为需要"于法有据"的话，该法的位阶如何确定？
3. 法律优位原则包含几层含义？
4. 如果行政行为所依据的法规范本身是违法的，该当如何处理？
5. 比例原则的子原则包括哪几个？
6. 在规范行政裁量权过程中，如何理解比例原则与平等原则之间的关系？
7. 正当程序有哪些基本要求？
8. 为什么说回避、听证和公开是程序正当性的基石？
9. 如何处理正当程序原则所要求的程序与法律规定的程序之间的关系？
10. 除了行政法定、法律优位、比例原则、正当程序之外，行政法学教科书中还经常提到哪些基本原则？

[①] See Jack M. Beermann, *Administrative Law*, Aspen Publishers, 2011, p. 244.
[②] William F. Funk & Richard H. Seamon, *Administrative Law*, Aspen Publishers, 2009, p. 127.

拓展研读案例

1. 谢培新诉永和乡人民政府违法要求履行义务案①

本案争议焦点：地方行政机关违反法律及地方性法规的规定，硬性向农民摊派社会、生产性服务费用，应如何认定该行政行为。

本案裁判要点：根据国务院《农民承担费用和劳务管理条例》和相关地方性法律的规定，向农民收取生产性服务和公益性服务费用，需遵循取之有度、总额控制、定项限额的原则。地方政府违反法律及地方性法规，硬性向农民乱摊派社会、生产性服务费用，增加农民负担，是滥用职权的违法行为。依据我国《行政诉讼法》第54条之规定，行政机关滥用职权的，撤销该具体行政行为，判决行政机关重新作出具体行政行为。

说明：本案有助于进一步理解行政法定原则。

2. [指导案例21号] 内蒙古秋实房地产开发有限责任公司诉呼和浩特市人民防空办公室人防行政征收案②

本案裁判要点：建设单位违反《人民防空法》及有关规定，应当建设防空地下室而不建的，属于不履行法定义务的违法行为。建设单位应当依法缴纳防空地下室易地建设费的，不适用廉租住房和经济适用住房等保障性住房建设项目关于"免收城市基础设施配套费等各种行政事业性收费"的规定。

法院判决理由：只有在法律法规规定不宜修建防空地下室的情况下，经济适用住房等保障性住房建设项目才可以不修建防空地下室，并适用免除缴纳防空地下室易地建设费的有关规定。免缴防空地下室易地建设费有关规定适用的对象不应包括违法建设行为，否则就会造成违法成本小于守法成本的情形，违反立法目的，不利于维护国防安全和人民群众的根本利益。秋实房地产公司对依法应当修建的防空地下室没有修建，属于不履行法定义务的违法行为，不能适用免缴防空地下室易地建设费的有关优惠规定。

说明：本案有助于进一步理解行政法定原则。

3. 甘露不服暨南大学开除学籍决定案③

本案裁判摘要：学生对高等院校作出的开除学籍等严重影响其受教育权利的决定可以依法提起诉讼。人民法院审理此类案件时，应当以相关法律、法规为依据，参照相关规章，并可参考涉案高等院校正式公布的不违反上位法规定精神的校纪校规。

---

① 本案刊载于《最高人民法院公报》1993年第1期。
② 最高人民法院审判委员会讨论通过，2013年11月8日发布。
③ 参见最高人民法院〔2011〕行提字第12号行政判决书。本案刊载于《最高人民法院公报》2012年第7期。

说明：本案有助于进一步理解法律优位原则。

4. 宋莉莉诉宿迁市建设局房屋拆迁补偿安置裁决案①

本案裁判摘要：行政机关在对房屋拆迁补偿纠纷作出裁决时，违反法规的规定，以拆迁人单方委托的评估公司的评估报告为依据，被拆迁人提出异议的，应认定行政裁决的主要证据不足。但更为重要的是，本案裁判理由指出：尽管国务院《城市房屋拆迁管理条例》与《江苏省城市房屋拆迁管理条例》对拆迁裁决程序没有明确规定，但行政机关在裁决时应当充分保障当事人的合法权利，允许当事人对争议问题进行申辩和陈述。宿迁市建设局在裁决宋莉莉与万兴公司的拆迁纠纷时，未允许宋莉莉对争议问题予以陈述与申辩，有失公正；仅根据万兴公司的申请及万兴公司单方委托的评估公司的评估结果作为行政裁决的依据，违反了《江苏省城市房屋拆迁管理条例》的规定。

说明：本案有助于进一步理解正当程序原则。

5. 张成银诉徐州市人民政府房屋登记行政复议决定案②

本案裁判摘要：行政机关在行政复议中可能作出不利于他人的决定时，如没有采取适当的方式通知其本人参加行政复议即作出复议决定的，构成严重违反法定程序，应予撤销。但更为重要的是，本案判决理由指出：行政复议法虽然没有明确规定行政复议机关必须通知第三人参加复议，但根据正当程序的要求，行政机关在可能作出对他人不利的行政决定时，应当专门听取利害关系人的意见。本案中，复议机关审查的对象是颁发鼓房字第1741号房屋所有权证行为，复议的决定结果与现持证人张成银有着直接的利害关系，故复议机关在行政复议时应正式通知张成银参加复议。本案中，徐州市人民政府虽声明曾采取了电话的方式口头通知张成银参加行政复议，但却无法予以证明，而利害关系人持有异议的，应认定其没有采取了适当的方式正式通知当事人参加行政复议，故徐州市人民政府认定张成银自动放弃参加行政复议的理由欠妥。在此情形下，徐州市人民政府未听取利害关系人的意见即作出于其不利的行政复议决定，构成严重违反法定程序。

说明：本案有助于进一步理解正当程序原则。

---

① 参见江苏省宿迁市宿城区人民法院〔2003〕宿城法行初字第022号行政判决书、江苏省宿迁市中级人民法院〔2003〕宿中行终字第24号行政判决书。本案刊载于《最高人民法院公报》2004年第8期。本案相关介绍参见本书第六章第三节。
② 参见江苏省高级人民法院〔2004〕苏高行字第35号行政判决书。本案刊载于《最高人民法院公报》2005年第3期。

6. 定安城东建筑装修工程公司与海南省定安县人民政府、第三人中国农业银行定安支行收回国有土地使用权及撤销土地证案[1]

本案裁判摘要：行政机关作出对当事人不利的行政行为，未听取其陈述、申辩，违反正当程序原则的，属于《行政诉讼法》第54条第2款第3项"违反法定程序"的情形。行政机关根据《土地管理法》第58条第1款第1项、第2项规定，依法收回国有土地使用权的，对土地使用权人应当按照作出收回土地使用权决定时的市场评估价给予补偿。因行政补偿决定违法造成逾期付补偿款的，人民法院可以根据当事人的实际损失等情况，判决其承担逾期支付补偿款期间的同期银行利息损失。

说明：本案有助于进一步理解正当程序原则。

7. 陆廷佐诉上海市闸北区房屋土地管理局房屋拆迁行政裁决纠纷案[2]

本案裁判摘要：房屋拆迁过程中，被拆迁人、房屋承租人对于被拆房屋评估报告有异议的，有权申请复估。因此，基于正当程序原理，为保护被拆迁人、房屋承租人对被拆房屋评估报告依法申请复估的权利，拆迁人应将被拆房屋评估报告及时送达被拆迁人、房屋承租人。房屋拆迁行政裁决机关在裁决过程中，也应当对被拆房屋评估报告是否送达被拆迁人、房屋承租人的问题予以查明，并确保在裁决作出之前将评估报告送达被拆迁人、房屋承租人。房屋拆迁行政裁决机关未查明该问题即作出房屋拆迁行政裁决，且不能举证证明被拆房屋评估报告已经送达被拆迁人、房屋承租人的，所作房屋拆迁行政裁决属认定事实不清、主要证据不足，且违反法定程序。被拆迁人、房屋承租人诉至人民法院请求撤销该裁决的，人民法院应予支持。

说明：本案对于理解正当程序原则有一定帮助。

8. 寿光中石油昆仑燃气有限公司诉寿光市人民政府、潍坊市人民政府解除特许经营协议案[3]

本案裁判摘要：行政相对人迟延履行政府特许经营协议致使协议目的无法实现的，行政机关可以单方解除政府特许经营协议。行政机关据此强制收回特许经营权行为，应肯定其效力，但对于收回特许经营权过程中没有履行听证程序的做法应给予确认违法的评价。因公用事业特许经营涉及社会公共利益，当程序正当与公共利益发生冲突时，法

---

[1] 参见最高人民法院行政判决书〔2012〕行提字第26号判决书。本案刊载于《最高人民法院公报》2015年第2期。
[2] 本案刊载于《最高人民法院公报》2007年第8期。
[3] 本案刊载于《最高人民法院公报》2018年第9期。

官应运用利益衡量方法综合考量得出最优先保护的价值。在取消特许经营权行为实体正确、程序违法的情况下，判决确认违法但不撤销该行政行为，并要求行政机关采取补救措施，体现了人民法院在裁判过程中既要优先保护社会公共利益，又要依法保护行政相对人合法权益的司法价值取向。

说明：本案对于理解正当程序原则有一定帮助。

9. 射阳县红旗文工团诉射阳县文化广电新闻出版局程序不正当注销文化行政许可纠纷案①

本案裁判摘要：行政机关设定和实施行政许可，应当遵循公开、公平、公正的原则。虽然现行法律对行政许可注销行为的程序没有具体规定，但行政机关在注销行政许可时仍应遵循程序正当原则，向行政相对人说明行政行为的依据、理由，以充分保障当事人的知情权和陈述申辩权。行政机关在注销行政许可前未告知行政相对人，未听取行政相对人的陈述申辩，违反了程序正当原则，在作出注销决定后又未依法送达行政相对人，行政相对人要求撤销行政机关行政许可注销行为的，人民法院应予支持。

说明：本案具体内容在本章正文中已经介绍。本案有助于进一步了解正当程序原则。

10. 崔龙书诉丰县人民政府行政允诺案②

本案裁判摘要：诚实信用原则是行政允诺各方当事人应当共同遵守的基本行为准则。在行政允诺的订立和履行过程中，基于公共利益保护的需要，赋予行政主体在解除和变更中的相应的优益权固然必要，但行政主体不能滥用优益权。优益权的行使既不得与法律规定相抵触，也不能与诚实信用原则相违背。行政机关作出行政允诺后，在与相对人发生行政争议时，对行政允诺关键内容作出无事实根据和法律依据的随意解释的，人民法院不予支持。

说明：本案有助于理解行政法的诚实信用原则。

11. 郑仲华不服福建省莆田市建设局拆迁行政裁决案③

本案裁判要旨：拆迁裁决以产权调换方式安置，应尽可能不改变产权性质及占有方式。将原被拆迁产权的专有所有权调换为没有具体产权方位的财产共有份额，且未能举证充分说明无其他更好调换方案的，属不合理裁量，可认定为滥用职权。

---

① 本案刊载于《最高人民法院公报》2018年第8期。
② 本案刊载于《最高人民法院公报》2017年第11期。
③ 参见福建省莆田市荔城区人民法院〔2008〕荔行初字第11号判决。另参见最高人民法院行政审判庭编：《中国行政审判案例》（第3卷），中国法制出版社2013年版，第133—136页。

12. [指导案例89号]"北雁云依"诉济南市公安局历下区分局燕山派出所公安行政登记案①

【裁判要点】

公民选取或创设姓氏应当符合中华传统文化和伦理观念。仅凭个人喜好和愿望在父姓、母姓之外选取其他姓氏或者创设新的姓氏,不属于《全国人民代表大会常务委员会关于〈中华人民共和国民法通则〉第九十九条第一款、〈中华人民共和国婚姻法〉第二十二条的解释》规定的"有不违反公序良俗的其他正当理由"。

【相关法条】

《民法通则》第99条第1款;《婚姻法》第22条;《全国人民代表大会常务委员会关于〈中华人民共和国民法通则〉第九十九条第一款、〈中华人民共和国婚姻法〉第二十二条的解释》。

【案情概要】

原告"北雁云依"法定代理人吕晓峰诉称:其妻张瑞峥在医院产下一女取名"北雁云依",并办理了出生证明和计划生育服务手册。为女儿办理户口登记时,被告济南市公安局历下区分局燕山派出所(以下简称"燕山派出所")不予上户口。理由是孩子姓氏必须随父姓或母姓,即姓"吕"或姓"张"。根据《婚姻法》和《民法通则》关于姓名权的规定,请求法院判令确认被告拒绝以"北雁云依"为姓名办理户口登记的行为违法。

被告燕山派出所辩称:依据法律和上级文件的规定不按"北雁云依"进行户口登记的行为是正确的。《民法通则》规定公民享有姓名权,但没有具体规定。而2009年12月23日最高人民法院举行新闻发布会,在关于夫妻离异后子女更改姓氏问题的答复中称,《婚姻法》第22条是我国法律对子女姓氏问题作出的专门规定,该条规定子女可以随父姓,可以随母姓,没有规定可以随第三姓。行政机关应当依法行政,法律没有明确规定的行为,行政机关就不能实施,原告和行政机关都无权对法律作出扩大化解释,这就意味着子女只有随父姓或者随母姓两种选择。从另一个角度讲,法律确认姓名权是为了使公民能以文字符号即姓名明确区别于他人,实现自己的人格和权利。姓名权和其他权利一样,受到法律的限制而不可滥用。新生婴儿随父姓、随母姓是中华民族的传统习俗,这种习俗标志着血缘关系,随父姓或者随母姓,都是有血缘关系的,可以在很大程度上避免近亲结婚,但是姓第三姓,则与这种传统习俗、与姓的本意相违背。全国各地公安机关在执行《婚姻法》第22条关于子女姓氏的问题上,标准都是一致的,即子女

---

① 最高人民法院审判委员会讨论通过,2017年11月15日发布。

应当随父姓或者随母姓。综上所述，拒绝原告法定代理人以"北雁云依"的姓名为原告申报户口登记的行为正确，恳请人民法院依法驳回原告的诉讼请求。

法院经审理查明：原告"北雁云依"出生于2009年1月25日，其父亲名为吕晓峰，母亲名为张瑞峥。因酷爱诗词歌赋和中国传统文化，吕晓峰、张瑞峥夫妇二人决定给爱女起名为"北雁云依"，并以"北雁云依"为名办理了新生儿出生证明和计划生育服务手册。2009年2月，吕晓峰前往燕山派出所为女儿申请办理户口登记，被民警告知拟被登记人员的姓氏应当随父姓或者母姓，即姓"吕"或者"张"，否则不符合办理出生登记条件。因吕晓峰坚持以"北雁云依"为姓名为女儿申请户口登记，被告燕山派出所遂依照《婚姻法》第22条之规定，于当日作出拒绝办理户口登记的具体行政行为。本案经过两次公开开庭审理，原告"北雁云依"法定代理人吕晓峰在庭审中称：其为女儿选取的"北雁云依"之姓名，"北雁"是姓，"云依"是名。

【裁判结果】

济南市历下区人民法院于2015年4月25日作出〔2010〕历行初字第4号行政判决：驳回原告"北雁云依"要求确认被告燕山派出所拒绝以"北雁云依"为姓名办理户口登记行为违法的诉讼请求。一审宣判并送达后，原被告双方均未提出上诉，本判决已发生法律效力。

【裁判理由】

法院生效裁判认为：2014年11月1日，第十二届全国人民代表大会常务委员会第十一次会议通过了《全国人民代表大会常务委员会关于〈中华人民共和国民法通则〉第九十九条第一款、〈中华人民共和国婚姻法〉第二十二条的解释》。该立法解释规定："公民依法享有姓名权。公民行使姓名权，还应当尊重社会公德，不得损害社会公共利益。公民原则上应当随父姓或者母姓。有下列情形之一的，可以在父姓和母姓之外选取姓氏：（一）选取其他直系长辈血亲的姓氏；（二）因由法定扶养人以外的人抚养而选取抚养人姓氏；（三）有不违反公序良俗的其他正当理由。少数民族公民的姓氏可以从本民族的文化传统和风俗习惯。"

本案不存在选取其他直系长辈血亲姓氏或者选取法定扶养人以外的抚养人姓氏的情形，案件的焦点就在于原告法定代理人吕晓峰提出的理由是否符合上述立法解释规定的"有不违反公序良俗的其他正当理由"。首先，从社会管理和发展的角度，子女承袭父母姓氏有利于提高社会管理效率，便于管理机关和其他社会成员对姓氏使用人的主要社会关系进行初步判断。倘若允许随意选取姓氏甚至恣意创造姓氏，则会增加社会管理成本，不利于社会和他人，不利于维护社会秩序和实现社会的良性管控，而且极易使社会管理出现混乱，增加社会管理的风险性和不确定性。其次，公民选取姓氏涉及公序良俗。在中华传统文化中，"姓名"中的"姓"，即姓氏，主要来源于客观上的承袭，系先祖所传，承载了对先祖的敬重、对家庭的热爱等，体现着血缘传承、伦理秩序和文化传统。而"名"则源于主观创造，为父母所授，承载了个人喜好、人格特征、长辈愿望等。公民对姓氏传承的重视和尊崇，不仅仅体现了血缘关系、亲属关系，更承载着丰富的文化传统、伦理观念、人文情怀，符合主流价值观念，是中华民族向心力、凝聚力的载体和镜像。公民原则上随父姓或者母姓，符合中华传统文化和伦理观念，符合绝大多数公民的意愿和实际做法。反之，如果任由公民仅凭个人意愿喜好，随意选取姓氏甚至自创姓氏，则会造成对文化传统和伦理观念的冲击，违背社会善良风俗和一般道德要求。最后，公民依法享有姓名权，公民行使姓名权属于民事活动，既应当依照《民法通则》第99条第1款和《婚姻法》第22条的规定，还应当遵守《民法通则》第7条的规定，即应当尊重社会公德，不得损害社会公共利益。通常情况下，在父姓和母姓之外选取姓氏的行为，主要存在于实际抚养关系发生变动、有利于未成年人身心健康、维护个人人格尊严等情形。本案中，原告"北雁云依"的父母自创"北雁"为姓氏、选取"北雁云依"为姓名给女儿办理户口登记的理由是"我女儿姓名'北雁云依'四字，取自四首著名的中国古典诗词，寓意父母对女儿的美好祝愿"。此理由仅凭个人喜好愿望并创设姓氏，具有明显的随意性，不符合立法解释规定的情形，不应给予支持。

▶ 拓展研读文献

1. 周佑勇：《行政法中的法律优先原则研究》，载《中国法学》2005第3期；
2. 周佑勇：《行政法的正当程序原则》，载《中国社会科学》2004年第4期；
3. 周佑勇：《行政法基本原则的反思与重构》，载《中国法学》2003年第4期；
4. 黄学贤：《行政法中的法律保留原则研究》，载《中国法学》2004年第5期；
5. 章剑生：《现代行政法基本原则之重构》，载《中国法学》2003年第3期；
6. 杨小君：《契约对行政职权法定原则的影响及其正当规则》，载《中国法学》2007年第5期；
7. 杨登峰：《从合理原则走向统一的比例原则》，载《中国法学》2016年第3期；
8. 杨登峰：《行政法定原则及其法定范围》，载《中国法学》2014年第3期；
9. 杨登峰：《法无规定时正当程序原则之适用》，载《法律科学》2018年第1期；
10. 杨登峰：《行政法诚信原则的基本要求与适用》，载《江海学刊》2017年第1期；
11. 周佑勇：《行政法基本原则研究》，武汉大学出版社2005年版；
12. 城仲模主编：《行政法之一般法律原则》，三民书局1994年版；
13. 城仲模主编：《行政法之一般法律原则》（二），三民书局1997年版；
14. 阎尔宝：《行政法诚实信用原则研究》，人民出版社2008年版；
15. 胡建淼主编：《论公法原则》，浙江大学出版社2005年版。

第三章 行政法渊源及其解释与适用

本章主要讲解行政法的渊源及其种类、行政法律规范的解释方法以及行政法律规范的适用规则等内容。行政法的渊源及其种类旨在廓清依法行政的法的种类与范围,内容包括行政法渊源的种类、位阶、效力、适用规则等。行政法律规范的解释方法,是在人们对行政依据的理解发生歧义时,为其提供排解歧义之道,内容包括行政法律规范的一般解释方法与特别解释方法。行政法律规范的适用规则,旨在解决行政法律规范冲突问题,为排解行政法律规范冲突,选择该当适用的法律规则提供法律指引。

依法行政,即按照法律的规定行政。要按照法律的规定行政,就必须准确把握行政依据的范围、准确解释法律的含义,选择该当适用的法律条款。因此,在学习行政法的其他内容之前,还有必要学习和了解一些行政依据、行政法的解释方法和适用规则这样的"边缘性"知识。行政依据及其解释方法与其他法律部门的解释方法有共同之处,但也有特殊之地。对于行政法而言,由于法律渊源的多样性和复杂性,适用规则的学习和应用就显得格外重要。

第一节 行政法的渊源及其种类与适用

我国的立法体制具有多主体、多层级立法的特点,因而,我国的法律渊源,即便是在成文法范围内,也具有多元性、多阶性的特征。而法律规则,在一定程度上,可以说是法律渊源的细胞,它总是处于不同的法律渊源之中。当多元的法律渊源的位阶不尽相同时,法律规则的多位阶性就是必然的。法律规则与法律渊源的这种关系决定了法律规则冲突的种类、性质与解决路径。因此,法律渊源及其位阶是考虑所有法律规范及其解释方法与适用规则问题必须先搞清楚的问题。

一、我国行政法律渊源及其位阶

法律渊源,也就是法律规范的表现形式或者存在形式,即法律规范会出现在什么地方,存在于什么地方,在哪里可以找到。总体上,在承认自然法的国家,法律渊源可以分为自然法与实在法两大层面。一般认为,自然法是宇宙秩序本身中作为一切实在法基础的关于正义的基本的和终极的原则,是评价实在法优劣的价值准则。实在法则是人类基于自然法准则以各种方式制定、形成或认可的法律规范的总和。这里所讲的法律渊源主要是实在法意义上的,局限于实在法范围内。实在法又可以分为成文法和不成文法。成文法也称为制定法,是享有立法权的国家机关按照一定的立法程序制定的规范性文件的总称。不成文法则不然。不成文法并不是说这种法律规范没有文字记载,而是指这种法律规范不是经由国家立法机关按照既定的立法程序制定的规范性文件生成的。在我国,成文与不成文法的法律渊源主要包括以下几种:

(一) 宪法

宪法是我国的基本法。从制定的机关和程序看,它是由国家最高权力机关——全国人民代表大会通过和修改的,且通过和修改的程序比其他成文法律渊源更为严格;① 从内容上看,它规定的是公民的基本权利和义务、国家与社会的基本制度、国家机关的组织等重大问题。正是由于宪法制定主体的权威性、程序的严格性以及内容的重要性,它的效力就具有至高无上性。任何成文与不成文的法律渊源,都必须与宪法相一致,不得与宪法相抵触。对于宪法的至尊地位,《宪法》第5条第1—3款明文加以规定:"中华人民共和国实行依法治国,建设社会主义法治国家。国家维护社会主义法制的统一和尊严。一切法律、行政法规和地方性法规都不得同宪法相抵触。"《立法法》第87条再次重申:"宪法具有最高的法律效力,一切法律、行政法规、地方性法规、自治条例和单行条例、规章都不得同宪法相抵触。"

(二) 法律

法律作为一种法律渊源,系指我国最高权力机关及其常设机构制定的规范性文件。按照我国《宪法》和《立法法》的规定,我国的法律有基本法律和非基本法律两类。基本法律是由全国人民代表大会依照立法程序制定的规范性文件。《宪法》第62条第3项规定,全国人民代表大会行使"制定和修改刑事、民事、国家机构的和其他的基本法律"的职权。《立法法》第7条第2款规定:"全国人民代表大会制定和修改刑事、民事、国家机构的和其他的基本法律。"非基本法律是由全国人民代表大会及其常务委员会依照立法程序制定的除基本法律之外的其他规范性文件。

法律是由我国的最高权力机关制定的,它的位阶仅次于宪法,在其他各种成文法渊源之上。《立法法》第88条第1款对此作了明文规定:"法律的效力高于行政法规、地

---

① 《宪法》第64条第1款规定:"宪法的修改,由全国人民代表大会常务委员会或者五分之一以上的全国人民代表大会代表提议,并由全国人民代表大会以全体代表的三分之二以上的多数通过。"

方性法规、规章。"对于基本法律与非基本法律之间的位阶关系,《宪法》和《立法法》都未明文加以区别。《宪法》第 67 条第 3 项和《立法法》第 7 条第 3 款均规定,全国人民代表大会常务委员会"在全国人民代表大会闭会期间,对全国人民代表大会制定的法律进行部分补充和修改,但是不得同该法律的基本原则相抵触"。既然全国人大常委会可以补充和修改基本法律,它就有可能在制定其他非基本法律时对基本法律予以补充或修改。单从这一点看,基本法律与其他法律的地位应该是平等的。

(三) 行政法规

行政法规是国务院依照《行政法规制定程序条例》[①]制定的规范性文件。之所以特别强调是依照《行政法规制定程序条例》制定的规范性文件,是因为除了行政法规,国务院还发布其他形式的规范性文件,如决定和命令。这些决定和命令也发挥着规范性作用。《宪法》第 90 条第 2 款规定:"各部、各委员会根据法律和国务院的行政法规、决定、命令,在本部门的权限内,发布命令、指示和规章。"《立法法》第 80 条也作了类似规定:"国务院各部、委员会、中国人民银行、审计署和具有行政管理职能的直属机构,可以根据法律和国务院的行政法规、决定、命令,在本部门的权限范围内,制定规章。部门规章规定的事项应当属于执行法律或者国务院的行政法规、决定、命令的事项。没有法律或者国务院的行政法规、决定、命令的依据,部门规章不得设定减损公民、法人和其他组织权利或者增加其义务的规范,不得增加本部门的权力或者减少本部门的法定职责。"这些规定表明,国务院发布的决定、命令是部门规章的制定依据。

行政法规可以分为依授权制定的行政法规和依职权制定的行政法规。通常称依授权制定的行政法规为"授权性行政法规",称依职权制定的行政法规为"职权性行政法规"。授权性行政法规,系指国务院依据全国人大及其常委会的授权制定的行政法规。《立法法》第 9 条就授权性行政法规的制定作了如下规定:"本法第八条规定的事项尚未制定法律的,全国人民代表大会及其常务委员会有权作出决定,授权国务院可以根据实际需要,对其中的部分事项先制定行政法规,但是有关犯罪和刑罚、对公民政治权利的剥夺和限制人身自由的强制措施和处罚、司法制度等事项除外。"职权性行政法规,系指国务院依据宪法和国务院组织法授予的职权制定的行政法规。《立法法》第 65 条第 2 款规定,国务院可以为执行法律和履行宪法规定的管理职权制定行政法规。[②]

行政法规的位阶低于宪法与法律,但高于地方性法规、规章。至于授权性行政法规

[①] 2001 年 11 月 16 日国务院令第 321 号公布,自 2002 年 1 月 1 日起施行。
[②] 《立法法》第 65 条第 1、2 款规定:"国务院根据宪法和法律,制定行政法规。行政法规可以就下列事项作出规定:(一)为执行法律的规定需要制定行政法规的事项;(二)宪法第八十九条规定的国务院行政管理职权的事项。"

和职权性行政法规之间的位阶关系，《立法法》未加区别。虽然授权立法的立法权源自于全国人大及其常委会，国务院名义上行使的是全国人大及其常委会的立法权。但实际上，这种立法权完全是由国务院行使的，不由授权机关审核批准，与职权性行政法规没有本质上的区别，两者的位阶应该相同。这里值得指出的是，国务院发布的决定和命令是规章的制定依据，但《立法法》仅将行政法规视为法律渊源，没有将决定和命令纳入"法"的范畴。在学理上，决定和命令属于规范性文件，而规范性文件的法律位阶低于规章。这就造成了矛盾。

（四）地方性法规、自治条例与单行条例

地方性法规是省级人大及其常委会和设区的市的人大及其常委会制定的规范性文件。《立法法》第72条第1、2款规定："省、自治区、直辖市的人民代表大会及其常务委员会根据本行政区域的具体情况和实际需要，在不同宪法、法律、行政法规相抵触的前提下，可以制定地方性法规。设区的市的人民代表大会及其常务委员会根据本市的具体情况和实际需要，在不同宪法、法律、行政法规和本省、自治区的地方性法规相抵触的前提下，可以对城乡建设与管理、环境保护、历史文化保护等方面的事项制定地方性法规，法律对设区的市制定地方性法规的事项另有规定的，从其规定。设区的市的地方性法规须报省、自治区的人民代表大会常务委员会批准后施行。……"可见，地方性法规分省级地方性法规和设区的市的地方性法规两类，省级地方性法规的位阶高于设区的市的地方性法规。

自治条例和单行条例是民族自治地方的人民代表大会依照当地民族的政治、经济和文化的特点制定的规范性文件。通常认为，自治条例规定有关本地区实行的区域自治的基本组织原则、机构设置、自治机关的职权、工作制度及其他重大问题，单行条例是就某一方面的事务加以规定的规范性文件。总体上，自治条例和单行条例的法律位阶与地方性法规的位阶相同，低于法律、行政法规，高于规章。当然，自治区的自治条例和单行条例的位阶高于自治州和自治县的自治条例和单行条例。与地方性法规相比，自治条例与单行条例的最显著特点是可以制定变通性规定。《立法法》第75条第2款规定："自治条例和单行条例可以依照当地民族的特点，对法律和行政法规的规定作出变通规定，但不得违背法律或者行政法规的基本原则，不得对宪法和民族区域自治法的规定以及其他有关法律、行政法规专门就民族自治地方所作的规定作出变通规定。"

（五）行政规章

行政规章分为部门规章和地方政府规章。部门规章是国务院各部委与直属机构按照《规章制定程序条例》制定、发布的规范性文件。地方政府规章是省级人民政府和设区的市人民政府按照《规章制定程序条例》制定、发布的规范性文件。之所以强调是按照《规章制定程序条例》制定的规范性文件，是因为行政规章的制定机关除了制定、发布规章之外，还制定、发布其他具有普遍约束力的规范性文件。唯有按照《规章制定程序条例》制定的规范性文件才称得上规章。

2015年《立法法》修正后，规章基本上成为法律、法规的执行性规定，不能创设新的权利与义务。《立法法》第80条第2款就部门规章的立法权限规定："部门规章规定的事项应当属于执行法律或者国务院的行政法规、决定、命令的事项。没有法律或者国务院的行政法规、决定、命令的依据，部门规章不得设定减损公民、法人和其他组织权利或者增加其义务的规范，不得增加本部门的权力或者减少本部门的法定职责。"第82条第2款、第6款就地方政府规章的立法权限规定："地方政府规章可以就下列事项作出规定：（一）为执行法律、行政法规、地方性法规的规定需要制定规章的事项；（二）属于本行政区域的具体行政管理事项。""没有法律、行政法规、地方性法规的依据，地方政府规章不得设定减损公民、法人和其他组织权利或者增加其义务的规范。"

总体上，规章在成文法中法律位阶最低，低于法律、行政法规、地方性法规、自治条例和单行条例。至于规章之间，部门规章与省政府规章的位阶相同，部门规章与省政府规章的位阶高于设区的市的政府规章。除了第87条和第88条的规定，《立法法》第89条还特别规定："地方性法规的效力高于本级和下级地方政府规章。省、自治区的人民政府制定的规章的效力高于本行政区域内的设区的市、自治州的人民政府制定的规章。"不过，需要特别指出的是，部门规章与省级地方性法规、省级地方政府规章与设区的市的地方性法规之间的位阶不具有可比性，两个立法主体的性质不同，但彼此的"行政级别"相同，立法法在处理这两类法律渊源的位阶关系时，态度也不是很明确，可以说这两对法律渊源之间位阶为"相近"。

（六）法律解释

在我国，作为一种法律渊源，法律解释不是指法官在个案中对具体法律规则的理解、适用活动，而是指由法定的有权机关对法律所作的说明和解释，是一种具有法律效力的普遍性行为规则。按照法的解释主体与制定主体之间的关系，可将法律解释分为由立法主体对其自己制定的法律规范的"自为解释"和非立法主体对其他立法主体制定的法律规范的"他为解释"两类。

对于由立法主体对其自己制定的法律规范的"自为解释"，现行法律法规作了明确规定。《立法法》第45条规定："法律解释权属于全国人民代表大会常务委员会。法律有以下情况之一的，由全国人民代表大会常务委员会解释：（一）法律的规定需要进一步明确具体含义的；（二）法律制定后出现新的情况，需要明确适用法律依据的。"《行政法规制定程序条例》第31条第1款、第2款规定："行政法规有下列情形之一的，由国务院解释：（一）行政法规的规定需要进一步明确具体含义的；（二）行政法规制定后出现新的情况，需要明确适用行政法规依据的。国务院法制机构研究拟订行政法规解释草案，报国务院同意后，由国务院公布或者由国务院授权国务院有关部门公布。"《规章制定程序条例》第33条第1—3款规定："规章解释权属于规章制定机关。规章有下列情况之一的，由制定机关解释：（一）规章的规定需要进一步明确具体含义的；（二）规章制定后出现新的情况，需要明确适用规章依据的。规章解释由规章制定机关的法制机构参照规章送审稿审查程序提出意见，报请制定机关批准后公布。"

对于非立法主体对其他立法主体制定的法律规范的"他为解释"，1981年第五届全国人大常委会第十九次会议通过的《全国人民代表大会常务委员会关于加强法律解释工作的决议》作了规定："一、凡关于法律、法令条文本身需要进一步明确界限或作补充规定的，由全国人民代表大会常务委员会进行解释或用法令加以规定。二、凡属于法院审判工作中具体应用法律、法令的问题，由最高人民法院进行解释。凡属于检察院检察工作中具体应用法律、法令的问题，由最高人民检察院进行解释。最高人民法院和最高人民检察院的解释如果有原则性的分歧，报请全国人民代表大会常务委员会解释或决定。三、不属于审判和检察工作中的其他法律、法令如何具体应用的问题，由国务院及主管部门进行解释。四、凡属于地方性法规条文本身需要进一步明确界限或作补充规定的，由制定法规的省、自治区、直辖市人民代表大会常务委员会进行解释或作出规定。凡属于地方性法规如何具体应用的问题，由省、自治区、直辖市人民政府主管部门进行解释。"

立法主体对其制定的法律规范所作的"自为解释"的位阶与被解释的法律规范的位阶应该是相同。对此，《立法法》第50条规定："全国人民代表大会常务委员会的法律解释同法律具有同等效力。"《行政法规制定程序条例》第31条第3款规定："行政法规的解释与行政法规具有同等效力。"《规章制定程序条例》第33条第4款规定："规章的解释同规章具有同等效力。"至于非立法主体对其他立法主体制定的法律规范所作的"他为解释"的位阶，相关法律法规尚无明确的规定。如果说，法律解释必须忠实于被解释的法规范，解释者解释出来的规则源自被解释的法规范，则任何解释者作出的解释的位阶都应当与被解释的法规范的位阶相同。

（七）其他不成文的法律渊源

除了上述法律渊源，行政法学界还承认习惯或惯例、指导性案例、不成文的法律原则等为不成文的法律渊源。这些不成文的法律渊源与成文的法律渊源属于补充与被补充的关系，即当成文法不可适用时，方有不成文法的应用。

总体看，上述成文法律渊源及其位阶关系可图示如下：

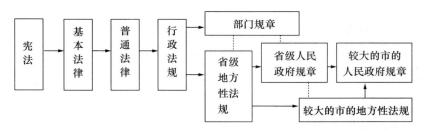

说明：图中实线的"→"表示上下位阶关系，虚线的"┈"表示相近位阶关系。

图 3-1　成文法律渊源及其位阶关系

二、下位法不得与上位法相抵触原则

行政法律渊源的多元性以及位阶差异性势必会导致不同位阶的法律规范之间发生冲突。法律渊源位阶的功能即在于协调上下位阶法律规范之间的关系，保证下位法与上位法之间的协调性或统一性，而这种协调功能是通过确立或贯彻"下位法不得与上位法相抵触"的原则来发挥的。"下位法不得与上位法相抵触"，也就是要求下位法必须与上位法相一致。"下位法不得与上位法相抵触"原则可以说是"上位法高于下位法"的逻辑延伸。

（一）"下位法不得与上位法相抵触"原则在立法上的体现

"上位法高于下位法"或者"下位法不得与上位法相抵触"原则不仅是学理上的倡议，而且是我国《宪法》和《立法法》等基本法律的明文规定。例如，《立法法》第 87 条规定："宪法具有最高的法律效力，一切法律、行政法规、地方性法规、自治条例和单行条例、规章都不得同宪法相抵触。"第 72 条第 1、2 款规定："省、自治区、直辖市的人民代表大会及其常务委员会根据本行政区域的具体情况和实际需要，在不同宪法、法律、行政法规相抵触的前提下，可以制定地方性法规。设区的市的人民代表大会及其常务委员会根据本市的具体情况和实际需要，在不同宪法、法律、行政法规和本省、自治区的地方性法规相抵触的前提下，可以对城乡建设与管理、环境保护、历史文化保护等方面的事项制定地方性法规，法律对设区的市制定地方性法规的事项另有规定的，从其规定。设区的市的地方性法规须报省、自治区的人民代表大会常务委员会批准后施行。……"① 第 96 条规定，法律、行政法规、地方性法规、自治条例和单行条例、规

---

① 《地方各级人民代表大会和地方各级人民政府组织法》第 7 条规定："省、自治区、直辖市的人民代表大会根据本行政区域的具体情况和实际需要，在不同宪法、法律、行政法规相抵触的前提下，可以制定和颁布地方性法规，报全国人民代表大会常务委员会和国务院备案。省、自治区的人民政府所在地的市和经国务院批准的较大的市的人民代表大会根据本市的具体情况和实际需要，在不同宪法、法律、行政法规和本省、自治区的地方性法规相抵触的前提下，可以制定地方性法规，报省、自治区的人民代表大会常务委员会批准后施行，并由省、自治区的人民代表大会常务委员会报全国人民代表大会常务委员会和国务院备案。"

章，有"下位法违反上位法规定的"情形的，由有关机关依照《立法法》第 97 条规定的权限予以改变或者撤销。

（二）"下位法不得与上位法相抵触"原则的生成基础

"上位法高于下位法"或者"下位法不得与上位法相抵触"原则可以说是法律位阶制度的题中应有之义，但更进一步分析的话，这一原则应源自一个国家不同立法主体之间上下有别的等级关系和上下位法律规范在内容上"上行下效"的传承关系。

第一，不同的立法主体上下有别的等级关系。立法机关属于国家机关的成员，立法权属于国家权力的一部分，故其立法地位受制于一国的国家形式。国家形式包括政权组织形式和国家结构形式两个方面。政权组织形式侧重于解决权力机关同行政机关、司法机关以及其他国家机关之间的关系，以及权力机关同人民之间的关系，即政权横的方面。国家结构形式解决的是领土结构内整体与组成部分之间的关系，即体现政权关系纵的方面。[①] 国情不同，一国的政权组织形式和国家结构形式会不同。有些国家的政权组织形式是总统制，有些是议会制；有些国家的国家结构形式是单一制，有些是联邦制。我国的政权组织形式是人民代表大会制度，国家结构形式基本上是单一制。按照人民代表大会制度，人民代表大会——不论是全国人民代表大会还是地方各级人民代表大会——都是权力机关，其他同级的国家机关，如国家行政机关、审判机关、检察机关，都由它产生，对它负责，受它监督。[②] 这种体制决定了行政机关的立法，不论是国务院制定的行政法规还是有立法权的地方人民政府制定的规章，都低于同级的人民代表大会的立法。按照单一制国家结构形式，地方国家机关须服从中央国家机关的领导或指导，下级国家机关须服从上级国家机关的领导或指导。[③] 这种国家结构形式决定了，地方人大立法的位阶低于中央立法的位阶、下级人大立法的位阶低于上级人大立法的位阶、下级人民政府立法的位阶低于上级人民政府立法的位阶。这种国家形式不仅决定了法律渊

[①] 国内宪法学界通常认为，政权组织形式，也即政体，是一国统治阶级按照一定的原则建立起来的行使国家权力、实现国家统治和管理职能的政权机关的组织和活动体制。国家结构形式指的是，国家的统治阶级根据什么原则、采取何种形式来处理国家内部的组成以及调整国家整体与组成部分之间的关系。它的实质在于中央和地方或组织单位之间的权限划分问题。

[②] 我国《宪法》第 3 条规定："中华人民共和国的国家机构实行民主集中制的原则。全国人民代表大会和地方各级人民代表大会都由民主选举产生，对人民负责，受人民监督。国家行政机关、审判机关、检察机关都由人民代表大会产生，对它负责，受它监督。中央和地方的国家机构职权的划分，遵循在中央的统一领导下，充分发挥地方的主动性、积极性的原则。"第 57 条规定："中华人民共和国全国人民代表大会是最高国家权力机关。它的常设机关是全国人民代表大会常务委员会。"

[③] 《地方各级人民代表大会和地方各级人民政府组织法》第 8 条规定："县级以上的地方各级人民代表大会行使下列职权：（一）在本行政区域内，保证宪法、法律、行政法规和上级人民代表大会及其常务委员会决议的遵守和执行，保证国家计划和国家预算的执行；……"第 55 条第 1、2 款规定："地方各级人民政府对本级人民代表大会和上一级国家行政机关负责并报告工作。县级以上的地方各级人民政府在本级人民代表大会闭会期间，对本级人民代表大会常务委员会负责并报告工作。全国地方各级人民政府都是国务院统一领导下的国家行政机关，都服从国务院。"

源的位阶,也决定了下位法律规范不得与上位法律规范相抵触;否则,既定的国家形式就会被化解或被破坏。

第二,上下位法律规范之间自上而下的生成关系。法律规范之间的关系不仅取决于立法主体之间的关系,还取决于规范内容本身之间的关系。除了法律位阶最高的宪法或者最具有制度原创性的基本法律之外,立法者在制定法律规范时,通常不是"无中生有",而是"有中生有",即下位阶法律规范总体上是对上位阶法律规范的落实和具体化,是从上位法发展而来的。对此,分析实证主义法学家凯尔森有过这样的论述:"法律就调整着它自己的创造。由于法律规范之所以有效力是因为它是按照另一个法律规范决定的方式被创造的,因此,后一个规范便成了前一个规范的效力的理由。调整另一个规范的创造那个规范和另一个法律规范之间的关系,用空间比喻语来说,可以表现为高级和低级的一种关系。决定另一个规范的创造的那个规范是高级规范,根据这种调整而被创造出来的规范是低级规范。法律秩序,尤其是国家作为它的人格化的法律秩序,因而就不是一个相互对等的、如同在同一平面上并立的诸规范的体系,而是一个不同级的诸规范的等级体系。这些规范的统一体是由这样的事实构成的:一个规范(较低的那个规范)的创造为另一个规范(较高的那个规范)所决定,而这一回归以一个最高的规范即基础规范为终点,这一规范,作为整个法律秩序的效力的最高理由,就构成了这一法律秩序的统一体。"[①]其实,上下位法律规范在内容上的这种承接关系不只是理论上的论证,也是我国法律的明文规定。例如,《立法法》第 65 条第 1 款规定:"国务院根据宪法和法律,制定行政法规。"[②] 第 80 条第 1、2 款规定:"国务院各部、委员会、中国人民银行、审计署和具有行政管理职能的直属机构,可以根据法律和国务院的行政法规、决定、命令,在本部门的权限范围内,制定规章。部门规章规定的事项应当属于执行法律或者国务院的行政法规、决定、命令的事项。……"[③] 既然下位法律规范不论是在理论上还是在制度安排上是根据上位法律规范制定的,自然就不能与上位法相抵触;否则就不是"根据"上位法来制定。

总而言之,"下位法不得与上位法相抵触"原则是立基于我国政治体制及由其决定的立法体制、法律规范内在规律的一项法律原则。

---

① 〔奥〕凯尔森:《法与国家的一般理论》,沈宗灵译,中国大百科全书出版社 1996 年版,第 141 页。
② 我国宪法也作了类似的规定。《宪法》第 89 条规定:"国务院行使下列职权:(一)根据宪法和法律,规定行政措施,制定行政法规,发布决定和命令;……"
③ 《地方各级人民代表大会和地方各级人民政府组织法》第 60 条规定:"省、自治区、直辖市的人民政府可以根据法律、行政法规和本省、自治区、直辖市的地方性法规,制定规章,报国务院和本级人民代表大会常务委员会备案。省、自治区的人民政府所在地的市和经国务院批准的较大的市的人民政府,可以根据法律、行政法规和本省、自治区的地方性法规,制定规章,报国务院和省、自治区的人民代表大会常务委员会、人民政府以及本级人民代表大会常务委员会备案。依照前款规定制定规章,须经各该级政府常务会议或者全体会议讨论决定。"

（三）"下位法不得与上位法相抵触"原则的属性

"上位法高于下位法"或者"下位法不得与上位法相抵触"原则首先是一个立法原则，即立法机关制定法律规范时须遵循的原则。违反这一原则的立法的效力是存在问题的。对此，应该没有异议。有疑问的是，这一原则对法律适用具有怎样的意义。

有不少专家学者将这一原则也视为一个适用规则，即认为"上位法高于下位法；下位法与上位法相抵触的，优先适用上位法"。这种观点和看法不仅为一些专家学者所赞同，在我国最高人民法院的一系列解释和答复中也时有反映。例如，1993年《最高人民法院关于人民法院审理行政案件对地方性法规的规定与法律和行政法规不一致的应当执行法律和行政法规的规定的复函》① 指出："《中华人民共和国渔业法》第三十条规定：'未按本法规定取得捕捞许可证擅自进行捕捞的，没收渔获物和违法所得，可以并处罚款；情节严重的，并可以没收渔具。'这一条未规定可以没收渔船。《福建省实施办法》第三十四条规定，未取得捕捞许可证擅自进行捕捞或者伪造捕捞许可证进行捕捞，情节严重的，可以没收渔船。这是与渔业法的规定不一致的，人民法院审理行政案件，对地方性法规的规定与法律和行政法规的规定不一致的，应当执行法律和行政法规的规定。"② 再如，最高人民法院《关于审理行政案件适用法律规范问题的座谈会纪要》③ 中就"下位法不符合上位法的判断和适用"作了如下说明："下位法的规定不符合上位法的，人民法院原则上应当适用上位法。当前许多具体行政行为是依据下位法作出的，并未援引和适用上位法。在这种情况下，为维护法制统一，人民法院审查具体行政行为的合法性时，应当对下位法是否符合上位法一并进行判断。经判断下位法与上位法相抵触的，应当依据上位法认定被诉具体行政行为的合法性。"

应该说，立法原则与法的适用原则存在紧密联系，但未必就是同一回事。提出并坚持"上位法高于下位法；下位法与上位法相抵触的，优先适用上位法"，从而将"上位法高于下位法"或者"下位法不得与上位法相抵触"原则也视为一个适用原则的观点是否正确、在多大程度上正确，是一个需要认真讨论的问题。就这一问题，我们将在本章

---

① 最高人民法院1993年3月11日发布，法函〔1993〕16号。

② 类似的答复还有《最高人民法院对人民法院在审理盐业行政案件中如何适用国务院〈食盐专营办法〉第25条规定与〈河南省盐业管理条例〉第三十条第一款规定问题的答复》（最高人民法院2003年4月29日发布，法行〔2003〕36号）。该答复指出："根据《中华人民共和国行政处罚法》第十一条第二款关于'法律、行政法规对违法行为已经作出行政处罚规定，地方性法规需要作出具体规定的，必须在法律、行政法规规定的给予行政处罚的行为、种类和幅度的范围内规定'的规定，《河南省盐业管理条例》第三十条第一款关于对承运人罚款基准为'盐产品价值'及对货主及承运人罚款幅度为'1倍以上3倍以下'的规定，与国务院《食盐专营办法》第二十五条规定不一致。人民法院在审理有关行政案件时，应根据《中华人民共和国立法法》第六十四条第二款、第七十九条第二款规定的精神进行选择适用。"

③ 参见《最高人民法院关于印发〈关于审理行政案件适用法律规范问题的座谈会纪要〉的通知》（最高人民法院2004年5月18日发布，法〔2004〕96号）。

第三节"三、行政法律规范的适用规则"中作适当分析,这里暂不作评论。

三、下位法先于上位法适用原则

上文讨论了法律渊源的种类、法律渊源的位阶,以及处理上下位法律规范关系时应遵循的基本原则。这里需要简要说明的是,在通常状态下,也就是在下位法与上位法不抵触的情形下,选择适用上下位法律规范的基本规则。

不管怎样看待或者理解"下位法与上位法相抵触的,优先适用上位法"的适用规则,可以肯定的是,该原则或者规则明显是针对下位法与上位法相抵触的情形的,自然不能将其适用于下位法与上位法相一致的情形。那么,在下位法与上位法相一致的情形下,应当优先选择适用上位法还是下位法,也是一个问题。答案应当是:优先适用下位法。也就是说,在下位法与上位法相一致的常态下,选择适用上下位法的基本规则是"下位法先于上位法"。全面表述这一规则的话,应该是:"下位法与上位法相一致的,优先适用下位法"。因此,也可将其表述为"下位法优先适用"规则。

在下位法与上位法相一致时,优先适用下位法是很好理解的。首先,立法者之所以在已有上位法的情形下,制定下位法,目的即在于适用。如果在下级立法主体已经制定了下位法的情形下,还一味地适用上位法而不适用下位法,下位法就失去了制定或存在的意义。其次,下位法往往是为了实施上位法,根据上位法制定的。但是,与上位法相比,下位法更多地考虑了地域差异、个体差异以及个案差异,相关规定更加具体、精细、更具有可操作性。如果抛弃更加具体的法律规范不用,而是一味地适用上位更加抽象的一般性规范,不仅会使执法、司法者的裁量权不能得到有效制约,也会使法律的适用在一定程度上不能体现平等原则之"相同的同样对待,不同的区别对待",从而使法的适用有失正义。不难想象,如果在下位法与上位法相一致时还坚持适用上位法,势必会造成一概适用宪法而不是法律、法规或规章的情形,这自然是很可笑的法律现象。

有人可能会提出这样一个问题:既然"上位法高于下位法",何以又要求"下位法先于上位法"或"下位法优先适用"呢?笔者认为,法律适用规则与法律位阶有密切联系,但应注意区别规范的效力位阶与规范的适用次序之间的区别。"上位法高于下位法"规定的是"效力优先","下位法先于上位法"规定的是"适用优先"。前者解决的是上位法律规范效力的优先性,后者解决的是有效的法律规范在适用顺序上的优先性。所以,两者并不矛盾。①

---

① 相关论述可参见翁岳生编:《行政法》(上册),中国法制出版社2002年版,第167页;〔德〕哈特穆特·毛雷尔:《行政法学总论》,高家伟译,法律出版社2000年版,第73页。

江必新、梁凤云两位法官对此也有相关论述。他们认为："一般说来，实施性规定由于具有内容较为具体、操作性较强的特征，因此，在适用过程中应当优先适用。优先适用与法律规范的位阶是两个不同的概念。法律规范的位阶主要是针对上位法和下位法的关系使用的概念；适用优先主要是指根据法律规范的内容，一般来讲，越是具体的、具有可操作性的规定就越具有适用的优先性。美国学者认为，作为实施性规定的规章与法律具有相同的效力，对于受管理的对象而言，作为实施性规定的规章的规定比上位法的规定更具有实际作用。从行政执法的实际来看，行政机关总是优先适用更具有操作性的、较为具体的实施性规定。"① 这里所谈虽然主要是针对实施性规定的，下位法不完全都属于实施性规定，但下位法尤其是其中的行政法规和规章，绝大部分内容都是实施性的；因此，这些看法对于理解下位法优先适用原则也具有借鉴意义。② 在行政法律实践中，上下位法的变动会使这一问题变得更为复杂，给法律适用带来一定困难。"厦门博坦仓储有限公司诉福建省厦门海关行政处罚案"③ 便是这方面的一个案例。

◆ 厦门博坦仓储有限公司诉福建省厦门海关行政处罚案

【案情概要】

1997年3月至1998年6月，赫斯特拉号轮等64艘次船舶将未在中国境内办理报关纳税手续的柴油1150156.9吨、毛豆油256569.64吨、毛菜籽油15568.344吨、棕油7171.22吨、精豆油30008.01吨、精棕油5633.231吨、大豆油15945.921吨走私入境后，在原告博坦公司所属的油库卸载、仓储，博坦公司因此收入美元5797142.97元，折合人民币47985271元，期间向国家缴纳税款人民币3006505元。据此，被告厦门海关于2004年10月27日作出〔2002〕厦关查罚字第05-028号行政处罚决定（以下简称"028号行政处罚决定"），决定没收博坦公司的违法所得人民币44978766元，并处罚款人民币1000万元。2005年2月4日，海关总署作出〔2004〕0037号行政复议决定，驳回博坦公司的复议申请，维持厦门海关作出的028号行政处罚决定。在此之前，即1997年3月，原告博坦公司致函厦门石油总公司，提出厦门石油总公司在博坦公司卸储的油料手续不全，不予装船，要求厦门石油总公司提供海关文件。3月25日，厦门海关工作人员吴宇波在协调此事时，口头表示货可以先放，但要求厦门石油总公司补办海关手续，且下不为例，以后的货要海关同意才可卸储。3月25日、4月1日，厦门石油总公司给博坦公司回函，称海关手续由其办理，责任由其承担，要求博坦公司以后按照现

---

① 江必新、梁凤云：《行政诉讼法理论与实务》（第二版），北京大学出版社2011年版，第1085页。
② 本节内容参照了杨登峰：《法律冲突与适用规则》（法律出版社2017年版）一书中的相关内容。
③ 参见最高人民法院行政审判庭编：《中国行政审判指导案例》（第1卷），中国法制出版社2010年版，第63—68页。

行方式进行作业。

【争议焦点】

原告诉称：2004年10月27日，被告厦门海关以明知货物走私进口仍提供卸储服务为由，根据《海关法行政处罚实施细则》第6条第2款规定，对原告作出028号行政处罚决定，决定没收违法所得人民币44978766元，并处罚款人民币1000万元。但《海关法行政处罚实施细则》是为1987年颁布施行的《海关法》而制定实施的。被告处理本案时，新《海关法》已经颁布实施，旧《海关法》及相关细则不再适用。被告适用旧的细则作出行政处罚决定，适用法律明显错误。再者，原告从这些业务中共获取营业收入美元5797142.97元，折合人民币47985271元；扣除劳动者工资、仓储设备折旧提成以及其他必要支出人民币26809123元，扣除给国家上缴的税款人民币3006505元，原告的所得仅为人民币18169643元。被告仅从营业收入中扣除税款，却把其他支出的经营费用都计算为违法所得，对"违法所得"的构成与数额认定错误。

被告辩称：2000年7月8日，第九届全国人大常委会第十六次会议通过的《关于修改〈中华人民共和国海关法〉的决定》，仅是对1987年《海关法》进行修改，并未废除该法。《海关法行政处罚实施细则》虽然是根据1987年《海关法》制定的，但至被告处理本案时，尚未被制定机关宣布废止；只要其不与2000年《海关法》相抵触，就应当继续有效。再者，知情不报并为走私人提供方便的行为是违法行为，违法行为不应受到法律保护。原告为实施违法行为，当然得投入一定成本，即原告所称的经营费用，但这种成本不应得到法律保护，只能根据咎由自取的原则令违法人自行负担。如果对行为人投入的违法成本也给予保护，无异于纵容行为人实施违法行为。因此，被告在扣除了原告上缴给国家的税款后，将原告的其他收入计算为违法所得予以没收，是正确的。

故本案争议焦点是：第一，将《海关法行政处罚实施细则》第6条第2款作为028号行政处罚决定适用的法律依据是否正确；第二，应当如何认定博坦公司的行为；第三，本案违法所得数额认定是否恰当。

【裁判结果】

维持被告作出的行政行为。

【裁判理由】

本案经过厦门市中级人民法院和福建省高级人民法院两审审理结案。就其中的法律适用问题二审法院认为：1987年颁布实施的《海关法》，对走私犯罪行为的表现形式规定得不够仔细，特别是对走私共犯之间的责任如何承担未作规定，以致实际操作中产生不少问题。为了执行《海关法》中关于法律责任的规定，根据该法第60条的授权，国务院批准制定和修订了《海关法行政处罚实施细则》，其中第6条第1款规定："对两人或者两人以上共同所为的走私行为，应当区别情节及责任，分别给予处罚。"第 2 款规定："知情不报并为走私人提供方便的，没收违法所得，可以并处违法所得两倍以下的罚款。"这一条不仅第一次提到"共同走私"，也是第一次将"知情不报并为走私人提供方便"的行为列为共同走私。1999 年修正的《刑法》第 156 条规定："与走私罪犯通谋，为其提供贷款、资金、账号、发票、证明，或者为其提供运输、保管、邮寄或者其他方便的，以走私罪的共犯论处。"为了与修正后的《刑法》一致，2000 年修改的《海关法》第 84 条规定："伪造、变造、买卖海关单证，与走私人通谋为走私人提供贷款、资金、账号、发票、证明、海关单证，与走私人通谋为走私人提供运输、保管、邮寄或者其他方便，构成犯罪的，依法追究刑事责任；尚不构成犯罪的，由海关没收违法所得，并处罚款。""通谋"一词，常见于刑事立法中对共犯关系的描述。既是"通谋"，前提必须是明知，而明知包括行为人知道或者应当知道。依照 2000 年修改的《海关法》第 84 条，如果行为人知道或者应当知道走私人正在从事走私活动，仍然为走私人提供运输、保管、邮寄或者其他方便，就构成"与走私人通谋"，此时首先考虑追究行为人的刑事责任，其次才考虑对不构成犯罪的行为人给予行政处罚。两相比较，《海关法行政处罚实施细则》第 6 条第 2 款的规定与 2000 年修改的《海关法》第 84 条规定不冲突，只是处罚程度没有后者严厉，可以对本案适用。

《中国行政审判指导案例》编者就本案撰写的裁判摘要指出：第一，《海关法行政处罚实施细则》关于"协助走私"的规定，与新《海关法》没有抵触的，可以适用；第二，对协助走私人作出没收违法所得行政处罚的，不应扣除经营成本。这些看法对于理解上下位法之间的关系，特别是理解"下位法符合上位法规定的，优先适用下位法"的规则具有重要意义。

第二节　行政法律规范的解释方法

行政法律渊源的适用通常会遇到两个难题：一是对于案件事实有一个该当适用的法律规则，但是不同的人对于该规则的含义有不同的理解；二是对于案件事实有两个可以适用的规则，但适用两个规则的结果不同。对于前者，法律适用者需要排除不当的歧义；对于后者，法律适用者需要排除多余的规则。法律解释主要解决第一个问题。第二个问题则是本章第三节"行政法律规范的适用规则"所要面对的。

一、法律解释的一般方法

法律解释的对象是法律规范，旨在探明法律规范所表达的含义与目的。一个法律规范通常由事实构成要件和后果构成要件组成,且通过一定的法律概念表述。探明法律规范的含义也就是探明表述法律规范事实构成要件和后果构成要件的文字含义。由于事实构成要件是案件事实与法律规范的交接点,因此,表述事实构成要件的概念是法律解释的重点。例如,《治安管理处罚法》第 26 条规定,结伙斗殴的,处 5 日以上 10 日以下拘留,可以并处 500 元以下罚款;情节较重的,处 10 日以上 15 日以下拘留,可以并处 1000 元以下罚款。法律解释就是要探明"结伙斗殴""情节较重""处""拘留""罚款"等概念以及整个规范的含义。

不过,法律解释的目的不仅在于探知表述法律规范事实构成要件与后果构成要件概念的含义,还在于探知法律规范所欲达成的目的。每一个法律规范都欲达成一定的目的。没有目的的法律规范是不存在的。法律规范之后果构成要件不过是达成法律规范目的的手段。因此,法律解释不仅要探明法律规范的含义,更要探明法律规范所欲达成的目的,并将二者统一起来。

法律解释方法便是探求法律规范含义与目的的方法,而法律解释的一般方法也就是各个部门法共同采用的方法。从目前各个学科对于法律解释方法的应用来看,法律解释一般方法主要有文义解释、体系解释、历史解释和目的解释。

(一) 文义解释

文义解释又称为文理解释、文法解释或语法解释,它通过对法律条文的字面含义、语法结构、文字排列、上下文关系和标点符号等的分析,来阐明法律规范的含义和内容。之所以采取文义解释,且这种解释往往成为法律解释首选的解释方法,原因在于法律规范的文字是立法者表达意旨的最基本或者最主要的载体,即便不是唯一的载体。国内法理学教科书一般认为,文义解释原则上应当以通常平易的意义进行解释,这是社会的普遍要求。法律为人人所知晓方能做到人人守法,形成法治社会风气。当然,法律专业术语应当按法律专门意义进行解释。如果日常用语用作法律语言并被赋予特殊含义,就应按法律专业术语来解释。如"罚款"和"罚金",在日常生活中其含义基本没有区别,但是在法律语言中其各自的含义却不相同。另外,同一法律或不同法律使用同一概念时,原则上应作同一解释。如在特殊情况下作不同解释时,应有特别理由。文义解释还应联系全文的意义进行解释,不可断章取义。[①] 这里以"王长淮诉江苏省盱眙县劳动和社会保障局工伤行政确认案"[②] 为例加以说明。

[①] 参见孙笑侠主编:《法理学》,中国政法大学出版社 1996 年版,第 181—182 页。
[②] 本案刊载于《最高人民法院公报》2011 年第 9 期。

王长淮诉江苏省盱眙县劳动和社会保障局工伤行政确认案

【案情概要】

原告王长淮自 2007 年进入第三人思达公司工作，与第三人之间形成劳动关系。2008 年 5 月 22 日上午，公司车间主任徐建华安排原告打扫卫生。原告在打扫卫生过程中，徐建华亦安排原告次日跟张海军后边工作，当张海军备料到回收酒精车间时，原告跟其到回收酒精车间观看学习便于次日跟岗。恰遇回收酒精岗位发生酒精溢料事故，原告为避险，慌乱中从窗户跳出，摔伤双足，公司车间主任等人迅速将原告送往盱眙县中医院救治。经医院诊断为双侧跟骨骨折。公司支付了医药费。2009 年 2 月 21 日，原告向被告盱眙县劳保局提出工伤认定申请，被告受理后进行立案调查，于 2009 年 4 月 16 日作出盱劳社工伤认字〔2009〕第 011 号工伤认定决定，认定原告不属于工伤。原告不服，于 2009 年 5 月 10 日向盱眙县人民政府申请复议。2009 年 6 月 8 日盱眙县人民政府作出复议决定，维持被告作出的具体行政行为。

【争议焦点】

原告王长淮在换岗时因事故受伤能否认定为工伤。

【法院裁判】

《工伤保险条例》第 14 条规定："职工有下列情形之一的，应当认定为工伤：（一）在工作时间和工作场所内，因工作原因受到事故伤害的……"这里的"工作场所"，是指职工从事工作的场所，例如职工所在的车间，而不是指职工本人具体的工作岗位。被告盱眙县劳保局认为原告因"串岗"受伤不能认定为工伤，对此法院认为：首先，原告临时更换岗位是按照管理人员即车间主任的安排进行的，并不是擅自离岗换岗，不属于"串岗"，应为正常工作变动；其次，即使认定原告上班期间"串岗"行为成立，原告只是违反了相关企业管理制度，只导致具体工作岗位及相关工作内容有所变动，并不能改变原告仍在工作场所内工作的事实，因此"串岗"行为应由企业内部管理规章制度调整，不能因此影响工伤认定。原告是在第三人思达公司上班期间处于工作场所并因该公司设备故障安全事故导致伤害，符合工伤认定条件，被告作出原告不属于工伤的具体行政行为与法律相悖。综上，被告盱眙县劳保局作出的认定原告王长淮不属于工伤的具体行政行为证据不足、适用法律法规错误，依法应予撤销。对原告的诉讼请求，应予支持。

《最高人民法院公报》编者就本案撰写的裁判摘要指出：根据《工伤保险条例》第 14 条的规定，职工在工作时间和工作场所内，因工作原因受到事故伤害的，应当认定为工伤。这里的"工作场所"，是指职工从事工作的场所，例如职工所在的车间，而不是指职工本人具体的工作岗位。职工"串岗"发生安全事故导致伤害的,只要是在工作时间和工作场所内、因工作原因而发生的,即符合上述工伤认定条件,"串岗"与否不影响其工伤认定。

本案判决中写道:"《工伤保险条例》第 14 条规定:'职工有下列情形之一的,应当认定为工伤:(一)在工作时间和工作场所内,因工作原因受到事故伤害的……'这里的'工作场所',是指职工从事工作的场所,例如职工所在的车间,而不是指职工本人具体的工作岗位。"这就是通过对法律条文的字面含义所进行的解释,属于典型的文义解释。

(二)体系解释

体系解释是依据法律条文在法律整体中的地位进行解释,即根据法律的编、章、节、条、款、项之前后关联位置以及相关法律条文之关系,阐明法律规范的意义。体系解释的合理性在于,法律条文的含义通常需要在上下文和整个法律体系中获得具体含义。法律规范也同样如此。整个法律秩序也就是大量有效的具体规范与所有法律部门的法律形成一个统一体。法律秩序应该是由协调的规范价值标准所组成的有序的规范结构。内部存在矛盾的法律秩序将损害统一的法律标准要求,并因此损害法律平等的要求。因此,一般情况下,对法律规范的解释应当服从于法律秩序整体的要求。为此,解释法律时必须了解法律规范在规范群、法律文本、部门法或者整个法律秩序中的地位,也只有如此才能对规范内容作出切合实际的理解。可见,体系解释的法哲学基础是:没有一个法律规范是独立存在的,它们必须作为整个法律秩序的部分要素来理解。[①] 这里以"陈善菊诉上海市松江区人力资源和社会保障局社会保障行政确认案"[②]为例予以说明。

◆ 陈善菊诉上海市松江区人力资源和社会保障局社会保障行政确认案

【案情概要】

陈善菊与陈某某是夫妻关系。陈某某系第三人申劳公司的管理人员,食宿于申劳公司处。2009 年 6 月,陈某某与申劳公司员工张某某因琐事发生矛盾。6 月底的一天晚上,陈某某叫了申劳公司另两名员工到张某某宿舍,打了张某某两记耳光。张某某为此怀恨在心,伺机报复。2009 年 7 月 15 日 21 时许,张某某趁陈某某在厂浴室洗澡之际,用尖刀捅刺陈某某的左腹部、左胸部等处,致陈某某死亡。2010 年 7 月 12 日,陈善菊向被告松江区人保局提出工伤认定申请。被告于 7 月 15 日受理后,经调查,于 2010 年

---

① 参见〔德〕魏德士:《法理学》,丁晓春、吴越译,法律出版社 2003 年版,第 328—329 页。
② 本案刊载于《最高人民法院公报》2013 年第 9 期。

9月2日作出《工伤认定书》，认为陈善菊没有证据证明陈某某于2009年7月15日的被害与其履行工作职责有关，该情形不符合《工伤保险条例》第14条、第15条的规定，故认定陈某某的死亡不属于且不视同工伤。陈善菊不服，申请复议。复议机关维持了松江区人保局认定工伤的行政行为。陈善菊仍不服，诉至法院。

【争议焦点】

《工伤保险条例》第14条规定："职工有下列情形之一的，应当认定为工伤：（一）在工作时间和工作场所内，因工作原因受到事故伤害的；（二）工作时间前后在工作场所内，从事与工作有关的预备性或者收尾性工作受到事故伤害的；（三）在工作时间和工作场所内，因履行工作职责受到暴力等意外伤害的……"那么，食宿在单位的用人单位管理人员，因个人恩怨，下班后在单位浴室洗澡时被杀害，是否应认定为工伤。

【法院裁判】

二审法院上海市第一中级人民法院认为：根据〔2010〕沪一中刑初字第15号刑事判决书查明的事实，"2009年6月，陈某某因琐事与该厂员工张某某发生矛盾。同年6月底的一天晚上，陈某某叫上员工夏某某、王某某到张某某宿舍，当着夏、王两人的面打了张某某两记耳光。张某某为此怀恨在心，伺机报复。同年7月15日21时许，张某某趁被害人陈某某在申劳公司玻璃制品厂浴室洗澡之际，用尖刀捅刺陈某某，造成陈某某因右心室及主动脉破裂致失血性休克而死亡。"上述事实清楚地表明，陈某某的死亡非工作时间前后在工作场所内，从事与工作有关的预备性或者收尾性工作受到事故伤害。"与工作有关的预备性或者收尾性工作"是指虽然并非职工工作本身，但根据法律法规、单位规章制度或者约定俗成的做法，职工为完成工作所作的准备或后续事务。职工工作若无洗澡这一必要环节，亦无相关规定将洗澡作为其工作完成后的后续性事务，则洗澡不符合"收尾性工作"的情形。

陈某某亦非在工作时间和工作场所内，因履行工作职责受到暴力等意外伤害。"因履行工作职责受到暴力伤害"应理解为职工履行工作职责的行为引起了暴力伤害结果的发生，而非简单理解为受到暴力伤害是发生在职工履行工作职责的过程中。陈某某作为申劳公司玻璃制品厂的管理人员，其工作职责是管理，若张某某确因不服从陈某某的管理而杀害陈某某，则应属于工作上的原因。但根据查明的事实，陈某某系因琐事与张某某发生矛盾，并打了张某某两记耳光，张某某对此怀恨在心，才伺机将陈某某杀害，上述〔2010〕沪一中刑初字第15号刑事判决书亦确认了陈某某遇害是因其与张某某之间的个人恩怨。可见，陈某某遇害虽有暴力伤害的结果，但与履行工作职责之间并无因果关系。

职工在单位浴室被杀害并非用人单位所能预见，或者用人单位履行相应的安全注意义务即可避免，因此，若将此情形认定为工伤则无端提高了用人单位安全注意义务的标准。据此，陈某某在浴室洗澡被杀害不符合《工伤保险条例》第 14 条应当认定为工伤或第 15 条视同工伤中规定的情形。上诉人陈善菊就其诉称的事实在本案被诉工伤认定程序及本案一、二审审理中未提供任何充分有效的证据予以证实，故陈善菊的请求缺乏事实根据和法律依据，法院不予支持。一审法院判决维持被诉工伤认定行为并无不当，依法应予维持。

《最高人民法院公报》编者就本案撰写的裁判摘要指出：食宿在单位的职工在单位宿舍楼浴室洗澡时遇害，其工作状态和生活状态的界限相对模糊。在此情形下，对于工伤认定的时间、空间和因果关系三个要件的判断主要应考虑因果关系要件，即伤害是否因工作原因。"因履行工作职责受到暴力伤害"应理解为职工因履行工作职责的行为而遭受暴力伤害，如职工系因个人恩怨而受到暴力伤害，即使发生于工作时间或工作地点，亦不属于此种情形。"与工作有关的预备性或者收尾性工作"是指根据法律法规、单位规章制度的规定或者约定俗成的做法，职工为完成工作所作的准备或后续事务。职工工作若无洗澡这一必要环节，亦无相关规定将洗澡作为其工作完成后的后续性事务，则洗澡不属于"收尾性工作"。

（三）历史解释

历史解释，又称法意解释或者沿革解释，系指依据立法文献资料，通过分析立法者在制定法律时所根据的事实、情势、社会环境、价值取向等，探求立法者当初所欲表达的规范意思以及所欲达成的规范目的。在这种解释方法中，解释的依凭不再局限于被解释的法律条文和法律文件之文字，而是扩展到立法史以及立法过程中所参考的一切资料。一般认为，所谓立法者的意思，"系指依当时立法者处于今日所应有之意思，故法意解释，应依社会现有的观念，就立法资料的价值予以评估，而不能以立法当时社会所存的观念评估，其解释之目的，系在发现客观之规范意旨，而非探求立法者主观之意思，此即立法意思之现代化与客观化"[①]。因此，历史解释不是"考古"，而是探求立法者的目的与价值判断。

（四）目的解释

目的解释，其实应称为合目的解释，系指以法律规范目的，阐释法律疑义的方法。既然每一个法律规范都包含一个法律目的，法律规范之后果不过是实现法律规范之目的的一种手段，则对于法律规范的事实构成要件与后果构成要件的解释就必须符合法律规范的目的，能够或者有助于实现法律规范的目的，不得相违。可以看出，目的解释不是发现规范目的的过程，而是在法律规范目的已经明确的前提下，以规范目的为标准排除

---

① 杨仁寿：《法学方法论》，中国政法大学出版社 1999 年版，第 140—145、159—160 页。

法律规范歧义的过程,即排除其中不符合规范目的的含义、保留符合规范目的的含义的筛选、分流过程。

除上述四种外,法律解释方法还有扩张解释、限缩解释、合法解释、当然解释与比较解释等。扩张解释,是指法律规范字面含义所表达的范围显然比立法者意欲调整的范围窄小时所作的比规范字面含义广泛的解释。如《宪法》第 33 条第 2 款规定:"中华人民共和国公民在法律面前一律平等。"这里的"法律"一词应作广义解释,包括宪法、法律、行政法规和地方性法规、部门规章和地方人民政府规章等。限缩解释,与扩张解释相反,是指在法律规范字面含义所表达的适用范围显然比立法原意广泛的情况下所作出的比字面含义窄小的解释。如《婚姻法》第 21 条第 1 款规定:"父母对子女有抚养教育的义务;子女对父母有赡养扶助的义务。"这里的"子女"应作限制性解释。前句应限制为未成年或丧失劳动能力的子女,后句应限制为成年和具有劳动能力的子女。合法解释,即依据法律位阶的高低,以位阶较高的法律规范来解释位阶较低的法律规范,选择符合上位法规范的规范意旨。所谓当然解释,系指根据现实生活或者客观事物不言自明、无须论证的当然公理、情理或者事理所进行的法律解释,使法律解释符合公理、情理和事理。比较解释则是参考外国立法及判例学说对本国法律进行的解释。应该说,扩张解释、限缩解释、合法解释、当然解释等都属于实现目的解释、体系解释等基本方法的更具体的方法。其实,这些方法中又各自包含诸多方法,如当然解释方法中,就有举重明轻和举轻明重的解释方法等。①

在法律解释实践中,往往会综合应用多种方法,而不是一种方法。这里以"杨庆峰诉无锡市劳动和社会保障局工伤认定行政纠纷案"②为例作一说明。

◆ 杨庆峰诉无锡市劳动和社会保障局工伤认定行政纠纷案

【案情概要】

原告杨庆峰于 2004 年 3 月进入第三人汽车修理公司从事汽车修理工作。2004 年 6 月,原告与其师傅王继聪共同拆一辆汽车的拉杆球头,王继聪用榔头敲打时导致铁屑溅入原告的左眼中。原告当时感觉左眼疼痛,滴了眼药水后疼痛缓解,故未去医院检查。2006 年 10 月 3 日,原告感觉左眼疼痛,视觉模糊,于 2006 年 10 月 5 日到无锡市第二人民医院诊疗,手术期间从原告左眼底部取出一铁屑。2006 年 10 月 26 日原告出院,医生作出的诊断结论为:(1)左眼外伤性白内障;(2)左眼铁锈沉着综合征;(3)左眼球内附异物。出院时检查原告的左眼视力为手动 30 cm,矫正无提高。医生诊断认为原告

---

① 参见杨仁寿:《法学方法论》,中国政法大学出版社 1999 年版,第 140—145、159—160 页。
② 本案刊载于《最高人民法院公报》2008 年第 1 期。

左眼所受伤害与涉案事故存在因果关系，从医学角度看此类事故伤害可以存在较长的潜伏期。2007年4月9日，原告向被告无锡市劳动局提出工伤认定申请。2007年4月11日，被告根据《工伤保险条例》第17条和《江苏省实施〈工伤保险条例〉办法》第12条规定，认为原告提出的工伤认定申请已超过规定的申请时效，遂作出了《不予受理通知书》。原告不服，于2007年4月25日向法院提起行政诉讼，请求撤销被告作出的《不予受理通知书》。

【争议焦点】

工伤事故发生时伤害后果尚未发生，伤害后果经医生诊断证明确系工伤事故导致的，应当如何确定工伤认定申请时效的起算时间。

【法院裁判】

本案经两审审理结案。

二审法院无锡市中级人民法院认为：工伤认定是工伤职工享受工伤保险待遇的基础，而提出工伤认定申请是启动工伤认定程序的前提。《工伤保险条例》第17条第2款规定："工伤职工或者其直系亲属、工会组织在事故伤害发生之日或者被诊断、鉴定为职业病之日起1年内，可以直接向用人单位所在地统筹地区劳动行政保障行政部门提出工伤认定申请。"该规定明确了提出工伤认定申请的主体、申请时效及起算时间，以及受理申请的行政部门。其中的"事故伤害发生之日"，即是关于工伤认定申请时效起算时间的规定。在通常情况下，在工伤事故发生后，伤害结果也随即发生，伤害结果发生之日也就是事故发生之日，故对于"事故伤害发生之日"的理解不会产生歧义。但在工伤事故发生后，伤害结果并未马上发生，而是潜伏一段时间后才实际发生，即伤害结果发生之日与事故发生之日不一致的情况下，"事故伤害发生之日"应当理解为伤害结果发生之日，并以之作为工伤认定申请时效的起算时间。

首先，文义解释是正确理解法律条文的首选方法。《工伤保险条例》第17条第2款规定的"事故伤害发生之日"，从字面含义上看，"事故"是对于"伤害"的修饰和限制，即这里的"伤害"是基于工伤事故而发生的，伤害结果与工伤事故之间存在因果关系。据此理解，"事故发生之日"就是指伤害结果发生之日，而不是事故发生之日。

其次，工伤职工或者其直系亲属、工会组织提出工伤认定申请的前提，是工伤事故伤害结果已经实际发生。工伤事故发生后，如果伤害后果尚未发生，上述工伤认定申请主体无法预知是否会产生伤害后果、会发生什么样的伤害后果，也无法预知伤害后果会引发什么样的损失，当然也就无从提出工伤认定申请。因此，应当认定"事故伤害发生之日"，即为工伤事故伤害结果实际发生之日，而不是工伤事故发生之日。

最后，根据《民法通则》第137条的规定，诉讼时效从知道或者应当知道权利被侵害时起计算。《最高人民法院关于贯彻执行〈中华人民共和国民法通则〉若干问题的意见（试行）》第 168 条规定："人身损害赔偿的诉讼时效期间，伤害明显的，从受伤害之日起算；伤害当时未曾发现，后经检查确诊并能证明是由侵害引起的，从伤势确诊之日起计算。"工伤认定申请时效虽然与民事诉讼时效不同，但在判断时效起算时间时，应当参照上述关于民事诉讼时效起算时间的规定。劳动行政保障部门在确定工伤认定申请时效的起算时间时，应当以工伤事故伤害结果实际发生的时间为标准。

根据本案事实，被上诉人杨庆峰于 2004 年 6 月在工作时发生铁屑溅入左眼的事故，但当时并未实际发生伤害结果，而是至 2006 年 10 月才病情发作，经医生确诊为左眼铁屑沉着综合征。根据医生诊断证明，该病具有潜伏性和隐蔽性，与 2004 年 6 月被上诉人在工作时发生的事故具有因果关系。鉴于涉案工伤事故发生时伤害后果尚未实际发生，伤害结果发生后经医生确诊证明确系因涉案工伤事故所致，故本案工伤认定申请时效应当从伤害后果实际发生之日起算，被上诉人提出涉案工伤认定申请时，尚未超过申请时效。

上诉人无锡市劳动局认为《工伤保险条例》第 17 条第 2 款关于工伤认定申请时效的规定是为了防止工伤认定申请的提出没有时间上的限制，并因此导致浪费国家行政管理资源，影响办事效率，妨碍劳动保障部门及时、准确地查明事实。上诉人还认为上述规定中的"事故伤害发生之日"应当理解为事故发生之日。这一上诉理由不能成立。如果不对提出工伤认定申请作出时效限制，确实可能造成行政管理资源的浪费，影响劳动行政部门的工作效率，也不利于劳动保障部门及时、准确地查明事实。但是，规定工伤认定申请时效，更为重要的是充分保障工伤职工的合法权益。另外，如果将事故发生之日作为工伤认定申请时效的起算时间，则劳动行政保障部门在工伤事故发生后，伤害后果没有马上出现的情况下，也无法及时、准确地查明事实，无法作出正确的处理，反而必将造成行政管理资源的浪费，影响劳动保障部门的工作效率，也不利于工伤职工合法权益的保护。

综上，正确理解《工伤保险条例》第 17 条第 2 款的规定，应当认定"事故伤害发生之日"就是指伤害结果实际发生之日。被上诉人杨庆峰提出的工伤认定申请没有超过申请时效。

《最高人民法院公报》编者就本案撰写的裁判摘要指出：根据《工伤保险条例》第 17 条第 2 款的规定，工伤认定申请时效应当从事故伤害发生之日起算。这里的"事故伤害发生之日"应当包括工伤事故导致的伤害结果实际发生之日。工伤事故发生时伤害结果尚未实际发生，工伤职工在伤害结果实际发生后一年内提出工伤认定申请的，不属于超过工伤认定申请时效的情形。

可以看出，在解释《工伤保险条例》第 17 条第 2 款规定的"事故伤害发生之日"过程中，本案审判人员综合应用了文义解释、事理解释、体系解释等多种方法，而不是一种方法。除了杨庆峰案之外,"何文良诉成都市武侯区劳动局工伤认定行政行为案"① 也具有典型意义。

何文良诉成都市武侯区劳动局工伤认定行政行为案

【案情概要】

何文良系何龙章之父。何龙章生前系第三人成都四通印制电路板厂工人,该厂系个人独资企业,投资人为楼建力。何龙章 2000 年 2 月进厂工作时,未与厂方签订书面劳动合同。2002 年 9 月 24 日下午上班铃过后,何龙章在进入车间工作前,到该厂厂区内的厕所(该厂只有该厕所)小便,几分钟后即被一起上班的工人张策、骆志强等发现仰面倒在厕所的地上不省人事,厂方立即将何龙章送往武侯区人民医院抢救,经救治无效,何龙章于 28 日死亡。武侯区人民医院出具的《死亡医学证明书》证明何龙章死于"呼吸循环衰竭,重型颅脑损伤"。原、被告双方对以上事实认可无异议。2002 年 10 月 8 日,原告何文良向被告成都市武侯区劳动局申请对何龙章给予工伤(亡)认定。武侯区劳动局认为,何龙章在工厂区域内、上班时间"上厕所"摔伤致死,不符合劳动部《企业职工工伤保险试行办法》第 8 条、四川省劳动厅《关于划分因工与非因工伤亡界限的暂行规定》第 1 条第 1 项及四川省劳动和社会保障厅《关于职工伤残性质认定问题的复函》关于工伤必须是"在工作时间、工作区域内(含因公外出),在完成本职工作任务中发生的意外摔伤"等规定,何龙章"上厕所"是与其本职工作无直接关系的私事,因而何龙章受伤死亡不属于应当认定为工伤的情形,并于 2002 年 10 月 23 日在《企业职工伤亡性质认定书》中认定何龙章不是因工负伤(死亡)。何文良申请行政复议后,成都市劳动局于 2002 年 12 月 11 日在《行政复议决定书》中认为,"何龙章在厂区内、上班时间在厕所里摔伤致死,是一次意外事故。申请人提出的请求理由事实证据和依据不足",维持了武侯区劳动局对何龙章不构成工伤的行政认定。

【争议焦点】

武侯区劳动局认定何龙章在"上厕所"中因摔伤致死与其本职工作无关是否正确。

【裁判结果】

第一,撤销成都市武侯区劳动局《企业职工伤亡性质认定书》;第二,成都市武侯区劳动局根据何龙章近亲属的申请对何龙章死亡是否属于工伤重新认定。

【裁判理由】

一审法院认为:《劳动法》第 3 条规定,劳动者享有"获得劳动安全卫生保护"的权利,"上厕所"是人的自然生理现象,任何用工单位或个人都应当为劳动者提供必要的

---

① 本案刊载于《最高人民法院公报》2004 年第 9 期。

劳动卫生条件，维护劳动者的基本权利。"上厕所"虽然是个人的生理现象，与劳动者的工作内容无关，但这是人的必要的、合理的生理需要，与劳动者的正常工作密不可分，被告片面地认为"上厕所"是个人生理需要的私事，与劳动者的本职工作无关，故作出认定何龙章不是工伤的具体行政行为，与劳动法保护劳动者合法权利的基本原则相悖，也有悖于社会常理。《企业职工工伤保险试行办法》第9条规定："职工由于下列情形之一造成负伤、致残、死亡的，不应认定为工伤：（一）犯罪或违法；（二）自杀或自残；（三）斗殴；（四）酗酒；（五）蓄意违章；（六）法律、法规规定的其他情形。"其中列举的不应当认定为工伤的情形均是职工因自己的过错致伤、致残、死亡的。由于本案中没有证据证明何龙章受伤是因自己的过错所致，因而不属于不应认定为工伤的情形。根据武侯区劳动局提供的四川省劳动厅《关于划分因工与非因工伤亡界限的暂行规定》第2条"确定比照因工伤亡的原则为职工发生与生产、工作有一定关系的意外伤亡"的规定，即使是"在上下班时间、在上下班必经路线途中，发生属于非本人主要责任的交通事故或其他无法抗拒的意外事故致残，完全丧失劳动能力或死亡的"，都应当确定比照因工伤亡，而何龙章则是在上班时间在工作区域内发生的非本人过错的伤亡，不认定为工伤与上述法规、规定的本意不符，也没有相应的法律、法规依据。因此，武侯区劳动局根据何文良的申请对何龙章受伤死亡作出不予认定为因工负伤的行政行为没有法律、法规依据。关于原、被告对何龙章是否是因用工单位的厕所存在不安全因素摔伤致死的争议，因对本案不产生实际影响，故对此不作认定。

在上述裁判理由中，法院明确指出："《劳动法》第3条规定，劳动者享有'获得劳动安全卫生保护'的权利，'上厕所'是人的自然生理现象，任何用工单位或个人都应当为劳动者提供必要的劳动卫生条件，维护劳动者的基本权利。"从而将"人生常理"特别是劳动法所保护的劳动者的基本权利作为法律解释的基本出发点。此外，本案裁判还运用了类比推理的方法，以充实上述解释结论。法院认为："即使是'在上下班时间、在上下班必经路线途中，发生属于非本人主要责任的交通事故或其他无法抗拒的意外事故致残，完全丧失劳动能力或死亡的'，都应当确定为比照因工伤亡，而何龙章则是在上班时间在工作区域内发生的非本人过错的伤亡，不认定为工伤与上述法规、规定的本意不符，也没有相应的法律、法规依据。"

二、行政法律解释的特殊性

不同部门法所运用的法律解释方法基本是共同的，但不同部门法对法律解释方法的应用却有所不同。这主要是因为它们各自所规范的对象、所追求的法律价值、所遵循的法律原则有所不同。例如，刑法是关于犯罪和刑罚的法律规范，是对违法或者过错行为的最严厉制裁，严格遵循罪刑法定原则，对于犯罪构成要件的解释就比较严格，不得随意扩大或者限缩刑法规范的适用范围，一般不承认法律漏洞的存在。民法规范则不然。民法调整平等主体的自然人、法人和非法人组织之间的人身关系和财产关系，旨在明确和保障民事主体的人身权利、财产权利以及其他合法权益，主要遵循平等、公平和诚信等原则，在不违反法律和公序良俗的前提下，民事主体可以自主决定从事民事行为的方法和内容。① 此外，除了物权法、侵权责任法外，② 民法基本不遵循法定原则，因此，民法总体上承认法律漏洞并允许补充法律漏洞，常常采用类推等法律解释方法。

2004 年《最高人民法院关于审理行政案件适用法律规范问题的座谈会纪要》第四部分对法律解释作了如下规定："一般按照通常语义进行解释；有专业上的特殊涵义的，该涵义优先；语义不清楚或者有歧义的，可以根据上下文和立法宗旨、目的和原则等确定其涵义。""人民法院在解释和适用法律时，应当妥善处理法律效果与社会效果的关系，既要严格适用法律规定和维护法律规定的严肃性，确保法律适用的确定性、统一性和连续性，又要注意与时俱进，注意办案的社会效果，避免刻板僵化地理解和适用法律条文，在法律适用中维护国家利益和社会公共利益。"这些规定不仅指明了行政法律解释的一般方法及其选择顺序，同时表明，行政法律解释要注重社会效果，维护国家和社会利益。

不过，行政法主要规范行政行为，以制约行政权力和保障人民权利为己任，遵循行政法定、法律优位和正当程序等原则，且行政行为具有多样性，因此，行政法解释方法的应用应当体现制约行政权力和保障人民权利的价值追求以及行政法定、法律优位和正当程序等原则，具有自己的特色。下面从权利保障原则、行政法定原则以及正当程序原则等方面详述行政法律解释的特色。

（一）权利保障原则对行政法律解释的制约

权利保障原则对行政法律解释的影响体现在，当法律解释涉及公民权利之限制或侵害时，应当选择有利于人民权利保障的解释结果。"北京国玉大酒店有限公司诉北京市朝阳区劳动局工伤认定行政纠纷案"③ 在一定程度上体现了这一点。

◆ 北京国玉大酒店有限公司诉北京市朝阳区劳动局工伤认定行政纠纷案

【案情概要】

陈卫东系原告国玉酒店公司职工，双方签订有书面劳动协议，但该协议书未明确约

---

① 参见《民法总则》第 2—10 条。
② 《物权法》第 5 条规定："物权的种类和内容，由法律规定。"《侵权责任法》第 2 条第 1 款规定："侵害民事权益，应当依照本法承担侵权责任。"
③ 本案刊载于《最高人民法院公报》2008 年第 9 期。

定每日工作时间及工休时间，国玉酒店公司亦未给陈卫东缴纳工伤保险费，该费用一直由陈卫东下岗时所在的馄饨侯公司负责缴纳。2006年9月20日晨，陈卫东自其住处骑一辆三轮车前往国玉酒店公司上班。当日6时5分，陈卫东行至朝阳区北辰西路安翔北路东口时，发生机动车交通事故受伤，经抢救无效死亡。公交朝阳支队对此次交通事故作出责任认定，结论为陈卫东无责任。2006年11月24日，陈卫东之妻、本案第三人余秀兰向被告朝阳区劳动局提出工伤认定申请。朝阳区劳动局于2006年12月6日正式受理，同时依据《工伤保险条例》的规定，向国玉酒店公司下发了《工伤认定调查通知书》，并对相关人员进行了调查核实。2007年1月16日，被告作出涉案工伤认定书，认定陈卫东于2006年9月20日死亡，符合工伤认定范围，认定为工伤，并于2007年1月22日将涉案工伤认定书送达原告。国玉酒店公司不服该工伤认定，向北京市劳动局申请行政复议。北京市劳动局于2007年4月26日作出京劳社复决字〔2007〕12号《行政复议决定书》，维持了涉案工伤认定书。

【争议焦点】

第一，陈卫东身为馄饨侯公司的下岗职工，到国玉酒店公司担任停车场管理员，在国玉酒店公司未给其交纳工伤保险费的情况下，如果发生工伤事故，应由谁承担工伤保险责任；第二，陈卫东是否在上班途中因机动车事故伤害死亡。

【法院裁判】

本案经两审审理结案。

一审法院就"上下班途中"之解释，认为：判断陈卫东是否在上班途中因机动车事故伤害致死，还必须判断前述涉案交通事故发生的地点是否位于陈卫东的上班途中。原告国玉酒店公司制作了一份从陈卫东住处到国玉酒店公司的交通路线图，并以涉案交通事故发生的地点不在该图所示路线上为由，认为被告朝阳区劳动局认定陈卫东在上班途中因机动车事故伤害致死不当。对此法院认为，《工伤保险条例》关于"在上下班途中受到机动车事故伤害"的规定，没有对"上下班途中"作出具体的解释。正确理解该规定，应当从有利于保障工伤事故受害者的立场出发，对"上下班途中"作出全面、正确的理解。所谓"上下班途中"，原则上是指职工为上下班而往返于住处和工作单位之间的路途之中。但根据社会生活的实际情况，职工不一定只有一处住处，因工作性质的不同，其工作场所也不一定仅有一处。即使住处和工作场所仅有一处，职工往返于两地之间也不一定只有一条路径可供选择。因此，只要是在职工为上下班而往返于住处和工作单位之间的合理路途之中，即应认定为"上下班途中"。对"上下班途中"不能作过于机械的理解，不能理解为最近的路径，也不能理解为职工平常较多选择的路径，更不能以用人单位提供的路径作为职工上下班必须选择的唯一路径。因此，根据本案事实，可以认定涉案交通事故发生于陈卫东上班途中，国玉酒店公司以涉案交通事故发生的地点不在其自行制作的交通路线图上为由，主张涉案交通事故不是发生在陈卫东上班途中的理由不成立，不予支持。

二审法院北京市第二中级人民法院认为：第一，关于第一个争议焦点。劳动和社会保障部《关于实施〈工伤保险条例〉若干问题的意见》（劳社部函〔2004〕256号）第1条规定："职工在两个或两个以上用人单位同时就业的，各用人单位应当分别为职工缴纳工伤保险费。职工发生工伤，由职工受到伤害时其工作的单位依法承担工伤保险责任。"根据该规定，下岗、待岗职工又到其他单位工作的，该单位也应当为该职工缴纳工伤保险费；下岗、待岗职工在其他单位工作时发生工伤的，该单位应依法承担工伤保险责任。本案中，陈卫东从馄饨侯公司下岗后，到上诉人国玉酒店公司担任停车场管理员，并与该公司签订了劳动协议。陈卫东作为劳动者，国玉酒店公司作为用人单位，双方的劳动关系清楚。因此，国玉酒店公司也应当为陈卫东缴纳工伤保险费。如果陈卫东在国玉酒店公司工作期间发生工伤事故，国玉酒店公司应依法承担工伤保险责任。据此，被上诉人朝阳区劳动局作出的涉案工伤认定当然与国玉酒店公司有关。国玉酒店公司未给陈卫东缴纳工伤保险费已违反了相关规定，又以陈卫东系馄饨侯公司下岗职工，其工伤保险费由原单位馄饨侯公司缴纳为由，主张涉案工伤认定与其无关，意图逃避应负的工伤保险责任，该项上诉理由没有法律依据，不能成立。

第二，关于第二个争议焦点。根据《工伤保险条例》第14条第6项的规定，职工在上下班途中受到机动车事故伤害的，应当认定为工伤。对该规定所指的"上下班途中"应作全面、正确的理解。"上下班途中"应当理解为职工在合理时间内，为上下班而往返于住处和工作单位之间的合理路径之中。该路径可能有多种选择，不一定是固定的、一成不变的、唯一的。该路径既不能机械地理解为从工作单位到职工住处之间的最近路径，也不能理解为职工平时经常选择的路径，更不能以用人单位提供的路径作为职工上下班必须选择的唯一路径。根据日常社会生活的实际情况，职工为上下班而往返于住处和工作单位之间的合理路径可能有多种选择。只要在职工为了上班或者下班，在合理时间内往返于住处和工作单位之间的合理路径之中，都属于"上下班途中"。至于职工选择什么样的路线，该路线是否为最近的路线，均不影响对"上下班途中"的认定。本案中，根据行政机关的调查以及现有证据，2006年9月20日晨，陈卫东从自己的住处出发，前往上诉人国玉酒店公司上班。陈卫东的住处位于北京市朝阳区大屯路南沙滩小区，国玉酒店公司位于北京市朝阳区安外慧忠里。从北京的实际地形看，陈卫东的住处在国玉酒店公司的西北方向，涉案事故发生于朝阳区北辰西路安翔北路东口，在国玉酒店公司的西方，该地点虽然不在国玉酒店公司自制的从陈卫东住处到国玉酒店公司的交通路线图上，但亦位于陈卫东上班的合理路线之内。因此，可以认定陈卫东系在上班途中因机动车事故伤害死亡，被上诉人朝阳区劳动局作出的工伤认定合法，应予维持。

综上，上诉人国玉酒店公司的上诉理由均不成立，一审判决认定事实清楚，适用法律正确，审判程序合法，应予维持。

《最高人民法院公报》编者就本案撰写的裁判摘要指出：其一，劳动和社会保障部《关于实施〈工伤保险条例〉若干问题的意见》第1条规定："职工在两个或两个以上用人单位同时就业的，各用人单位应当分别为职工缴纳工伤保险费。职工发生工伤，由职工受到伤害时其工作的单位依法承担工伤保险责任。"根据该规定，下岗、待岗职工又到其他单位工作的，该单位也应当为职工缴纳工伤保险费；职工在该单位工作时发生工伤的，该单位应依法承担工伤保险责任。其二，根据《工伤保险条例》第14条第6项的规定，职工在上下班途中，受到机动车事故伤害的应当认定为工伤。对这里的"上下班途中"应当从有利于保障工伤事故受害者的立场出发，作出全面、正确的理解。"上下班途中"，原则上是指职工为了上下班而往返于住处和工作单位之间的合理路径之中。根据日常生活的实际情况，职工上下班的路径并非固定的、一成不变的、唯一的，而是存在多种选择，用人单位无权对此加以限制。只要在职工为上下班而往返于住处和工作单位之间的合理路径之中，都属于"上下班途中"。至于该路径是否最近，不影响对"上下班途中"的认定。职工在上下班的合理路途中发生机动车事故，被行政机关依法认定为工伤，用人单位以事故发生的地点不在其确定的职工上下班的路线上为由，请求撤销行政机关作出的工伤认定的，人民法院不予支持。

如前所述，工伤认定是一把双刃剑，不论是可认定为工伤的情形还是不可认定为工伤的情形，都由法律或者行政法规明确规定，严格遵循法定原则。不过，在遵循法定原则的前提下，还应当充分体现相关立法目的以及行政法的价值目的。《工伤保险条例》第1条指出："为了保障因工作遭受事故伤害或者患职业病的职工获得医疗救治和经济补偿，促进工伤预防和职业康复，分散用人单位的工伤风险，制定本条例。"因此，"保障因工作遭受事故伤害或者患职业病的职工获得医疗救治和经济补偿，促进工伤预防和职业康复"是工伤保险制度的首要目的，对于工伤情形的解释自然应当体现这一立法目的。本案判决（尤其是一审判决和裁判摘要）指出："《工伤保险条例》关于'在上下班途中受到机动车事故伤害'的规定，没有对'上下班途中'作出具体的解释。正确理解该规定，应当从有利于保障工伤事故受害者的立场出发，对'上下班途中'作出全面、正确的理解。"这充分说明，工伤认定情形的解释应充分体现《工伤保险条例》规定的立法目的，充分保障职工的合法权益。

（二）行政法定原则对行政法律解释的制约

行政法定原则是行政法的首要原则，对行政法律解释有深刻影响。这里以指导案例

40号"孙立兴诉天津新技术产业园区劳动人事局工伤认定案"①"夏善荣诉徐州市建设局行政证明纠纷案"②等为例加以说明。

◆◆ [指导案例40号] 孙立兴诉天津新技术产业园区劳动人事局工伤认定案

【案情概要】

孙立兴系中力公司员工,2003年6月10日上午受中力公司负责人指派去北京机场接人。他从中力公司所在地天津市南开区华苑产业园区国际商业中心(以下简称"商业中心")八楼下楼,欲到商业中心院内停放的红旗轿车处去开车,当行至一楼门口台阶处时,孙立兴脚下一滑,从四层台阶处摔倒在地面上,造成四肢不能活动。经医院诊断为颈髓过伸位损伤合并颈部神经根牵拉伤、上唇挫裂伤、左手臂擦伤、左腿皮擦伤。孙立兴向园区劳动局提出工伤认定申请,园区劳动局于2004年3月5日作出〔2004〕0001号《工伤认定决定书》,认为根据受伤职工本人的工伤申请和医疗诊断证明书,结合有关调查材料,依据《工伤保险条例》第14条第5项的工伤认定标准,没有证据表明孙立兴的摔伤事故系由工作原因造成,决定不认定孙立兴摔伤事故为工伤事故。孙立兴不服园区劳动局《工伤认定决定书》,向天津市第一中级人民法院提起行政诉讼。

【裁判结果】

天津市第一中级人民法院于2005年3月23日作出〔2005〕一中行初字第39号行政判决:第一,撤销园区劳动局所作〔2004〕0001号《工伤认定决定书》;第二,限园区劳动局在判决生效后60日内重新作出具体行政行为。园区劳动局提起上诉,天津市高级人民法院于2005年7月11日作出〔2005〕津高行终字第0034号行政判决:驳回上诉,维持原判。

【裁判理由】

法院生效裁判认为:各方当事人对园区劳动局依法具有本案行政执法主体资格和法定职权,其作出被诉工伤认定决定符合法定程序,以及孙立兴是在工作时间内摔伤,均无异议。本案争议焦点包括:一是孙立兴摔伤地点是否属于其"工作场所";二是孙立兴是否"因工作原因"摔伤;三是孙立兴工作过程中不够谨慎的过失是否影响工伤认定。

第一,关于孙立兴摔伤地点是否属于其"工作场所"的问题。《工伤保险条例》第14条第1项规定,职工在工作时间和工作场所内,因工作原因受到事故伤害,应当认定为工伤。该规定中的"工作场所",是指与职工工作职责相关的场所,在有多个工作场

---

① 最高人民法院审判委员会讨论通过,2014年12月25日发布。
② 本案刊载于《最高人民法院公报》2006年第9期。

所的情形下，还应包括职工来往于多个工作场所之间的合理区域。本案中，位于商业中心八楼的中力公司办公室，是孙立兴的工作场所，而其完成去机场接人的工作任务需驾驶的汽车停车处，是孙立兴的另一处工作场所。汽车停在商业中心一楼的门外，孙立兴要完成开车任务，必须从商业中心八楼下到一楼门外停车处，故从商业中心八楼到停车处是孙立兴来往于两个工作场所之间的合理区域，也应当认定为孙立兴的工作场所。园区劳动局认为孙立兴摔伤地点不属于其工作场所，系将完成工作任务的合理路线排除在工作场所之外，既不符合立法本意，也有悖于生活常识。

第二，关于孙立兴是否"因工作原因"摔伤的问题。《工伤保险条例》第14条第1项规定的"因工作原因"，指职工受伤与其从事本职工作之间存在关联关系，即职工受伤与其从事本职工作存在一定关联。孙立兴为完成开车接人的工作任务，必须从商业中心八楼的中力公司办公室下到一楼进入汽车驾驶室，该行为与其工作任务密切相关，是孙立兴为完成工作任务客观上必须进行的行为，不属于超出其工作职责范围的其他不相关的个人行为。因此，孙立兴在一楼门口台阶处摔伤，系为完成工作任务所致。园区劳动局主张孙立兴在下楼过程中摔伤，与其开车任务没有直接的因果关系，不符合"因工作原因"致伤，缺乏事实根据。另外，孙立兴接受本单位领导指派的开车接人任务后，从中力公司所在商业中心八楼下到一楼，在前往院内汽车停放处的途中摔倒，孙立兴当时尚未离开公司所在院内，不属于"因公外出"的情形，而是属于在工作时间和工作场所内。

第三，关于孙立兴工作中不够谨慎的过失是否影响工伤认定的问题。《工伤保险条例》第16条规定了排除工伤认定的三种法定情形，即因故意犯罪、醉酒或者吸毒、自残或者自杀的，不得认定为工伤或者视同工伤。职工从事工作中存在过失，不属于上述排除工伤认定的法定情形，不能阻却职工受伤与其从事本职工作之间的关联关系。工伤事故中，受伤职工有时具有疏忽大意、精力不集中等过失行为，工伤保险正是分担事故风险、提供劳动保障的重要制度。如果将职工个人主观上的过失作为认定工伤的排除条件，违反工伤保险"无过失补偿"的基本原则，不符合《工伤保险条例》保障劳动者合法权益的立法目的。据此，即使孙立兴工作中在行走时确实有失谨慎，也不影响其摔伤系"因工作原因"的认定结论。园区劳动局以导致孙立兴摔伤的原因不是雨、雪天气使台阶地滑，而是因为孙立兴自己精力不集中为由，主张孙立兴不属于"因工作原因"摔伤而不予认定工伤，缺乏法律依据。

综上，园区劳动局作出的不予认定孙立兴为工伤的决定，缺乏事实根据，适用法律错误，依法应予撤销。

《最高人民法院公报》编者就本案撰写的裁判要点指出：第一，《工伤保险条例》第

14 条第 1 项规定的"因工作原因",是指职工受伤与其从事本职工作之间存在关联关系。第二,《工伤保险条例》第 14 条第 1 项规定的"工作场所",是指与职工工作职责相关的场所,有多个工作场所的,还包括工作时间内职工来往于多个工作场所之间的合理区域。第三,职工在从事本职工作中存在过失,不属于《工伤保险条例》第 16 条规定的故意犯罪、醉酒或者吸毒、自残或者自杀情形,不影响工伤的认定。

本案裁判过程中,法官应用了多种法律解释方法。但可以看出,对于工伤的认定,深受行政法定原则的制约和影响。这体现在对于工伤认定情形的解释中。工伤认定不同于行政处罚、行政强制、行政征收等单方侵害行为,它间接影响人民的权益,而且不论如何认定,要么对用人单位不利,要么对职工不利。因此,可认定为工伤的情形或者不可认定为工伤的情形,都应当由法律法规来规定,严格遵循法定原则。①《工伤保险条例》不仅规定了可以认定为工伤的情形,也规定了不得认定为工伤的情形。工伤要结合两方面的规定来认定。本案法官在认定原告所受伤害是在工作场所因工作原因造成的前提下,同时认为:"《工伤保险条例》第 16 条规定了排除工伤认定的三种法定情形,即因故意犯罪、醉酒或者吸毒、自残或者自杀的,不得认定为工伤或者视同工伤。职工从事工作中存在过失,不属于上述排除工伤认定的法定情形,不能阻却职工受伤与其从事本职工作之间的关联关系。"这应该是对工伤认定法定原则的基本体现,即除了法定的情形之外,不得根据其他理由认定或者不认定为工伤。

◆ 夏善荣诉徐州市建设局行政证明纠纷案

【案情概要】

徐州市计划委员会批准在刘场村建设世纪花园小区住宅楼,用于安置在徐州市奎山乡关庄村实施旧城改造中私房被拆除的村民,该项目工程交第三人恒信房产公司开发。原告夏善荣是私房被拆除的村民,1999 年 7 月,奎山乡关庄村委会与其签订《拆迁协议书》,约定在世纪花园住宅小区为夏善荣安置住房,18 个月内交房。2001 年 5 月 8 日,恒信房产公司向被告徐州市建设局报告,世纪花园住宅小区的住宅楼已经建成,申请竣工综合验收,同时提供了竣工综合验收所需的各种验收资料。徐州市建设局组织专家到现场验收后,世纪花园住宅小区总得分为 80.5 分,无不合格项目。据此,徐州市建设局于 2001 年 6 月 18 日为恒信房产公司颁发了 15 号验收合格证。另外,世纪花园住宅小

---

① 《工伤保险条例》第 14 条规定:"职工有下列情形之一的,应当认定为工伤:(一)在工作时间和工作场所内,因工作原因受到事故伤害的;(二)工作时间前后在工作场所内,从事与工作有关的预备性或者收尾性工作受到事故伤害的;(三)在工作时间和工作场所内,因履行工作职责受到暴力等意外伤害的;(四)患职业病的;(五)因工外出期间,由于工作原因受到伤害或者发生事故下落不明的;(六)在上下班途中,受到机动车事故伤害的;(七)法律、行政法规规定应当认定为工伤的其他情形。"其中第 7 项的规定表明,应当认定为工伤的情形以法律、行政法规规定为限。这表明,我国现行法律法规将工伤认定情形纳入了法定范围。

区自通知交房后，能够保证居民通电，但电表在 2001 年 9 月才安装到位。

【争议焦点】

第一，世纪花园使用的是集体土地，对在集体土地上建设的住宅小区，法律没有规定必须由建设行政主管部门进行竣工综合验收，建设行政主管部门进行竣工综合验收是否合法；第二，建设行政主管部门进行竣工综合验收时，对各种验收资料承担怎样的审查责任，要不要验证真伪。

【法院裁判】

本案经再审审理结案。再审法院江苏省高级人民法院认为：

第一，国务院《城市房地产开发经营管理条例》第 17 条规定："房地产开发项目竣工，经验收合格后，方可交付使用；未经验收或者验收不合格的，不得交付使用。房地产开发项目竣工后，房地产开发企业应当向项目所在地的县级以上地方人民政府房地产开发主管部门提出竣工验收申请。房地产开发主管部门应当自收到竣工验收申请之日起 30 日内，对涉及公共安全的内容，组织工程质量监督、规划、消防、人防等有关部门或者单位进行验收。"建设部《城市住宅小区竣工综合验收管理办法》第 3 条第 3 款规定："城市人民政府建设行政主管部门负责组织实施本行政区域内城市住宅小区竣工综合验收工作。"现行法律、法规和规章虽然规定建设行政主管部门负责本行政区域内城市住宅小区的组织竣工综合验收工作，但建设行政主管部门对建设在集体土地上的住宅小区组织竣工综合验收，也不违背"房地产开发项目竣工，经验收合格后，方可交付使用"的立法原意。无论世纪花园住宅小区所在的土地是国有还是集体所有，原审被上诉人徐州市建设局都必须依其享有的行政职权，才能对该住宅小区组织竣工综合验收。其在竣工综合验收后颁发 15 号验收合格证，直接影响到世纪花园住宅小区居民的利益，属可诉的行政行为。原审第三人恒信房产公司认为徐州市建设局对世纪花园颁发验收合格证的行为不属于行政诉讼受案范围，理由不能成立。

第二，《城市房地产开发经营管理条例》第 18 条第 1 款规定："住宅小区等群体房地产开发项目竣工，应当依照本条例第十七条的规定和下列要求进行综合验收：（一）城市规划设计条件的落实情况；（二）城市规划要求配套的基础设施和公共设施的建设情况；（三）单项工程的工程质量验收情况；（四）拆迁安置方案的落实情况；（五）物业管理的落实情况。"《城市住宅小区竣工综合验收管理办法》第 8 条第 1 款规定："住宅小区竣工综合验收应当按照以下程序进行：（一）住宅小区建设项目全部竣工后，开发建设单位应当向城市人民政府建设行政主管部门提出住宅小区综合竣工验收申请报告并附本办法第六条规定的文件资料；（二）城市人民政府建设行政主管部门在接到住宅小区竣工综合验收申请报告和有关资料 1 个月内，应当组成由城建（包括市政工程、公用事业、园林绿化、环境卫生）、规划、房地产、工程质量监督等有关部门及住宅小区经营管理单位参加的综合验收小组；（三）综合验收小组应当审阅有关验收资料，听取开发建设单位汇报情况，进行现场检查，对住宅小区建设、管理的情况进行全面鉴定和评价，提出验收意见并向城市人民政府建设行政主管部门提交住宅小区竣工综合验收报告；（四）城市人民政府建设行政主管部门对综合验收报告进行审查。综合验收报告审查合格后，开发建设单位方可将房屋和有关设施办理交付使用手续。"

依照上述规定，作为徐州市人民政府的建设行政主管部门，原审被上诉人徐州市建设局是依法代表国家对世纪花园住宅小区行使竣工综合验收权力。在竣工综合验收合格后，徐州市建设局向原审第三人恒信房产公司颁发《住宅竣工验收合格证书》，是凭借由国家公权力形成的政府机关公信力，来担保该住宅小区的建筑质量达到了可以交付使用的水平。徐州市建设局在颁发该证书前，必须保证该证书所依据的每个事实都真实，以免因此而破坏政府机关的公信力。在竣工综合验收中，徐州市建设局虽然不直接审阅有关验收资料，但却是综合验收小组的组织者，对综合验收小组提交的住宅小区竣工综合验收报告负有审查职责。《建设工程规划许可证》是住宅小区竣工综合验收报告所附的验收资料之一，对该证件的真实性，当然由参加综合验收小组的徐州市规划局工作人员先行审查，但徐州市建设局不能因此而推脱自己最终审核的责任。特别是在恒信房产公司只提交了108号规划许可证复印件的情况下，徐州市建设局更应当谨慎审查。徐州市建设局没有审查出108号规划许可证复印件是伪造的证据，并据此伪造证据颁发了15号验收合格证，应当承担审查失职的法律责任。15号验收合格证是徐州市建设局对世纪花园住宅小区进行竣工综合验收后所作的结论，这个结论建立在虚假证据的基础上，因此不具备证明世纪花园住宅小区经验收合格可以交付使用的作用。徐州市建设局向恒信房产公司颁发15号验收合格证，主要证据不足、适用法律法规错误，应当撤销。

《最高人民法院公报》编者就本案撰写的裁判摘要指出：第一，建设行政主管部门对在集体土地上建造的住宅小区组织竣工综合验收并颁发验收合格证，不违背《城市房地产开发经营管理条例》关于"房地产开发项目竣工，经验收合格后，方可交付使用"的立法原意，是依职权实施的具体行政行为。该行为直接影响到住宅小区居民的利益，属可诉的具体行政行为。第二，建设行政主管部门是本行政区域内住宅小区竣工综合验收的组织者和最终审验者，代表国家对住宅小区行使竣工综合验收权力。在竣工综合验收合格后建设行政主管部门颁发的《住宅竣工验收合格证书》，是以政府机关公信力来担保住宅小区的建筑质量达到了可以交付使用的水平。建设行政主管部门在颁发证书前，必须保证证书所证明的每个事实都真实，以免因此破坏政府机关的公信力。如果证书所证明的某一事实是虚假的，建设行政主管部门应当承担审查失职的法律责任。

《城市房地产开发经营管理条例》第2条规定："本条例所称房地产开发经营，是指房地产开发企业在城市规划区内国有土地上进行基础设施建设、房屋建设,并转让房地产开发项目或者销售、出租商品房的行为。"第 4 条第 2 款规定:"县级以上地方人民政府房地产开发主管部门负责本行政区域内房地产开发经营活动的监督管理工作。"第 17 条第 2 款规定,"房地产开发项目竣工后,房地产开发企业应当向项目所在地的县级以上地方人民政府房地产开发主管部门提出竣工验收申请。"将这三个条款结合在一起来看,《城市房地产开发经营管理条例》明确规定被告享有对"国有土地上进行基础设施建设、房屋建设"进行综合验收的职权职责,但并未明确规定被告对"集体土地上的基础设施建设和房屋建设"进行综合验收的职权职责。其他法律也没有对集体土地上的基础设施和房屋建设进行综合验收的主体作出规定,从而形成了一个法律漏洞。对此,本案判决虽然没有进行深入阐述,但已表明:"现行法律、法规和规章虽然规定建设行政主管部门负责本行政区域内城市住宅小区的组织竣工综合验收工作,但建设行政主管部门对建设在集体土地上的住宅小区组织竣工综合验收,也不违背'房地产开发项目竣工,经验收合格后,方可交付使用'的立法原意。"可以看出,在本案法院看来,虽然我国行政法奉行行政职权法定原则,但基于公共利益的考虑,为了维护人民的权益,在不违背"立法原意"的前提下,将相关行政职权类推适用于类似行政事务方面,扩展行政职权——事项管辖权——也是可行的和必要的。至于本案涉及的证据认定问题,则留待第六章"行政程序"部分再讨论。

(三)正当程序原则对行政法律解释的制约

正当程序原则对于行政法律解释的影响主要在于对行政程序的解释方面,即对于行政程序规范的解释不仅要体现程序法定原则,更要体现或者符合正当程序原则。这方面的典型案例为指导案例 6 号"黄泽富、何伯琼、何熠诉四川省成都市金堂县工商行政管理局行政处罚案"①。本案在前面阐述正当程序原则的解释功能时已经介绍过,这里仅作简要介绍。本案涉及《行政处罚法》第 42 条的规定:"行政机关作出责令停产停业、吊销许可证或者执照、较大数额罚款等行政处罚决定之前,应当告知当事人有要求举行听证的权利;当事人要求听证的,行政机关应当组织听证。当事人不承担行政机关组织听证的费用。"这一规定没有明确规定"没收"等行政处罚需要听证,但事关当事人的听证权利,从正当程序以及权利保障的角度出发,应当作扩张解释而不是限缩解释。因此,本案法院指出:"虽然该条规定没有明确列举'没收财产',但是该条中的'等'系不完全列举,应当包括与明文列举的'责令停产停业、吊销许可证或者执照、较大数额罚款'类似的其他对相对人权益产生较大影响的行政处罚。为了保证行政相对人充分行

---

① 最高人民法院审判委员会讨论通过,2012 年 4 月 9 日发布。本案裁判要点指出:行政机关作出没收较大数额涉案财产的行政处罚决定时,未告知当事人有要求举行听证的权利或者未依法举行听证的,人民法院应当依法认定该行政处罚违反法定程序。

使陈述权和申辩权，保障行政处罚决定的合法性和合理性，对没收较大数额财产的行政处罚，也应当根据《行政处罚法》第 42 条的规定适用听证程序。"

总体上，在处理行政权力与人民权利关系的过程中，从权利保障的角度出发，但凡解释结果可能限制或者侵害人民权利的，对于该法律条款的解释就要从严把握，谨守法律原意，防止加重人民负担和加大对人民权利的侵害。例如，2007 年《政府信息公开条例》第 13 条规定，除主动公开的政府信息外，公民、法人或者其他组织还可以根据自身生产、生活、科研等特殊需要，向行政机关申请获取相关政府信息。这是对政府信息申请公开资格的规定，直接关系人民知情权的实现。对其中的"等特殊需要"的解释就不能造成不当限制人民知情权的结果。

第三节　行政法律规范的适用规则

如前所述，我国行政法律渊源是多元、多级的，包括法律、行政法规、地方性法规、部门规章和地方政府规章。下位级的法律规范，有一部分是创制性的，但多数是为执行上位法的规定而制定的执行性法律规范。当下位法与上位法同时对一个行政事务都作出规定，且彼此之间不冲突、不矛盾、不抵触时，一般按照"下位法优先于上位法"的规则优先适用下位法。但是，当下位法与上位法发生矛盾或者冲突时，如何处理便是问题。其实，行政法律规范之间的冲突不止这一种。这里所讲的适用规则正是解决行政法律冲突的一种方法。

一、行政法律规范冲突及其种类

行政审判依据之间的冲突，也就是法律规范冲突，系指两个以上的法律规范的事实构成要件具有包容性，可同时适用于同一事件，但适用的法律后果不一致的法律现象。在行政法律规范的适用过程中，法律规范冲突是一个棘手问题。

法律规范冲突具有多样性。按相互冲突的法律规范的位阶是否相同，可将法律规范冲突分为相同位阶的法律规范冲突、相近位阶的法律规范冲突和不同位阶的法律规范冲突。相同位阶的法律规范冲突按照是否由同一机关制定，可再分为同一机关制定的同位阶法律规范冲突和不同机关制定的同位阶法律规范冲突。同一机关制定的同位阶法律规范冲突又可分为新旧法律规范冲突和种属法律规范冲突两类。所谓新旧法律规范冲突，即同一机关制定的新的规则与旧的规则之间的冲突。所谓种属法律规范冲突，即同一机关制定的特别规则与一般规则之间的冲突。而不同机关制定的同位阶法律规范冲突又可分为部门规章规范冲突、地方法律规范冲突两类。所谓部门规章规范冲突，即国务院下属的各个部委所制定的规章之间的冲突。所谓地方法律规范冲突，即不同省、自治区、直辖市人民代表大会及其常务委员会以及较大的市的人民代表大会及其常务委员会制定的地方性法规之间的冲突，还有不同省、自治区、直辖市人民政府和较大的市的人民政府制定的地方政府规章之间的冲突。

相近位阶法律规范冲突，系指法律位阶相近但性质不同的法律规范之间的冲突，如部门规章与省级地方性法规之间、省级人民政府规章与较大市级地方性法规之间、根据授权制定的法规与法律之间的冲突。根据授权制定的行政法规、部门规章、省级人民政府规章是行政机关制定的法律文件。法律、省级地方性法规和较大市级法规是人民代表机关制定的法律文件。两种法律渊源的性质不同，不属于同一个国家权力系统，不宜简单界定它们相互之间的位阶，立法法对它们之间的冲突也作了特殊规定。国内法学界目前尚无有关这种法律规范冲突的合适称谓，权且称之为近位法律规范冲突。

不同位阶的法律规范冲突，顾名思义，相互冲突的法律规范的法律位阶是不相同的，如法律与宪法之间的冲突，行政法规与法律之间的冲突，地方性法规与行政法规、法律之间的冲突，规章与地方性法规或行政法规、法律之间的冲突等。不同位阶的法律规范冲突以相冲突的下位法是否为变通性法律规范为标准可再分为变通与被变通法律规范冲突和非变通性异位法律规范冲突两类。所谓变通法，系指民族自治地方或经济特区依照立法法的规定对上位法所作的变通性规定。《立法法》第75条第2款规定："自治条例和单行条例可以依照当地民族的特点，对法律和行政法规的规定作出变通规定，但不得违背法律或者行政法规的基本原则，不得对宪法和民族区域自治法的规定以及其他有关法律、行政法规专门就民族自治地方所作的规定作出变通规定。"变通性规定与被变通性规定就同一事项规范的后果自然是不一致的。除了变通性规定与被变通性规定之间的冲突之外，其他上下位法律规范冲突都属于不同位阶的非变通性法律规范冲突。

再则，法律规范冲突可以相互冲突的法律规范是否具有相容性为标准，分为相容性的法律规范冲突和排斥性的法律规范冲突。

所谓相容性的法律规范冲突，系指两个法律规范虽然相互冲突，但一个法律规范的存在并不否定另一个法律规范的存在，选择适用其中一个法律规范并不等于否定另外一个法律规范。上述地方法律规范冲突、新旧法律规范冲突、种属法律规范冲突以及变通与被变通法律规范冲突属于这类冲突。例如，江苏省人民代表大会制定的地方性法规与浙江省人民代表大会制定的地方性法规就某一事项作了不同规定，在江苏省适用江苏省的地方性法规并不否定或排斥在浙江省适用浙江省的地方性法规。新的法律规范的存在和适用并不否定和排斥旧的法律规范的存在和适用。种属法律规范冲突和变通与非变通性法律规范冲突亦然。

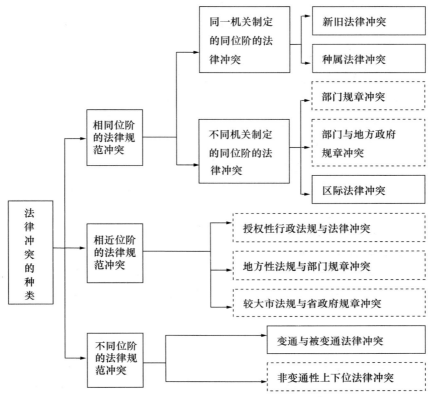

图 3-2 我国法律规范冲突的基本类型①

所谓排斥性的法律规范冲突，系指两个法律规范的冲突是不正常的，为法所不许，一个规范的存在排斥另一个规范的存在。一旦认定这种法律规范冲突存在，就意味着其中至少有一个法律规范是非法的，适用其中一个法律规范等于否定另一个法律规范。上述部门规章规范冲突、近位法律规范冲突、非变通性异位法律规范冲突属于这一类。例如，规章与行政法规或法律相冲突，这是为我国宪法和立法法所规定的法律秩序所不允许的，一旦认定这种冲突存在，那就意味着该规章是违法的。一旦选择适用上位的法规而拒绝适用下位的规章，等于宣告规章不能成为行政行为的依据。部门规章规范冲突与近位法律规范冲突的情形与此差不多。②

二、行政法律规范冲突的解决路径

不同的法律规范冲突造成的后果不同，解决的路径也就不同。我国现行的解决路径

---

① 虚线表示该类法律冲突为排斥性法律冲突。
② 参见杨登峰：《下位法尾大不掉问题的解决机制——"新上位法优于旧下位法"规则之论》，载《政治与法律》2014 年第 9 期；杨登峰：《法律冲突与适用规则》，法律出版社 2017 年版，第 11—17 页。

有裁决制度和适用规则两种。

（一）裁决制度

裁决制度，系指对有些法律规范之间的冲突，法律适用者不能确定如何处理时交由有权机关裁决，待裁决后再按裁决结果适用该当适用的法律规范的制度。裁决制度主要用于处理排斥性的法律规范冲突。具体包括：

（1）位阶相同的法律规范冲突。具体包括：第一，部门规章之间的冲突；第二，部门规章与地方政府规章之间的冲突；第三，同一机关制定的新一般规定与旧特别规定之间的冲突。《立法法》第95条第1款第3项规定："部门规章之间、部门规章与地方政府规章之间对同一事项的规定不一致时，由国务院裁决。"第94条规定："法律之间对同一事项的新的一般规定与旧的特别规定不一致，不能确定如何适用时，由全国人民代表大会常务委员会裁决。行政法规之间对同一事项的新的一般规定与旧的特别规定不一致，不能确定如何适用时，由国务院裁决。"

（2）法律位阶相近的情形。具体包括：第一，部门规章与地方性法规之间的冲突；第二，省级人民政府制定的规章与较大的市的人民代表大会及其常务委员会制定的法规之间的冲突；第三，授权制定的法规与法律之间的冲突。《立法法》第95条第1款第2项规定："地方性法规与部门规章之间对同一事项的规定不一致，不能确定如何适用时，由国务院提出意见，国务院认为应当适用地方性法规的，应当决定在该地方适用地方性法规的规定；认为应当适用部门规章的，应当提请全国人民代表大会常务委员会裁决"。第95条第2款规定："根据授权制定的法规与法律规定不一致，不能确定如何适用时，由全国人民代表大会常务委员会裁决。"①

（3）部分非变通性异位法律规范冲突。这主要指行政法规、地方性法规、自治条例和单行条例与宪法或法律相抵触的情形，规章与上位法相抵触的情形不属之。《立法法》第99条第1款规定："国务院、中央军事委员会、最高人民法院、最高人民检察院和各省、自治区、直辖市的人民代表大会常务委员会认为行政法规、地方性法规、自治条例和单行条例同宪法或者法律相抵触的，可以向全国人民代表大会常务委员会书面提出进行审查的要求，由常务委员会工作机构分送有关的专门委员会进行审查、提出意见。"

（二）适用规则

法律适用规则是排除法律规范冲突、选择相互冲突的规范中该当适用的法律规范的规范。适用规则是一种独特的法律规范。首先，与实体法相比，它仅指明如何在相互冲突的法律规范中选择该当适用的法律规范，并不直接调整当事人的实体权利和义务。其

---

① 立法法没有就省级人民政府制定的规章与较大的市的人民代表大会及其常务委员会制定的地方性法规之间的冲突作出规定，按其性质，可以比照《立法法》第95条第1款第2项的规定处理。

次，与程序法相比，它只是给执法机关、司法机关和当事人提供适用法律的指引以及评价法律适用正确性的标准，但并不直接规定诉讼参与人的程序权利和义务。再次，适用规则有自己独特的逻辑结构。一般法律规范由事实构成要件和法律效果两部分构成，事实构成要件指向的是法律事实，法律效果则规定具体的权利和义务。与此不同，适用规则由"范围"与"系属"两个部分构成。"范围"系指案件事实所连接的法律规范冲突类型，比如，它是一般法与特别法的冲突还是新法与旧法的冲突，而不是案件事实；"系属"则指明该案件应当选择适用的法律规范，而不是具体的权利和义务。最后，它是一种间接规范。由于适用规则不直接规定当事人的权利和义务，人们不能直接从它那里得到行为的准则，只有与所选择的实体或程序法律规范相结合才能确定具体的权利和义务。可见，适用规则既不属于实体法，也不属于程序法，而是第三类法律规范。

适用规则主要用于解决裁决之外的相容性法律规范冲突，即地方法律规范冲突、种属法律规范冲突、新旧法律规范冲突和变通与被变通法律规范冲突。

三、行政法律规范的适用规则

不同的法律规范冲突适用不同的法律适用规则。从我国立法法的规定看，对地方法律规范冲突，适用"行为地法优于人地法"规则；对种属法律规范冲突，适用"特别法优于一般法"规则；对新旧法律规范冲突，适用"新法优于旧法"规则；对变通与被变通法冲突，适用"变通法优于被变通法"规则。

（一）行为地法优于人地法

当行政主体针对行政相对人作出某一行政行为，而行政相对人的所在地与其行为地不一致时，应优先适用行为地法。这一规则对行政审判依据的适用要求是：当事人行为发生地的行政审判依据应当优于当事人所在地行政审判依据。譬如，张某是杭州人，在广州做生意。行政主体对张某在广州做生意的违法行为作出处罚决定。杭州市地方性法规和广州市地方性法规对该行为的处罚规定不同。对行政主体来说，存在适用杭州市地方性法规还是广州市地方性法规的问题。如张某不服处罚决定诉至人民法院，对于人民法院来说，存在以杭州市地方性法规还是广州市地方性法规来审判的问题。按照"行为地法优于人地法"，则行政主体的行政依据和人民法院的审判依据都应当是行为地法，即广州市地方性法规。[①]

（二）特别法优于一般法

《立法法》第92条规定："同一机关制定的法律、行政法规、地方性法规、自治条

[①] 参见胡建淼：《行政法学》（第三版），法律出版社2010年版，第406页。

例和单行条例、规章,特别规定与一般规定不一致的,适用特别规定。"特别法优于一般法规则即是对这一规定的表述。不过,《立法法》第 94 条还规定:"法律之间对同一事项的新的一般规定与旧的特别规定不一致,不能确定如何适用时,由全国人民代表大会常务委员会裁决。行政法规之间对同一事项的新的一般规定与旧的特别规定不一致,不能确定如何适用时,由国务院裁决。"结合这两条规定,可以看出,特别法优于一般法规则的适用受两个条件的限制:第一,只有同一机关制定的两个行政审判依据之间才适用这一规则;第二,特别法与一般法必须是同一时间制定的,或者特别法制定在后而一般法制定在前。只有同时满足这两个条件,这一适用规则方可适用。

(三) 新法优于旧法

新法优于旧法,又称为"后法优于前法"。这也是我国《立法法》第 92 条的规定:"同一机关制定的法律、行政法规、地方性法规、自治条例和单行条例、规章……新的规定与旧的规定不一致的,适用新的规定。"按照这一规定并结合其他相关规定来看,新法优于旧法规则的适用须满足三个条件:第一,新法和旧法必须是同一机关制定的。第二,新法和旧法之间不存在特别法与一般法的关系,如果存在,则新法必须是特别法,旧法必须是一般法。第三,案件事实发生的时间和审判的时间都应当是在新法颁布施行之后。如果案件事实发生在旧法之后新法之前,即便是在新法颁布施行之后审判也不能使用这一规则,而应当适用从旧规则,或者不溯及既往原则。

新法优于旧法看似简单,适用起来却比较复杂。处理新法与旧法关系的基础是不溯及既往原则。按照不溯及既往原则,新法不得适用于其施行前已经发生的行为。但不溯及既往原则主要是对实体法而言的,对程序法则不适用,即便是对实体法也有适用的例外,从而有"实体从旧兼从轻,程序从新"的规则。因此,处理新旧法律关系,"新法优于旧法"规则应当在遵循不溯及既往原则的前提下予以理解和适用,并处理好与"实体从旧兼从轻,程序从新"等规则的关系。此外,在处理新旧法律规范关系时,还需妥善处理好行为发生的时间与法律的施行时间之间的紧密关系。"铃王公司诉无锡市劳动局工伤认定决定行政纠纷案"[①] 可以说明这一点。

铃王公司诉无锡市劳动局工伤认定决定行政纠纷案

【案情概要】

郭维军系铃王公司的技术科副科长。2000 年 2 月 14 日上午,郭维军于工作时间内在厂区跌倒致伤,经医院诊断为急性闭合性颅脑外伤。2001 年 10 月 30 日,郭维军向新区劳动争议仲裁委员会提出劳动争议仲裁申请。2001 年 11 月 9 日,新区仲裁委以锡新

---

① 本案刊载于《最高人民法院公报》2007 年第 1 期。

劳仲勘鉴字〔2001〕第1号文，委托被告无锡市劳动局对郭维军的伤情进行工伤鉴定。2002年4月5日，无锡市劳动局以锡劳社医〔2002〕17号《关于郭维军工伤认定的复函》（以下简称〔2002〕17号工伤认定复函）答复新区仲裁委，认为郭维军所受伤害不能认定为工伤。郭维军不服〔2002〕17号工伤认定复函，向无锡市人民政府申请复议。2002年9月17日，无锡市人民政府以锡府复决字〔2002〕27号《行政复议决定书》，决定维持〔2002〕17号工伤认定复函。郭维军仍不服，于2002年10月14日提起行政诉讼。2002年11月13日，无锡市南长区人民法院作出〔2002〕南行初字第13号行政判决，以〔2002〕17号工伤认定复函事实不清、证据不足、适用法律错误为由，撤销了该复函，并判决无锡市劳动局重新作出工伤认定。2003年1月22日，无锡市劳动局在重新调查后，根据省工伤保险规定作出锡劳社医〔2003〕1号《企业职工工伤认定书》（以下简称〔2003〕1号工伤认定书），决定不认定郭维军所受伤害为工伤。郭维军对〔2003〕1号工伤认定书仍不服，再次提起行政诉讼。2004年12月2日，无锡市南长区人民法院作出〔2003〕南行初字第8号行政判决，以事实不清、主要证据不足为由，判决撤销了〔2003〕1号工伤认定书，并判决无锡市劳动局在判决生效后60日内重新作出工伤认定。无锡市劳动局不服该一审判决，提起上诉。2005年2月22日，无锡市中级人民法院经审理后，以2号终审判决书作出驳回上诉、维持原判的判决。新的工伤认定程序开始后，无锡市劳动局于2005年3月8日通过邮局向铃王公司发出No.289《工伤认定举证通知书》，要求铃王公司按照《工伤保险条例》第19条的规定对郭维军的工伤申请承担举证责任。铃王公司于2005年4月11日向无锡市劳动局递交了不认为郭维军是工伤的陈述及一些证据。无锡市劳动局未重新进行调查，而根据双方提交的证据所认定的事实和法院的判决于2005年4月30日作出0491号工伤认定书，认定郭维军所受伤害为工伤。铃王公司不服，申请行政复议。无锡市人民政府复议维持了0491号工伤认定书。铃王公司仍不服，向无锡市南长区人民法院提起行政诉讼，请求判令撤销无锡市劳动局作出的0491号工伤认定书。

【争议焦点】

第一，《工伤保险条例》施行前所受事故伤害的工伤认定尚未完成的，在该条例施行后重新启动的工伤认定程序中，可否适用《工伤保险条例》；第二，在已经终结的工伤认定程序中，劳动保障行政部门已经取得的有关职工所受事故伤害的证据，可否在重新启动的工伤认定程序中得到应用。

【法院裁判】

2003年4月27日，国务院以第375号令公布了《工伤保险条例》，其中第64条规定："本条例自2004年1月1日起施行。本条例施行前已受到事故伤害或者患职业病的职工尚未完成工伤认定的，按照本条例的规定执行。"

为规范工伤认定程序，依法进行工伤认定，维护当事人的合法权益，2003年9月23日，劳动和社会保障部颁布了《工伤认定办法》。该办法系根据《工伤保险条例》的有关规定制定，亦于2004年1月1日起施行。该办法第5条规定，进行工伤认定所需的劳动关系、诊断证明等材料，由申请人提交。第8条规定："劳动保障行政部门受理工伤认定申请后，根据需要可以对提供的证据进行调查核实，有关单位和个人应当予以协助。用人单位、医疗机构、有关部门及工会组织应当负责安排相关人员配合工作，据实提供情况和证明材料。"第14条规定："职工或者其直系亲属认为是工伤，用人单位不认为是工伤的，由该用人单位承担举证责任。用人单位拒不举证的，劳动保障行政部门可以根据受伤害职工提供的证据依法作出工伤认定结论。"

第三人郭维军虽于2000年2月14日受伤，受伤后虽经被告无锡市劳动局的两次工伤认定，但至《工伤保险条例》施行之日，没有取得过发生法律效力的工伤认定决定，因此对郭维军所受事故伤害的工伤认定尚未完成。依照《工伤保险条例》第64条规定，在对郭维军所受事故伤害重新启动的工伤认定程序中，应当按照《工伤保险条例》的规定执行。原告铃王公司关于本次工伤认定程序是前两次工伤认定程序的延续，《工伤保险条例》对本案不能适用的意见，与法相悖，不予采纳。

被告无锡市劳动局接到2号终审判决书后，依法重新启动了工伤认定程序。由于在以前的工伤认定程序中，对第三人郭维军所受事故伤害的经过，无锡市劳动局通过调查已经取得大量证据，故在重新启动的工伤认定程序中，该局未再进行调查。根据《工伤认定办法》第5条、第8条，劳动保障行政部门受理工伤认定申请后，只是对申请人提交的材料进行审查，然后根据需要对提供的证据进行调查核实，所以调查核实不是每个工伤认定程序中必经的程序。由于对第三人郭维军所受事故伤害的经过已经掌握了大量证据，被告无锡市劳动局在重新启动的工伤认定程序中，根据需要未再进行调查，而是径行通知原告铃王公司举证的做法，不违背法律规定。0491号工伤认定书将2号终审判决书根据《工伤保险条例》规定阐述的裁判理由写入其中，只是要交代其重新认定的理由，并非以法院判决为依据。铃王公司关于无锡市劳动局不进行调查，将法院判决作为依据，是适用法律错误的起诉理由，不能成立。

基于以上分析，一审法院无锡市南长区人民法院指出："鉴于原告铃王公司一直不认为郭维军所受事故伤害是工伤，而无锡市劳动局向铃王公司发出《工伤认定举证通知书》，通知其举证，并且明确告知了不承担举证的法律后果。铃王公司接到举证通知书后，未在通知书指定的期限内举证，延期10多天后提交的证据，仍没有证明郭维军因从事与日常生产、工作无关的事务而跌倒致伤，依照《工伤保险条例》第19条和《工伤认定办法》第14条的规定，铃王公司应当承担不是工伤的举证责任。"遂判决驳回其诉讼请求。①

前文指出，在理解和适用"新法优于旧法"规则的过程中，除了妥善处理与不溯及既往原则之间的关系外，还应注意与其他法律适用规则，如"实体从旧兼从轻，程序从新"等规则之间的关系。"青岛五龙橡胶制品有限公司诉黄岛海关行政处罚案"②可谓这方面的一个典型案例。

◆ 青岛五龙橡胶制品有限公司诉黄岛海关行政处罚案

【案情概要】

2008年2月21日，五龙公司以一般贸易方式向黄岛海关申报进口初级形状的丁腈橡胶39915千克，商品编号为40025910.00。经查验，黄岛海关发现该货物疑似受火灾损毁，局部呈黑色焦状，且扭曲变形。随后，黄岛海关组织五龙公司一起进行取样，以化验确定该商品是否为国家禁止进口的固体废物。2008年2月27日，五龙公司委托中国环境科学研究院固体废物污染控制技术研究所（以下简称"固研所"）对上述取样货物进行鉴别。2008年4月2日，固研所作出20080011HB号鉴别报告，鉴别结果为"样品整体是橡胶和树脂的混装物"，"样品属于固体废物"。五龙公司得知该鉴定结论后，未缴纳鉴定费用，亦未领取鉴别报告。2009年1月21日，黄岛海关在见证人见证下重新取样，并委托深圳出入境检验检疫局（以下简称"深检局"）对所取样品重新鉴定。2009年2月9日，深检局作出20090005ZJ鉴别报告，鉴别结果为"样品整体是部分烧焦的多种橡胶的混杂物"，"样品属于固体废物"。根据深检局的鉴别报告并依据归类总规则，黄岛海关将五龙公司货物归入税则号列40040000.90。2009年3月3日，黄岛海关作出黄关扣字〔2009〕005号扣留决定，将五龙公司的货物予以扣留；6月9日，作出黄关缉告字〔2009〕265号行政处罚告知单；6月16日，作出黄关缉违字〔2009〕254号行政处罚决定书。五龙公司不服，向青岛海关提起复议。8月6日，青岛海关作出青岛海关复字〔2009〕3号行政复议决定，维持了黄岛海关作出的具体行政行为。五龙公司仍不服，诉至法院。

---

① 本案一审宣判后，铃王公司不服，向无锡市中级人民法院提出上诉，上诉主要围绕两个问题展开：第一，无锡市总工会对吴宏咨询的记录能否作为本案的证据使用？第二，一审是否存在根据同样事实、同样证据作出前后不一致判决的问题？无锡市中级人民法院经审理认为无锡市劳动局0491号工伤认定书认定事实清楚，证据确凿，适用法律、法规正确，符合法定程序，是合法的具体行政行为。一审判决维持0491号工伤认定书，是正确的。铃王公司的上诉理由不能成立，应当驳回。遂判决驳回上诉请求。

② 参见最高人民法院行政审判庭编：《中国行政审判案例》（第2卷），中国法制出版社2011年版，第104—111页。

【裁判结果】

驳回原告诉讼请求。

【裁判理由】

本案经过两审审理结案。二审法院判决驳回上诉，维持原判。其中，就本案法律适用等问题，二审法院的分析如下：

第一，关于黄岛海关是否可以委托鉴定机构对进口货物进行固体废物属性鉴定的问题。五龙公司认为，根据《关于对进口废物实施检验有关问题的通知》第5条以及《保税区检验检疫监督管理办法》第9条的规定，其货物应当向商检机构申请检验。黄岛海关则认为，"环发〔2008〕18号文"2.2规定，黄岛海关有权根据货物的具体情况进行取样并委托鉴定机构对进口货物进行固体废物属性的鉴定。本院认为，1996年5月14日《关于对进口废物实施检验有关问题的通知》与"环发〔2008〕18号文"均为国务院部门联合制定发布的有关进口废物检验问题的具有普遍约束力的规范性文件，海关总署均参与制定发布，但对于废物属性鉴别程序的规定有所不同。参照《立法法》第83条有关规定精神，有关新的规定与旧的规定不一致的，适用新的规定以及程序从新等基本原则，本案中黄岛海关适用新的程序性法律规范对五龙公司的进口物品进行固体废物属性鉴别并无不当。本案系五龙公司以一般贸易方式向黄岛海关申报进口货物，《保税区检验检疫监督管理办法》针对进出保税区的检验对象，该办法不适用于本案。五龙公司关于其货物应当向商检机构申请检验的主张，理由不能成立，不予支持。

第二，关于涉案货物是否属于限制进口类固体废物的问题。本案货物在五龙公司申报进口时属于禁止进口的固体废物。而"2008年第11号公告"附件二《限制进口类可用作原料的固体废物目录》将"未硫化橡胶废碎料、下脚料及其粉、粒"（商品编码4004000090）列入限制进口类可用作原料的固体废物。2008年2月21日，五龙公司以一般贸易方式向黄岛海关申报进口涉案货物时，"2008年第11号公告"虽未开始执行，但黄岛海关发现该货物疑似受火灾损毁后，组织五龙公司一起进行取样，以确定该商品是否为国家禁止进口的固体废物。至2009年2月9日深检局作出20090005ZJ号鉴别报告时，"2008年第11号公告"已开始执行。黄岛海关适用"2008年第11号公告"认定涉案货物为限制进口类固体废物，明显有利于黄岛公司，该认定符合行政执法和行政审判的普遍认识和做法，即行政相对人的行为发生在新法施行以前，行政行为作出在新法施行以后，行政机关作出行政行为以及人民法院审查行政行为的合法性时，实体问题适用旧法规定，程序问题适用新法规定，但适用新法对保护行政相对人的合法权益更为有利的除外。

本案被编入《中国行政审判案例》时，编者撰写的标题是："新旧法律规范不一致时应按照程序从新、实体从旧兼从轻等原则选择适用法律规范"。编者撰写的裁判要旨指出：行政相对人的行为发生在新法实施前，行政机关处理期间新法施行的，行政机关一般应当按照新法的程序要求作出具体行政行为。行政相对人的行为发生在新法实施前，行政机关处理期间新法施行的，行政机关对实体问题一般应当以旧法为判断依据，但新法对相对人更有利的除外。这均是对本案的点睛之笔。

（四）变通法优于被变通法

这一原则由《立法法》第90条所确立。该条规定："自治条例和单行条例依法对法律、行政法规、地方性法规作变通规定的，在本自治地方适用自治条例和单行条例的规定。经济特区法规根据授权对法律、行政法规、地方性法规作变通规定的，在本经济特区适用经济特区法规的规定。"由此可见，变通法优于被变通法是指，当某一下位法依法对上位法作出变通性规定时，在该下位法适用的地域范围内，变通法优先于被变通法得到适用。

（五）"上位法优于下位法"与"新上位法优于旧下位法"

在法律适用规则中，值得讨论的是所谓的"上位法优于下位法"规则。很多教科书都将"上位法优于下位法"作为法律适用规则之一，主张在下位法律规范与上位法律规范相抵触时，优先适用上位法律规范。但是，如上文所述，上下位法律规范冲突具有排斥性，这种法律规范冲突的认定与规范的选择适用，始终与法规范的审查权紧密联系在一起。当法律适用机关对该下位法律规范享有审查权时，才可以适用这一规则。否则，须按照裁决程序来处理。这一规则的适用也就受到限制。从目前行政诉讼法和立法法的规定来看，人民法院仅对规章享有审查权。这种情况下，人民法院也只有在规章与上位法相抵触时，才可以适用"上位法优于下位法"这一规则。这方面的典型案例是指导案例5号"鲁潍（福建）盐业进出口有限公司苏州分公司诉江苏省苏州市盐务管理局盐业行政处罚案"①。鲁潍案的案情概要在第二章介绍法律优位原则时已经作了介绍，这里仅就其裁判要点和裁判理由作一说明。本案裁判要点之一是："地方政府规章违反法律规定设定许可、处罚的，人民法院在行政审判中不予适用。"②裁判理由中就法律适用指出："苏州盐务局对盐业违法案件进行查处时，应适用合法有效的法律规范。《立法法》第79条规定，法律的效力高于行政法规、地方性法规、规章；行政法规的效力高于地方性法规、规章。……苏州盐务局在依职权对鲁潍公司作出行政处罚时，虽然适用了《江苏盐业实施办法》，但是未遵循《立法法》第79条关于法律效力等级的规定，未依照《行政许可法》和《行政处罚法》的相关规定，属于适用法律错误，依法应予撤销。"

---

① 最高人民法院审判委员会讨论通过，2012年4月9日发布。
② 本案相关法条包括：(1) 2003年《行政许可法》第15条第1款、第16条第2、3款；(2) 2009年《行政处罚法》第13条；(3) 1989年《行政诉讼法》第53条第1款；(4) 2000年《立法法》第79条。

不过，在上下位法律规范冲突中，如果上位法是新法，下位法是旧法，则另当别论。在这种法律规范冲突中，作为旧法的下位法在本质上已经被作为新法的上位法所废止，这种冲突应当归为相容性法律规范冲突而不是排斥性法律冲突，应当通过法律适用规则来解决而不是裁决制度。因此，当作为旧法的下位法与作为新法的上位法相抵触时，不论旧下位法是法规还是规章，总体上均应遵循"新上位法优于旧下位法"，优先适用新上位法。"无锡美通食品科技有限公司诉无锡质量技术监督局高新技术产业开发区分局质监行政处罚案"[①]是这方面的一个案例。

◆ 无锡美通食品科技有限公司诉无锡质量技术监督局高新技术产业开发区分局质监行政处罚案

【案情概要】

无锡质量技术监督局高新技术产业开发区分局（以下简称"质监局"）检查发现，无锡美通食品科技有限公司（以下简称"美通公司"）2010年10月至2011年1月未经行政许可生产货值近20万元的某类肉制品。2011年5月19日，质监局依据《食品安全法》第84条作出处罚决定。美通公司认为处罚决定适用法律错误，提起诉讼。主要理由是，《食品安全法》是普通法，而《工业产品生产许可证管理条例》（以下简称《条例》）和《食品生产加工企业质量安全监督管理实施细则》（以下简称《细则》）是特别法，按特别法优于普通法规则，应适用《条例》和《细则》。质监局则认为，《食品安全法》是法律，是上位法，《条例》和《细则》是行政法规和部门规章，是下位法，按上位法优于下位法规则，应适用《食品安全法》。

【争议焦点】

被告依据《食品安全法》第84条作出的处罚决定适用法律是否正确。争执的根源在于，《食品安全法》与《条例》《细则》对未经行政许可生产经营食品行为的行政处罚规定不同。《食品安全法》第84条规定，对未经许可生产经营的，可没收违法所得和违法生产经营的工具、设备、原料等物品，货值金额1万元以上的，可并处货值金额5倍以上10倍以下罚款。《条例》第45条、《细则》第79条则规定，对未经许可生产经营的，"没收违法生产的产品，处违法生产产品货值金额等值以上3倍以下的罚款；有违法所得的，没收违法所得"。概而言之，《条例》和《细则》的处罚较轻，上下位法对同一违法行为的处罚规定有冲突。

【法院裁判】

《食品安全法》制定于2009年，而《条例》和《细则》制定于2005年；因此，《食

---

① 本案刊载于《最高人民法院公报》2013年第7期。

品安全法》不仅法律位阶高,也属于新法。按上位法优于下位法的规定,应优先适用《食品安全法》。遂作出维持判决。本案虽由无锡高新技术开发区人民法院和无锡市中级人民法院作出一、二审判决,但在《最高人民法院公报》上刊载,说明最高人民法院对本案之法律适用持肯定态度。

尽管本案法院并没有明确提出"新上位法优于旧下位法"规则,而是依据"上位法优于下位法"规则来裁判的,但究其实质,是按照"新上位法优于旧下位法"规则来裁判的。这是因为,我国法律界尚未明确"新上位法优于旧下位法"规则。不过,在我国现行法律制度下,明确提出"新上位法优于旧下位法"规则非常必要,否则很容易造成理论上的混乱。①

总之,行政法律冲突主要有部门规章规范冲突、地方法律规范冲突、近位法律规范冲突、新旧法律规范冲突、种属法律规范冲突、变通与被变通法律规范冲突、异位非变通法律规范冲突。这些法律规范冲突中,有些相互冲突的法律规范是相容的,有些则是相互否定或排斥的。对不同的法律规范冲突有不同的解决方法。对于相容性的法律规范冲突,通常采用适用规则选择该当适用的法律规范。对于排斥性的法律规范冲突,由于涉及法规范的合法性或合宪性审查,在我国现行法律制度下,主要通过裁决程序加以解决。具体可图示如下:

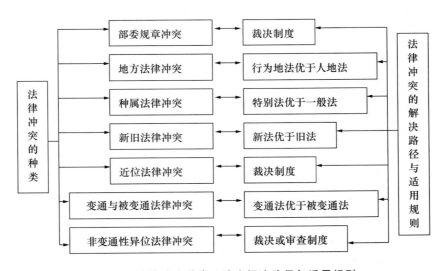

图 3-3 法律冲突种类、冲突解决路径与适用规则

---

① 参见杨登峰:《下位法尾大不掉问题的解决机制——"新上位法优于旧下位法"规则之论》,载《政治与法律》2014 年第 9 期。

思考题

1. 行政法律渊源有哪些？
2. 行政法律渊源之间的位阶怎样排列？
3. 如何理解"下位法不得与上位法相抵触"原则？
4. 如何理解"下位法先于上位法适用"原则？
5. 法律解释的一般方法有哪些？
6. 行政法律解释具有什么特点？
7. 我国现行法规定的解决法律冲突的方法有几种？
8. 适用规则有什么特点？有哪几个？
9. 如何理解和适用"行为地法优于人地法"规则？
10. 如何理解和适用"特别法优于一般法"规则？
11. 如何理解和适用"新法优于旧法"规则？
12. 如何理解和适用"变通法优于被变通法"规则？
13. 如何理解和适用"上位法优于下位法"规则？

拓展研读案例

1. [指导案例6号] 黄泽富、何伯琼、何熠诉四川省成都市金堂县工商行政管理局行政处罚案[①]

本案裁判要点：行政机关作出没收较大数额涉案财产的行政处罚决定时，未告知当事人有要求举行听证的权利；未依法举行听证的，人民法院应当依法认定该行政处罚违反法定程序。法院在判决理由中指出：《行政处罚法》第42条规定："行政机关作出责令停产停业、吊销许可证或者执照、较大数额罚款等行政处罚决定之前，应当告知当事人有要求举行听证的权利。"虽然该条规定没有明确列举"没收财产"，但是该条中的"等"系不完全列举，应当包括与明文列举的"责令停产停业、吊销许可证或者执照、较大数额罚款"类似的其他对相对人权益产生较大影响的行政处罚。为了保证行政相对人充分行使陈述权和申辩权，保障行政处罚决定的合法性和合理性，对没收较大数额财产的行政处罚，也应当根据《行政处罚法》第42条的规定适用听证程序。

说明：本案对于理解行政法律解释具有启迪意义。

[①] 最高人民法院审判委员会讨论通过，2012年4月9日发布。

2. [指导案例5号] 鲁潍（福建）盐业进出口有限公司苏州分公司诉江苏省苏州市盐务管理局盐业行政处罚案①

本案裁判要点：第一，盐业管理的法律、行政法规没有设定工业盐准运证的行政许可，地方性法规或者地方政府规章不能设定工业盐准运证这一新的行政许可。第二，盐业管理的法律、行政法规对盐业公司之外的其他企业经营盐的批发业务没有设定行政处罚，地方政府规章不能对该行为设定行政处罚。第三，地方政府规章违反法律规定设定许可、处罚的，人民法院在行政审判中不予适用。

说明：本案具体内容在第二章已经介绍。学习本案对于理解上下位法律规范的冲突及其选择适用规则的应用具有重要参考价值。

3. 丰祥公司诉上海市盐务局行政强制措施案②

本案争议焦点：原告于2001年5月11日从山东调入工业盐300吨，于5月16日抵沪。《上海市盐业管理若干规定》于2001年3月26日发布，5月15日施行。行政机关依据《上海市盐业管理若干规定》对丰祥公司购运的工业盐采取扣押措施，适用法律是否正确。法院判决认为：丰祥公司将盐由外省调入本市，是一种持续行为，应以货物运至本市作为行为的完成，而该行为完成时，《上海市盐业管理若干规定》已施行，市盐务局适用该规定与《盐业行政执法办法》的有关规定，属适用法律正确，执法程序符合规定。

说明：学习本案有助于进一步理解不溯及既往原则。

4. 甘露诉暨南大学开除学籍申请再审案③

本案被编入《中国行政审判案例》时，编者撰写的标题是："高等学校校纪校规不能违反上位法规定"。编者撰写的裁判要旨指出：高等学校学生提交课程论文是课程考试的一种方式，其抄袭行为属考试作弊，是违反考试纪律的行为，应当受到处罚。但高等学校不能将此种抄袭列为《普通高等学校学生管理规定》第54条第5项所规定的因剽窃、抄袭他人研究成果可以开除学生学籍的情形。

说明：本案对于理解法律解释方法有一定帮助。

---

① 最高人民法院审判委员会讨论通过，2012年4月9日发布。
② 参见上海市第二中级人民法院〔2002〕沪二中行终字第60号行政判决书。本案刊载于《最高人民法院公报》2003年第1期。本案相关介绍参见本书第八章"拓展研读案例"。
③ 参见最高人民法院行政审判庭编：《中国行政审判案例》（第3卷），中国法制出版社2013年版，第59—64页。

5. 徐丽娟诉黑龙江省大庆市林甸县住房和城乡建设局行政处罚案①

本案裁判要旨:"法不溯及既往"是一项基本的法治原则,它意味着不能用今天制定的法律去处理昨天实施的行为。按照法不溯及既往的基本原则,规划部门在新法实施之后对旧法实施期间的违法建设行为进行行政处罚,除了新法规定的处罚较轻的情形之外,一般应当适用旧法。

说明:学习本案有助于更好地理解新旧法的适用规则。

6. 吴小琴等诉山西省吕梁市工伤保险管理服务中心履行法定职责案②

本案裁判要旨:行政机关对特定管理事项的习惯做法,不违反法律、法规的强制性规定且长期适用形成行政惯例的,公民、法人或其他组织基于该行政惯例的合理信赖利益应予适当保护。法院在判决中指出:"可见,这种不定期缴费方式在工伤保险管理实际工作中已形成一种习惯性做法,这种做法需要在以后的工伤保险管理工作中逐步地加以规范,但并不能因此否定用工主体为本单位职工缴纳保险费用的法律事实。所以,吕梁工伤保险中心以冯海生、高三信所在单位工伤保险费用缴费方式不符合条例规定为由不予核定并拒绝支付上诉人工伤保险待遇的行为违法。"

说明:本案表明,在一定情况下,行政惯例可以成为行政法渊源或者行政依据。

▶ 拓展研读文献

1. 彭中礼:《法律渊源词义考》,载《法学研究》2012年第6期;
2. 胡敏洁:《行政指导性案例的实践困境与路径选择》,载《法学》2012年第1期;
3. 章剑生:《论"行政惯例"在现代行政法法源中的地位》,载《政治与法律》2010年第6期;
4. 周佑勇:《论作为行政法之法源的行政惯例》,载《政治与法律》2010年第6期;
5. 李友根:《指导性案例为何没有约束力——以无名氏因交通肇事致死案件中的原告资格为研究对象》,载《法制与社会发展》2010年第4期;
6. 张骐:《论寻找指导性案例的方法——以审判经验为基础》,载《中外法学》2009年第3期;
7. 应松年、何海波:《我国行政法的渊源:反思与重述》,载《公法研究》2004

---

① 参见黑龙江省大庆市中级人民法院〔2011〕庆行终字第43号行政判决书。另参见最高人民法院行政审判庭编:《中国行政审判案例》(第4卷),中国法制出版社2012年版,第72—76页。
② 参见山西省高级人民法院〔2011〕晋行终字第115号行政判决书。另参见最高人民法院行政审判庭编:《中国行政审判案例》(第4卷),中国法制出版社2012年版,第77—81页。

年卷;

8. 毛玮:《论行政法的正式渊源》,载《行政法学研究》2003年第3期;

9. 朱新力:《论行政法的不成文法源》,载《行政法学研究》2002年第1期;

10. 张志铭:《关于中国法律解释体制的思考》,载《中国社会科学》1997年第2期;

11. 杨登峰:《民事、行政司法解释的溯及力》,载《法学研究》2007年第2期;

12. 杨登峰:《下位法尾大不掉问题的解决机制——"新上位法优于旧下位法"规则之论》,载《政治与法律》2014年第9期;

13. 杨登峰:《选择适用特别法与一般法的几个问题》,载《宁夏社会科学》2008年第3期;

14. 杨登峰:《何为法的溯及既往?——在事实或其效果持续过程中法的变更与适用》,载《中外法学》2007年第5期;

15. 杨登峰:《越权立法的认定与处理》,载《现代法学》2006年第3期;

16. 胡建淼、杨登峰:《有利法律溯及原则及其适用中的若干问题》,载《北京大学学报(哲学社会科学版)》2006年第6期;

17. 黄锴:《法律续造在行政处罚法中的适用及限制——以"黄灯案"为分析对象》,载《政治与法律》2013年第8期;

18. 黄竹胜:《行政法解释的理论建构》,山东人民出版社2007年版;

19. 王旭:《行政法解释学研究:基本原理、实践技术与中国问题》,中国法制出版社2010年版;

20. 张志铭:《法律解释操作分析》,中国政法大学出版社1999年版;

21. 〔德〕弗里德里希·卡尔·冯·萨维尼:《法律冲突与法律规则的地域和时间范围》,李双元等译,武汉大学出版社2016年版;

22. 杨登峰:《法律冲突与适用规则》,法律出版社2017年版;

23. 陈运生:《法律冲突解决的进路与方法》,中国政法大学出版社2017年版;

24. 刘志刚:《法律规范的冲突解决规则》,复旦大学出版社2012年版。

第四章 行政法律关系的主体

本章讲解行政法律关系的主体。行政法律关系主体是法理学中法律关系主体在行政法中的延伸。行政法不仅调整行政机关与公民、法人和其他组织之间的管理与被管理关系,还调整上下级行政机关、行政机关与行政公务人员、行政机关与立法机关以及司法机关之间的关系。不过,本章主要讲解行政机关与公民、法人和其他组织之间以及与行政公务人员之间的管理关系,相关的法律主体包括行政主体、行政公务员、行政相对人和行政第三人。

行政法律关系的主体是行政法律关系的顶梁柱,是行政法权利(权力)义务的享有者、承担者,是行政程序的主要参加人,包括行政主体、行政公务员、行政相对人、行政第三人等。其中,行政主体是核心。

第一节 行 政 主 体

一、行政主体的概念

行政主体,系指以自己的名义享有并行使行政职权、独立承担法律责任的组织。在行政法律关系中,行政主体是最基本的行政法律关系主体之一,是行政程序的主导者和行政行为的作出者。

就行政主体,《湖南省行政程序规定》第19条规定:"其他行使行政职权的组织包括法律、法规授权的组织和依法受委托的组织。法律、法规授权的组织在法定授权范围内以自己的名义行使行政职权,并承担相应的法律责任。依法受委托的组织在委托的范围内,以委托行政机关的名义行使行政职权,由此所产生的后果由委托行政机关承担法律责任。行政机关的内设机构和派出机构对外行使行政职权时,应当以其隶属的行政机关的名义作出行政行为,由此所产生的后果由行政机关承担法律责任。法律、法规另有规定的除外。"这一规定基本体现了国内法学界目前对于行政主体概念的认识。

二、行政主体的认定

行政主体与行政机关有关但不同。行政主体是法学概念，行政机关是法律概念。确认行政主体资格的目的在于划清行政主体与非行政主体之间的界限。只有行政主体可以作出行政行为，也只有行政主体作出的决定才称得上为行政行为。

行政主体的认定在行政法上具有重要的实践意义。首先，行政主体资格的确认有助于正确界定行政机关、企事业单位和其他组织的行为性质。行政机关的行为并不总是行政性行为，企事业单位和其他组织的行为也并非不能成为行政行为。这些机关、单位和组织的行为是否为行政行为，关键在于它们是否以行政主体的身份作出该行为。其次，行政主体资格的确认有利于对行政相对人和行政第三人合法权益的保护。行政主体的确认，有利于行政相对人在申请行政赔偿、申请行政复议或者提起行政诉讼时正确确定行政赔偿义务主体、行政复议的被申请人、行政诉讼的被告。也就是说，只有确立了行政主体地位，行政相对人或行政第三人才可以确定法律救济的对象，切实维护自身的合法权益。[①]

行政主体的认定可从两方面来进行。其一，是否享有行政职权。行政主体必须享有行政职权，不享有行政职权的主体不可能成为行政主体。其二，是否依法行使行政职权。享有行政职权的组织并不总是行使行政职权，这些组织只有在行使行政职权时才能成为行政主体。例如，交通管理机关依法享有交通管理职权，在指挥交通时，它是行政主体，但是在购买办公用品时，它没有行使行政职权，就不是行政主体。

这里的行政职权是狭义的，是与立法权、司法权以及监察权对应的一种国家权力，不是泛指普通的行政管理权力。普通的行政管理权力普遍存在于立法机关、行政机关、司法机关、监察机关的内部管理中，也存在于企事业单位、社会团体等组织的内部管理之中。在行政法上，这种普通的行政管理权力并不为行政主体所独有，不是认定行政主体的核心要素。

---

① 《国家赔偿法》第7条规定："行政机关及其工作人员行使行政职权侵犯公民、法人和其他组织的合法权益造成损害的，该行政机关为赔偿义务机关。两个以上行政机关共同行使行政职权时侵犯公民、法人和其他组织的合法权益造成损害的，共同行使行政职权的行政机关为共同赔偿义务机关。法律、法规授权的组织在行使授予的行政权力时侵犯公民、法人和其他组织的合法权益造成损害的，被授权的组织为赔偿义务机关。"《行政诉讼法》第26条规定："公民、法人或者其他组织直接向人民法院提起诉讼的，作出行政行为的行政机关是被告。经复议的案件，复议机关决定维持原行政行为的，作出原行政行为的行政机关和复议机关是共同被告；复议机关改变原行政行为的，复议机关是被告。复议机关在法定期限内未作出复议决定，公民、法人或者其他组织起诉原行政行为的，作出原行政行为的行政机关是被告；起诉复议机关不作为的，复议机关是被告。两个以上行政机关作出同一行政行为的，共同作出行政行为的行政机关是共同被告。"关于行政复议被申请人的规定参见《行政复议法》第12—15条。

三、行政职权的取得与行使

既然行政职权的享有和行使是认定行政主体的重要因素,则对行政职权及其取得和行使作进一步说明就非常必要。

行政职权是行政主体依法享有的对特定领域的行政事务按一定方式进行组织与管理的行政权力,主要包括许可、处罚、征收、强制、救助、奖励、确认和裁决等内容。行政职权由宪法、法律、法规和规章授予行政主体。例如,《宪法》第89条规定:"国务院行使下列职权:(一)根据宪法和法律,规定行政措施,制定行政法规,发布决定和命令;(二)向全国人民代表大会或者全国人民代表大会常务委员会提出议案;(三)规定各部和各委员会的任务和职责,统一领导各部和各委员会的工作,并且领导不属于各部和各委员会的全国性的行政工作;……"2015年修正的《药品管理法》第14条第1款规定:"开办药品批发企业,须经企业所在地省、自治区、直辖市人民政府药品监督管理部门批准并发给《药品经营许可证》;开办药品零售企业,须经企业所在地县级以上地方药品监督管理部门批准并发给《药品经营许可证》。……"这些都是给行政机关授予一定行政职权的典型立法例,也是判断行政机关是否享有特定行政职权的依据。

享有行政职权的行政主体原则上应当亲自行使行政职权。但也存在行政职权享有主体与行使主体在一定程度上相互分离的情形。当享有主体与行使主体相分离时,认定行政主体就具一定复杂性。这里需要特别说明行政主体的内部分工、行政委托和行政协助三种情形。

(一)行政主体的内部分工

内部分工,是指行政主体为了有效地行使行政职权,将其行使权在其内部组成机构和公务员之间进行分配的活动。例如,某县公安局就其行政职权在局长、副局长等公务员之间以及刑事侦查、治安管理、户籍管理等科室之间进行协调分配。行政内部分工的特点为:第一,内部分工的主体是行政主体,包括行政机关和有关组织。第二,行政内部分工的客体是行政职权的"行使权",不是"所有权"。第三,行政内部分工的对象是行政主体的内部组成机构和公务员,不是行政主体本身。第四,行政分工的性质是内部行政行为,对外不具有约束力。行政主体是由行政机构和公务员组成的有机统一体,需要组成机构之间和公务员之间的协调配合和共同努力。因此,将职权进行科学而有效的分工,可使行政主体内部机构和公务人员之间各自明确权限和职责,相互协调和配合,更好地行使行政职权。

(二)行政委托

行政委托,是指行政主体为了实现行政目标,在自己不能亲自行使特定行政职权时，委托其他行政机关、企事业单位、其他组织或个人以该行政主体的名义行使该行政职权，行为的法律后果由委托主体承担的活动。它在功能上与民事委托相同。行政委托的特点是：第一，行政委托的委托人只能是行政主体。不拥有行政职权的任何机关、组织和个人都不能把不属于自己的行政职权委托给他人。第二，行政委托的受托人可以是行政机关也可以是非行政机关。行政委托的是行政职权的行使权而不是行政职权的拥有权，因此，受托人可以是行政机关，也可以是有关组织或个人。第三，行政委托的法律后果由委托行政主体承担。受托主体只能以委托行政主体的名义行使行政职权，由此产生的法律后果也应当由委托行政主体承担。第四，行政委托的目的是实现行政管理目标。行政主体不应以实现行政管理目标以外的其他目的把国家赋予自己的行政职权委托给他人去行使。

行政委托与行政授权虽然都有可能将行政职权授予非政府组织，但两者有本质区别。首先，行政授权是立法行为，而行政委托是行政行为。行政授权，是指法律、法规、规章将行政职权授予行政机构、事业单位、企业单位或社会团体。而行政委托是指行政主体将所行使的行政职权通过订立委托合同，由他人以自己的名义代理行使。其次，行政授权授予的是行政职权的所有权能，而行政委托委托的仅是行政职权的行使权能。最后，行政授权创设的是行政主体，而行政委托产生的则是行政行为主体，受托人行为所产生的法律后果由委托人承担。

行政委托与民事委托都是委托，具有共同性，但各有自己的特点：

第一，行政委托以法律规定为前提。民事委托不以法律规定为前提。行政委托关系到行政职权由谁行使的问题，因此，必须要有明确的法律依据。《行政处罚法》第18条第1款规定，"行政机关依照法律、法规或者规章的规定，可以在其法定权限内委托符合本法第十九条规定条件的组织实施行政处罚。"《行政许可法》第24条第1款规定，"行政机关在其法定职权范围内，依照法律、法规、规章的规定，可以委托其他行政机关实施行政许可。"这两处法律规定都强调了行政委托的法定性原则。从这两个法律规定看，所谓的法律依据，仅指法律、法规和规章。

第二，行政受托人须具备一定条件。民事委托对受托人没有特别要求。行政职权的受托人应当具备与被委托的行政职权的行使相适应的行为能力。这一点在《行政处罚法》和《行政许可法》中得到充分体现。《行政处罚法》第19条规定："受委托组织必须符合以下条件：（一）依法成立的管理公共事务的事业组织；（二）具有熟悉有关法律、法规、规章和业务的工作人员；（三）对违法行为需要进行技术检查或者技术鉴定的，应当有条件组织进行相应的技术检查或者技术鉴定。"除此之外，行政机关不得委托其他组织或者个人实施行政处罚。①《行政许可法》则将受委托的主体限定在行政机关范围之内。②

第三,行政委托禁止再委托。民事委托的代理人在一定条件下可以将受托事项再委托给他人。但在行政委托中,从现行法律规定看,再委托基本上是被禁止的。如《行政处罚法》第 18 条第 3 款规定:"受委托组织在委托范围内,以委托行政机关名义实施行政处罚;不得再委托其他任何组织或者个人实施行政处罚。"《行政许可法》第 24 条第 3 款规定:"受委托行政机关在委托范围内,以委托行政机关名义实施行政许可;不得再委托其他组织或者个人实施行政许可。"

(三) 行政协助

行政协助,系指行政机关在实施行政职权过程中,基于本身的条件和公务上的需要,其他行政机关、社会组织或个人配合其实施特定行政措施的现象,可分为行政机关的协助和非行政机关的协助两类。如《行政处罚法》第 37 条第 1 款规定,"行政机关在调查或者进行检查时,执法人员不得少于两人,并应当向当事人或者有关人员出示证件。当事人或者有关人员应当如实回答询问,并协助调查或者检查,不得阻挠。"这里的协助就属于非行政机关的协助。再如《海关法》第 12 条规定:"海关依法执行职务,有关单位和个人应当如实回答询问,并予以配合,任何单位和个人不得阻挠。海关执行职务受到暴力抗拒时,执行有关任务的公安机关和人民武装警察部队应当予以协助。"这里的协助就属于行政机关的协助。我们所讲的行政协助,也指的是行政机关所提供的协助。

行政协助不同于共同行政。从外观看,在行政协助过程中,协助行政机关与请求协助的行政机关相互协作,共同作出行政行为。但实际上,在这一过程中,协助行政机关仅仅起着配合作用,对于行政行为的形成不产生影响,对行政行为不承担责任,而且对协助过程中产生的费用,一般也由请求协助的行政机关承担。共同行政则不然。共同行政是以两个以上行政主体的名义作出的,诸行政主体共同参与、共同决定、共担责任。简言之,协助行政者在协助行政的过程中,不属于行政主体,而共同行政的参与者则都属于行政主体。

上述分析说明,经由内部分工产生的内部机构、经由行政委托产生的行政受托组织、经由行政协助产生的协助行政主体,在相应的行政活动中,虽然不同程度地行使行政职权,但不享有相应的行政职权,均仅属于行为主体,不属于行政主体。

---

① 参见《行政处罚法》第 18 条第 1 款。
② 《行政许可法》第 24 条第 1 款规定:"行政机关在其法定职权范围内,依照法律、法规、规章的规定,可以委托其他行政机关实施行政许可。……"

四、我国行政主体的种类

总体看，在我国，有可能成为行政主体的有行政机关和授权的组织两类。行政机关是国家设立的专门行使行政职权的组织，主要包括各级人民政府、县级以上人民政府的工作部门和派出机关。授权的组织，即法律、法规、规章授权的组织。授权的组织大多不是行政机关，而是企事业单位、社会团体、行政机关的内设机构和派出机构等。这些组织经法律、法规和规章授权取得特定的行政职权，当它们行使这些授予的行政职权时，便成为行政主体。① 总体看，授权的组织具有以下特点：

第一，法律、法规、规章授权的组织主要是指国家机关以外的社会组织，当然也就不可能是行政机关。目前，我国法律对该类组织的性质没有作出限制，可以是任何性质的组织，包括企业组织、事业组织、社会团体、行政机关的内设机构和派出机构等。

第二，授权的组织的权力来自于法律、法规和规章的授予。这些组织本来并不享有行政职权，之所以可以进行行政管理，是因为法律、法规、规章授予其行政管理权。能够对这些组织进行授权的仅限于法律、法规和规章。规范性文件不得进行授权，如果进行授权，也只是委托，而不是行政法意义上的授权。

第三，授权的组织行使的是特定行政职权，而不是一般行政职权。一般行政职权是指行政机关根据宪法、各种组织法而获得的行政职权；特定行政职权是指单行法律、法规和规章基于处理特定行政事务的需要而规定的行政职权。

从我国行政法律实践看，授权的组织主要包括行政机构、公务组织、企事业单位和公共团体等。其中，企事业单位和社会团体比较好理解，无须解释。行政机构是指行政机关根据行政工作需要，在行政机关内部设立的，协助或者按照内部分工处理或办理该机关有关行政事务的机构，主要包括行政机关的内设机构、派出机构②、专门机构③等。公务组织是国家依法设立的专门从事某项管理公共事务职能的组织，如中华全国体育总会等。

总之，在现行法律体制下，行政主体包括且仅包括行政机关和法律、法规、规章授权的组织两类。因此，行政主体不等于行政机关。行政主体包括行政机关，但不限于行

---

① 《行政诉讼法》第 2 条规定："公民、法人或者其他组织认为行政机关和行政机关工作人员的行政行为侵犯其合法权益，有权依照本法向人民法院提起诉讼。前款所称行政行为，包括法律、法规、规章授权的组织作出的行政行为。"这是对法律、法规和规章授权的组织法律地位的承认。

② 派出机构，即政府职能部门的某些派出机构，是指政府职能部门根据工作需要在一定区域内设立的，代表该职能部门从事一定行政事务管理工作的机构，如公安派出所、税务所、工商所等。

③ 专门机构，是指为处理某些专业性、技术性的专门行政事务而设立的专门管理机构，如专利复审委员会、计量检查机构等。

政机关;行政机关可以成为行政主体,但不总是行政主体。授权的组织作为行政主体的例子是指导案例 38 号"田永诉北京科技大学拒绝颁发毕业证、学位证案"[①] 和指导案例 39 号"何小强诉华中科技大学拒绝授予学位案"[②]。现分别予以介绍。

[指导案例 38 号] 田永诉北京科技大学拒绝颁发毕业证、学位证案

【案情概要】

原告田永于 1994 年 9 月考取北京科技大学,取得本科生的学籍。1996 年 2 月 29 日,田永在电磁学课程的补考过程中,随身携带写有电磁学公式的纸条。考试中,田永去上厕所时纸条掉出,被监考教师发现。监考教师虽未发现其有偷看纸条的行为,但还是按照考场纪律,当即停止了田永的考试。被告北京科技大学根据原国家教委关于严肃考场纪律的指示精神,于 1994 年制定了校发〔94〕第 068 号《关于严格考试管理的紧急通知》。该通知规定,凡考试作弊的学生一律按退学处理,取消学籍。被告据此于 1996 年 3 月 5 日认定田永的行为属作弊行为,并作出退学处理决定。同年 4 月 10 日,被告填发了学籍变动通知,但退学处理决定和变更学籍的通知未直接向田永宣布、送达,也未给田永办理退学手续,田永继续以该校大学生的身份参加正常学习及学校组织的活动。1996 年 9 月,被告为田永补办了学生证,之后每学年均收取田永交纳的教育费,并为田永进行注册、发放大学生补助津贴,安排田永参加了大学生毕业实习设计,由其论文指导教师领取了学校发放的毕业设计结业费。田永还以该校大学生的名义参加考试,先后取得了大学英语四级、计算机应用水平测试 BASIC 语言成绩合格证书。被告对原告在该校的四年学习中成绩全部合格,通过毕业实习、毕业设计及论文答辩,获得优秀毕业论文及毕业总成绩为全班第九名的事实无争议。

1998 年 6 月,田永所在院系向被告报送田永所在班级授予学士学位表时,被告有关部门以田永已按退学处理、不具备北京科技大学学籍为由,拒绝为其颁发毕业证书,进而未向教育行政部门呈报田永的毕业派遣资格表。田永所在院系认为原告符合大学毕业和授予学士学位的条件,但由于当时原告因毕业问题正在与学校交涉,故暂时未在授予学位表中签字,待学籍问题解决后再签。被告因此未将原告列入授予学士学位资格的名单交该校学位评定委员会审核。因被告的部分教师为田永一事向国家教委申诉,国家教委高校学生司于 1998 年 5 月 18 日致函被告,认为被告对田永违反考场纪律一事处理过重,建议复查。同年 6 月 10 日,被告复查后,仍然坚持原结论。田永认为自己符合大学毕业生的法定条件,北京科技大学拒绝给其颁发毕业证、学位证是违法的,遂向北京市

---

① 最高人民法院审判委员会讨论通过,2014 年 12 月 25 日发布。
② 同上。

海淀区人民法院提起行政诉讼。

【裁判结果】

北京市海淀区人民法院于1999年2月14日作出〔1998〕海行初字第00142号行政判决：第一，北京科技大学在本判决生效之日起30日内向田永颁发大学本科毕业证书；第二，北京科技大学在本判决生效之日起60日内组织本校有关院、系及学位评定委员会对田永的学士学位资格进行审核；第三，北京科技大学于本判决生效后30日内履行向当地教育行政部门上报有关田永毕业派遣的有关手续的职责；第四，驳回田永的其他诉讼请求。北京科技大学提出上诉，北京市第一中级人民法院于1999年4月26日作出〔1999〕一中行终字第73号行政判决：驳回上诉，维持原判。

【裁判理由】

法院生效裁判认为：根据我国法律、法规规定，高等学校对受教育者有进行学籍管理、奖励或处分的权力，有代表国家对受教育者颁发学历证书、学位证书的职责。高等学校与受教育者之间属于教育行政管理关系，受教育者对高等学校涉及受教育者基本权利的管理行为不服的，有权提起行政诉讼，高等学校是行政诉讼的适格被告。……国家实行学历证书制度，被告作为国家批准设立的高等学校，对取得普通高等学校学籍、接受正规教育、学习结束达到一定水平和要求的受教育者，应当为其颁发相应的学业证明，以承认该学生具有的相当学历。原告符合上述高等学校毕业生的条件，被告应当依《教育法》第28条第1款第5项及《普通高等学校学生管理规定》第35条的规定，为原告颁发大学本科毕业证书。

《最高人民法院公报》编者就本案撰写的裁判要点之一是："高等学校对受教育者因违反校规、校纪而拒绝颁发学历证书、学位证书，受教育者不服的，可以依法提起行政诉讼。"在裁判理由中，法院指出："根据我国法律、法规规定，高等学校对受教育者有进行学籍管理、奖励或处分的权力，有代表国家对受教育者颁发学历证书、学位证书的职责。高等学校与受教育者之间属于教育行政管理关系，受教育者对高等学校涉及受教育者基本权利的管理行为不服的，有权提起行政诉讼，高等学校是行政诉讼的适格被告。"可以看出，尽管高校是典型的事业单位，但经法律授权，在行使所授权力时，便是行政主体，受行政法约束。

［指导案例39号］何小强诉华中科技大学拒绝授予学位案

【案情概要】

原告何小强系第三人华中科技大学武昌分校（以下简称"武昌分校"）2003级通信工程专业的本科毕业生。武昌分校是独立的事业法人单位，无学士学位授予资格。根据国家对民办高校学士学位授予的相关规定和双方协议约定，被告华中科技大学同意对武昌分校符合学士学位条件的本科毕业生授予学士学位，并在协议附件载明《华中科技大学武昌分校授予本科毕业生学士学位实施细则》。其中第2条规定"凡具有我校学籍的本科毕业生，符合本实施细则中授予条件者，均可向华中科技大学学位评定委员会申请授予学士学位"，第3条规定"达到下述水平和要求，经学术评定委员会审核通过者，可授予学士学位。……（三）通过全国大学英语四级统考。"2006年12月，华中科技大学作出《关于武昌分校、文华学院申请学士学位的规定》，规定通过全国大学外语四级考试是非外国语专业学生申请学士学位的必备条件之一。

2007年6月30日，何小强获得武昌分校颁发的《普通高等学校毕业证书》，由于其本科学习期间未通过全国英语四级考试，武昌分校根据上述实施细则，未向华中科技大学推荐其申请学士学位。2007年8月26日，何小强向华中科技大学和武昌分校提出授予工学学士学位的申请。2008年5月21日，武昌分校作出书面答复，因何小强没有通过全国大学英语四级考试，不符合授予条件，华中科技大学不能授予其学士学位。

【裁判结果】

湖北省武汉市洪山区人民法院于2008年12月18日作出〔2008〕洪行初字第81号行政判决，驳回原告何小强要求被告华中科技大学为其颁发工学学士学位的诉讼请求。湖北省武汉市中级人民法院于2009年5月31日作出〔2009〕武行终字第61号行政判决，驳回上诉，维持原判。

【裁判理由】

法院生效裁判认为：本案争议焦点主要涉及被诉行政行为是否可诉、是否合法以及司法审查的范围问题。

第一，被诉行政行为具有可诉性。根据《学位条例》等法律、行政法规的授权，被告华中科技大学具有审查授予普通高校学士学位的法定职权。依据《学位条例暂行实施办法》第4条第2款"非授予学士学位的高等院校，对达到学士学术水平的本科毕业生，应当由系向学校提出名单，经学校同意后，由学校就近向本系统、本地区的授予学士学位的高等院校推荐。授予学士学位的高等院校有关的系，对非授予学士学位的高等院校推荐的本科毕业生进行审查考核，认为符合本暂行办法及有关规定的，可向学校学位评定委员会提名，列入学士学位获得者名单"的规定，以及国家促进民办高校办学政策的相关规定，华中科技大学有权按照与民办高校的协议，对于符合本校学士学位授予条件的民办高校本科毕业生经审查合格授予普通高校学士学位。

本案中，第三人武昌分校是未取得学士学位授予资格的民办高校，该校与华中科技大学签订合作办学协议约定，武昌分校对该校达到学士学术水平的本科毕业生，向华中科技大学推荐，由华中科技大学审核是否授予学士学位。依据《学位条例暂行实施办法》的规定和华中科技大学与武昌分校之间的合作办学协议，华中科技大学具有对武昌分校推荐的应届本科毕业生进行审查和决定是否颁发学士学位的法定职责。武昌分校的本科毕业生何小强以华中科技大学在收到申请之日起 60 日内未授予其工学学士学位，向人民法院提起行政诉讼，符合《最高人民法院关于执行〈中华人民共和国行政诉讼法〉若干问题的解释》第 39 条第 1 款的规定。因此，华中科技大学是本案适格的被告，何小强对华中科技大学不授予其学士学位不服提起诉讼的，人民法院应当依法受理。

第二，被告制定的《华中科技大学武昌分校授予本科毕业生学士学位实施细则》第 3 条的规定符合上位法规定。《学位条例》第 4 条规定："高等学校本科毕业生，成绩优良，达到下述学术水平者，授予学士学位：（一）较好地掌握本门学科的基础理论、专门知识和基本技能……"《学位条例暂行实施办法》第 25 条规定："学位授予单位可根据本暂行条例实施办法，制定本单位授予学位的工作细则。"该办法赋予学位授予单位在不违反《学位条例》所规定的授予学士学位基本原则的基础上，在学术自治范围内制订学士学位授予标准的权力和职责，华中科技大学在此授权范围内将全国大学英语四级考试成绩与学士学位挂钩，属于学术自治的范畴。高等学校依法行使教学自主权，自行对其所培养的本科生教育质量和学术水平作出具体的规定和要求，是对授予学士学位的标准的细化，并没有违反《学位条例》第 4 条和《学位条例暂行实施办法》第 25 条的原则性规定。何小强因未通过全国大学英语四级考试，不符合华中科技大学学士学位的授予条件，因此，武昌分校未向华中科技大学推荐其申请授予学士学位，故华中科技大学并不存在不作为的事实，法院对何小强的诉讼请求不予支持。

第三，对学校授予学位行为的司法审查以合法性审查为原则。各高等学校根据自身的教学水平和实际情况在法定的基本原则范围内确定各自学士学位授予的学术水平衡量标准，是学术自治原则在高等学校办学过程中的具体体现。在符合法律法规规定的学位授予条件的前提下，确定较高的学士学位授予学术标准或适当放宽学士学位授予学术标准，均应由各高等学校根据各自的办学理念、教学实际情况和对学术水平的理想追求自行决定。对学士学位授予的司法审查不能干涉和影响高等学校的学术自治原则，学位授予类行政诉讼案件司法审查的范围应当以合法性审查为基本原则。

《最高人民法院公报》编者就本案撰写的裁判要点指出：第一，具有学位授予权的高等学校，有权对学位申请人提出的学位授予申请进行审查并决定是否授予其学位。申请人对高等学校不授予其学位的决定不服提起行政诉讼的，人民法院应当依法受理。第二，高等学校依照《学位条例暂行实施办法》的有关规定，在学术自治范围内制定的授予学位的学术水平标准，以及据此标准作出的是否授予学位的决定，人民法院应予支持。可以看出，本案反映的法律问题是多方面的，但就行政主体方面而言，本案进一步表明，作为事业单位的高校可以在法律法规授权的情形下，成为行政主体。

第二节 行政公务员

一、行政公务员的概念

行政公务员，即代表行政机关行使行政职权的人员。在我国，行政机关的公务员主要为行政公务员。行政公务员是公务员的一种。按照我国公务员法的规定，公务员是指依法履行公务、纳入国家行政编制、由国家财政负担工资福利的工作人员。① 公务员的范围非常广泛，包括所有国家机关、人民团体、政党组织、人民政协等机构的工作人员。行政公务员，是指各级国家行政机关中依法行使国家行政权，除工勤人员以外的工作人员。我国行政公务员不仅包括中央人民政府及其工作部门的工作人员，还包括地方各级人民政府及其工作部门的工作人员。

行政公务员应具有以下特点：其一，行政公务员是行政机关的公务工作人员。国家权力机关、国家检察机关、国家审判机关的工作人员属于广义的公务员，对这类人员除适用公务员法调整外，还适用法官法和检察官法的调整。其二，行政公务员代表行政机关行使行政权力。行政权力是公务员执行行政任务的依据，是公务员完成行政任务的重要条件。凡不行使行政权力的人员，即使在国家行政机关工作，也不是行政公务员，如工勤人员。能否行使国家行政权力，是公务员区别于其他人员的重要标志。

二、行政公务员的职务、职级与级别

我国实行公务员职位分类制度。公务员职位类别按照公务员职位的性质、特点和管理需要，划分为综合管理类、专业技术类和行政执法类等类别。对于具有职位特殊性，需要单独管理的，可以依法增设其他职位类别。② 其中，"专业技术类公务员，是指专门从事专业技术工作，为机关履行职责提供技术支持和保障的公务员，其职责具有强技术性、低替代性。"③ "行政执法类公务员，是指依照法律、法规对行政相对人直接履行行政许可、行政处罚、行政强制、行政征收、行政收费、行政检查等执法职责的公务员，其职责具有执行性、强制性。"④

---

① 参见《公务员法》第 2 条。
② 参见《公务员法》第 16 条。
③ 《专业技术类公务员管理规定（试行）》第 2 条。
④ 同上。

我国实行公务员职务与职级并行制度，国家根据公务员职位类别和职责设置公务员领导职务、职级序列。公务员领导职务根据宪法、有关法律和机构规格设置。领导职务层次分为：国家级正职、国家级副职、省部级正职、省部级副职、厅局级正职、厅局级副职、县处级正职、县处级副职、乡科级正职、乡科级副职。公务员职级在厅局级以下设置。综合管理类公务员职级序列分为：一级巡视员、二级巡视员、一级调研员、二级调研员、三级调研员、四级调研员、一级主任科员、二级主任科员、三级主任科员、四级主任科员、一级科员、二级科员。①

专业技术类公务员按照专业技术类公务员职务序列进行管理。专业技术类公务员职务，分为十一个层次。通用职务名称由高至低依次为：一级总监、二级总监、一级高级主管、二级高级主管、三级高级主管、四级高级主管、一级主管、二级主管、三级主管、四级主管、专业技术员。② 行政执法类公务员按照行政执法类公务员职务序列进行管理。行政执法类公务员职务分为十一个层次。通用职务名称由高至低依次为：督办、一级高级主办、二级高级主办、三级高级主办、四级高级主办、一级主办、二级主办、三级主办、四级主办、一级行政执法员、二级行政执法员。③

公务员的领导职务、职级应当对应相应的级别。④ 根据工作需要和领导职务与职级的对应关系，公务员担任的领导职务和职级可以互相转任、兼任；符合规定资格条件的，可以晋升领导职务或者职级。公务员的级别根据所任领导职务、职级及其德才表现、工作实绩和资历确定。公务员在同一领导职务、职级上，可以按照国家规定晋升级别。公务员的领导职务、职级与级别是确定公务员工资以及其他待遇的依据。⑤

三、行政公务员的主体属性

行政公务员具有三重身份。首先，任何一个公务员都是中华人民共和国公民，享有宪法和法律赋予公民的各种权利，同时履行宪法和法律要求履行的各项义务，可以以自己的名义从事个人行为。在这种情况下，其行为只代表个人，其意思不具有强制性，而且行为效果归属于他自己。在这种情况下，行政公务员其实是一名普通公民，与其他公民没有区别，在行政法律关系中，是行政管理的对象。

其次，在外部行政法律关系中，行政公务员是行政机关的代表人。这时，他们以所

---

① 参见《公务员法》第 17—19 条。
② 参见《专业技术类公务员管理规定（试行）》第 8 条。
③ 参见《行政执法类公务员管理规定（试行）》第 9 条。
④ 具体对应关系可参见《专业技术类公务员管理规定（试行）》第 9 条、《行政执法类公务员管理规定（试行）》第 10 条。
⑤ 参见《公务员法》第 21 条。

供职的行政主体的名义从事行政公务活动,其行为代表着他们所供职的行政机关,行使的是该行政主体的行政职权。其行为所引起的后果,由所属行政机关承受。换言之,其行为就是他们所代表的行政主体的行为。如交通警察在公路上指挥交通,安监人员在厂矿企业检查设备,都是以所供职行政机关的名义和身份进行的,公民和企业接受他们的指挥和检查,等于接受交通管理机关和安全监管机关的检查,法律后果归属于其供职的交通管理机关和安全监管机关。

最后,在内部行政管理关系中,行政公务员又是行政主体的内部管理对象,行政主体与行政公务员之间的内部行政管理关系不同于外部行政管理关系。外部行政关系中,行政主体与普通公民、企业没有直接的财务、人事等隶属关系,相对于行政主体而言,普通公民和企业是"外人"。两者的法律属性也完全不同。行政主体代表国家行使行政职权,属于公法主体;普通公民、企业代表个人行使民事权利,属于私法主体。内部行政管理关系则不然,行政主体与行政公务员有直接的财务和人事隶属关系,行政公务员是行政主体的"一家人"。不过,在内部行政管理过程中,行政公务员也属于行政管理的对象。

公务员的法律地位,首先可以从时间上加以确定。如果是上班时间,通常是公务员,如果是下班时间,通常是个人身份。其次可以从职责上确定。判断的标准是所进行的行为是否属于其法定职责范围。最后可以从是否为执行命令加以确定。如果是执行上级的命令,其身份就是公务员,所进行的行为为公务行为。

确定行政公务员的法律地位在行政法上具有重要意义。如果公务员不是在执行公务,其身份就是普通公民,其行为属于民事行为,受民法调整,与其他公民发生纠纷时只能通过民事调解、诉讼途径解决;作为普通公民,他们是行政相对人,受行政机关监管,因监管发生纠纷的,可以公民身份对监管行政机关提请行政复议或者行政诉讼。如果公务员是在执行公务,便是行政代表人,其执法行为归属于供职的行政机关,受行政法调整,在执法过程中与其他公民发生纠纷的,由其他公民对其所在行政机关提起行政复议或者行政诉讼。如果公务员因公务行为与所供职行政机关发生纠纷,只能申诉,不能申请行政复议,也不能提起诉讼。①

四、行政公务员的权利和义务

(一)行政公务员的权利

行政公务员的权利,可以从两方面来认识:一是行政公务员作为公民所依法享有的

---

① 参见《公务员法》第 90—94 条。

权利;二是基于担任行政职务或因取得公务员身份资格在法律上所应享有的权利。前者是民法的调整范围,后者才是行政法的调整范围。由于公务员具有代表人和管理对象的双重身份,其权利可分职务权利和个人权利两个方面。

所谓职务权利,本质上是权力,是指公务员因担任国家公职而依法享有的代表国家,并以国家名义履行公务的权利,它表现为公务员有权为或不为一定职务行为,有权依法要求行政相对人为或不为一定行为的资格或者权能。这种职权是履行职责所应有的权力,附着于职务,是一种法定的权利。

所谓个人权利,是指公务员因担任国家公职而依法享有的有别于社会其他一般公民的作为个人所享有的权利。具体包括:非因法定事由和非经法定程序不被免职、降职、辞退或者行政处分;获得履行职责所应有的权力;获得劳动报酬和享受保险、福利待遇;参加政治理论和业务知识的培训;对国家行政机关及其领导人员的工作提出批评和建议;提出申诉和控告;辞职;等等。

(二) 行政公务员的义务

行政公务员的义务,是指公务员因担任国家公职、开展公务活动而对国家、人民和行政相对人依法所应承担的某种责任,它具体表现为公务员依法应为或不为一定行为。公务员的义务列举如下:遵守宪法、法律、法规;依照国家法律、法规和政策执行公务;密切联系群众,倾听群众意见,接受群众监督,努力为人民服务;维护国家的安全、荣誉和利益;忠于职守,勤奋工作,尽职尽责,服从命令;保守国家秘密和工作秘密;公正廉洁,克己奉公等。

第三节　行政相对人与行政第三人

在行政法律关系中,与行政主体相对的是行政相对人和行政第三人。

一、行政相对人

行政相对人是指在行政法律关系中与行政主体相对应一方的公民、法人和其他组织。在认定上须注意以下三点:第一,行政相对人是行政法律关系中不享有行政职权、职责和行政职务身份的一方当事人;第二,行政相对人是与行政主体之间具有特定行政法律关系的法律主体,是行政主体作出的行政行为所针对的一方当事人;第三,行政相对人是行政关系中被管理或者被服务一方的当事人,包括公民、法人和其他组织。

在行政法律关系中,行政相对人享有参与权、知情权、表达权、受益权、监督权等权利。此外,其还享有控告、检举、揭发、申请复议、提起诉讼和请求赔偿的权利。与此相对应,行政相对人负有遵守行政法规范、服从行政管理以及协助行政管理等义务。

二、行政第三人

行政第三人是指在特定的行政法律关系中,与行政行为在法律上有利害关系的人。在多数情况下,第三人是公民、法人或其他组织,在行政法律关系中与相对人的地位相当,其权利义务和法律的适用也与相对人相同。但是,当行政主体作出的行政行为与其他行政主体作出的行政行为相关联时(例如,以其他行政主体作出的行政行为为前提或者为条件),行政机关也可以成为第三人。行政机关作为第三人,在法律地位上不能等同于相对人,而应具有相当于行政主体的法律地位。

行政相对人与行政第三人是以行政行为的对象为标准所作的划分。行政相对人是行政行为所指向的一方,行政第三人是行政行为所影响的一方。前者如行政处罚的被处罚人,后者如行政处罚案件中的受害人。《行政诉讼法》第2条第1款规定:"公民、法人或者其他组织认为行政机关和行政机关工作人员的行政行为侵犯其合法权益,有权依照本法向人民法院提起诉讼。"据此可知,行政相对人与行政第三人在行政诉讼中都可以合法权益被具体行政行为侵害为由作为原告或者第三人而参加诉讼。在行政诉讼中,他们的法律地位没有差别。

行政第三人也不同于行政诉讼第三人。行政第三人是对行政程序中与行政行为有直接利害关系者的法律称谓,行政诉讼第三人是对行政诉讼程序中与法院裁判有直接利害关系者的法律称谓。一般说来,行政第三人提起行政诉讼的,行政第三人为原告,行政相对人为行政诉讼的第三人;行政相对人提起行政诉讼的,行政相对人为原告,行政第三人为行政诉讼中的第三人。进一步讲,行政第三人与行政复议第三人的关系,类似于行政第三人与行政诉讼第三人的关系。

公民、法人、其他组织或行政机关是不是特定行政法律关系中的第三人,取决于其与行政行为是否具有法律上的利害关系。就我国目前的立法和案例来看,对可构成行政第三人的利害关系的解释学说是"合法权益说",即公民、法人或者其他组织的合法权益受到行政行为侵犯的,为具有利害关系。这里的"合法权益",首先是特别法所规定的权利,如民法上所具有的权利,其次是宪法所规定的公民基本权利。2018年《最高人民法院关于适用〈中华人民共和国行政诉讼法〉的解释》(以下简称《行政诉讼法解释》)第12条对于"与行政行为有利害关系"的解释对于界定行政行为第三人具有一定的参考意义。当然《行政诉讼法解释》第12条关于"与行政行为有利害关系"的解释是为界定行政诉讼原告和行政诉讼第三人而进行的。① 至于行政机关是否可以作行政第三人，则取决于关联行政主体的法律地位及其所作出的行政行为的关联性。如果一个行政行为的合法性取决于另一个行政行为的成立或者合法性，则两个行政行为之间便具有关联性。

从我国行政诉讼实践来看，行政第三人的认定总体上是一个比较复杂的事，应当根据具体案件的实际情况来确定。"洪雪英等四人诉浙江省慈溪市人民政府土地行政登记案"② 可谓这方面的例证。本案认为，登记机构为债务人办理土地使用权变更登记的，债权人应当视为行政第三人，有权提起行政诉讼。

洪雪英等四人诉浙江省慈溪市人民政府土地行政登记案

【案情概要】

上诉人（原审第三人）：尹松鹤。

被上诉人（原审原告）：洪雪英、方婉芬、邓菊儿、吴引丽。

原审被告：慈溪市人民政府。

浙江省慈溪市人民法院一审认定，案件所涉房屋原为慈溪市二轻工艺塑料厂所有。1998年6月，该厂将上述房屋转让给案外人沈尧荣。沈尧荣于1998年10月取得了涉案房屋所有权证，但未办理该房屋占用范围内的土地使用权变更登记手续。1999年5月，慈溪市二轻工艺塑料厂被注销企业登记，其主管部门是慈溪市二轻工业总公司。

2004年3月，因沈尧荣、徐金花夫妇向四原告借款未还、应付货款未清偿，四原告提起民事诉讼。在民事案件审理过程中，经原告吴引丽申请，法院于2004年3月9日查封了沈尧荣夫妇所有的上述房屋，而未查封该房屋占用范围内的土地使用权。此后，法院民事判决确认了四原告的债权，判决沈尧荣夫妇履行还款义务。上述判决生效后，四原告于2004年5月申请强制执行。在强制执行过程中，未查封的房屋占用范围内的土地使用权和已经查封的房屋所有权权属发生了一系列变更。

2004年5月10日，上述土地使用权变更登记至慈溪市二轻工业总公司名下，并由集体土地转为国有划拨土地。后该土地使用权变更登记至沈尧荣名下，土地权属类型转为国有出让土地，沈尧荣取得了被告于2004年6月1日颁发的慈国用〔2004〕第

---

① 《行政诉讼法解释》第12条规定："有下列情形之一的，属于行政诉讼法第二十五条第一款规定的'与行政行为有利害关系'：（一）被诉的行政行为涉及其相邻权或者公平竞争权的；（二）在行政复议等行政程序中被追加为第三人的；（三）要求行政机关依法追究加害人法律责任的；（四）撤销或者变更行政行为涉及其合法权益的；（五）为维护自身合法权益向行政机关投诉，具有处理投诉职责的行政机关作出或者未作出处理的；（六）其他与行政行为有利害关系的情形。"

② 参见浙江省宁波市中级人民法院〔2005〕终字第134号行政判决书。另参见最高人民法院行政审判庭编：《中国行政审判指导案例》（第1卷），中国法制出版社2010年版，第10—15页。

020151号国有土地使用证。2004年6月4日，第三人尹松鹤与沈尧荣共同向慈溪市国土资源局提出申请，要求将登记在沈尧荣名下的上述房屋的国有土地使用权，变更登记至尹松鹤名下，提交了双方于2004年6月1日签订的房地产买卖协议书、沈尧荣为权利人的房屋所有权证和慈国用〔2004〕第020151号国有土地使用证等资料，并于2004年6月7日签订了国有出让土地使用权转让合同。被告慈溪市人民政府于2004年6月10日核准土地变更登记，并颁发了慈国用〔2004〕第020154号国有土地使用证，确认第三人尹松鹤为土地使用者。

正是由于上述土地使用权的变更，在执行过程中，第三人尹松鹤于2004年6月21日提出异议，以其于2003年8月28日与徐金花、沈尧荣订立了上述房屋的立绝卖契，并已交付相应的价款，且于2004年6月10日取得了土地使用证等为理由，主张房屋买卖合法有效，请求解除对上述房屋的查封。一、二审法院驳回了尹松鹤提出的异议。四原告认为，被告颁发慈国用〔2004〕字第020154号国有土地使用证的行为违反了《城市房地产管理法》和《土地登记规则》的相关规定，损害了四原告的合法权益，遂提起行政诉讼。

【争议焦点】

四原告诉称：徐金花、沈尧荣二人在婚姻存续期间向四原告借款未予归还。为此，四原告分别提起民事诉讼。2004年3月9日，法院根据原告吴引丽提出的财产保全申请，查封了徐金花、沈尧荣所有的坐落于慈溪市观海卫镇南大街147号（现改为219号）的房屋。2004年5月，四原告依据生效的民事判决申请强制执行。在执行过程中，尹松鹤提出异议，请求法院解除对上述房屋的查封。该异议被法院裁定驳回。另登记在尹松鹤名下的慈国用〔2004〕第020154号国有土地使用证，是在法院查封房屋后由原登记在他人名下的集体土地建设用地使用证更正、过户而来。四原告获知后，多次向被告相关职能部门反映未果。现原告诉请法院撤销被告颁发的慈国用〔2004〕第020154号国有土地使用证。

被告辩称：根据慈溪市国土资源局对外公布的《国有出让土地使用权转让办事须知》，出让土地使用权转让须提供以下资料：（1）转让土地使用权证；（2）转让双方身份证明；（3）土地使用权转让协议；（4）转让房屋所有权证等。且为了提高办事效率，方便群众办事，在房地产转让时，同时办理土地使用权转让，而不是机械地按照《城市房地产管理法》有关规定操作。2004年6月4日，尹松鹤向慈溪市国土资源局提出了变更土地登记申请，并提交了房屋买卖协议书、身份证明、国有出让土地使用权转让合同、房屋所有权证、慈国用〔2004〕第020151号国有土地使用证等土地登记资料，其申请办理土地变更登记提交的登记资料齐全，符合《国有出让土地使用权转让办事须知》的规定和当时慈溪市国有出让土地使用权转让的土地登记程序。被告经地籍调查、权属审核，于 2004 年 6 月 10 日向尹松鹤颁发了慈国用〔2004〕第 020154 号国有土地使用证，事实清楚，程序合法。在讼争土地上的房屋已查封的情况下将土地使用权变更登记在尹松鹤名下的主要原因是法院在采取财产保全措施时，只对房屋进行查封，未及时对该房屋坐落的土地使用权的权属进行审查并采取有效的财产保全措施。综上，请求法院维持被诉土地登记颁证行为。

第三人尹松鹤述称：第一，本案原告不具有行政诉讼的主体资格。根据行政诉讼法以及最高人民法院的相关司法解释，只有行政相对人认为具体行政行为侵犯其合法权益的，才具有原告的诉讼主体资格。原告在民事案件中，向法院申请查封的是徐金花、沈尧荣所有的房屋，然而本案登记过户的是土地使用权，并没有妨碍原告的权利。因此，本案被告向第三人颁发土地使用证，并未损害原告的合法权益，依法应认定本案原告不具有诉讼主体资格。第二，根据《土地管理法》及建设部的有关规定，本案的土地使用权不存在任何禁止转让的情形，第三人依法办理土地使用权的变更登记，没有违反法律规定，被告的颁证行为合法。

【裁判结果】

撤销被告慈溪市人民政府于 2004 年 6 月 10 日颁发的慈国用〔2004〕第 020154 号国有土地使用证。

【裁判理由】

浙江省慈溪市人民法院经审理认为，与具体行政行为有法律上利害关系的公民、法人或者其他组织对该行为不服的，可以依法提起行政诉讼。本案中，起诉人对沈尧荣夫妇享有的债权受法律保护。被告的土地使用权变更登记行为将土地使用权与房屋所有权分离，既减少了沈尧荣夫妇可供执行的财产价值，又使房屋所有权存有瑕疵，导致法院难以处分该房屋，已对四原告的债权利益产生了实际影响。故应认为本案起诉人具有行政诉讼原告资格。根据《城市房地产管理法》第 60 条第 3 款以及《土地登记规则》第 37 条的规定，房地产转让或者变更时，应当先申请房产变更登记，并凭变更后的房屋所有权证书申请更换或者更改土地使用权证书。本案中，第三人因房屋转让提出土地使用权变更申请时，依法应当先申请房产变更登记，并提交变更后的房屋所有权证书。但沈尧荣夫妇所有的房屋已被法院依法查封，该房产权利已受到限制，第三人尹松鹤依法不能先取得其为权利人的该房屋所有权证书。在此情况下，被告依据《土地登记规则》第 6 条、第 10 条规定，核准土地变更登记并颁发慈国用〔2004〕第 020154 号国有土地使用证，适用法律错误，违反法定程序。

宣判后，第三人尹松鹤以起诉人不具备原告主体资格为由，向浙江省宁波市中级人民法院提起上诉。二审法院经审理认为，原审被告颁发土地使用证时，法院已根据被上诉人的申请对沈尧荣的房屋进行了查封。根据房地一致的原则，被上诉人对原审被告的颁证行为具有法律上的利害关系，其起诉有原告主体资格。故判决驳回上诉，维持原判。

《中国行政审判指导案例》编者就本案撰写的裁判要旨指出：人民法院应债权人要求查封房屋后，债权人的债权即不同于普通债权，而受到法律的特别保护。国土部门在此情况下作出土地使用权变更登记导致了房地的分离，妨碍了债权的实现。债权人对此登记行为不服提起行政诉讼的，具有原告资格。由于原告资格与行政相对人、行政第三人具有紧密的对应关系，[①] 本案等于认可了特定条件下债权人的行政第三人地位，这对于理解和确认行政第三人资格具有重要参考意义。

思考题

1. 什么是行政主体？行政主体与行政机关有什么区别？
2. 行政主体有哪些种类？
3. 行政机关的内设机构和派出机构可以成为行政主体吗？如果可以，什么情况下可以成为行政主体？
4. 什么是行政委托？行政委托与民事委托有什么区别？
5. 行政受托主体是行政主体吗？
6. 什么是行政协助？
7. 行政协助与行政委托有什么区别？
8. 行政协助主体是否为所协助行政行为的责任主体？
9. 法律、法规、规章授权组织与受行政机关委托组织有何区别？
10. 什么是内部行政关系？什么是外部行政关系？二者的区别及划分意义何在？
11. 行政公务员与行政主体是什么关系？
12. 什么是行政相对人和行政第三人？
13. 行政公务员与行政相对人、行政第三人的本质区别是什么？
14. 行政相对人与行政第三人的法律地位有何区别？
15. 公务员与行政相对人的权利义务有哪些？

[①] 行政程序中的行政相对人、行政第三人均可成为行政诉讼的原告。原则上，只有在行政程序中具有行政相对人或者行政第三人资格的主体才具有行政诉讼原告的资格。

拓展研读案例

1. 褚玥诉天津师范大学不履行授予学位证法定职责案①

本案裁判要旨：第一，按照行政诉讼法和司法解释的有关规定，相对人不服高等学校根据法律、法规授权行使行政职权的行为，提起行政诉讼的，以高等学校为被告。第二，高等学校对于受教育者授予学位、颁发学位证书的行为系代表国家行使行政职权，属于行政诉讼受案范围。

说明：本案有助于进一步理解法律法规授权的组织具有行政主体资格这一问题。

2. 王锦奇诉河北产权交易中心国有资产管理行政信息公开案②

本案争议焦点：规章授权的具有国家行政职权的事业单位法人，是否属于政府信息公开的主体。

本案裁判要旨：依据法律、法规、规章授权行使社会管理公共事务职能的组织，具有行政诉讼被告的主体资格。2007年4月，国务院公布《政府信息公开条例》。根据该条例，县级以上地方人民政府办公厅（室）或者县级以上地方人民政府确定的其他政府信息公开工作主管部门负责推进、指导、协调、监督本行政区域的政府信息公开工作。《最高人民法院关于执行〈中华人民共和国行政诉讼法〉若干问题的解释》第21条规定，行政机关在没有法律、法规或者规章规定的情况下，授权其内设机构、派出机构或者其他组织行使行政职权的，应当视为委托。据此，规章授权的具有国家行政职权的事业单位法人，虽然不属于行政机关，但仍然具有公开其在履行相关职责过程中制造或者获取的信息的职责，属于政府信息公开的主体。

说明：本案有助于理解行政主体资格。

3. 张宇不服北京市西城区房屋土地经营管理中心政府信息公开行为案③

本案裁判要旨：依据《政府信息公开条例》第37条规定，具有公共管理与服务职能的公共企事业单位，可以成为政府信息公开行政诉讼的被告。

说明：本案有助于进一步理解行政主体资格。

---

① 参见天津市高级人民法院〔2004〕津高行终字第0044号行政判决书。另参见最高人民法院行政审判庭编：《中国行政审判指导案例》（第1卷），中国法制出版社2010年版，第22—26页。

② 参见河北省石家庄市中级人民法院〔2008〕石行终字第135号行政判决书。另参见最高人民法院行政审判庭编：《中国行政审判案例》（第3卷），中国法制出版社2013年版，第27—32页。

③ 参见北京市西城区人民法院〔2010〕西行初字第329号行政判决书。另参见最高人民法院行政审判庭编：《中国行政审判案例》（第4卷），中国法制出版社2012年版，第24—29页。

4. 曹明华诉临沂市财政局、临沂市科技局资产认定行政批复案①

本案裁判要旨：虽然《企业国有资产监督管理暂行条例》第7条第2款作出了"国有资产监督管理机构不行使政府的社会公共管理职能"之规定，但该条例第30条第1款又规定，"国有资产监督管理机构……负责企业国有资产的产权界定……综合评价等基础管理工作"。据此，国有资产监督管理委员会具有行政管理职权，可以成为行政诉讼被告。

说明：本案同样是理解行政主体资格的典型案例。

5. 三亚双泽实业有限公司诉五指山市住房保障与房产管理局案②

本案裁判要旨：作为债权担保的抵押权，可使权利主体对该抵押享有优先受偿权。因此，在行政机关为该抵押物办理所有权证及他项权证行为违法，导致权利主体的债权以及抵押权无法实现时，该主体是行政法上的适格原告，可以以与行政行为有法律上的利害关系为由，提起行政诉讼。

说明：本案有助于理解行政法上利害关系人资格的确认。

6. 韦波诉海南省三亚市人民政府、三亚市住房和城乡建设局房屋行政确认案③

本案争议焦点：房屋所有权人不能提供证据证明房屋地下室由其所有，在该地下室被登记在他人名下后，是否有权提起行政诉讼。

本案裁判要旨：被依法确认无权占有使用房屋的公民、法人或者其他组织与房屋登记行为没有法律上利害关系，不具有提起行政诉讼的原告资格。

说明：本案对于理解行政第三人资格具有借鉴意义。

7. 吕青青诉山东省烟台市公安局交通警察支队车辆行政登记案④

本案争议焦点：交通事故受害方对为肇事车辆办理机动车转移登记的公安机关交通管理部门提起行政诉讼，法院应如何处理。

本案裁判要旨：在由交通肇事引发的债权债务关系中，债务人将肇事车辆转让他人，行政机关为其办理了转移登记，债权人与该转移登记行为不具有法律上利害关系，

---

① 参见山东省高级人民法院〔2010〕鲁行终字第21号行政判决书。另参见最高人民法院行政审判庭编：《中国行政审判案例》（第4卷），中国法制出版社2012年版，第30—35页。
② 参见海南省第一中级人民法院〔2010〕海南一中行终字第38号行政判决书。另参见最高人民法院行政审判庭编：《中国行政审判案例》（第4卷），中国法制出版社2012年版，第36—41页。
③ 参见海南省高级人民法院〔2010〕琼立一终字第55号行政判决书。另参见最高人民法院行政审判庭编：《中国行政审判案例》（第2卷），中国法制出版社2011年版，第44—49页。
④ 参见山东省烟台市中级人民法院〔2010〕烟行终字非常193号行政判决书。另参见最高人民法院行政审判庭编：《中国行政审判案例》（第2卷），中国法制出版社2011年版，第50—56页。

不具有起诉该登记行为的原告资格。

说明：本案对于理解行政第三人资格具有重要借鉴意义。

8. 甘露不服暨南大学开除学籍决定案[①]

【案情概要】

甘露原系暨南大学华文学院语言学及应用语言学专业2004级硕士研究生。2005年间，甘露在参加现代汉语语法专题科目的撰写课程论文考试时，提交了《关于"来着"的历时发展》的考试论文，任课老师发现其提供的考试论文是从互联网上抄袭，遂对其进行批评、教育后，要求重写论文。甘露第二次向任课老师提供的考试论文《浅议东北方言动词"造"》，又被任课老师发现与发表于《江汉大学学报》2002年第2期的《东北方言动词"造"的语法及语义特征》一文雷同。2006年3月8日，暨南大学作出暨学〔2006〕7号《关于给予硕士研究生甘露开除学籍处理的决定》，给予甘露开除学籍的处分。甘露不服，向广东省教育厅提出申诉，广东省教育厅于2006年5月16日作出粤教法〔2006〕7号《学生申诉决定书》，认为暨南大学对甘露作出处分的程序违反《暨南大学学生违纪处分实施细则》第33条的规定，影响甘露的陈述权、申诉权及听证权的行使，不符合《普通高等学校学生管理规定》第55条、第56条的规定，责令暨南大学对甘露的违纪行为重新作出处理。暨南大学收到广东省教育厅的决定书后，于2006年6月1日将调查谈话通知单送达给甘露母亲赵小曼，并于当天就甘露违纪事件进行调查。6月2日，暨南大学华文学院向暨南大学学生违纪处理委员会办公室建议给予甘露开除学籍的处分。6月6日，暨南大学研究生部向学校领导提交有关给予硕士研究生甘露开除学籍处理的报告，建议对甘露作出开除学籍的处理。6月7日，暨南大学将违纪处理告知书送达给甘露母亲赵小曼，并制作了告知笔录。6月13日，赵小曼将陈述、申辩材料交暨南大学。暨南大学也对甘露陈述申辩作了记录。6月15日，暨南大学学生违纪处理委员会召开会议，决定给予甘露开除学籍的处分，并将给予甘露开除学籍处分的意见提交校长办公会议进行讨论。6月19日，暨南大学召开2006年第16次校长办公会议，会议决定同意给予甘露开除学籍的处分，并制作了暨学〔2006〕33号《关于给予硕士研究生甘露开除学籍处分的决定》（以下简称"开除学籍决定"），对甘露作出开除学籍处分。6月21日，暨南大学将处分决定送达给赵小曼。6月23日，暨南大学又通过特快专递EMS将开除学籍决定寄送给甘露。2007年6月11日，甘露以暨南大学作出的开除学籍决定没有法律依据及处罚太重为由，向广州市天河区人民法院提起行政诉讼，请求

[①] 参见最高人民法院〔2011〕行提字第12号行政判决书。《最高人民法院公报》编者就本案撰写的裁判摘要指出：学生对高等院校作出的开除学籍等严重影响其受教育权利的决定可以依法提起诉讼。人民法院审理此类案件时，应当以相关法律、法规为依据，参照相关规章，并可参考涉案高等院校正式公布的不违反上位法规定精神的校纪校规。

撤销暨南大学作出的开除学籍决定并承担案件诉讼费。广州市天河区人民法院以〔2007〕天法行初字第62号行政判决维持了开除学籍决定。甘露不服提起上诉。

【裁判结果】

本案经一审、二审和再审审理结案。再审法院最高人民法院判决：第一，撤销广东省广州市中级人民法院〔2007〕穗中法行终字第709号行政判决和广州市天河区人民法院〔2007〕天法行初字第62号行政判决；第二，确认暨南大学暨学〔2006〕33号《关于给予硕士研究生甘露开除学籍处分的决定》违法。一、二审案件受理费共计人民币100元，由被申请人暨南大学负担。

【裁判理由】

再审法院最高人民法院认为：高等学校学生应当遵守《高等学校学生行为准则》和《普通高等学校学生管理规定》，并遵守高等学校依法制定的校纪校规。学生在考试或者撰写论文过程中存在抄袭行为的应当受到处理，高等学校也有权依法给予相应的处分。但高等学校对学生的处分应遵守《普通高等学校学生管理规定》第55条规定，做到程序正当、证据充足、依据明确、定性准确、处分恰当。特别是在对违纪学生作出开除学籍等直接影响受教育权的处分时，应当坚持处分与教育相结合原则，做到育人为本、罚当其责，并使违纪学生得到公平对待。违纪学生针对高等学校作出的开除学籍等严重影响其受教育权利的处分决定提起诉讼的，人民法院应当予以受理。人民法院在审理此类案件时，应依据法律法规、参照规章，并可参考高等学校不违反上位法且已经正式公布的校纪校规。

《暨南大学学生管理暂行规定》第53条第5项规定，剽窃、抄袭他人研究成果，情节严重的，可给予开除学籍处分。《暨南大学学生违纪处分实施细则》第25条规定，剽窃、抄袭他人研究成果，视情节轻重，给予留校察看或开除学籍处分。暨南大学的上述规定系依据《普通高等学校学生管理规定》第54条第5项的规定制定，因此不能违背《普通高等学校学生管理规定》相应条文的立法本意。《普通高等学校学生管理规定》第54条列举了七种可以给予学生开除学籍处分的情形，其中第4项和第5项分别列举了因考试违纪可以开除学籍和因剽窃、抄袭他人研究成果可以开除学生学籍的情形，并对相应的违纪情节作了明确规定。其中第5项所称的"剽窃、抄袭他人研究成果"，系指高等学校学生在毕业论文、学位论文或者公开发表的学术文章、著作，以及所承担科研课题的研究成果中，存在剽窃、抄袭他人研究成果的情形。所谓"情节严重"，系指剽窃、抄袭行为具有非法使用他人研究成果数量多、在全部成果中所占的地位重要、比例大，手段恶劣，或者社会影响大、对学校声誉造成不良影响等情形。甘露作为在校研究生提交课程论文，属于课程考核的一种形式，即使其中存在抄袭行为，也不属于该项规定的情形。因此，暨南大学开除学籍决定援引《暨南大学学生管理暂行规定》第53条第5项和《暨南大学学生违纪处分实施细则》第25条规定，属于适用法律错误，应予撤销。

一、二审法院判决维持显属不当，应予纠正。鉴于开除学籍决定已生效并已实际执行，甘露已离校多年且目前已无意返校继续学习，撤销开除学籍决定已无实际意义，但该开除学籍决定的违法性仍应予以确认。甘露在本院再审期间提出的其在原审期间未提出的赔偿请求，本院依法不予审查。

拓展研读文献

1. 毕洪海：《行政法律关系性质的反思——基于公私法关系区分的考察》，载《北京社会科学》2017年第6期；
2. 华燕：《隶属到平权：现代行政法律关系的转型》，载《江西社会科学》2012年第11期；
3. 郑春燕：《现代行政过程中的行政法律关系》，载《法学研究》2008年第1期；
4. 袁曙宏、丁丽红：《略论行政法律关系的变更》，载《法商研究》1998年第4期；
5. 罗豪才、方世荣：《论发展变化中的中国行政法律关系》，载《法学评论》1998年第4期；
6. 韩春晖：《我国行政主体的内在结构及其协调——以权、名、责三者关系为中心》，载《行政法学研究》2008年第2期；
7. 葛云松：《法人与行政主体理论的再探讨——以公法人概念为重点》，载《中国法学》2007年第3期；
8. 薛刚凌：《多元化背景下行政主体之建构》，载《浙江学刊》2007年第2期；
9. 薛刚凌：《行政主体之再思考》，载《中国法学》2001年第2期；
10. 沈岿：《重构行政主体范式的尝试》，载《法律科学》2000年第6期；
11. 张树义：《论行政主体》，载《政法论坛》2000年第4期；
12. 张树义：《行政主体研究》，载《中国法学》2000年第2期；
13. 关保英：《行政相对人基本程序权研究》，载《现代法学》2018年第1期；
14. 王锡锌：《行政过程中相对人程序性权利研究》，载《中国法学》2001年第4期；
15. 罗豪才、崔卓兰：《论行政权、行政相对方权利及相互关系》，载《中国法学》1998年第3期；
16. 方世荣：《论国家公务员职务行为与个人行为界限的几个问题》，载《法商研究》1995年第4期；
17. 宋世明：《解析〈公务员法〉中分类制度之设计原理》，载《法商研究》2005年第4期；
18. 王锡锌主编：《行政过程中公众参与的制度实践》，中国法制出版社2008年版。

第五章 行政行为

本章讲解行政法学的核心概念——行政行为。内容包括行政行为的概念与功能、行政行为的基本分类和行政行为的效力三个方面。这三个方面，尤其是行政行为的类型与效力是整个行政法学的基本分析工具，是构建整个行政法律制度的理论基础，应当着力学习与掌握。

第一节　行政行为的概念与功能

一、行政行为的概念

行政行为是行政法上的核心概念，系指行政主体在行使行政职权、处理行政事务过程中表达的能够对他人实体权利义务产生直接或者间接影响的意思或意志。行政行为属于法律行为的一种，与立法行为、监察行为、司法行为、民事行为等并列。行政行为的概念包括四个要素，也是行政行为比之于其他法律行为所具有的特点：第一，行政行为是行政主体作出的；第二，行政行为是在行使行政职权、处理行政事务过程中作出的；第三，行政行为能够对他人实体权利义务产生直接或者间接影响；第四，行政行为的内容是一种行政意思或者意志，这种意思或者意志须通过一定的方式，如书面形式、口头形式、动作形式（如交警指挥手势）、默示形式等被明白地表示出来。

行政法学界对于行政行为有不同的理解，从而有不同的定义。产生分歧的主要原因在于，有些是从行政法的角度界定的，有些是从行政诉讼法的角度界定的。[1] 从行政法

---

[1] 1989年颁布的《行政诉讼法》第2条规定："公民、法人或者其他组织认为行政机关和行政机关工作人员的具体行政行为侵犯其合法权益，有权依照本法向人民法院提起诉讼。"这里用的是"具体行政行为"。2014年修正的《行政诉讼法》第2条规定："公民、法人或者其他组织认为行政机关和行政机关工作人员的行政行为侵犯其合法权益，有权依照本法向人民法院提起诉讼。前款所称行政行为，包括法律、法规、规章授权的组织作出的行政行为。"这里将"具体行政行为"改为"行政行为"。在行政诉讼法中，行政行为概念的内涵与外延与行政行为的受案范围相关但不完全相同。2017年修正的《行政诉讼法》第12条列举了可诉的典型行政行为之后，在第13条规定："人民法院不受理公民、法人或者其他组织对下列事项提起的诉讼：（一）国防、外交等国家行为；（二）行政法规、规章或者行政机关制定、发布的具有普遍约束力的决定、命令；（三）行政机关对行政机关工作人员的奖惩、任免等决定；（四）法律规定由行政机关最终裁决的行政行为。"这一规定表明，不可诉的行政行为也是行政行为。

的角度看，行政主体作出的行为主要分为三类：一是经过行政程序作出的行政行为或者规定，如行政处罚、行政许可和行政补贴等；二是经过行政强制执行程序作出的行政强制执行行为；三是经过行政复议程序作出的行政复议行为。其中，行政强制执行行为是在行政相对人不履行行政行为为其设定的义务的情形下，行政主体强制执行行政行为的行为；行政复议行为是行政相对人或者利害关系人（包括行政第三人和行政执行第三人）不服行政行为或者行政强制执行决定从而申请行政复议时，行政复议机关作出的行政救济行为。从行政诉讼法的角度看，这三类行为都属于行政主体作出的行为，行政相对人或者利害关系人对其不服时都可以提起诉讼，从而都可以称作行政行为。但从行政法的角度看，这三种行为所发挥的功能是完全不同的，通用一个概念不利于把握行政行为在整个行政过程中所处的地位。因此，从行政法的角度界定行政行为概念，应当将其与行政强制执行行为、行政复议行为相区分，也应当与行政诉讼法视角下的行政行为概念相区别。换言之，行政法中的行政行为应当专指经过行政程序作出的行政行为或者规定，不包括行政强制执行行为和行政复议行为。①

在上述意义上，行政行为主要包括行政处罚、行政许可、行政征收、行政征用、行政命令、行政禁令、行政补贴、行政奖励、行政救助、行政登记、行政确认、行政证明、政府信息公开、行政裁决、行政检查、行政调查、行政强制措施等。对于其中有些行为，我国已经制定了专门的法律，如《行政处罚法》《行政许可法》《行政强制法》（主要指其中关于行政强制措施的规定）和《政府信息公开条例》等。除此之外，行政规划、行政合同和行政规定（即行政规范性文件）也应当划入行政行为的范畴。但是，其他一些与行政相关的行为，如国家行为、行政调解、行政指导等则不属于行政行为。②

实践中，行政行为的表现形态复杂多样，行政机关作出的有些行为从外在形态上看，并不像行政行为，但实质上属于行政行为。因此，行政行为的认定要根据它是否符合行政行为的基本特征，不能简单地根据外在表象下结论。指导案例59号"戴世华诉济南市公安消防支队消防验收纠纷案"③涉及的是"建设工程消防验收备案结果通知"，行政机关认为该通知"是按照建设工程消防验收评定标准完成工程检查，是检查记录的体现"，"并不是一项独立、完整的具体行政行为，不具有可诉性"。但法院没有支持这

---

① 将行政法的行政行为概念与行政诉讼法的行政行为概念统一起来，有利于整个行政法学中行政行为概念的一致性，也有利于行政法学概念与行政法律概念的统一性，但这种统一面临诸多困难。行政复议法在规定复议对象和复议范围时也要运用或者涉及行政行为概念，其内涵只能是针对经过行政程序作出的行政行为，不能与行政诉讼法中的行政行为概念相统一。因此，总体上，区别对待行政法中的行政行为与行政诉讼法中的行政行为更加科学合理。

② 关于行政行为的详细分类及其界定，可参见胡建淼：《行政法学》（第四版），法律出版社2015年版，第484页。

③ 最高人民法院审判委员会讨论通过，2016年5月20日发布。

种观点。其间的争议及辩论可以为读者学习体会行政行为概念提供参考。

[指导案例 59 号] 戴世华诉济南市公安消防支队消防验收纠纷案

【案情概要】

原告戴世华诉称：原告所住单元一梯四户，其居住的 801 室坐东朝西，进户门朝外开启。距离原告门口 0.35 米处的南墙挂有高 1.6 米、宽 0.7 米、厚 0.25 米的消火栓。人员入室需后退避让，等门扇开启后再前行入室。原告的门扇开不到 60 至 70 度根本出不来。消火栓的设置和建设影响原告的生活。请求依法撤销被告济南市公安消防支队批准在其门前设置的消火栓通过验收的决定；依法判令被告责令报批单位依据国家标准限期整改。

被告济南市公安消防支队辩称：建设工程消防验收备案结果通知是按照建设工程消防验收评定标准完成工程检查，是检查记录的体现。如果备案结果合格，则表明建设工程是符合相关消防技术规范的；如果不合格，公安机关消防机构将依法采取措施，要求建设单位整改有关问题，其性质属于技术性验收，并不是一项独立、完整的具体行政行为，不具有可诉性，不属于人民法院行政诉讼的受案范围，请求驳回原告的起诉。

法院经审理查明：针对戴世华居住的馆驿街以南棚户区改造工程 1—8 号楼及地下车库工程，济南市公安消防支队对其消防设施抽查后，于 2011 年 11 月 21 日作出济公消验备〔2011〕第 0172 号《建设工程消防验收备案结果通知》。

【裁判结果】

济南高新技术产业开发区人民法院于 2012 年 11 月 13 日作出〔2012〕高行初字第 2 号行政裁定，驳回原告戴世华的起诉。戴世华不服一审裁定提起上诉。济南市中级人民法院经审理，于 2013 年 1 月 17 日作出〔2012〕济行终字第 223 号行政裁定：第一，撤销济南高新技术产业开发区人民法院作出的〔2012〕高行初字第 2 号行政裁定；第二，本案由济南高新技术产业开发区人民法院继续审理。

【裁判理由】

法院生效裁判认为：第一，关于行为的性质。《消防法》第 4 条规定："县级以上地方人民政府公安机关对本行政区域内的消防工作实施监督管理，并由本级人民政府公安机关消防机构负责实施。"公安部《建设工程消防监督管理规定》第 3 条第 2 款规定："公安机关消防机构依法实施建设工程消防设计审核、消防验收和备案、抽查，对建设工程进行消防监督。"第 24 条规定："对本规定第十三条、第十四条规定以外的建设工程，建设单位应当在取得施工许可、工程竣工验收合格之日起七日内，通过省级公安机关消防机构网站进行消防设计、竣工验收消防备案，或者到公安机关消防机构业务受理场所进行消防设计、竣工验收消防备案。"上述规定表明，建设工程消防验收备案就是特定的建设工程施工人向公安机关消防机构报告工程完成验收情况，消防机构予以登记备案，以供消防机构检查和监督，备案行为是公安机关消防机构对建设工程实施消防监督和管理的行为。消防机构实施的建设工程消防备案、抽查的行为具有行使行政职权的性质，体现出国家意志性、法律性、公益性、专属性和强制性，备案结果通知是备案行为的组成部分，是备案行为结果的具体表现形式，也具有上述行政职权的特性，应该纳入司法审查的范围。

第二，关于行为的后果。《消防法》第13条规定："按照国家工程建设消防技术标准需要进行消防设计的建设工程竣工，依照下列规定进行消防验收、备案：……（二）其他建设工程，建设单位在验收后应当报公安机关消防机构备案，公安机关消防机构应当进行抽查。依法应当进行消防验收的建设工程，未经消防验收或者消防验收不合格的，禁止投入使用；其他建设工程经依法抽查不合格的，应当停止使用。"公安部《建设工程消防监督管理规定》第25条规定："公安机关消防机构应当在已经备案的消防设计、竣工验收工程中，随机确定检查对象并向社会公告。对确定为检查对象的，公安机关消防机构应当在二十日内按照消防法规和国家工程建设消防技术标准完成图纸检查，或者按照建设工程消防验收评定标准完成工程检查，制作检查记录。检查结果应当向社会公告，检查不合格的，还应当书面通知建设单位。建设单位收到通知后，应当停止施工或者停止使用，组织整改后向公安机关消防机构申请复查。公安机关消防机构应当在收到书面申请之日起二十日内进行复查并出具书面复查意见。"上述规定表明，在竣工验收备案行为中，公安机关消防机构并非仅仅是简单地接受建设单位向其报送的相关资料，还要对备案资料进行审查，完成工程检查。消防机构实施的建设工程消防备案、抽查的行为能产生行政法上的拘束力。对建设单位而言，在工程竣工验收后应当到公安机关消防机构进行验收备案，否则，应当承担相应的行政责任，消防设施经依法抽查不合格的，应当停止使用，并组织整改；对公安机关消防机构而言，备案结果中有抽查是否合格的评定，实质上是一种行政确认行为，即公安机关消防机构对行政相对人的法律事实、法律关系予以认定、确认的行政行为，一旦消防设施被消防机构评定为合格，那就视为消防机构在事实上确认了消防工程质量合格，行政相关人也将受到该行为的拘束。

据此，法院认为作出建设工程消防验收备案通知，是对建设工程消防设施质量监督管理的最后环节，备案结果通知含有消防竣工验收是否合格的评定，具有行政确认的性质，是公安机关消防机构作出的具体行政行为。备案手续的完成能产生行政法上的拘束力。故备案行为是可诉的行政行为，人民法院可以对其进行司法审查。原审裁定认为建设工程消防验收备案结果通知性质属于技术性验收通知，不是具体行政行为，并据此驳回上诉人戴世华的起诉，确有不当。

《最高人民法院公报》编者就本案撰写的裁判要点指出：建设工程消防验收备案结

果通知含有消防竣工验收是否合格的评定,具有行政确认的性质,当事人对公安机关消防机构的消防验收备案结果通知行为提起行政诉讼的,人民法院应当依法予以受理。

二、行政行为的功能

行政行为是实现行政目的的基本手段,其功能主要包括以下几个方面:

第一,赋予权益或科以义务。行政行为的重要功能之一是赋予行政相对人一定的权益或科以一定的义务,使行政主体与行政相对人之间以及行政相对人与他人之间形成一定的行政法律关系。赋予一定的权益,具体表现为赋予行政相对人一种权利或者利益,包括行政法上的权益,也包括民法上的权益。科以一定的义务,具体表现为要求行政相对人为一定的行为或不为一定的行为,包括行为义务(如接受审计监督)、财产义务(如纳税决定)、人身义务(如拘留决定)。

第二,剥夺权益或免除义务。这种功能旨在取消某种法律地位,以解除已经存在的法律关系。剥夺权益,即使行政相对人丧失原有的法律上的权能或者权益,如撤销或者吊销行政许可。免除义务,即解除行政相对人原来所负有的义务,不再要求其履行义务,如免除纳税人的纳税义务。

第三,变更权益或者义务。这是对行政相对人原来存在的法律地位或者法律关系的改变。具体表现为,对其原来所享有的权利或者所负担的义务范围予以缩小,或者对其原来所享有的权利或者所负担的义务范围予以扩大,如扩大或者缩小营业执照的经营范围、延长或者缩短行政许可期限、增加或者减少纳税税种和税率、变更或者调整行政法律关系主体等。

第四,确认法律事实、权利义务。确认法律事实,是指行政主体对法律事实的存在以及因果关系、法律性质等依法加以认定。确认权利义务,是指行政主体对相对人已经享有的权利进行认定,从而使相对人的权利获得国家的宣示和保护。前者如交通事故认定,后者如固定资产登记。

第二节 行政行为的分类

行政行为的表现形态多种多样,可通过分类加深对它的理解。行政行为的分类方法很多,这里主要从以下几个方面来介绍:

一、内部行政行为与外部行政行为

根据行政行为所指向的对象,可将行政行为分为内部行政行为与外部行政行为。如果行政主体作出的行政行为是针对下级行政机关或者行政公务员的,则属于内部行政行为；如果行政主体作出的行政行为是针对行政相对人（普通公民、法人以及其他组织）的，则属于外部行政行为。内部行政行为的目的与功能在于对其下级行政机关或者其内部行政机构、工作人员发生作用力，外部行政行为的目的与功能在于对行政体系外部的社会主体发生作用力。

内部行政行为与外部行政行为划分的意义在于：第一，内部行政行为与外部行政行为适用的法律依据不同。内部行政行为大多属于内部组织行为，主要依据行政组织法和公务员法。外部行政行为属于外部管理与服务行为，一般行政法（普通行政法）与特别行政法（部门行政法）是这种行政行为的规范依据。第二，内部行政行为与外部行政行为遵循的程序不完全相同。现代行政法所确立的行政程序主要是针对外部行政行为的，其中一些程序如听证，也可以适用于内部程序，但并非所有外部行政行为程序都可适用于内部行政行为。目前，我国还没有专门针对内部行政行为的程序法，国务院组织法、地方政府组织法以及公务员法对于内部行政程序也鲜有规定。第三，针对内部行政行为与外部行政行为的救济途径不同。按照我国现行法的规定，行政公务员对内部行政行为不服的，只能通过行政申诉或者仲裁程序来救济，[1] 但行政相对人和利害关系人对外部行政行为不服的，可通过行政复议或者行政诉讼的途径来救济。因此，有"外部行政行为可诉，内部行政行为不可诉"的说法。[2]

内部行政行为与外部行政行为划分的标准在于是否对行政相对人或者行政第三人的实体权利产生了影响。因此，如果一个行政行为在形式上看是"内部的"，但在作用效果上影响了行政相对人或者行政第三人的实体权利，则应当界定为外部行政行为，而不是内部行政行为。指导案例22号"魏永高、陈守志诉来安县人民政府收回土地使用权批复案"[3] 是这方面的典型案例。

---

[1] 《公务员法》第95条规定："公务员对涉及本人的下列人事处理不服的，可以自知道该人事处理之日起三十日内向原处理机关申请复核；对复核结果不服的，可以自接到复核决定之日起十五日内，按照规定同级公务员主管部门或者作出该人事处理的机关的上一级机关提出申诉；也可以不经复核，自知道该人事处理之日起三十日内直接提出申诉：（一）处分；（二）辞退或者取消录用；（三）降职；（四）定期考核定为不称职；（五）免职；（六）申请辞职、提前退休未予批准；（七）不按照规定确定或者扣减工资、福利、保险待遇；（八）法律、法规规定可以申诉的其他情形。对省级以下机关作出的申诉处理决定不服的，可以向作出处理决定的上一级机关提出再申诉。受理公务员申诉的机关应当组成公务员申诉公正委员会，负责受理和审理公务员的申诉案件。公务员对监察机关作出的涉及本人的处理决定不服向监察机关申请复审、复核，按照有关规定办理。"第105条规定："聘任制公务员与所在机关之间因履行聘任合同发生争议的，可以自争议发生之日起六十日内申请仲裁。省级以上公务员主管部门根据需要设立人事争议仲裁委员会，受理仲裁申请。人事争议仲裁委员会由公务员主管部门的代表、聘用机关的代表、聘任制公务员的代表以及法律专家组成。当事人对仲裁裁决不服的，可以自接到仲裁裁决书之日起十五日内向人民法院提起诉讼。仲裁裁决生效后，一方当事人不履行的，另一方当事人可以申请人民法院执行。"

[2] 《行政诉讼法》第13条第3项规定，公民、法人或者其他组织不服行政机关对行政机关工作人员的奖惩、任免等决定提起的诉讼，人民法院不予受理。

[3] 最高人民法院审判委员会讨论通过，2013年11月8日发布。

[指导案例 22 号] 魏永高、陈守志诉来安县人民政府收回土地使用权批复案

【案情概要】

2010 年 8 月 31 日，安徽省来安县国土资源和房产管理局向来安县人民政府报送《关于收回国有土地使用权的请示》，请求收回该县永阳东路与塔山中路部分地块土地使用权。9 月 6 日，来安县人民政府作出《关于同意收回永阳东路与塔山中路部分地块国有土地使用权的批复》。来安县国土资源和房产管理局收到该批复后，没有依法制作并向原土地使用权人送达收回土地使用权决定，而直接交由来安县土地储备中心付诸实施。魏永高、陈守志的房屋位于被收回使用权的土地范围内，他们对来安县人民政府收回国有土地使用权批复不服，提起行政复议。2011 年 9 月 20 日，滁州市人民政府作出《行政复议决定书》，维持来安县人民政府的批复。魏永高、陈守志仍不服，提起行政诉讼，请求人民法院撤销来安县人民政府上述批复。

【裁判结果】

滁州市中级人民法院于 2011 年 12 月 23 日作出〔2011〕滁行初字第 6 号行政裁定：驳回魏永高、陈守志的起诉。魏永高、陈守志提出上诉，安徽省高级人民法院于 2012 年 9 月 10 日作出〔2012〕皖行终字第 14 号行政裁定：第一，撤销滁州市中级人民法院〔2011〕滁行初字第 6 号行政裁定；第二，指令滁州市中级人民法院继续审理本案。

【裁判理由】

法院生效裁判认为：根据《土地储备管理办法》和《安徽省国有土地储备办法》关于以收回方式储备国有土地的程序规定，来安县国土资源行政主管部门在来安县人民政府作出批准收回国有土地使用权方案批复后，应当向原土地使用权人送达对外发生法律效力的收回国有土地使用权通知。来安县人民政府的批复属于内部行政行为，不向相对人送达，对相对人的权利义务尚未产生实际影响，一般不属于行政诉讼的受案范围。但本案中，来安县人民政府作出批复后，来安县国土资源行政主管部门没有制作并送达对外发生效力的法律文书，即直接交来安县土地储备中心根据该批复实施拆迁补偿安置行为，对原土地使用权人的权利义务产生了实际影响；原土地使用权人也通过申请政府信息公开知道了该批复的内容，并对批复提起了行政复议，复议机关作出复议决定时也告知了诉权，该批复已实际执行并外化为对外发生法律效力的具体行政行为。因此，对该批复不服提起行政诉讼的，人民法院应当依法受理。

《最高人民法院公报》编者就本案撰写的裁判要点指出：地方人民政府对其所属行政管理部门的请示作出的批复，一般属于内部行政行为，不可对此提起诉讼。但行政管理部门直接将该批复付诸实施并对行政相对人的权利义务产生了实际影响，行政相对人

对该批复不服提起诉讼的，人民法院应当依法受理。这一方面的案例还可参见"广州市海龙王投资发展有限公司诉广东省广州市对外经济贸易委员会行政处理决定纠纷案"[①]和"建明食品公司诉泗洪县政府检疫行政命令纠纷案"[②]等。

二、有利（授益）的行政行为与不利（侵益）的行政行为

根据行政行为对行政相对人权利义务的影响，可将行政行为分为有利（授益）的行政行为与不利（侵益）的行政行为。但凡是赋予或者扩大行政相对人权利、免除或者减小行政相对人义务的，就属于有利的行政行为；但凡是剥夺或者限制行政相对人权利、施加或者增加行政相对人义务的，就属于不利的行政行为。按照这一标准划分，有些行政行为可能既不属于有利行政行为，也不属于不利行政行为，而属于中性行政行为，如工伤认定、交通事故认定、医疗事故认定等行政确认行为。这类行政行为对一方有利时，对另一方就不利；反之亦然。

这种划分的意义在于，由于两类行政行为对行政相对人权益的影响性质不同，各自遵循的法律原则便不同。这主要体现在行政法定原则、信赖利益保护原则以及正当程序原则等的适用上。尽管不能完全排除对有利行政行为的适用，但行政法定原则主要约束不利行政行为；尽管不能完全排除对不利行政行为的适用，但信赖利益保护原则主要约束有利行政行为。[③] 就正当程序原则而言，主要是针对不利行政行为；不过，当有利行政行为还给他人带来不利益时，对第三人则有正当程序原则适用的余地，如行政许可会涉及他人利益时，第三人便受正当程序原则的保护，享有正当程序原则提供的程序保护。

三、行政行为（具体行政行为）与行政规定（抽象行政行为）

根据行政行为作用对象的可确定性可将行政行为分为行政行为和行政规定。行政行为长期以来被称为"具体行政行为"，行政规定长期以来被称为"抽象行政行为"。二者的区别在于，行政行为所指向的对象即行政相对人是特定的或者可确定的，行政规定所指向的对象即行政相对人是不特定的或者不可确定的。除了作用对象的确定性外，行政

[①] 本案刊载于《最高人民法院公报》2002年第6期。本案涉及的问题是，上级行政机关对下级所作的批复、指示、指令、责令等内部行政行为，如果影响了外部相对人的合法权益，外部相对人是否可以提起行政诉讼。

[②] 本案刊载于《最高人民法院公报》2006年第1期。本案法院认为，审查行政机关内部上级对下级作出的指示是否属于人民法院行政诉讼受案范围内的可诉行政行为，应当从指示内容是否对公民、法人或者其他组织权利义务产生了实际影响着手。在行政管理过程中，上级以行政命令形式对下级作出的指示，如果产生了直接的、外部的法律效果，当事人不服提起行政诉讼的，人民法院应当受理。

[③]《中共中央关于全面推进依法治国若干重大问题的决定》（2014年10月23日中国共产党第十八届中央委员会第四次全体会议通过）规定："行政机关不得法外设定权力，没有法律法规依据不得作出减损公民、法人和其他组织合法权益或者增加其义务的决定。"

行为与行政规定在作用效果上也有区别。行政行为是直接对其指向的对象发生作用力的，行政规定只能通过依据该行政规定作出的行政行为对行政相对人发生直接效力，因此，它对其对象发生的作用力是间接的。

这种划分的意义在于：首先，两类行政行为的作出程序不同，救济渠道不同。行政规定在法律文件中通常被称为"规范性文件"，通常依据"规范性文件制定程序"来制定，① 如果属于重大决策，须依据"重大决策程序"来制定；行政行为则通常依据行政执法决定程序来作出。其次，两类行政行为的救济方法不同。在行政复议和行政诉讼中，行政相对人或者利害关系人对行政行为不服的，可以直接申请行政复议或者提起行政诉讼；对行政规定不服的，则只能在对依据该行政规定作出的行政行为提起复议或者行政诉讼时，申请附带审查。② 最后，在行政复议和行政诉讼过程中，对于两类行政行为的审查方法也存在一定差异。行政行为通常是基于具体事实的个案处理决定，其合法性与合理性审查主要依据《行政诉讼法》第70条和《行政复议法》第28条的规定来进行。行政规定通常是设定行为规范，与立法行为具有相似性，其合法性、合理性审查不能完全按照《行政诉讼法》第70条和《行政复议法》第28条的规定来进行，倒是可以参照法规范的合法性、合理性审查标准来进行。

在认定行政行为与行政规定的过程中，经常会遇到行政主体以行政规定形式或者其他形式作出的行政行为。在这种情形下，应当依据其本质特征来界定，不能停留在其表现形式上。如果该"行政规定"所针对的对象是特定的，则应当将其界定为行政行为而非行政规定。"吉德仁等诉盐城市人民政府行政行为案"③ 可以说明这一点。

◆ 吉德仁等诉盐城市人民政府行政行为案

【案情概要】

原告吉德仁等人是经交通部门批准的道路交通运输经营户，经营的客运线路与市政府明确免交交通规费的盐城市公共交通总公司（以下简称"公交总公司"）的5路、15路车在盐城市城区立交桥以东至盐城市城区南洋镇之间地段的经营路线重叠。吉德仁等

---

① 这方面的专门立法如《上海市行政规范性文件制定和备案规定》《吉林省规范性文件制定办法》《青岛市人民政府规范性文件制定程序规定》《民政部规范性文件制定与审查办法》等。

② 《行政诉讼法》第13条规定："人民法院不受理公民、法人或者其他组织对下列事项提起的诉讼：……（二）行政法规、规章或者行政机关制定、发布的具有普遍约束力的决定、命令；……"《最高人民法院关于适用〈中华人民共和国行政诉讼法〉的解释》第2条第2款规定："行政诉讼法第十三条第二项规定的'具有普遍约束力的决定、命令'，是指行政机关针对不特定对象发布的能反复适用的规范性文件。"这一解释揭示了行政规定或者说行政规范性文件的两个基本特征：第一，是针对不特定对象发布的；第二，是能够反复适用的。相应的，行政行为也应当具有两个基本特征：第一，是针对特定对象发布的；第二，仅适用于行政行为指向的特定对象和特定法律事实，不能反复适用。这两个特征应当成为界分行政行为与行政规定的两个基本标准。

③ 本案刊载于《最高人民法院公报》2003年第4期。

人认为盐城市公交总公司的 5 路、15 路客运线路未经批准,擅自延伸出盐城市市区,与他们经批准经营的客运线路重叠,属于不正当竞争,损害了他们的经营利益。为此吉德仁等人多次向盐城市城区交通局反映,要求其依法对公交总公司及 5 路、15 路参加客运的车辆处罚并追缴非法所得。2002 年 8 月 20 日,在盐城市南洋镇交管所开通农村公交、延伸城市公交,与公交总公司发生大规模冲突的背景下,盐城市政府召集有关部门负责同志进行专题会议办公,并作出第 13 号《专题会议纪要》(以下简称《会议纪要》),主要内容包括:城市公交的范围界定在批准的城市规划区内,以城市规划区为界,建设和交通部门各负其责,各司其职;城市公交在规划区内开通的老干线路,要保证正常运营,继续免交有关交通规费;在规划范围内的城市公共客运上发生的矛盾,须经政府协调,不允许贸然行事,否则将追究有关方面的责任。公交公司作为受益人,也参加了会议。

2002 年 8 月 20 日、21 日,城市交通局分别向公交总公司发出通知、函告,要求该公司进入城区公路从事运营的车辆限期办理有关营运手续。公交总公司则于 2002 年 8 月 20 日复函城区交通局,认为根据建设部的文件及市政府《会议纪要》的精神,该公司不需要到交通主管部门办理有关批准手续。2002 年 9 月 10 日,吉德仁等人向城区交通局暨城区运政稽查大队和南洋中心交管所提出申请,请求依《江苏省道路运输市场管理条例》的规定对公交总公司未经交通部门批准超出市区延伸到 331 省道进行运营的行为进行查处。2002 年 9 月 11 日,城区交通局对吉德仁等人的申请进行答复,对上述通知、函告公交总公司的情况进行了通报,并在答复中说明市政府下发的《会议纪要》已明确"城市公交在规划区内开通的若干线路,要保证正常营运,继续免交有关交通规费",因南洋镇已列入市建设规划区范围内,故该局无法对城市公交车进入 331 省道南洋段的行为进行管理。

吉德仁等人认为盐城市人民政府的《会议纪要》干预了城区交通局的查处,违反有关法律的规定,直接损害了他们的经济利益,属于违法行政行为,遂向江苏省盐城市中级人民法院提起诉讼。原告请求:第一,确认被告盐城市人民政府强行中止城区交通局查处公交总公司违法行为的行为违法;第二,确认《会议纪要》的相关内容违反了国家道路运输管理的有关规定。

被告盐城市人民政府辩称:第一,《会议纪要》不属于行政诉讼受案范围。该纪要依据有关法规、文件及城市规划规定,对城市公交的范围进行了界定,明确了建设、交通等部门对城市公交和道路运输管理的有关职责,对争议的矛盾提出了处理方案。该行为属于行政机关内部指导行为,且未超越有关法规文件的规定,也未作出具体的行政行为,不具有行政强制力。第二,原告吉德仁等人不具备本案的诉讼主体资格,无权对城区交通局能否查处公交总公司以及是否合法查处提出诉讼请求,认为市政府非法干预交通局对公交总公司的查处亦无任何事实和法律依据。

【争议焦点】

本案争议焦点有三个：一是《会议纪要》是否可诉；二是原告吉德仁等人是否具备原告的主体资格；三是《会议纪要》中有关公交车辆在规划区内免交规费的规定是否合法。

【法院裁判】

一审法院盐城市中级人民法院认为：第一，被告作出的《会议纪要》虽然形式上是发给下级政府及所属各部门的会议材料，但从该纪要的内容上看，它对本市城市公交的运营范围进行了界定，并明确在界定范围内继续免交交通规费，而且该行为已实际导致城区交通局对公交总公司的管理行为的中止，所以该《会议纪要》是一种行政行为，有具体的执行内容，是可诉行政行为。第二，吉德仁等人作为与被告行政行为的受益方公交总公司所属的5路、15路公交车在同一路段进行道路运输的经营户，认为市政府的行为侵犯了他们的公平竞争权提起诉讼，具有行政诉讼的原告主体资格。第三，《会议纪要》只是对原来就已经客观存在事实的一种明确、重申，是在其法定权限之内作出的行政行为，不违背相关的法律、法规，原告吉德仁等人要求认定该行为违法没有法律依据。虽然城区交通局客观上中止了对公交总公司超出市区运输行为的查处，但原告吉德仁等人在本案中并未能提交足够的证据证明被告违法干预了交通管理部门的查处工作，所以要求确认市政府强行中止城区交通局的查处行为违法没有事实依据。

因此，一审法院判决驳回原告诉讼请求。一审宣判后，原告向江苏省高级人民法院提出上诉。

江苏省高院认为：第一，《会议纪要》中有关公交车辆在规划区内免交规费的规定，是明确要求必须执行的，不属于行政指导行为。该项免交规费的规定，是针对公交总公司这一特定主体并就特定事项即公交总公司在规划区内开通的线路是否要缴纳交通规费所作出的决定，不是抽象行政行为。《会议纪要》虽未向相关利益人直接送达，但作为受益人的公交总公司参加了会议，纪要内容也已得到执行，城区交通局已将《会议纪要》的内容书面告知了吉德仁等人，因此应当认定其为一种可诉的具体行政行为。第二，2000年《最高人民法院关于执行〈中华人民共和国行政诉讼法〉若干问题的解释》第13条规定："有下列情形之一的，公民、法人或者其他组织可以依法提起行政诉讼：（一）被诉的具体行政行为涉及其相邻权或者公平竞争权的；……"因此，吉德仁等人具有原告资格。第三，《会议纪要》中有关在规划区免征规费的规定，超越了法定职权。该项决定的内容缺乏法律、法规依据，且与国家有关部委的多个规定相抵触，依法应予撤销。第四，吉德仁等人的其他诉讼请求，因与其公平竞争权没有法律上的利害关系，故不予支持。

据此,江苏省高院判决:第一,撤销一审判决;第二,撤销《会议纪要》第5条中"城市公交在规划区内开通的若干线路,要保证正常营运,继续免交有关交通规费"的决定;第三,驳回上诉人的其他诉讼请求。

本案在认定《会议纪要》的行为性质时,行政机关认为它是内部行政行为,不具有可诉性。但终审法院是从区别"抽象行政行为"与"具体行政行为"的角度来分析的,最终依据其内容及其效果认定它是"具体行政行为",是可诉的。《最高人民法院公报》编者就本案撰写的裁判要点指出:盐城市人民政府《会议纪要》中"城市公交在规划区内开通的若干线路,要保证正常营运,继续免交有关交通规费"的规定作为政府的一项行政行为,具有行政强制力,是可诉的具体行政行为。吉德仁等人作为与公交总公司所属公交车辆营运范围有重叠的经营者,有权以《会议纪要》的规定侵犯其公平竞争权为由提起行政诉讼。

四、程序性行政行为与实体性行政行为

每一个行政行为都包含两个方面的要素:一是程序方面的要素,二是实体方面的要素。例如,一个行政处罚决定,一般会经历立案、告知、调查、讨论、决定、送达等程序,包含给予行政相对人处罚的种类(如警告、罚款、没收、吊销执照或者拘留)与幅度(如罚款数量、拘留期限等)等。其中,实体方面的要素是终端的,是在行政行为书中可见的,是一次性表达的。程序方面的要素是前期的,除了个别需要在行政行为书中加以体现(如说明理由),大多不是在行政行为书中可见的,且是多次性表达的。所谓"多次性表达",即行政行为的程序是多阶段和分阶段的,不同阶段的程序往往需要通过不同的程序性决定来"启动",如立案决定、调查决定、听证决定、中止决定、终结决定等。法律界为了区别行政行为与这些行政行为,就采用了"程序性行政行为"的称谓。但是,严格来说,程序性决定一般只对行政程序发生作用力,不直接决定行政行为的实体内容,是作为行政行为的程序要素存在的,不能视为一种独立的、终局的行政行为。正因为不属于一种独立的、终局的行政行为,行政相对人或者利害关系人也就不能对程序性行政行为提起行政复议或者行政诉讼,只能等最终的行政行为作出后一并提起复议或者诉讼。不过,有些程序性行政行为也意味着整个行政程序的终结,此时,这类程序性行政行为便在一定程度上转化为实体性行政行为,从而具有可诉性。指导案例69号"王明德诉乐山市人力资源和社会保障局工伤认定案"[①]可以说是这方面的典型案例。

---

① 最高人民法院审判委员会讨论通过,2016年9月19日发布。

[指导案例 69 号] 王明德诉乐山市人力资源和社会保障局工伤认定案

【案情概要】

原告王明德系王雷兵之父。王雷兵是四川嘉宝资产管理集团有限公司峨眉山分公司职工。2013 年 3 月 18 日，王雷兵因交通事故死亡。由于王雷兵驾驶摩托车倒地翻覆的原因无法查实，四川省峨眉山市公安局交警大队于 2013 年 4 月 1 日依据《道路交通事故处理程序规定》第 50 条的规定，作出乐公交认定〔2013〕第 00035 号《道路交通事故证明》。该证明载明：2013 年 3 月 18 日，王雷兵驾驶无牌"卡迪王"二轮摩托车由峨眉山市大转盘至小转盘方向行驶。1 时 20 分许，当该车行至省道 S306 线 29.3KM 处驶入道路右侧与隔离带边缘相擦剐，翻覆于隔离带内，造成车辆受损、王雷兵当场死亡的交通事故。

2013 年 4 月 10 日，第三人四川嘉宝资产管理集团有限公司峨眉山分公司就其职工王雷兵因交通事故死亡，向被告乐山市人力资源和社会保障局申请工伤认定，并同时提交了峨眉山市公安局交警大队所作的《道路交通事故证明》等证据。被告以公安机关交通管理部门尚未对本案事故作出交通事故认定书为由，于当日作出乐人社工时〔2013〕05 号（峨眉山市）《工伤认定时限中止通知书》（以下简称《中止通知》），并向原告和第三人送达。2013 年 6 月 24 日，原告通过国内特快专递邮件方式，向被告提交了《恢复工伤认定申请书》，要求被告恢复对王雷兵的工伤认定程序。因被告未恢复对王雷兵工伤认定程序，原告遂于 2013 年 7 月 30 日向法院提起行政诉讼，请求判决撤销被告作出的《中止通知》。

【裁判结果】

四川省乐山市市中区人民法院于 2013 年 9 月 25 日作出〔2013〕乐中行初字第 36 号判决，撤销被告乐山市人力资源和社会保障局于 2013 年 4 月 10 日作出的乐人社工时〔2013〕05 号《中止通知》。一审宣判后，乐山市人力资源和社会保障局提起了上诉。二审审理过程中，乐山市人力资源和社会保障局递交撤回上诉申请书。乐山市中级人民法院经审查认为，上诉人自愿申请撤回上诉，属其真实意思表示，符合法律规定，遂裁定准许乐山市人力资源和社会保障局撤回上诉。一审判决已发生法律效力。

【裁判理由】

法院生效裁判认为，本案争议的焦点有两个：一是《中止通知》是否属于可诉行政行为；二是《中止通知》是否应当予以撤销。

第一，关于《中止通知》是否属于可诉行政行为问题。法院认为，被告作出《中止通知》，属于工伤认定程序中的程序性行政行为，如果该行为不涉及终局性问题，对相对人的权利义务没有实质影响，则属于不成熟的行政行为，不具有可诉性，相对人提起行政诉讼的，不属于人民法院受案范围。但如果该程序性行政行为具有终局性，对相对人权利义务产生实质影响，并且无法通过提起针对相关的实体性行政行为的诉讼获得救济，则属于可诉行政行为，相对人提起行政诉讼的，属于人民法院行政诉讼受案范围。

《道路交通安全法》第73条规定："公安机关交通管理部门应当根据交通事故现场勘验、检查、调查情况和有关的检验、鉴定结论，及时制作交通事故认定书，作为处理交通事故的证据。交通事故认定书应当载明交通事故的基本事实、成因和当事人的责任，并送达当事人。"但是，在现实道路交通事故中，也存在因道路交通事故成因确实无法查清，公安机关交通管理部门不能作出交通事故认定书的情况。对此，《道路交通事故处理程序规定》第50条规定："道路交通事故成因无法查清的，公安机关交通管理部门应当出具道路交通事故证明，载明道路交通事故发生的时间、地点、当事人情况及调查得到的事实，分别送达当事人。"就本案而言，峨眉山市公安局交警大队就王雷兵因交通事故死亡，依据所调查的事故情况，只能依法作出《道路交通事故证明》，而无法作出《交通事故认定书》。因此，本案中《道路交通事故证明》已经是公安机关交通管理部门依据《道路交通事故处理程序规定》就事故作出的结论，也就是《工伤保险条例》第20条第3款中规定的工伤认定决定需要的"司法机关或者有关行政主管部门的结论"。除非出现新事实或者法定理由，否则公安机关交通管理部门不会就本案涉及的交通事故作出其他结论。而本案被告在第三人申请认定工伤时已经提交了相关《道路交通事故证明》的情况下，仍然作出《中止通知》，并且一直到原告起诉之日，被告仍以工伤认定程序处于中止中为由，拒绝恢复对王雷兵死亡是否属于工伤的认定程序。由此可见，虽然被告作出《中止通知》是工伤认定中的一种程序性行为，但该行为将导致原告的合法权益长期乃至永久得不到依法救济，直接影响了原告的合法权益，对其权利义务产生实质影响，并且原告也无法通过对相关实体性行政行为提起诉讼以获得救济。因此，被告作出《中止通知》，属于可诉行政行为，人民法院应当依法受理。

第二，关于《中止通知》应否予以撤销问题。法院认为，《工伤保险条例》第20条第3款规定，"作出工伤认定决定需要以司法机关或者有关行政主管部门的结论为依据的，在司法机关或者有关行政主管部门尚未作出结论期间，作出工伤认定决定的时限中止"。如前所述，第三人在向被告就王雷兵死亡申请工伤认定时已经提交了《道路交通事故证明》。也就是说，第三人申请工伤认定时，并不存在《工伤保险条例》第20条第3款所规定的依法可以作出中止决定的情形。因此，被告依据《工伤保险条例》第20条规定，作出《中止通知》属于适用法律、法规错误，应当予以撤销。另外，需要指出的是，在人民法院撤销被告作出的《中止通知》判决生效后，被告对涉案职工认定工伤的程序即应予以恢复。

《最高人民法院公报》编者就本案撰写的裁判要点指出：当事人认为行政机关作出的程序性行政行为侵犯其人身权、财产权等合法权益，对其权利义务产生明显的实际影响，且无法通过提起针对相关的实体性行政行为的诉讼获得救济，而对该程序性行政行为提起行政诉讼的，人民法院应当依法受理。

五、羁束性行政行为与裁量性行政行为

依据行政行为所依据的规范或者行使的权力是否具有裁量性，可将行政行为分为羁束性行政行为与裁量性行政行为。羁束性行政行为系指依据羁束性法律规范或者羁束性行政权力作出的行政行为。裁量性行政行为系指依据裁量性法律规范或者裁量性行政权力作出的行政行为。

羁束性或者裁量性行政行为与羁束性或者裁量性法律规范、行政职权是一脉相通的。如果一个法律规范是羁束性的，行政主体依据该法律规范取得行政职权便是羁束性的，相应的，依据该职权作出的行政行为也是羁束性的；如果一个法律规范是裁量性的，行政主体依据该法律规范所取得行政职权便是裁量性的，相应的，依据该职权作出的行政行为也是裁量性的。例如，《护照法》第5条规定："公民因前往外国定居、探亲、学习、就业、旅行、从事商务活动等非公务原因出国的，由本人向户籍所在地的县级以上地方人民政府公安机关出入境管理机构申请普通护照。"这一规定可以简单地表述为：公民非公务出国的，申请普通护照。法律对于非公务出国应当办理的护照种类只规定了一种——普通护照，没有其他选择。因此，这是一个羁束性规范。出入境管理机关依据这一规定取得的办理护照的权力也便是羁束性的，没有选择其他护照的余地，相应的，它据此颁发普通护照的行为也就属于羁束性行政行为。再如，《治安管理处罚法》第42条规定，对"多次发送淫秽、侮辱、恐吓或者其他信息，干扰他人正常生活的"，"处五日以下拘留或者五百元以下罚款；情节较重的，处五日以上十日以下拘留，可以并处五百元以下罚款"。按照这一规定，对"多次发送淫秽、侮辱、恐吓或者其他信息，干扰他人正常生活的"，可以处5日以下拘留，也可以处500元以下罚款，500元以下罚款可以是100元，也可以是200元或者300元等等。因此，这一法律规范赋予同一行为的法律后果是多元的，因而是裁量性的，相应的，行政主体据此取得的行政处罚权和作出的行政处罚决定都是裁量性的。由此可见，裁量性行政行为与羁束性行政行为的区别不应着眼于行政行为的外在形态，而应当着眼于所依据的法律规范或者所行使的权力属性。

羁束性行政行为与裁量性行政行为划分的意义在于：第一，两者遵循的法律原则不同。羁束性行政行为不存在裁量的适当性、合理性问题，仅受行政法定、法律优位等原则的约束；裁量性行政行为具有裁量的适当性、合理性问题，不仅受行政法定、法律优

位等原则约束，还受平等原则、比例原则等基本原则的制约和规范。第二，两者的救济制度不同。羁束性行政行为仅审查合法性问题，在行政复议和行政诉讼中，两者的审查范围和审查程度是相同的；裁量性行政行为不仅审查合法性问题，还审查合理性问题，在行政复议和行政诉讼中，两者的审查范围和审查程度不完全相同。受制于司法权对行政权干预的有限性，人民法院对于裁量性行政行为的审查范围和审查强度不及行政复议机关。

六、附条件的行政行为与无条件的行政行为

以行政行为是否附有条件为标准，可将行政行为分为附条件的行政行为和无条件的行政行为。附条件的行政行为，即对于行政行为的实施（实施的开始与实施的终结）附有一定的条件。无条件的行政行为，即对于行政行为的实施没有附加任何条件。在行政实践中，无条件的行政行为是普遍现象，附条件的行政行为是特殊现象。

附条件的行政行为，按照所附条件的功能，可进一步分为附执行条件的行政行为和附废止条件的行政行为。所谓"附执行条件的行政行为"，即行政行为作出并送达行政相对人后，要等所附的条件成就（期限届满或者事态发生）时才开始执行；所谓"附废止条件的行政行为"，即行政行为施行后，一旦所附废止的条件发生，行政行为的效力就要予以废止。对于附执行条件的行政行为，行政法学界受民法学界的影响，通常称为"附生效条件的行政行为"，认为此类行政行为在所附条件成就时才发生效力。这其实是不严谨的。行政主体作出附条件的行政行为并予以送达，该行政行为不可能不发生任何效力。否则，作出该行政行为就没有意义。其实，"附生效条件的行政行为"所附条件只是限制了行政行为执行力发生的时间，其他效力如拘束力、公定力、存续力等还是产生了。因此，称之为"附执行条件的行政行为"更为准确。

七、行政行为的其他分类

在行政法学界，除了以上分类之外，对于行政行为还有其他一些常见的分类，如依职权的行政行为与依申请的行政行为、终裁行政行为与非终裁行政行为、要式的行政行为与非要式的行政行为、作为的行政行为与不作为的行政行为等。这里作一些简要说明。

依职权的行政行为与依申请的行政行为是以行政行为程序的启动条件为标准进行的划分。依职权的行政行为，又称"主动行政行为"或"积极行政行为"，是指行政主体根据其职权而无须相对人的申请就能主动实施的行政行为。依职权的行政行为大多是给行政相对人带来不利的行政行为，如行政征收、行政处罚、行政强制等。当然，行政救济等有利行政行为也可以依职权实施。依申请的行政行为，又称"被动的行政行为"或

者"消极的行政行为",是指行政主体应当在相对人提出申请后实施而不能主动采取的行政行为。依申请的行政行为往往是有利的行政行为或者中性的行政行为,如注册登记、行政许可等。依职权行政行为与依申请行政行为的划分,有利于分析行政行为的实施条件和认定相应的法律责任。①

终裁的行政行为与非终裁的行政行为是基于行为的行政终审性对行政行为所作的一种划分。终裁的行政行为系指根据法律规定由行政机关最终裁决的行政行为。与终裁行政行为相对的,便是非终裁的行政行为。《行政诉讼法》第13条第4项规定,人民法院不受理公民、法人或者其他组织对"法律规定由行政机关最终裁决的行政行为"提起的行政诉讼。《最高人民法院关于适用〈中华人民共和国行政诉讼法〉的解释》第2条第4款规定:"行政诉讼法第十三条第四项规定的'法律规定由行政机关最终裁决的行政行为'中的'法律',是指全国人民代表大会及其常务委员会制定、通过的规范性文件。"由此可以看出,划分终裁的行政行为与非终裁的行政行为的意义仍在于界定行政诉讼的范围,判断行政行为的可诉性。

要式的行政行为与非要式的行政行为是基于法律对行政行为表示形式的要求所进行的分类。行政行为属于行政意思的表达。行政主体表达意思的方式主要有口头形式、书面形式、动作形式、信号形式和默示形式等。法律对行政行为所采用的表示形式有专门要求的,属于要式行政行为;法律对行政行为所采用的表示形式没有专门要求的,属于非要式行政行为。这种划分的意义在于,要式行政行为必须按照法律规定的形式作出,否则形式违法或者不发生效力;非要式行政行为则在表示形式的选择上享有裁量权,行政主体可以按照其便利选择相应的表示形式,不论选择哪一种形式,都具有合法性,行政行为可据此发生效力。

作为的行政行为与不作为的行政行为也是学界经常采用的一种分类方式。这种分类的根据是行政行为的存在方式。所谓作为的行政行为,是指行政主体以作为的方式实施的行政行为;所谓不作为的行政行为,是指行政主体以不作为的方式实施的行政行为。不作为的行政行为又称"行政不作为"。行政不作为在行政救济法上具有重要意义。当行政主体不履行法定职责从而侵害公民、法人或者其他组织利益时,公民、法人或者其他组织可以提请行政复议或者行政诉讼,请求判令其履行法定职责。因此,在行政复议法和行政诉讼法中,"行政不作为"可以成为复议或者诉讼的一种情形。但在行政行为理论的意义上,"不作为的行政行为"在客观上是不存在的。它没有行政程序的进行,没有行政意志的形成和表达,不具备行政行为的基本构成要素。因此,这种分类还有进一步讨论的余地。

---

① 参见周佑勇:《行政法原论》(第三版),北京大学出版社2018年版,第187页。

第三节 行政行为的效力

行政主体作出行政行为的目的在于对行政相对人或者其他社会主体施加影响，实现行政目的。因此，行政行为必须产生或者具有一定的效力。行政行为效力也因此成为行政行为法上的基础理论和制度问题，是建构行政程序和行政救济制度的基本理论工具和制度依据。

一、行政行为效力的本质及其法定性

行政行为效力本质上属于一种义务。不过，说行政行为的效力本质上是一种义务，并不是说行政行为的效力就是行政行为本身设定的义务。毫无疑问，行政行为总会给行政相对人或行政主体设定某种义务。例如，拘留15日的行政处罚决定为行政相对人设定了义务，救助1万元的行政救助决定为行政主体设定了义务。但是，这种义务并不是行政行为的效力，而是行政行为的内容。行政行为的效力是社会主体对行政行为的内容即其设定的权利义务所承担的义务。上例中，作为效力所关注的是，行政主体对行政相对人作出拘留15日的行政处罚决定后，行政主体、行政相对人等对这一决定设定的义务承担什么义务？行政主体对行政相对人作出救助1万元的行政救助决定后，行政主体、行政相对人等对这一决定设定的权利承担什么义务？总之，行政行为的效力作为义务不是由行政行为自身设定的。

有观点认为，行政行为的效力是推定的。但更客观地讲，行政行为的效力来自于法律的规定。根据行政行为的性质或行政法的原理，也许可以推论出行政行为应具有的一些效力。而且，行政行为的效力理论与制度设计都必须符合行政行为的性质和行政法的基本原理。但是，行政行为的效力既然为一种公法上的义务，就必须由法律来规定。这是由公权力法定原则和私人非契约义务法定原则所决定的。按照公权力法定原则，公法主体的职权（责）应由法律来规定。按照私人非契约义务法定原则，除非经由契约约定、自愿承担义务，私人承担的义务只能由法律来设定，不论这种义务是公法上的还是私法上的。① 因此，行政行为的效力不仅是一种特殊义务，而且是一种法定义务。

二、行政行为效力的发生以成立为前提

既然行政行为的效力是不同社会主体对行政行为创设的权利义务所承担的一种特殊

---

① 《物权法》第5条规定："物权的种类和内容，由法律规定。"《侵权责任法》第2条第1款规定："侵害民事权益，应当依照本法承担侵权责任。"这些规定说明，即便私法上的法律义务和责任也遵循法定原则。

法定义务，则行政行为效力的发生，即生效，本质上应指对行政行为所创设的权利义务负有义务的主体开始承担履行义务的责任。基于这一结论，则行政行为效力的发生，应当以行政行为创设的权利义务已经确定为前提。在此之前，行政行为不可能发生任何效力。所谓"行政行为创设的权利义务已经确定"，也就是指行政行为已经成立。

除了行政合同，行政行为多为单方意思表示行为。作为单方意思表示行为，一旦行政主体形成并表示其意思，行政相对人就没有讨价还价的余地。因此，行政行为创设的权利义务是否确定，取决于行政主体创设权利义务的意思是否形成并表示了出来。"成立"这一概念正是对这一状态的表达。从构成要素的角度看，行政行为成立与否取决于其是否具备"适格的行政主体""可确定的行政相对人""行政行为的具体内容"和"行政行为的表示"四个要素。无行政主体和相对人，权利义务无从着落；无行政行为的具体内容，权利义务无从产生；无行政行为的表示，权利义务无从辨识。因此，只有当行政行为同时具备这四个要素时，其创设的权利义务才是确定的，才能算成立。除此之外，以下几点仍须特别说明：

第一，行政行为是行政程序中由行政主体最终确定的、能够为行政相对人创设实体权利与义务的决意。在大多情形下，行政程序比民事程序复杂。在行政程序中，行政机关可能会作出一系列中间性决定，如是否受理、是否回避、是否举行听证、是否调查、是否采取强制措施等，这些决定服务于最后的行政行为，对最后的行政行为会产生影响，但这些决定都是程序性的，所影响的仅是相对人和第三人的程序性权利。因此，这些决定的形成和表示不意味着行政行为的成立。

第二，行政行为的内容不等于行政行为书应载明的事项。国内法律文件多规定行政行为书应载明的事项，这些事项往往包含但不限于行政行为的成立要素。例如，《行政处罚法》第39条第1款规定"……行政处罚决定书应当载明下列事项：（一）当事人的姓名或者名称、地址；（二）违反法律、法规或者规章的事实和证据；（三）行政处罚的种类和依据；（四）行政处罚的履行方式和期限；（五）不服行政处罚决定，申请行政复议或者提起行政诉讼的途径和期限；（六）作出行政处罚决定的行政机关名称和作出决定的行政机关的印章。"其中第1、3、6项属于行政处罚决定成立的要件，其余各项其实是程序性要求，行政处罚决定缺乏这几项属程序违法。程序违法不会导致行政行为不成立。

第三，行政行为之表示不等于告知或送达。告知或送达是现代行政程序的基本要求。例如，《行政处罚法》第40条规定："行政处罚决定书应当在宣告后当场交付当事人；当事人不在场的，行政机关应当在七日内依照民事诉讼法的有关规定，将行政处罚决定书送达当事人。"但是，意思表示是指行政行为内容的外在化、固定化。通过外在化、固定化，局外人能够确定决定的内容。因此，意思表示与告知或送达是两码事。国内部分专家拟定的《行政程序法（专家试拟稿）》（第七稿）第 101 条第 3 款①就规定："以书面方式作出的行政行为，自行政行为书正本完成时成立。以口头或者其他方式作出的行政行为，自行政机关行为完成时成立。"②

第四，在存在批准程序时，行政行为的成立除了前述三个要件，还应加上批准这一要件。在我国，下级行政机关作出行政行为后报上级行政机关决定或批准是常见的现象。如《行政许可法》第 35 条规定，"依法应当先经下级行政机关审查后报上级行政机关决定的行政许可，下级行政机关应当在法定期限内将初步审查意见和全部申请材料直接报送上级行政机关。"这种情形下，即存在如何看待批准与成立的关系问题。报批这一程序表明，在获得最终决定或批准前，行政行为的内容仍处于不确定状态，只有在获得最终决定或批准后，行政行为的内容才最终固定化。

三、行政行为效力的制约因素与层次

行政行为一旦成立，效力便有了发生的基础。但这并不意味着，行政行为的成立等于行政行为生效。已经生效的行政行为的效力也不是恒定的。行政行为效力的发生、发展与变化受制于行政行为成立后的程序发展、法律评价与情势变化等因素，行政行为的效力（制度）也就体现为三个层次。

行政程序除了形成和固化行政主体意思的功能外，还具有营造法律效力的功能。程序的发展与时间的流逝——不论行政行为成立前还是成立后——都会使行政行为的效力状态发生相应变化，如同植物之春花秋果。这是因为，行政程序对行政行为具有不可逆的塑造性。行政程序一旦启动，行政主体和当事人即承担了程序上的义务。各自的言行一旦成为程序上的过去，便不能推翻撤回。经过程序认定的事实和法律关系，被一一贴上封条。对事实的认定和判断，逐渐成为必然的逻辑。③另外，随着程序的进行，参与程序各方当事人的程序权利和义务会逐渐行使或履行完毕。程序形塑实体法律效果的功能也会逐渐开花结果。这种情形下，投入在程序中的人力、物力、智力和时间自然应在行政行为效力中得到体现。否则，行政程序的进行就失去任何法律意义。因此，程序对行政行为效力发生影响是行政程序的本质属性使然。这与行政行为效力的法定性并不矛盾。程序的发展会催生行政行为的效力，但催生什么效力则应由法律规定。

---

① 第七稿是继 2003 年专家试拟稿第六稿之后，国内部分行政法学者在 2004 年 6 月中欧行政程序法国际研讨会和考察活动的基础上，并经国内四个专题的调研完成的。

② 类似见解还可参见应松年教授主持起草的《行政程序法（专家试拟稿）》第 142 条第 3 款："行政行为自行政行为书正本完成时成立。"

③ 季卫东教授认为：程序虽具有开放的结构，但是一个紧缩的过程。"随着程序的展开，参加者越来越受到'程序上的过去'的拘束……程序开始于高度不确定状态，但其结果却使程序参加者难以抵制，形成一种高度确定化的效应。"季卫东：《法治秩序的建构》，中国政法大学出版社 1999 年版，第 11 页。

基于程序发生的行政行为效力不是绝对的，最终还需接受法律的评价。这是因为，正当法律程序、行政组织制度以及公务员制度虽在一定程度上有助于行政行为合法、合理地做成，却不能确保其合法、合理地做成。大量违法、不合理行政行为的存在是不争的事实。而违法、不合理的行政行为与民主法治国家之行政合法、合理原则不相容。只有完全合法、合理的行政行为才"完美无瑕"，只有"完美无瑕"的行政行为的效力才不打折扣。违法、不合理行政行为的效力命中注定不能与合法、适当行政行为的效力相提并论。因此，行政行为的效力制度必须把行政行为的合法性、合理性评价纳入其中，以确立根据法律的评价应当具有的效力。

此外，法律虽然以安定为原则，但不可能一成不变。复杂多变的社会及其引起的法律变化是法律生活的基本旋律。在这一基本旋律中，行政行为的合法、合理性会随着社会和法律的变化而变化。原本合法、合理的行政行为会因社会和法律的变化而变得"不合法""不合理"。在这种情况下，如果让行政行为的效力一如既往地发生作用，其结果势必与整个法律体系所维护的社会正义相冲突。因此，行政行为的效力制度也受制于这一因素。

正是由于行政行为的效力受制于上述三种因素，行政行为的效力制度也就分为三个层次：基于程序作用行政行为所取得的效力、基于法律评价行政行为应具有的效力以及基于情势变化行政行为应具有的效力。

四、基于程序作用行政行为所取得的效力

基于程序的功能行政行为所产生的效力须从行政主体、行政相对人、行政第三人、无利害关系人、其他行政机关和人民法院等几个方面来分析。

（一）行政行为对不同主体的效力

1. 对行政相对人的效力

行政相对人对行政行为首先负有遵从的义务。这是由行政行为的单方性决定的。行政主体作出决定时虽要听取相对人和第三人的意见，但最后如何决定由行政主体说了算。行政行为一旦作出，行政相对人只能遵从。不服则只能向其他机关寻求救济。这也反映出，遵从义务是相对的而非绝对的。相对人可通过救济程序请求变更或撤销，但救济也是有限的。限制来自两个方面：一是救济期限制度，二是救济终局制度。行政相对人一旦放弃救济权利或其救济权利用尽，则不得再行争讼。此时，行政相对人便对行政行为负有不可争讼的义务，遵从义务也从相对走向绝对。[①] 除此之外，行政相对人还负有如期履行行政行为为其设定的义务的义务。这是行政目的与效率原则使然，在行政处

---

① 在我国再审制度下，救济权利用尽后，行政相对人的遵从义务仍具有一定的相对性。

罚法、行政强制法、行政复议法和行政诉讼法中已有相应规定。① 总之，行政相对人对行政行为负有遵从、如期执行和救济权利终结后不得争讼三种义务。

行政法学界对于行政相对人承担的遵从义务和执行义务的称谓比较统一，分别为拘束力和执行力。对于相对人承担的不得争讼的义务，则有不可争力和形式存续力、形式确定力三种称谓。形式存续力和形式确定力是源自德国行政法学的概念，形式存续力是对形式确定力的更替。② 从汉语习惯来看，不可争力通俗易懂，以这一概念称之更好。

2. 对行政第三人和无利害关系人的效力

行政行为直接为行政相对人设定权利义务，但所产生的影响并不局限于行政相对人，往往还会波及其他人。例如，行政主体授予相对人建筑施工许可，除了在行政主体与建筑方之间形成特定权利义务关系之外，该许可决定还会或多或少影响到邻里和其他居于同一生活圈的公民的生活。邻里的权益如通风、采光等可能因此直接受到影响，从而成为行政第三人。其他居于同一生活圈的公民的权益不会受到直接影响，可称为无利害关系人。这种情形下，行政第三人或无利害关系人对该行政行为负有怎样的义务也是一个问题。

行政行为不会对行政第三人和无利害关系人直接设定义务，所以行政第三人和无利害关系人不负担执行行政行为的义务，行政行为对他们也就没有执行力。但与行政相对人一样，行政第三人和无利害关系人负有遵从行政行为的义务。因此，行政行为对他们也具有拘束力。不过，行政行为对行政第三人的拘束力与对无利害关系人的拘束力有所不同。由于行政行为会直接影响第三人的权益，法律应赋予第三人参与行政程序以及通过行政复议和行政诉讼获得救济的权利。对无利害关系人，法律则不应赋予这些权利。因此，对于第三人，只有在放弃救济权利或救济权利用尽后，才负有不得争讼的义务，行政行为才具有不可争力，拘束力才获得绝对性。对无利害关系人，自始就具有不可争力，拘束力自始是绝对的。正因为如此，行政行为对于第三人的拘束力与对无利害关系人的拘束力有较大区别。不动产产权登记过程中形成的法律关系可以明确说明这一点。

基于第三人和相对人地位的相似性，对其负担的遵从行政行为的义务和不得再行争讼的义务仍可以拘束力和不可争力称之。对无利害关系人所担负的一般认可或尊重的义

---

① 参见《行政处罚法》第 44 条和第 45 条、《行政强制法》第 34 条、《行政复议法》第 21 条、《行政诉讼法》第 56 条。

② 参见〔德〕哈特穆特·毛雷尔：《行政法学总论》，高家伟译，法律出版社 2000 年版，第 266—267 页。（不可争力是近几年学者使用的概念，与形式存续力的含义实质上是同一的。）参见翁岳生编：《行政法》（上册），中国法制出版社 2002 年版，第 680 页；章剑生：《现代行政法基本理论》，法律出版社 2008 年版，第 147—148 页。

务,则可以公定力称之。①

3. 对作出行政行为的行政主体的效力

行政主体虽可单方作出行政行为,但行政主体对其作出的行政行为也承担一定义务。首要的是不得随意撤销、变更或撤回其行政行为的义务。这是行政诚信原则和法安定性原则的要求。当然,这一义务也非绝对。特定条件下,变更、撤销或撤回是可行甚至是必要的。需思考的是,行政主体是否承担如期履行给付的义务?这看起来是个荒唐的问题,因为行政机关履行其承诺是自然而然的事。但这却是被长期忽略的问题。每每谈到执行,总强调行政相对人如期执行的义务。行政强制法也不过是针对行政相对人的强制执行制度。

本质上,行政主体如期履行行政行为的义务和行政相对人如期履行行政行为的义务没有不同,用执行力表述此种义务应该适当。至于不得变更、撤销或撤回行政行为的义务,学界使用的概念则比较多,有不可变更力、(实质)存续力、(实质)确定力或公定力等。实质确定力在德国已被废弃,②而不可变更力又不能涵盖不可撤销、不可撤回等义务,用存续力表述应更为准确。

4. 对其他行政主体及人民法院的效力

行政事务往往由多个行政主体在不同的层面和不同时段分头管理。如此一来,一个行政主体在处理其行政事务的过程中必然会涉及另一个行政主体作出的行政行为。此时,该行政主体如何看待和处理已经作出的行政行为就是一个问题,本质上依然是行政主体对已作出的行政行为承担什么义务的问题。在这一方面,法院所处的地位与其他行政机关所处的地位相似。人民法院在审理刑事案件或民事案件的过程中,也会涉及行政行为。如审理婚姻案件时,总会牵涉到婚姻登记,此时法院对婚姻登记行为负有怎样的义务?

国家的行政职权一旦由宪法或者法律授予给特定的行政机关,对其行使职权的行为,其他行政机关以及司法机关都应给予充分的尊重,负有遵从的义务。因此,行政行为作出后,只有作出该行政行为的行政机关、其上级行政机关或法定的监督机关、有管辖权的人民法院可以根据法定事由按照法定程序予以变更或撤销。其他任何行政机关和司法机关都无变更或撤销的权力。如果在行使职权的过程中,它们认为相关行政行为的效力有问题,通常只能中止程序待有权机关裁决后才能作相应处理。

不过,行政行为除了行政行为的内容,还包括对相关事实的认定及法律确认。其他

---

① 对公定力概念有不同理解。参见〔日〕美浓部达吉:《公法与私法》,黄冯明译,中国政法大学出版社2003年版,第114页;叶必丰教授认为:"公定力是指行政行为具有得到所有机关、组织或个人尊重的一种法律效力。这也就是说,公定力是一种对世效力。"叶必丰:《行政法与行政诉讼法》(第三版),武汉大学出版社2008年版,第216页。

② 参见〔德〕哈特穆特·毛雷尔:《行政法学总论》,高家伟译,法律出版社2000年版,第266—267页。

行政机关和司法机关是否还对行政行为认定的事实及其法律确认负有遵从义务？国外有观点认为，仅在法律明确规定的情况下，才可承认行政行为对事实认定和法律确认所具有的约束力。① 我国行政法该如何处理，还需作专题研究。如果既承认行政行为内容的约束力，又认可行政行为认定事实的约束力，则行政机关和法院就承担着两种法律义务。对于这两种法律义务，可沿用德国行政法学上要件效力和确认效力两个概念加以称谓。② 对于行政行为对各个主体所具有的各种效力可用示意图列示如下：

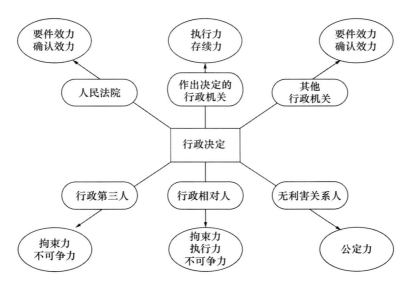

图 5-1　行政决定对各个主体所具有的各种效力

关于行政行为对行政主体的存续力，"焦志刚诉和平公安分局治安管理处罚决定行政纠纷案"③ 是这方面的典型案例。

焦志刚诉和平公安分局治安管理处罚决定行政纠纷案

【案情概要】

2004 年 3 月 30 日 23 时许，原告焦志刚驾驶一辆报废的夏利牌汽车途经天津市卫津路与鞍山道交叉路口时，被正在这里执行查车任务的交通民警查获。交通民警决定暂扣焦志刚驾驶的汽车。但焦志刚拒绝交出汽车钥匙，交通民警遂调来拖车将暂扣汽车拖走。汽车被拖走后，焦志刚向交通民警索要被滞留的驾驶证，未果，便拨打 110 报警，称交通民警王心魁酒后执法。接报警后，天津市公安局督察处立即赶到现场询问了情

---

① 参见〔德〕哈特穆特·毛雷尔：《行政法学总论》，高家伟译，法律出版社 2000 年版，第 269 页。
② 同上书，第 268—269 页。
③ 本案刊载于《最高人民法院公报》2006 年第 10 期。

况，并带王心魁、焦志刚一起到天津市公安局刑事科学技术鉴定部门，当场委托该部门化验王心魁的尿液。经化验鉴定，结论为：在王心魁的尿液中未检查出酒精成分。据此，天津市公安局督察处向交通民警王心魁本人及其所在单位发出《公安警务督察正名通知书》，确认焦志刚举报交通民警王心魁酒后执法一事不实，并按管辖分工，将不实举报人焦志刚移交给被告和平公安分局处理。和平公安分局认为，焦志刚的不实举报阻碍了国家工作人员依法执行职务，属于《治安管理处罚条例》第19条第7项规定的扰乱公共秩序行为。遂根据该条规定，于同年3月31日作出公（和）决字〔2004〕第056号行政处罚决定书（以下简称"056号处罚决定书"），决定给予焦志刚治安罚款200元的行政处罚。在056号处罚决定书已经发生法律效力后，同年7月4日，和平公安分局告知焦志刚，由于天津市公安局公安交通管理局反映处罚过轻，所以要撤销056号处罚决定书，重新查处，重新裁决。同年7月13日，和平公安分局作出公（和）决字〔2004〕第047号行政处罚决定书（以下简称"047号处罚决定书"），决定给予焦志刚治安拘留10日的行政处罚。焦志刚不服申请复议，天津市公安局以事实不清为由撤销了047号处罚决定书，要求和平公安分局重新作出具体行政行为。同年11月19日，和平公安分局作出870号处罚决定书，决定给予焦志刚治安拘留15日的行政处罚。焦志刚再次申请复议。天津市公安局维持了870号处罚决定书，焦志刚为此提起行政诉讼。

【争议焦点】

第一，056号处罚决定书生效后，能否被撤销；第二，上诉人和平公安分局根据《公安机关内部执法监督工作规定》，以047号处罚决定书取代056号处罚决定书，其行为是否合法；第三，行政处罚决定书被复议机关撤销后，行政机关能否在重新作出的处罚决定中加重对当事人的行政处罚。

【裁判结果】

撤销被告和平公安分局所作的870号处罚决定书。

【裁判理由】

天津市第一中级人民法院认为：

第一，《治安管理处罚条例》第19条第7项规定，对未使用暴力、威胁方法的拒绝、阻碍国家工作人员依法执行职务行为，尚不够刑事处罚的，处15日以下拘留、200元以下罚款或者警告。被上诉人焦志刚驾驶报废汽车，被执行查车任务的交通民警查获。交通民警暂扣焦志刚驾驶的汽车和滞留其驾驶证，是依法执行职务。对交通民警依法执行职务的行为，公民有义务配合。而焦志刚不仅不配合，还拨打110报警，无中生有地举报交通民警王心魁酒后执法，使交通民警正在依法执行的公务不得不中断。经天津市公安局督察处查证，确认焦志刚的举报不实。上诉人和平公安分局据此认定焦志刚的行为触犯了《治安管理处罚条例》第19条第7项规定，并根据该条规定作出056号处罚决定书，给予焦志刚治安罚款 200 元的处罚。这个处罚决定事实清楚、证据确凿，处罚在法律规定的幅度内，且执法程序合法，是合法的行政处罚决定，并已发生法律效力。依法作出的行政处罚决定一旦生效，其法律效力不仅及于行政相对人，也及于行政机关，不能随意被撤销。已经生效的行政处罚决定如果随意被撤销，也就意味着行政处罚行为本身带有随意性，不利于社会秩序的恢复和稳定。

第二，上诉人和平公安分局称，由于天津市公安局公安交通管理局认为 056 号处罚决定书处罚过轻提出申诉，天津市公安局纪检组指令其重新裁决，这样做的执法根据是《公安机关内部执法监督工作规定》第 13 条、第 19 条第 1 项规定，因此重新裁决符合法律规定，程序并不违法。

法院审理认为，错误的行政处罚决定，只能依照法定程序纠正。《治安管理处罚条例》第 39 条规定："被裁决受治安管理处罚的人或者被侵害人不服公安机关或者乡（镇）人民政府裁决的，在接到通知后 5 日内，可以向上一级公安机关提出申诉，由上一级公安机关在接到申诉后 5 日内作出裁决；不服上一级公安机关裁决的，可以在接到通知后 5 日内向当地人民法院提起诉讼。"根据此条规定，有权对治安管理处罚决定提出申诉的，只能是被处罚人和因民间纠纷引起的打架斗殴等违反治安管理事件中的被侵害人。交通民警是国家工作人员，交通民警根据法律的授权才能在路上执行查车任务。交通民警依法执行职务期间，是国家公权力的化身，其一举一动都象征着国家公权力的行使，不是其个人行为的表现。交通民警依法执行职务期间产生的责任，依法由国家承担，与交通民警个人无关。交通民警依法执行职务的行为受法律特别保护，行政相对人如果对依法执行职务的交通民警实施人身攻击，应当依法予以处罚。被上诉人焦志刚因实施了阻碍国家工作人员依法执行职务的行为被处罚。虽然焦志刚的不实举报直接指向了交通民警王心魁，但王心魁与焦志刚之间事先不存在民事纠纷，焦志刚实施违反治安管理行为所侵害的直接客体，不是王心魁的民事权益，而是公共秩序和执法秩序。因此，无论是交通民警王心魁还是王心魁所供职的天津市公安局公安交通管理局，都与焦志刚不存在个人恩怨，都不是《治安管理处罚条例》所指的被侵害人，都无权以被侵害人身份对上诉人和平公安分局所作的 056 号处罚决定书提出申诉。

《公安机关内部执法监督工作规定》第 13 条、第 19 条第 1 项，要求公安机关纠正在执法活动过程中形成的错误的处理或者决定。纠正的目的，该规定第一条已经明示，是为保障公安机关及其人民警察依法正确履行职责，防止和纠正违法和不当的执法行为，保护公民、法人和其他组织的合法权益。这样做的结果，必然有利于树立人民警察公正执法的良好形象。前已述及，056 号处罚决定书依照法定程序作出，事实清楚、证据确凿，处罚在法律规定的幅度内，是合法且已经发生法律效力的处罚决定，不在《公安机关内部执法监督工作规定》所指的"错误的处理或者决定"之列，不能仅因交警部门认为处罚过轻即随意撤销。这样做，只能是与《公安机关内部执法监督工作规定》的制定目的背道而驰。再者，《公安机关内部执法监督工作规定》是公安部为保障公安机关及其人民警察依法正确履行职责，防止和纠正违法和不当的执法行为，保护公民、法人和其他组织的合法权益而制定的内部规章，只在公安机关内部发挥作用，不能成为制作治安管理行政处罚决定的法律依据。

第三，上诉人和平公安分局认为，《行政处罚法》第32条第2款的规定是指在行政处罚决定作出前，行政机关要允许当事人申辩，不得因当事人申辩而加重处罚，这个规定不适用于行政处罚决定作出后的行政复议程序；行政复议法没有规定行政处罚决定被复议机关撤销后，行政机关重新作出的裁决不得加重处罚。因此，047号处罚决定书被复议机关撤销后，其在870号处罚决定书中决定给予被上诉人焦志刚治安拘留15日的行政处罚，符合法律规定。法院审理认为，行政复议法确实没有"行政处罚决定被复议机关撤销后，行政机关重新作出的裁决不得加重处罚"的规定。之所以不作这样的规定，是因为实践中存在着因原裁决处罚过轻被复议机关撤销的实际情况，重新作出的裁决当然有必要加重处罚。《行政处罚法》第32条第1款的规定是："当事人有权进行陈述和申辩。行政机关必须充分听取当事人的意见，对当事人提出的事实、理由和证据，应当进行复核；当事人提出的事实、理由或者证据成立的，行政机关应当采纳。"第2款的规定是："行政机关不得因当事人申辩而加重处罚。"行政处罚决定权掌握在行政机关手中。在行政处罚程序中始终贯彻允许当事人陈述和申辩的原则，只会有利于事实的查明和法律的正确适用，不会混淆是非，更不会因此而使违法行为人逃脱应有的惩罚。法律规定不得因当事人申辩而加重处罚，就是对当事人申辩进行鼓励的手段。无论是行政处罚程序还是行政复议程序，都不得因当事人进行申辩而加重对其处罚。认为"不得因当事人申辩而加重处罚"不适用于行政复议程序，是对法律的误解。上诉人和平公安分局作出给予被上诉人焦志刚治安拘留10日的047号处罚决定书后，焦志刚以处罚明显过重为由申请复议，这是一种申辩行为。复议机关以事实不清为由撤销了047号处罚决定书后，和平公安分局在没有调查取得任何新证据的情况下，在870号处罚决定书中决定给予焦志刚治安拘留15日的处罚。这个加重了的行政处罚明显违反《行政处罚法》第32条第2款规定，也背离了行政复议法的立法本意。

就行政行为效力理论而言，焦志刚案可概括出以下两点：第一，依法作出的行政处罚决定一旦生效，其法律效力不仅及于行政相对人，也及于行政机关，不能随意被撤销。已经生效的行政处罚决定如果随意被撤销，不利于社会秩序的恢复和稳定。第二，错误的治安管理行政处罚决定只能依照法定程序纠正。《公安机关内部执法监督工作规定》是公安部为保障公安机关及其人民警察依法正确履行职责，防止和纠正违法和不当的执法行为，保护公民、法人和其他组织的合法权益而制定的内部规章，不能成为制作治安管理行政处罚决定的法律依据。

（二）各种效力发生的时间

上文明确了行政行为对哪些主体产生哪些效力的问题。通常认为："行政行为自送达时生效。"① 从而将所有效力的发生界定在同一时点上，但这是个误解。

1. 针对私权利主体的各种效力的发生

针对私权利主体的效力包括拘束力、执行力、公定力和不可争力。拘束力要求行政相对人或第三人遵从行政行为的内容，须以行政相对人或第三人知晓行政行为的内容为前提。故拘束力应自送达之日或自相对人和第三人知晓之日起生效。公定力是无利害关系人对行政行为设定的权利予以尊重的义务，应以相对人权利的存在为前提，当与拘束力同时发生。不可争力则只能在利害关系人放弃救济权利或用尽救济权利后发生。按照现行法律的规定，行政行为一旦对相对人生效，相对人不论是否寻求法律救济，都要如期执行。因此，执行力应与拘束力同时发生。不过附条件的行政行为并非如此。

通常认为，行政行为所附条件分"生效"条件和撤回（或废止）条件。所附"生效"条件成就时，行政行为生效；所附撤回条件成就时，行政行为撤回。对后者，应没问题；但对前者，不无讨论之处。如果附"生效"条件的行政行为在所附条件成就时发生效力，那就意味着行政行为成立、送达后不发生任何效力、没有任何约束力。既如此，则做成、送达这样的行政行为就无任何意义，还不如等条件成就时再做成和送达该行政行为。因此，"附'生效'条件的行政行为自条件成就时生效"的观点站不住脚。

可以比对立法行为。一份法律文件经人大表决通过为一个阶段，经国家主席签发公布为一个阶段。公布后，有些法律文件即时施行，有些法律文件则有一个过渡期。我们绝不会认为，经人大表决通过、主席签发公布的法律没有生效，无任何效力。法律文件如此，行政行为也应一样。其实，行政行为附设条件的目的仅在于限制行政行为的部分效力。"生效"条件与撤回条件概莫能外。附"生效"条件的行政行为所附的不过是执行条件，旨在限制执行力——延迟行政行为的执行时间，其他效力并不因此而受影响。所以，通常所说的附"生效"条件的民事合同或行政行为实际上是一种不准确的表述。民法学和行政法学都在以讹传讹。正确的表述应当是附履行条件或者执行条件的民事合同或行政行为。

2. 针对公权力主体的各种效力的发生

针对公权力主体的效力包括存续力、要件效力、确认效力和执行力。其中，存续力、要件效力和确认效力应自成立之日起生效。理由在于，不论是行政行为所认定的事

---

① 参见《湖南省行政程序规定》第76条。

实、对事实的定性，还是对事务的处理意见，都是认识过程，与行政行为是否送达没有关联。送达对行政主体的认识也不会产生影响。再者，行政程序对行政行为具有不可逆的塑造性。行政程序一旦终结，行政意志一经形成，就应保持稳定性，承认其客观性。

也许有人会认为，行政行为不送达就没有公开，没有公开就不能为外界知晓；这种情况下，赋予其存续力、事实构成效力或确认效力没有实际意义，对行政主体没有真正约束价值。这种观点忽视了行政主体内部存在的监督机制，也忽视了行政主体相互之间存在的协作关系。承认行政行为从成立之日起具有存续力、要件效力、确认效力，可为内部行政和内部监督机制提供法律依据。在推行"统一办理、联合办理或集中办理"的情况下，可为不同行政主体之间的内部衔接提供制度支持。如果行政行为在送达或公布前可随意改变，行政主体之间的相互协作势必难以达成，行政效率势必受到影响。总之，将这三种效力发生的时间提前至成立时，只会更好，不会更差。

对行政主体的执行力通常是授益性行政行为所具有的效力。这种执行力同时赋予行政相对人相应的执行请求权。执行请求权的行使应以相对人知晓行政行为为前提。而且，行政主体的执行最早也只能在送达行政行为时进行。因此，行政主体的执行力应在送达时产生。

上述对行政行为效力发生时间的分析表明，行政行为的效力应是随着时间和程序的进行不断释放的。总体上，对公权力主体的效力主要自行政行为成立时起开始发生，对私权利主体的效力主要自送达时起开始发生。这一过程可用下两图直观地反映出来：

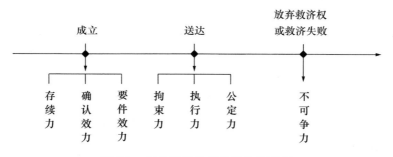

图 5-2　无条件行政行为的生效时间

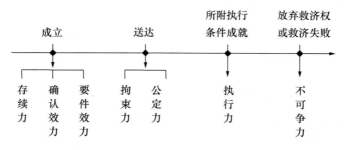

图 5-3　附执行条件行政行为的生效时间

五、基于法律评价与情势变化行政行为应然的效力

(一) 基于法律评价行政行为应具有的各种效力

基于合法性评价,确定行政行为应当具有的效力应考虑两个因素:其一,行政行为的瑕疵对社会的影响程度;其二,法治原则对行政行为的要求程度。

行政行为的瑕疵大致可分为违法、不合理和越权代理三种,其情形又具有多样性,影响具有多级性。就行政行为的不合理而言,按其主观态度和社会影响可分为"一般不合理""明显不合理"和"滥用职权"三个层次。① 就行政行为的违法而言,按其违法形态可分为实体违法和程序违法。二者按影响程度可再分为轻微、一般和重大三个等级。与不合理和违法不同,越权代理系指行政委托代理人超越代理权限作出行政行为的行为。越权代理属于越权的一种,但它所越的是行政主体的授权,而不是法律的授权。如果没有其他违法情形,尚不属于一般意义上的违法行为。

就法治原则对行政行为的要求而言,也是程度不一。虽然法治国家对上述瑕疵均持否定态度,但否定的程度不同。这主要源于行政合法原则与行政合理原则对行政行为的要求有别。行政合法原则是对行政权限提出的要求,而行政合理原则是对裁量内容提出的要求。合法性是法治原则对行政行为的最基本或最低要求,合理性则是法治原则对行政行为的较高要求。这是因为,裁量权本来就是法律授予行政主体针对个案情况自行裁量的空间。因此,违法的行政行为比不合理的行政行为更为法治国家所不容。至于单纯越权代理的行政行为,由于合法、合理原则主要是针对行政主体之行政行为的"法"要求,所受约束应较为宽松。

既然法治原则对行政行为的要求不同,不同形态的瑕疵造成的后果不同,则其对行政行为效力的否定程度也应有所不同。故而基于法律评价的行政行为应具有的效力是多元的。

我国现行法律在一定程度上已体现了上述理念。就不合理的行政行为,行政诉讼法和行政复议法都规定:对一般不合理的,不予"追究",其效力不受影响;明显不合理的,可予以变更;滥用职权的,可予以撤销。② 可见,不合理行政行为的效力按其不合理程度在法律上评价为有效、可变更和可撤销三个层次。

就违法的行政行为,行政诉讼法将其分为重大明显违法、一般违法和轻微违法三个

---

① 学界认为:"滥用职权,即滥用行政自由裁量权,系指行政主体在自由裁量权范围内不适当行使权力而达到一定程度的违法行为。"胡建淼:《行政法学》(第四版),法律出版社2015年版,第658页。
② 参见《行政诉讼法》第70条、第77条,《行政复议法》第28条。其中,《行政诉讼法》第77条规定:"行政处罚明显不当,或者其他行政行为涉及对款额的确定、认定确有错误的,人民法院可以判决变更。人民法院判决变更,不得加重原告的义务或者减损原告的权益。但利害关系人同为原告,且诉讼请求相反的除外。"

层次，对重大明显违法以无效论，对一般性违法以可撤销论，对轻微的程序违法以确认违法论。例如，《行政诉讼法》第 74 条第 1 款规定："行政行为程序轻微违法，但对原告权利不产生实际影响的"，"人民法院判决确认违法，但不撤销行政行为。"第 75 条规定："行政行为有实施主体不具有行政主体资格或者没有依据等重大且明显违法情形，原告申请确认行政行为无效的，人民法院判决确认无效。"值得关注的是，对轻微的程序违法和轻微的实体违法，其他国家和地区的行政程序法还作了其他特殊规定，即首先以可补救论，不予补救的方以撤销论。补救方法包括补正和转换。补救后，行政行为在法律评价上为合法，其基于程序取得的各种效力不再受原违法情形的影响。① 这种理念在我国部分地方立法和学者起草的行政程序法草案中已有所体现。② 不过，不论国外行政程序法典还是国内行政程序法专家试拟稿，都没有涉及越权代理行政行为的效力问题。对于越权代理的行政行为，可以比照民事越权代理的效力制度设立追认制度，即允许委托行政主体对越权代理行为予以追认。追认后，越权代理行政行为的效力不受影响；拒绝追认的，则以可撤销论。③

综上可见，对违法行政行为应根据法律评价将其效力分为无效、可撤销、可补正、可转换或可追认等多个层次，在认识上有一定统一性。如果把上述行政行为的法评价效力概念转化为法律义务的话，则作出行政行为的行政主体以及相应的复议机关、人民法院对无效、可撤销、可补正、可转换、可追认、可变更的行政行为承担着确认无效、撤销、补正、转换、追认或变更的法律义务。正是这种义务构成了整个行政救济制度的逻辑基础。以上行政行为的法律评价效力可参见图 5-4。

指导案例 88 号"张道文、陶仁等诉四川省简阳市人民政府侵犯客运人力三轮车经营权案"④ 体现了司法机关对于行政行为基于法律评价效力多元化的认识，可以帮助读者更好地理解这一问题。

---

① 参见《德国联邦行政程序法》第 45 条和第 47 条、我国台湾地区"行政程序法"第 114 和 116 条、《西班牙公共行政机关法律制度及共同的行政程序法》第 65 条、《葡萄牙行政程序法》第 137 条以及我国澳门特别行政区《行政程序法》第 118 条。
② 参见《湖南省行政程序规定》第 161 条、第 162 条、第 164 条，马怀德起草的《行政程序法（试拟稿）》第三章第八节，以及王万华起草的《行政程序法（试拟稿）》第五章。
③ 相关论述参见杨登峰：《行政越权代理行为的追认——以民法规范在行政法中的应用为路径》，载《甘肃政法学院学报》2012 年第 4 期。
④ 最高人民法院审判委员会讨论通过，2017 年 11 月 15 日发布。

第五章　行政行为

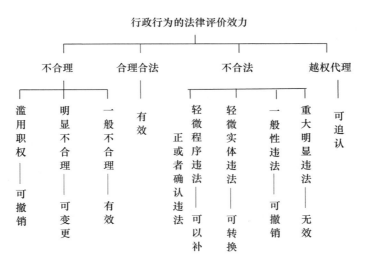

图 5-4　行政行为的法律评价效力

◆ [指导案例 88 号] 张道文、陶仁等诉四川省简阳市人民政府侵犯客运人力三轮车经营权案

【案情概要】

1994 年 12 月 12 日，四川省简阳市人民政府（以下简称"简阳市政府"）以通告的形式，对本市区范围内客运人力三轮车实行限额管理。1996 年 8 月，简阳市政府对人力客运老年车改型为人力客运三轮车（240 辆）的经营者每人收取了有偿使用费 3500 元。1996 年 11 月，简阳市政府对原有的 161 辆客运人力三轮车经营者每人收取了有偿使用费 2000 元。从 1996 年 11 月开始，简阳市政府开始实行经营权的有偿使用，有关部门也对限额的 401 辆客运人力三轮车收取了相关的规费。1999 年 7 月 15 日、7 月 28 日，简阳市政府针对有偿使用期限已届满两年的客运人力三轮车，发布《关于整顿城区小型车辆营运秩序的公告》（以下简称《公告》）和《关于整顿城区小型车辆营运秩序的补充公告》（以下简称《补充公告》）。其中，《公告》要求"原已具有合法证照的客运人力三轮车经营者必须在 1999 年 7 月 19 日至 7 月 20 日到市交警大队办公室重新登记"，《补充公告》要求"经审查，取得经营权的登记者，每辆车按 8000 元的标准（符合《公告》第 6 条规定的每辆车按 7200 元的标准）交纳经营权有偿使用费"。张道文、陶仁等 182 名客运人力三轮车经营者认为简阳市政府作出的《公告》第 6 条和《补充公告》第 2 条的规定形成重复收费，侵犯其合法经营权，向简阳市人民法院提起行政诉讼，要求判决撤销简阳市政府作出的上述《公告》和《补充公告》。

【裁判结果】

1999年11月9日，简阳市人民法院依照《行政诉讼法》第54条第1项之规定，以〔1999〕简阳行初字第36号判决维持简阳市政府1999年7月15日、1999年7月28日作出的行政行为。张道文、陶仁等不服提起上诉。2000年3月2日，资阳地区中级人民法院以〔2000〕资行终字第6号行政判决驳回上诉，维持原判。2001年6月13日，四川省高级人民法院以〔2001〕川行监字第1号行政裁定指令资阳市（原资阳地区）中级人民法院进行再审。2001年11月3日，资阳市中级人民法院以〔2001〕资行再终字第1号判决撤销原一审、二审判决，驳回原审原告的诉讼请求。张道文、陶仁等不服，向四川省高级人民法院提出申诉。2002年7月11日，四川省高级人民法院作出〔2002〕川行监字第4号驳回再审申请通知书。张道文、陶仁等不服，向最高人民法院申请再审。2016年3月23日，最高人民法院裁定提审本案。2017年5月3日，最高人民法院作出〔2016〕最高法行再81号行政判决：第一，撤销资阳市中级人民法院〔2001〕资行再终字第1号判决；第二，确认简阳市人民政府作出的《关于整顿城区小型车辆营运秩序的公告》和《关于整顿城区小型车辆营运秩序的补充公告》违法。

【裁判理由】

最高人民法院认为，本案涉及以下三个主要问题：

第一，关于被诉行政行为的合法性问题。从法律适用上看，《四川省道路运输管理条例》第4条规定"各级交通行政主管部门负责本行政区域内营业性车辆类型的调整、数量的投放"和第24条规定"经县级以上人民政府批准，客运经营权可以实行有偿使用。"四川省交通厅制定的《四川省小型车辆客运管理规定》（川交运〔1994〕359号）第8条规定："各市、地、州运管部门对小型客运车辆实行额度管理时，经当地政府批准可采用营运证有偿使用的办法，但有偿使用期限一次不得超过两年。"可见，四川省地方性法规已经明确对客运经营权可以实行有偿使用。四川省交通厅制定的规范性文件虽然早于地方性法规，但该规范性文件对营运证实行有期限有偿使用与地方性法规并不冲突。基于行政执法和行政管理需要，客运经营权也需要设定一定的期限。从被诉的行政程序上看，程序明显不当。被诉行政行为的内容是对原已具有合法证照的客运人力三轮车经营者实行重新登记，经审查合格者支付有偿使用费，逾期未登记者自动弃权。该被诉行为是对既有的已经取得合法证照的客运人力三轮车经营者收取有偿使用费，而上述客运人力三轮车经营者的权利是在1996年通过经营权许可取得的。前后两个行政行为之间存在承继和连接关系。对于1996年的经营权许可行为，行政机关作出行政许可等授益性行政行为时，应当明确告知行政许可的期限。行政机关在作出行政许可时，行政相对人也有权知晓行政许可的期限。行政机关在1996年实施人力客运三轮车经营权许可之时，未告知张道文、陶仁等人人力客运三轮车两年的经营权有偿使用期限。张道文、陶仁等人并不知道其经营权有偿使用的期限。简阳市政府1996年的经营权许可在程序上存在明显不当,直接导致与其存在前后承继关系的本案被诉行政行为的程序明显不当。

第二,关于客运人力三轮车经营权的期限问题。申请人主张,因简阳市政府在1996年实施人力客运三轮车经营权许可时未告知许可期限,据此认为经营许可是无期限的。最高人民法院认为,简阳市政府实施人力客运三轮车经营权许可,目的在于规范人力客运三轮车经营秩序。人力客运三轮车是涉及公共利益的公共资源配置方式,设定一定的期限是必要的。客观上,四川省交通厅制定的《四川省小型车辆客运管理规定》也明确了许可期限。简阳市政府没有告知许可期限,存在程序上的瑕疵,但申请人仅以此认为行政许可没有期限限制,最高人民法院不予支持。

第三,关于张道文、陶仁等人实际享受"惠民"政策的问题。简阳市政府根据当地实际存在的道路严重超负荷、空气和噪声污染严重、"脏、乱、差""挤、堵、窄"等问题进行整治,符合城市管理的需要,符合人民群众的意愿,其正当性应予肯定。简阳市政府为了解决因本案诉讼遗留的信访问题,先后作出两次"惠民"行动,为实质性化解本案争议作出了积极的努力,其后续行为也应予以肯定。本院对张道文、陶仁等人接受退市营运的运力配置方案并作出承诺的事实予以确认。但是,行政机关在作出行政行为时必须恪守依法行政的原则,确保行政权力依照法定程序行使。

最高人民法院认为,简阳市政府作出《公告》和《补充公告》在行政程序上存在瑕疵,属于明显不当。但是,虑及本案被诉行政行为作出之后,简阳市城区交通秩序得到好转,城市道路运行能力得到提高,城区市容市貌持续改善,以及通过两次"惠民"行动,原401辆三轮车绝大多数已经分批次完成置换,如果判决撤销被诉行政行为,将会给行政管理秩序和社会公共利益带来明显不利影响。最高人民法院根据《最高人民法院关于执行〈中华人民共和国行政诉讼法〉若干问题的解释》第58条的规定,确认被诉行政行为违法。

《最高人民法院公报》编者就本案撰写的裁判要点指出:第一,行政许可具有法定期限,行政机关在作出行政许可时,应当明确告知行政许可的期限,行政相对人也有权利知道行政许可的期限。第二,行政相对人仅以行政机关未告知期限为由,主张行政许可没有期限限制的,人民法院不予支持。第三,行政机关在作出行政许可时没有告知期限,事后以期限届满为由终止行政相对人行政许可权益的,属于行政程序违法,人民法院应当依法判决撤销被诉行政行为。但如果判决撤销被诉行政行为,将会给社会公共利益和行政管理秩序带来明显不利影响的,人民法院应当判决确认被诉行政行为违法。

(二)情势变化对合法行政行为效力的消解

原本合法、合理的行政行为,在时代变迁中随着法律和社会条件的变化,也会变得不再合法、合理。有些行政行为的部分效力甚至全部效力需要中止或废除。由此，行政行为的撤回、中止、终止等效力制度便获得正当性基础。

1. 行政行为的撤回（废止）

行政行为生效后，如果社会情势发生巨大变化，或者所依据的法律予以修订、废止，致使该行政行为所产生的效果与新的社会要求或新的立法目的相抵触，则该行政行为继续发生效力就不再具有绝对的正当性。此时，积极地废除尚在发生作用的行政行为的效力就有其必要，相应的，该行政行为的效力也就具有可撤回或者可废止性。《德国联邦行政程序法》第49条第1款规定，即便合法、授益的行政行为在获得存续力后，如基于事后发生的事实或法规的修改，即有不作出该行政行为的正当性，且不废止该行政行为就会危害公益，仍可全部或部分以对将来的效力废止。也就是说，在上述情形下，生效行政行为基于程序所取得的拘束力、执行力处于应撤回状态。我国《行政许可法》第8条规定："公民、法人或者其他组织依法取得的行政许可受法律保护，行政机关不得擅自改变已经生效的行政许可。行政许可所依据的法律、法规、规章修改或者废止，或者准予行政许可所依据的客观情况发生重大变化的，为了公共利益的需要，行政机关可以依法变更或者撤回已经生效的行政许可。由此给公民、法人或者其他组织造成财产损失的，行政机关应当依法给予补偿。"

2. 行政行为的效力中止与终结

行政行为生效后，如果发生特定事由，致使行政行为的某些效力或全部效力不可能继续发生作用，其效力就不得不暂时停止，归于休眠状态，直到阻却该效力发生的事由消失后再恢复发生作用。此时，行政行为的效力便处于应中止状态，由此建立的制度即为效力中止制度。① 行政行为生效后，如果发生特定情况，致使行政行为设定的权利义务永远无法实现，则其基于程序所取得的拘束力和执行力应当永远停止、不再恢复。此时，行政行为的效力便处于应终结状态，由此建立的制度即为效力终结制度。②

行政行为的撤回、中止与终结虽都源于行政行为的外在因素，但中止与终结的缘由在于外在条件的变化致使行政行为设定的权利义务暂时或永远无法实现，而撤回的缘由在于行政行为设定的权利义务继续实现不再具有正当性。本质上，撤回、中止与终结也是作出行政行为的行政主体以及相应的复议机关、人民法院所承担的法律义务。

行政行为的三类效力在整个行政法律体系中发挥不同的功能。行政行为基于行政程序的进行所取得的效力，成为其他法律制度的逻辑基础——在行政强制法中，行政强制执行程序的启动端赖于行政行为的执行力；在行政复议法、行政诉讼法中，当事人身份

---

① 参见《行政复议法》第21条、《行政诉讼法》第56条、《行政诉讼法》第39条。
② 参见《行政强制法》第40条。

的界定立基于行政行为的拘束力。行政行为基于法律评价应具有的效力，构成了行政救济制度发挥功能的动因，是当事人攻击行政行为基于程序取得的效力的武器装备，是申请确认行政行为无效或申请撤销、变更、补正、转换、追认行政行为的基本理由，是行政主体以及救济机关确认行政行为无效或撤销、变更、补正、转换、追认行政行为的根据。行政行为基于情势变化应具有的效力，不但成为阻却行政行为基于程序所取得的效力发生或持续发生的因素，还可能成为阻却行政行为基于法律评价应具有的效力功能发挥的因素，使相关法律评价及其引起的救济程序的进行失去意义。经由这些效力，法律、行政与时代发展的适应性得到体现，社会进步得到促进。在行政强制执行、行政救济等制度中，这些效力或者使已形成的行政秩序归于消灭，或者使正在进行中的行政执行或行政救济程序归于中止或终结。总之，三类效力相互衔接、有机协调，使整个行政法既能维护公共利益，又能保护个人利益，既能维护法秩序的安定性，又能保持与时俱进。

思考题

1. 与其他法律行为相比较，行政行为有什么特点？
2. 内部行政行为与外部行政行为有何异同？
3. 有利（授益）的行政行为与不利（侵益）的行政行为的划分有什么意义？
4. 行政行为（具体行政行为）与行政规定（抽象行政行为）的划分目的何在？如何区别？
5. 羁束行政行为与裁量行政行为有何不同？划分有什么意义？
6. 程序性行政行为与实体性行政行为有何区别？划分有何价值？
7. 什么是附条件行政行为？附条件的种类和后果有哪些？
8. 行政行为的成立与行政行为的生效有何区别与关联？
9. 附条件的行政行为于所附条件成就时生效，这句话该如何理解？
10. 如何理解行政行为效力的本质？
11. 行政行为的拘束力与行政行为的存续力有何区别？
12. 行政行为的要件效力和确认效力有何应用价值？
13. 行政行为的撤销与撤回有何区别？
14. 行政行为的补正与改正（转换）有何区别？
15. 行政行为基于程序取得的形式效力与基于法律评价所处的实质效力之间的关系如何理解？
16. 某地政府为保护农村公路，在农村公路上设置了限高限宽设施，致使超高超宽车辆只能绕道行驶。有驾驶员不服，提起行政诉讼。请问，当地政府设置限高限宽设施的行为是否属于行政行为？属于何种行政行为？

拓展研读案例

1. 马光俊不服湖北省武汉市蔡甸区人民政府侏儒街办事处等地矿行政决定案[1]

本案争议焦点：被告制发的《关于停止蔡甸区国有洪北林场森林地带石材开采行为的通知》是否属于具体行政行为。

本案裁判要旨：通知是否属于具体行政行为因内容而定。若通知的内容为单纯告知此前作出的行政决定内容，或重复引述行政合同条款，对外不产生实际影响，不属于具体行政行为；若通知同时具有针对特定相对人独立产生实际影响的内容，应属具体行政行为。

2. 封丘县电业局诉封丘县卫生局撤销检查笔录案[2]

本案争议焦点：被告封丘县卫生局在新乡市宏源食品有限公司检查后出具的现场检查笔录是否属于具体行政行为。

本案裁判要旨：行政机关在执法过程中制作的现场检查笔录属于记录客观事实的证据，没有确定当事人的权利义务，不属于具体行政行为，不具有可诉性。

3. 广州市海龙王投资发展有限公司诉广东省广州市对外经济贸易委员会行政处理决定纠纷案[3]

本案争议焦点：上级行政机关对下级所作的批复、指示、指令、责令等内部行政行为，如果影响了外部相对人的合法权益，属于内部行政行为还是外部行政行为，外部相对人是否可以提起行政诉讼？

本案终审判决：珠江侨都项目筹委会是按照广州市人民代表大会常务委员会《关于审议市人民政府办理市九届人大三次会议第42号议案实施方案的决议》成立的一个指导和协调机构，该决议对筹委会的性质和职责有明确的说明。珠江侨都项目筹委会与被上诉人广州市外经委之间不存在行政隶属关系。筹委会的纪要只具有行政指导性质，不具有强制力，该纪要关于"同意海龙王公司参加珠江侨都项目的投资"的表述，不能改变侨都公司各方的法律地位。海龙王公司只有通过与珠江侨都公司各方谈判，并经过主管机关依照法定程序予以审批，成为珠江侨都公司的股东，方可拥有对珠江侨都项目的投资开发权。有关珠江侨都项目的工作纪要，并不能在法律上产生新的权利和义务关

---

[1] 参见湖北省武汉市中级人民法院〔2009〕武行终字第93号行政判决书。另参见最高人民法院行政审判庭编：《中国行政审判案例》（第3卷），中国法制出版社2013年版，第1—4页。
[2] 参见河南省新乡市中级人民法院〔2010〕新行终字第948号行政裁定书。另参见最高人民法院行政审判庭编：《中国行政审判案例》（第3卷），中国法制出版社2013年版，第15—18页。
[3] 本案刊载于《最高人民法院公报》2002年第6期。

系，不具有行政法律效力。上诉人海龙王公司认为筹委会的工作纪要与被上诉人广州市外经委的233号通知与其形成了法律上的利害关系的上诉理由不能成立。

说明：本案对于理解行政行为概念具有参考价值。

4. 兰州常德物资开发部不服兰州市人民政府收回土地使用权批复案①

本案争议焦点：第一，土地使用者取得土地使用权后，不具有法律规定的应予收回土地使用权的情形，土地管理部门能否收回其土地使用权；第二，法院的判决已经发生法律效力，行政机关能否作出与法院判决内容相违背的行政行为。

本案终审判决：常德开发部不具有法律规定的应予收回土地使用权的情形。被上诉人兰州市政府的兰政地字〔1991〕第42号批复中，对收回常德开发部土地使用权所适用的法律依据，只笼统提到"根据《土地管理法》和《甘肃省实施土地管理办法》的有关规定"，未引出适用的具体条文，违反了法定程序。

说明：本案对于理解行政行为的撤回制度有一定参考作用。

5. 罗边槽村一社不服重庆市人民政府林权争议复议决定行政纠纷上诉案②

本案涉及行政行为的成立及其效力。主要争议焦点：林权争议处理机构没有在林木林地权属争议调解协议书加盖公章，但是上报同级人民政府备案的报告中加盖了公章的，该调解协议书是否有效。

本案终审判决：重庆市丰都县高家镇罗边槽村一、四社之间的林地林木权属争议，在丰都县林业局、高家镇人民政府、高家镇林业站、罗边槽村村民委员会调解下，达成了《林木林地权属争议调解协议》。虽然该调解协议书未加盖林权争议处理机构的印章，与林业部《林木林地权属争议处理办法》第18条关于"林权争议经林权争议处理机构调解达成协议的，当事人应当在协议上签名或者盖章，并由调解人员署名，加盖林权争议处理机构印章，报同级人民政府或者林业行政主管部门备案"的规定不尽一致，但丰都县林业局以丰都林发〔1997〕46号文向丰都县人民政府呈报的《关于高家镇罗边槽村一、四社林地林木权属争议的调解情况的报告》中盖有林业局的印章，附有调解协议书，可视为林业局对该调解协议书的认可；而且该调解协议书被重庆市第三中级人民法院〔1998〕渝三中民终字第275号民事判决认定为具有法律效力。……在罗边槽村一、四社已经达成调解协议，并被人民法院的生效判决认定为具有法律效力的情况下，重庆市丰都县人民政府又作出丰都府发〔1998〕157号《关于高家镇罗边槽村一、四社林权争议的处理决定》，否定该调解协议具有法律效力，与人民法院的生效判决相抵触，属

---

① 本案刊载于《最高人民法院公报》2000年第4期。
② 本案刊载于《最高人民法院公报》2000年第6期。

于超越职权。

说明：本案对于了解行政行为的效力制度有一定帮助。

6. 董永华等诉重庆市人民政府拆迁行政复议案①

本案裁判要旨：第一，当事人认为复议机关不予受理的裁定侵犯其合法权益，以复议机关为被告向人民法院提起行政诉讼，人民法院应予受理。第二，行政行为虽未明确具体指向的对象，但其对象是可确定的，该行政行为不能反复适用，属于具体行政行为，相对人不服，可以申请行政复议。

说明：本案有助于理解具体行政行为与抽象行政行为的划分问题。

7. 建明食品公司诉泗洪县政府检疫行政命令纠纷案②

【案情概要】

2001年4月，经被告泗洪县政府批准，原告建明食品公司成为泗洪县的生猪定点屠宰单位之一。在分别领取了相关部门颁发的企业法人营业执照、动物防疫合格证、税务登记证等证件后，建明食品公司开始经营生猪养殖、收购、屠宰、销售和深加工等业务。2003年5月18日，泗洪县政府下设的临时办事机构县生猪办向本县各宾馆、饭店、学校食堂、集体伙食单位、肉食品经营单位以及个体经营户发出《屠宰管理通知》。该通知第1项称，"县城所有经营肉食品的单位及个体户，从5月20日起到县指定的生猪定点屠宰厂采购生猪产品，个体猪肉经销户一律到定点屠宰厂屠宰生猪（县肉联厂）"。2003年5月22日，泗洪县政府分管兽医卫生监督检验工作的副县长电话指示县兽检所，停止对县肉联厂以外的单位进行生猪检疫。建明食品公司报请县兽检所对其生猪进行检疫时，该所即以分管副县长有指示为由拒绝。建明食品公司认为，分管副县长的电话指示侵犯其合法权益，遂提起行政诉讼，请求确认"电话指示"违法。需说明的是，在本案诉讼之前，原告建明食品公司因对县生猪办在《屠宰管理通知》中仅标注县肉联厂为生猪定点屠宰厂不服，曾于2004年8月4日以泗洪县政府为被告，另案提起过行政诉讼。宿迁市中级人民法院〔2004〕宿中行初字第06号行政判决确认，泗洪县政府下设的县生猪办在《屠宰管理通知》中仅将县肉联厂标注为生猪定点屠宰厂，侵犯了建明食品公司的公平竞争权，这一行政行为违法。该行政判决已发生法律效力。

---

① 参见最高人民法院〔2001〕行终字第14号行政判决书。另参见最高人民法院行政审判庭编：《中国行政审判指导案例》（第1卷），中国法制出版社2010年版，第16—21页。

② 本案刊载于《最高人民法院公报》2006年第1期。本案法院认为，审查行政机关内部上级对下级作出的指示是否属于外部行政行为，是否属于人民法院行政诉讼受案范围内的可诉行政行为，应当从指示内容是否对公民、法人或者其他组织权利义务产生了实际影响着手。在行政管理过程中，上级以行政命令形式对下级作出的指示，如果产生了直接的、外部的法律效果，当事人不服提起行政诉讼的，人民法院应当受理。

原告认为自己在生猪被屠宰前后依法由第三人进行检疫、检验，而在2003年5月22日，被告的分管副县长电话指示第三人停止对原告的生猪进行检疫，致使生猪无法屠宰和上市销售，企业被迫停业，因而请求确认被告分管副县长的"电话指示"违法。被告泗洪县政府则认为，分管副县长的电话指示是根据2003年5月18日的《屠宰管理通知》作出的，是分管副县长对自己的下属单位县兽检所作出的，属于行政机关内部的行政指导行为，且指示内容没有提到原告，不会直接对原告的权利义务产生影响，因此，电话指示不具有可诉性。

【争议焦点】

如何评价分管副县长的电话指示行为，该行为是否可诉。

【法院裁判】

宿迁市中级人民法院一审意见认为：被告泗洪县政府的分管副县长为进一步贯彻落实县生猪办发布的《屠宰管理通知》，才给县兽检所发出电话指示，指示内容与《屠宰管理通知》一致。这个电话指示对县兽检所的检疫职责不具有强制力，是行政机关内部的行政指导行为；电话指示内容未提及原告建明食品公司，不会对建明食品公司的权利义务产生直接影响。《最高人民法院关于执行〈中华人民共和国行政诉讼法〉若干问题的解释》（以下简称《行诉法解释》）第1条第2款第4项、第6项规定，不具有强制力的行政指导行为和对公民、法人或者其他组织权利义务不产生实际影响的行为，不属于人民法院行政诉讼受案范围。《行政诉讼法》第41条第4项规定，提起诉讼应当符合属于人民法院受案范围和受诉人民法院管辖的条件。泗洪县政府分管副县长的电话指示不具有提起行政诉讼的条件，不是可诉的行政行为。一审法院依照《行诉法解释》第44条第1款第1项关于"请求事项不属于行政审判权限范围的，应当裁定不予受理；已经受理的，裁定驳回起诉"的规定，于2005年6月22日裁定：驳回原告建明食品公司的起诉。

一审裁决后，建明食品公司不服，提起上诉。上诉人认为，自己是经被上诉人依法批准设立的生猪定点屠宰单位之一，经营手续完备，享有与同类企业同等的权利和义务，任何单位和个人不得阻碍其自主经营。上诉人报请检疫时，第三人县兽检所并非以定点屠宰资格已在《屠宰管理通知》中被取消为由拒绝检疫，而是以分管副县长电话指示为由停止对上诉人所生产产品进行检疫。在《屠宰管理通知》中，县生猪办只是将泗洪县的定点屠宰场所标注为县肉联厂，而并没有取消上诉人的定点屠宰资格，况且县生猪办的这个行政行为已被生效判决确认为违法，因而上诉人并没有丧失生猪屠宰资格。反而恰恰是分管副县长的电话指示，有关内容则完全剥夺了上诉人作为定点屠宰单位享有的报请检疫权利。电话指示内容与《屠宰管理通知》不同，不是落实《屠宰管理通知》，不能与《屠宰管理通知》混为一谈。正是由于有分管副县长这个电话指示，县兽检所才拒绝履行对上诉人的生猪进行检疫的职责。"电话指示"是对内对外均具有约束力的行政强制命令，其目的是要限制上诉人的正常经营，故应属于可诉的行政行为。一审以电话指示属内部行政指导行为为由，裁定驳回上诉人的起诉，是错误的。针对上诉人的上诉理由，被上诉人泗洪县政府的答辩理由与一审的答辩理由基本相同。

针对双方当事人争辩的焦点问题，二审法院认为：被上诉人泗洪县政府的分管副县长2003年5月22日的电话指示，是对其下级单位原审第三人县兽检所作出的。审查行政机关内部上级对下级作出的指示是否属于人民法院行政诉讼受案范围内的可诉行政行为，应当从指示内容是否对公民、法人或者其他组织权利义务产生了实际影响着手。上诉人建明食品公司是依法经批准设立的定点生猪屠宰单位，至本案纠纷发生时，建明食品公司的定点屠宰厂（场）资格并没有依照法规规定的程序被取消。在《屠宰管理通知》里，县生猪办仅是将该县生猪定点屠宰点标注为县肉联厂，没有否定建明食品公司的定点屠宰厂（场）资格。由于《屠宰管理通知》里没有将建明食品公司标注为该县生猪定点屠宰点，在建明食品公司起诉后，县生猪办的这个行政行为已经被人民法院的生效行政判决确认为违法。

县兽检所当时以分管副县长有电话指示为由拒绝检疫，可见该电话指示是县兽检所拒绝履行法定职责的唯一依据。分管副县长在该县仅有两家定点屠宰场所还在从事正常经营活动的情况下，电话指示停止对县肉联厂以外单位的生猪进行检疫，指示中虽未提及建明食品公司的名称，但实质是指向该公司。分管副县长就特定事项、针对特定对象所作的电话指示，对内、对外均发生了效力，并已产生了影响法人合法权益的实际后果，故属于人民法院行政诉讼受案范围内的可诉行政行为。

在认定"电话指示"是否属于行政指导行为时，二审法院特别指出：行政指导行为，是指行政机关在行政管理过程中作出的具有示范、倡导、咨询、建议等性质的行为。分析被上诉人泗洪县政府分管副县长作出的关于"停止……检疫"电话指示，既不是行政示范和倡导，也不具有咨询、建议等作用，实质是带有强制性的行政命令。泗洪县政府关于该指示属于行政机关内部行政指导行为的答辩理由不能成立。

基于以上分析，二审法院进一步指出："电话指示"是分管副县长在履行公务活动中行使职权的行为，其后果应由泗洪县政府承担。上诉人建明食品公司不服该指示，以泗洪县政府为被告提起行政诉讼，该起诉符合法定条件，人民法院应当依法受理。一审以该指示属于内部行政指导行为为由，裁定驳回建明食品公司的起诉，是错误的。江苏省高级人民法院遂于2005年9月19日裁定：第一，撤销一审行政裁定；第二，本案由一审法院继续审理。

拓展研读文献

1. 杨海坤、蔡翔：《行政行为概念的考证分析与重新建构》，载《山东大学学报（哲学社会科学版）》2013 年第 1 期；

2. 江必新：《行政行为效力判断之基准与规则》，载《法学研究》2009 年第 5 期；

3. 叶必丰：《最高人民法院关于无效行政行为的探索》，载《法学研究》2013 年第 6 期；

4. 叶必丰：《行政行为的分类：概念重构抑或正本清源》，载《政法论坛》2005 年第 5 期；

5. 叶必丰：《行政行为执行力的追溯》，载《法学研究》2002 年第 5 期；

6. 成协中：《行政行为违法性继承的中国图景》，载《中国法学》2016 年第 3 期；

7. 何海波：《论行政行为"明显不当"》，载《法学研究》2016 年第 3 期；

8. 何海波：《行政行为的合法要件——兼议行政行为司法审查根据的重构》，载《中国法学》2009 年第 4 期；

9. 何海波：《具体行政行为的解释》，载《行政法学研究》2007 年第 4 期；

10. 王贵松：《行政行为无效的认定》，载《法学研究》2018 年第 6 期；

11. 王贵松：《论行政行为的违法性继承》，载《中国法学》2015 年第 3 期；

12. 杨登峰：《行政行为程序瑕疵的指正》，载《法学研究》2017 年第 1 期；

13. 杨登峰：《行政行为撤销要件的修订》，载《法学研究》2011 年第 3 期；

14. 杨登峰：《程序违法行政行为的补正》，载《法学研究》2009 年第 6 期；

15. 杨登峰：《对未送达行政行为作出撤销判决还是确认未生效——基于第 38 号指导案例及相关案例的思考》，载《政治与法律》2016 年第 3 期；

16. 杨登峰：《实体违法行政行为的改正》，载《政治与法律》2015 年第 3 期；

17. 杨登峰：《论合法行政行为的撤回》，载《政治与法律》2009 年第 4 期；

18. 杨登峰：《行政决定效力的本质与体系》，载《行政法学研究》2013 年第 4 期；

19. 张淑芳：《具体行政行为内容合法研究》，载《行政法学研究》2007 年第 1 期；

20. 章志远：《新〈行政诉讼法〉实施对行政行为理论的发展》，载《政治与法律》2016 年第 1 期；

21. 章志远：《行政行为无效问题研究》，载《法学》2001 年第 7 期；

22. 周佑勇：《论行政行为的内容与形式》，载《法商研究》1998 年第 4 期；

23. 叶必丰：《行政行为原理》，商务印书馆 2014 年版；

24. 章志远：《行政行为效力论》，中国人事出版社 2003 年版；

25. 杨登峰：《行政行为的多元矫正制度研究》，清华大学出版社 2018 年版；

26. 张峰振：《违法行政行为治愈论》，中国社会科学出版社 2015 年版。

第六章 行政程序

本章主要讲解行政程序。行政程序是行政主体作出行政行为的程序，是对行政主体之行政活动进行事中规范与制约的重要法律制度，内容包括行政程序的概念与功能、行政程序的类型、行政管辖、行政证据、行政步骤与时限等。迄今为止，我国没有制定统一的行政程序法典，对上述内容尚无统一的法律规定，因此，学习时需要结合《行政处罚法》《行政许可法》和《行政强制法》等法律中的相关程序规定和一些省市人民政府制定的行政程序规定如《湖南省行政程序规定》和《山东省行政程序规定》等地方立法来学习。

第一节 行政程序概述

一、行政程序的概念与功能

行政程序是行政主体作出行政行为的手段、方式、步骤与时限等的总和。程序是一个非常宽泛的概念，在各种领域均有使用，如计算机程序、操作程序等。法律程序属于众多程序中的一种，而行政程序则是法律程序的一种。在法律程序中，根据程序所规范的主体与功能来划分，除了行政程序，还有选举程序、立法程序、司法程序与民事程序等。其中，选举程序是选民选举代表或者公职人员的程序，立法程序是立法主体制定法律规范的程序，司法程序是法院裁判法律案件的程序，民事程序则是民事主体处理民事事务的程序。相应的，行政程序就是行政主体就行政事务作出决定的程序。

程序是法律调整的重要对象。调整程序的法律称为"程序法"。程序法包括选举程序法、立法程序法、司法程序法等，调整行政程序的法律规范总称为"行政程序法"。在行政法领域，行政程序法与行政实体法相对。行政实体法规定行政主体应当做什么，为行政主体设定职权与职责。行政程序法规定行政主体应当怎么做，为行政主体设定行使职权、履行职责的方式与手段。因此，行政程序法总体上是服务于行政实体法的，具有工具性。不过，前文已经讲过，除了服务于行政实体法之外，行政程序法还具有制约和规范行政权力的功能，因而也具有独立的价值与功能。

行政程序法在整个行政法中处于非常重要的地位。行政法分为一般行政法和特别行政法。一般行政法总体上属于程序法，特别行政法总体上属于实体法。在一般行政法中，程序法还可进一步分为权力实现的程序法和权利救济的程序法两大类。权力实现的程序法还可以进一步分为作出决定的程序法和执行决定的程序法两大类。从这一角度看，行政程序法总体上属于作出决定的程序法，行政强制法属于执行决定的程序法。除此之外，行政复议程序、行政仲裁程序、行政申诉程序等则属于权利救济的程序。行政复议法、行政仲裁法与行政申诉法则属于权利救济的程序法。可以说，行政程序法是整个行政法的前提与基础。

二、行政程序的基本分类

分类是认识行政程序的基本路径与方法，也是分析行政法基本问题的工具。行政程序以不同标准可分为外部程序与内部程序、权利性程序与义务性程序、基本程序与辅助程序、一般程序与简易程序、权益性程序与技术性程序等。

（一）外部程序与内部程序

以行政程序所调整的主体关系不同可将其分为外部行政程序与内部行政程序。外部行政程序主要是为行政主体和行政相对人或者行政第三人设定程序性权利义务关系。例如，《行政许可法》第29条第1款规定："公民、法人或者其他组织从事特定活动，依法需要取得行政许可的，应当向行政机关提出申请。申请书需要采用格式文本的，行政机关应当向申请人提供行政许可申请书格式文本。申请书格式文本中不得包含与申请行政许可事项没有直接关系的内容。"此类程序便属于外部程序。内部行政程序则主要是为行政主体内部机构以及公务人员之间设定程序性权利义务。例如，《湖南省行政程序规定》第39条规定："重大行政决策方案草案经政府分管负责人审核后，由行政首长决定提交政府常务会议或者政府全体会议讨论。政府常务会议或者政府全体会议审议重大行政决策方案草案，应遵循以下程序：（一）决策承办单位作决策方案草案说明；（二）政府法制部门作合法性审查或者论证说明；（三）会议其他组成人员发表意见；（四）决策事项的分管负责人发表意见；（五）行政首长最后发表意见。"这类程序就属于内部程序。

划分外部行政程序与内部行政程序的意义在于：第一，内部行政程序不得对抗外部行政程序，即行政机关不得以内部行政程序违法为由而否认外部行政行为的效力；第二，行政复议法和行政诉讼法所要控制的程序违法主要为外部程序的违法，一般不涉及内部行政程序的违法。①

（二）权利性程序与义务性程序

根据行政程序对相对人或者行政第三人为一种权利还是义务，可将其分为权利性程序与义务性程序两类。所谓权利性程序，即这类程序对行政相对人或者行政第三人而言是一种权利，如事前告知、回避、听证、说明理由、救济权利告示、送达程序等。所谓义务性程序，即这类程序对行政相对人或者行政第三人而言是一种义务，如提交书面申请、提交有关证明材料、遵守一定期限、缴纳一定程序性费用等。不论是权利性程序还是义务性程序都是站在行政相对人或者行政第三人角度的界定，对于行政主体而言，每一项权利性程序反而是一种程序性义务，每一项义务性程序反而是一种程序性权利。

权利性程序与义务性程序所遵循的原则和发挥的功能是不同的。权利性程序遵循正当程序原则，即权利性程序必须达到基本的程序公平正义，保障行政相对人和利害关系人的基本程序权利。权利性程序旨在保障行政程序的公正性或者正当性，通过公正或者正当的行政程序制约行政权力的运作，保障行政相对人或者行政第三人的实体法权利。义务性程序遵循法定原则，即没有法律的规定，行政机关不得随意给行政相对人或者利害关系人设置或者增加此类程序。义务性程序旨在提高行政程序的有效性和便捷性，通过对行政相对人或者行政第三人设定必要的程序义务，为行政主体行使行政职权提供便利，提高行政效率。

由于权利性程序遵循正当程序原则，不遵循法定原则，程序的正当性是其基本要求，故这种程序不以成文法规定的程序为限，如果成文法规定的程序不能达到基本的程序公正要求，行政主体有义务按照正当程序原则的要求增加必要的程序，使程序达到正当性。行政行为该增加相应的程序而没有增加的，会构成违反法定程序。义务性程序则不然，由于它遵循法定原则，与正当程序原则无关，这种程序只能以成文法规定的程序为限，行政主体不能基于自身便利或者程序安全的考虑随意设置或者增加。在成文法没有规定的情形下，行政主体法外设置程序或者增加程序会造成违反法定程序。

（三）基本程序与辅助程序

根据程序在行政程序中所处的地位或者所发挥的功能，可以将行政程序分为基本程序和辅助程序。所谓基本程序，系指行政行为作出过程中的核心程序，如权利性程序中的告知、听取意见或者听证、说明理由、送达等程序，义务性程序中的提出申请、提供证明材料等程序。所谓辅助程序，则系指完成核心程序的程序要素，如听证程序就包括

---

① 参见胡建淼：《行政法学》（第四版），法律出版社2015年版，第603—604页。不过，胡建淼教授对内部行政程序与外部行政程序的划分与笔者不同。他认为："内部行政程序与外部行政程序是以内部行政行为与外部行政行为的划分为基础的。""内部行政程序，系指内部行政行为必须遵循的程序，如国家公务员的奖惩、任免，单位公车的管理等所涉程序。外部行政程序，系指外部行政行为必须遵循的程序，如行政处罚程序、行政强制程序等。"

听证权利的告知、听证的申请、听证的通知、听证的举行、听证记录等。单就听证程序的举行而言,《山东省行政程序规定》第 35 条规定:"听证会应当按照下列程序进行:(一)听证记录人查明听证参加人到场情况,宣布听证会纪律;(二)听证主持人宣布听证会开始,介绍听证主持人、听证记录人,宣布听证会内容;(三)决策事项承办单位工作人员陈述;(四)听证参加人发表意见;(五)围绕听证事项进行辩论。"可以说,这一条所包含的程序都属于听证程序的组成部分,都属于听证的子程序,属于辅助程序。

基本程序与辅助程序的功能是不同的。对于权利性基本程序而言,没有这些基本程序,程序的公正性或者正当性就可能得不到保证。但是,缺乏其中的部分辅助程序,或者其中的部分辅助程序存在瑕疵,程序的公正性或者正当性未必就得不到保证。例如,在听证过程中,听证记录人没有宣布听证会纪律,听证主持人没有介绍听证主持人、听证记录人,就进入听证程序,但其他听证程序均如法进行;或者听证主持人给予听证参加人发表意见的时间稍短,听证参加人感觉陈述与申辩没有尽兴或者尽如其意。再如,行政主体就其行政行为的事实根据和法律依据等均作了说明,但行政相对人觉得说明得还不够充分具体。对于义务性程序而言,基本程序必须以法律规定为前提,但基本程序的辅助程序则未必由法律来规定,一般情况下行政主体可以基于基本程序之要求作裁量性处理。

由于功能地位不同,基本程序与辅助程序之缺漏或者存在瑕疵的法律后果会不同。行政行为缺乏基本程序一般会构成程序违法,但行政行为缺乏辅助程序或者辅助程序存在瑕疵则未必会构成程序违法。因辅助程序产生的问题分两种情形:一种是辅助程序的缺乏致使基本程序的功能或者目的没有实现,这种辅助程序的缺乏也就等同于或者上升为基本程序的欠缺;另一种是,虽然辅助程序存在瑕疵,但不影响基本程序功能或者目的实现,这种辅助程序瑕疵也就停留在辅助程序层面。第一种辅助程序的缺乏会造成程序违法,但第二种辅助程序的缺乏或者瑕疵仅构成程序不当或者其他瑕疵,一般情形下不会造成程序违法。

(四)一般程序与简易程序

一般程序与简易程序是目前行政程序立法普遍采用的划分方法。顾名思义,一般程序是适用于一般案件的基本程序,简易程序则是适用于案情较为简单的案件的特别程序。比之于一般程序,简易程序具有以下特点:第一,适用于案情简单、清楚且对利害关系人权利影响小的行政行为。例如,《湖南省行政程序规定》第 87 条规定:"对事实简单、当场可以查实、有法定依据且对当事人合法权益影响较小的事项,行政机关可以适用简易程序作出行政执法决定,法律、法规对简易程序的适用范围另有规定的,从其规定。"第二,可以口头告知当事人行政执法决定的事实、依据和理由,并当场听取当事人的陈述与申辩。例如,《湖南省行政程序规定》第 88 条规定:"行政机关对适用简易程序的事项可以口头告知当事人行政执法决定的事实、依据和理由，并当场听取当事人的陈述与申辩。当事人提出的事实、理由或者证据成立的，行政机关应当采纳。不采纳的应当说明理由。"第三，可以当场作出行政执法决定。例如，《行政处罚法》第33条规定，"违法事实确凿并有法定依据，对公民处以五十元以下、对法人或者其他组织处以一千元以下罚款或者警告的行政处罚的，可以当场作出行政处罚决定。"第四，行政机关可以以格式化的方式作出。例如，《湖南省行政程序规定》第89条规定："适用简易程序的，可以当场作出行政执法决定。行政执法人员当场作出行政执法决定的，应当报所属机关备案。行政执法决定可以以格式化的方式作出。"

法律设置简易程序的目的在于提高行政效率，但对于行政主体而言，其约束力与一般程序没有本质区别，行政主体不得因其是简易程序而随意"简化"。

第二节　行　政　管　辖

行政管辖规定一项具体行政事务由哪个行政主体来处理。行政管辖分为级别管辖、地域管辖等种类。级别管辖主要规定上下级行政机关之间对同一属性行政事务的管辖权，地域管辖主要规定同级行政机关之间对同一属性行政事务的管辖权。除了级别管辖与地域管辖，还有指定管辖。所谓指定管辖，即当相关行政主体对管辖权发生争议时，报请共同的上一级行政机关就管辖予以裁决的程序。

从目前国内行政程序立法情形看，行政管辖是行政程序的重要组成部分。例如，《行政处罚法》第20条就地域管辖规定："行政处罚由违法行为发生地的县级以上地方人民政府具有行政处罚权的行政机关管辖。法律、行政法规另有规定的除外。"第21条就指定管辖规定："对管辖发生争议的，报请共同的上一级行政机关指定管辖。"再如，《湖南省行政程序规定》第12条就级别管辖规定："法律、法规、规章对上下级行政机关之间的行政职责分工未作明确规定的，上级行政机关应当按照有利于发挥行政效能、财权与事权相匹配、权力与责任相一致、管理重心适当下移等原则确定。下级行政机关能够自行决定和处理的行政事务，应当由下级行政机关自行决定和处理。"第13条就地域管辖规定："法律、法规、规章对地域管辖未作明确规定的，按照下列原则确定：（一）涉及公民身份事务的，由其住所地行政机关管辖；住所地与经常居住地不一致的，由经常居住地行政机关管辖；住所地与经常居住地都不明的，由其最后居住地行政机关管辖；（二）涉及法人或者其他组织主体资格事务的，由其主要营业地或者主要办事机构所在地行政机关管辖；（三）涉及不动产的，由不动产所在地行政机关管辖；（四）不属于本款第（一）至第（三）项所列行政事务的，由行政事务发生地的行政机关管辖。"第14条就指定管辖规定："行政机关之间发生职权和管辖权争议的，由争议各方协商解决,协商不成的,按照下列规定处理:(一)涉及职权划分的,由有管辖权的编制管理部门提出协调意见,报本级人民政府决定;(二)涉及执行法律、法规、规章发生争议的,由有管辖权的政府法制部门协调处理;对需要政府作出决定的重大问题,由政府法制部门依法提出意见,报本级人民政府决定。"可以说,上述规定基本体现了我国目前对于行政管辖的基本认识和基本做法。

行政管辖权可以从两个方面来理解:其一,它是行政实体法的内容,特别是行政组织法的内容。换句话说,行政管辖权就是行政职能、行政职权。其二,它也是行政程序法的内容,它决定着一项行政事务的归属与处理主体,对行政事务的处理发挥着分流作用。行政主体对其作出的行政行为是否拥有行政管辖权,常常是行政争议的焦点,也是审查行政行为合法与否的一项重要内容。这里以"上海远洋运输公司诉宁波卫生检疫所国境卫生检疫行政处罚决定案"[①]与"伊尔库公司诉无锡市工商局工商行政处罚案"[②]为例来说明。

◆ 上海远洋运输公司诉宁波卫生检疫所国境卫生检疫行政处罚决定案

【案情摘要】

1991年6月15日,原告所属"抚顺城"轮由日本抵达宁波镇海装卸区。同日,被告宁波卫生检疫所在镇海港区对该轮实施入境检疫。检疫时,发现该轮大厨顾勇康、二厨冯国强、服务员刘波均未持有由卫生检疫机关签发的健康证书,随即要求船方办理换证签发手续,但船长以三名从业人员所持由交通部颁发的海员健康证书是有效的为由,拒绝办理换证签发手续。同月18日,被告在北仑港区对"抚顺城"轮进行出境检疫时,又发现该轮大厨顾勇康、二厨冯国强、服务员刘波仍未持有由卫生检疫机关签发的健康证书,为此,被告再次要求船方办理换证签发手续,但船长以"根据上级通知执行办理"为由,再次予以拒绝。之后,该轮这三名从业人员随船出境。同月24日,被告根据《国境卫生检疫法实施细则》第109条第3项、第110条第1款的规定,决定对原告上海远洋运输公司所属"抚顺城"轮罚款人民币4900元。原告不服被告的处罚决定,于同年7月15日向中华人民共和国卫生检疫总所提出复议申请。卫生检疫总所根据《国境卫生检疫法实施细则》第107条第3项、第109条第3项、第110条的规定,于同年9月11日作出维持宁波卫生检疫所对原告罚款4900元的复议决定。原告不服卫生检疫总所的复议决定,于同年10月10日提起行政诉讼。

---

① 本案刊载于《最高人民法院公报》1992年第3期。
② 本案刊载于《最高人民法院公报》2006年第3期。

【争议焦点】

出入境交通工具上的食品从业人员以持有交通部颁发的海员健康证书为由拒绝办理卫生检疫部门签发的健康证书,卫生检疫机关是否可以对此予以行政处罚。

【法院裁决】

宁波市中级人民法院认为:根据《国境卫生检疫法实施细则》第 107 条第 3 项关于"入境、出境交通工具上的食品、饮用水从业人员应当持有卫生检疫机关签发的健康证书"的规定,原告上海远洋运输公司"抚顺城"轮大厨顾勇康、二厨冯国强、服务员刘波系入境、出境交通工具上的食品、饮用水从业人员,应当持有卫生检疫机关签发的健康证书,但是,顾勇康、冯国强、刘波只持交通部颁发的经上海远洋医院体检出具的海员健康证书,不符合《国境卫生检疫法实施细则》的有关规定。被告在出、入境卫生检疫时,要求船方办理健康证书签发手续,是依法行使卫生检疫职权,却两次遭到原告船长的拒绝。故被告对原告所属"抚顺城"轮作出罚款人民币 4900 元的处罚决定是合法的。①

上海远洋运输公司案反映出,由于遵循行政职权法定原则,行政管辖权一般按照法律对行政职权的规定来确定。在我国行政职权的划定不完全依赖于法律法规,行政编制方案也是确定行政职权的重要依据。因此,行政管辖权还得依据行政编制方案来确定。伊尔库公司案可以进一步说明这一点。

◆ 伊尔库公司诉无锡市工商局工商行政处罚案

【案情概要】

2003 年 3 月,伊尔库公司从俄罗斯泰坦集团进口一批丁苯橡胶,将其大部分存放至无锡储运公司仓库。同年 4 月 21 日,无锡市工商局在对无锡储运公司仓库进行检查时发现伊尔库公司存放的丁苯橡胶无中文标识,俄文标识上也没有注明生产年月和安全使用日期。当日,无锡市工商局开具锡工商经协字〔2003〕第 1003 号协助扣留财物通知书,并对该批丁苯橡胶进行扣留。2003 年 7 月 31 日,无锡市工商局作出锡工商强字〔2003〕经第 0702 号采取行政强制措施通知书,将该批丁苯橡胶封存,并告知伊尔库公司复议权利和诉讼权利。伊尔库公司并未在法定期限内主张权利。2003 年 9 月 27 日,无锡市工商局作出锡工商案〔2003〕第 97 号行政处罚决定,责令改正和罚款 119000 元,罚款上缴国库。伊尔库公司不服行政处罚,向江苏省工商行政管理局申请复议。江苏省工商行政管理局于 2004 年 3 月 30 日作出苏工商复字〔2004〕第 4 号行政复议决定,维持无

---

① 本案经过两审审理结案。二审法院浙江省高级人民法院支持了一审法院的观点。

锡市工商局的行政处罚决定。2004年6月3日,伊尔库公司认为无锡市工商局滥用职权、越权办案,违法扣留、查封其财产,违法处罚,侵犯了其合法权益,遂向无锡市崇安区人民法院提起行政诉讼,要求撤销无锡市工商局作出的锡工商案〔2003〕第97号行政处罚决定。

【争议焦点】

本案争议的焦点问题之一是:对存放在仓库中的丁苯橡胶,无锡市工商行政管理部门有无权力进行查处。

【法院裁决】

无锡市崇安区人民法院于2004年8月25日作出一审判决:维持被告无锡市工商局2003年12月29日作出的锡工商案〔2003〕第97号行政处罚决定。针对前述争议问题,无锡市崇安区法院认为:

国务院办公厅以国发办〔2001〕57号文印发的《国家工商行政管理总局职能配置内设结构和人员编制规定》的第1条规定:"将原由国家质量技术监督局承担的流通领域商品质量监督管理的职能,划归国家工商行政管理总局。"据此,应当认为,对流通领域内的商品质量进行监督管理,是工商行政管理部门的职能。原告伊尔库公司从俄罗斯泰坦集团进口的丁苯橡胶,经过转手已经进入流通领域;这批丁苯橡胶虽然存放在无锡储运公司仓库,但不是伊尔库公司自用,而是要销售,仅因被查获才未售出。无锡市工商局对进入流通领域的丁苯橡胶产品质量进行监督管理,没有越权。

《产品质量法》第36条规定:"销售者销售的产品的标识应当符合本法第二十七条的规定。"第27条第1款第4项规定:"限期使用的产品,应当在显著位置清晰地标明生产日期和安全试用期或者失效日期。"国家技术监督局颁布的《产品标识标注规定》第15条也规定:"限期使用的产品,应当标明生产日期和安全使用期或者失效日期。日期的表示方法应当符合国家标准规定或者采用年、月、日表示。生产日期和安全使用期或者失效时期应当印制在产品或者产品的销售包装上。"丁苯橡胶属于限期使用产品,根据国家标准和行业规范,该产品的质量保证期自生产日期起为两年。在原告伊尔库公司从俄罗斯进口的丁苯橡胶产品外包装上,没有中文标识,仅有的俄文标识上的生产日期也只注明2003年,未具体到月、日。在接受被告无锡市工商局查处过程中,伊尔库公司提交了该产品的中文标识,但这个中文标识上的生产日期仍为2003年,没有具体到生产月、日。伊尔库公司丁苯橡胶产品外包装上的标识,违反了产品质量法的规定。无锡市工商局在查处时,经过立案、调查、听证等程序,在违法事实清楚、证据确实的基础上作出行政处罚决定,对伊尔库公司的违法行为进行处罚。无锡市工商局的行政处罚行为符合行政处罚法和《工商行政管理机关行政处罚程序暂行规定》,程序合法。伊尔库公司是丁苯橡胶的销售者,无锡市工商局对伊尔库公司作出的处罚决定,没有适用

《产品质量法》第 36 条规定,而是直接援引第 27 条对生产者的规定进行处罚,虽然适用法律条款不完整,但该瑕疵不影响对伊尔库公司行政处罚行为的合法性。

伊尔库公司不服一审判决,向无锡市中级人民法院提起上诉。无锡市中级人民法院于 2004 年 11 月 19 日作出终审判决:驳回上诉,维持原判。无锡市中院认为:

涉案丁苯橡胶从俄罗斯泰坦集团进口后,已经经过一次转手,进入流通领域。作为从事钢材及化工产品销售工作的非生产性企业,上诉人伊尔库公司既非涉案丁苯橡胶的生产者,也不是使用者。伊尔库公司购得涉案丁苯橡胶,目的不是自用,而是用于销售,只是由于仓库被查封才未售出。本案事实清楚地表明,涉案丁苯橡胶已经离开了生产领域,尚未进入到消费领域。但无论涉案丁苯橡胶是存放在仓库中,还是存放在货架上或者存放在其他什么地点,都不影响其已进入流通领域的事实成立。故一审认定涉案丁苯橡胶进入流通领域,并无不当。被上诉人无锡市工商局对进入流通领域的丁苯橡胶产品质量进行监督管理,是履行产品质量法赋予的法定职责,不存在越权。伊尔库公司以涉案丁苯橡胶存放在仓库中尚未销售为由,认定应当由《进出口商品检验法》调整,工商机关无权查处,该上诉理由不能成立,不予采纳。

《产品质量法》第 54 条规定:"产品标识不符合本法第二十七条规定的,责令改正;有包装的产品标识不符合本法第二十七条第(四)项、第(五)项规定,情节严重的,责令停止生产、销售,并处违法生产、销售产品货值金额百分之三十以下的罚款;有违法所得的,并处没收违法所得。"上诉人伊尔库公司经销价值 190 余万元的 240 余吨丁苯橡胶,经销金额与数量巨大,不按产品质量法要求在产品外包装上正确标识,且已将这种产品标识不合法的丁苯橡胶部分销往山东,被上诉人无锡市工商局据此认定伊尔库公司违法行为"情节严重",有事实根据。根据伊尔库公司的违法事实,无锡市工商局在立案、调查并履行告知、听证等程序后,对该公司处以占该批产品货值金额 6% 的罚款,符合法律规定。伊尔库公司以没有"情节严重"的事实根据为由,认为无锡市工商局的行政处罚决定错误,该上诉理由亦不能成立。

行政职权虽然可以依照法律法规或者行政编制方案来确定,但在有些情形下,由于法律法规调整对象的属性具有多元性,仍然会给行政管辖权的确定带来困难,从而产生行政管辖权争议。"福建省水利水电勘测设计研究院诉福建省地质矿产厅行政处罚案"[1] 可为这一方面的典型案例,可以帮助读者对这一问题的理解。

---

[1] 参见福建省福州市中级人民法院〔1994〕榕行初字第 06 号行政判决书。另参见最高人民法院办公厅编:《最高人民法院公报案例大全》,人民法院出版社 2009 年版,第 1529 页。本案刊载于《最高人民法院公报》1998 年第 1 期。

福建省水利水电勘测设计研究院诉福建省地质矿产厅行政处罚案

【案情概要】

福建省水利水电勘测设计研究院拥有用于开采地下热水的地热井两口。其中一口至原告起诉时暂封,另一口进行开采。1994年5月4日,福建省地质矿产厅向福建省水利水电勘测设计研究院发出了《关于开采地热必须依法办理采矿许可证的通知》(闽地矿监〔1994〕017号),要求到该厅办理有关地下热水的采矿登记手续。同年7月18日,地矿厅再次向设计院发出限期办理采矿许可证通知书,限设计院三日内向地矿厅办理采矿登记手续,并告知其逾期将依法处理。设计院对上述通知均未理睬。同年7月27日,地矿厅以设计院无采矿许可证开采地热为由,认定其违反国务院《全民所有制矿山企业采矿登记管理暂行办法》第2条的规定,并依据该暂行办法第27条第1项的规定,对原告作出罚款5000元的行政处罚决定。

设计院不服该处罚决定,提起行政诉讼。该院认为:第一,地矿厅超越职权。地下热水与地热是两个不同的概念。地热属于矿产资源,地下热水则属水资源,应当受《福州市地下热水(温泉)管理办法》和《水法》调整。地矿厅无权对地下热水进行管理。第二,地下热水不属于矿产资源法律、法规的调整对象,地矿厅适用矿产资源法规作出处罚,适用法律错误。地矿厅则认为其未超越职权,适用法律正确。地矿厅主张,国务院《矿产资源勘查登记管理暂行办法》《矿产资源法实施细则》和《矿产资源补偿费征收管理规定》都明确规定地热是能源矿产,是矿产资源,应受矿产资源法律、法规调整。此外,国务院《全民所有制矿山企业采矿登记管理暂行办法》规定:省级地质矿产主管部门是矿山企业办理采矿登记的管理机关。设计院作为全民所有制单位,开采地热,没有依照该暂行办法实行采矿登记,取得合法采矿权。地矿厅根据该法规之有关规定对其处以5000元罚款,是在自己权限范围内行使职权,并无越权,适用法律正确。

【争议焦点】

温度为72℃的地下热水应当由《矿产资源法》调整,还是由《水法》调整;应当由矿产资源主管部门管辖,还是由水资源主管部门管辖。

要发现争议发生的根源所在,需比较分析相关的法律规定。《矿产资源法》第9条第2款规定:"省、自治区、直辖市人民政府地质矿产主管部门主管本行政区域内矿产资源勘查、开采的监督管理工作。"国务院制定的《矿产资源法实施细则》第2条规定:"矿产资源是指由地质作用形成的,具有利用价值的,呈固态、液态、气态的自然资源。"国家技术监督局制定的《地热资源地质勘查规范》中规定,地热资源是指在我国当前技术经济条件下,地壳内可供开发利用的地热能、地热流体及其有用组分。而《水法》第

12 条规定："国务院水行政主管部门负责全国水资源的统一管理和监督工作。国务院水行政主管部门在国家确定的重要江河、湖泊设立的流域管理机构（以下简称流域管理机构），在所管辖的范围内行使法律、行政法规规定的和国务院水行政主管部门授予的水资源管理和监督职责。县级以上地方人民政府水行政主管部门按照规定的权限，负责本行政区域内水资源的统一管理和监督工作。"《福州市地下热水（温泉）管理办法》第 5 条规定："市水行政主管部门是地下水资源的主管部门，负责对温泉的统一规划和协调，对温泉的保护工作进行指导。福州市城市建设行政主管部门是温泉开发利用的主管部门（以下简称温泉主管部门），负责温泉的保护和开发利用的统一管理工作。"

可以看出，本案双方当事人之所以对法律适用以及行政管辖权有不同认识并发生争议，关键在于《矿产资源法》所调整的"矿产资源"与《水法》所调整的"水资源"在概念上具有交集或交叉性。《矿产资源法》所调整的矿产资源包括地下热资源，但不限于地下热资源；《水法》调整的水资源包括地下水资源，但不限于地下水资源。而本案所涉及的地下热水，则正好是地下水与地下热的结合体。地下热水资源不仅符合《矿产资源法》所调整的矿产资源的特征，也符合《水法》所调整的水资源的特征，从而造成似乎两个法律都可适用、两个行政机关都可管辖的法律冲突现象。在这种情形下，就需结合各方面的因素来综合分析。法院的分析和判决如下：

国务院根据《矿产资源法》制定并发布、1994 年 3 月 26 日起施行的《矿产资源法实施细则》第 2 条规定："矿产资源是指由地质作用形成的，具有利用价值的，呈固态、液态、气态的自然资源。矿产资源的矿种和分类见本细则所附《矿产资源分类细目》。"所附的细目（一）"能源矿产"中，列有"地热"；细目（四）"水气矿产"中，列有"地下水"。由此可见，地热与地下水是两个不同的概念。国家技术监督局在 1989 年 8 月 29 日发布、1990 年 6 月 1 日起实施 GB11615-89 号国家标准《地热资源地质勘查规范》中规定，地热资源是指在我国当前技术经济条件下，地壳内可供开发利用的地热能、地热流体及其有用组分。该标准将地热资源按温度分为高温地热资源、中温地热资源和低温地热资源三类。其中低温地热资源里，又将小于 90℃大于或等于 25℃的地热分为热水、温热水、温水三项。本案涉及的地下热水平均温度为 72℃，是地热，不是地下水。

全国人大常委会于 1986 年 3 月 19 日颁布并于 1986 年 10 月 1 日起施行的《矿产资源法》第 3 条规定，"矿产资源属于国家所有。……开采矿产资源，必须依法申请取得采矿权。"第 9 条第 2 款规定，"省、自治区、直辖市人民政府地质矿产主管部门主管本行政区域内矿产资源勘查、开采的监督管理工作。"法律已经明确，地热作为矿产资源，必须依法取得采矿权后才能开采。勘查、开采地热的监督管理工作，在省一级行政区域内,是由省地质矿产行政部门主管的。《矿产资源法》第39条规定,"违反本法规定,未取得采矿许可证擅自采矿的,……责令停止开采、赔偿损失,没收采出的矿产品和违法所得,可以并处罚款"。1987年4月29日国务院根据矿产资源法发布的《采矿登记办法》第27条第1项、第2项规定,对于"开办矿山企业,未办理采矿登记手续擅自开工的","正在建设或者正在生产的矿山企业,从本办法发布之日起满一年无正当理由不申请办理采矿登记手续的",可以给予警告、罚款、通知银行停止拨款等处罚。本案原告设计院作为全民所有制的事业单位,没有依法取得采矿权而开采地热,是违法的,应当依法进行处罚。

自1991年7月19日起施行的《福州市地下热水(温泉)管理办法》,是福建省第七届人民代表大会常务委员会第二十二次会议批准的地方性法规。其中第5条规定:"市水行政主管部门是地下水资源的主管部门,负责对温泉的统一规划和协调,对温泉的保护工作进行指导。福州市城市建设行政主管部门是温泉开发利用的主管部门(以下简称温泉主管部门),负责温泉的保护和开发利用的统一管理工作。"第27条规定:"本办法规定的行政处罚,由市温泉主管部门决定。"这个规定没有根据国家标准把温泉按照温度的不同区分出地热和地下水,以致将部分地热归入地下水中,由此造成这部分地热确定的行政主管部门与法律、行政法规的规定不符。本案第三人城建委据此地方性法规认为自己对这部分地热有行政管理权,不适当。

故地矿厅的上述具体行政行为认定事实清楚,适用法律法规正确,处罚适当,程序合法,应当维持。据此,福州市中级人民法院于1997年4月30日判决:维持被告福建省地质矿产厅第03号违反矿产资源法规行政处罚决定书。[①]

第三节 行政证据

一、行政证据的概念与特征

行政证据,是指行政行为据以作出的,由行政相对人、行政第三人等行政参与人提

[①] 其实,本案在审理过程中,福建省高级人民法院曾就法律问题向最高人民法院请示过。最高人民法院1996年5月6日作出的《关于对地下热水的属性及适用法律问题的答复》(〔1996〕法行字第5号)内容如下:福建省高级人民法院:你院〔1995〕闽行他字第4号《关于地下热水的属性及适用法律问题的请示》收悉。经研究并征求国务院法制局的意见,现答复如下:地下热水(25℃以上)属于地热资源,具有矿产资源和水资源的双重属性。对地下热水的勘查、开发、利用、保护和管理应当适用《矿产资源法》《矿产资源法实施细则》和《矿产资源补偿费征收管理规定》。但在依法办理城市规划区内地下热水(25℃以上)的开采登记手续时,应当附具水行政主管部门和城市建设行政主管部门的审查意见。

供或者由行政主体依职权收集的,用以证明某一事实的物质或材料。① 行政证据是行政主体作出行政行为的证据,而不是人民法院审理行政案件的证据。换言之,行政证据是在行政程序中行政主体依职权收集的证据,而不是在行政诉讼过程中为人民法院收集的证据。不过,行政证据与行政诉讼证据之间具有紧密的关联性。在行政诉讼过程中,行政证据成为行政诉讼证据的重要组成部分,行政证据是人民法院审查行政行为合法性与合理性的重要依据。

通常认为,证据须具有三个基本特征:第一,真实性。只有真实、客观存在的,表现为某种载体的客观物质或材料才可以成为作出行政行为的依据,任何想象、虚构的情景均不能作为证据使用。第二,关联性。各种证据所能还原的法律真实必须是与案件相关的事实,即使是客观真实存在的材料,若其反映的事实与案件不相关联,则不可也没有必要成为认定事实的依据。第三,合法性。证据的来源、获取程序、保存形式等应符合法律的规定,欠缺合法性的物质或材料不能作为认定事实的依据。这些特征本质上也是判断"证据"可否为"证据"的基本标准。②

二、行政证据的种类

我国《行政诉讼法》第33条将证据分为书证、物证、视听资料、电子数据、证人证言、当事人的陈述、鉴定意见以及勘验笔录、现场笔录八种。这八种证据也可以看作行政证据的全部种类。证据种类是法定的,法律没有规定为证据的物质或资料不能作为证据来使用。在学理上,证据通常分为原始证据与传来证据、直接证据与间接证据等。这些划分是诉讼证据法学以及其他证据法学经常采用的划分方法,这里不再赘述。这里要强调的是,从行政行为合法性的基本要求来看,将行政证据分为实体性证据和程序性证据非常有价值。做如此划分,可以帮助行政执法人员克服仅重视实体性证据而忽视程序性证据的不足。具体而言,实体性证据是用以支持或者证明行政行为实体内容合法性的证据,程序性证据是用以支持或者证明行政程序合法性的证据。例如,用以证明行政处罚相对人实施有关违法行为的事实以及从轻或者从重处罚情节的证据就属于实体性证据;用以证明行政主体在作出行政处罚前实施了事前告知程序、听证程序、送达程序、救济权利告知程序的证据,就属于程序性证据。行政主体在作出行政行为过程中不仅要收集实体性证据,也要收集程序性证据,二者不可偏废。

三、非法行政证据的排除

非法证据排除规则是对非法取得的各类证据予以排除的规则的统称,也就是说,行

---

① 参见胡建淼:《行政法学》(第四版),法律出版社2015年版,第568页。
② 参见杨临宏主编:《新行政诉讼法教程》,云南大学出版社2015年版,第108页。

政机关以及司法机关不得采纳非法证据，将其作为定案的证据，法律另有规定的除外。对于非法证据的排除，我国行政诉讼法和一些地方政府的行政程序立法中已经有所规定，可以遵照执行或者予以借鉴。例如，《行政诉讼法》第 43 条第 3 款规定："以非法手段取得的证据，不得作为认定案件事实的根据。"《江苏省行政程序规定》第 57 条规定："下列证据材料不得作为行政执法决定的依据：（一）严重违反法定程序收集的；（二）以非法偷拍、偷录、窃听等手段侵害他人合法权益取得的；（三）以利诱、欺诈、胁迫、暴力等不正当手段取得的；（四）没有其他证据印证且相关人员不予认可的证据的复制件或者复制品；（五）无法辨认真伪的；（六）不能正确表达意志的证人提供的证言；（七）在中华人民共和国领域以外形成的未办理法定证明手续的；（八）不具备合法性、真实性和关联性的其他证据材料。"① 在行政证据认定过程中，这些规则应当加以遵循或者参考。

下面以"丰浩江等人诉广东省东莞市规划局房屋拆迁行政裁决纠纷案"② 与"宋莉莉诉宿迁市建设局房屋拆迁补偿安置裁决案"③ 为例来说明行政证据的排除问题。

◆ 丰浩江等人诉广东省东莞市规划局房屋拆迁行政裁决纠纷案

【案情概要】

2001 年 12 月 10 日，被告东莞市规划局颁发给第三人开发公司拆许字〔2001〕第 5 号房屋拆迁许可证，开发公司获准对本案原告丰浩江等 21 人所有的东纵大道 18 号 24 间商铺房屋进行拆迁。开发公司提出的拆迁补偿方案为：（1）作价补偿，按拆迁建筑面积一次性现金补偿，补偿金额按评估价计算；（2）产权调换，以拆迁现有商铺的建筑面积与该地新建商铺之比 1∶0.6 的标准进行产权调换，互不补偿差额。但经多次协商，开发公司与本案各原告未能达成拆迁补偿安置协议。2002 年 4 月，开发公司向东莞市规划局申请行政裁决，被申请人为本案各原告及韩柳琼、黄旭超等 23 人。经开发公司委托，华联公司于 2002 年 5 月 20 日对需要拆迁的商铺房屋作了资产评估。评估结论是：拟拆迁的物业商铺评估均价每平方米 5194.61 元，仓库评估均价每平方米 3480 元。2002 年

---

① 地方政府规章是否有权就证据排除规则作出规定是值得讨论的。不过就这些规定内容本身而言，是可以借鉴的。又如《湖南省行政程序规定》第 70 条规定："下列证据材料不得作为行政执法决定的依据：（一）严重违反法定程序收集的；（二）以非法偷拍、非法偷录、非法窃听等手段侵害他人合法权益取得的；（三）以利诱、欺诈、胁迫、暴力等不正当手段取得的；（四）没有其他证据印证，且相关人员不予认可的证据的复制件或者复制品；（五）被技术处理而无法辨认真伪的；（六）不能正确表达意志的证人提供的证言；（七）在中华人民共和国领域以外形成的未办理法定证明手续的；（八）不具备合法性和真实性的其他证据材料。"《山东省行政程序规定》第 73 条、《浙江省行政程序办法》第 56 条的规定也基本相同。

② 本案刊载于《最高人民法院公报》2004 年第 7 期。

③ 参见江苏省宿迁市宿城区人民法院〔2003〕宿城法行初字第 022 号行政判决书、江苏省宿迁市中级人民法院〔2003〕宿中行终字第 24 号行政判决书。本案刊载于《最高人民法院公报》2004 年第 8 期。

8月20日，东莞市规划局就房屋拆迁补偿纠纷召集拆迁人与被拆迁人公开举行听证会。8月30日，东莞市规划局作出了拆迁裁决。

原告认为，被告上述裁决所依据的《评估报告》在委托主体、使用条件和范围、适用程序等方面适用法律错误，且《评估报告》的相关内容和鉴定人身份等没有经过原告质证，其裁决结果损害了原告的合法权益，请求撤销被告的房屋拆迁行政裁决。被告辩称，裁决所依据的评估报告由华联公司作出，该公司是经工商行政部门核准登记成立的独立企业法人，拥有国家财政部批准颁发的资产评估资格，其评估资产范围包括房地产、机器设备等各类资产。而且，《评估报告》及其评估机构的资质均在举行听证时经各原告质证。因此，该《评估报告》具有公信力且合法，其行政裁决程序合法，适用法律正确，原告的诉讼理由不成立。

【争议焦点】

行政裁决的核心证据《评估报告》是否合法。

【法院裁判】

一审法院认为：行政诉讼是对被诉的具体行政行为是否合法进行审查，因而本案审查的对象是被告所作的裁决是否合法。《城市房屋拆迁管理条例》第16条规定："拆迁人与被拆迁人或者拆迁人、被拆迁人与房屋承租人达不成拆迁补偿安置协议的，经当事人申请，由房屋拆迁管理部门裁决"；第23条规定："拆迁补偿的方式可以实行货币补偿，也可以实行房屋产权调换"；第24条规定："货币补偿的金额，根据被拆迁房屋的区位、用途、建筑面积等因素，以房地产市场评估价格确定"。因此东莞市规划局有权对开发公司的申请作出裁决。东莞市规划局的裁决经过公开听证，并有《评估报告》等为据，裁决结果有货币补偿和产权调换两种方式供各拆迁户选择，且货币补偿的金额是按房地产市场评估价确定的，符合上述法规的规定，应认定为事实清楚，适用法律法规正确，是合法的具体行政行为。丰浩江等人诉称东莞市规划局裁决所依据的《评估报告》在委托主体、使用条件和范围、适用程序方面违反《国有资产评估管理办法施行细则》第18条的规定，适用法律错误，因涉案的评估房产属私有资产，并非国有资产，不属《国有资产评估管理办法施行细则》调整的范围，同时东莞市规划局裁决作价补偿的金额是以房地产市场评估价格确定，故对丰浩江等人此起诉的理由不予支持。丰浩江等人诉称东莞市规划局裁决所依据的《评估报告》的相关内容和鉴定人身份等没有经过原告质证。经查，东莞市规划局举行的听证程序已对相关的证据进行了听证，且根据华联公司的营业执照，该所具有资产评估资质。丰浩江等人未能提交证据证明该评估报告不具合法性和可信性，东莞市规划局采纳这一评估报告作为裁决依据并无不当。丰浩江等人诉称《评估报告》的评估价格远远低于聚福豪苑、雍华庭、东湖花园等商铺的价格，评估价格显失公平。经查，涉案的商铺除区位外，其他各项指标与聚福豪苑、雍华庭、东湖花园等商铺均不具有可比性。丰浩江等人诉称拆迁裁决的内容超出了开发公司的请求范围,损害了拆迁户的合法权益。经查,开发公司因未能与各拆迁户达成拆迁补偿安置协议而申请被告裁决,而东莞市规划局裁决的五项内容均未超出拆迁补偿安置及开发公司的请求范围。综上所述,丰浩江等人请求撤销拆迁裁决的理由均不成立,不予支持。

据此,东莞市中级人民法院依照《最高人民法院关于执行〈中华人民共和国行政诉讼法〉若干问题的解释》第56条第2项之规定,于2003年3月28日判决:行政机关作出行政裁决时依据的《评估报告》,如果存在评估人不具备法定评估资格,或评估人未依法取证等程序上严重违法的问题,应认定行政机关的裁决主要证据不足,依法予以撤销。

一审判决作出后,原告提出上诉。二审法院认为:

东莞市规划局采纳华联公司作出的《评估报告》作为其行政裁决依据时,应当对作出该《评估报告》评估人员的资格、评估程序等事项进行审查。人事部和国有资产管理局联合发布的《注册资产评估师执业资格制度暂行规定》第24条规定:"资产评估机构接受委托承接的评估项目,其项目负责人只能由注册资产评估师担任,评估报告至少由两位注册资产评估师签署方为有效。"本案《评估报告》中签署姓名的评估人员为张瑞明和肖晓康,但只有张瑞明具有注册评估师资格,肖晓康不具有注册评估师资格。根据上述规定,该《评估报告》无效。《评估报告》将涉案房屋分为商铺和仓库分别予以评估的理由,是委托评估的开发公司所提供的资料将涉案房屋已事先区分为商铺和仓库。作为注册资产评估师的张瑞明,评估时未对委托方开发公司提供的资料进行审核,就直接采纳,违反了财政部发布的《中国注册资产评估师职业道德规范》第18条"注册资产评估师应对客户委托评估的资产进行勘查,并对客户提供的有关资料进行审核"的规定。而且,丰浩江等人持有的《房屋所有权证》对涉案房屋均作了"铺位"字样的记载,华联公司没有提供有关证据和法律依据证明"铺位"可以理解为商铺和仓库,故在《评估报告》中将涉案房屋区分为商铺和仓库两部分,缺乏依据,不能采信。此外,华联公司介绍《评估报告》中采用的租金标准,是通过询问涉案房屋周围有关人员后确定的,但评估人张瑞明却不能提供证据对此予以证明,故华联公司采用该租金标准证据不足。由于作出《评估报告》的两位评估人员中有一位不具备法定评估资格,且评估人员既未对委托方房地产开发公司提供的资料进行审核,亦未能依法取证证明其所采纳的租金标准,在程序上存在严重违法。东莞市规划局在未依法对该《评估报告》的上述事项进行审查的情况下,即采纳其作为行政裁决的依据,应认定为裁决的证据不足,依法应予撤销。《最高人民法院关于行政诉讼证据若干问题的规定》第62条规定:"对被告在行政程序中采纳的鉴定结论,原告或者第三人提出证据证明有下列情形之一的,人民法院不予采纳:(一)鉴定人不具备鉴定资格;(二)鉴定程序严重违法……"据此,原审法院采纳该《评估报告》中的评估结论不妥,属适用法律错误;同时,原审法院以该

《评估报告》作为认定被诉行政裁决合法的定案根据，属认定事实不清。

据此，广东省高级人民法院依照《行政诉讼法》第61条第3项和第54条第2款第1项之规定，于2003年12月12日判决：第一，撤销东莞市中级人民法院的一审行政判决；第二，撤销广东省东莞市规划局东规行裁〔2002〕1号《房屋拆迁行政裁决书》；第三，广东省东莞市规划局在收到本判决书之日起60日内重新作出裁决。

宋莉莉案与丰浩江案具有很大的相似性，也是因为行政主体据以裁决的行政证据不合法从而认定行政行为违法的，而且也是因为取证程序违法导致证据被排除的。

宋莉莉诉宿迁市建设局房屋拆迁补偿安置裁决案

【案情概要】

2002年4月9日，万兴公司的中贸百货商场建设项目由宿迁市发展计划委员会批准立项。2002年9月28日，万兴公司取得了建设用地规划许可证。2002年10月25日，万兴公司取得了国有土地批准书。2003年3月24日，万兴公司取得了房屋拆迁许可证，获得拆迁资格。2003年3月24日，宿迁市建设局发布拆迁公告，并在公告中载明了拆迁范围、搬迁期限、拆迁评估机构。原告宋莉莉的房屋建筑面积为637.07平方米，位于宿迁市幸福中路，在拆迁范围内。方元房地产评估咨询有限公司（以下简称"方元公司"）根据万兴公司的委托，对宋莉莉的拆迁房屋进行了估价，由于宋莉莉对被拆房屋补偿价有异议，且要求产权调换，双方未能达成协议。2003年5月28日，万兴公司申请宿迁市建设局对拆迁纠纷进行裁决。2003年6月5日，宿迁市建设局依据方元公司的评估价格对万兴公司与宋莉莉的拆迁纠纷作出宿建裁字〔2003〕26号房屋拆迁纠纷裁决，主要内容是：第一，被拆迁人宋莉莉应在裁决书生效之日起15日内拆迁完毕；第二，房屋安置补偿费（包括房屋补偿费、搬家费、附属设施及装饰装潢费、临时安置补助费及停业损失费）共计为685651.88元；第三，万兴公司在中贸百货商城项目完工后提供一处位于该商城项目的房屋（面积与被拆房屋面积相当），拆迁人调换房屋价格以市场评估价为准；第四，万兴公司安排过渡房一套供被拆迁人临时居住。宋莉莉不服该裁定，向江苏省宿迁市宿城区人民法院提起行政诉讼。

原告认为：第一，被告以方元房地产评估咨询有限公司的估价作为原告被拆房屋补偿价是错误的。原告认为评估程序应当遵守宿政发〔2003〕16号文的规定，而被告裁决所依据的评估并未遵守该程序，被拆迁人的权利受到了限制。评估单位是拆迁人选定的，整个评估过程违反了公平、公正、公开原则，对评估单位和评估人的资质，被拆迁人并不知情。且该评估结果错误明显。原告房屋位于本市最繁华的幸福中路5号，整体为营业用房，区位基准价应为1410元/平方米，而评估书中原告的房屋只有部分区位价为1410元/平方米，大部分区位价为660元/平方米。第二，原告的房屋在拆迁前一直是租给承租人使用的，而拆迁人对承租人的安置至今未达成任何协议，对承租人的营业损失未提及，属漏项裁决。第三，裁决书中的裁决内容不明确，无实际操作性内容。

被告认为：裁决程序合法，结果正确，理由为：第一，被告作出的裁决有事实基础。原告对被告发布的拆迁公告公示的评估机构从未提出过异议，在拆迁人与被拆迁人间未达成拆迁补偿协议而申请裁决后，原告对评估机构仍没有异议，仅对评估价格提出看法，可以推断拆迁人与原告就评估机构的确定是没有争议的。故被告无权主动要求双方当事人重新确定评估机构进行评估。另拆迁人在申请裁决时提交了评估机构的相关证明文件，证明评估结果是合法的，被告根据该结果进行裁决是合法的。第二，原告以拆迁人未与房屋租赁人签订协议为由，认为裁决违法，是无法律依据的。第三，拆迁人开发的房屋属期房，被告无法确定该项目的房屋数量、排列序号、房屋朝向等，故被告作出的裁决无法指定确切的地点作为产权调换房屋。综上，被告的裁决内容合法。

第三人的观点是：我方作为拆迁人，所有的拆迁活动均是依法进行的。在取得拆迁资格后，我公司委托方元房地产评估咨询有限公司对被拆房屋进行了评估，并在公告期内对所有拆迁范围内的房屋估价进行了公示。在此期间，原告对评估机构没有异议。后因原告不接受该评估价格，双方未达成拆迁协议，我公司即向宿迁市建设局提出裁决申请。我公司认为宿迁市建设局的裁决合法，依法应予维持。

【争议焦点】

本案的争议焦点之一是：宿迁市建设局的裁决所依据的评估报告是否合法有效。

【法院裁判】

一审法院宿迁市宿城区人民法院认为：国务院《城市房屋拆迁管理条例》第16条规定：拆迁人与被拆迁人或者拆迁人、被拆迁人与房屋承租人达不成拆迁补偿安置协议的，经当事人申请，由房屋拆迁管理部门裁决。据此，宿迁市建设局作为本市房屋拆迁主管部门，在原告与第三人就拆迁补偿未达成协议时，经拆迁人即本案第三人申请，依法对双方间的纠纷进行裁决。尽管国务院《城市房屋拆迁管理条例》与《江苏省城市房屋拆迁管理条例》对拆迁裁决程序没有明确规定，但从保障当事人的合法权益及行政执法的正当程序原则出发，房屋拆迁主管部门在裁决时，应围绕拆迁行为的合法性与拆迁补偿安置情况进行全面审查，在裁决前应赋予双方当事人申辩、陈述的权利，并应听取其意见。本案中的被告在裁决原告与第三人间的纠纷时，依拆迁人的申请及拆迁人单方委托评估的结果，未履行任何程序，即以该评估结果作出裁决，剥夺了原告的陈述、申辩权。被告辩称被拆迁人以公告形式对评估机构进行公示应视为对拆迁人的要约，被拆迁人对此未提出反对，即视为承诺，该辩称不符合法律关于要约和承诺的定义及适用范围。原告在法定期限内以诉讼形式主张此项权利，应受到法律保护，故该裁决程序违法。另该裁决虽然确定了产权调换的拆迁补偿方式，但该裁决未对所调换房屋的明确位置、楼层、房屋价格等内容作明确表述，致使该裁决无法执行。综上，该份裁决程序违法、裁决内容不具有执行效力，故该裁决应予撤销，责令被告重新作出裁决。鉴于原告房屋现已被拆迁的事实，对裁决内容中的第一项予以维持，对其余各项予以撤销。

一审判决后，宿迁市建设局上诉至宿迁市中级人民法院。宿迁市中院认为：

万兴公司的中贸百货商场建设项目经行政主管部门依照法定程序审批，并取得了对被告宋莉莉在幸福中路房产的拆迁许可，万兴公司在与被拆迁房屋无法达成拆迁协议的情况下，依法申请宿迁建设局对需拆迁房屋强制拆迁，并无不当，宿迁市建设局根据《城市房屋拆迁管理条例》的规定，在本案的行政裁决第一项中决定限期对宋莉莉的房产予以拆迁，符合有关行政法规的规定，依法应予维持。但宿迁市建设局在裁决被拆迁房屋补偿款时，仅以万兴公司单方委托的方元公司的评估结论为依据，违反了《江苏省城市房屋拆迁管理条例》的规定。本案被拆迁房屋的评估，系万兴公司单方面委托方元公司所为，未经被拆迁人宋莉莉的同意。在万兴公司与宋莉莉无法对房屋拆迁事宜达成一致意见时，宿迁市建设局在行政裁决中以拆迁单位单方面委托的评估公司的评估报告为依据，而不是依照规定在符合条件的评估机构中抽签确定评估单位，对万兴公司与宋莉莉的房屋拆迁纠纷作出裁决不当，应认定为裁决的主要证据不足，程序违法。依照《最高人民法院关于行政诉讼证据若干问题的规定》第62条第2项规定，对被告在行政程序中采纳的鉴定结论，原告或者第三人提出证据证明鉴定程序严重违法的，人民法院不予采纳。由于宿迁市建设局没有提供证据证实采纳该评估结论的操作程序合法，故应依法对宿迁市建设局裁决中的第2项予以撤销。基于宋莉莉对宿迁市建设局按照有关规定认定的拆迁搬家、安置补偿标准没有异议，应予以确认。由于宿迁市建设局裁决中的第3项的内容不具有实际可操作性，故一审判决予以撤销并无不当。基于宋莉莉的房屋拆迁时已对外出租，在安排宋莉莉房屋拆迁后的过渡用房时，应尊重宋莉莉及承租人的选择权。宿迁市建设局在裁决中虽然对宋莉莉房屋拆迁后安排了过渡用房，但由于宋莉莉实际上并未使用，故一审判决对此内容予以撤销，亦无不当。遂判决：驳回上诉，维持原判。

上述两个案例表明，证据合法性是保证行政行为合法性的重要基础。

四、行政举证责任的分配

举证责任，即对案件事实提供证据予以证明的责任。证明责任包括行为意义上的证明责任和结果意义上的证明责任两层含义。行为意义上的证明责任是指对于案件的待证事实，应当由谁提出证据加以证明的责任，又称形式上的证明责任、主观的证明责任、提供证据的责任。其目的在于要求当事人提供证据进行裁决活动，而非只主张事实而不提供证据加以证明，或者用证据以外的方法，如宣誓、决斗、神明等对事实作出证明。它强调的是当事人的举证行为，不涉及裁决结果。结果意义上的证明责任是指当案件待证事实的存在与否最终处于真伪不明状态时，应当由谁承担因此而产生的不利法律后果的责任，又称为实质上的举证责任、客观的举证责任、说服责任。其目的在于供裁决主体解决案件事实真伪不明的疑难案件，即在裁决程序结束的时候，如果案件事实处于真伪不明的状态，裁决主体不得拒绝作出裁决，而必须根据证明责任的负担确定案件的胜败结果。它本身与诉讼结果有着密切的关系。从举证责任制度与理论发展历史的角度看，结果意义上的证明责任结束了靠宣誓制度解决疑难案件的历史，首次提高突破了此前人们一直把提供证据的责任作为举证责任本质的局限，从而使人们的认识推至与举证后的结果相联系的高度，对于提高解决纠纷的效率具有重要作用。

举证责任总体上由法律规定，遵循举证责任法定原则。大陆法系的国家和地区，一般采取由实体法和诉讼法共同规定举证责任的分配。① 从当前法律规定看，不同法律部门因其性质差异，举证责任分配往往不同。总体上，私法领域以"谁主张，谁举证"为一般原则，公法领域以"公权力机关举证"为一般原则。私法领域中的民法就是典型代表，自不必说。在公法领域中，刑事诉讼总体上由公诉机关承担举证责任，行政诉讼总体上由行政机关承担举证责任。但这只是一般原则，在特殊的情形下，又有所例外。

行政法的举证责任主要规定在行政诉讼法中。《行政诉讼法》第34条规定："被告对作出的行政行为负有举证责任，应当提供作出该行政行为的证据和所依据的规范性文件。被告不提供或者无正当理由逾期提供证据，视为没有相应证据。但是，被诉行政行为涉及第三人合法权益，第三人提供证据的除外。"第37条规定："原告可以提供证明行政行为违法的证据。原告提供的证据不成立的，不免除被告的举证责任。"第38条规定："在起诉被告不履行法定职责的案件中，原告应当提供其向被告提出申请的证据。但有下列情形之一的除外：（一）被告应当依职权主动履行法定职责的；（二）原告因正当理由不能提供证据的。在行政赔偿、补偿的案件中，原告应当对行政行为造成的损害提供证据。因被告的原因导致原告无法举证的，由被告承担举证责任。"此外，一些地方政府制定的行政程序规定也有所涉及，如《湖南省行政程序规定》第72条规定："行政机关对依职权作出的行政执法决定的合法性、适当性负举证责任。行政机关依申请作出行政执法决定的，当事人应当如实向行政机关提交有关材料，反映真实情况。行政机

---

① 在不同国家与法律部门，举证责任法定原则的适用也不尽相同。在我国，在民事诉讼领域，由于案件的复杂性和立法滞后性，一定程度上承认举证责任配置的司法裁量权。2001年《最高人民法院关于民事诉讼证据的若干规定》首次肯定了法官在一定情况下裁量确定举证责任分配的权力。其中第7条规定："在法律没有具体规定，依本规定及其他司法解释无法确定举证责任承担时，人民法院可以根据公平原则和诚实信用原则，综合当事人举证能力等因素确定举证责任的承担。"

关经审查认为其不符合法定条件的,由行政机关负举证责任。"①

指导案例91号"沙明保等诉马鞍山市花山区人民政府房屋强制拆除行政赔偿案"② 涉及举证责任分配,可以作为这方面的典型案例加以学习。

◆ [指导案例91号] 沙明保等诉马鞍山市花山区人民政府房屋强制拆除行政赔偿案

【案情概要】

2011年12月5日,安徽省人民政府作出皖政地〔2011〕769号《关于马鞍山市2011年第35批次城市建设用地的批复》,批准征收马鞍山市花山区霍里街道范围内农民集体建设用地10.04公顷,用于城市建设。2011年12月23日,马鞍山市人民政府作出2011年37号《马鞍山市人民政府征收土地方案公告》,将安徽省人民政府的批复内容予以公告,并载明征地方案由花山区人民政府实施。苏月华名下的花山区霍里镇丰收村丰收村民组B11-3房屋在本次征收范围内。苏月华于2011年9月13日去世,其生前将该房屋处置给四名原告所有。原告古宏英系苏月华的女儿,原告沙明保、沙明虎、沙明莉系苏月华的外孙。在实施征迁过程中,征地单位分别制作了《马鞍山市国家建设用地征迁费用补偿表》和《马鞍山市征迁住房货币化安置(产权调换)备案表》,对苏月华之房屋及地上附着物予以登记补偿,原告古宏英的丈夫领取了安置补偿款。2012年年初,被告组织相关部门将苏月华之房屋及地上附着物拆除。原告沙明保等四人认为马鞍山市花山区人民政府非法将上述房屋拆除,侵犯了其合法财产权,故提起诉讼,请求人民法院判令马鞍山市花山区人民政府赔偿房屋损失、装潢损失、房租损失共计282.7680万元;房屋内物品损失共计10万元,主要包括衣物、家具、家电、手机等5万元,实木雕花床5万元。

马鞍山市中级人民法院判决驳回原告沙明保等四人的赔偿请求。沙明保等四人不服,上诉称:第一,2012年年初,马鞍山市花山区人民政府对案涉农民集体土地进行征收,未征求公众意见,上诉人亦不知以何种标准予以补偿;第二,2012年8月1日,马鞍山市花山区人民政府对上诉人的房屋进行拆除的行为违法,事前未达成协议,未告知何时拆迁,屋内财产未搬离、未清点,所造成的财产损失应由马鞍山市花山区人民政府承担举证责任;第三,2012年8月27日,上诉人沙明保、沙明虎、沙明莉的父亲沙开金受胁迫在补偿表上签字,但其父沙开金对房屋并不享有权益且该补偿表系房屋被拆后

---

① 《江苏省行政程序规定》第59条规定:"行政机关对依职权作出的行政执法决定的合法性、适当性负举证责任。行政机关依申请作出行政执法决定的,当事人应当如实向行政机关提交有关材料,反映真实情况。行政机关经审查认为其不符合法定条件的,由行政机关负举证责任。"

② 最高人民法院审判委员会讨论通过,2017年11月15日发布。

所签。综上,请求二审法院撤销一审判决,支持其赔偿请求。

马鞍山市花山区人民政府未作书面答辩。

【裁判结果】

安徽省高级人民法院于 2015 年 11 月 24 日作出〔2015〕皖行赔终字第 00011 号行政赔偿判决:第一,撤销马鞍山市中级人民法院〔2015〕马行赔初字第 00004 号行政赔偿判决;第二,判令马鞍山市花山区人民政府赔偿上诉人沙明保等四人房屋内物品损失 8 万元。

【裁判理由】

法院生效裁判认为:根据《土地管理法实施条例》第 45 条的规定,土地行政主管部门责令限期交出土地,被征收人拒不交出的,申请人民法院强制执行。马鞍山市花山区人民政府提供的证据不能证明原告自愿交出了被征土地上的房屋,其在土地行政主管部门未作出责令交出土地决定亦未申请人民法院强制执行的情况下,对沙明保等四人的房屋组织实施拆除,行为违法。关于被拆房屋内物品损失问题,根据《行政诉讼法》第 38 条第 2 款之规定,在行政赔偿、补偿的案件中,原告应当对行政行为造成的损害提供证据。因被告的原因导致原告无法举证的,由被告承担举证责任。马鞍山市花山区人民政府组织拆除上诉人的房屋时,未依法对屋内物品登记保全,未制作物品清单并交上诉人签字确认,致使上诉人无法对物品受损情况举证,故该损失是否存在、具体损失情况等,依法应由马鞍山市花山区人民政府承担举证责任。上诉人主张的屋内物品 5 万元包括衣物、家具、家电、手机等,均系日常生活必需品,符合一般家庭实际情况,且被上诉人亦未提供证据证明这些物品不存在,故对上诉人主张的屋内物品种类、数量及价值应予认定。上诉人主张实木雕花床价值为 5 万元,已超出市场正常价格范围,其又不能确定该床的材质、形成时间、与普通实木雕花床有何不同等,法院不予支持。但出于最大限度保护被侵权人的合法权益考虑,结合目前普通实木雕花床的市场价格,按"就高不就低"的原则,综合酌定该实木雕花床价值为 3 万元。综上,法院作出如上判决。

《最高人民法院公报》编者就本案撰写的裁判要点指出:在房屋强制拆除引发的行政赔偿案件中,原告提供了初步证据,但因行政机关的原因导致原告无法对房屋内物品损失举证,行政机关亦因未依法进行财产登记、公证等措施无法对房屋内物品损失举证的,人民法院对原告未超出市场价值的符合生活常理的房屋内物品的赔偿请求,应当予以支持。

如果行政行为涉及民事法律关系、劳动法律关系或者其他法律关系,则关于举证责任分配,除了遵循行政诉讼法的规定外,必要时还要遵循相关法律领域的一些特别规定。"铃王公司诉无锡市劳动局工伤认定决定行政纠纷案"[1]可以说是这方面的典型案例。

五、行政证据的收集与查证

在行政程序中，行政主体收集证据有一定的时间限制。除了特殊情况，行政主体一般应当在行政行为作出之前完成证据收集工作，尤其不能在行政诉讼中再行收集证据。《行政诉讼法》第35条对此作了明确规定："在诉讼过程中，被告及其诉讼代理人不得自行向原告、第三人和证人收集证据。"与此同时，《行政诉讼法》第36条对例外情形作了规定："被告在作出行政行为时已经收集了证据，但因不可抗力等正当事由不能提供的，经人民法院准许，可以延期提供。原告或者第三人提出了其在行政处理程序中没有提出的理由或者证据的，经人民法院准许，被告可以补充证据。"

行政主体在调查过程中，如果发现证据可能毁损的，可以采取行政强制措施，对证据加以保全。所谓证据保全，即采取一定措施保护证据，防止其灭失毁损。《行政强制法》第2条第2款规定："行政强制措施，是指行政机关在行政管理过程中，为制止违法行为、防止证据损毁、避免危害发生、控制危险扩大等情形，依法对公民的人身自由实施暂时性限制，或者对公民、法人或者其他组织的财物实施暂时性控制的行为。"第9条规定了行政强制措施的种类："（一）限制公民人身自由；（二）查封场所、设施或者财物；（三）扣押财物；（四）冻结存款、汇款；（五）其他行政强制措施。"除此之外，一些地方政府制定的行政程序规定设定了行政证据保全制度，可以参照。如《西安市行政程序规定》第52条规定："在证据可能灭失或者事后难以取得的情况下，行政机关可以依法采取录音、录像、先行登记保存等措施保全证据。行政机关依职权采取证据保全措施给当事人造成损失的，应当依法予以赔偿或者适当补偿。当事人申请行政机关采取证据保全措施，必须说明理由，并且提供担保。"[2]

行政主体收集的证据应当经过查证或者当事人质证才能作为认定事实的依据。对此《湖南省行政程序规定》第71条规定："作为行政执法决定依据的证据应当查证属实。当事人有权对作为定案依据的证据发表意见，提出异议。未经当事人发表意见的证据不能作为行政执法决定的依据。"《浙江省行政程序办法》第55条第2、3款规定："证据应当查证属实，才能作为认定事实的根据。行政机关在行政执法过程中收集的物证、书证、视听资料、电子数据以及难以重新取得的调查笔录等证据材料，其他行政机关经合法性审查，可以将其作为作出行政执法决定所依据的证据使用。"《江苏省行政程序规

---

[1] 本案刊载于《最高人民法院公报》2007年第1期。本案相关介绍参见本书第三章第二节。
[2] 就行政证据保全，《行政诉讼法》第42条规定："在证据可能灭失或者以后难以取得的情况下，诉讼参加人可以向人民法院申请保全证据，人民法院也可以主动采取保全措施。"不过，这一规定是针对行政诉讼阶段的。

定》第58条规定:"作为行政执法决定依据的证据应当查证属实。当事人有权对作为定案依据的证据发表意见,提出异议。""夏善荣诉徐州市建设局行政证明纠纷案"[①]可以帮助读者理解行政主体对于行政证据的收集与查证职责。

第四节 行政的基本步骤

由于行政行为的多样性和复杂性,对其程序进行详细的规定和介绍都是困难的。迄今为止,我国尚未制定统一的行政程序法,因而没有关于行政程序基本步骤或者过程的一般性规定。这种情况下,对于行政程序的基本步骤,可以借助《行政处罚法》《行政许可法》以及一些地方政府制定的"行政程序规定"来了解。从这些立法看,行政步骤大致包括程序的启动、调查、听证、作出决定、送达与归档等,每个阶段都须遵循一定的期限。

一、程序启动

行政程序从程序启动开始。行政程序可以由行政机关依职权启动,或者依公民、法人和其他组织的申请启动。

《行政处罚法》并没有就行政机关依职权启动的程序作具体规定。不过,《湖南省行政程序规定》第64条第2款规定:"行政机关依职权启动程序,应当由行政执法人员填写有统一编号的程序启动审批表,报本行政机关负责人批准。情况紧急的,可以事后补报。"《江苏省行政程序规定》第48条第2款规定:"行政机关依职权启动程序,应当经本行政机关负责人批准。情况紧急的,可以事后补报。"从我国行政实践来看,填写立案登记表和行政机关负责人批准应当成为依职权启动行政程序的两个基本要件。此外,《行政处罚法》第31条规定,程序启动后,应当告知当事人作出行政处罚决定的事实、理由及依据,并告知当事人依法享有的权利。这一程序应当是行政相对人享有的基本权利,不可忽视。[②]

[①] 本案刊载于《最高人民法院公报》2006年第9期。本案相关介绍参见本书第三章第二节。

[②] 这方面的典型案例有"昆明威恒利商贸有限责任公司与昆明市规划局、第三人昆明市盘龙区人民政府东华街道办事处行政处罚纠纷案"(参见最高人民法院〔2008〕行终字1号行政判决书,本案刊载于《最高人民法院公报》2009年第10期)和"上海金港经贸总公司诉新疆维吾尔自治区工商行政管理局行政处罚案"(参见最高人民法院〔2005〕行提字第1号行政判决书,本案刊载于《最高人民法院公报》2006年第4期)。

昆明威恒利商贸有限责任公司案的裁判摘要指出:第一,根据《行政处罚法》第31条的规定,行政机关在作出行政处罚决定之前,应当告知当事人作出行政处罚决定的事实、理由及依据,并告知当事人依法享有的权利。行政机关未依照上述规定履行告知义务的,构成行政处罚程序违法;第二,《城市规划法》第40条规定:"在城市规划区内,未取得建设工程规划许可证件或者违反建设工程规划许可证件的规定进行建设,严重影响城市规划的,由县级以上地方人民政府城市规划行政主管部门责令停止建设,限期拆除或者没收违法建筑物、构筑物或者其他设施;影响城市规划,尚可采取改正措施的,由县级以上地方人民政府城市规划行政主管部门责令限期改正,并处罚款。"上述规定的处罚对象,是未取得建设工程规划许可证件或者违反建设工程规划许可证件的规定进行建设的建设者,且只有当违法建设达到"严重影响城市规划"的程度时,才能作出限期拆除的处罚决定。

《行政许可法》对行政许可程序的启动作了较为详细的规定，可以作为依申请行政行为程序启动的参考。《行政许可法》第 29 条规定："公民、法人或者其他组织从事特定活动，依法需要取得行政许可的，应当向行政机关提出申请。申请书需要采用格式文本的，行政机关应当向申请人提供行政许可申请书格式文本。申请书格式文本中不得包含与申请行政许可事项没有直接关系的内容。申请人可以委托代理人提出行政许可申请。但是，依法应当由申请人到行政机关办公场所提出行政许可申请的除外。行政许可申请可以通过信函、电报、电传、传真、电子数据交换和电子邮件等方式提出。"第 31 条第 1 款还规定，"行政机关不得要求申请人提交与其申请的行政许可无关的技术资料和其他资料。"

对于行政申请的处理，《行政许可法》第 32 条以及《湖南省行政程序规定》第 65 条等地方政府立法作了如下规定：第一，申请事项依法不属于本行政机关职权范围的，应当即时作出不予受理的决定，并告知当事人向有关行政机关申请。第二，申请材料存在可以当场更正的错误的，应当允许当事人当场更正。第三，申请材料不齐全或者不符合法定形式的，应当当场或者在 5 日内一次告知当事人需要补正的全部内容，逾期不告知的，自收到申请材料之日起即为受理；当事人在限期内不作补充的，视为撤回申请。第四，申请事项属于本行政机关职权范围，申请材料齐全、符合法定形式，或者当事人按照本行政机关的要求提交全部补正申请材料的，应当受理当事人的申请。行政机关受理或者不受理当事人申请的，应当出具加盖本行政机关印章和注明日期的书面凭证。①

上述这些规定，虽然主要是源自行政许可法的，但若没有特别排斥的理由，可以作为所有依申请行政行为的启动程序。

二、调查

行政调查，即行政程序启动，行政主体核实材料、收集证据、查明事实的过程。行

上海金港经贸总公司案的裁判摘要指出：根据《行政处罚法》第 31 条、第 39 条的规定，行政机关在作出行政处罚决定前，应当告知当事人作出行政处罚决定的事实、理由和依据，并告知当事人依法享有的权利；行政处罚决定书也应当载明上述必要内容。如果行政机关没有作出正式的行政处罚决定书，而是仅仅向当事人出具罚款证明，且未向当事人告知前述必要内容，致使当事人无从判断，当事人因此未经行政复议直接向人民法院起诉的，人民法院应当予以受理。

① 《湖南省行政程序规定》第 65 条规定："行政机关对当事人提出的申请，应当根据下列情况分别作出处理：（一）申请事项依法不属于本行政机关职权范围的，应当即时作出不予受理的决定，并告知当事人向有关行政机关申请；（二）申请材料存在可以当场更正的错误的，应当允许当事人当场更正；（三）申请材料不齐全或者不符合法定形式的，应当当场或者在 5 日内一次告知当事人需要补正的全部内容，逾期不告知的，自收到申请材料之日起即为受理；当事人在限期内不作补充的，视为撤回申请；（四）申请事项属于本行政机关职权范围，申请材料齐全、符合法定形式，或者当事人按照本行政机关的要求提交全部补正申请材料的，应当受理当事人的申请。行政机关受理或者不受理当事人申请的，应当出具加盖本行政机关印章和注明日期的书面凭证。"类似规定还可参见《浙江省行政程序办法》第 48 条、《西安市行政程序规定》第 41 条、《江苏省行政程序规定》第 50 条。

政调查主体、行政调查措施、行政调查等是行政调查程序的基本内容。

关于行政调查主体,《行政处罚法》第 37 条第 1、3 款规定:"行政机关在调查或者进行检查时,执法人员不得少于两人,并应当向当事人或者有关人员出示证件。当事人或者有关人员应当如实回答询问,并协助调查或者检查,不得阻挠。询问或者检查应当制作笔录。""执法人员与当事人有直接利害关系的,应当回避。"《行政许可法》第 34 条第 3 款规定:"根据法定条件和程序,需要对申请材料的实质内容进行核实的,行政机关应当指派两名以上工作人员进行核查。"上述规定可以视为行政调查主体的基本原则,一些地方政府制定的行政程序规定也重述了这些规定。例如,《浙江省行政程序规定》第 51 条规定:"行政机关开展调查时,应当指派 2 名以上工作人员进行,且其中至少 1 人是行政执法人员。行政处罚、行政强制等法律、法规明确规定必须是 2 名以上行政执法人员的,从其规定。调查人员应当向被调查人出示行政执法证件或者工作证件;不出示行政执法证件或者工作证件的,被调查人有权拒绝调查。行政机关应当制作调查的书面记录,经被调查人核实后由调查人员和被调查人签名。被调查人拒绝签名的,调查人员应当在书面记录上注明情况并签字。"不过,如果有些法律特别规定一人可以执法的,一人执法也是合法的。①

调查措施和程序在立法中往往放在一起作规定,因此这里一起进行介绍。《行政处罚法》第 37 条第 2 款规定:"行政机关在收集证据时,可以采取抽样取证的方法;在证据可能灭失或者以后难以取得的情况下,经行政机关负责人批准,可以先登记保存,并应当在七日内及时作出处理决定,在此期间,当事人或者有关人员不得销毁或者转移证据。"《行政许可法》主要是对申请人提交的材料进行审查。《行政许可法》第 34 条第 1、2 款规定:"行政机关应当对申请人提交的申请材料进行审查。申请人提交的申请材料齐全、符合法定形式,行政机关能够当场作出决定的,应当当场作出书面的行政许可决定。"第 35 条规定:"依法应当先经下级行政机关审查后报上级行政机关决定的行政许可,下级行政机关应当在法定期限内将初步审查意见和全部申请材料直接报送上级行政机关。上级行政机关不得要求申请人重复提供申请材料。"除了这些规定,一些地方政府规章的相关规定也是学习这部分内容时应当加以关注的。如《浙江省行政程序办法》第 50 条规定:"行政机关依法开展调查,可以根据需要采取下列措施:(一)口头

---

① 这方面的典型案例是"廖宗荣诉重庆市公安局交通管理局第二支队道路交通管理行政处罚决定案"(本案刊载于《最高人民法院公报》2007 年第 1 期)。本案判决指出:第一,依照《道路交通安全法》第 87 条规定,交通警察执行职务时,对所在辖区内发现的道路安全违法行为,有权及时纠正。交通警察对违法行为所作陈述如果没有相反证据否定其客观真实性,且没有证据证明该交通警察与违法行为人之间存在利害关系,交通警察的陈述应当作为证明违法行为存在的优势证据。第二,交通警察一人执法时,对违法行为人当场给予 200 元以下罚款,符合道路交通安全法关于依法管理,方便群众,保障道路交通有序、安全、畅通的原则和该法第 107 条规定,也符合《道路交通安全违法行为处理程序规定》第 8 条规定,是合法的具体行政行为。

或者书面通知有关公民、法人和其他组织对调查事项作出解释和说明;(二)要求公民、法人和其他组织提供与调查事项有关的文件、资料,并进行复制;(三)对有关公民、法人和其他组织的工作场所、经营场所等进行现场检查、勘验;(四)自行或者委托法定鉴定、检验机构对有关事实进行鉴定、检验;(五)法律、法规和规章规定的其他措施。行政机关依法开展调查的,公民、法人和其他组织应当予以配合、协助。"①

三、听证

严格地讲,听证程序属于调查程序的一部分。但是,它也是正当程序原则的基本要求,《行政处罚法》以及一些地方政府制定的"行政程序规定"对听证程序作了专门规定。因此,在这里有必要作更为具体的介绍。在我国法律话语中,听证相当于英美法律话语中的正式听证,与简单地听取行政相对人的陈述与申辩不同。因此,并不是所有的行政行为都举行听证程序,而是仅在案情比较复杂、对相对人或者第三人权益影响较大的情形下举行。

听证程序可以依职权启动,也可以依申请启动。听证程序大概由听证权利的告知(或者公告)、听证的申请、听证的举行、听证的效力组成。

(一)听证权利的告知

听证权利的告知或者公告,即在符合听证条件的情形下,行政主体或者要向社会公告并举行听证,或者告知行政相对人或者利害关系人有要求听证的权利,征求其是否要求听证的程序。《行政处罚法》第42条第1款规定,"行政机关作出责令停产停业、吊销许可证或者执照、较大数额罚款等行政处罚决定之前,应当告知当事人有要求举行听证的权利;当事人要求听证的,行政机关应当组织听证。"《行政许可法》第46条规定:

---

① 此外,《西安市行政程序规定》对调查程序作了较为详尽的规定,也值得关注。其中第44条规定:"行政机关可以依法采取下列方法实施调查:(一)询问当事人或者证人,听取当事人的陈述和申辩;(二)向有关单位和个人调取书证、物证、视听资料或者电子数据;(三)勘验;(四)抽查取样;(五)举行听证会;(六)指定或者委托法定的鉴定机构或者鉴定人出具鉴定意见;(七)录音、录像;(八)法律、法规规定的其他调查方法。"第45条规定:"行政机关向有关单位和个人调取证据的,应当出具书面收据,注明有关证据或者材料的项目、编号和来源,并应当保护当事人的隐私权。"第46条规定:"行政机关进行勘验,应当事先通知当事人或者其代理人到场。当事人或者其代理人拒不到场的,应当邀请其他与案件无利害关系的人作为见证人,并在勘验笔录中说明情况,法律、法规另有规定的除外。行政机关实施勘验时可以采取测量、拍照、录音、录像、抽取样品、询问在场有关人员等方法。勘验笔录应当记明勘验的时间、地点、内容、在场人员,经当事人或者其代理人核实后,由执法人员、当事人或者其代理人、见证人签名或者盖章。当事人或者其代理人对记录有异议或者拒绝签名的,应当注明,并由执法人员和见证人签名或者盖章。"第47条规定:"行政机关对特定人和特定场所的不公开资料、物品进行检查时,应当出具行政机关负责人签署的检查证,向被检查人表明身份、告知实施检查的法律依据。进入非公共场所实施检查,应当征得所有人或者管理人的同意,法律另有规定的除外。强制进入住宅、船舶、航空器进行检查的,应当由具有强制权的行政机关进行。没有强制检查权的行政机关需要实施强制检查的,应当由具有强制权的机关协助。对妇女的身体检查,应由女性行政执法人员或者医生进行。实施检查时,应当制作检查笔录。"第48条规定:"行政机关对行政处理程序中的专门问题,应当委托具有相应资质的鉴定机构进行鉴定。"

"法律、法规、规章规定实施行政许可应当听证的事项，或者行政机关认为需要听证的其他涉及公共利益的重大行政许可事项，行政机关应当向社会公告，并举行听证。"第47条规定："行政许可直接涉及申请人与他人之间重大利益关系的，行政机关在作出行政许可决定前，应当告知申请人、利害关系人享有要求听证的权利；申请人、利害关系人在被告知听证权利之日起五日内提出听证申请的，行政机关应当在二十日内组织听证。"除此之外，一些地方政府制定的"行政程序规定"也作了类似规定。如《湖南省行政程序规定》第73条第1款规定："行政机关在作出行政执法决定之前，应当告知当事人、利害关系人享有陈述意见、申辩的权利，并听取其陈述和申辩。"① 这些规定应该具有普遍的参考性。

（二）听证的申请

听证的申请应当分两种情形，一是利害关系人直接提出申请，二是在行政主体告知其听证权之后提出申请。听证权是利害关系人（行政相对人与行政第三人）所享有的正当程序权利，不以行政机关的告知为前提。因此，行政主体告知利害关系人享有听证权并不是听证申请的必要条件，利害关系人可以直接提出申请。但是，除了基于公共利益的考虑经由公告程序举行的听证（会）之外，行政主体针对利害关系人所举行的听证，一般以其提出申请为前提。利害关系人放弃听证权利的可以不举行听证。但若利害关系人申请听证，行政主体就应当听证。因此，《行政处罚法》第42条第1款规定，"当事人要求听证的，行政机关应当组织听证。"《行政许可法》第47条第1款规定，"申请人、利害关系人在被告知听证权利之日起五日内提出听证申请的，行政机关应当在二十日内组织听证。"

（三）听证的程序

听证的程序，即听证的步骤等。对于听证程序，《行政处罚法》第42条与《行政许可法》第48条作了规定，可以作为所有听证程序的参照。《行政处罚法》第42条第1款规定："听证依照以下程序组织：（一）当事人要求听证的，应当在行政机关告知后三日内提出；（二）行政机关应当在听证的七日前，通知当事人举行听证的时间、地点；（三）除涉及国家秘密、商业秘密或者个人隐私外，听证公开举行；（四）听证由行政机关指定的非本案调查人员主持；当事人认为主持人与本案有直接利害关系的，有权申请回避；（五）当事人可以亲自参加听证，也可以委托一至二人代理；（六）举行听证时，调查人员提出当事人违法的事实、证据和行政处罚建议；当事人进行申辩和质证；

---

① 《湖南省行政程序规定》第74条还规定："具有下列情形之一的，行政机关在作出行政执法决定前应当举行听证会：（一）法律、法规、规章规定应当举行听证会的；（二）行政机关依法告知听证权利后，当事人、利害关系人申请听证的；（三）行政机关认为必要的；（四）当事人、利害关系人申请，行政机关认为确有必要的。"

(七) 听证应当制作笔录；笔录应当交当事人审核无误后签字或者盖章。"

(四) 听证及其记录的效力

听证是公民以及利害关系人所享有的重要程序权利。听证的举行与否对于程序合法性以及行政行为的效力具有重大影响，该听证不听证的，构成违法从而可能被撤销。此外，听证笔录对于行政行为的作出具有约束力。西方国家有所谓"案卷排他制度"，即行政行为经过听证程序的，行政主体应当根据听证笔录作出行政行为，没有记入听证笔录的，一般不得作为作出行政行为的依据。① 我国《行政处罚法》没有类似的规定，但《行政许可法》第 48 条第 2 款规定："行政机关应当根据听证笔录，作出行政许可决定。"这可以说是案卷排他制度在我国立法中的体现和应用。

除上述几点之外，还需注意的是，我国《行政处罚法》和《行政许可法》均规定，申请人不承担听证的费用。

关于听证制度，本教材在第二章第四节讲解正当程序原则时已经列举了几个案例，这里仅举"邱正吉等不服厦门市规划局规划行政许可案"② 供读者阅读理解。

◆ 邱正吉等不服厦门市规划局规划行政许可案

【案情概要】

原告诉称：三原告在 1998 年 10 月与大洋公司签订了《泰和花园房屋预订书》，向大洋公司订购泰和花园 N1 栋一、二层商场，大洋公司承诺向三原告赠送夹层。1998 年 12 月双方所签的《泰和花园房屋预订书》进一步明确了大洋公司应为商场夹层设楼梯、卫生间及通风设备。2000 年 11 月，三原告与大洋公司就泰和花园 N1 栋一层 13 个商场、二层 4 个商场分别签订 17 份《商品房购销合同》，当时大洋公司向三原告出示的 98 号《建设工程规划许可证》显示，一层商场层高 5.7 米，二层商场层高 4.2 米。上述商品房购销合同签订后，三原告依约陆续支付购房款人民币两千余万元。大洋公司比合同约定时间推迟了四年多，直至 2006 年 7 月才交房。2007 年 12 月，三原告接到厦门市仲裁委员会送达的仲裁申请书，获悉大洋公司要求三原告支付面积差价款人民币九百多万元。三原告才发现大洋公司原承诺的夹层竟都计算建筑面积，且测绘成果体现的夹层权

---

① 行政案卷排他制度源于 1946 年《美国联邦行政程序法》，该法第 556（e）款规定："证言的记录、证物连同裁决程序中提出的全部文书和申请书，构成按照本编 557 节规定作出裁决的唯一案卷。当事人交纳法定的费用后，有权得到副本。"该法第 706 节规定："为了作出上述决定，法院必须审查全部记录，或其中为一方当事人所引用的部分。"因此，法院只能根据行政机关的记录进行审查，作出判决。行政机关提供法院审查的记录，只限于作决定时考虑的问题和事项，不能是作决定后的记录。第 557 节所规定的决定是正式程序裁决的决定，只能根据案卷作出。但在司法实践中，法院对非正式程序也根据行政机关作决定时的记载和文件进行审查。行政案卷排他制度既是美国行政程序法的一项重要制度，也是美国法院对行政行为进行审查的基本原则。

② 参见福建省厦门市中级人民法院〔2008〕厦行初字第 6 号行政判决书。另参见最高人民法院行政审判庭：《中国行政审判案例》（第 3 卷），中国法制出版社 2013 年版，第 122—127 页。

属也与原告所购商场无法对应,导致权属混淆。

2008年2月,原告通过调查发现,相关测绘成果源自被告2006年7月17日所作《厦门市规划局关于同意泰和花园N1栋商品房项目局部施工图调整的批复》(以下简称《批复》)及其核定的施工图。建设部等七个部委联合发出的《关于整顿和规范房地产市场秩序的通知》(建住房〔2002〕123号)指出:房地产开发项目规划方案一经批准,任何单位和个人不得擅自变更。确需变更的,必须按原审批程序报批,城市规划行政主管部门在批准其变更前,应当进行听证。被告在出具《批复》前未进行听证,也没有对批复列明的"不改变建筑面积指标"及"向业主告知且无异议"等前提是否具备予以翔实的审查。客观事实是大洋公司利用《批复》改变并大幅增加建筑面积,进而向原告主张巨额面积差价款,谋取不当利益。且大洋公司从未就规划调整内容告知原告并征得原告同意,系采用暗箱操作手法使被告擅自批准调整一层商场布局并降低二层商场层高,从而造成一层商场夹层权属参差错乱,张冠李戴,二层商场层高无端减少0.2米。原告请求法院依法判令撤销被告所作的《批复》及其所核定的施工图,并判令被告承担本案全部诉讼费用。

法院查明,1999年1月11日,厦门市规划管理局(现为厦门市规划局)作出98J-532号《建设工程规划许可证》,许可大洋公司、东港公司建设项目名称为"泰和花园N1栋"商品房,该许可设定了相应的建设工程规划技术指标,并在厦门泛华工程有限公司1998年设计的关于"泰和花园N1栋"设计图纸上盖有"厦门市规划管理局建设工程规划许可证图纸审核专用章"。1999年10月27日,厦门市建设委员会作出厦建设审字〔1999〕031号《关于泰和花园N1栋初步设计的批复》,该批复发给大洋公司与东港公司,提出"泛华公司停业整顿期间,不得继续承担本工程的设计","请你公司另行委托符合有关规定的设计单位完善初步设计,并编制施工图。初步设计修改后报我委备案,施工图完成后,可向规划局办理建设工程许可证"。2000年1月,由厦门中建东北设计院重新对"泰和花园N1栋"进行设计,并出示相应的图纸。"泰和花园N1栋"即按照厦门中建东北设计院的图纸进行施工,且该图纸未报厦门市规划局审核。2005年10月31日,厦门市规划局〔2005〕厦规竣第0101号《建设工程竣工规划验收表》上关于建筑高度及层高表述为"批建基本一致",验收意见为"同意报备,不符合规划指标部分另案处理"。2006年6月28日,大洋公司与东港公司共同向厦门市规划局申请补办"泰和花园N1栋"施工图调整手续。2006年7月17日,厦门市规划局作出本案诉争的《批复》。

法院还查明,1998年10月17日,邱正吉(乙方)与大洋公司(甲方)签订了《泰和花园房屋预订书》,邱正吉向大洋公司购买泰和花园N1栋一、二层商场。该预订书"附甲方代乙方做N1栋一层商场阁楼"。1998年12月14日,邱正吉与大洋公司再次签订《泰和花园房屋预订书》，由邱正吉购买泰和花园 26 个地下车位。该预订书补充条款中规定，"商场夹层设楼梯、卫生间及通风设备"。2000 年 11 月，三原告与大洋公司就泰和花园 N1 栋一层 13 个商场、二层 4 个商场分别签订 17 份《商品房购销合同》。2005 年 9 月 4 日，大洋公司通知三原告办理交房手续，并于 2005 年 11 月 1 日通知三原告补交经房产实测增加的面积的款项。2005 年 11 月 10 日，三原告复函大洋公司，要求先办理产权证。2007 年 11 月 9 日，大洋公司就三原告支付面积差价款提请厦门仲裁委员会仲裁。2008 年 3 月，三原告向法院提起本案的诉讼。2008 年 4 月 10 日，厦门仲裁委员会作出仲裁中止决定。现三原告所购的"泰和花园 N1 栋"的商场均由三原告经营管理。

【裁判结果】

撤销被告作出的《厦门市规划局关于同意泰和花园 N1 栋商品房项目局部施工图调整的批复》。

【裁判理由】

根据《行政许可法》第 46 条规定，法律、法规、规章规定实施行政许可应当听证的事项，或者行政机关认为需要听证的其他涉及公共利益的重大性质许可事项，行政机关应当向社会公告，并举行听证。《关于整顿和规范房地产市场秩序的通知》中规定：房地产开发项目规划方案一经批准，任何单位和个人不得擅自变更。确需变更的，必须按原审批程序报批；城市规划行政主管部门在批准其变更前，应当进行听证。听证制度作为一项法律制度，是行政机关在作出影响公民、法人或者其他组织合法权益的决定前，向其告知决定理由和听证权利，公民、法人或者其他组织向行政机关表达意见、提供证据、申辩、质证以及行政机关听取意见、接纳其证据的程序规定。听证制度已成为现代行政程序法基本制度的核心。在行政许可实施程序中设立听证程序，可以提高行政许可决定的公正性、公开性和可接受性。本案被诉的《批复》，系对"泰和花园 N1 栋"商品房已有的规划许可方案的变更，根据上述规定，应当按照行政许可法的规定，履行听证程序后方可作出。

《行政许可法》第 47 条规定：行政许可直接涉及申请人与他人之间重大利益关系的，行政机关在作出行政许可决定前，应当告知申请人、利害关系人享有要求听证的权利。本案争议的规划调整主要集中于"泰和花园 N1 栋"一层及二层商场的层高问题。根据本案所查明及各方当事人认可的事实，"泰和花园 N1 栋"的实际施工图与被告审批的建设工程规划许可证所附的施工图存在一定的差异，被告作出的 98J-532《建设工程规划许可证》中关于规划技术指标的规定写道，"主要建筑层高要求：……一层 5.7 米，二层 4.2 米"，被诉的《批复》中第 1 点写道，"一层 5.7 米（局部夹层下层 3 米、上层 2.7 米）、二层 4 米"。被告的行政许可与后续的《批复》对"泰和花园 N1 栋"的部分规划技术指标确存在前后不同的要求，且该规划条件的调整，是在"泰和花园 N1 栋"

商品房项目已建设完毕，大洋公司已实际将房屋交付买受人的情况下所作出的，因此三原告作为与"泰和花园 N1 栋"商品房的规划调整存在重大利益的关系人，大洋公司作为行政许可申请人，依法享有听证的权利。被告未依法举行听证，即作出本案被诉的《批复》，在程序上存在错误。

最高人民法院行政审判庭在将本案收入《行政审判案例》时撰写的裁判要旨简明扼要地指出：行政机关经听证程序作出许可决定后，对原许可决定的技术指标等实质内容进行调整的，调整前亦应当举行听证。

四、作出决定

行政主体完成调查和核实工作之后，应当及时作出行政行为，制作和送达行政行为书。《行政处罚法》第 39 条规定："行政机关依照本法第三十八条的规定给予行政处罚，应当制作行政处罚决定书。行政处罚决定书应当载明下列事项：（一）当事人的姓名或者名称、地址；（二）违反法律、法规或者规章的事实和证据；（三）行政处罚的种类和依据；（四）行政处罚的履行方式和期限；（五）不服行政处罚决定，申请行政复议或者提起行政诉讼的途径和期限；（六）作出行政处罚决定的行政机关名称和作出决定的日期。行政处罚决定书必须盖有作出行政处罚决定的行政机关的印章。"这一规定可以看作依职权行政行为的基本内容。另外，《湖南省行政程序规定》第 77 条规定："行政执法决定文书应当载明以下事项：（一）当事人的基本情况；（二）事实以及证明事实的证据；（三）适用的法律规范；（四）决定内容；（五）履行的方式和时间；（六）救济的途径和期限；（七）行政机关的印章与日期；（八）其他应当载明的事项。行政执法决定文书应当采用制作式；适用简易程序的，可以采用格式化文书。"《湖南省行政程序规定》第 78 条规定："行政执法决定文书应当充分说明决定的理由，说明理由包括证据采信理由、依据选择理由和决定裁量理由。行政执法决定文书不说明理由，仅简要记载当事人的行为事实和引用执法依据的，当事人有权要求行政机关予以说明。"这些规定也是作出决定时可以参考的。

五、送达与归档

送达与归档是行政的最后和收尾程序。原则上，行政行为作出后，应当依法送达行政相对人和行政第三人。行政行为送达后，才对行政相对人和行政第三人产生效力。行政执法决定附条件或者附期限的，应当载明效力的条件或者期限。此外，行政机关应当建立行政案卷。除依法应当保密的外，公民、法人或者其他组织可以查阅与其相关的行政执法案卷。

随着计算机技术与网络技术的发展，电子政务逐步成为行政行为的基本方式之一，行政行为的送达方式与归档方式随之逐渐数字化。行政主体作出数字化行政行为文书、通过网络送达数字化行政行为的，应当得到法律的支持。"北京希优照明设备有限公司不服上海市商务委员会行政行为案"[①] 可以说明这一点。

◆ 北京希优照明设备有限公司不服上海市商务委员会行政行为案

【案情概要】

第三人机场集团公司委托第三人浦东机场公司通过国际招标采购某国际机场扩建工程所需高杆灯，该招标项目于2008年9月8日开标，共有艾伯克斯公司、E灯具厂及原告希优公司三家企业参与投标。经招标机构组织的评标委员会评审，推荐艾伯克斯公司中标，该评标结果于2008年10月7日在招标网上进行公示。评标委员会对原告的评审结论为：技术废标。理由为：站坪与航站楼间路面等区域的照度均匀比大于4∶1，不满足招标文件第八章第2.1.13.9条要求。原告不服评标委员会的评标结果，认为招标文件中并没有对站坪与航站楼间路面等区域的照度均匀比作出要求，废标理由不成立，故于2008年10月13日、10月28日两次向被告市商委提出书面质疑，要求重新评标。被告于2008年12月10日在招标网上作出重新评标的质疑处理决定，要求招标机构严格按规定组织专家重新评标。招标机构根据被告要求组织了新的评标委员会进行了重新评标，新的评标委员会评审结论仍为技术废标，理由为投标文件中照度计算书部分区域的照度均匀比不满足招标文件和强制性民用航空行业标准的规范要求。被告收到招标机构提交的重新评标专家报告后，作出了"同意专家复评意见，维持原评标结果"的决定，并于2008年12月29日对重新评标报告予以网上备案，招标网当即自动生成高杆灯中标公告，公告显示："经重新评标，艾伯克斯公司为某国际机场扩建工程西航站楼站坪工程、维修机坪、货机坪工程高杆灯国际招标项目的最终中标人。"被告于2008年12月31日通过招标网出具《国际招标评标结果通知》，招标机构凭该通知向中标人发出中标通知书，并将结果通知其他投标人，同时将投标保证金退还各投标未中标人。原告不服，提起涉案行政诉讼。

【法院裁判】

一审法院就电子政务引发的问题认为：本案系电子政务引发的新类型案件，原、被告双方对被诉具体行政行为是否符合法定程序的争议，实质上是基于对传统与现代政府行政方式的不同认识。当今社会信息技术高速发展，电子政务的出现是信息技术影响政府行政方式的结果。电子政务，可以理解为现代政府行政的新方式，这种通过应用信息

[①] 本案刊载于《最高人民法院公报》2011年第7期。

技术行政的方式有利于改善公共服务，增强公共参与、政务公开和民主程度，促进政府办公自动化、电子化、网络化和信息资源的全面共享，有利于提高公共管理效率、公共决策科学性。电子政务有别于传统行政方式的最大特点，在于行政方式的无纸化、信息传递的网络化、行政法律关系的虚拟化等。本案中，《13号令》第6条已明确规定机电产品国际招标应当在招标网上完成评审专家抽取、评标结果公示、质疑处理等招标业务的相关程序，且本案所涉的《机电产品采购国际竞争性招标文件》也明确规定，机电产品国际招标在招标网上进行招标项目建档、招标公告发布、评标结果公示、质疑处理等招标程序，投标人必须于投标截止期前在招标网上成功注册。因此，原告希优公司对于机电产品国际招标、质疑处理采用网络化方式是明知的。原告选择本涉案投标项目，就表明其接受网络化的招投标方式和相关质疑处理的电子政务化行政处理方式。行政处理决定的载体可以有多种，可以采用电子方式也可以采用书面方式。行政机关作出行政行为后，可以通过计算机等自动设备将其转化成有文字的纸制品送达行政相对人，也可以通过网络以电子行政行为书的形式通知相对人，相对人也可以通过打印机将该行政行为打印在纸制品上，但是电子政务的初衷在于提高行政效率、节约行政成本，如果都以纸质记载文字为形式要件，则不能发挥计算机技术在提高行政效率上的优势。当然，自动设备作出的行政行为的形式，也理应符合程序法对形式上的一般规定。被告市商委对重新评标进行审核后，以公告形式在网络上作出的行政行为，符合《13号令》有关程序的规定，《13号令》也没有规定以网络方式作出行政行为的，还要另外向相对人送达书面的处理决定书。原告在接受电子政务化的行政处理方式后，又以被告未向其送达书面的处理决定书为由主张被告程序违法，缺乏法律依据，不予采纳。

《最高人民法院公报》编者就本案撰写的裁判摘要指出：电子政务有别于传统行政方式的最大特点，体现在行政方式的无纸化、信息传递的网络化等方面。当事人在接受电子政务化的行政处理方式后，又以行政机关未向其送达书面处理决定书为由主张行政程序违法的，人民法院不予支持。

思考题

1. 外部程序与内部程序有何区别？如此划分有何意义？
2. 权利性程序与义务性程序有何区别？如此划分有何意义？
3. 基本程序与辅助程序有何区别？如此划分有何意义？
4. 什么是行政管辖？我国行政管辖是怎么划分的？
5. 行政证据有什么特征？有哪些种类？
6. 行政举证责任是如何分配的？
7. 证据具有哪些情形视为非法，不能作为认定事实的依据？

8. 行政行为的程序包括哪些基本内容？
9. 什么是"案卷排他制度"？我国现行法律中有无相关规定？
10. 行政文书送达的方式有哪些？

拓展研读案例

1. 姚友民与东台市城市管理局、东台市环境卫生管理处公共道路妨碍通行行政纠纷案①

本案争议焦点：2011年10月9日上午9点左右，姚友民骑电动自行车行至东台市东达路与红兰路交叉路口时，因路面存在油污且路面刚洒水很潮湿而摔倒，造成右胫腓骨开放性骨折，经鉴定构成十级伤残，需要进行二次手术。对此，被告城管局和环卫处是否应当承担赔偿责任。

本案裁判摘要：在公共交通道路上堆放、倾倒、遗撒妨碍他人通行的物品，无法确定具体行为人时，环卫机构作为具体负责道路清扫的责任单位，应当根据路面的实际情况制定相应的巡查频率和保洁制度，并在每次巡查保洁后保存相应的记录，保持路面基本见本色，保障安全通行。环卫机构未能提供其巡回保洁和及时清理的相关记录，应认定其未尽到清理、保洁的义务，对他人因此受伤产生的损失，依法应承担相应的赔偿责任。

说明：本案有助于了解我国行政法的行政证据制度。

2. 上海远洋运输公司不服宁波卫生检疫所国境卫生检疫行政处罚决定案②

本案争议焦点：出入境交通工具上的食品从业人员以持有交通部颁发的海员健康证书为由拒绝办理卫生检疫部门签发的健康证书，卫生检疫机关是否可以对此予以行政处罚。

本案一审判决：根据《国境卫生检疫法实施细则》第107条第3项关于"入境、出境交通工具上的食品、饮用水从业人员应当持有卫生检疫机关签发的健康证书"的规定，原告上海远洋运输公司"抚顺城"轮大厨顾勇康、二厨冯国强、服务员刘波系入境、出境交通工具上的食品、饮用水从业人员，应当持有卫生检疫机关签发的健康证书。因此，顾勇康、冯国强、刘波只持交通部颁发的经上海远洋医院体检出具的海员健康证书，不符合《卫生检疫法实施细则》的有关规定。

---

① 本案刊载于《最高人民法院公报》2015年第1期。
② 本案刊载于《最高人民法院公报》1992年第3期。

3. 四川省南充市顺庆区园艺装饰广告部诉四川省南充市顺庆区安全生产监督管理局安全生产行政处罚案①

本案争议焦点：被告作出行政处罚告知书后，将该告知书按原告在工商登记的住所邮寄送达，邮政局以原址查无此人和原写地址不详为由将邮件退回被告。随后，被告对原告作出行政处罚决定。这种情形下，被告作出的行政处罚决定的程序是否合法。

本案裁判摘要：送达是行政执法活动的重要组成部分，如果行政处罚告知书未予送达行政相对人，则行政处罚决定不能生效。

4. 郁祝军诉江苏省常州市武进区公安局交通巡逻警察大队交通行政处罚案②

本案裁判要旨：现实生活中，"闯红灯"等瞬时交通违法行为大量存在，此类案件在审判实务中最大的争议就是交警现场目击判断的证据效力。从法律规范的意旨和交警从事道路交通管理的实际来看，交警在处理现场的目击判断证明应具有证据效力。除非相对人能提出更有力的证据将之推翻，法院应该尊重交警对交通违法事实的认定权。另外，从利益衡量的角度看，社会公共秩序利益优于财产权等个人利益。因此，法院的裁判应倾向于维护交警对交通违法事实的现场认定权。

5. 赵秀斌不服黑龙江省大庆市工商行政管理局萨尔图分局企业法人工商行政登记案③

本案裁判要旨：工商行政机关在办理企业法定代表人变更登记过程中，不仅要审查申报材料数量是否齐全，而且要在专业范围内尽可能审查申报材料本身的真实性、合法性，亦即工商行政机关还对股东会会议的召开、议事和表决程序是否符合《公司法》等法律和公司章程，负有审慎合理的审查义务。

6. 增城市大恒科技实业有限公司诉增城市城乡规划局行政强制拆除案④

本案裁判要旨：《国家赔偿法》第15条第1款和相关司法解释均规定原告对造成损害的事实应当承担举证责任。然而在违章建筑强制拆除的过程中，由于行政机关的程序

---

① 参见四川省南充市中级人民法院〔2010〕南行终字第36号行政判决书。另参见最高人民法院行政审判庭编：《中国行政审判案例》（第2卷），中国法制出版社2011年版，第204—208页。
② 参见江苏省常州市中级人民法院〔2009〕常行终字第152号行政判决书。另参见最高人民法院行政审判庭编：《中国行政审判指导案例》（第1卷），中国法制出版社2010年版，第27—32页。
③ 参见黑龙江省大庆市中级人民法院〔2008〕庆行终字第154号行政判决书。另参见最高人民法院行政审判庭编：《中国行政审判指导案例》（第1卷），中国法制出版社2010年版，第48—52页。
④ 参见广东省高级人民法院〔2010〕粤高行终字第153号行政判决书。另参见最高人民法院行政审判庭编：《中国行政审判案例》（第3卷），中国法制出版社2013年版，第48—53页。

违法造成原告难以就其损害事实提供充分证据甚至无法提供证据的，应当适当降低原告的证明责任，以体现保护相对人合法权益的立法精神。

7. 禄久顺、邢瑞英诉郑州市中原区人民政府行政强制措施及行政赔偿案①

本案裁判要旨：在一并提起的行政赔偿诉讼中，原告对因被诉行政行为侵害而造成损失的事实及损失大小负有举证责任。因被告原因致原告虽能证明受到损害但对赔偿数额无法举证时，基于公平原则，赔偿数额的确定适用举证责任倒置。

8. 王龙刚不服海林市公安局治安管理处罚案②

本案裁判要旨：存在合理差异的证言并不损害其真实性，而高度相同的证言则须谨慎对待。多次反复的证言应优先采信首次证言。完全相反的证言要考虑证人与当事人之间的亲属关系等因素确定其证明力及其大小。

9. 赵博诉平邑县人民政府土地行政复议案③

本案裁判要旨：虽然《行政许可法》未就撤销行政许可应当遵循的程序作出具体规定，但根据《行政许可法》第5条和第7条的原则规定，撤销行政许可应给予相对人陈述和申辩的机会，否则，即构成程序违法。

10. 陈刚诉句容市规划局、句容市城市管理局城建行政命令案④

本案裁判要旨：在法律、法规没有明确规定的情况下，人民法院可以把正当程序原则作为判断行政行为合法性的依据。被诉行政行为存在明显违反正当程序原则的情形的，可以按照《行政诉讼法》第54条第2款第5项作出判决。被告自行纠正后原告仍坚持诉讼的，应当判决确认违法。

11. 潘龙泉诉新沂市公安局治安行政处罚案⑤

本案裁判要旨：相关法律规范虽然没有规定行政机关未在法定期限作出处罚的法律

---

① 参见河南省高级人民法院〔2008〕豫法行终字第126号行政判决书。另参见最高人民法院行政审判庭编：《中国行政审判案例》（第3卷），中国法制出版社2013年版，第54—58页。
② 参见黑龙江省牡丹江市中级人民法院〔2010〕牡行终字第43号行政判决书。另参见最高人民法院行政审判庭编：《中国行政审判案例》（第4卷），中国法制出版社2012年版，第59—64页。
③ 参见山东省费县人民法院〔2009〕费行初字第39号行政判决书、山东省临沂市中级人民法院〔2010〕临行终字第74号行政判决书。另参见最高人民法院行政审判庭编：《中国行政审判案例》（第3卷），中国法制出版社2013年版，第118—121页。本案相关介绍参见本书第二章第四节。
④ 参见江苏省句容市人民法院〔2010〕句行初字第14号行政判决书。另参见最高人民法院行政审判庭编：《中国行政审判案例》（第3卷），中国法制出版社2013年版，第128—132页。
⑤ 参见江苏省徐州市中级人民法院〔2008〕徐行终字第170号行政判决书。另参见最高人民法院行政审判庭编：《中国行政审判案例》（第4卷），中国法制出版社2012年版，第125—130页。

后果，但行政机关无任何正当理由，超过法定的追究时限对违法行为人作出处罚，损害了追究时效制度所维护的社会秩序的安定性，应属滥用职权的情形。

拓展研读文献

1. 周敏：《治理现代化背景下的行政程序变革与走向——以公私协力为视角》，载《法律科学》2015年第6期；
2. 罗智敏：《论正当行政程序与行政法的全球化》，载《比较法研究》2014年第1期；
3. 章志远：《法定行政程序的扩张性解释及其限度——最高人民法院6号指导案例之评析》，载《浙江社会科学》2013年第1期；
4. 江必新：《行政程序正当性的司法审查》，载《中国社会科学》2012年第7期；
5. 应松年：《中国行政程序法立法展望》，载《中国法学》2010年第2期；
6. 应松年、王敬波：《论我国制定统一行政程序法典的法制基础——基于现行法律规范体系之分析》，载《法商研究》2010年第4期；
7. 于立深：《违反行政程序司法审查中的争点问题》，载《中国法学》2010年第5期；
8. 刘善春：《论行政程序举证责任》，载《政法论坛》2009年第4期；
9. 王锡锌：《正当法律程序与"最低限度的公正"——基于行政程序角度之考察》，载《法学评论》2002年第2期；
10. 章剑生：《现代行政程序的成因和功能分析》，载《中国法学》2001年第1期；
11. 杨登峰：《法无规定时正当程序原则的适用》，载《法律科学》2018年第1期；
12. 〔英〕丹宁勋爵：《法律的正当程序》，李克强等译，法律出版社1999年版；
13. 〔美〕杰瑞·L.马肖：《行政国的正当程序》，沈岿译，高等教育出版社2005年版；
14. 徐继敏：《行政证据学基本问题研究》，四川大学出版社2010年版；
15. 姬亚平：《行政证据制度建构研究》，中国政法大学出版社2015年版；
16. 关保英主编：《行政程序法典汇编》，山东人民出版社2017年版。

第七章

政府信息公开

政府信息公开是行政法治建设中非常重要的内容。本章主要结合我国《政府信息公开条例》讲解政府信息的概念、政府信息公开的原则与方式、政府信息公开的范围、政府信息公开的程序等内容，其中，政府信息公开的范围与程序是重点。学习本章时，一方面要将其放在整个行政程序法治的大背景中加以思考，另一方面要将其与《政府信息公开条例》紧密结合起来。

第一节 政府信息公开的基本问题

一、政府信息及其公开的概念

政府信息，是指行政机关在履行行政管理职能过程中制作或者获取的，以一定形式记录、保存的信息。[①] 政府信息公开，即按照法律规定，公开相关政府信息。政府信息是与党务信息、立法信息、司法信息、村务信息、社团信息、企业（公司）信息和个人信息等相对的概念。相应的，政府信息公开则是与党务信息公开、立法信息公开、法务信息公开、村务信息公开、社团信息公开、企业（公司）信息公开和个人信息公开等相对的概念。

政府信息公开既可以看作一种特殊的行政行为，也可以看作一种特殊的法治路径。作为一种行政行为，它意味着政府依法向社会公众或者申请人公开相关政府信息，是政府对社会公众或者申请人的知情权的保障和实现，是"信息给付"。作为一种特殊的法治路径，如同正当程序一样，政府信息公开是促进依法行政、打造法治政府的一种重要机制。因此，政府信息公开在行政法上具有特殊意义，可以构成行政法上一个相对独立的组成部分。

---

① 参见《政府信息公开条例》第 2 条。

二、政府信息公开的法治意义

我国政府信息公开立法始于地方。早在 2002 年，西藏自治区、广州市就制定了《西藏自治区人民政府政务信息工作暂行规定》《广州市政府信息公开规定》。2004 年后，各地又陆续制定了《武汉市政府信息公开暂行规定》《湖北省政府信息公开规定》《杭州市政府信息公开规定》《贵阳市政府信息公开暂行规定》《河北省政府信息公开规定》《苏州市政府信息公开规定》《深圳市政府信息公开规定》等。2007 年 1 月，国务院制定了《政府信息公开条例》，政府信息公开制度才在全国推开。2019 年 4 月，《政府信息公开条例》首次修订。不过迄今为止，我国还没有制定《政府信息公开法》。

在现代法治中，政府信息公开是制约和规范行政权力，保障人民知情权、参与权、监督权等民主权利的重要法律制度。法谚有云："阳光是最好的防腐剂，路灯是最好的警察。"麦迪逊说："不与民众信息或不与其获取信息之手段，则所谓民众之政府或为滑稽剧之序幕，或为悲剧之序幕。"科恩说："一个社会如果希望民主成功，必须负责提供并发行普遍参与管理所需的信息。""如果民主国家中，不论间接或直接民主，有治理权的公民处于一无所知的状态，要想治理好这个国家是不可能的。"因此，行政法研习者务必要重视这一制度。

三、政府信息的认定

由于信息的多样性，认定政府信息具有重要意义。只有认定为政府信息，才有按照政府信息公开制度予以公开的可能；否则，就不可能按照政府信息公开制度予以公开。认定政府信息，要注意以下几点：

第一，政府信息必须是一种信息。不是信息者，就不能成为政府信息。"孙长荣与吉林省人民政府行政复议不予受理决定案"[①] 可以说明这一点。

◆ 孙长荣与吉林省人民政府行政复议不予受理决定案

【案情概要】

2010 年孙长荣向吉林省长春市房地产管理局提出将其房屋用途由"住宅"变更为"商用"。登记机关称，依据吉林省住房和城乡建设厅（以下简称"吉林省住建厅"）1999 年 11 月 17 日公布的吉建房字〔1999〕27 号《关于申请房屋用途变更登记有关问题的通知》（以下简称"吉建房字〔1999〕27 号通知"），变更用途须经规划许可。在规

---

① 参见最高人民法院 2016 年 5 月 12 日行提字第 19 号行政判决书。本案刊载于《最高人民法院公报》2016 年第 12 期。

划部门拒绝作出相应行政许可之后,2011年2月孙长荣向吉林省住建厅提交了关于查询吉建房字〔1999〕27号通知是否已过时效的申请,并要求给予书面答复。

申请书的内容为:"1999年11月17日由贵厅下发的吉建房字〔1999〕27号《关于申请房屋用途变更登记有关问题的通知》,根据吉林省人民政府令第201号《吉林省规章规范性文件清理办法》相关规定,该文件已超时效。不知现是否仍然有效?敬请给以书面答复。"

在孙长荣向吉林省住建厅申请了解吉建房字〔1999〕27号通知是否有效时,吉林省住建厅正在根据《关于规章和规范性文件清理工作有关问题的通知》(吉府法〔2010〕74号)的要求,组织开展规范性文件的清理工作,清理范围包括吉建房字〔1999〕27号通知。针对孙长荣的申请内容,吉林省住建厅向其作出了口头答复,但一直未予书面答复。2011年4月26日,孙长荣以吉林省住建厅对其申请推托未予书面答复为由,向吉林省人民政府提起行政复议,请求依据《政府信息公开条例》及相关法律规定,责令吉林省住建厅依法给予书面答复。2011年4月28日,吉林省人民政府作出吉政复不字〔2011〕号不予受理决定,认为孙长荣提出的行政复议申请不在行政复议范围之内,根据《行政复议法》第6条、第17条的规定,决定不予受理。2011年5月31日,吉林省住建厅在其网站上公布废止了吉建房字〔1999〕27号通知。2011年7月6日,孙长荣向吉林省长春市中级人民法院提起行政诉讼,请求人民法院撤销吉林省人民政府吉政复不字〔2011〕号不予受理决定,并责令其重新作出行政行为。

【法院裁判】

本案经一审、二审程序,两审法院均判决维持吉林省人民政府2011年4月28日作出的吉政复不字〔2011〕号不予受理决定。原告不服,申请再审。再审判决维持一、二审判决。

【再审情况与判决理由】

孙长荣申请再审称:吉林省住建厅对其查询文件是否有效的申请,仅作出口头答复,未按申请要求给予书面答复,属于未依法履行政府信息公开义务;对吉林省住建厅未依法履行政府信息公开义务提起行政复议,吉林省人民政府应予受理。一审法院以本案复议事项不属《行政复议法》第6条规定的受理范围为由,二审法院以吉林省住建厅口头答复(未予书面答复)行为不属《政府信息公开条例》第33条第2款规定的"具体行政行为"为由,认为吉林省人民政府作出行政复议不予受理决定并不违法的观点,属于法律适用错误。请求最高人民法院撤销原审判决,撤销被诉的不予受理决定,并责令被申请人依法重新作出行政行为。

吉林省人民政府提交意见称:孙长荣向吉林省住建厅查询吉建房字〔1999〕27号通知是否有效,应属于咨询行为,与政府信息公开无关。因为法律没有规定必须给予书面答复的义务,所以其作为复议机关,作出被诉的不予受理决定并无不当。而且,行政机关对于政府信息公开申请未依法履行义务的,公民、法人或者其他组织只能依照《政府信息公开条例》第33条第1款规定的举报途径进行救济。此外,吉建房字〔1999〕27号通知有《城市房地产管理法》等上位法依据,孙长荣在其诉吉林省长春市规划局不予变更原规划许可一案中败诉,故孙长荣查询的文件是否有效均不影响其实体权益。孙长荣申请再审目的在于通过法院施压,迫使住建、规划部门变更其房屋用途。

再审法院最高人民法院认为:《政府信息公开条例》第2条规定:"本条例所称政府信息,是指行政机关在履行职责过程中制作或者获取的,以一定形式记录、保存的信息。"据此,该条例所指的政府信息,应当是现有的,以一定形式记录、保存的信息。为准确把握政府信息的适用范畴,《国务院办公厅关于做好政府信息依申请公开工作的意见》(国办发〔2010〕5号)第2条明确规定:"行政机关向申请人提供的政府信息,应该是现有的,一般不需要行政机关汇总、加工或者重新制作(作区分处理的除外)。"本案中,孙长荣向吉林省住建厅申请了解的是吉建房字〔1999〕27号通知的效力问题,并非申请公开"以一定形式记录、保存的"政府文件本身,在性质上属于咨询,不属于《政府信息公开条例》调整的范畴,况且针对咨询作出答复以及答复与否,不会对咨询人的权利义务产生实际影响。因此,吉林省人民政府作出吉政复不字〔2011〕号不予受理决定,符合《行政复议法》第6条、第17条的规定。孙长荣认为吉林省人民政府违反《政府信息公开条例》及相关法律规定,请求人民法院依法撤销不予受理决定的理由不能成立,本院不予支持。原一、二审法院维持吉林省人民政府作出的吉政复不字〔2011〕号不予受理决定,并无不当。

根据《政府信息公开条例》第26条的规定,行政机关依申请公开的政府信息,应当按照申请人要求的形式予以提供。本案中,孙长荣的申请既然属于咨询性质,就不属于该条所规定的"应当按照申请人要求的形式予以提供"政府信息的情形。对于此类咨询申请,法律并无要求行政机关必须书面答复的明确规定。在吉林省住建厅已以口头方式作出答复,尤其是在孙长荣提起本案诉讼前吉林省住建厅已经公布废止吉建房字〔1999〕27号通知的情况下,孙长荣仍然要求人民法院责令行政机关对该通知的效力问题作出答复,其起诉并无应受司法保护的现实利益,其请求被申请人重新作出行政行为已丧失诉的基础。

综上,依照《行政诉讼法》第89条第1款第1项以及《最高人民法院关于执行〈中华人民共和国行政诉讼法〉若干问题的解释》第76条的规定,判决如下:维持吉林省高级人民法院〔2011〕吉行终字第21号行政判决。

《最高人民法院公报》编者就本案撰写的裁判摘要指出:《政府信息公开条例》调整

的"政府信息"是指现实存在的,并以一定形式记录、保存的信息。申请了解文件效力,属于咨询性质,不属于该条例第 26 条规定的"应当按照申请人要求的形式予以提供"政府信息的情形。行政机关针对咨询申请作出的答复以及不予答复行为,不属于政府信息公开行为,不会对咨询人的权利义务产生实际影响,故不属于行政复议的受理范围。起诉人缺乏诉的利益,则无原告资格,人民法院可以不予受理或裁定驳回起诉。

第二,政府信息必须是行政主体制作或者保存的信息。如果是其他机关做成的信息,即便与行政机关的职能或者工作有着密切关联,也不能认定为政府信息。"沈洪发诉蠡湖街道办政府信息公开案"[①] 可以说明这一点。

◆ 沈洪发诉蠡湖街道办政府信息公开案

【案情概要】

2016 年 7 月 31 日,沈洪发向蠡湖街道邮寄政府信息公开申请表,以纸面邮寄方式申请公开蠡湖街道的"三定方案"(主要工作职责、机构设置、人员编制)的批准文件。蠡湖街道"三定方案"系由中共无锡市滨湖区委员会办公室文件锡滨委办发〔2011〕34号《关于印发〈无锡市滨湖区蠡湖街道机关主要职责内设机构和人员编制规定〉的通知》于 2011 年 4 月 15 日下发。2016 年 8 月 4 日,蠡湖街道对沈洪发作出《信息公开回复函》并于当日邮寄给沈洪发。该回复函对"三定方案"批准文件的公开申请答复为:"三定方案(主要职责、机构设置、人员编制)的批准文件属于党委发文,不属于行政机关公开范围,故不予公开。"沈洪发对该回复不服,遂提起行政诉讼。

【法院裁判】

二审法院无锡市中级人民法院认为:《政府信息公开条例》第 2 条规定:"本条例所称政府信息,是指行政机关在履行职责过程中制作或者获取的,以一定形式记录、保存的信息。"本案中,沈洪发申请公开的蠡湖街道的"三定方案"(主要工作职责、机构设置、人员编制)的批准文件,实际为锡滨委办发〔2011〕34 号《关于印发〈无锡市滨湖区蠡湖街道机关主要职责内设机构和人员编制规定〉的通知》。该文件明显属于党委的文件序列。即使其部分内容涉及蠡湖街道的相关职责及内设机构等情况,亦不改变其发文单位的性质,对于行政机关的职责等内容可以通过其他途径另行获取相关信息。因此,该文件本身并非行政机关在履行职责过程中制作的文件,故蠡湖街道答复沈洪发"三定方案(主要职责、机构设置、人员编制)的批准文件属于党委发文,不属于行政机关公开范围,故不予公开",并无不妥。

---

① 参见江苏省无锡市中级人民法院〔2017〕苏 02 行终 125 号行政判决书。

本案清楚地反映出，"三定方案"（主要指定工作职责、机构设置、人员编制）文件属于党委文件，即便其部分内容涉及政府的相关职责及内设机构等情况，也不改变其文件的性质。因此，"三定方案"并非行政机关在履行职责过程中制作的文件，不属于政府信息，不能依据《政府信息公开条例》申请公开。

第三，政府信息必须是在履行行政管理职能过程中制作的或者获取的。即便是行政机关，如果在制作或者获取相关信息时，不是在履行行政管理职能，则该信息也不属于政府信息。"奚明强诉公安部政府信息公开案"[①]可以说明这一点。

奚明强诉公安部政府信息公开案

【案情概要】

2012年5月29日，奚明强向公安部申请公开《关于实行"破案追逃"新机制的通知》（公通字〔1999〕91号）、《关于完善"破案追逃"新机制有关工作的通知》（公刑〔2002〕351号）、《日常"网上追逃"工作考核评比办法（修订）》（公刑〔2005〕403号）等三个文件中关于网上追逃措施适用条件的政府信息。2012年6月25日，公安部作出《政府信息公开答复书》，告知其申请获取的政府信息属于法律、法规、规章规定不予公开的其他情形。根据《政府信息公开条例》第14条第4款的规定，不予公开。奚明强不服，在行政复议决定维持该答复书后，提起行政诉讼。

【法院裁判】

北京市第二中级人民法院经审理认为：公安部受理奚明强的政府信息公开申请后，经调查核实后认定奚明强申请公开的《关于实行"破案追逃"新机制的通知》是秘密级文件，《关于完善"破案追逃"新机制有关工作的通知》《日常"网上追逃"工作考核评比办法（修订）》系根据前者的要求制定，内容密切关联。公安部经进一步鉴别，同时认定奚明强申请公开的信息是公安机关在履行刑事司法职能、侦查刑事犯罪中形成的信息，且申请公开的文件信息属于秘密事项，应当不予公开。判决驳回奚明强的诉讼请求。

奚明强不服，提出上诉。北京市高级人民法院经审理认为，根据《政府信息公开条例》第2条规定，政府信息是指行政机关在履行职责过程中制作或者获取的，以一定形式记录、保存的信息。本案中，奚明强向公安部申请公开的三个文件及其具体内容，是公安部作为刑事司法机关履行侦查犯罪职责时制作的信息，依法不属于《政府信息公开条例》第2条所规定的政府信息。因此，公安部受理奚明强的政府信息公开申请后，经审查作出不予公开的被诉答复书，并无不当。判决驳回上诉，维持一审判决。

---

① 本案为2014年9月12日最高人民法院公布的政府信息公开十大案例之二。

就本案的典型意义，最高人民法院从国家秘密和政府信息概念两个方面作了说明：本案的焦点集中在追查刑事犯罪中形成的秘密事项的公开问题。根据《政府信息公开条例》第 14 条的规定，行政机关不得公开涉及国家秘密的政府信息。《保守国家秘密法》第 9 条第 1 款规定，"维护国家安全活动和追查刑事犯罪中的秘密事项"应当确定为国家秘密。本案中，一审法院认定原告申请公开的文件信息属于秘密事项，应当不予公开，符合前述法律规定。同时，公安机关具有行政机关和刑事司法机关的双重职能，其在履行刑事司法职能时制作的信息不属于《政府信息公开条例》第 2 条所规定的政府信息。本案二审法院在对公安机关的这两种职能进行区分的基础上，认定公安部作出不予公开答复并无不当，具有示范意义。

在界定政府信息时，除了以上三点外，经常遇到的问题是：第一，原本为公民、法人或其他组织等私法主体制作，但由行政机关获取并保存的信息，是否属于政府信息；第二，由行政机关与公民、法人或其他组织等私法主体共同制作的信息，如行政合同，是否属于政府信息；第三，由行政机关与政党（如中国共产党）、社会团体（如共青团、妇联、工会、法学会等）共同制作的信息，是否属于政府信息；第四，由行政机关与其他国家机关（法院、检察机关、人大、政协等）共同制作的信息，是否属于政府信息。应该说，不论是政府自己制作的还是从其他主体获取的，不论是政府自己单独制作的还是与其他主体合作制作的，都属于政府信息。"余穗珠诉海南省三亚市国土环境资源局案"① 是与这方面相关的典型案例。

◆ 余穗珠诉海南省三亚市国土环境资源局案

【案情概要】

余穗珠在紧临三亚金冕混凝土有限公司海棠湾混凝土搅拌站旁种有 30 亩龙眼果树。为掌握搅拌站产生的烟尘对周围龙眼树开花结果的环境影响情况，余穗珠于 2013 年 6 月 8 日请求三亚市国土环境资源局（以下简称"三亚国土局"）公开搅拌站相关环境资料，包括三土环资察函〔2011〕50 号《关于建设项目环评审批文件执法监察查验情况的函》、三土环资察函〔2011〕23 号《关于行政许可事项执法监察查验情况的函》、三土环资监〔2011〕422 号《关于三亚金冕混凝土有限公司海棠湾混凝土搅拌站项目环评影响报告表的批复》和《三亚金冕混凝土有限公司海棠湾混凝土搅拌站项目环评影响报告表》（以下简称《项目环评影响报告表》）。同年 7 月 4 日，三亚国土局作出《政府信息部分公开告知书》，同意公开 422 号文，但认为 23 号和 50 号函系该局内部事务形成的信息，不宜公开；《项目环评影响报告表》是企业文件资料，不属政府信息，也不予公开。

---

① 本案为 2014 年 9 月 12 日最高人民法院公布的政府信息公开十大案例之一。

原告提起行政诉讼，请求判令三亚国土局全部予以公开。

【法院裁判】

三亚市城郊人民法院经审理认为：原告请求公开之信息包括政府环境信息和企业环境信息。对此，应遵循的原则是：不存在法律法规规定不予公开的情形并确系申请人自身之生产、生活和科研特殊需要的，一般应予公开。本案原告申请公开的相关文件资料，是被告在履行职责过程中制作或者获取的，以一定形式记录、保存的信息，当然属于政府信息。被告未能证明申请公开之信息存在法定不予公开的情形而答复不予公开，属于适用法律法规错误。据此，判决撤销被告《政府信息部分公开告知书》中关于不予公开部分的第2项答复内容，限其依法按程序进行审查后重新作出答复。

一审判决后，原告不服，提出上诉，二审期间主动撤回上诉。

就本案的典型意义，最高人民法院归纳为如下三点。其中第一点是，对外获取的信息也是政府信息。根据《政府信息公开条例》的规定，政府信息不仅包括行政机关制作的信息，同样包括行政机关从公民、法人或者其他组织获取的信息。因此，本案中行政机关在履行职责过程中获取的企业环境信息同样属于政府信息。

第二节　政府信息公开的方式与原则

一、政府信息公开的方式

政府信息公开方式可分为主动公开和依申请公开两种。主动公开，即在没有人提出公开申请的情形下，政府主动向社会公开其制作或者获取的政府信息的行为。依申请公开，也称被动公开，系指在公民、法人或者其他组织提出公开申请的情形下，政府向申请人公开其要求的政府信息的行为。

政府信息公开方式的不同，其遵循的原则、公开的范围和公开的程序也不同。因此，分清公开的方式是明确信息公开原则、划分信息公开范围、适用信息公开程序的基本前提。

二、政府信息公开的基本原则

法律原则是解释和分析法律规则的基本依据。政府信息公开法律规则的解释与适用也离不开政府信息公开原则。对于政府信息公开的原则，《政府信息公开条例》第5条规定："行政机关公开政府信息，应当坚持以公开为常态、不公开为例外，遵循公正、公平、合法、便民的原则。"第6条规定："行政机关应当及时、准确地公开政府信息。行政机关发现影响或者可能影响社会稳定、扰乱社会和经济管理秩序的虚假或者不完整信息的，应当发布准确的政府信息予以澄清。"这两个条款确立了政府信息公开的公开、公平、合法、便民、及时、准确等原则。这些原则是政府信息公开行为必须严格遵循的。

这里需要进一步说明和强调的是"以公开为常态、不公开为例外"原则。这一原则的发展有一个曲折过程。早在《政府信息公开条例》制定之前，在我国政府信息公开的地方和部门立法中，大多都明文规定了"以公开为原则、不公开为例外"或者类似内容。有的直接表述为"以公开为原则、不公开为例外"，如2005年《苏州市政府信息公开规定》第5条第1款明确规定："政府信息以公开为原则，不公开为例外。"有的间接表述为"除依法不予公开的外，应予公开"，如2005年《郑州市政府信息公开规定》第3条规定，"政府信息除依法不予公开的外，均应公开。"但是，2007年国务院制定的《政府信息公开条例》没有类似的规定。这种情形下，对于条例到底是否肯定这一原则，以及在怎样的意义上肯定或者使用这一原则便存在不同看法。后来，中共中央办公厅、国务院办公厅在《关于全面推进政务公开工作的意见》中提出，"以公开为常态、不公开为例外，推进行政决策公开、执行公开、管理公开、服务公开和结果公开"。在一些典型案例中，法院屡次将"以公开为原则、不公开为例外，例外法定"作为分析的工具。在一些学术文献中，学者往往将其作为政府信息公开的基本原则。2019年修订后的《政府信息公开条例》明确将"以公开为常态、不公开为例外"作为政府信息公开的一项原则，对推进政府信息公开工作具有非常重要的意义。

理解"以公开为常态、不公开为例外"应该把握以下几点：首先，它不是规范所有政府信息公开活动的原则，而是确定政府信息公开范围（即政府信息在什么情形下公开，什么情形下不公开，或者，哪些政府信息公开，哪些政府信息不公开）的原则。其次，它不是适用于所有政府信息公开方式的原则，而是仅适用于依申请公开方式的原则。换言之，仅依申请公开政府信息遵循"以公开为原则、不公开为例外"的原则，主动公开则不遵循这一原则，甚至遵循"以不公开为原则、以公开为例外"的原则。这可以从《政府信息公开条例》对公开范围的规定中看出来。

《政府信息公开条例》第19至22条规定了主动公开范围。其中，第19条是一般性规定，① 第20条是具体的列举性规定。关于主动公开事项应当遵循的原则的理解主要从第20条来把握。该条规定："行政机关应当依照本条例第十九条的规定，主动公开本行政机关的下列政府信息：（一）行政法规、规章和规范性文件；（二）机关职能、机构设置、办公地址、办公时间、联系方式、负责人姓名；（三）国民经济和社会发展规划、

---

① 该条规定："对涉及公众利益调整、需要公众广泛知晓或者需要公众参与决策的政府信息，行政机关应当主动公开。"

专项规划、区域规划及相关政策;……(十五)法律、法规、规章和国家有关规定规定应当主动公开的其他政府信息。"本条在列举了应当主动公开的各类信息之后,于兜底条款规定"法律、法规、规章和国家有关规定规定应当主动公开的其他政府信息"。这就意味着,只有在"法律、法规、规章和国家有关规定"规定的情形下,行政机构才有义务主动公开相关政府信息,否则,政府并没有主动公开的职责。

主动公开事项限于法律、法规、规章和国家有关规定规定的范围,主要是基于政府信息主动公开成本的考虑。政府每天都制作或者获取大量的信息,如果要求政府无选择地主动公开所有的信息,会极大地增加行政的成本,有些信息公布了也没有实际意义。当然,政府信息主动公开以法律、法规、规章和国家有关规定为限仅意味着,在没有法律、法规和国家有关规定规定的情形下,政府没有主动公开相关信息的法定义务,公民、法人和其他组织不能请求政府主动公开法律、法规、规章和国家有关规定没有规定公开的事项,但这并不意味着政府不能主动公开其他信息。政府主动公开信息,是一种信息给付或者供给,即便法律、法规、规章和国家有关规定没有规定要主动公开某些信息,但基于相关客观情况或者基于公共利益的考虑需要公开有关信息,政府还是可以主动公开相关信息的,并不绝对地受限于"主动公开信息法定"原则。这与给付行政不完全受行政法定原则约束的道理相同。《政府信息公开条例》第22条的规定也体现了这一点。①

至于依申请公开,《政府信息公开条例》第27条规定:"除行政机关主动公开的政府信息外,公民、法人或者其他组织可以向地方各级人民政府、对外以自己名义履行行政管理职能的县级以上人民政府部门(含本条例第十条第二款规定的派出机构、内设机构)申请获取相关政府信息。"这就是说,申请公开的事项包括主动公开的事项,但不限于主动公开的事项。而且,就这一条而言,并没有对申请公开的其他事项设定限制性条件。进一步结合总则第5条和第13条关于政府信息公开原则的规定,完全可以确定,依申请公开遵循的是"以公开为原则、不公开为例外,例外法定"原则。

"以公开为原则、不公开为例外,例外法定"意味着,除了法律、法规规定不能公开的事项或者情形之外,其他的都是可以依申请公开的。这种情形下,对于依申请公开的事项范围,只要准确理解和适用政府信息例外不公开的条款就可以了。

第三节 政府信息公开的范围

政府信息公开范围,即哪些政府信息可以公开,哪些政府信息不能公开。对此,

---

① 《政府信息公开条例》第22条规定:"行政机关应当依照本条例第二十条、第二十一条的规定,确定主动公开政府信息的具体内容,并按照上级行政机关的部署,不断增加主动公开的内容。"

《政府信息公开条例》第 5 条确立了"以公开为常态、不公开为例外"的基本原则。在此基础上,于第 13 条再次宣示了该原则,并通过第 14 条、第 15 条和第 16 条就例外不公开的政府信息作了规定,从而划定了政府信息公开的基本范围。此外,针对主动公开的特殊性,于第 19 条至第 22 条对主动公开的政府信息作了特别规定。下面就这两个方面分别作简要介绍。

一、例外不公开的政府信息

《政府信息公开条例》规定的例外不公开条款有三条:第一,《政府信息公开条例》第 14 条规定:"依法确定为国家秘密的政府信息,法律、行政法规禁止公开的政府信息,以及公开后可能危及国家安全、公共安全、经济安全、社会稳定的政府信息,不予公开。"这是基于国家利益或者公共利益考量免于公开政府信息的条款,可称之为"公益保护条款"。第二,《政府信息公开条例》第 15 条规定:"涉及商业秘密、个人隐私等公开会对第三方合法权益造成损害的政府信息,行政机关不得公开。但是,第三方同意公开或者行政机关认为不公开会对公共利益造成重大影响的,予以公开。"这是基于公民、法人和其他组织(或者第三人)的利益保护免于公开政府信息的条款,可称之为"私益保护条款"。第三,《政府信息公开条例》第 16 条规定:"行政机关的内部事务信息,包括人事管理、后勤管理、内部工作流程等方面的信息,可以不予公开。行政机关在履行行政管理职能过程中形成的讨论记录、过程稿、磋商信函、请示报告等过程性信息以及行政执法案卷信息,可以不予公开。法律、法规、规章规定上述信息应当公开的,从其规定。"这是基于行政机关之行政成本、行政效率等考虑免于公开政府信息的条款,可称之为"行政利益保护条款"。

(一)公益保护条款的解释与适用

公益保护条款涉及的信息有"确定为国家秘密的政府信息""法律、行政法规禁止公开的政府信息"和"以及公开后可能危及国家安全、公共安全、经济安全、社会稳定的政府信息"三类。其中前两类,由于是已经为有关部门确定的或者是法律、行政法规明确禁止公开的,在实践中问题不会很大。① 但第三类,由于国家安全、公共安全、经济安全和社会稳定属于典型的不确定法律概念,解释上具有很大的裁量空间。早在 2007 年条例制定时,就有不少学者认为这是一个口袋条款,会成为行政机关拒绝公开相关政

---

① 《国家保守秘密法》第 2 条规定:"国家秘密是关系国家安全和利益,依照法定程序确定,在一定时间内只限一定范围的人员知悉的事项。"《国家保守秘密法》对相关制度作了较为具体的规定。

府信息的法律依据。① 不过,从近几年政府信息公开的实践看,行政机关依据这一条款拒绝公开政府信息的案例并不多。当然,也不是没有。这里可以"周如倩与上海市人力资源和社会保障局政府信息公开案"② 为例来说明。

◆ 周如倩与上海市人力资源和社会保障局政府信息公开案

【案情概要】

2008年11月,上海市人力资源和社会保障局(以下简称"上海市人保局")批准组建新一届上海市卫生系列高级职称评定委员会专家库。2008年12月,2008年度上海市卫生系列高级专业技术职务任职资格评审工作启动,至2009年二季度结束。2009年8月14日,周如倩向上海市人保局提出政府信息公开申请,要求获取上海市人保局于2008年9月开始启动的高级职称社会评定中对申请人职称评定申请进行评审的高评委组成人员、评审经过和评审结果。上海市人保局于2009年9月24日,根据《政府信息公开条例》第8条、《上海市政府信息公开规定》第6条、第23条第5项之规定作出答复,告知周如倩其要求获取的高评委组成人员的信息,公开可能危及国家安全、公共安全、经济安全和社会稳定,该信息不属于公开的范围;其要求获取的评审经过和评审结果的信息不属于上海市人保局公开职权范围,建议周如倩向相关评委会办公室咨询。周如倩不服,诉至上海市黄浦区人民法院,要求撤销上海市人保局所作的政府信息公开申请答复。

原告诉称:原告提出政府信息公开申请时评审工作已结束,公开高评委组成人员名单不存在被评审人向评审专家打招呼的问题;高评委是无记名投票,原告不可能知道每位高评委专家的投票情况,不存在打击报复专家的问题,公开高评委组成人员名单不会危及社会稳定。被告对评审工作具有监督的职权,且在政府网站上公开了评审结果,被告应当掌握评审经过和评审结果的政府信息。

被告辩称:根据人职发〔1991〕8号文的规定,评审委员会在本期评审工作完成之前不能对外公布,其中"本期"应指专家库成员一届三年的"任期",原告提出申请时,2008年组建的专家库任期未满三年,该名单不能公开。公开2008年度高评委组成人员名单会危及社会稳定,理由为:职称评审专家具有有限性和连续性的特点,如果公开2008年度的专家名单,将导致专家库名单泄露,容易引发打击报复,或是事先打招呼、

---

① 2007年《政府信息公开条例》第8条规定:"行政机关公开政府信息,不得危及国家安全、公共安全、经济安全和社会稳定。"该条被称为"三安全一稳定"条款。当时,国家秘密的免于公开规定在第14条第4款中。2019年修订时,将这两部分合在一起。

② 参见上海市黄浦区人民法院〔2010〕黄行初字第31号行政判决书、上海市第二中级人民法院〔2010〕沪二中行终字第189号行政判决书。

递条子的情况，影响评审工作的公平、公正。被告在监督评审过程中未制作或获取过评审经过材料，亦不掌握最终评审结果。

【争议焦点】

公开上海市人保局于2008年9月开始启动的高级职称社会评定中对申请人职称评定申请进行评审的高评委组成人员、评审经过和评审结果，是否会危及国家安全、公共安全、经济安全和社会稳定。

【法院裁判】

二审法院认为：因周如倩提出申请时2008年度的高级职称评定工作已经结束，故向被上诉人公开2008年度专家名单对2008年评审工作已无影响。高评委成员的投票情况、评审意见不得向任何人泄露，参评人员知晓评委名单不等同于知晓评委的投票情况和评审意见，上诉人上海市人保局关于公开评委名单可能引发打击报复的理由缺乏依据。虽然抽取高评委成员时上一年度的成员应保留1/2，但由于每年高评委均由几十名专家组成，即使公开上一年度专家名单，具体哪些专家保留至下一年度仍不确定。在评审过程中，得到执行委员2/3以上赞成票的申报对象才能通过审定，参评人员以向个别评委打招呼的方式通过评审的可能性不大，上诉人关于公开专家名单不利于后两期评审工作开展的理由依据不足。况且，即使发生申报对象以非正常手段通过审定的情况，亦不足以提升到影响社会稳定的层面。故上诉人以公开可能危及社会稳定为由，拒绝向被上诉人公开高评委组成人员的信息，依据不足。

上诉人负有监督检查卫生系列高级专业技术职务任职资格评审程序、公示评审结果的职责，上诉人亦称曾派工作人员到2008年度的评审现场监督评审过程，对评审通过的人员名单进行上网公示，故被上诉人申请公开的评审经过和评审结果应属上诉人的职权范围，上诉人认为其未制作过评审经过的政府信息，亦未获取高评委制作的包括具体评审投票表决过程及最终评审结果的信息，该理由与上诉人所作答复的内容并不一致。综上，上诉人所作答复认定事实不清、适用法律错误，二审判决驳回上诉，维持原判。

从周如倩案可以看出，行政机关如果适用公益保护条款作为不公开政府信息的理由，需承担较大的说理义务和较重的举证责任。

（二）私益保护条款的解释与适用

《政府信息公开条例》第15条规定："涉及商业秘密、个人隐私等公开会对第三方合法权益造成损害的政府信息，行政机关不得公开。但是，第三方同意公开或者行政机关认为不公开会对公共利益造成重大影响的，予以公开。"这一条款中包含商业秘密和个人隐私两个核心概念。准确解释或者界定这两个概念是正确适用这一条款的关键。

对于商业秘密，《反不正当竞争法》第9条第3款规定："商业秘密，是指不为公众所知悉、具有商业价值并经权利人采取相应保密措施的技术信息和经营信息。"对于个人隐私，目前法律文本中还没有明确的定义，在民法学上，通常指公民个人生活中不愿为他人（一定范围以外的人）公开或知悉的秘密。可据此加以认定。

需要注意的是，涉及商业秘密和个人隐私的政府信息"经权利人同意公开或者行政机关认为不公开可能对公共利益造成重大影响的，可以予以公开"。"杨政权诉山东省肥城市房产管理局政府信息公开案"① 是这方面的典型案例。

杨政权诉山东省肥城市房产管理局政府信息公开案

【案情概要】

2013年3月，杨政权向肥城市房产管理局等单位申请廉租住房，因其家庭人均居住面积不符合条件，未能获得批准。后杨政权申请公开经适房、廉租房的分配信息并公开所有享受该住房住户的审查资料信息（包括户籍、家庭人均收入和家庭人均居住面积等）。肥城市房产管理局于2013年4月15日向杨政权出具了《关于申请公开经适房、廉租住房分配信息的书面答复》，答复了2008年以来经适房、廉租房、公租房建设、分配情况，并告知，其中三批保障性住房人信息已经在肥城政务信息网、肥城市房管局网站进行了公示。杨政权提起诉讼，要求一并公开所有享受保障性住房人员的审查材料信息。

【法院裁判】

泰安市高新技术产业开发区人民法院经审理认为，杨政权要求公开的政府信息包含享受保障性住房人的户籍、家庭人均收入、家庭人均住房面积等内容，此类信息涉及公民的个人隐私，不应予以公开，判决驳回杨政权的诉讼请求。

杨政权不服，提起上诉。泰安市中级人民法院经审理认为，《廉租住房保障办法》和《经济适用住房管理办法》均确立了保障性住房分配的公示制度，《肥城市民政局、房产管理局关于经济适用住房、廉租住房和公共租赁住房申报的联合公告》亦规定，"社区（单位），对每位申请保障性住房人的家庭收入和实际生活状况进行调查核实并张榜公示，接受群众监督，时间不少于5日"。申请人据此申请保障性住房，应视为已经同意公开其前述个人信息。与此相关的政府信息的公开应适用《政府信息公开条例》第14条第4款"经权利人同意公开的涉及个人隐私的政府信息可以予以公开"的规定。另，申请人申报的户籍、家庭人均收入、家庭人均住房面积等情况均是其能否享受保障性住房的基本条件，其必然要向主管部门提供符合相应条件的个人信息，以接受审核。当涉及公众利益的知情权和监督权与保障性住房申请人一定范围内的个人隐私相冲突

---

① 本案为最高人民法院2014年9月12日发布的政府信息公开十大案例之四。

时,应首先考量保障性住房的公共属性,使获得这一公共资源的公民让渡部分个人信息,既符合比例原则,又利于社会的监督和住房保障制度的良性发展。被告的答复未达到全面、具体的法定要求,因此判决撤销一审判决和被诉答复,责令被告自本判决发生法律效力之日起15个工作日内对杨政权的申请重新作出书面答复。

最高人民法院就本案的典型意义作了如下分析:本案的焦点问题是享受保障性住房人的申请材料信息是否属于个人隐私而依法免于公开。该问题实质上涉及了保障公众知情权与保护公民隐私权两者发生冲突时的处理规则。保障性住房制度是政府为解决低收入家庭的住房问题而运用公共资源实施的一项社会福利制度,直接涉及公共资源和公共利益。在房屋供需存有较大缺口的现状下,某个申请人获得保障性住房,会直接减少可供应房屋的数量,对在其后欲获得保障性住房的轮候申请人而言,意味着机会利益的减损。为发挥制度效用、依法保障公平,利害关系方的知情权与监督权应该受到充分尊重,公开相关政府信息的请求应当得到支持。因此,在保障性住房的分配过程中,当享受保障性住房人的隐私权直接与竞争权人的知情权、监督权发生冲突时,应根据比例原则,以享受保障性住房人让渡部分个人信息的方式优先保护较大利益的知情权、监督权,相关政府信息的公开不应也不必以权利人的同意为前提。本案二审判决确立的个人隐私与涉及公共利益的知情权相冲突时的处理原则,符合法律规定,具有标杆意义。

(三) 行政利益保护条款的解释与适用

对于行政利益保护条款,即内部管理信息与过程性信息免于公开条款,最早为2010年国务院办公厅《关于做好政府信息依申请公开工作的意见》第2条的规定:"行政机关在日常工作中制作或者获取的内部管理信息以及处于讨论、研究或者审查中的过程性信息,一般不属于《政府信息公开条例》所指应公开的政府信息。"自此以后,内部管理信息和过程性信息成为行政机关不予公开相关政府信息的重要依据。2019年修订《政府信息公开条例》时,这一条款通过第16条得到进一步完善吸收。[①] 从政府信息公开实践和行政诉讼实践看,如何界定"内部管理信息"和"过程性信息"是正确适用这一条款的关键。[②] "张宏军诉江苏省如皋市物价局政府信息公开案"[③] 和"姚新金、刘天水诉福建省永泰县国土资源局政府信息公开案"[④] 可以帮助我们更好地理解这一问题。

[①] 《政府信息公开条例》第16条规定:"行政机关的内部事务信息,包括人事管理、后勤管理、内部工作流程等方面的信息,可以不予公开。行政机关在履行行政管理职能过程中形成的讨论记录、过程稿、磋商信函、请示报告等过程性信息以及行政执法案卷信息,可以不予公开。法律、法规、规章规定上述信息应当公开的,从其规定。"

[②] 关于内部管理信息和过程性信息在实践中的应用情况,可以参见杨登峰:《内部管理信息的认定——基于上海等五省、市系列案件的分析》,载《法商研究》2015年第4期;杨登峰:《论过程性信息的本质——以上海市系列政府信息公开案为例》,载《法学家》2013年第3期。

[③] 本案为2014年9月12日最高人民法院公布的政府信息公开十大案例之六。

[④] 本案为2014年9月12日最高人民法院公布的政府信息公开十大案例之五。

张宏军诉江苏省如皋市物价局政府信息公开案

【案情概要】

2009年5月26日，如皋市物价局印发皋价发〔2009〕28号《市物价局关于印发〈行政处罚自由裁量权实施办法〉的通知》。该文件包含附件《如皋市物价局行政处罚自由裁量权实施办法》，该实施办法第10条内容为"对《价格违法行为行政处罚规定》自由裁量处罚幅度详见附件一（2）"。2013年1月9日，张宏军向如皋市物价局举报称，如皋市丁堰镇人民政府在信息公开事项中存在违规收费行为。该局接到举报后答复称，丁堰镇政府已决定将收取的31位农户的信息检索费、复印费共计480.5元予以主动退还，按照《如皋市物价局行政处罚自由裁量权实施办法》第9条第3项的规定，对其依法不予行政处罚。2013年3月8日，张宏军向如皋市物价局提出政府信息公开申请，要求其公开"皋价发〔2009〕28号"文件。如皋市物价局答复称，该文件系其内部信息，不属于应当公开的政府信息范围，向原告提供该文件主文及附件《如皋市物价局行政处罚自由裁量权实施办法》，但未提供该文件的附件一（2）。张宏军不服，提起诉讼。

【法院裁判】

如东县人民法院认为，本案的争议焦点为涉诉信息应否公开。首先，行政机关进行行政管理活动所制作和获取的信息，属于政府信息。行政机关单纯履行内部管理职责时所产生的信息属于内部管理信息。如皋市物价局称其对丁堰镇政府作出不予处罚决定的依据即为"皋价发〔2009〕28号"文件，在相关法律法规对某些具体价格违法行为所规定的处罚幅度较宽时，该文件是该局量罚的参照依据。可见，涉诉信息会对行政相对人的权利义务产生影响，是被告行使行政管理职责过程中所制作的信息，不属于内部管理信息。其次，涉诉信息是如皋市物价局根据该市具体情况针对不同的价格违法行为所作的具体量化处罚规定，根据《国务院关于加强市县政府依法行政的决定》（国发〔2008〕17号）第18条的规定，针对行政裁量权所作的细化、量化标准应当予以公布，故涉诉信息属于应予公开的政府信息范畴。再次，如皋市物价局仅向张宏军公开涉诉文件的主文及附件《如皋市物价局行政处罚自由裁量权实施办法》，而未公开该文件的附件一（2），其选择性公开涉诉信息的部分内容缺乏法律依据。如皋市物价局应当全面、准确、完整地履行政府信息公开职责。据此判决被告于本判决生效之日起15个工作日内向原告公开"皋价发〔2009〕28号"文件的附件一（2）。

一审宣判后，当事人均未上诉，一审判决发生法律效力。

《最高人民法院公报》编者就本案的典型意义概括如下：本案涉及内部信息的界定问题。所谓内部信息，就是对外部不产生直接约束力的普遍政策阐述或对个案的非终极性意见。之所以要免除公开内部信息，目的是保护机构内部或不同机构之间的交流，从而使官员能够畅所欲言，毫无顾忌地表达自己的真实想法。本案中，如东县人民法院通过三个方面的分析，确认涉诉政府信息是被告行使行政管理职责过程中所制作的信息，是对价格违法行为进行量化处罚的依据，会对行政相对人的权利义务产生影响，因而不应属于内部信息。同时，判决对行政机关公开政府信息的标准进行了严格审查，明确要求行政机关应当准确、完整、全面履行政府信息公开职责，不能随意地选择性公开。这些都具有较大的参考价值。

◆ 姚新金、刘天水诉福建省永泰县国土资源局政府信息公开案

【案情概要】

2013年3月20日，姚新金、刘天水通过特快专递，要求福建省永泰县国土资源局书面公开二申请人房屋所在区域地块拟建设项目的"一书四方案"，即建设用地项目呈报说明书、农用地转用方案、补充耕地方案、征收方案、供地方案。2013年5月28日，永泰县国土资源局作出《关于刘天水、姚新金申请信息公开的答复》（以下简称《答复》），称："你们所申请公开的第3项（拟建设项目的'一书四方案'），不属于公开的范畴。"并按申请表确定的通信地址将《答复》邮寄给申请人。2013年7月8日，姚新金、刘天水以永泰县国土资源局未就政府公开申请作出答复为由，提起行政诉讼。永泰县国土资源局答辩称："一书四方案"系被告制作的内部管理信息，属于处在审查中的过程性信息，不属于《政府信息公开条例》所指应公开的政府信息，被告没有公开的义务。

【法院裁判】

永泰县人民法院经审理认为，"一书四方案"系永泰县国土局在向上级有关部门报批过程中的材料，不属于信息公开的范围。虽然《答复》没有说明不予公开的理由，存在一定的瑕疵，但不足以否定具体行政行为的合法性。姚新金、刘天水要求被告公开"一书四方案"于法无据，判决驳回其诉讼请求。

姚新金、刘天水不服，提出上诉。福州市中级人民法院经审理认为，根据《土地管理法实施条例》第23条第1款第2项规定，永泰县国土资源局是"一书四方案"的制作机关，福建省人民政府作出征地批复后，有关"一书四方案"已经过批准并予以实施，不再属于过程性信息及内部材料，被上诉人不予公开没有法律依据。判决撤销一审判决，责令永泰县国土资源局限期向姚新金、刘天水公开"一书四方案"。

《最高人民法院公报》编者就本案的典型意义概括如下：本案的焦点集中在过程性信息如何公开。《政府信息公开条例》确定的公开的例外仅限于国家秘密、商业秘密、个

人隐私。《国务院办公厅关于做好政府信息依申请公开工作的意见》第 2 条第 2 款又规定，行政机关在日常工作中制作或者获取的内部管理信息以及处于讨论、研究或者审查中的过程性信息，一般不属于《政府信息公开条例》所指应公开的政府信息。过程性信息一般是指行政行为作出前行政机关内部或行政机关之间形成的研究、讨论、请示、汇报等信息，此类信息一律公开或过早公开，可能会妨害决策过程的完整性，妨害行政事务的有效处理。但过程性信息不应是绝对的例外，当决策、决定完成后，此前处于调查、讨论、处理中的信息即不再是过程性信息，如果公开的需要大于不公开的需要，就应当公开。本案福建省人民政府作出征地批复后，当事人申请的"一书四方案"即已处于确定的实施阶段，行政机关以该信息属于过程性信息、内部材料为由不予公开，对当事人行使知情权构成不当阻却。二审法院责令被告期限公开，为人民法院如何处理过程信息的公开问题确立了典范。

不过，应当注意到，人民法院在"张宏军诉江苏省如皋市物价局政府信息公开案"和"姚新金、刘天水诉福建省永泰县国土资源局政府信息公开案"中，对内部管理信息和过程性信息的界定与现行条例对这两个概念的界定不完全一致。如何解释和界定内部管理信息和过程性信息这两个概念依然是将来司法实践和法学研究要探讨的问题。

二、主动公开的政府信息

《政府信息公开条例》第 19 条至第 22 条对政府信息主动公开范围作了规定，尤其是第 19 条、第 20 条和第 21 条。第 19 条对主动公开的政府信息作了一般性规定："对涉及公众利益调整、需要公众广泛知晓或者需要公众参与决策的政府信息，行政机关应当主动公开。"按照这一规定，只要政府信息符合下列基本要求之一，行政机关就要主动公开：第一，涉及公众利益调整的；第二，需要公众广泛知晓的；第三，需要或者需要公众参与决策的。这一规定是判断政府信息主动公开的基本依据和标准。

在第 19 条的基础上，第 20 条对所有行政机关应当主动公开的信息作了列举性规定，第 21 条对设区的市级、县级人民政府及其部门应当主动公开的信息作了列举性规定。其中，第 20 条规定："行政机关应当依照本条例第十九条的规定，主动公开本行政机关的下列政府信息：（一）行政法规、规章和规范性文件；（二）机关职能、机构设置、办公地址、办公时间、联系方式、负责人姓名；（三）国民经济和社会发展规划、专项规划、区域规划及相关政策；（四）国民经济和社会发展统计信息；（五）办理行政许可和其他对外管理服务事项的依据、条件、程序以及办理结果；（六）实施行政处罚、行政强制的依据、条件、程序以及本行政机关认为具有一定社会影响的行政处罚决定；（七）财政预算、决算信息；（八）行政事业性收费项目及其依据、标准；（九）政府集中采购项目的目录、标准及实施情况；（十）重大建设项目的批准和实施情况；（十一）扶贫、教育、医疗、社会保障、促进就业等方面的政策、措施及其实施情况；（十二）突发公共事件的应急预案、预警信息及应对情况；（十三）环境保护、公共卫生、安全生产、食品药品、产品质量的监督检查情况；（十四）公务员招考的职位、名额、报考条件等事项以及录用结果；（十五）法律、法规、规章和国家有关规定规定应当主动公开的其他政府信息。"第 21 条规定："除本条例第二十条规定的政府信息外，设区的市级、县级人民政府及其部门还应当根据本地方的具体情况，主动公开涉及市政建设、公共服务、公益事业、土地征收、房屋征收、治安管理、社会救助等方面的政府信息；乡（镇）人民政府还应当根据本地方的具体情况，主动公开贯彻落实农业农村政策、农田水利工程建设运营、农村土地承包经营权流转、宅基地使用情况审核、土地征收、房屋征收、筹资筹劳、社会救助等方面的政府信息。"

对于申请公开的政府信息范围，《政府信息公开条例》第 27 条的规定已经非常明确，这里不再赘述。

第四节　政府信息公开的程序

《政府信息公开条例》对政府信息公开程序作了基本规定。其内容大致包括公开义务主体、公开期限、申请的形式与申请书的内容、答复种类与形式、强制公开程序以及送达等。现分别简要介绍如下。

一、公开义务主体

公开义务主体，即政府信息由谁来公开，申请人申请公开信息时应当向谁提出公开申请，相当于政府信息公开的管辖。《政府信息公开条例》第 10 条对公开义务主体作了明确规定：第一，"行政机关制作的政府信息，由制作该政府信息的行政机关负责公开。行政机关从公民、法人和其他组织获取的政府信息，由保存该政府信息的行政机关负责公开；行政机关获取的其他行政机关的政府信息，由制作或者最初获取该政府信息的行政机关负责公开。法律、法规对政府信息公开的权限另有规定的，从其规定。"第二，"行政机关设立的派出机构、内设机构依照法律、法规对外以自己名义履行行政管理职能的，可以由该派出机构、内设机构负责与所履行行政管理职能有关的政府信息公开工作。"第三，"两个以上行政机关共同制作的政府信息，由牵头制作的行政机关负责公开。"

政府信息公开义务主体并不等同于政府信息公开工作机构。《政府信息公开条例》第 4 条规定，各级人民政府及县级以上人民政府部门应当建立健全本行政机关的政府信息公开工作制度，并指定政府信息公开工作机构负责本行政机关政府信息公开的日常工作。① 实践中，往往将政府信息公开义务主体与政府信息公开工作机构混同。公民、法人和其他组织申请公开政府信息的对象是公开义务主体，而不是工作机构。政府信息公开义务主体不能要求申请人直接向政府信息公开工作机构提出申请。

二、公开期限

主动公开与依申请公开的期限不完全相同。根据《政府信息公开条例》第26条的规定，除了法律、法规对政府信息公开的期限另有规定，主动公开应当自该政府信息形成或者变更之日起20个工作日内予以公开。对于依申请公开，《政府信息公开条例》第33条规定，行政机关在收到政府信息公开申请时，如果能够当场答复，就应当当场予以答复；不能当场答复的，应当自收到申请之日起20个工作日内予以答复；如需延长答复期限的，应当经政府信息公开工作机构负责人同意，并告知申请人，延长答复的期限最长不得超过20个工作日；申请公开的政府信息涉及第三方权益的，行政机关征求第三方意见所需时间不计算在上述期限内。②

三、申请的形式与申请书的内容

公民、法人或者其他组织向行政机关申请获取政府信息的，原则上应当采用包括信件、数据电文形式在内的书面形式，如果采用书面形式确有困难，申请人可以口头提出，由受理该申请的行政机关代为填写政府信息公开申请。政府信息公开申请应当包括下列内容：第一，申请人的姓名或者名称、身份证明、联系方式；第二，申请公开的政府信息的名称、文号或者便于行政机关查询的其他特征性描述；第三，申请公开的政府信息的形式要求，包括获取信息的方式、途径。③

随着网络技术的发展，政府为了方便公民、法人和其他组织，往往提供了通过网络系统申请公开政府信息的渠道。以前的信息公开实践和司法审判实践认为，公民、法人或者其他组织通过政府公众网络系统向行政机关提交政府信息公开申请的，如该网络系统未作例外说明，则系统确认申请提交成功的日期应当视为行政机关收到政府信息公开申请之日。行政机关对于该申请的内部处理流程，不能成为行政机关延期处理的理由，

---

① 政府信息公开工作机构的具体职能是：办理本行政机关的政府信息公开事宜；维护和更新本行政机关公开的政府信息；组织编制本行政机关的政府信息公开指南、政府信息公开目录和政府信息公开工作年度报告；组织开展对拟公开政府信息的审查；本行政机关规定的与政府信息公开有关的其他职能。
② 参见《政府信息公开条例》第18条和第24条。
③ 《政府信息公开条例》第29条规定："公民、法人或者其他组织申请获取政府信息的，应当向行政机关的政府信息公开工作机构提出，并采用包括信件、数据电文在内的书面形式；采用书面形式确有困难的，申请人可以口头提出，由受理该申请的政府信息公开工作机构代为填写政府信息公开申请。"

逾期作出答复的，应当确认为违法。指导案例 26 号"李健雄诉广东省交通运输厅政府信息公开案"[①] 可以说明这一点。不过，2019 年修订的《政府信息公开条例》第 32 条规定："申请人以邮寄方式提交政府信息公开申请的，以行政机关签收之日为收到申请之日；以平常信函等无需签收的邮寄方式提交政府信息公开申请的，政府信息公开工作机构应当于收到申请的当日与申请人确认，确认之日为收到申请之日；申请人通过互联网渠道或者政府信息公开工作机构的传真提交政府信息公开申请的，以双方确认之日为收到申请之日。"这一变化是政府信息公开实践中要加以注意的。

◆ [指导案例 26 号] 李健雄诉广东省交通运输厅政府信息公开案

【案情概要】

原告李健雄诉称：其于 2011 年 6 月 1 日通过广东省人民政府公众网络系统向被告广东省交通运输厅提出政府信息公开申请，根据《政府信息公开条例》第 24 条第 2 款的规定，被告应在 6 月 23 日前答复原告，但被告未在法定期限内答复及提供所申请的政府信息，故请求法院判决确认被告未在法定期限内答复的行为违法。

被告广东省交通运输厅辩称：原告申请政府信息公开通过的是广东省人民政府公众网络系统，即省政府政务外网（以下简称"省外网"），而非被告的内部局域网（以下简称"厅内网"）。按规定，被告将广东省人民政府"政府信息网上依申请公开系统"的后台办理设置在厅内网。由于被告的厅内网与互联网、省外网物理隔离，互联网、省外网数据都无法直接进入厅内网处理，需通过网闸以数据"摆渡"方式接入厅内网办理，因此被告工作人员未能立即发现原告在广东省人民政府公众网络系统中提交的申请，致使被告未能及时受理申请。根据《政府信息公开条例》第 24 条、《国务院办公厅关于做好施行〈中华人民共和国政府信息公开条例〉准备工作的通知》等规定，政府信息公开中的申请受理并非以申请人提交申请为准，而是以行政机关收到申请为准。原告称 2011 年 6 月 1 日向被告申请政府信息公开，但被告未收到该申请，被告正式收到并确认受理的日期是 7 月 28 日，并按规定向原告发出了《受理回执》。8 月 4 日，被告向原告当场送达《关于政府信息公开的答复》和《政府信息公开答复书》，距离受理日仅 5 个工作日，并未超出法定答复期限。因原告在政府公众网络系统递交的申请未能被及时发现并被受理应视为不可抗力和客观原因造成，不应计算在答复期限内，故请求法院依法驳回原告的诉讼请求。

法院经审理查明：2011 年 6 月 1 日，原告李健雄通过广东省人民政府公众网络系统向被告广东省交通运输厅递交了政府信息公开申请，申请获取广州广园客运站至佛冈的

[①] 最高人民法院审判委员会讨论通过，2014 年 1 月 26 日发布。

客运里程数等政府信息。政府公众网络系统以申请编号11060100011予以确认，并通过短信通知原告确认该政府信息公开申请提交成功。7月28日，被告作出受理记录确认上述事实，并于8月4日向原告送达《关于政府信息公开的答复》和《政府信息公开答复书》。庭审中被告确认原告基于生活生产需要获取上述信息，原告确认8月4日收到被告作出的《关于政府信息公开的答复》和《政府信息公开答复书》。

【裁判结果】

广州市越秀区人民法院于2011年8月24日作出〔2011〕越法行初字第252号行政判决：确认被告广东省交通运输厅未依照《政府信息公开条例》第24条规定的期限对原告李健雄2011年6月1日申请其公开广州广园客运站至佛冈客运里程数的政府信息作出答复违法。

【裁判理由】

法院生效裁判认为：《政府信息公开条例》第24条规定："行政机关收到政府信息公开申请，能够当场答复的，应当当场予以答复。行政机关不能当场答复的，应当自收到申请之日起15个工作日内予以答复；如需延长答复期限的，应当经政府信息公开工作机构负责人同意，并告知申请人，延长答复的期限最长不得超过15个工作日。"本案原告于2011年6月1日通过广东省人民政府公众网络系统向被告提交了政府信息公开申请，申请公开广州广园客运站至佛冈的客运里程数。政府公众网络系统生成了相应的电子申请编号，并向原告手机发送了申请提交成功的短信。被告确认收到上述申请并认可原告是基于生活生产需要获取上述信息，却于2011年8月4日才向原告作出《关于政府信息公开的答复》和《政府信息公开答复书》，已超过了上述规定的答复期限。由于广东省人民政府"政府信息网上依申请公开系统"作为政府信息申请公开平台所应当具有的整合性与权威性，如未作例外说明，则从该平台上递交成功的申请应视为相关行政机关已收到原告通过互联网提出的政府信息公开申请。至于外网与内网、上下级行政机关之间对于该申请的流转，属于行政机关内部管理事务，不能成为行政机关延期处理的理由。被告认为原告是向政府公众网络系统提交的申请，因其厅内网与互联网、省外网物理隔离而无法及时发现原告申请，应以其2011年7月28日发现原告申请为收到申请日期而没有超过答复期限的理由不能成立。因此，原告通过政府公众网络系统提交政府信息公开申请的，该网络系统确认申请提交成功的日期应当视为被告收到申请之日，被告逾期作出答复的，应当确认为违法。

针对政府信息公开申请存在的问题，国务院办公厅政府信息与政务公开办公室2017年曾经专门有一个解释，即《关于政府信息公开申请接收渠道问题的解释》（国办公开办函〔2017〕19号）。其中规定："一、'当面提交'和'邮政寄送'是政府信息公开申请的基本渠道，申请人通过这两种基本渠道提交的政府信息公开申请，行政机关不得以任何理由拒绝接收。二、为进一步便利申请人、提高工作效率，鼓励行政机关结合自身实际开通传真、在线申请、电子邮箱等多样化申请接收渠道。行政机关应当将本单位所开通的申请接收渠道及具体的使用注意事项，在政府信息公开指南中专门说明并向社会公告，并对已经专门说明并公告的申请接收渠道承担相应法律义务。行政机关没有按照上述要求专门说明并公告的，应当充分尊重申请人的选择。"

对于政府信息公开申请人提出的申请，行政机关认为"申请内容不明确"、对其申请内容在理解上有分歧的，应当告知申请人作出更改、补充，不能仅仅根据自己单方面的理解予以简单处理；否则，也是违法。"陈介国诉泰兴市住建局政府信息公开案"[①] 便是这方面的案例。

◆ 陈介国诉泰兴市住建局政府信息公开案

【案情概要】

陈介国于2015年4月15日向被告泰兴市住建局提出政府信息公开申请，要求公开泰兴市根思路建设房屋征收地块标准房屋基准价格确定的依据。泰兴市住建局于2015年4月20日收到该申请，审查后于2015年5月6日作出公开决定，公开了国务院第590号令、建房〔2007〕77号文、泰政办发〔2012〕155号文，即相关的法律依据。但没有公开据以确定基准价格的事实依据。其认为，根据《国有土地上房屋征收与补偿条例》第19条的规定，被征收房屋的价值，由具有相应资质的房地产价格评估机构按照房屋征收评估办法评估确定。原告收到上述公开材料后不服，认为房屋补偿基准价格的确定不仅要依据相关法律规定，更要依据可资比照的实例和其他相关测评数据资料。因此，被告不仅要公开已经公开的相关法律依据，还要公开据以确定基准价格的事实资料，被告的公开行为不符合他的申请，遂提请复议。复议机关驳回其复议请求后，原告提起行政诉讼。

【争议焦点】

第一，原告陈介国向被告泰兴市住建局申请公开的信息内容中所提"依据"，仅应理解为法律依据，还是应包括事实依据；第二，在申请内容不明、理解有分歧时，行政机关该如何处理。

【法院裁判】

法院认为：信息公开申请，本质为申请人要求行政机关公开特定信息之内在意思的

  参见泰州医药高新技术产业开发区人民法院〔2016〕苏1291行初339号行政判决书、泰州医药高新技术产业开发区人民法院〔2015〕泰开行初字第00041号行政判决书。

外在表示。行政机关在处理申请时，应首先以通常方式对申请之客观含义进行解释；当申请在文义上表意不明或存在歧义时，行政机关负有要求申请人进行更改与补充之义务。本案中，原告在申请中要求公开标准房屋基准价格确定的依据。按一般理解，依据分为规范依据与事实依据。具体就房屋基准价格的确定而言，既应具备相应的规范文件、技术规范以对实施主体、定价程序、定价方法等内容进行控制与指引，亦应具备根据《国有土地上房屋征收评估办法》《泰兴市市区国有土地上房屋征收评估技术细则》及附件等规定，通过收集、调查而最终选择、确定、采用的样本、参数等"事实依据"。规范依据仅为指引性的大前提，而事实依据则为代入规范的具体要素，二者相辅相成，对价格之形成与确定均不可或缺。

对于申请内容不明确的，或者理解上有分歧的，应征求申请人意见，或者与申请人交换意见。《政府信息公开条例》第21条规定："申请内容不明确的，应当告知申请人作出更改、补充。"因此，行政机关在接到公民、法人和其他组织的政府信息公开申请书后，认为"申请内容不明确的"或者对其申请内容之理解有分歧的，也应当告知申请人作出更改、补充，不能仅仅根据自己的理解予以简单处理。

2007年《政府信息公开条例》颁布实施以来，申请人滥用政府信息公开申请权的现象时有发生，我国行政审判实践对于这种现象作了必要回应，"陆红霞诉南通市发展和改革委员会政府信息公开答复案"[①]是这方面的典型案例。针对这一现象，2019年修订的《政府信息公开条例》第35条规定："申请人申请公开政府信息的数量、频次明显超过合理范围，行政机关可以要求申请人说明理由。行政机关认为申请理由不合理的，告知申请人不予处理；行政机关认为申请理由合理，但是无法在本条例第三十三条规定的期限内答复申请人的，可以确定延迟答复的合理期限并告知申请人。"

◆ 陆红霞诉南通市发展和改革委员会政府信息公开答复案

【案情概要】 2013年11月26日，陆红霞向南通市发改委申请公开"长平路西延绿化工程的立项批文"。2013年11月28日，南通市发改委作出答复并提供了通发改投资〔2010〕67号《市发改委关于长平路西延工程的批复》。陆红霞认为南通市发改委答复不准确，没有针对性，因为她申请的是"长平路西延绿化工程"，而被申请单位公开的是"长平路西延工程"，虽然是两字之差，但是公开的内容却完全不同，请求法院撤销南通市发改委作出的通发改委信复〔2013〕14号《政府信息公开申请答复书》并责令重新作出答复。南通市发改委认为其关于信息公开的答复适用依据正确、程序合法、内容适

---

① 参见江苏省南通市港闸区人民法院〔2015〕港行初字第00021号行政裁定书、江苏省南通市中级人民法院〔2015〕通中行终字第00131号行政裁定书。本案刊载于《最高人民法院公报》2015年第11期。

当、符合法律规定,而陆红霞及其家人存在明显的滥用政府信息公开申请权的行为,违背了《政府信息公开条例》的目的和宗旨,其行为不具有正当性,请求法院驳回陆红霞的诉讼请求。法院审理过程中依职权调查取证,据不完全统计,在2013年至2015年1月期间,原告陆红霞及其父亲陆富国、伯母张兰三人以生活需要为由,分别向南通市人民政府等行政机关提起至少94次政府信息公开申请,要求公开南通市人民政府财政预算报告等信息,其中包括多项内容相同的信息。原告陆红霞及其父亲陆富国、伯母张兰在收到行政机关作出的相关《政府信息公开申请答复》后,分别向江苏省人民政府等行政机关提出至少39次行政复议,其后又以答复"没有发文机关标志"等理由向南通市中级人民法院等司法机关提出至少36次政府信息公开之诉。

【争议焦点】

原告陆红霞的诉讼行为是否具有正当性,其诉讼请求是否应当予以支持。

【法院裁判】

一审法院作了如下分析:

获取政府信息和提起诉讼是法律赋予公民的权利。为了保障公民知情权的实现,行政机关应当主动公开政府信息,以提高政府工作的透明度。《政府信息公开条例》(以下简称《条例》)第13条还进一步明确,除行政机关主动公开的政府信息外,公民、法人或者其他组织还可以根据自身生产、生活、科研等特殊需要,向国务院部门、地方各级人民政府及县级以上地方人民政府部门申请获取相关政府信息。为了监督行政机关依法行政,切实保障公民依法获取政府信息,公民认为行政机关在政府信息公开工作中的行政行为侵犯其合法权益的,可以依法提起行政诉讼。而需要指出的是:任何公民享有宪法和法律规定的权利,同时必须履行宪法和法律规定的义务;公民在行使自由和权利的时候,不得损害国家的、社会的、集体的利益和其他公民的合法的自由和权利;公民在行使权利时,应当按照法律规定的方式和程序进行,接受法律及其内在价值的合理规制。

《条例》第1条规定,制定本条例的目的是"保障公民、法人和其他组织依法获取政府信息,提高政府工作的透明度,促进依法行政,充分发挥政府信息对人民群众生产、生活和经济社会活动的服务作用"。因此,保障社会公众获取政府信息的知情权是《条例》的最主要的立法目的之一。而有关"依法获取政府信息"的规定,表明申请获取政府信息也必须在现行法律框架内行使,应当按照法律规定的条件、程序和方式进行,必须符合立法宗旨,能够实现立法目的。

本案原告陆红霞所提出的众多政府信息公开申请具有以下几个明显特征:一是申请次数众多。仅据不完全统计,自2013年开始原告陆红霞及其家人向南通市人民政府及其相关部门至少提出94次政府信息公开申请,2014年1月2日当天就向南通市人民政府提出了 10 件申请。二是家庭成员分别提出相同或类似申请，内容多有重复。如原告陆红霞与其父亲陆富国、伯母张兰多次分别申请市、区两级人民政府年度财政预算报告、数十次申请城北大道工程相关审批手续等信息。三是申请公开的内容包罗万象。诸如政府公车数量、牌照、品牌，刑事立案，接警处置中使用的电话号码及监控录像，拘留所伙食标准等信息，且有诸多咨询性质的提问，原告陆红霞对部分信息也明知不属于《条例》规定的政府信息范畴。四是部分申请目的明显不符合《条例》的规定。原告陆红霞申请政府信息和提起诉讼的目的是向政府及其相关部门施加压力，以引起对自身拆迁补偿安置问题的重视和解决。

上述特征表明，原告陆红霞不间断地向政府及其相关部门申请获取所谓政府信息，真实目的并非为了获取和了解所申请的信息，而是借此表达不满情绪，并向政府及其相关部门施加答复、行政复议和诉讼的压力，以实现拆迁补偿安置利益的最大化。对于拆迁利益和政府信息之间没有法律上关联性的问题，行政机关已经反复进行了释明和引导，但原告陆红霞这种背离《条例》立法目的，任凭个人主观意愿执意不断提出申请的做法，显然已构成了获取政府信息权利的滥用。

保障当事人的诉权与制约恶意诉讼、无理缠诉均是审判权的应有之义。对于个别当事人反复多次提起轻率的、相同的或者类似的诉讼请求，或者明知无正当理由而反复提起的诉讼，人民法院对其起诉应严格依法审查。本案原告陆红霞所提起的相关诉讼因明显缺乏诉的利益、目的不当、有悖诚信，违背了诉权行使的必要性，因而也就失去了权利行使的正当性，属于典型的滥用诉权行为。

首先，原告陆红霞的起诉明显缺乏诉的利益。诉的利益是原告陆红霞存在司法救济的客观需要，没有诉讼利益或仅仅是为了借助诉讼攻击对方当事人的，不应受到保护。本案原告陆红霞的起诉源于政府信息公开申请，作为一项服务于实体权利的程序性权利，由于对获取政府信息权利的滥用，原告陆红霞在客观上并不具有此类诉讼所值得保护的合法的、现实的利益。

其次，原告陆红霞的起诉不具有正当性。《行政诉讼法》第 2 条明确规定："公民、法人或者其他组织认为行政机关和行政机关工作人员的具体行政行为侵犯其合法权益，有权依照本法向人民法院提起诉讼。"显然，行政诉讼是保护公民、法人和其他组织合法权益的制度，原告陆红霞不断将诉讼作为向政府及其相关部门施加压力、谋求私利的手段，此种起诉已经背离了对受到侵害的合法权益进行救济的诉讼本旨。

最后，原告陆红霞起诉违背诚实信用原则。诚实信用原则要求当事人实施诉讼行为、行使诉讼权利必须遵守伦理道德，诚实守诺，并在不损害对方合法利益和公共利益的前提下维护自身利益。骚扰、泄愤、重复、琐碎性质的起诉显然不符合诚实信用原则的要求。原告陆红霞本已滥用了政府信息公开申请权，所提起的数十起诉讼要么起诉理由高度雷同，要么是在已经获取、知悉所申请政府信息的情形下仍坚持提起诉讼，这种对诉讼权利任意行使的方式有违诚实信用原则。

针对原告陆红霞所提起的频繁诉讼，人民法院也多次向其释明《条例》的立法目的、政府信息的含义，并多次未支持其不合法的申请和起诉，原告陆红霞对法律的规定显然明知，也应当知道如何正确维护自身的合法权益。原告陆红霞明知其申请和诉讼不会得到支持，仍然一再申请政府信息公开，不论政府及相关部门如何答复，均执意提起行政复议和行政诉讼。行政资源和司法资源的有限性，决定了行政机关和人民法院只能满足当事人有效的行政和司法需求。原告陆红霞的申请行为和诉讼行为，已经使行政和司法资源在维护个人利益与公共利益之间有所失衡，《条例》的立法宗旨也在此种申请——答复——复议——诉讼的程序中被异化。原告陆红霞所为已经背离了权利正当行使的本旨，超越了权利不得损害他人的界限。纵观本案及相关联的一系列案件，无论是原告陆红霞所提出的政府信息公开申请还是向本院所提起的诉讼，均构成明显的权利滥用。

据此，一审法院裁定驳回原告诉讼请求。一审裁定后，陆红霞提起上诉。南通市中级人民法院认为一审法院审理在程序和法律适用上并无不当，遂裁定驳回上诉，维持原裁定。其判决理由与一审判决基本相同。

《最高人民法院公报》编者就本案撰写的裁判摘要指出：知情权是公民的一项法定权利。公民必须在现行法律框架内申请获取政府信息，并符合法律规定的条件、程序和方式，符合立法宗旨，能够实现立法目的。如果公民提起政府信息公开申请违背了《政府信息公开条例》的立法本意且不具有善意，就会构成知情权的滥用。当事人反复多次提起琐碎的、轻率的、相同的或者类似的诉讼请求，或者明知无正当理由而反复提起诉讼，人民法院应对其起诉严格依法审查，对于缺乏诉的利益、目的不当、有悖诚信的起诉行为，因违背了诉权行使的必要性，丧失了权利行使的正当性，应认定构成滥用诉权行为。

四、答复种类与形式

行政机关收到政府信息公开申请后，要根据情况依法作出答复：属于公开范围的，应当告知申请人获取该政府信息的方式和途径；属于不予公开范围的，应当告知申请人并说明理由；依法不属于本行政机关公开或者该政府信息不存在的，应当告知申请人，对能够确定该政府信息的公开机关的，应当告知申请人该行政机关的名称、联系方式；申请内容不明确的，应当告知申请人作出更改、补充。如申请公开的政府信息中含有不应当公开的内容，但是能够作区分处理的，行政机关应当向申请人提供可以公开的信息内容。行政机关依申请公开政府信息时，应当按照申请人要求的形式予以提供；无法按照申请人要求的形式提供的,可以通过安排申请人查阅相关资料、提供复制件或者其他适当形式提供。①

就上述政府信息公开申请及其答复的程序规定,可参见"中华环保联合会诉贵州省贵阳市修文县环境保护局环境信息公开案"②。

◆ 中华环保联合会诉贵州省贵阳市修文县环境保护局环境信息公开案

【案情概要】

2011年10月,原告中华环保联合会向贵州省清镇市人民法院环保法庭提起环境公益诉讼,起诉贵州好一多乳业有限公司超标排放工业污水。因案件需要好一多公司的相关环保资料,原告便向被告贵州省贵阳市修文县环境保护局提出申请,要求被告向其公开好一多公司的排污许可证、排污口数量和位置、排放污染物种类和数量情况、经环保部门确定的排污费标准、经环保部门监测所反映的情况及处罚情况、环境影响评价文件及批复文件、"三同时"验收文件等有关环境信息,并于2011年10月28日将信息公开申请表以公证邮寄的方式提交给被告。被告收到该信息公开申请表后,认为原告并非为工作、生活和科研等需要申请,申请表未附原告机构代码证等身份证明材料、所申请公开的信息内容不明确、信息形式要求不具体和不清楚、获取信息的方式不明确,故一直未答复原告的政府信息公开申请,也未向原告公开其所申请的信息。

【裁判结果】

被告贵州省贵阳市修文县环境保护局于判决生效之日起十日内对原告中华环保联合会的政府信息公开申请进行答复,并按原告的要求向其公开贵州好一多乳业股份有限公司的相关环境信息。

【裁判理由】

第一,依法获取环境信息,是公民、法人和其他组织的一项重要权利,是公众参与环境保护、监督环保法律实施的一项重要手段。为了保障公民、法人和其他组织的这一权利,相关法律法规对环境信息公开的范围、信息公开的程序和方式、监督和保障都作了详细的规定。环境信息应以公开为原则,不公开为例外。原告中华环保联合会所申请的好一多公司的环境信息资料并非相关法律法规所禁止公开的内容,被告贵州省贵阳市修文县环境保护局未向原告公开其所需信息的行为违反法律法规的规定。

第二,关于被告贵州省贵阳市修文县环境保护局认为原告中华环保联合会在提交政府信息公开申请时,应同时附上原告的身份证明的意见,因原告在信息公开申请表中已

---

① 参见《政府信息公开条例》第36—40条。
② 本案刊载于《最高人民法院公报》2013年第1期。

正确填写了单位名称、住所地、联系人及电话并加盖了公章,而《政府信息公开条例》第20条明确规定,政府信息公开申请应当包括:(1)申请人的姓名或者名称、联系方式;(2)申请公开的政府信息的内容描述;(3)申请公开的政府信息的形式要求。其中并没有强制要求申请人提供身份证明等其他材料,故被告所提意见没有法律依据。

第三,关于被告贵州省贵阳市修文县环境保护局认为好一多公司在修文县有三个基地,原告中华环保联合会未明确申请公开哪一个基地的环境信息,原告所申请的内容不明确的意见,根据《政府信息公开条例》第21条的规定,对于申请内容不明确的,行政机关应当告知申请人作出更改、补充。在本案中,原告在申请表中已经明确提出需要贵州好一多乳业股份有限公司的排污许可证、排污口数量和位置、排放污染物种类和数量情况、经环保部门确定的排污费标准、经环保部门监测所反映的情况及处罚情况、环境影响评价文件及批复文件,其申请内容的表述是明确具体的,至于好一多公司在修文县有几个基地,并不妨碍被告公开信息,被告应就其手中掌握的所有涉及好一多公司的相关环境信息向原告公开。

第四,《贵州省政府信息公开暂行规定》第24条规定:"行政机关对申请公开的政府信息,根据下列情况分别作出答复:……(六)申请内容不明确或申请书形式要件不齐备的,行政机关应当出具《补正申请告知书》,一次性告知申请人作出更正、补充。"即便被告认为原告申请内容不明确,应当按该规定向原告发出《补正申请告知书》,一次性告知申请人作出更正、补充,而被告显然没有按规定办理。故被告以申请内容不明确不公开信息,不符合规定。同时,按照《政府信息公开条例》第24条第2款、《环境信息公开办法(试行)》第18条的规定,被告显然在法定期限内没有履行其答复的义务,故被告不予答复申请的行为违反法律法规的规定。

上述判决理由中,与本节内容紧密相关的有两点,值得关注:第一,法律没有强制要求申请人提供身份证明等其他材料,故被告所提意见没有法律依据。第二,信息公开申请书明确列举了需要公开的信息名称,申请内容是明确的。即便不明确,法律特别规定了相应的处理方法,并不能以此为由拒绝公开。①

五、强制公开程序

涉及商业秘密和个人隐私的信息,基于公共利益的考虑,即便权利人不同意,必要时也可以强制公开。关于强制公开的程序,《政府信息公开条例》第32条作了规定:"依申请公开的政府信息公开会损害第三方合法权益的,行政机关应当书面征求第三方的意见。第三方应当自收到征求意见书之日起15个工作日内提出意见。第三方逾期未

---

① 参见《最高人民法院公报》编者就本案撰写的裁判摘要。

提出意见的，由行政机关依照本条例的规定决定是否公开。第三方不同意公开且有合理理由的，行政机关不予公开。行政机关认为不公开可能对公共利益造成重大影响的，可以决定予以公开，并将决定公开的政府信息内容和理由书面告知第三方。"这一规定强调了两点：一是要"书面征求第三方的意见"，二是要书面告知权利人公开决定并说明理由。[①]

六、送达

行政机关就政府信息公开申请作出答复后，要依法送达。就此，2016年12月7日，国务院办公厅政府信息与政务公开办公室《关于政府信息公开处理决定送达问题的解释》（国办公开办函〔2016〕235号）作了详细规定："一、行政机关作出的信息公开处理决定，是正式的国家公文，应当以权威、规范的方式依法送达申请人。参照有关法律规定，送达方式包括直接送达、委托其他行政机关代为送达和邮寄送达。二、采取邮寄送达方式送达的，根据《中华人民共和国邮政法》第五十五条规定，以及我国国家公文邮寄送达实际做法，应当通过邮政企业送达，不得通过不具有国家公文寄递资格的其他快递企业送达。三、采取邮寄送达方式送达的，行政机关可以依照《中华人民共和国政府信息公开条例》及有关规定收取邮寄成本费用，但不得以要求申请人向邮政企业支付邮寄费的方式收取。四、采取直接送达、委托其他行政机关代为送达等方式送达的，以申请人及其法定代理人签收之日当日为期限计算时点。采取邮寄送达方式送达的，以交邮之日当日为期限计算时点。"实践中，政府信息公开义务主体可参照执行。

▶ 思考题

1. 如何理解政府信息公开制度的法治功能？
2. 如何界定政府信息？
3. 如何理解政府信息"以公开为原则、不公开为例外，例外法定"？
4. 什么是主动公开？什么是依申请公开？二者有何区别？
5. 如果申请公开的信息处理涉及商业秘密和个人隐私，政府应如何处理？

[①] 比较国外立法来看，《政府信息公开条例》规定的强制公开程序对第三人权利的保护是不够的。例如，《日本政府信息公开法》第13条规定："行政机关的首长在作出公开决定之前，应将公开请求的行政文件的内容以及其他政令规定的事项以书面方式通知第三人，给予其提出意见书的机会。""被给予提出意见书机会的第三人提出反对公开该行政文件的意见书的，行政机关的首长在作出公开决定时，在公开决定之日与实施公开决定之日之间至少应设置两周的间隔时间。行政机关的首长在作出公开决定后应立即以书面方式将公开决定的内容和理由以及公开决定的实施日通知提出该反对意见书的第三人。"在间隔期内，在第三人寻求法律救济期间，政府信息公开决定停止执行。

在我国政府信息公开实践中，可借鉴国外的这样一些做法，将政府信息强制公开决定和对强制公开决定的执行分离开来，给予第三人充分行使救济权利的时间，即政府信息公开机关在作出强制公开决定后，不立即执行该决定，而是等第三人行使行政复议、行政诉讼权利后或者放弃该权利后再行执行该决定，以免造成不可挽回的损失。相关论述可参见杨登峰：《政府强制公开第三人信息程序之完善》，载《法学》2015年第10期。

6. 如何界定涉及商业秘密和个人隐私的信息?
7. 政府信息公开的义务主体如何确定?
8. 什么是"内部管理信息"和"过程性信息"?
9. 如果申请公开的信息不存在,该如何处理?
10. 如果申请公开的信息不属于自己公开的范围,受理申请的行政机关该如何处理?

拓展研读案例

说明:本章选列五个研读案例,除了赵树金案外,其他四例均为2014年最高人民法院遴选的10大典型案例。最高人民法院公布的这些案例,对于案情、判决与意义的交代均简短精练。为便于研读,本章将这些典型案例的案情、判决与意义等全文选入。

1. 赵树金诉上海市杨浦区房屋土地管理局信息公开案①

本案裁判要旨:当事人申请公开的政府信息中同时包含可以公开和不应当公开内容且能够作区分处理的,行政机关应当在区分处理后公开可以公开的内容。未作区分处理,或者区分处理错误的,人民法院可以判决被告重作。

2. 王宗利诉天津市和平区房地产管理局案②

政府信息公开实践中普遍存在的问题之一是:政府信息只要与企业有关,就当然地认定为涉及商业秘密的信息;只要与个人信息有关,就当然地认定为涉及个人隐私的信息。在未经任何判断的情形下,直接征询权利人的意见。本案可谓这方面的典型。

【案情概要】

2011年10月10日,王宗利向天津市和平区人民政府信息公开办公室(以下简称"和平区信息公开办")提出申请,要求公开和平区金融街公司与和平区土地整理中心签订的委托拆迁协议和支付给土地整理中心的相关费用的信息。2011年10月11日,和平区信息公开办将王宗利的申请转给和平区房地产管理局(以下简称"和平区房管局"),由和平区房管局负责答复王宗利。2011年10月,和平区房管局给金融街公司发出《第三方意见征询书》,要求金融街公司予以答复。2011年10月24日,和平区房管局作出了《涉及第三方权益告知书》,告知王宗利申请查询的内容涉及商业秘密,权利人未在规定期限内答复,不予公开。王宗利提起行政诉讼,请求撤销该告知书,判决被告依法

---

① 参见上海市杨浦区人民法院〔2008〕杨行初字第66号行政判决书。另参见最高人民法院行政审判庭编:《中国行政审判指导案例》(第1卷),中国法制出版社2010年版,第126—130页。
② 本案为2014年9月12日最高人民法院公布的政府信息公开十大案例之三。

在 15 日内提供其所申请的政府信息。

【法院裁判】

天津市和平区人民法院经审理认为：和平区房管局审查王宗利的政府信息公开申请后，只给金融街公司发了一份《第三方意见征询书》，没有对王宗利申请公开的政府信息是否涉及商业秘密进行调查核实。在诉讼中，和平区房管局也未提供王宗利所申请政府信息涉及商业秘密的任何证据，使法院无法判断王宗利申请公开的政府信息是否涉及第三人的商业秘密。因此，和平区房管局作出的《涉及第三方权益告知书》证据不足，属明显不当。判决撤销被诉《涉及第三方权益告知书》，并要求和平区房管局在判决生效后 30 日内，重新作出政府信息公开答复。

一审宣判后，当事人均未上诉，一审判决发生法律效力。

【典型意义】

本案的焦点集中在涉及商业秘密的政府信息的公开问题以及征求第三方意见程序的适用。在政府信息公开实践中，行政机关经常会以申请的政府信息涉及商业秘密为理由不予公开，但有时会出现滥用。商业秘密的概念具有严格内涵，依据《反不正当竞争法》的规定，商业秘密是指不为公众知悉、能为权利人带来经济利益、具有实用性并经权利人采取保密措施的技术信息和经营信息。行政机关应当依此标准进行审查，而不应单纯以第三方是否同意公开作出决定。人民法院在合法性审查中，应当根据行政机关的举证作出是否构成商业秘密的判断。本案和平区房管局在行政程序中，未进行调查核实就直接主观认定申请公开的信息涉及商业秘密，在诉讼程序中，也没有向法院提供相关政府信息涉及商业秘密的证据和依据，导致法院无从对被诉告知书认定"涉及商业秘密"的事实证据进行审查，也就无法对该认定结论是否正确作出判断。基于此，最终判决行政机关败诉符合立法本意。本案对于规范人民法院在政府信息公开行政案件中如何审查判断涉及商业秘密的政府信息具有典型示范意义。

3. 彭志林诉湖南省长沙县国土资源局案①

【案情概要】

2012 年 10 月 6 日，彭志林向长沙县国土资源局提出政府信息公开申请，申请获取本组村民高细贵建房用地审批信息。同年 11 月 28 日，长沙县国土资源局作出答复：根据《档案法实施办法》第 25 条的规定，集体和个人寄存于档案馆和其他单位的档案，任何单位和个人不得擅自公布，如需公布必须征得档案所有者的同意。故查询高细贵建

---

① 本案为 2014 年 9 月 12 日最高人民法院公布的全国政府信息公开十大案例之七。

房用地审批资料必须依照上述法律规定到本局档案室办理。同时建议如反映高细贵建房一户两证的问题,可以直接向局信访室和执法监察大队进行举报,由受理科、室负责依法办理。彭志林不服,提起诉讼,请求法院撤销被告作出的答复,并责令被告公开相关信息。

【法院裁判】

长沙县人民法院经审理认为,根据《最高人民法院关于审理政府信息公开行政案件若干问题的规定》第7条的规定,原告申请的政府信息系保存在被告的档案室,并未移交给专门的档案馆,被告长沙县国土资源局依法应适用《政府信息公开条例》的规定对原告申请公开的信息进行答复,而被告在答复中却适用《档案法实施办法》的相关规定进行答复,属于适用法律、法规错误,依法应予撤销。原告申请公开的信息是否应当提供,尚需被告调查和裁量,故原告该项诉讼请求不予支持。判决撤销被诉答复,责令被告30个工作日内重新予以答复。长沙县国土资源局不服,提出上诉,长沙市中级人民法院判决驳回上诉、维持原判。

【典型意义】

本案的焦点集中在档案信息的公开问题。政府信息与档案之间有一定的前后演变关系。对于已经移交各级国家档案馆或者存放在行政机关的档案机构的行政信息,是应当适用《政府信息公开条例》,还是适用档案管理的法规、行政法规和国家有关规定,存在一个法律适用的竞合问题。《最高人民法院关于审理政府信息公开行政案件若干问题的规定》第7条,将已经移交国家档案馆的信息与存放在行政机关档案机构的信息加以区分处理,有利于防止行政机关以适用档案管理法规为借口规避政府信息的公开。本案很好地适用了这一规则,认定被告在答复中适用《档案法实施办法》不予公开政府信息,属于适用法律、法规错误。同时,法院考虑到涉案政府信息是否应当提供,尚需被告调查和裁量,因此判决其重新答复,亦属对行政机关首次判断权的尊重。

4. 钱群伟诉浙江省慈溪市掌起镇人民政府案[①]

【案情概要】

钱群伟于2013年1月17日向慈溪市掌起镇人民政府邮寄政府信息公开申请书,申请公布柴家村2000年以来的村民宅基地使用的审核情况、村民宅基地分配的实际名单及宅基地面积和地段、柴家村的大桥拆迁户全部名单及分户面积、柴家村大桥征地拆迁户中货币安置户的全部名单及分户面积、在柴家村建房的外村人员的全部名单及实际住户名单,并注明其建房宅基地的来龙去脉。2013年4月10日,慈溪市掌起镇人民政府

---

① 本案为2014年9月12日最高人民法院公布的全国政府信息公开十大案例之八。

作出《信访事项答复意见书》，其中关于信息公开的内容为："柴家村大桥拆迁涉及拆迁建筑共367处，其中，拆迁安置317户，货币安置16户。上述信息所涉及的相关事宜已通过相关程序办理，且已通过一定形式予以公布，被相关公众所知悉。"钱群伟对此答复不服，提起诉讼。认为该答复是"笼统的，不能说明任何问题的信息，与原告所要求公开的信息根本不符，实质上等于拒绝公开"。

【法院裁判】

慈溪市人民法院经审理认为：被诉答复内容仅对少量的政府信息公开申请作出了答复，对其他政府信息公开申请既没有答复，亦没有告知原告获取该政府信息的方式和途径，而且被告在诉讼中未向本院提供其作出上述答复的相应证据，故应认定被告作出的答复主要证据不足。被告辩称，《政府信息公开条例》于2008年5月1日起才实施，在此之前的政府信息不能公开。法院认为，原告申请公开政府信息时，该条例早已实施。针对原告的申请，被告应当依据该条例的相关规定作出答复。如原告申请公开的政府信息属于不予公开范围的，被告应当告知原告并说明理由。况且，被告认为该条例施行之前的政府信息不能公开，缺乏法律依据。故被告上述辩称意见，理由并不成立，不予采信。判决撤销被告慈溪市掌起镇人民政府作出的政府信息公开答复，责令其在判决生效之日起30日内对钱群伟提出的政府信息公开申请重新作出处理。

一审宣判后，当事人均未上诉，一审判决发生法律效力。

【典型意义】

本案的焦点集中在历史信息的公开问题。所谓历史信息，是指《政府信息公开条例》施行前已经形成的政府信息。虽然在立法过程中确有一些机关和官员希望能够将历史信息排除在适用范围之外，但《政府信息公开条例》对政府信息的定义并没有将信息的形成时间进行限定，亦未将历史信息排除在公开的范围之外。本案判决确认"被告认为该条例施行之前的政府信息不能公开，缺乏法律依据"，符合立法本意。至于"法不溯及既往"原则，指的是法律文件的规定仅适用于法律文件生效以后的事件和行为，对于法律文件生效以前的事件和行为不适用。就本案而言，所谓的事件和行为，也就是原告依照条例的规定申请公开政府信息，以及行政机关针对申请作出答复。本案判决指出，"原告申请公开政府信息时，该条例早已实施"，就是对"法不溯及既往"原则的正确理解。

5. 张良诉上海市规划和国土资源管理局案[①]

【案情概要】

2013年2月19日，张良向上海市规划和国土资源管理局申请获取"本市116地块

---

① 本案为2014年9月12日最高人民法院公布的全国政府信息公开十大案例之九。

项目土地出让金缴款凭证"政府信息。上海市规划和国土资源管理局经至其档案中心以"缴款凭证"为关键词进行手工查找，未找到名为"缴款凭证"的116地块土地出让金缴款凭证的政府信息，遂认定其未制作过原告申请获取的政府信息，根据《政府信息公开条例》第21条第3项答复张良，其申请公开的政府信息不存在。张良不服，提起诉讼，要求撤销该政府信息公开答复。

【法院裁判】

上海市黄浦区人民法院经审理认为：原告申请公开的相关缴款凭证，应泛指被告收取土地使用权受让人缴纳本市116地块国有土地使用权出让金后形成的书面凭证。在日常生活中，这种证明缴纳款项凭证的名称或许为缴款凭证，或许为收据、发票等，并不局限于缴款凭证的表述。原告作为普通公民，认为其无法知晓相关缴款凭证的规范名称，仅以此缴款凭证描述其申请获取的政府信息内容的主张具有合理性。而与之相对应，被告系本市土地行政管理部门，应知晓其收取土地使用权出让金后开具给土地使用权受让人的凭证的规范名称，但在未与原告确认的前提下，擅自认为原告仅要求获取名称为缴款凭证的相关政府信息，并仅以缴款凭证为关键词至其档案中心进行检索，显然检索方式失当，应为未能尽到检索义务，据此所认定的相关政府信息不存在的结论，也属认定事实不清，证据不足。判决撤销被诉政府信息公开答复，责令被告重新作出答复。

一审宣判后，当事人均未上诉，一审判决发生法律效力。

【典型意义】

本案涉及政府信息公开的两项重要制度：一是申请人在提交信息公开申请时应该尽可能详细地对政府信息的内容进行描述，以有利于行政机关进行检索；二是对于政府信息不存在的，行政机关不予提供。本案在处理这两个问题时所采取的审查标准值得借鉴。也就是，行政机关以信息不存在为由拒绝提供政府信息的，应当证明其已经尽到了合理检索义务。申请人对于信息内容的描述，也不能苛刻其必须说出政府信息的规范名称甚至具体文号。如果行政机关仅以原告的描述为关键词进行检索，进而简单答复政府信息不存在，亦属未能尽到检索义务。

拓展研读文献

1. 马怀德：《政府信息公开制度的发展与完善》，载《中国行政管理》2018年第5期；

2. 郑涛：《政府信息不存在诉讼之证明责任分配探析》，载《清华法学》2016年第6期；

3. 孔繁华：《过程性政府信息及其豁免公开之适用》，载《法商研究》2015年第

5 期；

4. 肖卫兵：《咨询类政府信息公开申请探析》，载《法学论坛》2015 年第 5 期；

5. 王敬波：《政府信息公开中的公共利益衡量》，载《中国社会科学》2014 年第 9 期；

6. 余凌云：《政府信息公开的若干问题：基于 315 起案件的分析》，载《中外法学》2014 年第 4 期；

7. 郑春艳：《政府信息公开与国家秘密保护》，载《中国法学》2014 年第 1 期；

8. 姚斌：《公开"历史信息"的规范边界——基于对〈政府信息公开条例〉有关规定的解读》，载《政治与法律》2013 年第 3 期；

9. 杨登峰：《政府强制公开第三人信息程序之完善》，载《法学》2015 年第 10 期；

10. 杨登峰：《内部管理信息的认定——基于上海等五省、市系列案件的分析》，载《法商研究》2015 年第 4 期；

11. 杨登峰：《论过程性信息的本质——以上海市系列政府信息公开案为例》，载《法学家》2013 年第 3 期；

12. 周汉华主编：《外国政府信息公开制度比较》，中国法制出版社 2003 年版；

13. 肖卫兵：《政府信息公开热点专题实证研究：针对条例修改》，中国法制出版社 2017 年版；

14. 杨小军：《政府信息公开实证问题研究》，国家行政学院出版社 2014 年版；

15. 李广宇：《政府信息公开判例百选》，人民法院出版社 2013 年版。

第八章 行政强制

行政强制总体上是行政决定作出后，对于行政决定的强制执行程序，具有后行政行为的特征。这尤其体现在行政强制执行方面。本章主要讲解行政强制的概念、行政强制措施与行政强制执行三个方面的内容。对于强制措施与强制执行，又分别讲述二者各自的基本特征、种类与设定、强制的程序等内容。我国已经制定了《行政强制法》，学习时可结合这一法律文件来进行。

第一节 行政强制概述

一、行政强制的概念与立法

行政强制是行政强制措施与行政强制执行的合称。《行政强制法》第 2 条规定："本法所称行政强制，包括行政强制措施和行政强制执行。行政强制措施，是指行政机关在行政管理过程中，为制止违法行为、防止证据损毁、避免危害发生、控制危险扩大等情形，依法对公民的人身自由实施暂时性限制，或者对公民、法人或者其他组织的财物实施暂时性控制的行为。行政强制执行，是指行政机关或者行政机关申请人民法院，对不履行行政行为的公民、法人或者其他组织，依法强制履行义务的行为。"

不论是行政强制措施还是行政强制执行，都是行政机关依法对相对人的人身或者财产予以强行处置的行为。"行政强制最本质的特征是直接处置性。行政强制行为不仅是停留在行政机关的意思表示上，而且直接作用于相对人的人身或者财产，其目的在于保障其他行政行为的顺利进行或者保障其他行政行为的内容得以实现。"[①] 换言之，不论是行政强制措施还是行政强制执行都以"实际执行"为共同特征，而不只是停留在"意思表示"上。因此，行政强制不同于行政处罚、行政许可、行政征收、行政奖励等行政

[①] 周佑勇：《行政法原论》（第三版），北京大学出版社 2018 年版，第 298 页。

行为。

为统一规范行政强制行为，2011年6月30日第十一届全国人大常委会第二十一次会议审议通过了《行政强制法》，自2012年1月1日起施行。该法的制定和实施，标志着我国行政强制行为有了统一立法，也标志着我国行政强制行为的法治化。《行政强制法》在对行政强制的基本原则、种类与设定等作出统一规定后，分别就行政强制措施、行政强制执行以及申请人民法院执行的程序作了详细规定。

二、行政强制的原则

从对相对人权益影响的角度来看，行政强制属于不利行政行为。行政强制措施是对行政相对人人身自由或者财产权利的暂时性限制；行政强制执行是在行政相对人不履行行政行为为其设定的义务的情形下，强制其履行义务。因此，不论行政强制措施还是行政强制执行，均在一定程度上违背了行政相对人的意愿，都会给其权益造成一定限制或者损害。

由于行政强制的不利性，行政主体实施行政强制所应遵循的原则与行政处罚、行政征收等不利行政行为具有很大相似之处。总体来看，行政强制的基本原则包括行政强制法定原则、行政强制合理原则、行政强制与教育相结合原则、正当程序原则。《行政强制法》第4条规定："行政强制的设定和实施，应当依照法定的权限、范围、条件和程序。"第5条规定："行政强制的设定和实施，应当适当。采用非强制手段可以达到行政管理目的的，不得设定和实施行政强制。"第16条第2款规定："违法行为情节显著轻微或者没有明显社会危害的，可以不采取行政强制措施。"第6条规定："实施行政强制，应当坚持教育与强制相结合。"第8条规定，"公民、法人或者其他组织对行政机关实施行政强制，享有陈述权、申辩权"。这些规定是上述原则在法律上的基本体现。整个《行政强制法》也贯彻了上述原则。学习这些内容时，可结合本教材第二章关于行政法基本原则的讲解来进行。

下面分别就行政强制措施与行政强制执行予以讲解。

第二节 行政强制措施

一、行政强制措施的特征

从行政强制措施概念来看，行政强制措施具有以下特点：

第一，不利性。行政强制措施或者是对公民人身自由的限制，或者是对公民、法人或者其他组织的财物的控制。

第二,暂时性。不论是对公民人身自由的限制,还是对公民、法人或者其他组织财物的控制,都是暂时的。采取行政强制措施的目的达到或者条件消除之后,行政强制措施要及时解除。

第三,从属性。所谓从属性,即行政强制措施是"为制止违法行为、防止证据损毁、避免危害发生、控制危险扩大等情形"而采取的。换言之,行政强制措施是服务于另一种行政行为的,具有预防性和保障性的特点。

第四,物理性。大多数行政行为,如行政处罚、行政征收、行政许可、行政奖励、行政补贴等,都是一种意思表示。行政强制措施则不仅是"意思表示",更是"真正实施"。

第五,合一性。所谓合一性,即行政强制措施是作出行政强制措施决定与执行行政强制措施决定的统一体。虽然在时间顺序上,依旧是先作出采取行政强制措施的决定,然后执行,但不同于其他行政行为的是,采取行政强制措施的决定与对该决定的执行之间时间间隔很短,有时甚至是前后相继的,从而在行政救济法上,将"决定的作出"与"决定的执行"合二为一。[①]

行政强制措施的上述特征也成为界分它与行政处罚、行政强制执行等不利行政行为的基本标准。

二、行政强制措施的种类与设定

由于行政强制措施属于不利行政行为,所以必须遵循行政法定原则;又由于行政强制措施的"物理性"和"合一性",行政强制措施又具有直接性,所以行政法定原则对于行政强制措施的要求应当较其他不利行政行为更为严格。这种严格性主要体现在行政强制措施种类的设定制度上。

行政强制措施主要包括四种:第一,限制公民人身自由;第二,查封场所、设施或者财物;第三,扣押财物;第四,冻结存款、汇款。"限制公民人身自由"不同于行政处罚中的"拘留"。"拘留"虽然也是限制人身自由,但具有惩罚性,"限制公民人身自由"则往往不具有惩罚性。例如,对传染性病患予以强制隔离、强制治疗,便属于限制公民个人自由的强制措施,而不属于拘留。"查封场所、设施或者财物",即指对场所、设施或者财物检查后贴上封条,不准动用。"扣押财物",即行政机关转移可移动的财物,对财物予以实际控制,以限制权利人的占有和使用权。"查封"与"扣押"的区别在于:前者一般是针对不动产的(有些财物尽管可以移动,但移动后会造成损害的,也应当采用查封的方式),从而不转移对财物的占用权;后者是针对动产的,要转移对财

---

① 相关论述可进一步参见胡建淼:《行政法学》(第四版),法律出版社2015年版,第317—318页。

物的占用权。"冻结存款、汇款",即行政机关通过给金融机关下发指令的方式,限制存款人或者收款人对存款、汇款的支取,本质上也是限制权利人对存款、汇款的支配权或者使用权。从行政强制法的规定来看,行政强制措施的种类包括但不限于以上四类,还有"其他行政强制措施"。①

对于各类行政强制措施的设定权划分如下:第一,法律可以设定各种类型的行政强制措施。第二,法律未设定的,且属于国务院行政管理职权事项的,行政法规可以设定除"限制公民人身自由"和"冻结存款、汇款"之外的其他行政强制措施。第三,尚未制定法律、行政法规,且属于地方性事务的,地方性法规可以设定"查封场所、设施或者财物"和"扣押财物"两类行政强制措施。除法律、法规以外,规章和其他规范性文件均不得设定行政强制措施。②

与《行政处罚法》和《行政许可法》相同,《行政强制法》在对行政强制措施的设定制度作出规定的同时,也对行政强制措施的"规定制度"作了规定。该法第11条规定:法律对行政强制措施的对象、条件、种类作了规定的,行政法规、地方性法规不得作出扩大规定。法律中未设定行政强制措施的,行政法规、地方性法规不得设定行政强制措施。但是,法律规定特定事项由行政法规规定具体管理措施的,行政法规可以设定除"限制公民人身自由""冻结存款、汇款"和应当由法律规定的行政强制措施以外的其他行政强制措施。

三、行政强制措施的实施

(一)实施主体

由于行政强制措施对于自然人之人身自由和财产权利的直接侵害性,现代法治对于行政强制措施实施活动的制约从行政强制措施的实施主体入手。换言之,并不是任何行政机关都享有实施行政强制措施的权力,必须经由法律、法规规定的行政机关在法定职权范围内才可以实施行政强制措施。此外,法律、法规赋予行政机关的行政强制措施实施权力只能由其具备资格的行政执法人员来行使,且不得委托给第三方行使。对此,《行政强制法》第17条规定:"行政强制措施由法律、法规规定的行政机关在法定职权范围内实施。行政强制措施权不得委托。依据《中华人民共和国行政处罚法》的规定行使相对集中行政处罚权的行政机关,可以实施法律、法规规定的与行政处罚权有关的行政强制措施。行政强制措施应当由行政机关具备资格的行政执法人员实施,其他人员不

---

① 《行政强制法》对行政强制措施种类的规定与《行政处罚法》对行政处罚种类的规定不同。《行政处罚法》第8条第7项规定,行政处罚的种类包括"法律、行政法规规定的其他行政处罚"。从这一规定看,行政处罚种类应当由法律、行政法规才能规定,《行政强制法》对于行政强制措施的"其他种类"没有如此限制。

② 参见《行政强制法》第10条。

得实施。"①

（二）一般程序

《行政强制法》对行政机关实施行政强制措施的一般程序作了规定，还对实施限制公民人身自由、查封与扣押、冻结三类行政强制措施的程序作了特别规定。这里先介绍实施行政强制措施的一般程序。

就实施行政强制措施的一般程序，《行政强制法》第18条规定，行政机关实施行政强制措施应当遵守下列规定：第一，实施前须向行政机关负责人报告并经批准；第二，由两名以上行政执法人员实施；第三，出示执法身份证件；第四，通知当事人到场；第五，当场告知当事人采取行政强制措施的理由、依据以及当事人依法享有的权利、救济途径；第六，听取当事人的陈述和申辩；第七，制作现场笔录；第八，现场笔录由当事人和行政执法人员签名或者盖章，当事人拒绝的，在笔录中予以注明；第九，当事人不到场的，邀请见证人到场，由见证人和行政执法人员在现场笔录上签名或者盖章；第十，法律、法规规定的其他程序。此外，对于情况紧急的，《行政强制法》第19条就"实施前须向行政机关负责人报告并经批准"的程序作了变通性规定，即："情况紧急，需要当场实施行政强制措施的，行政执法人员应当在二十四小时内向行政机关负责人报告，并补办批准手续。行政机关负责人认为不应当采取行政强制措施的，应当立即解除。"

（三）限制公民人身自由的特别程序

人身自由是公民最重要的权利。在行政法上，但凡涉及限制或者剥夺人身自由的行政行为，不论在实体法上还是在程序法上，都作了最严格的限制。因此，行政强制法在规定一般程序的前提下，对于限制人身自由类行政强制措施的实施程序作出特别规定也在情理之中。为此，《行政强制法》第20条规定，依照法律规定实施限制公民人身自由的行政强制措施，除应当履行一般程序外，还应当遵守下列规定：第一，当场告知或者实施行政强制措施后立即通知当事人家属实施行政强制措施的行政机关、地点和期限；第二，在紧急情况下当场实施行政强制措施的，在返回行政机关后，立即向行政机关负责人报告并补办批准手续。此外还规定，实施限制人身自由的行政强制措施不得超过法定期限。实施行政强制措施的目的已经达到或者条件已经消失，应当立即解除。

（四）查封、扣押的特别程序

就查封、扣押场所、设施、财物，《行政强制法》特别规定了以下内容：查封、扣

---

① 此外，《行政强制法》第22条规定："查封、扣押应当由法律、法规规定的行政机关实施，其他任何行政机关或者组织不得实施。"第29条规定："冻结存款、汇款应当由法律规定的行政机关实施，不得委托给其他行政机关或者组织；其他任何行政机关或者组织不得冻结存款、汇款。冻结存款、汇款的数额应当与违法行为涉及的金额相当；已被其他国家机关依法冻结的，不得重复冻结。"

押的范围;查封、扣押决定书与清单;查封、扣押期限及其延长;妥善保管义务;查封、扣押的解除等。

(1) 查封、扣押的范围。《行政强制法》第 23 条规定,查封、扣押限于涉案的场所、设施或者财物,不得查封、扣押与违法行为无关的场所、设施或者财物;不得查封、扣押公民个人及其所扶养家属的生活必需品。当事人的场所、设施或者财物已被其他国家机关依法查封的,不得重复查封。

(2) 查封、扣押决定书与清单。《行政强制法》第 24 条规定,行政机关决定实施查封、扣押的,应当履行一般程序,制作并当场交付查封、扣押决定书和清单。查封、扣押决定书应当载明下列事项:第一,当事人的姓名或者名称、地址;第二,查封、扣押的理由、依据和期限;第三,查封、扣押场所、设施或者财物的名称、数量等;第四,申请行政复议或者提起行政诉讼的途径和期限;第五,行政机关的名称、印章和日期。查封、扣押清单一式二份,由当事人和行政机关分别保存。

(3) 查封、扣押的期限。《行政强制法》第 25 条规定,查封、扣押的期限不得超过 30 日;情况复杂的,经行政机关负责人批准,可以延长,但是延长期限不得超过 30 日。法律、行政法规另有规定的除外。延长查封、扣押的决定应当及时书面告知当事人,并说明理由。对物品需要进行检测、检验、检疫或者技术鉴定的,查封、扣押的期间不包括检测、检验、检疫或者技术鉴定的期间。检测、检验、检疫或者技术鉴定的期间应当明确,并书面告知当事人。检测、检验、检疫或者技术鉴定的费用由行政机关承担。

(4) 保管义务。《行政强制法》第 26 条规定,对查封、扣押的场所、设施或者财物,行政机关应当妥善保管,不得使用或者损毁;造成损失的,应当承担赔偿责任。对查封的场所、设施或者财物,行政机关可以委托第三人保管,第三人不得损毁或者擅自转移、处置。因第三人的原因造成的损失,行政机关先行赔付后,有权向第三人追偿。因查封、扣押发生的保管费用由行政机关承担。

(5) 查封、扣押的解除。《行政强制法》第 28 条规定,有下列情形之一的,行政机关应当及时作出解除查封、扣押决定:第一,当事人没有违法行为;第二,查封、扣押的场所、设施或者财物与违法行为无关;第三,行政机关对违法行为已经作出处理决定,不再需要查封、扣押;第四,查封、扣押期限已经届满;第五,其他不再需要采取查封、扣押措施的情形。解除查封、扣押应当立即退还财物;已将鲜活物品或者其他不易保管的财物拍卖或者变卖的,退还拍卖或者变卖所得款项。变卖价格明显低于市场价格,给当事人造成损失的,应当给予补偿。

尽管行政强制法规定,在法定条件下,行政机关应当及时解除查封、扣押,但在实践中,不及时解除查封、扣押的现象还是普遍存在。"刘云务诉山西省太原市公安局交通警察支队晋源一大队道路交通管理行政强制案"[1]是这一方面的典型案例。

除了不及时解除查封、扣押决定的违法情形外，实践中也普遍存在查封、扣押不当的问题。"王丽萍诉中牟县交通局行政赔偿纠纷案"[2]是这方面的典型案例。

◆ 王丽萍诉中牟县交通局行政赔偿纠纷案

【案情概要】

王丽萍是开封市金属回收公司下岗工人，现在中牟县东漳乡小店村开办一个养猪场。2001年9月27日上午，王丽萍借用小店村村民张俊明、王老虎、王书田的小四轮拖拉机，装载31头生猪到开封贸易实业公司所设的收猪点销售。中途，中牟县交通局的工作人员拦车进行检查，并以没有缴纳养路费为由，对张俊明、王老虎、王书田3人作出暂扣车辆的决定。然后，中牟县交通局的工作人员将装生猪的3辆两轮拖斗摘下放在仓寨乡黑寨村村南，驾驶3台小四轮主车离去。卸下的两轮拖斗车失去车头支撑后成45度角倾斜。拖斗内的生猪站立不住，往一侧挤压，当场因挤压受热死亡2头。王丽萍在仓寨乡党庄村马书杰的帮助下，将剩下的29头生猪转移到收猪车上。29头生猪运抵开封时，又死亡13头。王丽萍将13头死猪以每头30元的价格卖给了开封市个体工商户刘毅。同年11月22日，王丽萍向中牟县交通局申请赔偿。中牟县交通局拒绝赔偿。王丽萍遂提起行政诉讼，请求判令中牟县交通局赔偿生猪死亡损失10500元、交通费1700元。

【裁判结果】

判决中牟县交通局赔偿王丽萍经济损失10500元，承担诉讼费430元。

【裁判理由】

中牟县法院认为，行政赔偿是一种国家赔偿，只有符合行政赔偿责任的构成要件，国家才对行政侵权行为造成的损害承担赔偿责任。行政赔偿侵权责任的构成要件包括：第一，侵权行为主体，是指谁实施的行为有可能引起行政赔偿责任。按照国家赔偿法规定，行政赔偿的侵权行为主体必须是行政机关及其工作人员，包括其委托代理人。第二，行政违法行为，是指什么性质的行为有可能导致国家承担赔偿责任。行政机关及其工作人员只有在违法行使行政职权时侵犯行政相对人合法权益的，国家才承担赔偿责任，行政机关工作人员违法实施的与行使职权无关的侵犯行为，国家不承担赔偿责任。本案中，中牟县交通局实施的强制措施属于滥用职权，应当认定为行政行为违法。第

---

[1] 参见最高人民法院〔2016〕最高法行再5号行政判决书。本案刊载于《最高人民法院公报》2017年第2期。本案相关介绍参见本书第二章第三节。

[2] 本案刊载于《最高人民法院公报》2003年第3期。需注意的是本案是在2010年《国家赔偿法》修正之前的案例。

三，实际损害的发生。第四，侵权行为与实际损害结果之间存在因果关系。总体上，本案符合以上四个要件。因此，中牟县交通局应当承担赔偿责任。中牟县法院遂判决中牟县交通局赔偿王丽萍经济损失 10500 元，承担诉讼费 430 元。

其中，就中牟县的暂扣强制措施是否违法，法院作了如下分析：准备暂扣的小四轮拖拉机，正处在为王丽萍运送生猪的途中。无论暂扣车辆的决定是否合法，中牟县交通局的工作人员执行这个决定时，都应该知道：在炎热的天气下，运输途中的生猪不宜受到挤压，更不宜在路上久留。不管这生猪归谁所有，只有及时妥善处置后再行扣车，才能保证不因扣车而使该财产遭受损失。然而，中牟县交通局不考虑财产的安全，甚至在王丽萍请求将生猪运抵目的地后再行扣押时也置之不理，把两轮拖斗卸下后就驾主车离去。中牟县交通局工作人员在执行暂扣车辆决定时的这种行政行为，不符合合理、适当的要求，是滥用职权。依照《最高人民法院关于执行〈中华人民共和国行政诉讼法〉若干问题的解释》第 57 条第 2 款第 2 项的规定，应当认定为违法。

（五）冻结程序

冻结存款、汇款对相对人权益影响较大，且涉及金融机构，故而属于法律保留的范围，只有法律才能够设定此类强制措施。与此相适应，《行政强制法》也设定了一些特别程序。这些特别程序包括：

第一，冻结决定的告知。行政机关依照法律规定冻结存款、汇款的，作出决定的行政机关应当在 3 日内向当事人交付冻结决定书。

第二，冻结期限。冻结期限一般为 30 日。《行政强制法》第 32 条规定，自冻结存款、汇款之日起 30 日内，行政机关应当作出处理决定或者作出解除冻结决定；情况复杂的，经行政机关负责人批准，可以延长，但是延长期限不得超过 30 日。延长冻结的决定应当及时书面告知当事人，并说明理由。

第三，冻结的解除。冻结的解除分通知解除和自动解除两类。通知解除，即在接到行政机关解除通知后，金融机构予以解除。《行政强制法》第 33 条规定，如果当事人没有违法行为，或者冻结的存款、汇款与违法行为无关，或者行政机关对违法行为已经作出处理决定，不再需要冻结，或者冻结期限已经届满的，行政机关应当立即作出解除冻结决定并及时通知金融机构和当事人，由金融机构立即解除冻结。自动解除，系指行政机关逾期未作出处理决定或者解除冻结决定的，金融机构应当自冻结期满之日起自行解除冻结。

第三节　行政强制执行

一、行政强制执行的特点

行政强制执行可以在广义和狭义两个层面上理解。广义的行政强制执行既指行政机关对行政行为的强制执行，也指人民法院对行政行为的强制执行。狭义的行政强制执行则仅指行政机关对行政行为的强制执行。我国行政强制法所调整的行政强制执行包括行政机关和人民法院的行政强制执行两个方面，但以行政机关的行政强制执行为主。

行政强制执行具有如下特点：第一，行政强制执行具有行政性。行政强制执行虽然是对行政主体作出的行政行为的执行，但行政强制执行的主体仍然主要是行政机关。如果行政主体自己不履行其作出的授益性行政行为，受益的公民、法人或其他组织不能强制行政主体履行。第二，行政强制执行具有不利性。行政强制执行所执行的是设负担的行政行为，是对行政义务人的权利予以限制或剥夺。第三，行政强制执行的手段具有强制性。行政强制执行是在行政相对人不自觉履行行政行为所设定的义务的情形下，行政机关采取强制性措施实现行政目的的程序，因此强制性是其最基本的特征之一。

在理解行政强制执行时，必须厘清它与行政强制措施之间的关系。行政强制措施也具有行政性、不利性和强制性等特征，而且都规定在行政强制法中，但两者还是存在诸多不同：第一，强制的目的不同。行政强制执行旨在实施行政行为；行政强制措施则旨在制止违法行为，消除或防范危害的发生，保证行政调查和行政行为的顺利实施。第二，两者的适用条件不同。行政强制措施适用于行政执法过程中和紧急情况，行政强制执行适用于相对人不履行已生效行政行为所设定义务的场合。第三，依据不同。实施行政强制措施的依据是法律规范，实施行政强制执行的依据除了法律规范外还必须有先行存在的行政行为。除此之外，两者的方式和程序也不相同。①

理解行政强制执行，还需注意行政机关强制执行与人民法院强制执行之间的关系。按照现行法律的规定，行政相对人不及时履行行政行为时，行政主体可以申请人民法院予以强制执行。因此，人民法院的强制执行也是执行行政行为的法定方式之一。不过，人民法院的强制执行不限于对行政行为的执行，还包括对行政判决、民事判决、刑事判决的执行。一般认为，行政机关强制执行是借鉴司法强制执行发展起来的，与司法强制

---

① 对于行政强制措施与行政强制执行的关系，学界曾有包含说、交叉说和并列说三种看法。包含说认为，行政强制措施是行政强制执行的一种形态；交叉说认为，行政强制措施与行政强制执行是一种交叉关系，即行政强制措施的部分内容或某些行政强制措施属于行政强制执行；并列说认为，行政强制执行和行政强制措施都是行政强制，但却是两种互相独立、互不隶属的行政强制。参见叶必丰：《行政法与行政诉讼法》（第三版），武汉大学出版社2008年版，第269页。我国《行政强制法》把行政强制措施与行政强制执行相并列，将二者都作为行政强制的一种方式。

执行有密切联系，所采用的强制方式、程序与司法强制执行采用的方式和程序也有相似之处。但是，两者还是存在一定的区别，表现在：第一，主体不同。行政机关强制执行的主体主要是行政机关，人民法院强制执行的主体是人民法院。并不是所有的行政机关都有实施行政强制执行的权力，只有法定的行政机关才享有行政强制执行权，而人民法院都享有一般性强制执行权。第二，性质不同。行政机关强制执行是行政机关行使行政权的过程，属于行政行为；人民法院强制执行是司法机关行使司法权的过程，属于司法行为。第三，救济不同。行政相对人不服行政机关的强制执行行为，可以申请复议、提起行政诉讼；行政相对人不服人民法院的强制执行则不能申请复议或提起行政诉讼，只能按照诉讼法规定的相关救济制度加以救济。从行政强制法的规定看，我国行政强制执行以人民法院强制执行为原则，以行政机关自己执行为例外，即只有法律明确规定行政机关享有强制执行权的，该行政机关才能依法行使强制执行权。[①]

二、行政强制执行的种类与设定

行政强制执行的种类及设定与行政强制措施的种类及设定具有相似性，是关于行政强制执行立法的划分，也是行政法定原则在行政强制执行制度上的体现。

（一）行政强制执行的种类

行政强制执行的方法，即行政机关强制执行行政行为时可以采用的措施或手段。《行政强制法》第12条规定，行政强制执行的方式包括：第一，加处罚款或者滞纳金；第二，划拨存款、汇款；第三，拍卖或者依法处理查封、扣押的场所、设施或者财物；第四，排除妨碍、恢复原状；第五，代履行；第六，其他强制执行方式。

学理上，一般将行政强制执行分为间接强制执行和直接强制执行两大类。间接强制执行，是指行政强制执行机关通过间接手段迫使义务人履行义务或达到与履行义务相同状态的强制措施。间接强制执行包括代履行和执行罚两种。

代履行，又称"代执行"，是指相对人不履行已生效行政行为所设定的义务，但该义务交由他人代为履行同样可以达到行政目的时，由他人代为履行并收取履行费用的一种行政强制执行方法。并非所有的行政行为都可以由他人代为履行。采用代履行强制执行方式需要满足以下条件：第一，行政行为设定的义务必须是作为的义务，如要求当事人履行排除妨碍、恢复原状等义务。不作为的义务不能代履行，如不得倾倒垃圾、不得超限取水等。第二，行政相对人不履行或不及时履行已生效的行政行为设定的义务。第

[①] 《行政强制法》第13条规定："行政强制执行由法律设定。法律没有规定行政机关强制执行的，作出行政行为的行政机关应当申请人民法院强制执行。"第34条规定："行政机关依法作出行政决定后，当事人在行政机关决定的期限内不履行义务的，具有行政强制执行权的行政机关依照本章规定强制执行。"第53条规定："当事人在法定期限内不申请行政复议或者提起行政诉讼，又不履行行政决定的，没有行政强制执行权的行政机关可以自期限届满之日起三个月内，依照本章规定申请人民法院强制执行。"

三,该义务在性质上可以由他人代为履行。不可代履行的义务主要为有关人身方面的义务,如公民的结婚登记、节育义务,履行行政拘留义务等。第四,代为履行可以实现行政目的,能达到与相对人亲自履行同样的目的。金钱给付义务虽然可以由他人代为履行,但由他人代为履行等于没有履行,因此不宜采用代履行的执行方式。

执行罚,又称"行政加罚"或"滞纳金",是指义务人不履行义务时,执行机关科以新的金钱给付义务,给义务人形成经济和心理压力,促使义务人履行义务的强制执行方式。例如,《行政处罚法》第51条规定,当事人到期不缴纳罚款的,作出行政处罚决定的行政机关可以每日按罚款数额的3%加处罚款。这里加处的罚款就为执行罚。执行罚在税收征收等行政领域被广泛采用。《行政强制法》第45条规定:"行政机关依法作出金钱给付义务的行政行为,当事人逾期不履行的,行政机关可以依法加处罚款或者滞纳金。加处罚款或者滞纳金的标准应当告知当事人。加处罚款或者滞纳金的数额不得超出金钱给付义务的数额。"从这些规定可以看出,采用执行罚的方式必须符合如下条件:第一,该行政义务为金钱给付型,如行政罚款、纳税义务等。第二,相对人不履行已生效行政行为所设定的义务。第三,相对人有履行义务的能力。如果相对人确实没有履行义务的能力,再施以执行罚,势难达到执行的目的。第四,采取执行罚不得超过必要的限度,即加处的罚款或者滞纳金的数额不得超出金钱给付义务的数额。

比之于代履行,执行罚是促使相对人自行履行义务的一种间接强制执行。采用执行罚的强制执行方式,未必能够实现促使相对人履行义务的目的。如果采用执行罚后,义务人仍然不履行义务,包括不支付执行罚金,则行政主体就必须转换强制执行方法,或者代履行,或者直接强制。

直接强制执行是指义务人逾期不履行义务,采取间接强制执行又不能达到执行的目的时,行政机关针对义务人的人身、财产或行为,直接采取强制手段促使义务得以履行或者达到与履行义务相同状态的执行方式。《行政强制法》第34条规定:"行政机关依法作出行政行为后,当事人在行政机关决定的期限内不履行义务的,具有行政强制执行权的行政机关依照本章规定强制执行。"这是对行政强制的一般性规定,也是对直接强制执行的基本规定。一般认为,比之于间接强制执行,直接强制执行对相对人的影响更大,适用的条件也应当更为严格,至少应具备两个条件:第一,相对人不履行行政义务;第二,采用间接强制执行方法不能或者没有达到行政目的。①

---

① 叶必丰教授就采用直接强制手段的必要条件作了这样的分析:"第一,采用非强制方法已无法促使相对人履行所负义务或实现与履行相同的状态。第二,行政主体已采取过间接强制执行方法,但相对人仍不履行义务或仍未能实现与履行相同的状态。代履行因受到相对人的暴力抗拒而中止,或者执行罚因相对人拒不交纳延误金、拒不履行义务而终止,因而就有必要采取直接强制执行。第三,采取间接强制执行可能促使相对人履行义务或实现与履行相同的状态,但依法或依客观事实不能采用执行罚。第四,这种义务没得到履行或实现,未得到及时履行或实现,将严重损害公共利益或他人的合法权益。"叶必丰:《行政法与行政诉讼法》(第三版),武汉大学出版社2008年版,第269页。

（二）行政强制执行的设定

行政强制执行的设定，与行政处罚和行政许可的设定一样，系指在尚未制定上位法的情形下，法律法规第一次就行政强制执行的情形与措施加以规定的立法行为。由于行政强制执行是将行政行为设定的义务加以落实，会给行政相对人和利害关系人的权益带来直接性侵害，所以，行政强制法对行政强制执行的设定权进行了严格限制。根据《行政强制法》第10条的规定，法律、法规（包括行政法规和地方性法规）都可以设定行政强制措施。但对于行政强制执行而言就不同了。《行政强制法》第13条规定："行政强制执行由法律设定。法律没有规定行政机关强制执行的，作出行政行为的行政机关应当申请人民法院强制执行。"可以看出，行政强制执行的设定属于法律保留的范围，而且属于最为严格的"人大保留"的范围，即只有全国人大及其常委会才享有行政强制执行的设定权，只有法律才可以规定在什么情形下采取怎样的执行手段。行政法规、地方性法规和规章一概没有设定行政强制执行的权力。

三、行政机关强制执行程序

（一）一般规定

一般规定，即行政机关实施强制执行一般采用的程序或者程序制度。《行政强制法》规定的一般程序规定包括催告、当事人陈述和申辩、作出强制执行决定、执行中止、执行终结、执行回转和执行和解等环节或者制度。

（1）催告

行政主体在行政强制执行前，应当先督促、告诫当事人自行履行行政义务，此即为催告程序。根据《行政强制法》第35条的规定，催告应当以书面形式作出，并载明下列事项：第一，履行义务的期限；第二，履行义务的方式；第三，涉及金钱给付的，应当有明确的金额和给付方式；第四，当事人依法享有的权利。催告书应向负有义务的相对人发出。经催告，当事人履行行政行为的，不再实施强制执行。

（2）当事人陈述和申辩

这是当事人陈述和申辩权在行政强制执行程序中的体现。《行政强制法》第36条规定："当事人收到催告书后有权进行陈述和申辩。行政机关应当充分听取当事人的意见，对当事人提出的事实、理由和证据，应当进行记录、复核。当事人提出的事实、理由或者证据成立的，行政机关应当采纳。"按此规定，催告书送达当事人后，执行机关应当给予当事人陈述和申辩的机会，认真听取当事人的陈述和申辩，充分保障当事人的陈述和申辩权利。

（3）作出强制执行决定

经合法催告，当事人逾期仍不履行行政行为，且其陈述和申辩理由不能成立的，行政机关可以作出强制执行决定。根据《行政强制法》第 37 条的规定，强制执行决定应当以书面形式作出，并载明下列事项：第一，当事人的姓名或者名称、地址；第二，强制执行的理由和依据；第三，强制执行的方式和时间；第四，申请行政复议或者提起行政诉讼的途径和期限；第五，行政机关的名称、印章和日期。在催告期间，对有证据证明有转移或者隐匿违法资金迹象的，行政机关可以立即作出强制执行决定。《行政强制法》第 38 条进一步规定，催告书、行政强制执行决定书应当直接送达当事人。当事人拒绝接收或者无法直接送达当事人的，应当依照《民事诉讼法》的有关规定送达。

（4）执行中止

执行中止，即在特定条件下，暂时停止执行程序，待阻却事由或者情形消失后再恢复执行的执行制度。《行政强制法》第 39 条规定，有下列情形之一的，中止执行：第一，当事人履行行政行为确有困难或者暂无履行能力，经行政机关同意的；第二，第三人对执行标的物主张权利，确有理由的；第三，执行可能造成难以弥补的损失，且中止执行不损害公共利益的；第四，行政机关认为需要中止执行的其他情形。中止执行的情形消失后，行政机关应当恢复执行。对没有明显社会危害，当事人确无能力履行，中止执行满三年未恢复执行的，行政机关不再执行。

（5）执行终结

执行终结，即在特定情形下，终止尚未执行完毕的程序，致使行政行为不再执行的行政执行制度。《行政强制法》第 40 条规定，有下列情形之一的，终结执行：第一，公民死亡，无遗产可供执行，又无义务承受人的；第二，法人或者其他组织终止，无财产可供执行，又无义务承受人的；第三，执行标的物灭失的；第四，据以执行的行政行为被撤销的；第五，行政机关认为需要终结执行的其他情形。可以看出，执行中止，是暂时停止执行。执行终结，是永久停止执行。中止执行满三年未恢复执行的，可以转化为执行终结。

（6）执行回转

执行回转，即在执行结束后，发现据以执行的行政行为被撤销、变更或执行错误时，对被执行人予以救济的制度。就执行回转，《行政强制法》第 41 条规定："在执行中或者执行完毕后，据以执行的行政行为被撤销、变更，或者执行错误的，应当恢复原状或者退还财物；不能恢复原状或者退还财物的，依法给予赔偿。"可见，执行回转相当于撤回执行，恢复原状。

（7）执行和解

执行和解，即在执行过程中，执行机关与被执行人就执行方式、期限等进行协商的制度。就执行和解,《行政强制法》第 42 条规定:"实施行政强制执行,行政机关可以在不损害公共利益和他人合法权益的情况下,与当事人达成执行协议。执行协议可以约定分阶段履行;当事人采取补救措施的,可以减免加处的罚款或者滞纳金。执行协议应当履行。当事人不履行执行协议的,行政机关应当恢复强制执行。"

(8) 其他内容

为了保护被执行人的合法权益,《行政强制法》根据我国行政强制执行实践中常见的问题,还作了一些禁止性规定。这里特别要提请注意的是,《行政强制法》第 43 条规定:"行政机关不得在夜间或者法定节假日实施行政强制执行。但是,情况紧急的除外。行政机关不得对居民生活采取停止供水、供电、供热、供燃气等方式迫使当事人履行相关行政行为。"这些禁止性规定,是行政执行过程中必须加以遵守的。

下面以"于栖楚诉贵阳市住房和城乡建设局强制拆迁案"①为例就上述一般规定的部分程序予以说明。

于栖楚诉贵阳市住房和城乡建设局强制拆迁案

【案情概要】

1993 年贵州汉方房地产开发公司(以下简称"汉方公司")经贵阳市人民政府有关部门批准,在贵阳市省府北街及其相邻地段修建商住楼。1995 年 6 月该公司在拆迁处获拆迁许可证。在修建地段,因涉及于栖楚的私房拆迁,在住房安置问题上,汉方公司与于栖楚未能协商达成一致,汉方公司遂向房管局申请裁决。1996 年 3 月 11 日,房管局为此作出了〔1996〕筑迁裁字第 9 号裁决书,裁决由汉方公司在贵阳市花溪大道北段 730 号"贵溪商住楼"安置被拆迁人于栖楚,被拆迁人应在收到裁决书 5 日内搬迁完毕。因被拆迁人在裁决规定的拆迁期限内未作搬迁,1996 年 3 月 22 日汉方公司申请强制执行该裁决,拆迁处、房管局审核同意后上报贵阳市人民政府,经贵阳市人民政府审批决定后,1996 年 6 月 18 日房管局以拆迁处名义张贴出〔1996〕筑迁执告字第 9 号拆迁公告,称:根据《城市房屋拆迁管理条例》和《贵阳市建设拆迁管理办法》的有关规定,限被拆迁人于 1996 年 6 月 20 日前搬迁完毕,逾期不搬将执行强制搬迁。公告张贴后,因于栖楚到期仍未搬迁,1996 年 6 月 24 日拆迁处即对于栖楚的房屋进行了强制拆迁。以上事实有房管局作出的裁决书,拆迁处、房管局和贵阳市人民政府负责人审批同意对于栖楚房屋进行强拆的意见,以及拆迁公告等证据佐证。

于栖楚不服拆迁处对其房屋作出的强拆行为,向贵州省贵阳市中级人民法院提起诉讼。贵阳市中级人民法院审理后认为:拆迁处以〔1996〕筑迁执告字第 9 号公告对于栖

---

① 参见最高人民法院〔2012〕行提字第 17 号行政判决书。本案刊载于《最高人民法院公报》2013 年第 10 期。

楚的房屋进行拆迁，违反了《城市房屋拆迁管理条例》的规定，其辩称强拆行为系由政府授权的理由不能成立；拆迁处系房管局的内设机构，不具有行政执法主体的资格，其行为后果应由房管局承担。该院遂作出〔1998〕筑行初字第2号行政判决：撤销拆迁处于1996年6月24日对于栖楚所作的强制拆迁行为。宣判后，房管局、拆迁处不服该判决，向贵州省高级人民法院提起上诉。贵州省高级人民法院二审审理认为：拆迁处作为房管局的内设机构，以拆迁公告对被拆迁人的房屋进行强制拆迁，其行为违反了《城市房屋拆迁管理条例》的规定，一审判决认定事实清楚、审判程序合法、适用法律基本正确，应予维持，遂作出〔1998〕黔行终字第12号行政判决：驳回上诉，维持原判。2000年，房管局、拆迁处仍不服，申请再审。2000年11月24日，贵州省高级人民法院作出〔2000〕黔行再终字第2号行政判决。再审判决认为，拆迁处系房管局的内设机构，以其名义对外张贴公告不符合要求，但不应因此否定对于栖楚的房屋进行强拆的合法性，故对于栖楚诉请确认房管局对其房屋强制拆迁行为违法的诉讼请求，应予驳回。此后，于栖楚向最高人民法院申请再审。

【裁判结果】

最高人民法院审理后，作出〔2012〕行提字第17号行政判决：第一，撤销贵州省高级人民法院〔2000〕黔行再终字第2号行政判决、〔1998〕黔行终字第12号行政判决和贵阳市中级人民法院〔1998〕筑行初字第2号行政判决；第二，确认贵阳市房管局实施的强制拆迁行为违法。

【裁判理由】

根据1991年国务院《城市房屋拆迁管理条例》第15条的规定，被拆迁人在拆迁裁决规定的拆迁期限内无正当理由拒绝拆迁的，贵阳市人民政府可以进行强制拆迁。但作为申请和实施强制拆迁依据的〔1996〕筑迁裁字第9号裁决，此前已被贵阳市云岩区人民法院作出的〔1996〕云行初字第13号判决撤销，该判决书并已于1996年5月17日向双方当事人送达。因此，贵阳市房管局及贵阳市拆迁处于1996年6月24日强制拆迁于栖楚房屋，缺乏法律依据。

根据《城市房屋拆迁管理条例》的规定，强制拆迁前县级以上人民政府应当先行作出责令限期拆迁的决定；在责令限期拆迁决定所指定的期限内被拆迁人逾期仍不拆迁的，方可责成有关部门强制拆迁。且责令限期拆迁和责成有关部门强制拆迁的决定，应当经法定程序并以书面形式作出，相关决定还应依法送达被拆迁人。本案贵阳市人民政府以分管副市长在相关申请报告上签署意见，并以此取代应以书面形式作出的责令限期拆迁决定和责成有关部门强制拆迁决定及相应的送达程序，亦不符合上述规定要求。

因贵阳市拆迁处不具备独立承担法律责任的主体资格，故违法责任应由贵阳市房管局承担。贵州省高级人民法院〔2000〕黔行再终字第2号判决将该强制拆迁行为认定为合法显属不当，依法应予纠正。因违法强制拆迁行为已经实施完毕且不具备可撤销内容，人民法院应当作出确认违法判决。申请再审人于栖楚历经多年诉讼仍未得到安置补偿，贵阳市房管局与拆迁人汉方公司应依法对于栖楚的房屋进行补偿或妥善安置；因违法实施强制拆迁给于栖楚造成的其他财产损失，亦应依法予以赔偿。

《最高人民法院公报》编者就本案撰写的裁判摘要指出：第一，生效的拆迁补偿安置裁决是实施强制拆迁的基础，拆迁补偿安置裁决被一审撤销后，强制拆迁不得再继续实施。第二，县级人民政府负责人签署的同意强制拆迁的意见，不能代替应经法定程序并应以书面形式作出的责令限期拆迁决定。

（二）金钱给付义务的执行

《行政强制法》在对行政强制执行的一般程序作出规定的同时，还专门就金钱给付义务的执行和代履行的程序作了一些特别规定。其中，金钱给付义务的执行应特别注意以下几点：

第一，可以先采用行政加处罚款或滞纳金的方法进行，如不能达到执行目的，再采用其他执行方法。《行政强制法》第45条和第46条规定，行政机关依法作出金钱给付义务的行政行为，当事人逾期不履行的，行政机关可以依法加处罚款或者滞纳金。行政机关实施加处罚款或者滞纳金超过30日，经催告当事人仍不履行的，具有行政强制执行权的行政机关可以强制执行。

第二，实施加处罚款或滞纳金的期限一般不得超过30日。《行政强制法》第46条第1款规定，行政机关实施加处罚款或者滞纳金超过30日，经催告当事人仍不履行的，具有行政强制执行权的行政机关可以强制执行。换言之，行政机关不能一直采用加处罚款或者滞纳金的方法，等待行政相对人自行履行行政行为。

第三，没有行政强制执行权的行政机关在实施行政管理过程中已经采取查封、扣押措施的，可以拍卖查封、扣押物抵缴罚款。《行政强制法》第46条第3款规定："没有行政强制执行权的行政机关应当申请人民法院强制执行。但是，当事人在法定期限内不申请行政复议或者提起行政诉讼，经催告仍不履行的，在实施行政管理过程中已经采取查封、扣押措施的行政机关，可以将查封、扣押的财物依法拍卖抵缴罚款。"第48条规定："依法拍卖财物，由行政机关委托拍卖机构依照《中华人民共和国拍卖法》的规定办理。"

第四，划拨存款、汇款应当由法律规定的行政机关决定，并书面通知金融机构。金融机构接到行政机关依法作出划拨存款、汇款的决定后，应当立即划拨。

此外，《行政强制法》第49条还特别强调，划拨的存款、汇款以及拍卖和依法处理所得的款项应当上缴国库或者划入财政专户。任何行政机关或者个人不得以任何形式截留、私分或者变相私分。

（三）代履行

行政强制法主要从代履行的条件、代履行的主体、代履行的特别程序以及代履行的立即实施四个方面作了规定。

对于代履行的执行条件，《行政强制法》第50条作了原则性规定："行政机关依法作出要求当事人履行排除妨碍、恢复原状等义务的行政行为，当事人逾期不履行，经催告仍不履行，其后果已经或者将危害交通安全、造成环境污染或者破坏自然资源的，行政机关可以代履行，或者委托没有利害关系的第三人代履行。"可以看出，代履行的基本条件是，行政机关依法作出要求当事人履行排除妨碍、恢复原状等义务的行政行为，当事人逾期不履行，经催告后仍不履行，且其后果已经或者将危害交通安全、造成环境污染或者破坏自然资源。

代履行的主体或者方式有两类：一是作出行政行为的行政机关自己亲自代履行；二是作出行政行为的行政机关委托没有利害关系的第三人代履行。

对于代履行的特别程序，《行政强制法》第51条规定：第一，代履行前要送达代履行决定书，代履行决定书应当载明当事人的姓名或者名称、地址，代履行的理由和依据、方式和时间、标的、费用预算以及代履行人。第二，代履行3日前，仍要催告当事人履行，当事人履行的，停止代履行。当事人仍不履行的，方可实施代履行。第三，代履行时，作出决定的行政机关应当派员到场监督。第四，代履行完毕，行政机关到场监督的工作人员、代履行人和当事人或者见证人应当在执行文书上签名或者盖章。代履行的费用按照成本合理确定，由当事人承担。但是，法律另有规定的除外。

代履行不得采用暴力、胁迫以及其他非法方式。考虑到行政实践的复杂性，行政强制法同时规定了代履行立即实施制度。《行政强制法》第52条规定："需要立即清除道路、河道、航道或者公共场所的遗洒物、障碍物或者污染物，当事人不能清除的，行政机关可以决定立即实施代履行；当事人不在场的，行政机关应当在事后立即通知当事人，并依法作出处理。"

行政强制法并没有明确规定，代履行时执行机关必须通知被执行人到场。但从《行政强制法》第51条和一些地方立法的规定看，代履行时通知被执行人到场是代履行的一般程序。通知后，被执行人不愿到场的，则另当别论。实践中，往往还需要妥善处理行政强制法的规定与其他部门行政法或者地方立法关于强制执行程序规定之间的关系。总体上，行政强制法关于强制执行的规定是基本的和一般性的。其他部门行政法律法规对行政强制执行有特别或者补充规定的，还应该遵循部门行政法律法规的特别规定或者补充规定。这里以"施桂英诉福建省厦门市思明区人民政府行政强制措施案"[1]来说明。

◆ 施桂英诉福建省厦门市思明区人民政府行政强制措施案

【案情概要】

厦门市中级人民法院一审认定，厦门市湖滨东路78号401室房屋系厦门市商冷冷冻有限公司自管公房，厦门市商冷冷冻有限公司对该房拥有58.57%产权，其余产权归原告的已故亲属林耀玉所有。因"佳祥花园"的建设需要，该房屋被列入建设用地范围内。由于原告与拆迁人就该房屋的安置补偿未能达成协议，厦门市国土资源与房产管理局根据申请，于2005年12月15日作出厦国土房拆〔2005〕55号裁决，裁决安置房系位于厦门市龙潭花园753号601室的三房一厅一套，并要求原告施桂英自裁决书送达之日起15日内搬迁完毕，将厦门市湖滨东路78号401室交拆迁人拆除。2006年3月15日，厦门市国土资源与房产管理局向厦门市思明区人民政府发函，申请对位于厦门市思明区湖滨东路78号401室房屋进行强制拆迁。厦门市思明区人民政府于2006年4月1日作出厦思政拆字〔2006〕3号《厦门市思明区人民政府准予行政强制拆迁决定书》（以下简称《准予行政拆迁决定书》），并于2006年4月6日送达原告。2006年4月29日被告组织人员，对厦门市湖滨东路78号401室实行强制拆迁。原告认为被告在执行强制拆迁过程中程序违法、侵占原告的私有财产，严重侵害了原告的合法权益，遂提起行政诉讼。

【裁判结果】

本案经厦门市中级人民法院审理，判决确认厦门市思明区人民政府对厦门市湖滨东路78号401室实施行政强制拆除过程程序违法。宣判后，原被告均不服，向福建省高级人民法院提起上诉。福建省高级人民法院审理后认为，一审法院判决正确，遂判决驳回上诉，维持原判。

【裁判理由】

福建省高级人民法院经审理认为，合法的行政行为应当事实清楚，证据充分，适用法律正确，程序合法。上诉人思明区政府根据厦门市国土资源与房产管理局的申请，经审查决定准予强制拆迁，并于2006年4月6日向上诉人施桂英及其家人发出《行政强制拆迁通知》，由施桂英的儿子林晓伟签收。由于上诉人施桂英及其家人未在限定的拆迁日期前自行搬迁完毕，上诉人思明区政府决定对该房屋实行强制搬迁，并通知梧村街道办事处、金祥社区居民委员会到场。上述做法符合厦门市人民政府制定的《厦门市房屋拆迁行政裁决执行暂行办法》的第7条，即："执行机关应当在收到准予行政强制拆迁

---

[1] 参见厦门市中级人民法院〔2009〕厦行初字第3号行政判决书、福建省高级人民法院〔2009〕闽行终字第47号行政判决书。另参见最高人民法院行政审判庭编：《中国行政审判案例》（第2卷），中国法制出版社2011年版，第197—204页。

决定之日起 3 个工作日内向被执行人送达行政强制拆迁通知书,告知其在 15 日内自行搬迁。被执行人逾期仍拒不搬迁的,执行机关应在自动搬迁期限届满之日起 10 日内依法实施强制拆迁。执行机关在确定行政强制拆迁的具体时间后,应书面通知被拆迁房屋所在地街道办事处或镇人民政府、公安机关等单位协助执行。房屋拆迁管理部门应当与被拆迁房屋所在地街道办事处或镇人民政府、社区居民委员会或村民委员会积极配合,做好对被执行人的宣传解释工作,动员其自行搬迁。"因此,上诉人施桂英认为"《准予行政拆迁决定书》和《行政强制拆迁通知》没有送达上诉人施桂英及原审法院认定上诉人思明区政府在实施强制拆迁行为时,通知了基层单位(街道、居委会)到场,制作了强制拆迁的录像以及被拆迁财产的清单,并经过公证的做法符合规定的认定是错误的"的上诉理由不能成立,不予采纳。但是,《厦门市房屋拆迁行政裁决执行暂行办法》第 11 条规定:"被执行人在行政强制拆迁时应当到场。被搬迁财物由执行机关负责运送到安置房、周转房或指定的处所,交给被执行人。如被执行人拒绝领取的,执行机关应当书面通知被执行人在规定的期限内到指定的地点领取被搬迁的财物,被执行人逾期不领取的,执行机关可以向公证机关办理提存……"根据该条规定,执行机关应当通知被执行人具体的执行日期,否则,被执行人无法履行到场的义务。因此,思明区政府在强制拆迁时没有通知被拆迁人即上诉人施桂英及其家人强制拆迁日期,且上诉人思明区政府将搬迁的财物运送至安置房后,领取被搬迁财物的书面通知未实际送达被执行人,程序违法。因此,上诉人思明区政府认为其执行程序合法的上诉理由不能成立,不予采纳。原审法院以执行程序违法为由判决确认上诉人思明区政府对厦门市湖滨东路 78 号 401 室实施行政强制拆除过程程序违法,并无不当,应予维持。据此,依照《行政诉讼法》第 61 条第 1 项之规定,判决驳回上诉,维持原判。

　　《中国行政审判案例》编者就本案撰写的裁判要旨指出:实施强制搬迁时,执行人应当通知被执行人到场,否则构成程序违法。

　　在本案中,《厦门市房屋拆迁行政裁决执行暂行办法》第 11 条的规定——"被执行人在行政强制拆迁时应当到场。被搬迁财物由执行机关负责运送到安置房、周转房或指定的处所,交给被执行人。如被执行人拒绝领取的,执行机关应当书面通知被执行人在规定的期限内到指定的地点领取被搬迁的财物,被执行人逾期不领取的,执行机关可以向公证机关办理提存……"——既是关于房屋拆迁行政裁决执行的部门法规定,也是地方立法的规定,如果与行政强制法的基本规定没有冲突,就应当得到遵循。从执行程序的正当性来看,代履行时通知被执行人到场更有利于保护被执行人的合法权益。此外,《行政强制法》第 51 条第 1 款第 4 项规定,代履行完毕,行政机关到场监督的工作人员、代履行人和当事人或者见证人应当在执行文书上签名或者盖章。这一规定隐含了执行机关应当通知当事人到场的程序要求。因此，本案判决执行机关在代履行前未通知被执行人到场违法应当是合理合法的。

四、人民法院强制执行程序

人民法院强制执行，系指在作出行政行为的行政机关没有强制执行权且行政相对人不履行行政行为的情形下，基于该行政机关的申请，人民法院予以强制执行的制度。人民法院强制执行是与行政机关强制执行相并列的执行程序。原则上，只要法律没有规定行政机关享有执行权，该行政机关就应当申请人民法院强制执行，因此有"人民法院强制执行是原则，行政机关强制执行是例外"之说。《行政强制法》第13条第2款之"法律没有规定行政机关强制执行的，作出行政行为的行政机关应当申请人民法院强制执行"的规定基本上体现了这一点。

虽然说人民法院强制执行是原则，但行政强制法主要是针对行政机关的强制执行而制定的，人民法院强制执行并不是该法调整的重点。具体而言，行政强制法主要规定了行政机关申请人民法院强制执行的期限、申请前的催告程序、人民法院强制执行的管辖、行政机关申请强制执行应当提交的申请材料、执行申请的受理与复议、人民法院对执行申请的审查与裁定、人民法院听取被执行人陈述与申辩、紧急状态下的立即执行、执行费用等内容。

行政机关向人民法院申请强制执行有期限限制。《行政强制法》第53条规定，当事人在法定期限内不申请行政复议或者提起行政诉讼，又不履行行政决定的，没有行政强制执行权的行政机关可以自期限届满之日起3个月内，申请人民法院强制执行。行政机关在向人民法院申请强制执行之前，必须先行催告行政相对人自行履行。只有在催告未果后，方可向行政机关所在地的人民法院申请强制执行。但是，如果执行对象是不动产，则向不动产所在地有管辖权的人民法院申请强制执行。《行政强制法》第54条规定："行政机关申请人民法院强制执行前，应当催告当事人履行义务。催告书送达十日后当事人仍未履行义务的，行政机关可以向所在地有管辖权的人民法院申请强制执行；执行对象是不动产的，向不动产所在地有管辖权的人民法院申请强制执行。"①

人民法院接到行政机关强制执行的申请，应当在5日内受理。行政机关对人民法院不予受理的裁定有异议的，可以在15日内向上一级人民法院申请复议，上一级人民法院应当自收到复议申请之日起15日内作出是否受理的裁定。人民法院对行政机关强制执行的申请进行书面审查，对符合行政强制法规定，且行政行为具备法定执行效力的，

---

① 参见《行政强制法》第56条。

人民法院应当自受理之日起 7 日内作出执行裁定。① 为了保障被执行人和行政机关的程序权利，行政强制法也规定了相应的听证程序。《行政强制法》第 58 条第 1 款规定："人民法院发现有下列情形之一的，在作出裁定前可以听取被执行人和行政机关的意见：（一）明显缺乏事实根据的；（二）明显缺乏法律、法规依据的；（三）其他明显违法并损害被执行人合法权益的。"

人民法院审查的期限为 30 日。人民法院应当在自受理之日起 30 日内作出是否执行的裁定。裁定不予执行的，应当说明理由，并在 5 日内将不予执行的裁定送达行政机关。行政机关对人民法院不予执行的裁定有异议的，可以自收到裁定之日起 15 日内向上一级人民法院申请复议，上一级人民法院应当自收到复议申请之日起 30 日内作出是否执行的裁定。② 情况紧急的，为保障公共安全，行政机关可以申请人民法院立即执行。经人民法院院长批准，人民法院应当自作出执行裁定之日起 5 日内执行。③

行政机关申请人民法院强制执行，无须缴纳申请费。强制执行的费用由被执行人承担。人民法院以划拨、拍卖方式强制执行的，可以在划拨、拍卖后将强制执行的费用扣除。依法拍卖财物，由人民法院委托拍卖机构依照《拍卖法》的规定办理。划拨的存款、汇款以及拍卖和依法处理所得的款项应当上缴国库或者划入财政专户，不得以任何形式截留、私分或者变相私分。④

思考题

1. 行政强制执行与行政强制措施有什么不同？
2. 行政强制措施有哪些种类？其设定权是如何划分的？
3. 行政强制执行有哪些种类？其设定权是如何划分的？
4. 与行政处罚、行政许可的设定相比，行政强制的设定有什么特点？
5. 实施限制公民人身自由的强制措施在程序上有哪些特别之处？
6. 间接执行和直接执行有何关系？
7. 行政处罚和行政执行罚有何不同？
8. 代履行须符合怎样的条件？
9. 对金钱给付义务予以强制执行，首先应选择哪一种执行方式？
10. 行政机关强制执行与人民法院强制执行之间是什么关系？

---

① 参见《行政强制法》第 57 条。
② 参见《行政强制法》第 58 条。
③ 参见《行政强制法》第 59 条。
④ 参见《行政强制法》第 60 条。

拓展研读案例

1. ［指导案例 91 号］沙明保等诉马鞍山市花山区人民政府房屋强制拆除行政赔偿案①

本案裁判要点：在房屋强制拆除引发的行政赔偿案件中，原告提供了初步证据，但因行政机关的原因导致原告无法对房屋内物品损失举证，行政机关亦因未依法进行财产登记、公证等措施无法对房屋内物品损失举证的，人民法院对原告未超出市场价值的符合生活常理的房屋内物品的赔偿请求，应当予以支持。

2. 陈国财等诉广东省佛山市南海区大沥镇人民政府城建规划行政强制案②

本案裁判要旨：有权行政机关未遵循法定程序拆除违法建筑物，致使违法建筑物材料的损失扩大，或其他合法财产遭受损失的，应承担赔偿责任。

3. 增城市大恒科技实业有限公司诉增城市城乡规划局行政强制拆除案③

本案裁判要旨：《国家赔偿法》第 15 条第 1 款和相关司法解释均规定原告对造成损害的事实应当承担举证责任。然而在违章建筑强制拆除的过程中，由于行政机关的程序违法造成原告难以就其损害事实提供充分证据甚至无法提供证据的，应当适当降低原告的证明责任，以体现保护相对人合法权益的立法精神。

4. 施桂英诉福建省厦门市思明区人民政府行政强制措施案④

本案争议焦点：被告强制拆迁时，未依法通知被拆迁人到场，是否违法。

本案裁判理由：《厦门市房屋拆迁行政裁决执行暂行办法》第 11 条规定："被执行人在强制拆迁时应当到场。被拆迁的财物由执行机关负责运送到安置房、周转房或指定的处所，交给被执行人。如被执行人拒绝领取的，执行机关应当书面通知被执行人在规定的期限内到指定的地点领取被拆迁的财物，被执行人逾期不领取的，执行机关可以向公证机关办理提存……"本案中，在被告通知的强制执行的最后期限之后，原告即被执行人并未履行自动搬迁义务，作为执行机关的被告应当在强制执行具体日期决定之后再告知原告。但被告没有提交相关的书面证据证明履行了上述义务，其关于"曾经有一位

---

① 最高人民法院审判委员会讨论通过，2017 年 11 月 15 日发布。
② 参见广东省佛山市南海区人民法院〔2010〕南行初字第 64 号行政判决书、广东省佛山市中级人民法院〔2011〕佛中法终字第 7 号判决。另参见最高人民法院行政审判庭编：《中国行政审判案例》（第 4 卷），中国法制出版社 2012 年版，第 210—213 页。
③ 参见广东省高级人民法院〔2010〕粤高行终字第 153 号行政判决书。另参见最高人民法院行政审判庭编：《中国行政审判案例》（第 3 卷），中国法制出版社 2013 年版，第 48—53 页。
④ 参见福建省高级人民法院〔2009〕闽行终字第 47 号行政判决书。另参见最高人民法院行政审判庭编：《中国行政审判案例》（第 2 卷），中国法制出版社 2011 年版，第 197—203 页。

叫'黄琮'的工作人员拨打原告儿子即原告代理人林晓伟的电话,通知其到场"的主张,也无相关证据证实。因此,强制拆迁程序违法。

5. 丰祥公司诉上海市盐务局行政强制措施案①

【案情概要】

丰祥公司分别从山东省潍坊市寒亭区央子镇第一盐厂、安徽省定远县盐矿调入工业盐302吨,于2001年5月16日到达上海铁路局金山卫西站。上海市盐务局认定丰祥公司在不具备经营工业盐资格的情况下,擅自从外省市调入工业盐至本市,违反了《上海市盐业管理若干规定》的有关规定,遂于2001年5月21日对丰祥公司作出盐业违法物品扣押强制措施,并将(沪)盐政〔2001〕第9号《盐业违法物品封存、扣押通知书》送达丰祥公司。丰祥公司对该强制措施不服,向上海市商业委员会提起行政复议,上海市商业委员会于2001年8月21日作出沪商复决字〔2001〕第01号行政复议决定,维持上海市盐务局的扣押行为。丰祥公司不服行政复议决定,提起行政诉讼。

原告诉称:我公司经工商登记,具有工业盐的经营资格,于2001年5月11日从山东调入工业盐300吨。因运输在途时间,该批盐于5月16日抵沪。盐务局却以我公司违反尚未生效的《上海市盐业管理若干规定》为由进行扣押。因该规定没有溯及力,盐务局的行政扣押行为没有法律依据,故要求撤销盐务局作出的暂扣行为。

被告辩称:《上海市盐务管理若干规定》于2001年3月26日发布、5月15日施行。丰祥公司明知该规定的内容,却违反规定,在该规定施行后将工业盐调入上海。况且,丰祥公司已不具有工业盐的经营资格。我局对丰祥公司违法调入的工业盐采取扣押措施,有执法依据,请求维持该扣押行政行为。

一审法院认为:盐务局依法具有查处盐业违法案件的职权;盐务局认定丰祥公司从外省市调入工业盐至本市,有货物运单为证,认定事实清楚,证据确凿;丰祥公司将盐由外省调入本市,是一种持续行为,应以货物运至本市作为行为的完成,而该行为完成时,《上海市盐业管理若干规定》已施行,盐务局适用该规定与《盐业行政执法办法》的有关规定,属适用法律正确,执法程序符合规定。遂判决:维持上海市盐务局2001年5月21日作出的(沪)盐政〔2001〕第9号盐业违法物品扣押行政强制措施。判决后,丰祥公司仍不服,向上海市第二中级人民法院提起上诉。其上诉理由是:一审认定事实不清、适用法律不当。《上海市盐业管理若干规定》第14条第1款与国务院《盐业管理条例》第20条的规定相抵触;上诉人不是盐业违法案件当事人,不能适用《盐业行政执法办法》的有关规定;本案不适用《上海市盐业管理若干规定》,本案购盐合同

---

① 参见上海市第二中级人民法院〔2002〕沪二中行终字第60号行政判决书。本案刊载于《最高人民法院公报》2003年第1期。

的成立时间在《上海市盐业管理若干规定》实施之前，故该规定对本案没有溯及力，即便有溯及力，按照该规定盐务局也不具有查处工业盐违法案件的职权。故请求撤销一审判决，依法改判撤销盐务局的行政扣押行为。

【裁判结果】

第一，撤销上海市静安区人民法院〔2001〕静行初字第71号行政判决；第二，撤销上海市盐务管理局于2001年5月21日作出的（沪）盐政〔2001〕第9号盐业违法物品扣押行政强制措施。

【裁判理由】

第一，就法律适用问题，二审法院认为：国务院《盐业管理条例》第4条规定："轻工业部是国务院盐业行政主管部门，主管全国盐业工作。省及省级以下人民政府盐业行政主管部门，由省、自治区、直辖市人民政府确定，主管本行政区域内的盐业工作。"轻工业部《盐业行政执法办法》第7条规定："各级行政主管部门，应当设立盐政执法机构，负责本辖区内的盐政执法工作。"根据以上国务院、轻工业部的法规、规章的规定，上海市人民政府制定了《上海市盐业管理若干规定》，其中第4条规定："上海市商业委员会是本市盐业行政主管部门。上海市盐务局是市人民政府依据《食盐专营办法》授权的盐业主管机构，负责管理本市行政区域内的食盐专营工作，组织本规定的实施，并接受市商委的领导。"因此，本市盐业行政主管部门是市商委，而非盐务局。盐务局只能负责管理食盐专营工作，并无对本市工业盐的经营、运输进行查处的职权，不具有作出封存、扣押违法经营工业盐行政强制措施的执法主体资格。

第二，就强制措施的合法性问题，二审法院认为：盐务局未能提供丰祥公司有"隐匿、销毁证据可能的情况"的事实证据，故盐务局适用《盐业行政执法办法》第24条对丰祥公司作出扣押工业盐的强制措施，属认定事实不清，适用法律、法规不当。国务院《盐业管理条例》第19条规定："食用盐，国家储备盐和国家指令性计划的纯碱、烧碱用盐，由国家统一分配调拨。"本案涉及的是工业盐，不属上述条文规定的由国家实行统一分配调拨的盐类范畴。《盐业管理条例》第20条规定："盐的批发业务，由各级盐业公司统一经营。未设盐业公司的地方，由县级以上人民政府授权的单位统一组织经营。"根据丰祥公司营业执照的经营范围，丰祥公司具有经营工业盐的经营范围，属可经营工业盐的公司，有权经营工业盐。故盐务局根据《上海市盐业管理若干规定》第14条的规定作出具体行政行为，属于适用法律、法规不当。依据《盐业管理条例》第31条规定，本条例由轻工业部负责解释，盐务局提供的中盐政〔2000〕109号《关于对上海市盐务管理局〈关于请求解释"盐的批发业务由各级盐业公司统一经营"的请示〉函复函》系国家轻工业局内设机构盐业管理办公室的文件，国家轻工业局盐业管理办公室无权对《盐业管理条例》作出解释，且该复函亦未对外公布，故对外不具有法律效力。

综上，上海市第二中级人民法院认为：本案中盐务局未能提供丰祥公司有违反相关食盐管理的事实证据，且对工业盐不具有封存、扣押的执法主体资格。盐务局作出扣押丰祥公司工业盐的行政强制措施，认定事实不清，适用法律、法规错误，该具体行政行为不合法。原审法院判决维持具体行政行为，属认定事实不清，适用法律、法规错误。对于丰祥公司的上诉请求，应予支持。

➡ 拓展研读文献

1. 李大勇：《行政强制中的第三人权益保障》，载《行政法学研究》2018年第2期；
2. 胡建淼：《论作为行政处罚的"加处罚款"——基于〈中华人民共和国行政强制法〉》，载《行政法学研究》2016年第1期；
3. 胡建淼：《"行政强制措施"与"行政强制执行"的分界》，载《中国法学》2012年第2期；
4. 胡建淼：《关于〈行政强制法〉意义上的行政强制措施之认定——对20种特殊行为是否属于"行政强制措施"的评判和甄别》，载《政治与法律》2012年第12期；
5. 刘磊：《传统行政强制类型之再造——以类型的开放性为视角》，载《现代法学》2015年第3期；
6. 洪家殷：《论行政调查中之行政强制行为》，载《行政法学研究》2015年第3期；
7. 《〈行政强制法〉条文释义及应用》，载《行政法学研究》2014年第2期、第3期、第4期；
8. 李大勇：《作为行政强制执行手段的断水、断电》，载《行政法学研究》2013年第3期；
9. 叶必丰：《〈行政强制法〉背景下行政调查取证制度的完善》，载《法学》2012年第2期；
10. 章志远：《作为行政强制执行手段的违法事实公布》，载《法学家》2012年第1期；
11. 肖泽晟：《论行政强制执行中债权冲突的处理》，载《法商研究》2011年第3期；
12. 袁曙宏：《我国〈行政强制法〉的法律地位、价值取向和制度逻辑》，载《中国法学》2011年第4期；
13. 姜明安：《〈行政强制法〉的基本原则和行政强制设定权研究》，载《法学杂志》2011年第11期；
14. 杨建顺：《行政强制措施的实施程序》，载《法学杂志》2011年第11期；
15. 杨小军：《行政强制执行的主要制度》，载《法学杂志》2011年第11期；
16. 傅士成：《行政强制研究》，法律出版社2001年版。

第九章 行政补偿

行政补偿既是一种独立的行政行为，同时又具有救济性，与行政征收、征用等互为因果，与行政赔偿相似但不相同。本章内容包括四个方面：行政补偿的概念与特征，行政补偿的事由、范围与方式，行政补偿的主体、程序与标准，以及现行法律的相关规定。由于我国没有制定统一的"行政补偿法"，学习本章时要注意了解不同行政法律领域关于行政补偿的具体规定。

第一节 行政补偿的概念与特征

一、行政补偿的含义

补偿是综合性法律概念，包括民事补偿与行政补偿。民事补偿，系指民事主体对其无过错行为给他人造成损害的，应当承担的经济给付责任。《民法总则》第53条第1款规定："被撤销死亡宣告的人有权请求依照继承法取得其财产的民事主体返还财产。无法返还的，应当给予适当补偿。"第157条规定，"民事法律行为无效、被撤销或者确定不发生效力后，行为人因该行为取得的财产，应当予以返还；不能返还或者没有必要返还的，应当折价补偿。有过错的一方应当赔偿对方由此所受到的损失；各方都有过错的，应当各自承担相应的责任。"第182条第1款、第2款规定："因紧急避险造成损害的，由引起险情发生的人承担民事责任。危险由自然原因引起的，紧急避险人不承担民事责任，可以给予适当补偿。"① 第183条规定："因保护他人民事权益使自己受到损害的，由侵权人承担民事责任，受益人可以给予适当补偿。没有侵权人、侵权人逃逸或者无力承担民事责任，受害人请求补偿的，受益人应当给予适当补偿。"这些规定构成了我国民事补偿的法律基础。

---

① 该条第3款规定："紧急避险采取措施不当或者超过必要的限度，造成不应有的损害的，紧急避险人应当承担适当的民事责任。"

行政补偿不同于民事补偿，系指行政机关作出的合法行为给私人的合法权益造成损害时，应当承担的经济给付义务。可以看出，行政补偿与民事补偿的根本区别在于责任主体的差异。前者为行政主体，后者为民事主体。在我国，行政补偿通常与行政征收、征用等概念联系在一起。在很大程度上，行政补偿可以理解为行政征收、征用的先行或者附随义务。《民法总则》第117条规定："为了公共利益的需要，依照法律规定的权限和程序征收、征用不动产或者动产的，应当给予公平、合理的补偿。"这是关于征收、征用不动产或者动产的补偿的原则性规定，可以视为上述理念的一种基本体现。但实际上，行政补偿并不完全限于行政征收、征用领域，其他行政行为给行政相对人造成损害的也要予以补偿。例如，《人民警察使用警械和武器条例》第15条规定："人民警察依法使用警械、武器，造成无辜人员伤亡或者财产损失的，由该人民警察所属机关参照《中华人民共和国赔偿法》的有关规定给予补偿。"

在立法上，行政补偿制度首先是一项宪法制度。法国早在1789年的《人权宣言》中就宣布："财产是神圣不可侵犯的权利，除非当合法认定的公共需要显系必要时，且在公平而预先补偿的条件下，任何人的财产不得被剥夺。"1946年《日本国宪法》第29条规定："为了公共利益，在正当补偿之下，可使用私有财产。"《美国权利法案》(《美国宪法修正案》)第5条规定："不给予公平赔偿，私有财产不得充作公用。"这些宪法性规定表明，行政补偿是国家征收、征用个人财产的前提性义务。与其他国家相似，我国宪法也规定了补偿制度。《宪法》第13条第3款规定："国家为了公共利益的需要，可以依照法律规定对公民的私有财产施行征收或者征用并给予补偿。"可以看出，我国宪法上所规定的补偿即便不是行政征收、征用的前提性义务，也属于行政征收、征用不可或缺的附随义务或责任。

为了将宪法上的补偿制度落到实处，各国法律还在宪法规定的基础上对行政补偿作了具体规定。我国迄今尚未制定统一的"行政补偿法"，关于行政补偿的规定主要集中在《民法总则》《物权法》《土地管理法》和《国有土地上房屋征收与补偿条例》等法律文件中。这些法律文件的具体规定是学习和了解我国行政补偿制度的规范依据。

二、行政补偿的特征

行政补偿具有以下几个特征：

第一，损害必须是由合法的行政行为造成的。行政补偿的前提是国家行政机关及其工作人员为了公共利益而实施的合法行为导致公民、法人或其他组织的合法利益受到损失，或者是公民、法人或其他组织为了维护和增进国家、社会公共利益而主动地协助行政机关从而导致自己的利益受到了损失。前者如某市为了加强环境保护，提高城市环境质量，要求郊区所有采石场关闭和外迁，由此给相关采石企业带来财产损失；后者如某公民为了防止火势蔓延到临近的政府办公大楼而将自己的住宅拆毁。

第二，行政补偿以"受害人"无特别的法定义务为要件。如果行政行为要求公民、法人或其他组织履行法定的一般义务，如服兵役、依法纳税等，即便给义务人造成了损害，国家也无须给予补偿。只有在行政机关要求行政相对人承担非法定义务从而导致特别损失时，国家才对财产上的损失承担补偿责任。

第三，行政补偿必须以损失的实际存在为基础，并且损失的发生须与行政行为之间存在直接因果关系。如果行政主体实施了特定行政行为但没有给相对人造成损失，或者相对人遭受了损失但与行政行为无关，都不能引起行政补偿。

第四，行政补偿本质上属于一种特殊的行政行为。行政补偿在行为性质上属于一种行政行为。在这个意义上，它与行政处罚、行政许可、行政强制、行政征收和征用等具有相似性。但是，行政补偿又不同于行政处罚、行政许可、行政强制、行政征收和征用等一般行政行为：其一，行政补偿是实施一定行政行为的法律后果。以征收补偿为例，可以说，没有征收和征用，就不可能有征收征用的补偿。其二，行政补偿具有救济性。行政补偿是基于社会公平正义，对为公共利益作出特别牺牲的单位和个人在经济上的救助。在这一点上，行政补偿与行政赔偿具有相似性。

三、行政补偿与行政赔偿的区别

行政补偿与行政赔偿虽只有一字之差，但两者之间有严格区别。其不同点主要体现在以下五个方面：

第一，基础不同。行政赔偿是由行政机关及其工作人员的违法或过错行为引起的，行政补偿是由合法行为引起的。

第二，性质不同。行政赔偿属于一种法律责任，行政补偿是一种法律义务，体现公平负担精神。

第三，范围不同。行政赔偿虽有适用范围的限制，但整体来看要比行政补偿范围宽；行政补偿以直接损失为限，补偿额度往往小于直接损失。

第四，发生时间不同。行政赔偿只能在损害形成之后进行，行政补偿则可在损害形成之前进行。

第五，偿付方式不同。行政赔偿以金钱赔偿为主，以返还财产和恢复原状为辅；行政补偿的方式则比较灵活。实践中，除金钱补偿外，财物调配优惠、特许权的授予、安排就业、分配住房和解决农转非指标等，都被作为补偿的方式。

第二节　行政补偿的事由、范围与方式

一、行政补偿的事由

行政补偿的事由，即行政补偿的发生原因。它回答行政主体作出的哪些行政行为给单位和个人的合法权益造成损害的行政机关要承担行政补偿责任的问题。我国还没有制定统一的行政补偿法，法律没有对行政补偿的事由作一般性规定。总体上，行政补偿以行政机关的合法行政行为为前提，但这并不意味着合法的行政行为给单位和个人造成损害的，行政主体都要承担补偿责任。例如，行政处罚、税收征收、行政强制都可能会给相对人的权益造成一定的损害，但行政主体不会因此承担行政补偿责任。可见，需要行政补偿的"合法行政行为"之损害限于一定的行政形态与范围。在我国当前行政实践中，补偿主要针对的是土地和不动产的征收和征用。这种情形下，征收、征用补偿的事由可通过《物权法》《土地管理法》和《国有土地上房屋征收与补偿条例》中关于补偿的相关规定加以观察。

土地和不动产补偿的事由可按照行政行为的性质分为行政征收和行政征用两类。行政征收与行政征用相近但不相同。行政征收，是行政主体对他人财产权的强制转让。行政征用，是行政主体对他人财产权的强制"租赁"，使用结束后要及时返还给财产权利人。《物权法》第42条和第44条的规定体现了行政征用不同于行政征收的一般性特征。其中，第42条第1款规定："为了公共利益的需要，依照法律规定的权限和程序可以征收集体所有的土地和单位、个人的房屋及其他不动产。"第44条规定，"因抢险、救灾等紧急需要，依照法律规定的权限和程序可以征用单位、个人的不动产或者动产。被征用的不动产或者动产使用后，应当返还被征用人。"从这两个法条可以看出，按照对象及其权属的差异，还可将征收分为对集体土地的征收和对单位或者个人房屋与其他不动产的征收，将征用分为对集体土地的征用和对单位或者个人房屋与其他不动产的征用。这些就构成了征收、征用类行政补偿的基本事由。

不过，我国行政补偿的事由或者情形主要以土地和不动产的征收、征用为主，但并不限于此。国家的其他行政行为使公民、法人或者个人的财产造成损害的，也应当依法予以补偿。除了前述《人民警察使用警械和武器条例》第15条的规定外，还有其他情形。如《水法》第29条第1款规定："国家对水工程建设移民实行开发性移民的方针，按照前期补偿、补助与后期扶持相结合的原则，妥善安排移民的生产和生活，保护移民的合法权益。"第31条第2款规定："开采矿藏或者建设地下工程，因疏干排水导致地下水水位下降、水源枯竭或者地面塌陷，采矿单位或者建设单位应当采取补救措施；对

他人生活和生产造成损失的,依法给予补偿。"第35条规定:"从事工程建设,占用农业灌溉水源、灌排工程设施,或者对原有灌溉用水、供水水源有不利影响的,建设单位应当采取相应的补救措施;造成损失的,依法给予补偿。"

行政补偿的事由大致可概括为以下几个方面:

第一,行政机关为公共利益征收或征用单位或者个人的财产,导致其财产受损。

第二,行政机关抢险救灾时致单位和个人权益损害。例如,在发生洪灾时,国家为了保护大城市和大范围内的人民生命财产安全,采取分洪措施,导致一部分农村或小城镇地区被淹。

第三,行政机关执行任务致单位和个人权益受损。例如,公安机关在追捕犯罪嫌疑人时使用枪械,误伤无辜的人。

第四,国家机关组织实施有高度危险的工程,致使单位和个人权益损失。例如,修建和运作核电站,生产、运输和存放化学物品,致使单位和个人权益受到损害。

第五,行政机关撤回或改变自己作出的原行政行为,导致相对人利益的损害。例如,行政机关为了改善生态或生活环境,决定撤回原颁发给相对人的采矿许可证。"定安城东建筑装修工程公司与海南省定安县人民政府、第三人中国农业银行定安支行收回国有土地使用权及撤销土地证案"[①] 就是因撤回行政行为而予以补偿的案例。

第六,部队军事训练、军事演习导致相应地区人员和财物受损。

◆ 定安城东建筑装修工程公司与海南省定安县人民政府、第三人中国农业银行定安支行收回国有土地使用权及撤销土地证案

【案情概要】

1994年9月10日,定安县建设委员会(以下简称"县建委")就定城人民北路东横街排水和路面建设工程与城东公司签订《工程承包合同》。后因县建委拖欠城东公司工程款80.472万元,县政府同意在该县塔岭工业开发区划出10亩土地作为补偿。1995年10月27日,县政府根据城东公司递交的《关于给人民北路东横街续建工程重新调整补偿用地问题的请示》,作出定府函〔1995〕117号《关于重新调整城东建筑装修工程公司补偿用地的批复》,决定在见龙路旁以每亩8万元的价格重新调整10亩土地给城东公司。1995年12月8日,定安县土地管理局(以下简称"县土地局")给城东公司颁发第14号《建设用地规划许可证》。1995年9月27日,县政府作出定府〔1995〕299号《关于出让国有土地使用权给定安城东建筑装修工程公司的决定》,将位于塔岭开发区东北侧的6706平方米土地,以总价款80.472万元,出让给城东公司作为建设用地。随后城

---

① 参见最高人民法院〔2012〕行提字第26号判决书。本案刊载于《最高人民法院公报》2015年第2期。

东公司与县土地局签订《国有土地使用权出让合同》。1995年12月28日,城东公司就出让所得6706平方米土地申请登记发证,但其填报申请土地登记时未写明土地用途,县土地局在审核过程中亦未在《地籍调查表》和《土地登记审批表》等文书上载明土地用途。1996年1月22日,县政府根据城东公司的申请和县土地局的审核,在城东公司缴纳土地登记费后,给该公司颁发了定安国用〔96〕字第6号《国有土地使用证》(以下简称"第6号国土证")。此后,城东公司在该宗土地上开办了水泥预制厂。2001年11月9日,城东公司以该宗土地作为抵押物向定安支行贷款,并在定安县建设与国土环境资源局(原县土地局)办理抵押登记。2004年1月4日,县政府以城东公司土地闲置为由,在《海南日报》发布公告,拟无偿收回城东公司第6号国土证项下的土地使用权,但县政府并未实施无偿收地行为。2007年11月5日,县政府为落实塔岭规划新区城市规划用地的需要,作出定府〔2007〕112号《关于有偿收回国有土地使用权的通知》(以下简称"112号通知"),决定按原登记成本价80.6072万元有偿收回城东公司第6号国土证项下的土地使用权,并于2007年11月8日送达城东公司。2007年12月6日,县建设局(原定安县建设与国土环境资源局拆分为建设局、国土环境资源局)以海南省政府2007年1月27日已批准将城东公司受让的6706平方米综合公建用地调整为行政办公用地为由,决定撤销第14号《建设用地规划许可证》。2007年12月7日,定安县国土环境资源局(以下简称"县国土资源局")就有偿收回城东公司国有土地使用权事宜通知该公司和定安支行于12月11日举行听证会,城东公司没有参加听证。2007年12月14日,县政府以城东公司申请土地登记发证未填写土地用途、县土地局在审核过程中亦未在《地籍调查登记表》和《土地登记审批表》等有关文书上载明土地用途导致错误登记发证为由,告知城东公司拟撤销第6号国土证。2007年12月29日,县政府作出定府〔2007〕150号《关于撤销定安国用〔96〕字第6号的决定》(以下简称"150号撤证决定"),撤销第6号国土证。城东公司不服该决定,向海南省海南中级人民法院[①]提起行政诉讼。

一审判决认为:涉讼土地是县政府1996年为抵偿工程款而补偿给城东公司并颁证的土地。根据《土地管理法》第58条的规定,县政府为公共利益的需要,可以有偿收回涉案土地使用权。但县政府112号通知决定按原抵偿价有偿收回其土地使用权,未考虑土地增值的因素,其收地行为显然是不适当的。县政府在作出112号通知前,没有提出有偿收回国有土地使用权的方案,并存在先决定收回后举行听证的情形,违反法定程序。鉴于本案涉讼土地现已由县政府作为行政办公用地使用,撤销112号通知将会给国家利益造成损失,故不宜判决撤销而应确认违法。《土地登记规则》第11条规定,申请

---

① 现更名为海南省第一中级人民法院。

土地登记时应在土地登记申请书上载明土地用途。但土地登记申请书未载明土地用途并不是注销土地登记的法定事由。因此，县政府以城东公司申请土地登记时未填写土地用途为由撤销第6号国土证没有法律依据。但撤销该行为无实际意义，故应确认150号撤证决定违法。依照《最高人民法院关于执行〈中华人民共和国行政诉讼法〉若干问题的解释》第58条规定判决：第一，确认县政府作出的112号通知违法；第二，确认县政府作出的150号撤证决定违法；第三，责令县政府对收回城东公司国有土地使用权的损失采取补救措施。县政府不服一审判决提起上诉。

海南省高院二审判决对一审判决认定事实予以确认，但认为城东公司自1996年1月取得争议土地后，未对该土地进行实质性的开发，只是在该土地上办了简易的水泥预制厂。2004年1月，县政府根据争议土地闲置两年以上的事实，拟无偿收回争议土地。但为使城东公司合法权益不受损害，结合本案讼争土地已经海南省人民政府批准作为县政府行政办公用地的实际情况，县政府根据《土地管理法》第58条第1款规定，作出有偿收回涉案土地的决定，其做法已经充分维护了城东公司的合法权益。因此，县政府作出的112号通知认定事实清楚，适用法律正确，应予维持。县政府作出的150号撤证决定是对112号通知有关事宜的完善，撤销第6号国土证并不意味着城东公司的合法权益无法得到保护，其可依据112号通知就有偿收地具体方案与县政府协商。依照《行政诉讼法》第61条第3项和《最高人民法院关于执行〈中华人民共和国行政诉讼法〉若干问题的解释》第56条第4项和第70条之规定作出〔2008〕琼行终字第159号行政判决：第一，撤销（2008）海南行初字第69号行政判决；第二，驳回城东公司的诉讼请求。

申请再审人称：海南高院判决的认定有悖法律与事实。一是涉案土地在1996年是一片尚未开发的土地，属工业商业住宅综合性建设用地。申诉人进行土地平整建水泥预制厂符合规划，已进行了实质性开发和利用。二是土地闲置两年以上不是事实。该土地抵偿给申诉人后就建了水泥预制厂从未闲置，不适用闲置土地法律规定，更不适用无偿收回，这也是被申诉人公告无偿收回后，又以公共利益为由有偿收回的原因所在。三是县政府为自己建设办公大楼，不能认定是"公共利益"，这与《土地管理法》是背道而驰的。四是"适当补偿"要根据市场评估定价。海南高院〔2008〕琼行终字第159号行政判决适用法律错误，请求予以撤销。

被申请人答辩称：第一，城东公司闲置土地事实明确。按照县国土部门与城东公司签订的《国有土地出让合同》约定，城东公司应当在1997年12月20日前完成项目建设，而城东公司建设与规划不相符的水泥预制厂项目，明显违反《城市规划法》第29条的规定，构成闲置土地。第二，行政办公用地可以界定为"公共利益"。参照《国有土地上房屋征收与补偿条例》第8条规定，政府组织的市政公用等公共事业需要属于公共利益范畴。第三，有偿收回土地的补偿标准并无不当。县政府以80.6万元的价格有偿收回涉案土地使用权，此价格与当时土地价格差距不大。城东公司在长达10年的时间里未对涉案土地进行实质开发建设，属于严重闲置土地行为，本可无偿收回土地，但考虑社会和谐，选择了有偿收回。闲置土地的增值部分不应由县政府承担，城东公司这种意图通过囤积土地待价而沽的行为也是不值得提倡的。

原审第三人答辩称：第一，涉案土地已经办理抵押登记手续，取得他项权利证书，抵押权合法有效，抵押优先受偿权应受法律保护。第二，定安支行是善意抵押权人，没有过错，若涉案土地使用权被收回，将导致抵押权消灭，显失公平，也对交易安全造成巨大风险。县政府应当基于公平原则维护银行抵押权。第三，就算县政府112号通知和150号撤证决定合法，依照《担保法》第58条、《最高人民法院关于适用〈中华人民共和国行政诉讼法〉若干问题的解释》第80条，以及《物权法》第174条之规定，定安支行也有从城东公司的土地补偿金中优先受偿的权利。第四，县政府112号通知和150号撤证决定存在违法，且严重损害抵押权人的合法权益，依法应予撤销。请求支持城东公司的诉讼请求，维护定安支行的主债权和抵押权。

【争议焦点】

本案争议焦点主要有：第一，被诉112号通知中收回土地使用权决定的合法性问题；第二，被诉112号通知中行政补偿决定的合法性问题；第三，150号撤证决定的合法性问题。

【裁判结果】

第一，撤销海南省高级人民法院〔2008〕琼行终字第159号行政判决。

第二，维持原海南省海南中级人民法院〔2008〕海南行初字第69号行政判决第1项对定安县人民政府2007年11月5日作出的定府〔2007〕112号《关于有偿收回国有土地使用权的通知》确认违法中有关收回国有土地使用权部分的内容；维持该判决第2项对定安县人民政府2007年12月29日作出的定府〔2007〕150号《关于撤销定国用〔96〕字第6号〈国有土地使用证〉的决定》确认违法的内容。

第三，撤销原海南省海南中级人民法院〔2008〕海南行初字第69号行政判决第1项确认定安县人民政府2007年11月5日作出的定府〔2007〕112号《关于有偿收回国有土地使用权的通知》中有关"按成本价80.6072万元"对定安城东建筑装修工程公司进行行政补偿部分的内容。

第四，撤销原海南省海南中级人民法院〔2008〕海南行初字第69号行政判决第3项责令定安县人民政府对收回定安城东建筑装修工程公司国有土地使用权的损失采取补救措施的判决；责令定安县人民政府自本判决送达之日起15日内一次性向定安城东建筑装修工程公司支付收回土地使用权补偿款135万元及同期银行贷款利息（贷款利息自2007年11月5日起计算，至本息实际支付完毕止）。

【裁判理由】

首先，被诉112号通知中收回土地使用权决定的合法性问题。根据《土地管理法》第58条第1款规定，县政府有偿收回涉案土地使用权，具有法定职权。但县政府在作出被诉112号通知之前，未听取当事人的陈述和申辩意见，事后通知城东公司和定安支行举行听证，违反"先听取意见后作决定"的基本程序规则。国务院国发〔2004〕10号《全面推进依法行政实施纲要》明确要求，行政机关实施行政管理要"程序正当"，"除涉及国家秘密和依法受到保护的商业秘密、个人隐私的外，应当公开，注意听取公民、法人和其他组织的意见；要严格遵循法定程序，依法保障行政管理相对人、利害关系人的知情权、参与权和救济权"。县政府作出112号通知前，未听取当事人意见，违反正当程序原则，本应依法撤销，但考虑到县政府办公楼已经建成并投入使用，撤销112号通知中有偿收回涉案土地使用权决定已无实际意义，且可能会损害公共利益，依据《最高人民法院关于执行〈中华人民共和国行政诉讼法〉若干问题的解释》第58条规定，应当依法判决确认该行政行为违法。

其次，关于112号通知中行政补偿内容的合法性问题。根据《土地管理法》第58条第2款规定，因公共利益需要使用土地收回国有土地使用权的，对土地使用权人应当给予适当补偿。县政府根据省政府批准的总体规划要求为建设县政府办公楼需要使用涉案土地，收回城东公司的土地使用权，应当依法给予"适当补偿"。所谓"适当补偿"应当是公平合理的补偿，即按照被收回土地的性质、用途、区位等，以作出收地决定之日的市场评估价予以补偿。县政府按土地原成本价予以补偿于法无据。城东公司以收地决定违法、涉案土地使用权至今仍属于其享有为由，主张应以最终判决时的市场评估价予以补偿，其理由不能成立。本案收地决定属于违反程序，判决确认收地决定违法并未否定其法律效力。根据《物权法》第28条规定，涉案土地使用权自收地决定生效之日已经发生物权转移的效力。考虑到涉案土地登记资料中"土地用途"栏系空白，结合当地土地交易市场情况，对涉案土地以使用年限最长、市场价值最高的"住宅用地"用途进行评估，有利于维护行政相对人的合法权益。鉴于县政府收回土地使用权行为违法，补偿价格明显不公，且收地决定作出后涉案土地升值较大，而当事人因不能以转让土地使用权方式及时偿还银行贷款，存在贷款利息损失，县政府在支付补偿款的同时，还应当支付自决定收回土地使用权之日起至实际支付全部补偿款之日的同期银行贷款利息。

最后，关于150号撤证决定的合法性问题。县政府作出112号通知后，并未要求城东公司持有关证明文件到土地管理部门申请注销土地登记，而是以该公司持有的《国有土地使用证》未按《土地登记规则》第11条规定载明土地用途，土地管理部门也未按《土地登记规则》第14条规定全面审核并填写土地登记审批表，造成错误登记发证为由，作出150号撤证决定。当初未填写土地用途，并非城东公司的原因所致，本可以补正方式解决，县政府却以此为由撤销城东公司合法持有的《国有土地使用证》，属于滥用行政职权，依法应予撤销。考虑到涉案土地已经收回并建成办公楼投入使用，根据《最高人民法院关于执行〈中华人民共和国行政诉讼法〉若干问题的解释》第58条规定，亦应依法确认该行政行为违法。

综上，112号通知中收地决定行为违反法定程序，被诉150号撤证决定滥用职权，应当依法判决确认违法；112号通知中行政补偿决定适用法律错误、违反法定程序，并显失公正，依法应予纠正。二审判决驳回原告诉讼请求错误，依法应予撤销。一审判决确认112号通知中行政补偿决定违法，并责令县政府对城东公司的损失采取补救措施，判决内容不具体，依法应予撤销和改判。城东公司申请再审理由部分成立，依法应予支持。原审定安支行对抵押物享有优先受偿权的主张成立，县政府在支付补偿款时应依法予以保护。

《最高人民法院公报》编者就本案撰写的裁判摘要指出：行政机关作出对当事人不利的行政行为，未听取其陈述、申辩，违反正当程序原则的，属于《行政诉讼法》第54条第2款第3项"违反法定程序"的情形。行政机关根据《土地管理法》第58条第1款第1、2项规定，依法收回国有土地使用权的，对土地使用权人应当按照作出收回土地使用权决定时的市场评估价给予补偿。因行政补偿决定违法造成逾期支付补偿款的，人民法院可以根据当事人的实际损失等情况，判决其承担逾期支付补偿款期间的同期银行利息损失。

二、行政补偿的范围

行政补偿范围，即补偿的损害事项范围。它回答行政主体作出的合法行政行为给单位和个人的哪些合法权益造成的损失应当纳入补偿的范围的问题。这个问题实际上可以分为两个层次：一是行政行为损害哪些合法权益需要补偿；二是行政行为给相对人造成的哪些损失需要补偿。

从权益属性看，行政补偿的范围主要限于财产权，包括所有权、用益物权和担保物权。这在我国《物权法》中有全面体现。关于所有权的补偿，《物权法》第42条规定，为了公共利益的需要，行政机关依照法律规定的权限和程序可以征收集体所有的土地和单位、个人的房屋及其他不动产的，应当依法足额支付补偿费。第44条规定，行政机关因抢险、救灾等紧急需要，依照法律规定的权限和程序征用单位、个人不动产或者动产的，或者动产被征用或者征用后毁损、灭失的，应当给予补偿。关于用益物权的补偿，《物权法》第121条规定，因不动产或者动产被征收、征用致使用益物权消灭或者影响用益物权行使的，用益物权人有权获得相应补偿。第132条规定，承包地被征收的，土地承包经营权人有权获得相应补偿。第148条规定，建设用地使用权期间届满前，因公共利益需要提前收回该土地的，应当对该土地上的房屋及其他不动产给予补偿，并退还相应的出让金。"陈清棕诉亭洋村一组、亭洋村村委会征地补偿款分配纠纷案"[①] 是农村承包土地征收补偿案例，可以从一个侧面说明行政征收所保护的权益范围在行政补偿中的重要意义。

陈清棕诉亭洋村一组、亭洋村村委会征地补偿款分配纠纷案

【案情概要】

1996年1月5日，陈清棕代表全家四口人，以亭洋村一组村民（户别为农业户口）的身份，与亭洋村一组签订农业承包合同，承包了该组村民所有的旱地1.16亩、水田0.38亩，共计1.54亩。1998年12月31日，厦门市同安区人民政府给陈清棕发放了《土地承包经营权证》，确认了陈清棕一家与亭洋村一组之间的农业承包合同关系。2002年1月21日，陈清棕一家迁往同安区大同镇碧岳村岳口居住，户别也转为非农业户。陈清棕一家迁出后，陈清棕将原来承包的土地转包给其他村民。2002年7月23日，如意食品公司与亭洋村村委会签订《土地征用协议》，征用了包括陈清棕一家原来承包的1.16亩土地在内的旱地69.8亩。2002年7月24日，陈清棕将全家户口从大同镇碧岳村岳口迁回亭洋村，户口类别仍为非农业户。2002年9月1日，如意食品公司支付了土地补偿款、安置款及青苗补偿款。亭洋村村委会和亭洋村一组按比例将补偿款分发给被征用土地的各户村民，但未分给陈清棕一家，因此引起纠纷。2003年3月11日，陈清棕提起行政诉讼，请求依法判决支付其承包土地征收补偿款。

【裁判结果】

判令被告支付原告相应的补偿款。

【裁判理由】

厦门市同安区人民法院认为：《民法通则》第71条规定："财产所有权是指所有人依法对自己的财产享有占有、使用、收益和处分的权利。"第74条第2款规定："集体所有的土地依照法律属于村农民集体所有，由村农业生产合作社等农业集体经济组织或者村民委员会经营、管理。已经属于乡（镇）农民集体经济组织所有的，可以属于乡（镇）农民集体所有。"原告陈清棕一家原来虽是被告亭洋村一组的村民，但因其一家已于2002年1月21日迁往大同镇居住，户别也转为非农户，故已丧失了作为农业人员承包土地的权利。亭洋村一组依法收回陈清棕一家承包的土地，是合理的。陈清棕一家承包该地享有的权利及应尽的义务随之消灭。此后，该承包土地于2002年7月23日被征

[①] 参见福建省厦门市中级人民法院〔2003〕厦民终字第544号民事判决书。本案刊载于《最高人民法院公报》2005年第10期。

用。陈清棕一家虽于2002年7月24日回迁亭洋村，但仍保留非农业户性质。故陈清棕请求亭洋村一组及被告亭洋村村委会给其支付征地补偿安置款，理由不能成立，不予支持。据此，厦门市同安区人民法院于2003年6月25日判决：驳回原告陈清棕的诉讼请求。

厦门市中级人民法院认为：一审法院意见不能成立，撤销了一审判决，支持了原告诉讼请求。主要观点为：农民到城市落户，是社会发展趋势，然而适合小城镇特点的社会保障制度，还在积极探索和建立中。《土地承包法》之所以规定"承包方全家迁入小城镇落户的，应当按照承包方的意愿，保留其土地承包经营权或者允许其依法进行土地承包经营权流转"，主要是考虑土地是农民的基本生活保障，在农民进入小城镇后的基本生活保障尚未落实时，如果收回他们的承包地，可能使他们面临生活困难。2002年1月21日以前，上诉人陈清棕及其家人居住在亭洋村，是被上诉人亭洋村村委会和亭洋村一组的村民。在承包期内，陈清棕一家的土地承包经营权，依法应当受到保护。2002年1月22日至7月24日期间，陈清棕一家的户口虽然迁离亭洋村并转为非农业户，但他们不是迁往设区的市，而是小城镇。在此期间，陈清棕一家在亭洋村承包的土地，应当按照其意愿保留土地承包经营权，或者允许其依法进行土地承包经营权的流转。亭洋村村委会和亭洋村一组没有证据证明陈清棕承包的旱地已经在征用前被调整给其他村民，即使能证明此事属实，这种做法也由于不符合土地管理法和土地承包法的规定，不能受到法律保护。因此，陈清棕诉请符合法律规定，应当支持。一审判决认定事实不清，适用法律错误，依法应当改判。

《最高人民法院公报》编者就本案撰写的判决摘要指出：依照《土地管理法》第14条和《土地承包法》第26条的规定，承包土地的农民到小城镇落户后，其土地承包经营权可以保留或者依法流转；该土地如果被征用，承包土地的农民有权获得征地补偿款。

从损失属性看，行政补偿包括直接损失与间接损失，但不包括精神损失。这可以从《物权法》第42条第2款和第3款的如下规定看出："征收集体所有的土地，应当依法足额支付土地补偿费、安置补助费、地上附着物和青苗的补偿费等费用，安排被征地农民的社会保障费用，保障被征地农民的生活，维护被征地农民的合法权益。""征收单位、个人的房屋及其他不动产，应当依法给予拆迁补偿，维护被征收人的合法权益；征收个人住宅的，还应当保障被征收人的居住条件。"其中，"土地补偿费、安置补助费、地上附着物和青苗的补偿费等费用"应当属于直接损失，而征收集体所有的土地，应"安排被征地农民的社会保障费用，保障被征地农民的生活"与"征收单位、个人的房屋及其他不动产，应当依法给予拆迁补偿，维护被征收人的合法权益；征收个人住宅的，还应当保障被征收人的居住条件"，则一定程度上包含了间接损失。尤其在征收单位或者个人的经营性房屋时，不考虑间接损失之补偿不尽合理。对此《国有土地上房屋征收与补偿条例》第17条和第23条的规定体现得更为明确。第17条第1款规定："作出房屋征收决定的市、县级人民政府对被征收人给予的补偿包括：（一）被征收房屋价值的补偿；（二）因征收房屋造成的搬迁、临时安置的补偿；（三）因征收房屋造成的停产停业损失的补偿。"第23条规定，"对因征收房屋造成停产停业损失的补偿，根据房屋被征收前的效益、停产停业期限等因素确定。"应该说，这里的"因征收房屋造成的停产停业损失的补偿"便是补偿间接损失的明确体现。不过，如果法律明确规定仅补偿直接损失，则另当别论。①

三、行政补偿的方式

行政补偿的方式，指行政主体承担补偿责任的各种形式。从我国行政补偿的实践看，行政补偿通常以货币补偿为主。不过，除了货币补偿外，根据损失的实际情况，还可以采取其他的补偿方式，如财物调配优惠、税费减免、实物补偿、安排就业、房屋产权调换和户口转移等。这些方式在一定程度上能弥补金钱补偿的不足，提升解决问题的灵活性。这些灵活的补偿方式在我国现行法律中也得到了一定体现。例如，《国有土地上房屋征收与补偿条例》第21条规定："被征收人可以选择货币补偿，也可以选择房屋产权调换。被征收人选择房屋产权调换的，市、县级人民政府应当提供用于产权调换的房屋，并与被征收人计算、结清被征收房屋价值与用于产权调换房屋价值的差价。因旧城区改建征收个人住宅，被征收人选择在改建地段进行房屋产权调换的，作出房屋征收决定的市、县级人民政府应当提供改建地段或者就近地段的房屋。"

第三节 行政补偿的主体、程序与标准

一、行政补偿的主体

行政补偿主体，即行政补偿责任的承担者与实施者。一般认为，行政补偿本质上属于一种国家责任，补偿款纳入国家财政预算。这是因为，行政补偿是为了实现公共利益发生的，而不是为了行政机关自身利益发生的。② 不过，行政补偿的国家责任是由行政机关来具体实施的。换言之，行政机关是行政补偿的实施主体。由于行政机关是一个庞

---

① 例如，《国防法》第48条规定："国家根据动员需要，可以依法征用组织和个人的设备设施、交通工具和其他物资。县级以上人民政府对被征用者因征用所造成的直接经济损失，按照国家有关规定给予适当补偿。"按照这一规定，国防动员补偿，只补偿直接损失。

② 参见胡建淼：《行政法学》（第四版），法律出版社2015年版，第718页。

大的系统或者集合体，要使行政补偿得以落实，就必须建立行政补偿管辖制度，确定具体的补偿责任实施机关。

由于行政补偿是由一定的具体行政行为导致的，行政补偿的责任主体通常与作出该行政行为的行政主体紧密联系在一起，即遵循"谁作出的行政行为引起的行政补偿，就由谁承担该行政补偿的责任"的归责原则。就行政征收、征用而言，与此相适应，便为"谁实施的征收、征用决定引起的行政补偿，就由谁承担该行政补偿的责任"。

我国的一些部门行政法就行政补偿的责任主体作了具体规定。这些规定应当作为确定行政补偿责任主体的法律依据并得到遵循。例如，《土地管理法》第47条第1款规定："国家征收土地的，依照法定程序批准后，由县级以上地方人民政府予以公告并组织实施。"《国有土地上房屋征收与补偿条例》第4条第1、2款规定：市、县级人民政府负责本行政区域的房屋征收与补偿工作。市、县级人民政府确定的房屋征收部门组织实施本行政区域的房屋征收与补偿工作。

二、行政补偿的程序

行政补偿程序是实施行政补偿行为的过程、步骤、时限等。对于行政补偿程序，目前法律尚无统一的规定，但单行法律、法规有一些原则性的规定。根据这些规定和正当法律程序的要求，行政补偿应遵循下列基本程序：

1. 主动补偿程序

主动行政补偿，即行政补偿是由行政补偿义务机关主动进行的。主动行政补偿的基本程序为：（1）委托有资质的评估单位对补偿对象进行价格评估，作出评估报告。（2）发出补偿通知。通知中应包括补偿的事由、依据、具体计算标准与补偿方式等，尤其是，通知中应列明被补偿人陈述和申辩的权利及时限。（3）听取被补偿人的陈述和申辩意见，并将被补偿人的陈述和申辩意见记录在案。（4）向被补偿人说明补偿理由，答复被补偿人提出的意见。（5）与被补偿人达成补偿协议，或由补偿义务机关单方面作出补偿决定。补偿协议或补偿决定中应写明补偿的原因和理由、补偿方式、补偿标准以及补偿的期限，并告知被补偿人享有行政复议权和行政诉讼权及其时效。

2. 依申请补偿程序

依申请补偿，系指依据当事人的申请而进行的行政补偿。其基本程序如下：（1）申请。通常由受到损害或损失的相对人向行政机关提出补偿请求。（2）审查。补偿义务机关对申请人提出的补偿申请进行审查。（3）听取陈述和申辩意见。补偿责任机关通知申请人审查结果，并将拟作出的补偿决定告知申请人，听取申请人的意见。（4）协商。申请人可与补偿义务机关就补偿方式、标准等进行协商，尽量达成双方都能接受的补偿协议。（5）决定。若补偿协议达不成，则由行政机关依法作出补偿决定。决定中应写明补偿的原因和理由、补偿方式、补偿标准以及补偿的期限，并告知申请人享有行政复议权和行政诉讼权。相对人如对补偿决定有异议，或者行政机关逾期不作补偿决定的，均可以通过行政复议、行政诉讼的途径寻求解决。

"山西省安业集团有限公司诉山西省太原市人民政府收回国有土地使用权决定案"[①]可以从一个侧面反映行政补偿程序及其与行政征收之间的关联性。

◆ 山西省安业集团有限公司诉山西省太原市人民政府收回国有土地使用权决定案

【案情概要】

安业公司于2004年4月和2005年10月先后办理了双塔西街162号的《国有土地使用证》，并于2006年3月1日办理了《房屋产权证》。太原市政府为实施解放南路长治路改造道路建设，于2014年4月4日发布并政收告〔2014〕018号《太原市人民政府为实施解放南路长治路改造道路建设涉及收回迎泽大街以南，中心街以北部分国有土地使用权的通告》（以下简称《通告》），并公示于2014年4月10日《太原日报》、山西省太原市国土资源局网站收地专栏。《通告》告知各有关单位和住户，市政府决定收回解放南路长治路道路建设所涉及87个单位776.85亩的国有土地使用权。涉及的单位和住户自通告发布之日起15日内带有关土地手续到太原市国土资源局办理土地使用权注销手续；逾期不交回的，将予以注销。《通告》载明所涉安业公司两幅土地的面积分别为7.77平方米、741.73平方米，共749.5平方米。安业公司对《通告》不服提起诉讼，请求依法撤销太原市政府收回其国有土地使用权的行为。

【裁判结果】

第一，撤销山西省高级人民法院〔2015〕晋行终字第50号行政判决和山西省太原市中级人民法院〔2014〕并行初字第43号行政判决；第二，确认再审被申请人山西省太原市人民政府并政收告〔2014〕018号《通告》中有关收回山西省安业集团有限公司749.5平方米国有土地使用权的行政行为违法；第三，一、二审案件受理费共计100元，由再审被申请人山西省太原市人民政府负担。

【裁判理由】

一审法院太原市中级人民法院认为：太原市政府于2014年4月4日发布《通告》，决定收回解放南路长治路道路建设所涉及87个单位776.85亩的国有土地使用权，有明确的南北界线、涉及单位和收回土地面积。收回通告区域内的国有土地，是为实现城市规划而实施道路建设改造工程，属于因公共利益需要使用土地。根据法律规定，经有权

[①] 参见最高人民法院〔2016〕最高法行再80号行政判决书。本案刊载于《最高人民法院公报》2017年第1期。

机关批准，人民政府可以收回国有土地使用权。《通告》发布前，相关单位办理了用地规划手续，并报请太原市政府批复同意，其收回程序符合法律规定。根据《土地管理法》的规定，依法收回的国有土地，可直接办理注销登记。因此，《通告》中有关土地使用权注销事项的内容并不违反法律规定。太原市政府收回安业公司依法取得的国有土地使用权，应当依照法律规定予以补偿。《通告》中也明确，收回上述国有土地使用权涉及的拆迁补偿事宜按照有关规定依法进行。2014年4月10日《通告》公示后，即于5月7日决定该项目暂缓实施，故未能实际开展补偿工作。安业公司认为太原市政府在作出通告前必须落实补偿的主张没有事实和法律依据。据此，一审法院判决驳回安业公司要求撤销太原市政府并政收告〔2014〕018号行政征收决定的诉讼请求。安业公司不服，提起上诉，二审法院山西省高级人民法院判决驳回上诉，维持原判。

最高人民法院再审判决认为：有征收必有补偿，无补偿则无征收。为了保障国家安全、促进国民经济和社会发展等公共利益的需要，国家可以依法收回国有土地使用权，也可征收国有土地上单位、个人的房屋，但必须对被征收人给予及时公平补偿，而不能只征收不补偿，也不能迟迟不予补偿。通常，征收决定应当包括具体补偿内容，因评估或者双方协商以及其他特殊原因，征收决定未包括补偿内容的，征收机关应当在征收决定生效后的合理时间内，及时通过签订征收补偿协议或者作出征收补偿决定的方式解决补偿问题。征收补偿应当遵循及时补偿原则和公平补偿原则。国家因公共利益需要使用城市市区的土地和房屋的，市、县人民政府一般应按照《国有土地上房屋征收与补偿条例》规定的程序和方式进行，并应根据《国有土地上房屋征收评估办法》和《城镇土地估价规程》等规定精神，由专业的房地产价格评估机构在实地查勘的基础上，根据被征收不动产的区位、用途等影响被征收不动产价值的因素和当地房地产市场状况，综合选择市场法、收益法、成本法、假设开发法等评估方法对被征收不动产价值进行评估，合理确定评估结果，并在此基础上进行补偿。对国有土地上房屋所有权人补偿内容已经包含了国有土地使用权补偿的，对同时收回的国有土地的土地使用权人不再单独给予补偿。对被征收不动产价值评估的时点，一般应当为征收决定公告之日或者征收决定送达被征收人之日。因征收人原因造成征收补偿问题不合理迟延的，且被征收不动产价格明显上涨的，被征收人有权主张以作出征收补偿决定或者签订征收补偿协议时的市场价格作为补偿基准。被征收人对征收补偿决定或者征收补偿协议所确定的补偿金额和其他内容有异议的，可以依法提起行政诉讼。征收机关依法办理相关提存等手续并书面告知被征收人领取补偿款项、使用安置房屋等内容的，被征收人无法定正当理由拒绝领取的，征收机关对诉讼期间被征收财物价格上涨而形成的损失不承担补偿责任。

本案中，因实施道路建设改造工程的需要，太原市政府与相关职能部门可以依法收回国有土地使用权，但应当遵循法定的程序和步骤并应依法及时解决补偿问题。在本案中，太原市政府收回安业公司拥有使用权的749.5平方米土地时，既未听取安业公司的陈述申辩，也未对涉案土地的四至范围作出认定，尤其是至今尚未对安业公司进行任何补偿，不符合《土地管理法》第58条、《物权法》第42条第3款、《城市房地产管理法》第6条以及《国有土地上房屋征收与补偿条例》第8条、第13条、第27条等规定的精神，依法应予以撤销。但考虑到相关道路建设改造工程确属公共利益需要，因此根据《行政诉讼法》第74条第1款第1项规定，对太原市政府以《通告》形式收回安业公司749.5平方米国有土地使用权的行政行为应确认违法。今后如因道路建设改造实际使用安业公司相应土地，安业公司有权主张以实际使用土地时的土地市场价值为基准进行补偿；安业公司也有权要求先补偿后搬迁，在未依法解决补偿问题前，安业公司有权拒绝交出土地。

《最高人民法院公报》编者就本案撰写的裁判摘要指出：有征收必有补偿，无补偿则无征收。征收补偿应当遵循及时补偿原则和公平补偿原则。补偿问题未依法定程序解决前，被征收人有权拒绝交出房屋和土地。

三、行政补偿的标准

行政补偿的标准，是指行政机关支付补偿金补偿相对人损失时所应达到的水平。对此，许多国家宪法都作了原则性规定。例如，德国《基本法》第14条第3项规定："财产之征收，必须为公共福利始得为之。其执行，必须根据法律始得为之，此项法律应规定补偿之性质与范围。补偿之决定应公平衡量公共利益与关系人之利益。补偿范围如有争执，得向普通法院提起诉讼。"法国《人权宣言》宣布："财产是神圣不可侵犯的权利，除非当合法认定的公共需要显系必要时，且在公平而预先补偿的条件下，任何人的财产不得被剥夺。"《日本国宪法》第29条规定："为了公共利益，在正当补偿之下，可使用私有财产。"《美国权利法案》第5条规定："人民私有财产，如无合理补偿，不得被征为公用。"这些宪法文本就补偿提出了"补偿标准法律保留""公平补偿""正当补偿"或"合理补偿"等原则性标准。

我国《宪法》第10条第3款规定："国家为了公共利益的需要，可以依照法律规定对土地实行征收或者征用并给予补偿。"第13条第3款规定："国家为了公共利益的需要，可以依照法律规定对公民的私有财产实行征收或者征用并给予补偿。"这两个条款确立了补偿制度在我国宪法上的地位，可惜的是对补偿标准只字未提。我国相关法律对补偿标准还是作了一些原则性规定。有的为"适当补偿"，有的为"相应补偿"，有的为"合理补偿"。例如，《国防法》第48条规定："国家根据动员需要，可以依法征用组织和个人的设备设施、交通工具和其他物资。县级以上人民政府对被征用者因征用所造成的直接经济损失,按照国家有关规定给予适当补偿。"《外资企业法》第5条规定:"国家对外资企业不实行国有化和征收;在特殊情况下,根据社会公共利益的需要,对外资企业可以依照法律程序实行征收,并给予相应的补偿。"《台湾同胞投资保护法》第4条规定:"国家对台湾同胞投资者的投资不实行国有化和征收;在特殊情况下,根据社会公共利益的需要,对台湾同胞投资者的投资可以依照法律程序实行征收,并给予相应的补偿。"《戒严法》第17条第1款规定:"根据执行戒严任务的需要,戒严地区的县级以上人民政府可以临时征用国家机关、企业事业组织、社会团体以及公民个人的房屋、场所、设施、运输工具、工程机械等。在非常紧急的情况下,执行戒严任务的人民警察、人民武装警察、人民解放军的现场指挥员可以直接决定临时征用,地方人民政府应当给予协助。实施征用应当开具征用单据。"《归侨侨眷权益保护法》第13条规定:"国家依法保护归侨、侨眷在国内私有房屋的所有权。依法征收、征用、拆迁归侨、侨眷私有房屋的,建设单位应当按照国家有关规定给予合理补偿和妥善安置。"

总体看,上述法律只是提出了"适当补偿""相应补偿"和"合理补偿"等概念,这些标准究竟为同一标准,还是有实质性区别,因缺乏具体性规定,难有定论。不过,除了上述几部法律文件,《物权法》《土地管理法》《国有土地上房屋征收与补偿条例》和《行政许可法》等现行法律文件对补偿的规定相对具体一些,下面一节分别作详细介绍。

第四节 现行法律对行政补偿的具体规定

为了便于更全面地了解我国相关法律关于行政补偿的规定,这里将几部比较重要的法律文件中的相关规定作一列举和介绍,供读者研读、学习。

一、《物权法》对财产征收、征用补偿的规定

《物权法》对"物"之征收、征用补偿作了最基本的规定。该法第42条第1—3款规定:"为了公共利益的需要,依照法律规定的权限和程序可以征收集体所有的土地和单位、个人的房屋及其他不动产。征收集体所有的土地,应当依法足额支付土地补偿费、安置补助费、地上附着物和青苗的补偿费等费用,安排被征地农民的社会保障费用,保障被征地农民的生活,维护被征地农民的合法权益。征收单位、个人的房屋及其他不动产,应当依法给予拆迁补偿,维护被征收人的合法权益;征收个人住宅的,还应当保障被征收人的居住条件。"第44条规定:"因抢险、救灾等紧急需要,依照法律规定的权限和程序可以征用单位、个人的不动产或者动产。被征用的不动产或者动产使用后,应当返还被征用人。单位、个人的不动产或者动产被征用或者征用后毁损、灭失的,应当

给予补偿。"第 121 条规定:"因不动产或者动产被征收、征用致使用益物权消灭或者影响用益物权行使的,用益物权人有权依照本法第四十二条、第四十四条的规定获得相应补偿。"第 132 条规定:承包地被征收的,土地承包经营权人有权获得相应补偿。第 148 条规定:建设用地使用权期间届满前,因公共利益需要提前收回该土地的,应当对该土地上的房屋及其他不动产给予补偿,并退还相应的出让金。

二、《土地管理法》对土地征收补偿的规定

关于土地征收、征用的补偿,2019 年修正的《土地管理法》作了比较详细的规定,内容包括补偿原则、补偿登记、补偿范围与标准、补偿程序等。就土地征收、征用补偿原则,《土地管理法》第 2 条第 4 款规定:"国家为了公共利益的需要,可以依法对土地实行征收或者征用并给予补偿。"

就土地征收补偿登记制度,《土地管理法》第 47 条第 1、4 款规定:"国家征收土地的,依照法定程序批准后,由县级以上地方人民政府予以公告并组织实施。""拟征收土地的所有权人、使用权人应当在公告规定期限内,持不动产权属证明材料办理补偿登记。……"

就土地征收范围、标准和程序等,《土地管理法》第 48 条规定:"征收土地应当给予公平、合理的补偿,保障被征地农民原有生活水平不降低、长远生计有保障。征收土地应当依法及时足额支付土地补偿费、安置补助费以及农村村民住宅、其他地上附着物和青苗等的补偿费用,并安排被征地农民的社会保障费用。征收农用地的土地补偿费、安置补助费标准由省、自治区、直辖市通过制定公布区片综合地价确定。制定区片综合地价应当综合考虑土地原用途、土地资源条件、土地产值、土地区位、土地供求关系、人口以及经济社会发展水平等因素,并至少每三年调整或者重新公布一次。征收农用地以外的其他土地、地上附着物和青苗等的补偿标准,由省、自治区、直辖市制定。对其中的农村村民住宅,应当按照先补偿后搬迁、居住条件有改善的原则,尊重农村村民意愿,采取重新安排宅基地建房、提供安置房或者货币补偿等方式给予公平、合理的补偿,并对因征收造成的搬迁、临时安置等费用予以补偿,保障农村村民居住的权利和合法的住房财产权益。县级以上地方人民政府应当将被征地农民纳入相应的养老等社会保障体系。被征地农民的社会保障费用主要用于符合条件的被征地农民的养老保险等社会保险缴费补贴。被征地农民社会保障费用的筹集、管理和使用办法,由省、自治区、直辖市制定。"第 49 条规定:"被征地的农村集体经济组织应当将征收土地的补偿费用的收支状况向本集体经济组织的成员公布,接受监督。"

三、《国有土地上房屋征收与补偿条例》对房屋征收补偿的规定

2011 年 1 月 21 日,国务院公布了《国有土地上房屋征收与补偿条例》(以下简称

《房屋征收补偿条例》），同时废止了 2001 年 6 月 13 日国务院公布的《城市房屋拆迁管理条例》。《房屋征收补偿条例》对国有土地上房屋征收补偿制度作了全面的规定，内容涉及房屋征收补偿的原则、房屋征收补偿方案制定程序、房屋征收补偿范围、房屋征收补偿方式、房屋征收补偿标准、房屋征收补偿争议解决程序等。

关于房屋征收补偿原则，《房屋征收补偿条例》第 2 条规定："为了公共利益的需要，征收国有土地上单位、个人的房屋，应当对被征收房屋所有权人（以下称被征收人）给予公平补偿。"第 3 条规定："房屋征收与补偿应当遵循决策民主、程序正当、结果公开的原则。"

关于房屋征收补偿方案制定程序，《房屋征收补偿条例》第 10 条规定："房屋征收部门拟定征收补偿方案，报市、县级人民政府。市、县级人民政府应当组织有关部门对征收补偿方案进行论证并予以公布，征求公众意见。征求意见期限不得少于 30 日。"

关于房屋征收补偿范围，《房屋征收补偿条例》第 17 条第 1 款规定："作出房屋征收决定的市、县级人民政府对被征收人给予的补偿包括：（一）被征收房屋价值的补偿；（二）因征收房屋造成的搬迁、临时安置的补偿；（三）因征收房屋造成的停产停业损失的补偿。"

关于房屋征收补偿方式，《房屋征收补偿条例》第 21 条规定："被征收人可以选择货币补偿，也可以选择房屋产权调换。被征收人选择房屋产权调换的，市、县级人民政府应当提供用于产权调换的房屋，并与被征收人计算、结清被征收房屋价值与用于产权调换房屋价值的差价。因旧城区改建征收个人住宅，被征收人选择在改建地段进行房屋产权调换的，作出房屋征收决定的市、县级人民政府应当提供改建地段或者就近地段的房屋。"

关于房屋征收补偿标准，《房屋征收补偿条例》第 19 条第 1 款规定："对被征收房屋价值的补偿，不得低于房屋征收决定公告之日被征收房屋类似房地产的市场价格。被征收房屋的价值，由具有相应资质的房地产价格评估机构按照房屋征收评估办法评估确定。"第 23 条规定："对因征收房屋造成停产停业损失的补偿，根据房屋被征收前的效益、停产停业期限等因素确定。具体办法由省、自治区、直辖市制定。"

关于房屋征收补偿争议解决程序，《房屋征收补偿条例》第 25 条第 2 款规定："补偿协议订立后，一方当事人不履行补偿协议约定的义务的，另一方当事人可以依法提起诉讼。"第 26 条第 1、3 款规定："房屋征收部门与被征收人在征收补偿方案确定的签约期限内达不成补偿协议，或者被征收房屋所有权人不明确的，由房屋征收部门报请作出房屋征收决定的市、县级人民政府依照本条例的规定，按照征收补偿方案作出补偿决定，并在房屋征收范围内予以公告。""被征收人对补偿决定不服的，可以依法申请行政复议，也可以依法提起行政诉讼。"

四、《行政许可法》对行政许可撤回补偿的规定

关于行政许可的撤回及其补偿,《行政许可法》第8条规定:"公民、法人或者其他组织依法取得的行政许可受法律保护,行政机关不得擅自改变已经生效的行政许可。行政许可所依据的法律、法规、规章修改或者废止,或者准予行政许可所依据的客观情况发生重大变化的,为了公共利益的需要,行政机关可以依法变更或者撤回已经生效的行政许可。由此给公民、法人或者其他组织造成财产损失的,行政机关应当依法给予补偿。"

思考题

1. 试述行政补偿与民事补偿的区别。
2. 试述行政补偿与行政赔偿、司法赔偿、民事赔偿的区别。
3. 试述行政补偿的范围与方式。
4. 试述行政补偿的标准与程序。
5. 试述《物权法》《土地管理法》《国有土地上房屋征收与补偿条例》和《行政许可法》关于行政补偿的有关规定。

拓展研读案例

1. 陈山河与洛阳市人民政府、洛阳中房地产有限责任公司行政赔偿案[①]

本案反映出,有时,区别行政补偿与行政赔偿并不容易,行政行为违法的复杂性会给认定造成一定的困难。本案裁判摘要指出:"任何人不得从自己的错误行为中获益。"拆迁人和相关行政机关违法实施拆迁,导致被拆迁人长期未依法得到补偿安置的,房价上涨时,拆迁人和相关行政机关有义务保证被拆迁人得到公平合理的补偿安置。被拆迁人选择实行房屋产权调换时,拆迁人和相关行政机关无适当房屋实行产权调换的,则应向被拆迁人支付生效判决作出时以同类房屋的房地产市场评估价格为标准的补偿款。

2. 郑议财等243户村民诉汕尾市国土资源局土地行政合同纠纷案[②]

本案裁判要旨:人民政府土地行政主管部门与被征用土地农村集体经济组织的土地

[①] 参见最高人民法院〔2014〕行监字第148号行政裁定书。本案刊载于《最高人民法院公报》2015年第4期。本案相关介绍参见本书第十章。

[②] 参见广东省高级人民法院〔2010〕粤高法行终字第88号行政判决书。另参见最高人民法院行政审判庭编:《中国行政审判案例》(第3卷),中国法制出版社2013年版,第105—110页。

征收补偿合同是行政合同,由此引起的纠纷属于人民法院行政诉讼的受案范围。行政机关未按合同约定履行义务的,人民法院可以判决其依法履行。

3. 郑仲华不服福建省莆田市建设局拆迁行政裁决案①

本案裁判要旨:拆迁裁决以产权调换方式安置,应尽可能不改变产权性质及占有方式。将原被拆迁产权的专有所有权调换为没有具体产权方位的财产共有份额,且未能举证充分说明无其他更好调换方案的,属不合理裁量,可认定为滥用职权。

4. 于栖楚诉贵阳市住房和城乡建设局强制拆迁案②

本案裁判理由:因违法强制拆迁行为已经实施完毕且不具备可撤销内容,人民法院应当作出确认违法判决。申请再审人于栖楚历经多年诉讼仍未得到安置补偿,贵阳市房管局与拆迁人汉方公司应依法对于栖楚的房屋进行补偿或妥善安置;因违法实施强制拆迁给于栖楚造成的其他财产损失,亦应依法予以赔偿。

5. 高耀荣诉江苏省溧阳市建设局城市房屋拆迁行政裁决案③

本案争议焦点:被告拆迁行政裁决,将82岁高龄老人安置在五楼是否合理。

本案裁判理由:被告在拆迁裁决过程中,没有考虑原告年事已高且身患疾病的特殊情况,在裁决安置房屋时将原告安置在多层住宅楼的第五层,该裁决的结果将给原告的生活带来不便。基于此,被告作出的行政裁决应予撤销。

6. 宋莉莉诉宿迁市建设局房屋拆迁补偿安置裁决案④

本案裁判理由:尽管国务院《城市房屋拆迁管理条例》和《江苏省城市房屋拆迁管理条例》对拆迁裁决程序没有明确规定,但从保障当事人的合法权益及行政执法的正当程序原则出发,房屋拆迁主管部门在裁决时,应围绕拆迁行为的合法性与拆迁补偿安置情况进行全面审查,在裁决前应赋予双方当事人申辩、陈述的权利,并应听取其意见。

---

① 参见福建省莆田市荔城区人民法院〔2008〕荔行初字第11号行政判决书。另参见最高人民法院行政审判庭编:《中国行政审判案例》(第3卷),中国法制出版社2013年版,第133—136页。
② 参见最高人民法院〔2012〕行提字第17号行政判决书。
③ 参见江苏省溧阳市人民法院〔2009〕溧行初字第4号行政判决书。另参见最高人民法院行政审判庭编:《中国行政审判案例》(第2卷),中国法制出版社2011年版,第193—196页。
④ 参见最高人民法院办公厅编:《最高人民法院公报案例大全》,人民法院出版社2009年版,第1598页。本案刊载于《最高人民法院公报》2004年第8期。本案适用的是已经废止的《国务院城市房屋拆迁管理条例》。该条例规定,如果拆迁双方不能就补偿事宜达成协议的,由行政机关裁决。虽然这个规定已经废弃,但本案反映补偿过程中正当程序理念依然值得重视。此外,阅读这个案例还可以了解我国国有土地上房屋拆迁制度的发展变化过程。本案相关介绍参见本书第八章。

本案中的被告在裁决原告与第三人间的纠纷时，依拆迁人的申请及拆迁人单方委托评估的结果，未履行任何程序，即以该评估结果作出裁决，剥夺了原告的陈述、申辩权。被告辩称被拆迁人以公告形式对评估机构进行公示应视为对拆迁人的要约，被拆迁人对此未提出反对，即视为承诺，该辩称不符合法律关于要约和承诺的定义及适用范围。原告在法定期限内以诉讼形式主张此项权利，应受到法律保护，故该裁决程序违法。

《最高人民法院公报》编者就本案撰写的判决摘要指出：第一，宿迁市建设局在裁决被拆迁房屋补偿款时，仅以万兴公司单方委托的方元公司的评估结论为依据，违反了《江苏省城市房屋拆迁管理条例》的规定。本案被拆迁房屋的评估，系万兴公司单方面委托方元公司所为，未经被拆迁人宋莉莉的同意。在万兴公司与宋莉莉无法对房屋拆迁事宜达成一致意见时，宿迁市建设局在行政裁决中以拆迁单位单方面委托的评估公司的评估报告为依据，而不是依照规定在符合条件的评估机构中抽签确定评估单位，对万兴公司与宋莉莉的房屋拆迁纠纷作出裁决不当，应认定为裁决的主要证据不足，程序违法。第二，该裁决虽然确定了以产权调换的方式对宋莉莉需要拆迁的房产予以补偿，但却未将调换给宋莉莉房屋的具体位置、楼层、房屋价格等内容予以明确表述，致使拆迁补偿的裁决内容无法执行。综上，该行政裁决程序上违反法律规定、内容上不具有执行效力，应重新予以裁决。

7. 李国庆诉上海市静安区人民政府、上海市人民政府房屋征收补偿决定及行政复议决定案[①]

【案情概要】

上海市静安区人民政府（以下简称"静安区政府"）于2012年10月19日作出房屋征收决定，李国庆户承租的公房在征收范围内。安置补偿协商过程中，静安区住房保障和房屋管理局（以下简称"静安房管局"）向李国庆户提供货币补偿和房屋产权调换两种方式选择，因李国庆不认可《补偿方案》，双方在签约期限内未达成补偿协议。静安房管局于2015年1月19日报请静安区政府作房屋征收补偿决定。静安区政府受理后，组织双方进行调查和调解，李国庆出席但调解未成。静安区政府经审查，认定静安房管局提出的以结算差价的房屋产权调换方式补偿李国庆户的方案合法、适当，遂于2015年2月5日作出房屋征收补偿决定，并将决定书依法送达李国庆及静安房管局，同时在基地张贴公示。李国庆不服，于2015年4月3日向上海市人民政府（以下简称"上海市政府"）提出行政复议。上海市政府受理后，经审查作出行政复议决定，维持静安区政府所作征收补偿决定。李国庆仍不服，遂提起诉讼。

[①] 本案为最高人民法院行政审判十大典型案例（第一批）之八。

【法院裁判】

上海市第二中级人民法院认为：根据《国有土地上房屋征收与补偿条例》和《上海市国有土地上房屋征收与补偿实施细则》的规定，静安区政府具有作出房屋征收补偿决定的行政职权。其于法定期限内作出被诉房屋征收补偿决定，行政程序并无不当。被诉房屋征收补偿决定认定事实清楚，法律适用准确。上海市政府在规定的期限内作出行政复议决定，程序合法。遂判决驳回李国庆的诉讼请求。上海市高级人民法院以与一审基本相同的理由判决驳回上诉，维持原判。

最高人民法院认为：静安房管局因与李国庆在征收补偿方案确定的签约期限内达不成补偿协议，报请静安区政府作出补偿决定。静安区政府受理后，核实相关材料，组织召开调解会，并在调解未成的情况下，在法定期限内作出被诉房屋征收补偿决定，程序合法。静安区政府依据租用公房凭证记载的居住面积乘以相应系数计算被征收房屋建筑面积，结合房屋评估单价等确定货币补偿金额及补贴款等，并以上海市土地储备中心安排的用于征收地块安置的房源安置给李国庆户，未侵犯李国庆户的合法利益，安置方案并无不当。此外，经上海房地产估价师事务所有限公司评估，被征收房屋于征收决定公告之日的房地产市场评估单价为29233元/平方米，该地块评估均价为29200元/平方米。李国庆在规定的期限内未申请复核。后静安房管局向李国庆征询是否需要专家鉴定，李国庆明确表示拒绝。在协商过程中，静安房管局向李国庆户提供货币补偿和房屋产权调换两种方式选择，因李国庆不认可《补偿方案》，双方在签约期限内未达成补偿协议。据此，李国庆提出的评估报告违法及剥夺其安置补偿方式选择权的异议缺乏依据。上海市政府在规定的期限内作出行政复议决定，适用法律正确，程序合法。遂裁定驳回李国庆的再审申请。

【典型意义】

本案的典型意义在于：一方面，人民法院在行政审判中要按照严格司法的要求，坚持被诉行政行为合法性审查的标准，监督和促进行政机关全面履行政府职能，助力法治政府尽快建成；另一方面，在被诉行政行为达到合法性要求的情况下，人民法院应当作出明确的认定，既彰显依法行政的规则，使后续的行政执法活动有所遵循，又明晰权利保护的界限，为人民群众依法维权提供规范和指引。本案中，人民法院通过对被诉征收补偿决定和行政复议决定的全面审查，特别是从被诉行政行为职权合法性、程序合法性、实体认定合法性等多个方面进行了审查，同时对相对人的实体权益保护问题作了认定，在确认行政行为合法和相对人权益得到保障的前提下，裁定驳回相对人的再审申请。

拓展研读文献

1. 杜仪方：《何为禽流感中扑杀行为的"合理"补偿——兼论风险规制与行政补偿

标准的新发展》,载《行政法学研究》2016 年第 3 期;

2. 杜仪方:《财产权限制的行政补偿判断标准》,载《法学家》2016 年第 2 期;

3. 豆星星:《试析我国土地征收行政补偿制度》,载《江西社会科学》2009 年第 2 期;

4. 熊文钊:《试论行政补偿》,载《行政法学研究》2005 年第 2 期;

5. 王太高:《行政补偿范畴研究》,载《南京大学法律评论》2005 年春季号;

6. 张梓太、吴卫星:《行政补偿理论分析》,载《法学》2003 年第 8 期;

7. 司坡森:《试论我国行政补偿的立法完善》,载《行政法学研究》2003 年第 1 期;

8. 魏建良:《我国行政补偿法律制度的现状及其完善》,载《浙江学刊》2001 年第 4 期;

9. 刘文义:《行政补偿理论与实务》,中国法制出版社 2013 年版。

第十章 行 政 赔 偿

本章主要讲述行政赔偿的基本理论与法律制度，内容包括：行政赔偿的概念、特征、归责原则、构成要件，行政赔偿的范围与事由，行政赔偿关系的当事人，行政赔偿的程序，行政赔偿的方式与计算标准，行政赔偿的追偿，等等。我国已经制定了《国家赔偿法》，行政赔偿属于国家赔偿的一部分，可结合《国家赔偿法》来进行学习。

第一节 行政赔偿概说

不同于行政补偿，行政赔偿制度作为国家赔偿的一部分，早在我国1994年制定的《国家赔偿法》中就有全面细致的规定，内容包括行政赔偿的范围、赔偿请求人和赔偿义务机关、赔偿程序、赔偿方式和计算标准等事项。不过，从实践过程看，1994年《国家赔偿法》的部分内容并不是很理想，加上赔偿义务机关的认识偏差，赔偿请求人的合法权益常常得不到合理保护，因此，这部《国家赔偿法》在当时被人们戏称为"国家不赔法"。为了解决这一问题，2010年4月29日，第十一届全国人民代表大会常务委员会第十四次会议对《国家赔偿法》作了大幅修改，使行政赔偿制度得到完善。可以说，我国目前的行政赔偿制度基本上是在1994年制定的《国家赔偿法》和2010年修改的《国家赔偿法》基础上建立起来的。2012年10月26日，第十一届全国人民代表大会常务委员会第二十九次会议对《国家赔偿法》作了第二次修改，但这次修改仅有一条，[①]对整个行政赔偿制度影响不大。

一、行政赔偿及其特征

行政赔偿是指行政机关及其工作人员侵犯公民、法人或者其他组织的合法权益并造成损害的，由国家依法承担赔偿责任的法律制度。行政赔偿属于国家赔偿的一种形式。

---

① 即将第19条第3项修改为："依照刑事诉讼法第十五条、第一百七十三条第二款、第二百七十三条第二款、第二百七十九条规定不追究刑事责任的人被羁押的"。

如果说国家补偿（行政补偿）是与民事补偿相对应的概念，那么国家赔偿就是与民事赔偿相对应的概念。除了行政赔偿之外，国家赔偿还包括刑事赔偿和司法赔偿。[①] 因此，行政赔偿与刑事赔偿、司法赔偿都受《国家赔偿法》调整。《国家赔偿法》第 2 条第 1 款规定："国家机关和国家机关工作人员行使职权，有本法规定的侵犯公民、法人和其他组织合法权益的情形，造成损害的，受害人有依照本法取得国家赔偿的权利。"这一规定基本揭示了行政赔偿与刑事赔偿、司法赔偿的一般法律属性。

考虑到行政赔偿与行政补偿、刑事赔偿之间的相似性，理解行政赔偿时，应将其与行政补偿、司法赔偿以及民事赔偿加以区别。

1. 行政赔偿与行政补偿的区别

行政补偿是指国家对行政机关及其工作人员在行使职权过程中因合法行为损害公民、法人或者其他组织的合法权益而采取的补救措施。两者的区别主要表现在：

第一，基础不同。行政赔偿是由行政机关及其工作人员的违法或者过错等侵权行为引起的，行政补偿是由合法行为引起的。

第二，性质不同。行政赔偿属于一种法律责任；行政补偿是一种法律义务，体现公平负担精神。

第三，范围不同。行政赔偿虽有范围限制，但整体要比行政补偿范围宽；行政补偿以直接损失和间接损失为限，补偿额度理论上不及行政赔偿。

第四，时间不同。行政赔偿只能在损害形成之后进行；行政补偿则可以在损害形成之前进行，有时甚至为行政征收、征用的前提条件。

由于行政活动与行政诉讼实践的复杂性，行政赔偿与行政补偿的区别并不总是那么显而易见。对此，可进一步研读本章"拓展研读案例"中"许水云诉金华市婺城区人民政府房屋行政强制及行政赔偿案"[②] 的相关内容，以加深理解。

2. 行政赔偿与司法赔偿的区别

司法赔偿是司法机关及其工作人员在行使职权过程中侵犯公民、法人或者其他组织的合法权益并造成损害，由国家承担的赔偿责任。行政赔偿与司法赔偿的区别主要表现在以下方面：

[①] 对于刑事赔偿，可透过《国家赔偿法》第 17 条和第 18 条等规定加以理解。其中，第 17 条规定："行使侦查、检察、审判职权的机关以及看守所、监狱管理机关及其工作人员在行使职权时有下列侵犯人身权情形之一的，受害人有取得赔偿的权利：（一）违反刑事诉讼法的规定对公民采取拘留措施的，或者依照刑事诉讼法规定的条件和程序对公民采取拘留措施，但是拘留时间超过刑事诉讼法规定的时限，其后决定撤销案件、不起诉或者判决宣告无罪终止追究刑事责任的；……"对于司法赔偿，可透过《国家赔偿法》第 38 条等来理解。《国家赔偿法》第 38 条规定："人民法院在民事诉讼、行政诉讼过程中，违法采取对妨害诉讼的强制措施、保全措施或者对判决、裁定及其他生效法律文书执行错误，造成损害的，赔偿请求人要求赔偿的程序，适用本法刑事赔偿程序的规定。"

[②] 参见最高人民法院〔2017〕最高法行再 101 号行政判决书。本案刊载于《最高人民法院公报》2018 年第 6 期。

第一，侵权主体不同。行政赔偿中，实施侵权行为的是国家行政机关及其工作人员，包括法律法规授权的组织及其工作人员、受委托的组织及其公务人员等；而司法赔偿中，实施侵权行为的主体是履行司法职能的国家机关及其工作人员，主要包括履行刑事侦查职能的公安机关、国家安全机关、国家检察机关、国家审判机关、监狱管理机关等。

第二，发生基础不同。行政侵权行为所导致的行政赔偿责任发生在行政管理过程中；司法赔偿则发生在司法活动中，由侦查、检察、审判等司法行为所引起。

第三，追偿条件不同。虽然国家在承担赔偿责任后都可以对违法行使公权力的人员进行追偿，但二者的追责条件有较大的差异。行政追偿的条件是行政机关及其工作人员在行使职权过程中有故意或者重大过失，这种标准具有明显的主观性。司法追偿包括三种情形：一是司法机关工作人员刑讯逼供或者以殴打等暴力行为或者唆使他人以殴打等暴力行为造成公民身体伤害或者死亡的；二是违法使用武器、警械造成公民身体伤害或者死亡的；三是在处理案件中有贪污受贿、徇私舞弊、枉法裁判行为。因此，司法追偿条件带有明显的行为客观性。

第四，申请赔偿的程序不同。行政赔偿程序分为单独提出赔偿请求的程序和诉讼时一并提出赔偿请求的程序。行政赔偿争议在行政程序中不能解决的，最终可以通过行政诉讼途径解决。而司法赔偿中，权益受到损害的公民如果对赔偿义务机关的决定不服，要先向其上一级机关申请复议，对复议决定不服的，再向复议机关所在地的同级人民法院的赔偿委员会申请，由其作出最终的决定。赔偿义务机关是人民法院的，赔偿请求人可以直接向其上一级人民法院赔偿委员会申请作出赔偿决定。因此，司法赔偿是通过非诉讼渠道进行的。

3. 行政赔偿与民事赔偿的区别

民事赔偿是平等民事法律主体之间因侵权或违约行为引起的民事责任。两者之间的区别主要表现在：

第一，责任主体不同。行政赔偿的责任主体是国家，具体的赔偿义务由法定的赔偿义务机关承担；民事赔偿的主体是法人或自然人等民事主体，赔偿主体与赔偿义务人通常是一致的。

第二，发生原因不同。行政赔偿是行政主体行使行政权力所导致的，而民事赔偿则是民事行为导致的。

第三，赔偿范围不同。民事赔偿范围大于行政赔偿的范围。行政赔偿范围由国家赔偿法作出规定，国家主要赔偿行政侵权行为对人身权和财产权造成的直接损失，间接损失的赔偿受到较大限制。民事赔偿不但要全额赔偿各种直接损失，而且要赔偿一定的间接损失。

第四，归责原则不同。行政赔偿的归责原则主要是违法原则，民事赔偿的归责原则主要是过错原则，并以无过错责任原则和公平原则为补充。

第五，赔偿程序不同。行政赔偿程序可分为行政处理程序与诉讼程序。除相对人在行政诉讼和行政复议中一并提起行政赔偿请求外，请求人单独提出赔偿请求的，应先向赔偿义务机关提出，否则法院不予受理。民事赔偿的权利人除了协商、调解外，只能向法院提出赔偿请求。

第六，赔偿方式不同。行政赔偿以支付赔偿金为主要赔偿方式。民事赔偿既包括金钱赔偿方式，也包括恢复原状、返还财产等赔偿方式。

二、行政赔偿的归责原则

所谓归责原则，系指确认和追究行为人责任的根据和基础。行政赔偿属于国家赔偿的一部分，归责原则与国家赔偿的归责原则相统一。国家赔偿的归责原则是确认国家赔偿责任的根据和基础，是判断国家是否承担赔偿责任的依据和标准，反映了国家赔偿的价值取向，决定了赔偿立法的制定及其贯彻实施。

我国的国家赔偿责任有一个变化过程。1994年制定的《国家赔偿法》所确立的归责原则是"违法责任原则"，即国家仅对国家机关（包括行政机关）及其工作人员的违法行为给单位和个人的合法权益造成的损害承担赔偿责任，国家行为违法是国家承担赔偿责任的前提。该法第2条第1款规定："国家机关和国家机关工作人员违法行使职权侵犯公民、法人和其他组织的合法权益造成损害的，受害人有依照本法取得国家赔偿的权利。"为了更好地保护单位和个人的合法权益，克服"违法责任原则"所带来的问题，2010年《国家赔偿法》修改后，对国家赔偿归责原则作了修改，确立了"侵权责任原则"。该法第2条第1款规定："国家机关和国家机关工作人员行使职权，有本法规定的侵犯公民、法人和其他组织合法权益的情形，造成损害的，受害人有依照本法取得国家赔偿的权利。"

现行国家赔偿法确立的"侵权责任原则"，并不是对原"违法责任原则"的完全抛弃，而是继承和发展，可解读为以违法责任原则为主导，以过错责任原则、无过错责任原则等为辅助的多元归责体系。

过错责任原则，是指只有当行为主体主观上存在故意或者过失，或者侵权行为本身存在某种欠缺时，行为主体方才承担赔偿责任。过错责任原则是民事侵权理论在国家赔偿法中的引入和应用。例如，2001年的广东海丰"4·9"收容遣送车失火案中，海丰收容遣送站根据职责遣送25名被收容人员，在遣送途中遣送车起火，不幸的是因遣送车门被改装导致被收容人员无法逃生，最终致使25人全部遇难。原则上，国家应当为这些人身损害承担国家赔偿责任。① 再如，2004年1月，叶某乘坐刘某驾驶的大货车，由衡枣高速公路出口行驶至常宁连接线路段时，坠入2.6米高的路基下的菜地里，造成三人当场死亡、一人受伤及该车报废的特大交通事故。当地交警对这次事故的成因分析意见书认为，不能确认是任何一方当事人的违章行为造成的。叶某亲属向法院提起行政诉讼，认为该路段设计未达标，交通标志、安全设施设置欠缺，且路政管理不善，占道堆放严重，使行车过程存在严重事故隐患，请求确认湖南省高速公路管理局行政管理行为违法，并申请行政赔偿。理论上来讲，如果上述事实成立，国家也应当承担国家赔偿责任。

无过错责任原则，是指只要受到司法机关及其工作人员职权行为的侵害，而公民、法人或其他组织又系无辜，无论司法机关是否违法、有无过错，国家都应承担赔偿责任。无过错归责原则也可称为结果归责原则。该原则主要适用于法院的判决行为、刑事强制措施等。例如，《国家赔偿法》第17条规定，行使侦查、检察、审判职权的机关以及看守所、监狱管理机关及其工作人员，对公民采取逮捕措施后，决定撤销案件、不起诉或者判决宣告无罪终止追究刑事责任的，或者依照审判监督程序再审改判无罪，原判刑罚已经执行的，受害人有取得赔偿的权利。在这些赔偿情形中，侦查机关、检察机关或者审判机关可能只是对事实与法律问题在认识上存在差异，未必有违法情形或者过错情形存在，但由此引起的损害，国家仍然应当承担赔偿责任。

不过，尽管国家赔偿法的整体归责原则发生了变化，但就行政赔偿而言，则主要是违法责任原则。这可以从《国家赔偿法》第3条和第4条的规定看出来。

三、行政赔偿责任构成要件

行政赔偿的上述特征和责任原则表明，构成行政赔偿责任须具备以下条件：

第一，导致行政赔偿的行为主体为行政主体及其工作人员。也就是说，只有行政主体实施的行政行为造成的损害，才能引起行政赔偿。司法机关、立法机关、军事机关以及私法主体都不能成为行政赔偿的侵权主体。另外，对行政机关及其工作人员应当作广义理解，不仅包括中央及地方各级人民政府及其下设的工作部门，而且包括法律法规授权的组织、委托的行政机关、共同实施侵权行为的行政机关；工作人员不仅包括具有公务员身份的工作人员，而且包括受行政机关委托执行公务的一般公民。

第二，行政机关及其工作人员行使职权的行为侵犯了公民、法人和其他组织的合法权益。1994年《国家赔偿法》第2条第1款规定："国家机关和国家机关工作人员违法行使职权侵犯公民、法人和其他组织的合法权益造成损害的，受害人有依照本法取得国家赔偿的权利。"按此规定，行政赔偿以行政主体及其工作人员违法行使职权为要件。

---

① 参见陈校、章志图：《国家赔偿归责原则与实践适用探析》，载《政治与法律》2009年第10期。

2010年《国家赔偿法》修改后,这一要件被修订,由原来的单一违法归责原则改为违法和结果并行的多元归责原则。现行《国家赔偿法》第2条第1款规定:"国家机关和国家机关工作人员行使职权,有本法规定的侵犯公民、法人和其他组织合法权益的情形,造成损害的,受害人有依照本法取得国家赔偿的权利。"不过,对于行政赔偿而言,主要还是以行政行为违法为要件。比之于行政补偿,应该说行政赔偿所弥补的是行政行为给相对人造成的预期之外的损失,而行政补偿所弥补的是行政行为给相对人造成的预期之中的损失。

第三,行政赔偿的请求人是合法权益受到侵害的公民、法人和其他组织。凡是合法权益受行政机关及其工作人员的职权行为侵害的公民、法人和其他组织,都可能成为行政赔偿的请求权人,不局限于行政相对人。受到侵害的权益必须合法,非法权益不受保护,如赌博得到的钱财、偷盗来的赃物等。当然,行政赔偿请求人的请求权可以移转、继承。例如,受害的公民死亡的,其继承人和其他有抚养关系的亲属以及死者生前抚养的无劳动能力的人可以成为行政赔偿请求人。企业法人或者其他组织被行政机关撤销、变更、兼并、注销,认为经营自主权受到侵害的,原企业法人或其他组织,或者对其享有权利的法人或其他组织均可成为行政赔偿请求人。

第四,行政赔偿的责任主体是国家,而不是行政机关及其工作人员。行政机关由国家设立,其职能属于国家职能,行政权也属于国家权力,行政主体及其行政工作人员行使行政职权的行为,是代表国家进行的,行政机关及其工作人员与国家之间存在代表关系,本质上是一种国家活动。因此,行政主体违法实施行政行为,侵犯公民、法人和其他组织合法权益并造成损害的,其法律后果都归属于国家,赔偿费用由国库支出,列入各级政府财政预算。在这一点上,行政赔偿与行政补偿具有共同性。

以上四个要件是行政赔偿的必要条件,缺一不可。下面以"祁县华誉纤维厂诉祁县人民政府行政赔偿案"[①]为例说明这一点。

祁县华誉纤维厂诉祁县人民政府行政赔偿案

【案情概要】

祁县华誉纤维厂于2003年8月经祁县发展计划局祁计字〔2003〕90号文件批准成立,企业性质为个人独资企业,主要产品为二硫化碳及化工产品,总投资198万元。该批文要求原告收文后速办理土地、城建、环保、工商、税务、地震等手续。之后原告请专家设计并购买生产设备,同年11月投产,12月24日被告祁县人民政府以原告企业无任何环保手续为由对其进行了3000元的行政处罚。为此原告向有关部门申请办理了工

---

① 本案刊载于《最高人民法院公报》2011年第4期。

商营业执照（2003年12月12日办理）、税务登记证、组织机构代码证、防雷设施安全检查合格证、产品质量技术检验报告等手续。2005年8月被告以"祁县挂牌督办环境违法企业名单"共313家企业通知原告完善环保审批手续，同年11月晋中市环保监察大队以原告无任何审批手续对原告罚款10000元，并要求其立即完善环保手续。2006年4月11日被告在执法检查中，认定原告企业是挂牌督办违法企业，原告向被告交纳环境监测费3000元并申请办理环保有关手续未果。2007年5月25日祁县人民政府下发祁政发〔2007〕20号文件，以不符合国家产业政策、污染严重、治理无望为由，决定淘汰原告企业，下令于2007年5月27日关闭祁县华誉纤维厂。2007年6月8日原告企业在生产中，被告专项行动领导组对原告的企业采取了断电停水查封措施，强制原告停止生产。此后，原告对被告的上述具体行政行为不服向晋中市中级人民法院提起行政诉讼，晋中市中级人民法院以〔2008〕晋中中法行初字第8号行政判决，确认被告该具体行政行为违法，并予以撤销。祁县人民政府提起上诉，后又撤回上诉，2009年3月7日，山西省高级人民法院作出裁定准予撤诉。为此原告向被告提出赔偿请求，被告于2009年4月23日以祁行赔决字〔2009〕1号不予行政赔偿决定书驳回原告的行政赔偿申请。

在诉讼过程中，原告祁县华誉纤维厂于2009年6月向被告祁县人民法院提出对其损失鉴定的申请，祁县人民法院委托山西泰元司法鉴定所对其损失进行鉴定，鉴定结论为原告各项损失（包括机器设备全部报废损失、利息损失、工资损失、成品、半成品、原材料损失、预期利润损失）共计7 909 137.91元。庭审中原告认为被告的行政行为与原告的损失之间有因果关系，原告虽账目流失但损失存在，山西泰元司法鉴定所对原告损失所出具的司法会计鉴定结论（包括补充意见）比较符合客观真实，原告表示接受。被告认为，原告申请鉴定时未能提供原始的会计凭证、会计账目，原告请求没有事实根据和法律依据，应当驳回其诉讼请求。

【争议焦点】

被告祁县人民政府对于原告祁县华誉纤维厂的具体行政行为违法，原告是否必然获得国家赔偿。

【一审判决】

驳回原告华誉纤维厂要求被告祁县人民政府赔偿损失的诉讼请求。

【一审判决理由】

一审法院祁县人民法院认为：晋中市中级人民法院〔2008〕晋中中法行初字第8号行政判决书确认被告祁县人民政府以环境污染严重、治理无望为由，整体淘汰关闭取缔原告祁县华誉纤维厂企业的具体行政行为违法，并对该具体行政行为予以撤销，该判决已经发生法律效力。依据《国家赔偿法》第2条之规定，国家机关和国家机关工作人员违法行使职权，侵犯公民、法人和其他组织合法权益，造成损害的，受害人有依照本法取得国家赔偿的权利。本案中被告作出具体行政行为要求原告企业整体关闭，采取了断电断水的查封措施，相关设备均是原告自行查处并处理，未直接对原告企业的财产造成损坏，被告的具体行政行为针对的是生产经营权和收益权。

原告祁县华誉纤维厂属于个人独资企业，2003年8月原告企业成立时，祁县发展计划局祁字〔2003〕90号文件批文要求原告应逐项办理城建、土地、环保、工商等手续后方可动工，而原告在未取得县级以上人民政府合法用地批准手续、未取得环保评价手续、未取得安全生产许可证的情况下便投入生产。根据《行政许可法》第81条规定的"公民、法人或其他组织未经行政许可，擅自从事依法应当取得行政许可活动的，行政机关应当采取措施予以制止，并依法给予行政处罚，构成犯罪的，依法追究刑事责任"，原告企业主要生产二硫化碳，该产品属危险化学品。《安全生产许可证条例》第19条规定，"违反本条例规定，未取得安全生产许可证擅自生产的，责令停止生产，没收违法所得"；《危险化学品安全管理条例》第7条规定，"国家对危险化学品的生产和储存实行统一规划、合理布局和严格控制，并对危险化学品生产、储存实行审批制度；未经审批，任何单位和个人都不得生产、储存危险化学品"。根据上述有关规定，我国企业的设立和经营，实行严格的行政许可制度，而原告企业在未办理相关证照的情况下强行投入生产，与法有悖，因而原告没有取得生产经营权，故原告主张的生产经营收益依法不应当受到法律保护，即原告主张的损害非合法权益损害，不属于《国家赔偿法》第2条规定的保护范围，故对原告要求被告祁县人民政府承担行政赔偿责任的诉讼请求，不予支持。对原告所述其早已向各相关部门申请办理各项手续，只因被告给各相关部门下发了原告企业实行关停的通知，才致原告至今未能领到各项手续之意见，法院认为原告应当及时通过正当途径解决，而不能以此为理由先行生产。

【上诉与答辩意见】

一审判决后，祁县华誉纤维厂不服一审判决，向山西省晋中市中级人民法院提出上诉，理由是：上诉人企业是经祁县建设项目审批，由土地、环保等相关部门同意，县人民政府批准，领取了营业执照、税务证等相关手续，是合法的个人独资企业。被上诉人祁县人民政府的违法行为已被晋中市中级人民法院、山西省高级人民法院确认，上诉人是因为被上诉人的过错关闭，其损失与被上诉人的违法行为有直接的因果关系。

被上诉人祁县人民政府辩称：虽然晋中市中级人民法院的行政判决确认了被上诉人的具体行政行为违法，但并不能确定上诉人祁县华誉纤维厂是合法企业。该判决只是针对上诉人是否存在被上诉人行政行为所指控的违法事实进行确认。一个企业的合法，需要办理诸多的行政许可手续，上诉人打着生产纤维的牌子，却无证从事危险化学品的生产经营，无论从哪个方面讲均存在违法行为。上诉人违法办理立项、工商手续，而且无环保、安监、土地手续，常年从事非法经营，根本不存在合法的利益损失，因此被上诉人无法对其进行行政赔偿。

【二审判决】

驳回上诉。

【二审判决理由】

二审法院晋中市中级人民法院认为：国家机关及其工作人员违法行使职权侵犯公民、法人和其他组织的合法权益造成损害的，受害人有取得国家赔偿的权利。但赔偿的前提必须是合法权益遭到损害。上诉人祁县华誉纤维厂工商核准登记的经营范围是生产和销售化学纤维材料，而其提供的证据证明，要求赔偿的生产设备为生产二硫化碳设备，存货亦为二硫化碳；且其对该厂生产的产品为二硫化碳亦无异议。而根据国家《危险化学品名录》，二硫化碳属于危险化学品。又根据国务院令第397号《安全生产许可证条例》的规定，国家对矿山企业、建筑施工企业和危险化学品、烟花爆竹、民用爆破器材生产企业实行安全生产许可制度，企业未取得安全生产许可证的，不得从事生产活动。本案中，祁县华誉纤维厂在未取得安全生产许可证的情况下，以生产化学纤维材料为名，实际生产危险化学品二硫化碳，其行为违反国家禁止性法规，因而不存在合法利益；从另一角度看，上诉人要求赔偿的生产二硫化碳的设备、存货等直接损失与其核准登记的生产销售化学纤维产品无关，因而也不能认定为祁县华誉纤维厂的损失。综上，被上诉人祁县人民政府整体淘汰关闭祁县华誉纤维厂的具体行政行为虽已被生效判决撤销，但并不能因此当然地认定上诉人行为和利益的合法性，故其赔偿请求法院依法不能支持。一审期间，祁县人民法院委托山西泰元司法鉴定所作出的祁县华誉纤维厂生产设备、成品、半成品、原材料、工资、借款利息损失及预期利润损失的司法会计鉴定意见和补充意见，系在祁县华誉纤维厂未提供完整的会计账簿、凭证、会计报表等财务数据，亦无设计图纸及土建安装工程预结算书的情况下作出，根据司法部制定的《司法鉴定执业分类规定（试行）》第9条关于司法会计鉴定是"运用司法会计学的原理和方法，通过检查、计算、验证和鉴定对会计凭证、会计账簿、会计报表和其他会计数据等财务状况进行鉴定"的规定，山西泰元司法鉴定所作出的司法鉴定意见和补充意见所依据的材料的客观性、真实性无法确认，其鉴定意见和补充意见缺乏事实和法律依据，依法不能采信。

综上，被上诉人祁县人民政府的具体行政行为因证据不足被确认违法，但是上诉人祁县华誉纤维厂所遭受的损失不是合法利益的损失，一审认定事实清楚，证据确实充分，程序合法，适用法律正确，依法应予维持。

《最高人民法院公报》编者就本案撰写的裁判要点指出：1994年《国家赔偿法》第2条第1款规定："国家机关和国家机关工作人员违法行使职权侵犯公民、法人和其他组织的合法权益造成损害的,受害人有依法取得国家赔偿的权利。"该条规定了国家赔偿责任的构成要件:一是国家机关和国家机关工作人员违法行使职权;二是公民、法人和其他组织的合法权益受到侵害;三是国家机关和国家机关工作人员违法行使职权与公民、法人和其他组织的合法权益受到损害存在因果关系。获得国家赔偿的前提是合法权益受到侵害,如果公民、法人或其他组织受到的损害是不法利益,即使是具体行政行为违法,国家也不承担赔偿责任。2010年修订的《国家赔偿法》在修改本条时仍然坚持了违法利益不属于国家赔偿范围的原则。

第二节 行政赔偿的范围与事由

行政赔偿范围,系指行政赔偿制度保护的权利范围,即哪些合法权益受到损害应当予以行政赔偿。行政赔偿事由,系指导致行政赔偿的原因,即对哪些行政行为导致的损害应当给予行政赔偿。行政赔偿范围与行政赔偿事由是行政赔偿制度首先要回答的问题。总体来看,我国行政赔偿范围限于人身权和财产权损害两个方面。行政赔偿事由则是导致人身权和财产权损害的行政处罚、行政征收、行政强制等行为。尽管行政赔偿的范围与事由本质上有所区别,但由于二者紧密相关,立法常常将其放在一起来规定,并统统将其置于"赔偿范围"之下。

我国《国家赔偿法》对行政赔偿范围与事由采取了正面列举和反面排除的立法模式,在正面列举了侵犯人身权和财产权的行政行为种类与赔偿范围之后,反面列举了不予赔偿的行政行为种类与赔偿范围。下面对这些规定进行分类说明:

一、人身损害赔偿及其事由

《宪法》第37条规定:"中华人民共和国公民的人身自由不受侵犯。任何公民,非经人民检察院批准或者决定或者人民法院决定,并由公安机关执行,不受逮捕。禁止非法拘禁和以其他方法非法剥夺或者限制公民的人身自由,禁止非法搜查公民的身体。"可见,人身权是我国公民享有的为宪法所肯定的基本权利。对人身权的侵害既包括对人身自由权的侵害,也包括对健康权和生命权的侵害。《国家赔偿法》第3条明确规定,行政机关及其工作人员违法行使行政职权侵犯人身权的,国家要承担赔偿责任。

引发人身权行政赔偿的事由包括:第一,违法拘留或者违法采取限制公民人身自由的行政强制措施的;第二,非法拘禁或者以其他方法非法剥夺公民人身自由的;第三,以殴打、虐待等行为或者唆使、放纵他人以殴打、虐待等行为造成公民身体伤害或者死亡的;第四,违法使用武器、警械造成公民身体伤害或者死亡的;第五,造成公民身体伤害或者死亡的其他违法行为。

从上述事由特别是兜底条款的规定看,对于人身权损害的行政赔偿以行政机关及其公务人员的行为违法为前提,所秉持的是违法责任原则。

二、财产损害赔偿及其事由

《宪法》第13条第1款规定:"公民的合法的私有财产不受侵犯。"因此,财产权也是我国公民所享有的为宪法所肯定的基本权利。《国家赔偿法》第4条规定,行政机关及其工作人员违法行使行政职权侵犯单位和个人财产权的,国家应当承担赔偿责任。

引发财产权行政赔偿的事由包括:第一,违法实施罚款、吊销许可证和执照、责令停产停业、没收财物等行政处罚的;第二,违法对财产采取查封、扣押、冻结等行政强制措施的;第三,违法征收、征用财产的;第四,造成财产损害的其他违法行为。除此之外,《行政诉讼法》第78条第1款规定:"被告不依法履行、未按照约定履行或者违法变更、解除本法第十二条第一款第十一项规定的协议的,人民法院判决被告承担继续履行、采取补救措施或者赔偿损失等责任。"① 可见,违反行政合同约定也是导致行政赔偿的事由之一。

从上述事由特别是兜底条款的规定看,与人身权损害赔偿的事由相似,对于财产权损害的行政赔偿仍以行政机关及其公务人员的行为违法为前提,所秉持的依然是违法责任原则。

三、免于行政赔偿的事由

《国家赔偿法》第5条规定,属于下列情形之一的,国家不承担赔偿责任:

第一,行政机关工作人员行使与职权无关的个人行为。行政机关工作人员以公职身份实施的与行政职权有密切联系的行为,应当视为职务行为,一切法律后果应归属于国家。但是,行政机关工作人员并不总是代表其供职的单位从事活动。当行政机关工作人员以普通公民的身份从事社会活动,行使其民事权利或者其他公民权利时,就不再是行使行政职权。此时,因其行为造成损害引起的赔偿责任就不应由国家承担。

第二,因公民、法人和其他组织自己的行为致使损害发生的。在这种情形下,公民或其他组织遭到的损失与行政机关及其工作人员没有因果关系,自然不由国家承担赔偿责任。但要注意的是,国家对受害人自己的行为造成的损害不予赔偿必须具备两个条件:一是受害人有故意,其故意是导致行政机关实施侵权行为的主要或全部原因。二是

---

① 《行政诉讼法》第12条第1款规定:"人民法院受理公民、法人或者其他组织提起的下列诉讼:(一)对行政拘留、暂扣或者吊销许可证和执照、责令停产停业、没收违法所得、没收非法财物、罚款、警告等行政处罚不服的;(二)对限制人身自由或者对财产的查封、扣押、冻结等行政强制措施和行政强制执行不服的;……(十一)认为行政机关不依法履行、未按照约定履行或者违法变更、解除政府特许经营协议、土地房屋征收补偿协议等协议的;(十二)认为行政机关侵犯其他人身权、财产权等合法权益的。"

损害必须完全是受害人自己的故意行为所致。如果公民行为只是其中部分原因，那么国家仍然应当承担一定的赔偿责任。

第三，法律规定的其他情形。这里的法律应该指狭义的法律，即由全国人大及其常委会制定的法律。从我国行政赔偿的实践来看，这一条款主要包括以下几种情况：一是行为本身就不符合国家赔偿条件而由法律规定不予赔偿；二是行为本身符合国家赔偿的条件和要素，但是考虑到目前我国的经济、政治等层面的原因，因而规定不由国家承担赔偿责任；三是已经适用其他部门法的抗辩事由来减免国家赔偿责任，如民法上的抗辩事由。

要注意的是，行政赔偿可能因行政机关及其公职人员的作为行为引起，也可能因其不作为引起。"尹琛琰诉卢氏县公安局110报警不作为行政赔偿案"[1]可以说明这一点。

◆ 尹琛琰诉卢氏县公安局110报警不作为行政赔偿案

【案情概要】

2002年6月27日凌晨3时许，尹琛琰位于卢氏县县城东门外的"工艺礼花渔具门市部"（以下简称"门市部"）发生盗窃，作案人的撬门声惊动了在街道对面"劳动就业培训中心招待所"住宿的旅客吴古栾、程发新，他们又叫醒了该招待所负责人任春风，当他们确认有人行窃时，即打电话向警方报案，前后两次打通了卢氏县公安局"110指挥中心"并报告了案情，但卢氏县公安局始终没有派人出警。二十多分钟后，作案人将盗窃物品装上一辆摩托车后驶离了现场。尹琛琰被盗的物品为渔具、化妆品等货物，价值总计24546.5元人民币。案发后，尹琛琰向卢氏县公安局提交了申诉材料，要求卢氏县公安局惩处有关责任人，尽快破案，并赔偿其损失。卢氏县公安局一直没有作出答复。于是，尹琛琰向卢氏县法院提起行政诉讼，请求法院根据国家赔偿法的规定，责令卢氏县公安局赔偿其全部损失。

【裁判结果】

卢氏县公安局赔偿尹琛琰25001.5元损失的50%，即12500.75元，在判决生效后10日内给付。宣判后，双方当事人均未上诉。

【裁判理由】

卢氏县人民法院认为：《人民警察法》第2条规定："人民警察的任务是维护国家安全，维护社会治安秩序，保护公民的人身安全、人身自由和合法财产，保护公共财产，预防、制止和惩治违法犯罪活动。"第21条规定："人民警察遇到公民人身、财产安全受到侵犯或者处于其他危难情形，应当立即救助；对公民提出解决纠纷的要求，应当给予帮助；对公民的报警案件，应当及时查处。"

---

[1] 本案刊载于《最高人民法院公报》2003年第2期。

《国家赔偿法》第 2 条规定:"国家机关和国家机关工作人员违法行使职权侵犯公民、法人和其他组织的合法权益造成损害的,受害人有依照本法取得国家赔偿的权利。"

依法及时查处危害社会治安的各种违法犯罪活动,保护公民的合法财产,是公安机关的法定职责。被告卢氏县公安局在本案中,两次接到群众报警后,都没有按规定立即派出人员到现场对正在发生的盗窃犯罪进行查处,不履行应该履行的法律职责,其不作为的行为是违法的,该不作为行为相对原告尹琛琰的财产安全来说,是具体的行政行为,且与门市部的货物因盗窃犯罪而损失在法律上存在因果关系。因此,尹琛琰有权向卢氏县公安局主张赔偿。

《国家赔偿法》第 13 条规定:"赔偿义务机关应当自收到申请之日起两个月内依照本法第四章的规定给予赔偿;逾期不予赔偿或者赔偿请求人对赔偿数额有异议的,赔偿请求人可以自期间届满之日起三个月内向人民法院提起诉讼。"

原告尹琛琰在门市部被盗窃案发后,向被告卢氏县公安局提交了书面申诉材料,要求给予赔偿,符合法律规定的申请国家赔偿程序。卢氏县公安局在《国家赔偿法》规定的两个月的期间内没有任何意见答复尹琛琰,尹琛琰以卢氏县公安局逾期不受理为由提起行政诉讼,符合行政诉讼的受理程序。

原告尹琛琰主张的损失数额,有合法的依据,被告卢氏县公安局虽然对具体数额表示怀疑,但由于没有提供相关的具体证据予以否认,因此,对尹琛琰主张的财产损失数额应予以认定。尹琛琰门市部的财产损失,是有人进行盗窃犯罪活动直接造成的,卢氏县公安局没有及时依法履行查处犯罪活动的职责,使尹琛琰有可能避免的财产损失没能得以避免,故应对盗窃犯罪造成的财产损失承担相应的赔偿责任。尹琛琰的门市部发生盗窃犯罪时,尹琛琰没有派人值班或照看,对财产由于无人照看而被盗所造成的损失,也应承担相应的责任。

"北大法宝"编者就本案撰写的裁判要点指出:《人民警察法》规定人民警察有保护公民人身和财产不受侵害的义务,打击各种违法犯罪活动是人民警察的法定职责。公安机关在接到报警后没有出警,系不履行法定职责,是违法的。财产的损失虽不是由公安机关直接造成,但其没有及时依法履行查处犯罪活动的职责,导致了应当避免的损失而没有避免,其违法行为与损失之间存在法律上的因果关系。根据《国家赔偿法》的规定,国家机关违法行使职权侵犯公民、法人和其他组织的合法权益造成损害的,受害人可以取得国家赔偿,公安机关应当承担赔偿责任。

这里要对行政不作为及其引发行政赔偿的问题作必要补充说明。行政不作为,是指行政主体(及其工作人员)有积极实施现实的特定行政作为的义务,并且能够履行而不予履行的状态。认定行政不作为主要依据以下两个标准:

第一,行政主体依法负有现实的特定行政作为义务。现实的特定行政作为义务是构成行政不作为的前提要件。行政主体所承担的作为义务表现为两个层面:一是法律规范层面上的作为义务,二是现实的特定行政义务。前者主要来源于以下四个方面:(1)法律直接规定的行政作为义务。这种法律直接规定的行政作为义务只能来自狭义的义务性法律规范,禁止性或授权性法律规范都不能直接规定行政作为义务。(2)法律间接体现的行政作为义务。所有授权性法律规范均隐含相应的行政职责,其中很大一部分是行政作为义务。另外,行政相对人行政法上的权利义务规范也隐含行政主体的行政职责,从而包容着行政作为义务。(3)先行行为引起的行政作为义务。它指由于行政主体先前实施的行为,使相对人某种合法权益处于遭受严重损害的危险状态,行政主体因此必须采取积极措施防止损害发生的作为义务。(4)合同行为引起的作为义务。这些规范层面上的行政作为的义务还必须是现实的、特定的,只有现实的特定行政作为义务,才能构成行政不作为的前提要件。法律规范层面上的作为义务转化为现实的特定行政义务,还必须借助于一定的转化条件或者事实。如在尹琛琰案中,《人民警察法》第2条第1款规定:"人民警察的任务是维护国家安全,维护社会治安秩序,保护公民的人身安全、人身自由和合法财产,保护公共财产,预防、制止和惩治违法犯罪活动。"第21条第1款规定:"人民警察遇到公民人身、财产安全受到侵犯或者处于其他危难情形,应当立即救助;对公民提出解决纠纷的要求,应当给予帮助;对公民的报警案件,应当及时查处。"这两条规定,构成了被告公安机关法律规范层面上的作为义务。如果盗窃发生时,原告门市部的邻居没有向被告的"110指挥中心"报警,被告的巡警也没有发现盗窃行为,被告所承担的法律规范层面上的救助义务就不会转化为现实的特定行政义务,它不能成为行政不作为的构成要件,原告不能因此而要求被告承担法律责任。但当原告门市部的邻居报警后,被告所承担的法律规范层面的义务就转化成了现实的特定行政作为义务。此时,公安机关所承担的义务,就成为构成行政不作为的前提要件。

第二,行政主体能够履行而不履行其承担的现实行政义务。这一要件包含两个方面:一是,行为主体必须具备履行该作为义务的能力。这是行政不作为构成的重要要件。如果行为主体当时没有履行该作为义务的能力,法律就不能强制其承担一定的法律责任。二是,行为主体没有履行该现实作为义务。这里的"没有履行"不是因客观原因如地震、水灾、火灾等不能履行,而是行政主体有履行能力,但故意不履行,或者因过失而不履行。总之,没有履行是出于故意或者有过失,不是不能履行。本案中,作案人的撬门声惊动原告门市部的邻居后,他们在确认有人行窃时,前后两次打通卢氏县公安局"110指挥中心"的电话并报告了案情,但卢氏县公安局始终没有出警。在庭审中,被告并没有就其不出警作合理说明,说明其值班人员是故意不出警,而不是由于客观原因不能出警。

基于以上分析，本案一审法院判决对于被告行政不作为的认定以及据此要求其承担行政赔偿责任是有道理的。

第三节　行政赔偿关系的当事人

行政赔偿关系的当事人，系指行政赔偿法律关系中的权利义务享有者或者承担者，包括行政赔偿请求人、行政赔偿义务机关和行政赔偿第三人。《国家赔偿法》《行政诉讼法》和《最高人民法院关于审理行政赔偿案件若干问题的规定》对行政赔偿关系中的当事人资格作了规定。

一、行政赔偿请求人

行政赔偿请求人，系指其人身权或者财产权受到行政机关及其工作人员的行政行为侵害，并依法向有关机关提出赔偿请求的个人、法人和其他组织。就赔偿请求人，《国家赔偿法》第6条规定："受害的公民、法人和其他组织有权要求赔偿。受害的公民死亡，其继承人和其他有扶养关系的亲属有权要求赔偿。受害的法人或者其他组织终止的，其权利承受人有权要求赔偿。"这一条规定包含了两个方面的内容：一是对行政赔偿请求人一般资格的规定。这里的一般资格简单而明了，即"受害"，只要公民、法人或者其他组织的合法权利受到损害，就有权请求赔偿，就具备赔偿请求人资格。二是对行政赔偿请求人资格继承的规定。行政赔偿请求人资格继承包括自然人继承和非自然人继承两个方面。自然人行政赔偿资格继承，即"受害的公民死亡，其继承人和其他有扶养关系的亲属有权要求赔偿"。对此，《最高人民法院关于审理行政赔偿案件若干问题的规定》第15条规定："受害的公民死亡，其继承人和其他有抚养关系的亲属以及死者生前抚养的无劳动能力的人有权提起行政赔偿诉讼。"非自然人行政赔偿资格继承，即"受害的法人或者其他组织终止的，其权利承受人有权要求赔偿"。对此，《最高人民法院关于审理行政赔偿案件若干问题的规定》第16条规定："企业法人或者其他组织被行政机关撤销、变更、兼并、注销，认为经营自主权受到侵害，依法提起行政赔偿诉讼，原企业法人或其他组织，或者对其享有权利的法人或其他组织均具有原告资格。"

二、行政赔偿义务机关

行政赔偿义务机关，是指代表国家接受行政赔偿请求，参加行政赔偿诉讼，代替国家履行赔偿义务的行政机关或法律、法规授权的组织。由于国家是一个抽象的政治实体，受害人无法直接请求国家承担具体的赔偿义务，因此当今世界上许多国家立法中采取了"国家责任，机关赔偿"的做法。我国在行政赔偿制度建设中也采取了以上赔偿方式。但是，行政机关多种多样，仅确立这样的原则还不足以解决具体问题，受害者的合法权益遭受侵害后还不能确定向哪个机关申请赔偿。因此，国家赔偿法和有关司法解释对行政赔偿义务作出了更具体的规定，下面结合《国家赔偿法》第 7 条的规定就赔偿义务机关的确定问题作具体说明。

1. 行政机关单独致人损害的赔偿义务机关

行政机关及其工作人员行使行政职权侵犯公民、法人和其他组织的合法权益造成损害的，该行政机关为赔偿义务机关。须注意的是，如果致害主体为行政机关，那么该机关必须具有行政主体资格；如果致害主体为行政机关工作人员，那么赔偿义务机关应为该工作人员所在的行政机关，也就是该工作人员实施侵害时，其职权所属的机关。对此，《国家赔偿法》第 7 条第 1 款规定："行政机关及其工作人员行使行政职权侵犯公民、法人和其他组织的合法权益造成损害的，该行政机关为赔偿义务机关。"

2. 两个以上行政机关共同致人损害的赔偿义务机关

两个以上行政机关共同行使职权侵犯公民、法人和其他组织的合法权益造成损害的，共同行使行政职权的行政机关为共同赔偿义务机关。共同行使职权是指两个以上行政机关对同一事实以共同署名方式行使行政职权。如果受害人遭受侵害，则可向其中任何一个行政机关提出赔偿请求，该机关必须单独或与其他义务机关共同支付赔偿费用，承担赔偿义务。对此，《国家赔偿法》第 7 条第 2 款规定："两个以上行政机关共同行使行政职权时侵犯公民、法人和其他组织的合法权益造成损害的，共同行使行政职权的行政机关为共同赔偿义务机关。"

3. 法律、法规授权的组织为赔偿义务机关

法律、法规授权的组织也是行政主体之一。法律、法规授权的组织，即国家根据行政管理的需要，以法律、法规授权某些社会组织行使行政职权。法律、法规授权的组织行使行政职权时既然为行政主体，则其违法行使职权的行为给公民、法人和其他组织造成损害的，就应当由国家承担赔偿责任。因此，《国家赔偿法》第 7 条第 3 款规定："法律、法规授权的组织在行使授予的行政权力时侵犯公民、法人和其他组织的合法权益造成损害的，被授权的组织为赔偿义务机关。"

需要注意的是，对于授权组织的表述，2017 年《行政诉讼法》与 2013 年《国家赔偿法》有所不同。《行政诉讼法》第 2 条规定："公民、法人或者其他组织认为行政机关和行政机关工作人员的行政行为侵犯其合法权益，有权依照本法向人民法院提起诉讼。前款所称行政行为，包括法律、法规、规章授权的组织作出的行政行为。"这就是说，除了法律法规，规章授权的组织也可以是行政主体，它要为自己作出的行为独立承担法律责任。从时间关系来看，《行政诉讼法》是新法，《国家赔偿法》是旧法，按照新法优于旧法原则，关于授权组织的界定应当遵循《行政诉讼法》的规定。

4. 委托行政中受托人行为致人损害的赔偿义务机关

受行政机关委托的组织或者个人在行使受委托的职权时侵犯公民、法人和其他组织的合法权益造成损害的，委托行政机关为赔偿义务机关。如本书第四章"行政法律关系的主体"所介绍的，在具体行政执法活动中，委托行政较为常见。行政机关根据需要将部分行政职权委托给其他组织或个人行使，在这种情况下受委托的组织或个人以委托行政机关的名义活动，其行为后果归属于委托的行政机关。因此，当受委托的组织或个人受到委托行政的侵害时，理应由委托的行政机关作为赔偿义务机关。对此，《国家赔偿法》第7条第4款规定："受行政机关委托的组织或者个人在行使受委托的行政权力时侵犯公民、法人和其他组织的合法权益造成损害的，委托的行政机关为赔偿义务机关。"

5. 行政机关被撤销后的赔偿义务机关

行政机关被撤销后的赔偿义务机关的确定，实质上涉及的是行政赔偿义务的继承问题。对此，《国家赔偿法》第7条第5款规定："赔偿义务机关被撤销的，继续行使其职权的行政机关为赔偿义务机关；没有继续行使其职权的行政机关的，撤销该赔偿义务机关的行政机关为赔偿义务机关。"这样规定的原因在于，行政机关虽然可撤销，但行政职权职责不能撤销，只能发生转移。按照职权与职责相一致的原则，由继续行使其职权的行政机关履行赔偿义务比较合理。我国目前正处在改革阶段，政府的职能和机构设置还没有完全定型，行政机关的变动较为频繁，行政赔偿义务的继承现象比较普遍。

6. 行政决定经过行政复议的赔偿义务机关

如果致害的行政行为经过行政复议，则赔偿义务机关要分两种情况来确定：第一，复议机关减轻损害或者维持原状的，最初作出侵权损害行为的行政机关为赔偿义务机关；第二，复议决定加重损害的，原行为机关与复议机关作为共同赔偿义务机关，复议机关对加重的损害部分承担赔偿义务，对原行为造成的损害仍由最初造成损害的行政机关赔偿。对此，《国家赔偿法》第8条规定："经复议机关复议的，最初造成侵权行为的行政机关为赔偿义务机关，但复议机关的复议决定加重损害的，复议机关对加重的部分履行赔偿义务。"

三、行政赔偿第三人

行政赔偿第三人，系指除行政赔偿请求人和义务机关之外的、与行政赔偿有法律上利害关系的公民、法人或者其他组织。如果将行政赔偿看作一种行政行为，则行政赔偿第三人应当与行政第三人具有相似的法律属性和法律地位。《国家赔偿法》未对行政赔偿第三人作出规定。不过，《最高人民法院关于审理行政赔偿案件若干法律问题的规定》第14条规定："与行政赔偿案件处理结果有法律上的利害关系的其他公民、法人或者其他组织有权作为第三人参加行政赔偿诉讼。"这一规定虽然是关于行政赔偿诉讼第三人的，但也反映了行政赔偿第三人的基本法律属性与法律地位。[①]

第四节　行政赔偿的程序

行政赔偿程序是行政赔偿请求人向赔偿义务机关提出申请，赔偿义务机关处理行政赔偿事宜应当遵守的方式、步骤、顺序、时限等的总称。行政赔偿程序是保障受害人依法行使赔偿请求权、规范赔偿义务机关受理和处理赔偿事宜的重要制度。《行政复议法》第29条第1款规定："申请人在申请行政复议时可以一并提出行政赔偿请求，行政复议机关对符合国家赔偿法的有关规定应当给予赔偿的，在决定撤销、变更具体行政行为或者确认具体行政行为违法时，应当同时决定被申请人依法给予赔偿。"《国家赔偿法》第9条第2款规定："赔偿请求人要求赔偿，应当先向赔偿义务机关提出，也可以在申请行政复议或者提起行政诉讼时一并提出。"由这些规定可以看出，申请行政赔偿有两种途径：一是单独提起赔偿请求；二是在行政复议、行政诉讼中一并提起。

一、单独提起行政赔偿请求的程序

受害人单独提起行政赔偿请求时，应当先向行政赔偿义务机关提出，赔偿义务机关拒绝受理、在法定期间不作出决定、决定不予赔偿或者决定给予赔偿但赔偿请求人对赔偿数额有异议时，赔偿请求人才可以向上级机关申请复议或向法院提起诉讼。由行政赔偿义务机关先行处理，可为行政机关提供一个自行纠正的机会，有利于减少受害人的诉讼负担。单独请求行政赔偿的程序比较简单，可分为赔偿请求人提出申请和赔偿义务机关作出决定两个阶段。

1. 行政赔偿申请的提出

赔偿请求人提出行政赔偿申请，行政赔偿程序方能启动。如果赔偿义务机关有两个以上，赔偿请求人可以向共同赔偿义务机关中的任何一个赔偿义务机关要求赔偿，该赔偿义务机关应当先予赔偿。如果赔偿请求人所受到的损害有多种，可以同时提出数项赔偿要求。[②]

赔偿请求人申请赔偿时应当递交申请书，申请书应当载明下列事项：（1）受害人的姓名、性别、年龄、工作单位和住所，法人或者其他组织的名称、住所和法定代表人或者主要负责人的姓名、职务；（2）具体的要求、事实根据和理由；（3）申请的年、月、

[①] 对行政赔偿第三人以及行政赔偿诉讼第三人的理解，也可参见《行政诉讼法》第29条的规定："公民、法人或者其他组织同被诉行政行为有利害关系但没有提起诉讼，或者同案件处理结果有利害关系的，可以作为第三人申请参加诉讼，或者由人民法院通知参加诉讼。人民法院判决第三人承担义务或者减损第三人权益的，第三人有权依法提起上诉。"

[②] 参见《国家赔偿法》第10、11条。

日。赔偿请求人书写申请书确有困难的,可以委托他人代书;也可以口头申请,由赔偿义务机关记入笔录。赔偿请求人不是受害人本人的,应当说明与受害人的关系,并提供相应证明。

赔偿请求人当面递交申请书的,赔偿义务机关应当当场出具加盖本行政机关专用印章并注明收讫日期的书面凭证。申请材料不齐全的,赔偿义务机关应当当场或者在5日内一次性告知赔偿请求人需要补正的全部内容。①

2. 赔偿义务机关的处理

赔偿义务机关应当自收到申请之日起2个月内,作出是否赔偿的决定。赔偿义务机关作出赔偿决定,应当充分听取赔偿请求人的意见,并可以与赔偿请求人就赔偿方式、赔偿项目和赔偿数额进行协商。赔偿义务机关决定赔偿的,应当制作赔偿决定书,并自作出决定之日起10日内送达赔偿请求人。赔偿义务机关决定不予赔偿的,应当自作出决定之日起10日内书面通知赔偿请求人,并说明不予赔偿的理由。②

赔偿义务机关在规定期限内未作出是否赔偿的决定,赔偿请求人可以自期限届满之日起3个月内,向人民法院提起诉讼。赔偿请求人对赔偿的方式、项目、数额有异议的,或者赔偿义务机关作出不予赔偿决定的,赔偿请求人也可以自赔偿义务机关作出赔偿或者不予赔偿决定之日起3个月内,向人民法院提起诉讼。

二、一并提起行政赔偿请求的程序

一并申请赔偿,是指赔偿请求人在申请行政复议或者提起行政诉讼的同时一并提出行政赔偿请求。由此,一并提出赔偿请求的程序可分为行政复议中的行政赔偿程序与行政赔偿诉讼程序。

1. 行政复议中的行政赔偿程序

如果复议申请人在复议程序中一并提出赔偿请求,复议申请人首先应递交复议申请书,在复议申请书的理由和请求中一并提出行政赔偿请求,并写明违法的行政行为与损害结果之间的因果关系以及损害程度、具体赔偿要求等。

《行政复议法》和《行政复议法实施条例》对行政复议过程中一并请求行政赔偿的程序并没有作出特别的规定。这就说明,行政复议中的行政赔偿总体上适用行政复议的一般程序。不过,《行政复议法实施条例》第50条第1款规定:"有下列情形之一的,行政复议机关可以按照自愿、合法的原则进行调解:(一)公民、法人或者其他组织对行政机关行使法律、法规规定的自由裁量权作出的具体行政行为不服申请行政复议的;

---

① 参见《国家赔偿法》第12条。
② 参见《国家赔偿法》第13条。

(二) 当事人之间的行政赔偿或者行政补偿纠纷。"从而规定了行政赔偿的调解程序。就行政赔偿的调解,该条第2、3款还进一步规定:"当事人经调解达成协议的,行政复议机关应当制作行政复议调解书。调解书应当载明行政复议请求、事实、理由和调解结果,并加盖行政复议机关印章。行政复议调解书经双方当事人签字,即具有法律效力。调解未达成协议或者调解书生效前一方反悔的,行政复议机关应当及时作出行政复议决定。"这可以看作行政赔偿调解的基本程序。

《行政复议法》第31条第1款规定:"行政复议机关应当自受理申请之日起六十日内作出行政复议决定;但是法律规定的行政复议期限少于六十日的除外。情况复杂,不能在规定期限内作出行政复议决定的,经行政复议机关的负责人批准,可以适当延长,并告知申请人和被申请人;但是延长期限最多不超过三十日。"行政复议机关对行政赔偿事宜的处理期限应当与行政复议的期限相同。行政复议机关就行政赔偿事宜在行政复议决定书中作出决定后,赔偿请求人或者赔偿义务机关不满的,可以向人民法院起诉。

2. 行政赔偿诉讼程序

行政赔偿诉讼程序,是指人民法院审理行政赔偿争议的程序。行政赔偿诉讼程序与行政复议中的行政赔偿程序不完全相同。赔偿请求人可以在提起行政诉讼时一并提出赔偿要求,也可以在行政复议机关作出决定或者赔偿义务机关作出决定之后,向法院提起行政赔偿诉讼。

根据《行政诉讼法》和《国家赔偿法》的相关规定,提起行政赔偿诉讼应具备以下条件:(1) 是行政侵权行为的受害人,包括公民、法人和其他组织。(2) 有明确的被告。在行政赔偿诉讼中,被告一般是造成受害人损失的行政机关或法律、法规授权的组织。(3) 有具体的诉讼请求和相应的事实根据,并提供有关证据材料。(4) 属于人民法院受案范围及受诉人民法院管辖。行政赔偿诉讼管辖适用行政诉讼法关于管辖的规定。(5) 单独提出赔偿请求的,必须经过赔偿义务机关的先行处理。这是提起行政赔偿诉讼的前提条件。(6) 在法律规定的时效内起诉。《国家赔偿法》第14条规定,当事人在赔偿义务机关逾期不予赔偿或对赔偿数额有异议,应在赔偿义务机关处理期限届满后3个月内提起诉讼。

三、行政赔偿的举证责任与调解

在行政赔偿程序中,还有举证责任的分配和调解程序的适用两个问题需进一步说明。它们与一般行政行为的相关制度不同。

(一) 举证责任的分配

在行政赔偿程序中,原告承担主要举证责任。一般情况下由原告对因被诉行政行为造成损失的事实以及提出的主张承担举证责任,但也有例外。《行政诉讼法》第38条第

2款规定:"在行政赔偿、补偿的案件中,原告应当对行政行为造成的损害提供证据。因被告的原因导致原告无法举证的,由被告承担举证责任。"《国家赔偿法》第15条规定:"人民法院审理行政赔偿案件,赔偿请求人和赔偿义务机关对自己提出的主张,应当提供证据。赔偿义务机关采取行政拘留或者限制人身自由的强制措施期间,被限制人身自由的人死亡或者丧失行为能力的,赔偿义务机关的行为与被限制人身自由的人的死亡或者丧失行为能力是否存在因果关系,赔偿义务机关应当提供证据。"根据这一法律规定,赔偿义务机关采取行政拘留或限制人身自由的强制措施期间,被限制人身自由的人死亡或者丧失行为能力的,赔偿义务机关的行为与被限制人身自由的人的死亡或者丧失行为能力是否存在因果关系,由赔偿义务机关承担举证责任。除此之外,在房屋强制拆除引发的行政赔偿案件中,如原告提供了初步证据,但因行政机关的原因导致原告无法对房屋内物品损失举证,行政机关亦因未依法进行财产登记、公证等措施无法对房屋内物品损失举证的,人民法院对原告未超出市场价值的符合生活常理的房屋内物品的赔偿请求,也予以支持。指导案例91号"沙明保等诉马鞍山市花山区人民政府房屋强制拆除行政赔偿案"①体现了这一点。本案所体现的举证原则,不应仅仅体现在拆迁案件中,在其他类似案件中也应当类推适用。

(二)调解程序的适用

在行政赔偿程序中,当事人可以就赔偿方式与数额等进行调解。这是行政赔偿诉讼与其他行政诉讼在审理方式上的明显区别。《行政诉讼法》第60条规定:"人民法院审理行政案件,不适用调解。但是,行政赔偿、补偿以及行政机关行使法律、法规规定的自由裁量权的案件可以调解。调解应当遵循自愿、合法原则,不得损害国家利益、社会公共利益和他人合法权益。"据此可见,行政赔偿诉讼中的调解,就是人民法院在双方自愿的基础上,就赔偿方式、赔偿数额在双方当事人之间进行协商,促使双方相互谅解,以达成赔偿协议。如果达成协议,应当制作行政赔偿调解书,写明赔偿请求、案件事实和调解结果,然后由审判人员、书记员署名,加盖人民法院印章,送达双方当事人。双方当事人签收后调解书即具有法律效力。

第五节 行政赔偿的方式和计算标准

一、行政赔偿的方式

我国《国家赔偿法》第32条规定:"国家赔偿以支付赔偿金为主要方式。能够返还

---

① 最高人民法院审判委员会讨论通过,2017年11月15日发布。本案相关介绍参见本书第六章第三节。

财产或者恢复原状的,予以返还财产或者恢复原状。"可以看出,我国国家赔偿方式以金钱赔偿为主,以恢复原状、返还财产为辅。换言之,一般情况下,以支付金钱的方式对受害人给予赔偿,只有在特定情形下才选择返还财产、恢复原状的赔偿方式。行政赔偿作为国家赔偿的一个方面,自然也不例外。

(一) 金钱赔偿

金钱赔偿就是在计算或者估算损害程度后,以货币支付的形式,给予受害者适当额度的赔偿。金钱赔偿与其他赔偿方式相比有较大优势:首先,金钱赔偿适用的范围非常广泛,几乎适用于任何损害的赔偿;其次,金钱赔偿便于操作,标准比较固定,一定程度上避免了因标准不一而难以取得共识的问题。因此,金钱赔偿是首选的赔偿方式。金钱赔偿作为行政赔偿的主要赔偿方式,主要适用于下列情况:

第一,人身损害赔偿。人身损害终将转换为财产损失,如劳动能力的丧失、劳动报酬的减少等,原本可通过正常劳动获得的正当收入会因人身损害部分或全部丧失;另外,人身损害会导致医疗费、丧葬费等必需支出的费用。在这种情况下,以金钱支付赔偿较为合适。

第二,财产损害的金钱赔偿。一般来说,财产损失都可以折算成一定数额的金钱,然后再给予赔偿。财产损失的几种主要形式,如财物灭失、盈利丧失等,也都可以通过折算的方法加以衡量。在计算损失或灭失财产的价格后支付相应的赔偿金,简单易行。

(二) 返还财产

返还财产又称返还原物,是指将国家机关因行政违法而取得的财产返还给受害人的一种赔偿方式。返还财产的目的在于将非法占有的财产归还所有人、经营管理人或者其他合法占有人,从而恢复到原来的合法占有的状态。返还财产一般是返还原物,如果原物是种类物,可以返还同种类的财产;受害人若不同意,则只能用金钱赔偿。基于返还财产赔偿方式的这种特点,返还财产只能适用于财物损害,如违法没收的财物、违法征收的财物等。

除了以上条件外,采用返还财产这种赔偿方式还须兼备以下条件:第一,原财产仍然存在。若原财产已丧失,自无返还财产的赔偿可能。第二,返还财产比金钱赔偿更为便捷,更符合赔偿请求人的赔偿要求。第三,不影响公务的实施。如原财产已用于公务活动,返还财产会影响公务实施,则不应以返还财产方式赔偿。《国家赔偿法》关于返还财产的具体规定是第36条第1款第1项和第7项:"侵犯公民、法人和其他组织的财产权造成损害的,按照下列规定处理:(一)处罚款、罚金、追缴、没收财产或者违法征收、征用财产的,返还财产;……(七)返还执行的罚款或者罚金、追缴或者没收的金钱,解除冻结的存款或者汇款的,应当支付银行同期存款利息;……"

(三) 恢复原状

恢复原状是指把受侵害财产或权利恢复到受损害前的形状、性能或状态的赔偿方式。恢复原状这种赔偿方式会较多地牵涉公务人员的时间和精力，一般来说只有在采取恢复原状的赔偿方式比金钱赔偿更为方便、快捷的情况下才可以适用。除此之外，采用恢复原状这种赔偿方式必须具备以下条件：第一，受到损害的财产能够恢复原状。如果财产受损严重而无法恢复，则不可能采取这种赔偿方式。第二，恢复原状比金钱赔偿更便捷易行。反之，如果金钱赔偿更为便捷，则采用金钱赔偿方式。

二、行政赔偿的计算标准

行政赔偿的计算标准是确定赔偿金额的准则。对不同权利造成的损害，赔偿标准会有所不同。在我国，损害赔偿计算标准分别为：

(一) 侵犯人身自由权的赔偿标准

《国家赔偿法》第 33 条规定："侵犯公民人身自由的，每日赔偿金按照国家上年度职工日平均工资计算。"据此，对侵犯公民人身自由权的赔偿，具体标准是按日支付赔偿金。每日的赔偿金按照国家上年度职工日平均工资计算。国家上年度职工日平均工资数额，应当按当年职工年平均工资除以全年法定工作日数的方法计算。年平均工资以国家统计局公布的数字为准。其中"上年度"的含义，根据最高人民法院的相关司法解释，是指赔偿义务机关、复议机关、人民法院作出赔偿决定时的上年度。

(二) 侵犯生命健康权的赔偿标准

侵犯生命健康权主要包括致人身体伤害、致人身体残疾、致人死亡几种情况。人身损害赔偿范围一般包括医疗费、误工费、补偿费、生活费。《国家赔偿法》第 34 条规定，侵犯公民生命健康权的，赔偿金按照下列规定计算：

第一，造成身体伤害的，应当支付医疗费、护理费，以及赔偿因误工减少的收入。减少的收入的赔偿金按照国家上年度职工日平均工资计算，最高额为国家上年度职工年平均工资的 5 倍。

第二，造成部分或者全部丧失劳动能力的，应当支付医疗费、护理费、残疾生活辅助具费、康复费等因残疾而增加的必要支出和继续治疗所必需的费用，以及残疾赔偿金。残疾赔偿金根据丧失劳动能力的程度，按照国家规定的伤残等级确定，最高不超过国家上年度职工年平均工资的 20 倍。造成全部丧失劳动能力的，对其扶养的无劳动能力的人，还应当支付生活费。

第三，造成死亡的，应当支付死亡赔偿金、丧葬费，总额为国家上年度职工年平均工资的 20 倍。对死者生前扶养的无劳动能力的人，还应当支付生活费。

上述第二项、第三项中的生活费的发放标准，参照当地最低生活保障标准执行。被扶养的人是未成年人的，生活费给付至18周岁止；其他无劳动能力的人，生活费给付至死亡时止。

（三）精神损害的赔偿标准

侵犯公民人身自由、生命健康权，通常会给公民带来精神痛苦。对精神损害以支付赔偿金方式给予赔偿，并不是说诸如感情、心情、亲情等可以金钱交易，而是以金钱的功能来抚慰、减轻受害人的精神痛苦。"精神损害赔偿是对自然人人格受不法侵害而导致精神损害的法律救济，是对受害人生理上、心理上产生的精神痛苦的抚慰，赔偿金的数额应至少能使受害人得到心理上的基本平衡和满足。"[①] 如公安机关以卖淫为由拘留公民10天，但事后查明是公安机关违法认定事实所致。如果公安机关仅仅赔偿受害人10天的误工损失，则远远不能弥补受害人为此经受的精神痛苦。精神痛苦不可能在10天内消失。1994年《国家赔偿法》没有精神赔偿的规定。2010年《国家赔偿法》修正后，精神损害赔偿得到认可。该法第35条规定："致人精神损害的，应当在侵权行为影响的范围内，为受害人消除影响，恢复名誉，赔礼道歉；造成严重后果的，应当支付相应的精神损害抚慰金。"至于精神损害赔偿金的计算方法，最高人民法院在指导案例42号"朱红蔚申请无罪逮捕国家赔偿案"[②] 中初步确立了一些标准。此案虽然是针对刑事赔偿的，但其精神与规则也可以适用于行政赔偿。

◆ ［指导案例42号］朱红蔚申请无罪逮捕国家赔偿案

【案情概要】

赔偿请求人朱红蔚申请称：检察机关的错误羁押致使其遭受了极大的物质损失和精神损害，申请最高人民法院赔偿委员会维持广东省人民检察院支付侵犯人身自由的赔偿金的决定，并决定由广东省人民检察院登报赔礼道歉、消除影响、恢复名誉，赔偿精神损害抚慰金200万元，赔付被扣押车辆、被拍卖房产等损失。

广东省人民检察院答辩称：朱红蔚被无罪羁押873天，广东省人民检察院依法决定支付侵犯人身自由的赔偿金124254.09元，已向朱红蔚当面道歉，并为帮助朱红蔚恢复经营走访了相关工商管理部门及向有关银行出具情况说明。广东省人民检察院未参与涉案车辆的扣押，不应对此承担赔偿责任。朱红蔚未能提供精神损害后果严重的证据，其要求支付精神损害抚慰金的请求不应予支持，其他请求不属于国家赔偿范围。

---

① 康德华主编：《最高人民法院人身损害赔偿司法解释条文释义》，人民法院出版社2004年版，第388页。
② 参见最高人民法院赔偿委员会国家赔偿决定书〔2011〕法委赔字第4号。最高人民法院审判委员会讨论通过，2014年12月25日发布。

法院经审理查明：因涉嫌犯合同诈骗罪，朱红蔚于2005年7月25日被刑事拘留，2005年8月26日被取保候审。2006年5月26日，广东省人民检察院以粤检侦监核〔2006〕4号复核决定书批准逮捕朱红蔚。2006年6月1日，朱红蔚被执行逮捕。2008年9月11日，广东省深圳市中级人民法院以指控依据不足为由，判决宣告朱红蔚无罪。2008年9月19日，朱红蔚被释放。朱红蔚被羁押时间共计875天。2011年3月15日，朱红蔚以无罪逮捕为由向广东省人民检察院申请国家赔偿。2011年7月19日，广东省人民检察院作出粤检赔决〔2011〕1号刑事赔偿决定：按照2010年度全国职工日平均工资标准支付侵犯人身自由的赔偿金124254.09元（142.33元/天×873天）；口头赔礼道歉并依法在职能范围内为朱红蔚恢复生产提供方便；对支付精神损害抚慰金的请求不予支持。

另查明：第一，朱红蔚之女朱某某在朱红蔚被刑事拘留时未满18周岁，至2012年抑郁症仍未愈。第二，深圳一和实业有限公司自2004年由朱红蔚任董事长兼法定代表人，2005年以来未参加年检。第三，朱红蔚另案申请深圳市公安局赔偿被扣押车辆损失，广东省高级人民法院赔偿委员会以朱红蔚无证据证明其系车辆所有权人和受到实际损失为由，决定驳回朱红蔚赔偿申请。第四，2011年9月5日，广东省高级人民法院、广东省人民检察院、广东省公安厅联合发布粤高法〔2011〕382号《关于在国家赔偿工作中适用精神损害抚慰金若干问题的座谈会纪要》。该纪要发布后，广东省人民检察院表示可据此支付精神损害抚慰金。

【裁判结果】

最高人民法院赔偿委员会于2012年6月18日作出〔2011〕法委赔字第4号国家赔偿决定：第一，维持广东省人民检察院粤检赔决〔2011〕1号刑事赔偿决定第二项；第二，撤销广东省人民检察院粤检赔决〔2011〕1号刑事赔偿决定第一、三项；第三，广东省人民检察院向朱红蔚支付侵犯人身自由的赔偿金142318.75元；第四，广东省人民检察院向朱红蔚支付精神损害抚慰金50000元；第五，驳回朱红蔚的其他赔偿请求。

【裁判理由】

最高人民法院认为：赔偿请求人朱红蔚于2011年3月15日向赔偿义务机关广东省人民检察院提出赔偿请求，本案应适用修订后的《国家赔偿法》。朱红蔚被实际羁押时间为875天，广东省人民检察院计算为873天有误，应予纠正。根据《最高人民法院关于人民法院执行〈中华人民共和国国家赔偿法〉几个问题的解释》第6条规定，赔偿委员会变更赔偿义务机关尚未生效的赔偿决定，应以作出本赔偿决定时的上年度即2011年度全国职工日平均工资162.65元为赔偿标准。因此，广东省人民检察院应按照2011年度全国职工日平均工资标准向朱红蔚支付侵犯人身自由875天的赔偿金142318.75元。朱红蔚被宣告无罪后，广东省人民检察院已决定向朱红蔚以口头方式赔礼道歉，并为其恢复生产提供方便，从而在侵权行为范围内为朱红蔚消除影响、恢复名誉，该项决定应予维持。朱红蔚另要求广东省人民检察院以登报方式赔礼道歉,不予支持。

朱红蔚被羁押875天,正常的家庭生活和公司经营也因此受到影响,导致其精神极度痛苦,应认定精神损害后果严重。对朱红蔚主张的精神损害抚慰金,根据自2005年朱红蔚被羁押以来深圳一和实业有限公司不能正常经营,朱红蔚之女患抑郁症未愈,以及粤高法〔2011〕382号《关于在国家赔偿工作中适用精神损害抚慰金若干问题的座谈会纪要》明确的广东省赔偿精神损害抚慰金的参考标准,结合赔偿协商协调情况以及当地平均生活水平等情况,确定为50000元。朱红蔚提出的其他请求,不予支持。

《最高人民法院公报》编者就本案撰写的裁判要点指出:第一,国家机关及其工作人员行使职权时侵犯公民人身自由权,严重影响受害人正常的工作、生活,导致其精神极度痛苦,属于造成精神损害严重后果。第二,赔偿义务机关支付精神损害抚慰金的数额,应当根据侵权行为的手段、场合、方式等具体情节,侵权行为造成的影响、后果,以及当地平均生活水平等综合因素确定。

(四)财产权损害的赔偿标准

根据《国家赔偿法》第36条的规定,侵犯公民、法人和其他组织的财产权并造成损害的,财产权损害赔偿的标准为:第一,应当返还的财产损坏的,能够恢复原状的恢复原状,不能恢复原状的,按照损害程度给付相应的赔偿金。第二,应当返还的财产灭失的,给付相应的赔偿金。第三,财产已经拍卖或者变卖的,给付拍卖或者变卖所得的价款;变卖的价款明显低于财产价值的,应当支付相应的赔偿金。第四,吊销许可证和执照、责令停产停业的,赔偿停产停业期间必要的经常性费用开支。第五,返还执行的罚款或者罚金、追缴或者没收的金钱,解除冻结的存款或者汇款的,应当支付银行同期存款利息。第六,对财产权造成其他损害的,按照直接损失给予赔偿。

在上述法律规定下,"相应的赔偿金""停产停业期间必要的经常性费用开支""银行同期存款利息"和"直接损失"等概念的解释便成为计算财产权损害赔偿数额的关键。"上海汇兴实业有限公司诉浦江海关行政赔偿案"[①] 是关于直接损失之界定的典型案例。

上海汇兴实业有限公司诉浦江海关行政赔偿案

【案情概要】

原告上海汇兴实业有限公司(以下简称"汇兴公司")于2001年11月13日,由上海协通(集团)有限公司代理报关,申报的进口人工草坪商品编号为39189090,共计8491.2平方米。中华人民共和国上海浦江海关(以下简称"浦江海关")于2001年11

---

① 本案刊载于《最高人民法院公报》2004年第1期。

月 13 日向汇兴公司征收关税人民币 101515.8 元，代征增值税人民币 132308.96 元。之后，浦江海关发现原征税所依据的商品编号错误致税率差异，正确的商品编号应为 57033000。编号为 39189090 的商品 2001 年的进口税率为 15，2002 年为 10，编号为 57033000 的商品 2001 年的进口税率为 21，2002 年为 19.3。2002 年 10 月 22 日，浦江海关向汇兴公司补征关税人民币 40606.32 元，代征增值税人民币 6903.02 元，汇兴公司缴纳了补征的税款。2003 年 1 月 20 日，汇兴公司以浦江海关 2001 年 11 月 13 日征税行为违法为由，向浦江海关申请赔偿。理由是：由于征税违法导致补征税，从而产生了进口人工草的新成本，而征税所涉及的人工草已在补征税之前出售，因此，新增成本不能够随已出售的人工草转移，只能冲抵其出售该人工草所获收益。这一损失是由海关的违法征税决定间接导致的，而国家赔偿法并未规定行政决定间接给行政相对人造成的损失行政机关不承担国家赔偿责任。2003 年 3 月 21 日，浦江海关作出不予行政赔偿决定，认为汇兴公司的赔偿请求不符合《国家赔偿法》第 2 条、第 4 条规定的赔偿条件，决定不予赔偿。

【法院裁判】

2003 年 4 月 28 日，汇兴公司向上海市第二中级人民法院起诉，要求确认浦江海关初征税行为违法，并要求浦江海关赔偿因税则归类错误导致其无法将补征税款计入成本核销所产生的经济损失，损失数额与补征税行为的税额相同。一审法院受理后，主持双方证据交换，浦江海关承认初征税行为违法，汇兴公司撤回要求确认具体行政行为违法的诉讼请求。

一审法院经审理认为：汇兴公司提供的工程施工合同约定的单价，包括人工草坪、铺设所需辅料及人工费用，该证据与赔偿请求之间无法律上因果关系；汇兴公司未提供造成损害以及行政违法与损害后果之间有因果关系的事实证据，故依据《国家赔偿法》第 2 条、《最高人民法院关于审理行政赔偿案件若干问题的规定》第 33 条之规定，判决驳回汇兴公司的诉讼请求。

一审宣判后，汇兴公司向上海市高级人民法院提出上诉。上诉人上诉称：第一，浦江海关初征税行为确定税则归类错误，违反《海关征税管理办法》中关于海关应按照正确税则归类进行征税的规定，属行政违法。第二，由于征税违法导致补征税，从而产生进口人工草的新成本，而征税所涉及的人工草已在补征税之前出售，因此，新增的人工草成本不能够随已出售的人工草转移，只能冲抵上诉人出售该人工草所获收益。而新增成本增加的售价在当时是可能实现的。上诉人因新增成本而减少相应收入，存在损害事实。第三，上诉人是根据原征税的税则、税率来确定合同售价成本的，海关征税在先，上诉人以此核定成本在后，由税收转为成本是确定合同价格的重要因素，故原违法征税行为是造成损害事实的间接原因，而国家赔偿法并未规定间接原因所致行政侵权不承担赔偿责任。故请求撤销一审判决。

被上诉人辩称：第一，单独提起行政赔偿诉讼应以具体行政行为已被确认为违法为前提，而确认具体行政行为违法应当以要式方式明确作出。浦江海关初征税行为自始至终未被正式确认为违法，海关作出补税决定，并不意味海关确认初征税行为违法。第二，缴纳税款系上诉人法定义务，初征税行为少缴的税款系上诉人所获不当利益，本应返还，而国家赔偿法所称损害是对合法权益的损害，故上诉人并不存在损害事实，且上诉人提供的销售合同签约时间、面积混乱，无法证明其损害事实的存在。上诉人主张收入减少纯系假设，并不确定。第三，企业定价应主要取决于市场因素，征收关税的高低并非企业定价考虑的唯一因素，上诉人提供的销售合同中销售单价浮动较大，而补征的税额平摊在所有进口的人工草坪上，每平方米增加的税额与销售单价浮动额相比，微乎其微。故请求维持原审判决，驳回上诉。

上海市高级人民法院经审理认为：上诉人单独提起行政赔偿诉讼符合法律规定的起诉条件。本案的争议焦点是初征税行为是否给上诉人造成直接损失。上诉人少缴的税款为不当利益，本应返还，征税行为并未直接造成上诉人损失；上诉人提供的人工草坪合同、协议书及电汇凭证，单价相差较大，而上诉人称这些合同项下人工草坪进口时适用的税率均为同一，可见浦江海关辩称征税数额并非合同定价的主要因素，合同定价由市场调节的主张可以成立；上诉人主张的利益损失并不确定，不确定的利益不构成直接损失，上诉人提供的证据不能证明初征税行为对其造成直接损失，其行政赔偿请求依法不能成立，原审法院判决驳回汇兴公司的诉讼请求正确。据此，依据《行政诉讼法》第61条第1项之规定，判决驳回上诉，维持原判。

上述上海市第二中级人民法院和上海市高级人民法院的判决意见大致可概括为两点：第一，对于汇兴公司而言，所补征的税额是不当得利，应当返回；第二，汇兴公司主张的销售收入减少是以较高价格销售人工草坪而获得利益为前提的，而较高利益的实现在销售中是受到供求关系等各种不确定因素决定的，属于不确定的利益，不构成直接损失。故对汇兴公司的主张不予支持。《最高人民法院公报》编者就本案撰写的裁判摘要指出：根据《国家赔偿法》第28条第7项规定，行政机关的违法行政行为对行政相对人的财产权造成损害的，应按照直接损失给予赔偿，但未经证实的不确定利益不能作为直接损失。"北大法宝"编者就本案撰写的裁判要点指出：依照《国家赔偿法》第2条之规定，行政机关违法行使职权侵犯公民、法人和其他组织的合法权益造成损害的，受害人有权取得国家赔偿。同时《国家赔偿法》第28条第7项也规定，行政机关违法行政行为对行政相对人的财产权造成损害的，应按照直接损失给予赔偿，所谓"直接损失"，是指因遭受不法侵害而使现有财产直接减少或消灭，且损失是直接由侵害行为造成的，中间没有介入其他因素。不确定利益属于预期可得到的利益，不属于直接损失，而是间接损失。因而，行政相对人不得以不确定利益损失请求行政机关赔偿。上述意见可供理解和确定"直接损失"时参考。

在行政赔偿数额计算过程中,损失发生时点或者赔偿计算时点的选择直接关系到行政赔偿的数额,也是非常值得关注的问题。由于我国土地和房屋价格变化的急剧性,这在房屋征收拆迁和土地征收中表现尤为突出。"陈山河与洛阳市人民政府、洛阳中房地产有限责任公司行政赔偿案"[①] 可以说明这一点。

◆ 陈山河与洛阳市人民政府、洛阳中房地产有限责任公司行政赔偿案

【案情概要】

2002年4月30日,陈山河从洛阳市房地产管理局瀍河分局处以购买方式取得争议房屋。2002年5月30日,洛阳市房地产管理局给陈山河颁发了洛市房权证〔2002〕字第x180121号房屋所有权证。2002年初,被告决定征收、拆迁陈山河的房屋。2002年8月19日,陈山河根据洛阳市人民政府成立的新街道路建设及周边环境整治工程指挥部(以下简称"指挥部")的安排,将其房屋及附属物交给了指挥部。2002年8月20日,陈山河宅院内的房屋及附属物全部被拆除,但双方并未就补偿事宜达成统一意见,被告仅分三次给陈山河支付补偿款20000元。此后,洛阳市中级人民法院〔2004〕洛行初字第11号行政判决确认,洛阳市人民政府组建的指挥部组织有关部门对陈山河房屋及附属物实施的拆迁行为,违反法定程序,行为违法。由于在拆迁房屋性质(究竟属于营业房还是住宅)以及补偿标准上认识不一致,补偿问题始终未予解决,形成本案诉讼。案件几经审理,经最高人民法院再审并作出终审判决时,已经到了2014年7月17日,过了12年,房屋价格也已经发生了重大变化。

【争议焦点】

补偿标准按照强制拆迁之前的计算,还是按生效判决认定的计算。

【法院裁判】

最高人民法院认为:洛阳市人民政府组建的指挥部在2002年组织有关部门对陈山河房屋及附属物实施拆迁,违反法定程序,该强拆行为已被洛阳市中级人民法院行政判决确认违法。因此,对该拆迁行为给陈山河合法权益造成的损失,原审法院判决其承担相应的责任并无不当。但原审判决认为陈山河的房屋已被拆除,评估已失去客观条件,故参照《1997年拆迁安置补偿标准》确定陈山河房屋价值,显属不当。

洛阳市人民政府及相关职能部门,在2002年未依法将争议房屋性质确定为营业房,是双方未能就拆迁补偿安置达成一致并导致陈山河未能依法获得补偿安置的主要原因。陈山河自2002年房屋被拆除至今未得到公平合理的安置补偿,其中既有拆迁人中房公

[①] 参见最高人民法院〔2014〕行监字第148号行政裁定书。本案刊载于《最高人民法院公报》2015年第4期。本案判决书使用的是补偿概念,但笔者认为,既然为违法行为,则因其导致的损失应当属于赔偿,而不应为补偿。

司未履行补偿安置责任的原因,也有洛阳市人民政府及相关职能部门未依法行政的原因。在房屋价格明显上涨且被拆迁人未及时获得合理补偿安置的前提下,一、二审判决洛阳市人民政府仅向陈山河支付按《1997年拆迁安置补偿标准》确定的拆迁补偿安置款,对陈山河明显有失公平。

陈山河配合拆迁工作,服从相关政府部门的要求,在未依法获得补偿安置的情况下,将房屋及附属物交由相关部门拆除,其自身并无过错,不应承担相应的损失。拆迁人中房公司和洛阳市人民政府及其职能部门有义务保证陈山河得到公平合理的补偿安置。陈山河有权要求根据拆迁当时有效的《城市房屋拆迁管理条例》第23条和第24条的规定,主张实行房屋产权调换或者要求根据被拆迁房屋的区位、用途、建筑面积等因素,通过房地产市场评估来确定货币补偿金额。如拆迁人和洛阳市人民政府无适当房屋进行产权调换,则应向陈山河支付生效判决作出时以同类房屋的房地产市场评估价格为标准的补偿款,以保证陈山河选择产权调换的权利。

综上,原一、二审判决认定事实不清,适用法律错误,应予纠正。依照《行政诉讼法》第63条第2款、《最高人民法院〈关于执行中华人民共和国行政诉讼法〉若干问题的解释》第63条第1款第13项的规定,裁定如下:第一,本案指令河南省高级人民法院另行组成合议庭进行再审;第二,再审期间中止原判决的执行。

最高人民法院就本案裁判要点作了如下概括:"任何人不得从自己的错误行为中获益"。拆迁人和相关行政机关违法实施拆迁,导致被拆迁人长期未依法得到补偿安置的,房价上涨时,拆迁人和相关行政机关有义务保证被拆迁人得到公平合理的补偿安置。被拆迁人选择实行房屋产权调换时,拆迁人和相关行政机关无适当房屋实行产权调换的,则应向被拆迁人支付生效判决作出时以同类房屋的房地产市场评估价格为标准的补偿款。

本质上,本案确立的"以生效判决作出时同类房屋的房地产市场评估价格为标准"实际上也就是"以真正的赔偿行为发生时的同类房屋的房地产市场评估价格为标准"。

第六节 行政赔偿后的追偿

追偿是指行政赔偿义务机关向行政赔偿请求人支付赔偿费用之后,依法责令具有故意或重大过失的工作人员、受委托的组织或者个人承担部分或全部赔偿费用的法律制度。行政追偿的功能首先在于通过公务人员承担经济责任,促使其依法行使职权,增强责任心,以维持正常的国家职务关系;其次,追偿还可减轻国家财政负担。就行政追偿制度,《国家赔偿法》第16条规定:"赔偿义务机关赔偿损失后,应当责令有故意或者重大过失的工作人员或者受委托的组织或者个人承担部分或者全部赔偿费用。对有故意或者重大过失的责任人员,有关机关应当依法给予处分;构成犯罪的,应当依法追究刑事责任。"

追偿权由赔偿义务机关代表国家行使。具体来说:第一,行政机关工作人员违法行使职权侵犯公民、法人或其他组织的合法权益造成损害引起行政赔偿的,该工作人员所在的行政机关为追偿人。第二,法律法规授权组织的工作人员违法行使行政职权,发生行政赔偿的,该组织是追偿人。第三,受行政机关委托的组织或者个人违法行使委托的行政职权发生行政赔偿的,委托的行政机关是追偿人。第四,赔偿义务机关为共同赔偿义务机关的,应当根据自己承担的赔偿金额,分别向自己所属的工作人员追偿。在追偿过程中,赔偿义务机关有权调查收集证据,并综合考虑工作人员的过错程度,单方面合理确定追偿金额。

▶ 思考题

1. 行政赔偿与国家赔偿是什么关系?
2. 行政赔偿与刑事赔偿、司法赔偿是什么关系?
3. 行政赔偿与行政补偿有何区别?
4. 行政赔偿与民事赔偿有何区别?
5. 行政赔偿义务机关怎么确定?
6. 行政赔偿的举证责任与程序有哪些特殊之处?
7. 行政赔偿的事项范围和事由有哪些?
8. 行政赔偿方式包括哪几种?
9. 人身损害行政赔偿数额如何计算?
10. 精神损害行政赔偿如何计算?
11. 财产损害行政赔偿数额如何计算?
12. 行政赔偿包括间接损失吗?直接损失如何理解?

▶ 拓展研读案例

1. 李贵宝诉南京市住房保障和房产局行政赔偿案[①]

本案裁判要旨:妥善保管物权登记资料,是登记机关必须履行的附随义务,因保管

[①] 参见江苏省南京市鼓楼区人民法院〔2010〕行赔初字第3号行政判决书、江苏省南京市中级人民法院〔2010〕宁行终字第2号行政判决书。另参见最高人民法院行政审判庭编:《中国行政审判案例》(第4卷),中国法制出版社2012年版,第192—197页。

登记资料不善导致当事人利益损害的，应承担行政赔偿责任。

2. 杨军等诉上海市浦东新区书院镇人民政府行政赔偿案①

本案裁判要旨：违法行政行为和相对人自身行为共同造成损害后果的，应在比较两者对损害后果的原因力大小的基础上确定行政赔偿责任。

3. 黄玉河诉图们市林业局行政赔偿案②

本案裁判要旨：行政赔偿案件中，在行政机关与侵权的第三人存在混合过错的情形下，人民法院可以根据原告的诉请对侵权第三人的责任一并作出判决。行政机关的赔偿责任应根据过错程度确定，赔偿范围原则上应限于直接财产损失。

4. 陈国财等诉广东省佛山市南海区大沥镇人民政府城建规划行政强制案③

本案裁判要旨：有权行政机关未遵循法定程序拆除违法建筑物，致使违法建筑物材料的损失扩大，或其他合法财产遭受损失的，应承担赔偿责任。

5. 上海彭浦电器开关厂诉上海市闸北区人民政府确认侵占行为违法并要求行政赔偿案④

本案裁判要旨：在强制拆除违法建筑过程中，当事人明确表示仍需使用被拆除的违法建筑材料，拆违实施部门未将该建筑材料返还当事人的，其行为构成违法，对因此给当事人造成的直接损失应承担赔偿责任。

6. 于志洋诉辽宁省长海县人民政府行政赔偿案⑤

本案裁判要旨：赔偿义务机关对赔偿请求人超过两年请求时效的赔偿申请不予答

---

① 参见上海市浦东新区人民法院〔2010〕浦行初字第 206 号行政判决书，上海市第一中级人民法院〔2011〕沪一中行终字第 16 号行政判决书。另参见最高人民法院行政审判庭编：《中国行政审判案例》（第 4 卷），中国法制出版社 2012 年版，第 198—203 页。
② 参见吉林省图们市人民法院〔2010〕行初字第 20 号行政判决书，吉林省延边朝鲜族自治州中级人民法院〔2011〕延中字第 1 号行政裁定书。另参见最高人民法院行政审判庭编：《中国行政审判案例》（第 4 卷），中国法制出版社 2012 年版，第 204—209 页。
③ 参见广东省佛山市南海区人民法院〔2010〕南行初字第 64 号行政判决书、广东省佛山市中级人民法院〔2011〕佛中法终字第 7 号行政判决书。另参见最高人民法院行政审判庭编：《中国行政审判案例》（第 4 卷），中国法制出版社 2012 年版，第 210—213 页。
④ 参见上海市第二中级人民法院〔2009〕沪二中行初字第 28 号行政判决书。另参见最高人民法院行政审判庭编：《中国行政审判案例》（第 2 卷），中国法制出版社 2011 年版，第 237—242 页。
⑤ 参见辽宁省大连市中级人民法院〔2009〕大行初字第 3 号行政判决书、辽宁省高级人民法院〔2009〕辽行终字第 111 号行政判决书。另参见最高人民法院行政审判庭编：《中国行政审判案例》（第 2 卷），中国法制出版社 2011 年版，第 243—248 页。

复,赔偿请求人单独提起行政赔偿诉讼的起诉期限为赔偿义务机关收到其申请后两个月的法定期间届满之日起三个月。

7. 中国银行江西省分行诉江西省南昌市房产管理局行政赔偿案①

本案裁判要旨:第一,房地产登记机关的违法登记行为与抵押权人的贷款损失之间存在法律上的因果关系,对抵押权人的损失应当承担行政赔偿责任。第二,受害人的过错、第三人的恶意欺诈和登记机关的过失造成抵押权人贷款损失,首先应当由恶意欺诈方承担赔偿责任,当其财产不足以赔偿的情况下,由登记机关承担行政赔偿责任。受害人本身存在过错的,可以相应地减轻登记机关的赔偿责任。

8. 沈阳市甘露饺子馆诉沈阳市铁西区人民政府、沈阳市铁西区房产局房屋拆除行政赔偿案②

本案裁判要旨:人民法院在审理因违法强制拆迁"中华老字号"营业性质房屋而引起的行政赔偿诉讼时,对于在强拆前未进行过合理评估,强拆中也未进行过证据保全的情形,要综合考虑被拆迁人的实际损失情况确定行政赔偿的范围和标准,通过发挥司法审判职能,体现出对"中华老字号"的特殊保护。通常情况下,如果条件许可、措施可行,可以比照附近地区同类房屋市场价格(重置价格)来确定对被拆迁人房屋损失的具体补偿标准。

9. 李向巨诉黑龙江省哈尔滨市道外区房屋拆迁行政赔偿案③

本案裁判要旨:因违法拆迁导致房屋灭失无法重新评估的,应按房屋赔偿时的市场价格予以确定。

10. 范元运、范作动诉山东省邹平县建设局规划许可暨行政赔偿案④

本案裁判要旨:《行政许可法》第 69 条确立了违法许可的信赖利益保护原则。行政机关违法实施行政许可,造成当事人实际损失的,诉讼中应当充分保护相对人的信赖利

---

① 参见最高人民法院〔2002〕行终字第 6 号行政判决书。另参见最高人民法院行政审判庭编:《中国行政审判案例》(第 1 卷),中国法制出版社 2010 年版,第 131—140 页。
② 参见沈阳市中级人民法院〔2006〕沈行初字第 125 号行政判决书、辽宁省高级人民法院〔2009〕辽终字第 23 号行政判决书。另参见最高人民法院行政审判庭编:《中国行政审判案例》(第 1 卷),中国法制出版社 2010 年版,第 141—146 页。
③ 参见黑龙江省哈尔滨市南岗区人民法院〔2008〕南行初字第 68 号行政判决书、黑龙江省哈尔滨市中级人民法院〔2009〕哈行终字第 18 号行政判决书。另参见最高人民法院行政审判庭编:《中国行政审判案例》(第 1 卷),中国法制出版社 2010 年版,第 147—150 页。
④ 参见山东省滨州市中级人民法院〔2007〕滨中行初字第 12、14 号行政判决书。另参见最高人民法院行政审判庭编:《中国行政审判案例》(第 1 卷),中国法制出版社 2010 年版,第 151—155 页。

益。相对人自身行为也存在过错的,应综合分析各方行为对损害结果发生的因果关系,合理确定行政机关的赔偿责任。

11. 许水云诉金华市婺城区人民政府房屋行政强制及行政赔偿案

说明:本案涉及强制拆除主体的认定、拆除行为违法的认定、行政赔偿与行政补偿的区分以及赔偿方式、赔偿项目、赔偿标准与赔偿数额的确定等问题,覆盖行政赔偿制度的各个方面,判决书对一些事实的认定与相关法律问题的阐述发人深省,全面而细致的阅读对理解相关法律制度非常有益。将本案置于"拓展性研读案例"部分,并不是说本案不典型不重要,而是因为本案涉及面比较广,放在任何一个部分都不是太适宜。

【案情概要】

金华市婺城区迎宾巷区块房屋曾于2001年因金华市后溪街西区地块改造及"两街"整合区块改造被纳入拆迁范围,金华市城建开发有限公司(以下简称"金华开发公司")取得了房屋拆迁许可证,其载明的拆迁期限为2001年7月10日至2001年8月9日,后因故未实际完成拆迁。2014年8月31日,金华市婺城区政府在《金华日报》上发布《婺城区人民政府关于二七区块旧城改造房屋征收范围的公告》,并公布了房屋征收范围图,明确对二七区块范围实施改造。2014年9月26日,案涉房屋由婺城区政府组织拆除。2014年10月25日,婺城区政府作出《金华市婺城区人民政府关于迎宾巷区块旧城改造建设项目房屋征收的决定》(以下简称《房屋征收决定》),载明:因旧城区改建的需要,决定对迎宾巷区块范围内房屋实行征收;房屋征收部门为金华市婺城区住房和城乡建设局,房屋征收实施单位为金华市婺城区二七区块改造工程指挥部(以下简称"改造工程指挥部");签约期限为45天,搬迁期限为30日,具体起止日期在房屋征收评估机构选定后,由房屋征收部门另行公告;附件为《征收补偿方案》。2014年10月26日,《房屋征收决定》和《征收补偿方案》在《金华日报》上公布。许水云位于金华市婺城区五一路迎宾巷8号、9号的房屋(以下简称"案涉房屋")被纳入本次房屋征收范围。

【一、二审情况】

一审法院认为:案涉房屋虽曾于2001年被纳入拆迁范围,但拆迁人金华开发公司在取得房屋拆迁许可证后,一直未能对案涉房屋实施拆迁。根据当时有效的《浙江省城市房屋拆迁管理条例》第12条规定,拆迁人自取得房屋拆迁许可证之日起3个月内不实施拆迁的,房屋拆迁许可证自然失效。据此可以确认,案涉房屋已不能再按照2001年对金华市婺城区迎宾巷区块房屋进行拆迁时制定的规定和政策实施拆迁。婺城区政府在2014年10月26日公布的《房屋征收决定》将案涉房屋纳入征收范围后,即应按照《国有土地上房屋征收与补偿条例》(以下简称《征收与补偿条例》)及相关法律法规的规定依法进行征收并实施补偿。《征收与补偿条例》明确规定,实施房屋征收应当先补偿、后搬迁。房屋征收部门与被征收人在征收补偿方案确定的签约期限内达不成补偿协议的，由房屋征收部门报请作出房屋征收决定的市、县级人民政府依照条例的规定，按照征收补偿方案作出补偿决定。被征收人在法定期限内不申请行政复议或者不提起行政诉讼，在补偿决定规定的期限内又不搬迁的，由作出房屋征收决定的市、县级人民政府依法申请人民法院强制执行。许水云未与房屋征收部门达成补偿协议，也未明确同意将案涉房屋腾空并交付拆除。在此情形下，婺城区政府依法应对许水云作出补偿决定后，通过申请人民法院强制执行的方式强制执行，而不能直接将案涉房屋拆除。婺城区政府主张案涉房屋系案外人拆除缺乏充分的证据证明，且与查明的事实不符，对其该项主张不予采纳。婺城区政府将案涉房屋拆除的行为应确认为违法，并应对许水云因此受到的损失承担赔偿责任。鉴于案涉房屋已纳入金华市婺城区迎宾巷区块旧城改造范围内，房屋已无恢复原状的可能性和必要性，从维护许水云合法权益的角度出发，宜由婺城区政府参照《征收补偿方案》对许水云作出赔偿。因此，一审法院依照《行政诉讼法》第74条第2款第1项、第76条之规定，判决：第一，确认婺城区政府强制拆除许水云位于金华市婺城区五一路迎宾巷8号、9号房屋的行政行为违法；第二，责令婺城区政府于判决生效之日起60日内参照《征收补偿方案》对许水云作出赔偿。

二审法院认为：2001年7月，因金华市后溪街西区地块改造及"两街"整合区块改造项目建设需要，原金华市房地产管理局向金华开发公司颁发了拆许字〔2001〕第3号房屋拆迁许可证，案涉房屋被纳入上述拆许可证的拆迁红线范围，但拆迁人在拆迁许可证规定的期限内一直未实施拆迁。形成于2004年8月20日的《金华市旧城改造办公室的会议纪要》（金旧城办〔2004〕1号）第9点载明：关于迎宾巷被拆迁户、迎宾巷1—48号……至今未拆除旧房等遗留问题，会议同意上述问题纳入"二七"新村拆迁时一并解决补偿问题，拆除工作由原拆除公司负责。2014年10月26日，婺城区政府公布《房屋征收决定》，将案涉房屋纳入征收范围，但该房屋在《房屋征收决定》公布前的2014年9月26日即被拆除，不符合《征收与补偿条例》第27条规定的"先补偿、后搬迁"的原则。对案涉房屋实施拆除行为的法律责任，应当由作出《房屋征收决定》的婺城区政府承担。婺城区政府称其"未实施房屋强拆行为，造成案涉房屋被损毁的是案外第三人，属于民事侵权赔偿纠纷，不属于行政争议，亦与其无关"的理由缺乏相应的事实和法律依据。一审法院判决确认婺城区政府强制拆除行为违法并无不当。《国家赔偿法》第4条规定，行政机关及其工作人员在行使行政职权时，因违法行为造成财产损害的，受害人有取得赔偿的权利。第32条第2款规定，能够返还财产或者恢复原状的，予以返还财产或者恢复原状。许水云的房屋已被《房屋征收决定》纳入征收范围，案涉的征收决定虽被生效的〔2015〕浙行终字第74号行政判决确认违法，但并未被撤销，该征收决定及其附件仍然具有效力。因此，许水云要求恢复原状的理由不能成立。许水云在二审时提出如果不能恢复原状,则要求依据周边房地产市场价格对其进行赔偿。案涉房屋虽被婺城区政府违法拆除,但该房屋因征收所应获得的相关权益,仍可以通过征收补偿程序获得补偿,现许水云主张通过国家赔偿程序解决案涉房屋被违法拆除的损失,缺乏相应的法律依据。同理,一审法院直接责令婺城区政府参照《征收补偿方案》对许水云作出赔偿,也缺乏法律依据,且可能导致许水云对案涉房屋的补偿安置丧失救济权利。另,许水云提出要求赔偿每月2万元停产停业损失(截止到房屋恢复原状之日)的请求,属于房屋征收补偿范围,可通过征收补偿程序解决。至于许水云提出的赔偿财产损失6万元,因其并没有提供相关财产损失的证据,不予支持。因此,二审法院依照《行政诉讼法》第89条第1款第1项、第2项之规定,判决:第一,维持浙江省金华市中级人民法院〔2015〕浙金行初字第19号行政判决第一项;第二,撤销浙江省金华市中级人民法院〔2015〕浙金行初字第19号行政判决第二项;第三,驳回许水云的其他诉讼请求。

【再审诉辩争议焦点】

原告申请再审的主要事实与理由为:第一,二审法院判决未能正确区分行政赔偿与行政补偿之间的基本区别,认为赔偿问题可以通过征收补偿程序解决,主要证据不足,属于认定事实错误。第二,二审法院判决驳回再审申请人的赔偿请求,要求再审申请人另行通过征收补偿程序解决,缺乏法律依据,更不利于保护再审申请人的合法权益。第三,被申请人婺城区政府对违法强拆行为给再审申请人造成的物品损失,应当承担行政赔偿责任。第四,二审法院的判决使被申请人婺城区政府对违法行为免于承担法律责任,将使得再审申请人对由此产生的经济损失无从行使司法救济权利。综上,再审申请人认为被申请人婺城区政府应当对违法拆除案涉房屋的行为承担恢复原状或者参照市场价格进行赔偿的法律责任。

婺城区政府答辩称:第一,案涉房屋系历史上形成的老房,作为拆迁遗留问题,被申请人同意作为合法建筑予以补偿。第二,被申请人没有组织人员对案涉房屋进行强制拆除,由于案涉房屋年代久远且与其他待拆除房屋毗邻,改造工程指挥部委托金华市婺城建筑工程有限公司(以下简称"婺城建筑公司")对已达成补偿安置协议的案外人的房屋进行拆除时,由于施工不当导致案涉房屋坍塌,此属于婺城建筑公司民事侵权引发的民事纠纷,被申请人对此不应承担法律责任。第三,案涉房屋不能按照营业用房补偿。第四,被申请人先后多次与再审申请人许水云协商,也愿意合法合理补偿,维护其合法权益,希望再审申请人许水云理解并配合。

综上,再审法院认为:本案的争议焦点主要包括四个方面:第一,关于强制拆除主体的认定问题;第二,关于本案拆除行为是否违法的问题;第三,关于本案通过行政赔偿还是行政补偿程序进行救济的问题;第四,关于赔偿方式、赔偿项目、赔偿标准与赔偿数额的确定问题。

【再审判决】

第一，确认金华市婺城区人民政府强制拆除许水云位于金华市婺城区五一路迎宾巷8号、9号房屋的行政行为违法；第二，责令金华市婺城区人民政府在本判决生效之日起90日内按照本判决对许水云依法予以行政赔偿。

【再审判决理由】

第一，关于强制拆除主体的认定问题。

《征收与补偿条例》第4条第1款、第2款规定，市、县级人民政府负责本行政区域的房屋征收与补偿工作。市、县级人民政府确定的房屋征收部门组织实施本行政区域的房屋征收与补偿工作。第5条规定，房屋征收部门可以委托房屋征收实施单位，承担房屋征收与补偿的具体工作。房屋征收实施单位不得以营利为目的。房屋征收部门对房屋征收实施单位在委托范围内实施的房屋征收与补偿行为负责监督，并对其行为后果承担法律责任。第28条第1款规定，被征收人在法定期限内不申请行政复议或者不提起行政诉讼，在补偿决定规定的期限内又不搬迁的，由作出房屋征收决定的市、县级人民政府依法申请人民法院强制执行。根据上述规定，在国有土地上房屋征收过程中，有且仅有市、县级人民政府及其确定的房屋征收部门才具有依法强制拆除合法建筑的职权，建设单位、施工单位等民事主体并无实施强制拆除他人合法房屋的权力。民事主体自行违法强制拆除他人合法房屋，涉嫌构成故意毁坏财物罪的，权利人可以依法请求公安机关履行相应职责；人民法院经审查认为有犯罪行为的，应当依据《行政诉讼法》第66条第1款的规定，将有关材料移送公安、检察机关。因而，除非市、县级人民政府能举证证明房屋确系在其不知情的情况下由相关民事主体违法强拆的，则应推定强制拆除系市、县级人民政府委托实施，人民法院可以认定市、县级人民政府为实施强制拆除的行政主体，并应承担相应的赔偿责任。

本案中，婺城区政府主张2014年9月26日改造工程指挥部委托婺城建筑公司对已达成补偿安置协议的案外人的房屋进行拆除时，因操作不慎导致案涉房屋坍塌；婺城建筑公司于2015年3月6日出具的情况说明也作了类似陈述。婺城区政府据此否认强拆行为系由政府组织实施，认为造成案涉房屋损毁的是案外人婺城建筑公司，并主张本案系民事侵权赔偿纠纷，与婺城区政府无关，不属于行政争议。但案涉房屋被强制拆除系在婺城区政府作为征收主体进行征收过程中发生的。案涉房屋被拆除前的2014年8月31日，婺城区政府即发布旧城改造房屋征收公告，将案涉房屋纳入征收范围。因此，对于房屋征收过程中发生的合法房屋被强制拆除行为，首先应推定系婺城区政府及其确定的房屋征收部门实施的行政强制行为，并由其承担相应责任。本案虽然有婺城建筑公司主动承认"误拆"，但改造工程指挥部工作人员给许水云发送的短信记载有"我是金华市婺城区二七新村区块改造工程指挥部工作人员","将对房子进行公证检查","如不配合将破门进行安全检查及公证"等内容,且许水云提供的有行政执法人员在拆除现场的现场照片及当地有关新闻报道等,均能证实2014年9月26日强制拆除系政府主导下进行,故婺城区政府主张强拆系民事侵权的理由不能成立。婺城建筑公司拆除案涉房屋的行为,其法律责任应由委托其拆除的改造工程指挥部承担;改造工程指挥部系由婺城区政府组建并赋予行政管理职能但不具有独立承担法律责任能力的临时机构,婺城区政府应当作为被告,并承担相应的法律责任。

第二,关于本案拆除行为是否违法的问题。

《物权法》第4条规定,国家、集体、私人的物权和其他权利人的物权受法律保护,任何单位和个人不得侵犯。第42条第1款规定,为了公共利益的需要,依照法律规定的权限和程序可以征收集体所有的土地和单位、个人的房屋及其他不动产;第3款规定,征收单位、个人的房屋及其他不动产,应当依法给予拆迁补偿,维护被征收人的合法权益;征收个人住宅的,还应当保障被征收人的居住条件。

许水云位于金华市婺城区迎宾巷8号、9号的房屋未依法办理相关建设手续,也未取得房屋所有权证,但案涉房屋确系在1990年4月1日《城市规划法》施行前建造的历史老房。对此类未经登记的房屋,应综合考虑建造历史、使用现状、当地土地利用规划以及有关用地政策等因素,依法进行调查、认定和处理。对认定为合法建筑和未超过批准期限的临时建筑的,应当给予补偿。改造工程指挥部与一审法院根据许水云提供的许宝贤、寿吉明缴纳土地登记费、房产登记费等相关收款收据以及寿吉明私有房屋所有权登记申请书等材料,已经认定案涉房屋为合法建筑,许水云通过继承和购买成为房屋所有权人,其对案涉房屋拥有所有权,任何单位和个人均不得侵犯。国家因公共利益需要确需征收的,应当根据《征收与补偿条例》规定,给予房屋所有权人公平补偿,并按照《征收与补偿条例》第27条的规定,先给予补偿,后实施搬迁。房屋所有权人在签订补偿协议或者收到补偿决定确定的补偿内容后,也有主动配合并支持房屋征收的义务和责任。《征收与补偿条例》和《最高人民法院关于办理申请人民法院强制执行国有土地上房屋征收补偿决定案件若干问题的规定》对市、县级人民政府及房屋征收部门如何实施征收、如何进行补偿、如何强制搬迁以及如何保障被征收人获得以市场评估价格为基础的公平补偿的权利进行了系统、严密的规定。同时,为了确保因公共利益需要而进行的房屋征收顺利、高效实施,还专门规定对极少数不履行补偿决定、又不主动搬迁的被征收人可以依法进行强制搬迁。具体到本案中,根据《征收与补偿条例》的规定,婺城区政府应当先行作出房屋征收决定并公告,然后与许水云就补偿方式、补偿金额和支付期限等事项订立补偿协议;如双方在征收补偿方案确定的签约期限内达不成补偿协议的,市、县级人民政府则应当依法单方作出补偿决定。被征收人对补偿决定不服的,可以依法申请行政复议，也可以依法提起行政诉讼；被征收人在法定期限内不申请行政复议或者不提起行政诉讼，在补偿决定规定的期限内又不搬迁的，由作出房屋征收决定的市、县级人民政府依法申请人民法院强制执行。人民法院裁定准予执行后，一般由作出征收补偿决定的市、县级人民政府组织实施，也可以由人民法院执行。此即为一个合法的征收与补偿应当遵循的法定程序，也系法律对征收与补偿的基本要求。本院注意到，案涉房屋的征收拆迁，最早始于2001年7月金华开发公司取得拆迁许可证，在十多年时间内，如因房屋所有权人提出不合法的补偿请求，导致未能签署补偿安置协议，婺城区政府及其职能部门应当依法行使法律法规赋予的行政职权，及时作出拆迁安置裁决或者补偿决定，给予许水云公平补偿，并及时强制搬迁以保障公共利益的实现和拆迁征收工作的顺利进行。但婺城区政府及相应职能部门既未及时依法履职，又未能保障被征收人合法权益，也未能正确理解《征收与补偿条例》有关强制搬迁制度的立法目的，还未能实现旧城区改造项目顺利实施；而是久拖不决，并以所谓民事"误拆"的方式违法拆除被征收人房屋，最终不得不承担赔偿责任。一、二审法院判决确认婺城区政府强制拆除行为违法，符合法律规定，本院予以支持。

第三，关于本案通过行政赔偿还是行政补偿程序进行救济的问题。

行政补偿是指行政机关实施合法的行政行为，给行政相对人合法权益造成的损失，由国家依法予以补偿的制度。行政赔偿是指行政机关实施违法的行政行为，侵犯行政相对人合法权益，由国家依法予以赔偿的制度。在国有土地上房屋征收过程中，征收及与征收相关联的行政行为违法造成损失的赔偿问题，较为复杂。其中，既有因违法拆除给权利人物权造成损失的赔偿问题，也有因未依据《征收与补偿条例》第17条和当地征收补偿政策进行征收补偿而给权利人造成的应补偿利益的损失问题，甚至还包括搬迁、临时安置以及应当给予的补助和奖励的损失问题。尤其是在因强制拆除引发的一并提起的行政赔偿诉讼中，人民法院应当结合违法行为类型与违法情节轻重，综合协调适用《国家赔偿法》规定的赔偿方式、赔偿项目、赔偿标准与《征收与补偿条例》规定的补偿方式、补偿项目、补偿标准，依法、科学地确定赔偿项目和赔偿数额，让被征收人得到的赔偿不低于其依照征收补偿方案可以获得的征收补偿，确保产权人得到公平合理的补偿。同时，人民法院在确定赔偿义务机关和赔偿数额时，要坚持有权必有责、违法须担责、侵权要赔偿、赔偿应全面的法治理念，对行政机关违法强制拆除被征收人房屋，侵犯房屋所有权人产权的，应当依法责令行政机关承担行政赔偿责任，而不能让产权人因侵权所得到的赔偿低于依法征收所应得到的补偿。

通常情况下，强制拆除被征收人房屋应当依据已经生效的补偿决定，而补偿决定应当已经解决了房屋本身的补偿问题。因此，即使强制拆除行为被认定为违法，通常也仅涉及对房屋内物品损失的赔偿问题，而不应涉及房屋本身的补偿或者赔偿问题。但本案在强制拆除前，既无征收决定，也无补偿决定，许水云也未同意先行拆除房屋，且至今双方仍未达成补偿安置协议，许水云至今未得到任何形式补偿，强制拆除已构成重大且明显违法，应当依法赔偿。对许水云房屋损失的赔偿，不应再依据《征收与补偿条例》第 19 条所规定的《房屋征收决定》公告之日被征收房屋类似房地产的市场价格，即 2014 年 10 月 26 日的市场价格为基准确定，而应按照有利于保障许水云房屋产权得到充分赔偿的原则，以婺城区政府在本判决生效后作出赔偿决定时点的案涉房屋类似房地产的市场价格为基准确定。同时，根据《国家赔偿法》第 36 条第 8 项有关对财产权造成其他损害的，按照直接损失给予赔偿的规定，许水云在正常征收补偿程序中依法和依据当地征收补偿政策应当得到的利益损失，属于其所受到的直接损失，也应由婺城区政府参照补偿方案依法予以赔偿。因此，本案存在行政赔偿项目、标准与行政补偿项目、标准相互融合的情形，一审法院判决第二项责令婺城区政府参照《征收补偿方案》对许水云进行赔偿；二审法院判决认为应当通过后续的征收补偿程序获得救济，并据此驳回许水云的行政赔偿请求，均属对《国家赔偿法》和《征收与补偿条例》等相关规定的错误理解，应予纠正。

第四，关于赔偿方式、赔偿项目、赔偿标准与赔偿数额的确定问题。

具体到本案中，根据许水云的诉讼请求，其主张的损失包括以下三个部分：一是房屋损失；二是停产停业损失；三是房屋内物品的损失。婺城区政府与许水云应就上述三项损失问题平等协商，并可通过签订和解协议的方式解决；如双方无法达成一致，婺城区政府应按照本判决确定的方法，及时作出行政赔偿决定。

（1）房屋损失的赔偿方式与赔偿标准问题

《国家赔偿法》第 32 条规定，国家赔偿以支付赔偿金为主要方式。能够返还财产或者恢复原状的，予以返还财产或者恢复原状。据此，返还财产、恢复原状是国家赔偿首选的赔偿方式，既符合赔偿请求人的要求也更为方便快捷；但其适用条件是原物未被处分或未发生毁损灭失，若相关财产客观上已无法返还或恢复原状时，则应支付相应的赔偿金或采取其他赔偿方式。本案中，案涉房屋已经被列入旧城区改造的征收范围，且已被婺城区政府拆除，因此，对许水云要求恢复房屋原状的赔偿请求，本院不予支持。案涉房屋系因旧城区改建而被拆除，如系依法进行的征收与拆除，许水云既可以选择按征收决定公告之日的市场评估价进行货币补偿，也有权要求在改建地段或者就近地段选择类似房屋予以产权调换。本案系因违法强制拆除引发的赔偿，《国家赔偿法》第 4 条第 3 项规定，行政机关违法征收，侵犯财产权的，受害人有取得赔偿的权利。因此，为体现对违法征收和违法拆除行为的惩戒，并有效维护许水云合法权益，对许水云房屋的赔偿不应低于因依法征收所应得到的补偿，即对许水云房屋的赔偿，不应低于赔偿时改建地段或者就近地段类似房屋的市场价值。结合《国家赔偿法》第 36 条诸项规定以及许水云申请再审的请求，婺城区政府既可以用在改建地段或者就近地段提供类似房屋的方式予以赔偿，也可以根据作出赔偿决定时点有效的房地产市场评估价格为基准计付赔偿款。婺城区政府与许水云可以按照《征收与补偿条例》第 20 条规定的方式确定房地产价格评估机构。鉴于案涉房屋已被拆除，房地产评估机构可以参考《国有土地上房屋征收评估办法》第 13 条所规定的方法，根据婺城区政府与许水云提供的原始资料，本着疑点利益归于产权人的原则，独立、客观、公正地出具评估报告。

(2) 停产停业损失的赔偿标准问题

本案中，许水云主张因为房屋被拆除导致其停业，要求赔偿停产停业至今的损失每月 2 万元，婺城区政府对许水云存在经营行为的事实予以认可，但提出因为许水云的房屋属于无证建筑，只能按照一般住房进行补偿，不予计算停产停业的损失。本院认为，《征收与补偿条例》第 23 条规定，对因征收房屋造成停产停业损失的补偿，根据房屋被征收前的效益、停产停业期限等因素确定。具体办法由省、自治区、直辖市制定。《浙江省国有土地上房屋征收与补偿条例》第 29 条第 1 款规定，征收非住宅房屋造成停产停业损失的，应当根据房屋被征收前的效益、停产停业期限等因素给予补偿。补偿的标准不低于被征收房屋价值的 5%，具体标准由设区的市、县（市）人民政府规定。《金华市区国有土地上房屋征收与补偿实施意见（试行）》第 34 条第 1 款规定，征收非住宅房屋造成停产停业损失的，按被征收房屋价值的 5% 计算。

《征收与补偿条例》第 24 条第 2 款规定，市、县级人民政府作出房屋征收决定前，应当组织有关部门依法对征收范围内未经登记的建筑进行调查、认定和处理。对认定为合法建筑和未超过批准期限的临时建筑的，应当给予补偿；对认定为违法建筑和超过批准期限的临时建筑的，不予补偿。既然案涉房屋已被认定为合法建筑，则其与已发放房屋所有权证的房屋在补偿问题上拥有同等法律地位。如果许水云提供的营业执照、纳税证明等证据，能够证明其符合《征收与补偿条例》《浙江省国有土地上房屋征收与补偿条例》和《金华市区国有土地上房屋征收与补偿实施意见（试行）》所确定的经营用房（非住宅房屋）条件，则婺城区政府应当依据上述规定，合理确定停产停业损失的金额并予以赔偿。但由于征收过程中的停产停业损失，只是补偿因征收给房屋所有权人经营造成的临时性经营困难，具有过渡费用性质，因而只能计算适当期间或者按照房屋补偿金额的适当比例计付。同时，房屋所有权人在征收或者侵权行为发生后的适当期间，也应当及时寻找合适地址重新经营，不能将因自身原因未开展经营的损失，全部由行政机关来承担。因此许水云主张按每月停产停业损失 2 万元标准赔偿至房屋恢复原状时的再审请求，没有法律依据，本院不予支持。

(3) 屋内物品损失的赔偿金额确定方式问题

《国家赔偿法》第 15 条第 1 款规定，人民法院审理行政赔偿案件，赔偿请求人和赔偿义务机关对自己提出的主张，应当提供证据。《最高人民法院关于执行〈中华人民共和国行政诉讼法〉若干问题的解释》第 27 条第 3 项进一步规定，在一并提起的行政赔偿诉讼中，原告应当就因受被诉行为侵害而造成损失的事实承担举证责任。《最高人民法院关于行政诉讼证据若干问题的规定》第 5 条也规定，在行政赔偿诉讼中，原告应当对被诉具体行政行为造成损害的事实提供证据。因此，许水云就其房屋内物品损失事实、损害大小、损害金额承担举证责任，否则将承担不利后果。同时，《行政诉讼法》第 38 条第 2 款还规定，在行政赔偿案件中，原告应当对行政行为造成的损害提供证据。因被告的原因导致原告无法举证的，由被告承担举证责任。因此，因行政机关违反正当程序，不依法公证或者依法制作证据清单，给原告履行举证责任造成困难的，且被告也无法举证证明实际损失金额的，人民法院可在原告就损失金额所提供证据能够初步证明其主张的情况下，依法作出不利于行政机关的损失金额认定。许水云向一审法院提供的相关照片与清单，可以判断案涉房屋内有鸟笼等物品，与其实际经营花鸟生意的情形相符；在许水云已经初步证明存在损失的情况下，其合情合理的赔偿请求应当得到支持。婺城区政府可以根据市场行情，结合许水云经营的实际情况以及所提供的现场照片、物品损失清单等，按照有利于许水云的原则酌情确定赔偿数额，对房屋内财产损失依法赔偿。

综上，一、二审法院判决认定的基本事实清楚，一、二审法院判决确认婺城区政府强制拆除许水云房屋的行政行为违法的判项正确，本院予以维持。但一审判决责令婺城区政府参照《征收补偿方案》对许水云进行赔偿，未能考虑到作出赔偿决定时点的类似房地产市场价格已经比《征收补偿方案》确定的补偿时点的类似房地产市场价格有了较大上涨，仅参照《征收补偿方案》进行赔偿，无法让许水云有关赔偿房屋的诉讼请求得到支持；二审判决认为应通过征收补偿程序解决本案赔偿问题，未能考虑到案涉房屋并非依法定程序进行的征收和强制搬迁，而是违法实施的强制拆除，婺城区政府应当承担赔偿责任。一审判决第 2 项与二审判决第 2 项、第 3 项均属于适用法律错误，应予纠正。

本案判决后，《最高人民法院公报》编者就本案撰写的裁判摘要指出：

第一，国有土地上房屋征收过程中，只有市、县级人民政府及其确定的房屋征收部门依法具有组织实施强制拆除被征收人合法房屋的行政职权。市、县级人民政府及房屋征收部门等不能举证证明被征收人合法房屋系其他主体拆除的，可以认定其为强制拆除的责任主体。市、县级人民政府及房屋征收部门等委托建设单位等民事主体实施强制拆除的，市、县级人民政府及房屋征收部门等对强制拆除后果承担法律责任。建设单位等民事主体以自己名义违法强拆，侵害物权的，除应承担民事责任外，违反行政管理规定的应依法承担行政责任，构成犯罪的应依法追究刑事责任。

第二，市、县级人民政府在既未作出补偿决定又未通过补偿协议解决补偿问题的情况下，违法强制拆除被征收人房屋的，应当赔偿被征收人房屋价值损失、屋内物品损失、安置补偿等损失。人民法院在确定赔偿数额时，应当坚持全面赔偿原则，合理确定房屋等的评估时点，并综合协调适用《国家赔偿法》规定的赔偿方式、赔偿项目、赔偿标准与《国有土地上房屋征收与补偿条例》规定的补偿方式、补偿项目、补偿标准，确保被征收人得到的赔偿不低于其依照征收补偿方案可以得到的征收补偿。

拓展研读文献

1. 杜仪方：《行政赔偿中的"行使职权"概念——以日本法为参照》，载《法商研究》2018年第2期；
2. 杜仪方：《行政赔偿中的"违法"概念辨析》，载《当代法学》2012年第3期；
3. 杨寅：《我国行政赔偿制度的演变与新近发展》，载《法学评论》2013年第1期；
4. 宋广奇：《行政赔偿先行处理程序之再完善》，载《法学评论》2011年第5期；
5. 张红：《行政赔偿责任与民事赔偿责任之关系及其处理》，载《政法论坛》2009年第2期；
6. 曾珊：《松花江污染事件是否存在行政赔偿的法律空间——从行政不作为违法的角度看》，载《法学》2006年第2期；
7. 皮宗泰、洪其亚：《违法行为能否推定——对一起公安行政赔偿案件的分析》，载《行政法学研究》1998年第3期；
8. 马怀德：《国家赔偿法的理论与实务》，中国法制出版社1994年版；
9. 高家伟：《国家赔偿法》，商务印书馆2004年版；
10. 司坡森：《论国家补偿》，中国法制出版社2005年版；
11. 季怀才：《行政补偿构成要件研究》，法律出版社2006年版；
12. 陈国栋：《法律关系视角下的行政赔偿诉讼》，中国法制出版社2015年版。

第十一章

行政复议

行政复议是上级行政机关对下级行政机关作出的行政行为的事后监督制度。本章内容包括：行政复议的概念、特征和基本原则，行政复议的范围，行政复议参加人，行政复议主体，行政复议程序，行政复议中的和解和调解等。这些内容与《行政复议法》的相关规定紧密关联，学习时务必要结合《行政复议法》条文一起进行。

第一节 行政复议概述

一、行政复议的概念和特征

行政复议是行政法上的救济与监督制度，系指公民、法人或其他组织认为行政主体作出的行政行为侵犯其合法权益时，依法向该行政主体的直接上级行政机关或主管行政机关提出申请，由该上级行政机关或者主管行政机关对行政行为的合法性和合理性予以审查的程序法律制度。虽然行政复议的功能与目的在于救济与监督，但从行为的法律属性看，行政复议依然属于行政范畴，行政复议决定依然属于广义的行政行为。

我国的行政复议具有以下五个特点：

第一，行政复议程序依利害关系人的申请启动。有些行政程序是由行政机关依职权主动启动的，如行政处罚；有些行政程序是依行政相对人的申请启动的，如行政许可。行政复议作为救济程序，只能依利害关系人的申请启动。只有在行政相对人提出申请后，行政复议机关才能开展相关的复议活动。《行政复议法》第2条的规定充分说明了这一点。该条规定："公民、法人或者其他组织认为具体行政行为侵犯其合法权益，向行政机关提出行政复议申请，行政机关受理行政复议申请、作出行政复议决定，适用本法。"

第二，行政复议以审查行政行为（具体行政行为）为主，附带审查行政规定（抽象行政行为）。《行政复议法》第7条规定："公民、法人或者其他组织认为行政机关的具体行政行为所依据的下列规定不合法，在对具体行政行为申请行政复议时，可以一并向行政复议机关提出对该规定的审查申请：（一）国务院部门的规定；（二）县级以上地方各级人民政府及其工作部门的规定；（三）乡、镇人民政府的规定。前款所列规定不含国务院部门、委员会规章和地方人民政府规章。规章的审查依照法律、行政法规办理。"

第三，行政复议以书面审查为主要方式。所谓书面审查，系指行政复议机关在审查申请人提交的申请书、被申请人提交的答辩书以及案卷材料的基础上作出复议决定，一般不进行调查，不公开辩论。既然以书面审理为主要审查方式，也就不排除例外情形下的调查和开庭审理。《行政复议法》第22条规定："行政复议原则上采取书面审查的办法，但是申请人提出要求或者行政复议机关负责法制工作的机构认为有必要时，可以向有关组织和人员调查情况，听取申请人、被申请人和第三人的意见。"

第四，行政复议不仅审查行政行为的合法性，还审查行政行为的合理性。合法性审查主要针对行政机关的权限范围，合理性审查主要针对行政行为的裁量内容。合法性是对行政机关的最低要求，合理性是对行政机关的较高要求。行政诉讼主要审查行政行为的合法性，仅在有限的情形下才可以审查行政行为的合理性。行政复议则不仅审查行政行为的合法性，还审查行政行为的合理性。《行政复议法》第3条第3项规定，行政复议机关的复议机构负责审查申请行政复议的行政行为是否合法与适当，拟订行政复议决定。

第五，行政复议是针对外部行政法律关系中行政相对人和行政第三人提供的救济制度，不适用于内部行政法律关系中发生的争议。对于内部行政法律关系中的行政公务人员来说，如果对行政机关作出的行政处分或其他人事处理决定不服，只能通过行政申诉程序予以救济。就行政申诉制度，公务员法作了不同规定。《公务员法》第95条规定，公务员对涉及本人的人事处理不服的，可以自知道该人事处理之日起30日内向原处理机关申请复核；对复核结果不服的，可以自接到复核决定之日起15日内，按照规定向同级公务员主管部门或者作出该人事处理的机关的上一级机关提出申诉；也可以不经复核，自知道该人事处理之日起30日内直接提出申诉。

二、行政复议与行政诉讼的关系

行政复议与行政诉讼本质上存在区别。行政复议原则上是由上一级行政机关对下一级行政机关所作的行政行为进行的审查，所有过程都在行政系统内部进行，仍然属于行政的范畴，是名副其实的行政救济；行政诉讼则是人民法院对行政机关所作的行政行为实施的司法监督，属于司法的范畴，是一种司法救济。尽管如此，行政复议与行政诉讼都以行政争议为处理对象，其目的都是为了保护公民、法人和其他组织的合法权益，监督行政机关依法行政，所以两者之间又存在紧密的关联性。这种关联性主要体现在公民、法人或其他组织不服行政行为时救济路径的选择上,也就是要明确:当发生行政争议时,公民、法人或其他组织在什么情形下选择行政复议作为救济渠道,什么情形下选择行政诉讼作为救济渠道,二者之间如何衔接。

既然行政复议与行政诉讼针对同一性质的行政争议,二者就不能同时并行适用。行政相对人对行政行为不服时,不能在申请行政复议的同时提起行政诉讼,或者在提起行政诉讼的同时申请行政复议。而且,由于司法救济是人权保障的最后一道防线,行政复议与行政诉讼的先后顺序就不能颠倒,只能是行政复议在先,行政诉讼在后。这种情形下,搞清行政复议与行政诉讼之间关系的关键问题便有:公民、法人和其他组织申请行政复议后,可否再行提起行政诉讼;公民、法人和其他组织是否必须在申请行政复议后才能提起行政诉讼,换言之,可否不经行政复议直接提起行政诉讼。基于这些问题,从我国行政复议法的规定看,行政复议与行政诉讼之间的衔接关系主要表现为以下几个类型:

1. 选择性行政复议

选择性行政复议意味着,是否以行政复议作为法律救济的手段,由行政利害关系人自行选择。行政利害关系人可以选择行政复议作为首先的救济方式,也可以直接提起行政诉讼。例如,《税收征收管理法》第88条第2款规定:"当事人对税务机关的处罚决定、强制执行措施或者税收保全措施不服的,可以依法申请行政复议,也可以依法向人民法院起诉。"

选择性行政复议以行政复议参加人不服复议决定时是否可以向法院起诉为标准,还可以分为"选择可诉复议"与"选择终局复议"两种。"选择可诉复议"是指申请人选择了行政复议作为救济方式后,对复议决定不服时,还可以向人民法院提起行政诉讼。"选择终局复议"是指一旦申请人选择行政复议作为救济方式,即便对行政复议决定不服,也不得向人民法院再行提起行政诉讼。总体上,"选择可诉复议"是原则,"选择终局复议"是例外。也就是说,一般情况下,行政复议都属于"选择可诉复议",只有在法律作了特别规定时,行政复议才属于"选择终局复议"。我国现行法律中,有关"选择终局复议"的规定很少。例如,《审计法》第48条第2款规定:"被审计单位对审计机关作出的有关财政收支的审计决定不服的,可以提请审计机关的本级人民政府裁决,本级人民政府的裁决为最终决定。"《行政复议法》第14条规定:"对国务院部门或者省、自治区、直辖市人民政府的具体行政行为不服的,向作出该具体行政行为的国务院部门或者省、自治区、直辖市人民政府申请行政复议。对行政复议决定不服的,可以向人民法院提起行政诉讼;也可以向国务院申请裁决,国务院依照本法的规定作出最终裁决。"①

2. 前置性复议

前置性复议，是指法律、法规规定相对人只能先选择行政复议作为救济的手段，没有自由选择的余地。例如，《税收征收管理法》第88条第1款规定："纳税人、扣缴义务人、纳税担保人同税务机关在纳税上发生争议时，必须先依照税务机关的纳税决定缴纳或者解缴税款及滞纳金或者提供相应的担保，然后可以依法申请行政复议；对行政复议决定不服的，可以依法向人民法院起诉。"前置性复议与选择性复议的适用关系是，选择性复议是原则，前置性复议是例外，即：只有在法律特别规定必须先行申请行政复议时，才有前置性复议的适用余地，否则便为选择性行政复议。

前置性复议以行政复议参加人不服行政复议决定时是否还可以向法院提起行政起诉为标准，再分为"前置可诉复议"和"前置终局复议"两种。"前置可诉复议"，是指相对人必须先申请复议，对复议决定不服的，才可以向法院提起行政诉讼。上述《税收征收管理法》第88条第1款的规定就属于这种情形。此外还如《行政复议法》第30条第1款规定的情形："公民、法人或者其他组织认为行政机关的具体行政行为侵犯其已经依法取得的土地、矿藏、水流、森林、山岭、草原、荒地、滩涂、海域等自然资源的所有权或者使用权的，应当先申请行政复议；对行政复议决定不服的，可以依法向人民法院提起行政诉讼。"

前置终局复议，是指相对人只能先申请行政复议作为法律救济的途径，而且对行政复议决定不能再向法院提起行政诉讼，复议决定具有最终的法律效力。例如，《行政复议法》第30条第2款规定："根据国务院或者省、自治区、直辖市人民政府对行政区划的勘定、调整或者征用土地的决定，省、自治区、直辖市人民政府确认土地、矿藏、水流、森林、山岭、草原、荒地、滩涂、海域等自然资源的所有权或者使用权的行政复议决定为最终裁决。"

三、行政复议的基本原则

行政复议的基本原则是贯穿于行政复议活动之中，体现行政复议的内在要求，反映行政复议特点，对行政复议具有普遍指导意义，在行政复议过程中必须遵循的基本准则。理解和把握行政复议的基本原则，可以更好地理解行政复议的本质和特点。对于行

---

① 有学者认为，除了《行政复议法》第14条的规定，《公民出境入境管理法》第15条、《外国人入境出境管理法》第29条规定的复议也属于选择终局复议。《公民出境入境管理法》第15条规定："受公安机关拘留处罚的公民对此处罚不服的，在接到通知之日起十五日内，可以向上一级公安机关提出申诉，由上一级公安机关作出最后的裁决，也可以直接向当地人民法院提起诉讼。"《外国人入境出境管理法》第29条第2款规定："受公安机关罚款或者拘留处罚的外国人，对处罚不服的，在接到通知之日起十五日内，可以向上一级公安机关提出申诉，由上一级公安机关作出最后的裁决，也可以直接向当地人民法院提起诉讼。"

政复议的基本原则,《行政复议法》第 4 条作了明确规定:"行政复议机关履行行政复议职责,应当遵循合法、公正、公开、及时、便民的原则,坚持有错必纠,保障法律、法规的正确实施。"

合法是指行政复议机关必须严格按照法律规定的职责权限,以事实为根据,以法律为准绳,按法定程序,履行审查职责。行政复议是一种程序制度,合法原则也就更加强调行政复议程序的合法性。程序合法要求复议程序必须按照法定的顺序、形式、期限进行,不得随意颠倒法定的顺序、变更法定的形式、延长或缩短法定的期限。

公正原则要求行政复议机关保持中立,平等对待行政复议参加人,使行政复议决定不偏不倚。保证行政复议公正原则得以贯彻的主要制度是回避制度。行政复议法虽然没有规定回避制度,但公务员法关于回避的规定在行政复议程序中应当得到适用。《公务员法》第 76 条规定:"公务员执行公务时,有下列情形之一的,应当回避:(一)涉及本人利害关系的;(二)涉及与本人有本法第七十四条第一款所列亲属关系人员的利害关系的;(三)其他可能影响公正执行公务的。"第 77 条规定:"公务员有应当回避情形的,本人应当申请回避;利害关系人有权申请公务员回避。其他人员可以向机关提供公务员需要回避的情况。机关根据公务员本人或者利害关系人的申请,经审查后作出是否回避的决定,也可以不经申请直接作出回避决定。"行政复议机关的工作人员遇到第 76 条规定的情形,也应当按照第 77 条的规定予以回避。

行政复议的公开本质上是行政复议过程中获取或制作的信息的公开。通过公开,使整个行政复议活动中获取或制作的各种信息,如依据、程序、过程、裁决等,能够为复议参加人或公众所了解、洞悉,从而将行政复议活动置于公众监督之下。公开的目的不仅在于防止行政复议的暗箱操作,还可以增强公众对行政复议工作的信任感。

建立行政复议制度的重要目的在于提高行政救济的便捷性。及时、便民原则正是为了实现这一目的而确立的。及时原则是指行政复议机关在查明事实、分清是非的基础上,在法定期限内迅速地审结行政复议案件并作出行政复议决定。便民原则是指在行政复议活动中,行政复议机关要尽量方便行政复议参加人,不能无端增加行政复议参加人的负担,最大限度地节省他们的时间、精力和费用。这些原则在行政复议的相关制度中都有所体现。

第二节 行政复议的范围

行政复议范围是行政复议法中最为重要的制度之一,系指行政利害关系人可以申请行政复议机关审查的事项范围,也是行政利害关系人申请行政复议的基本依据。《行政复议法》第 6 条、第 7 条和第 8 条分别从可直接申请复议的事项、可附带申请审查的事项和不得申请行政复议的事项三个方面对行政复议范围作了规定，构成了正面列举与反面排除的立法格局。

一、可直接申请复议的事项

《行政复议法》第 6 条规定，公民、法人或者其他组织不服下列行政行为或认为侵犯其合法权益的，可以申请行政复议。

1. 行政处罚

行政处罚是行政主体对违反行政法规范但尚未构成犯罪的公民、法人或者其他组织，运用行政权追究行政法律责任的一种行政行为。行政处罚的形式包括警告、罚款、没收违法所得、没收非法财物、责令停产停业、暂扣或吊销行政许可证、暂扣或吊销执照、行政拘留以及法律、行政法规规定的其他行政处罚。公民、法人或其他组织对任何一种形式的行政处罚不服的，都可以申请行政复议。《行政复议法》第 6 条第 1 项规定，公民、法人或者其他组织"对行政机关作出的警告、罚款、没收违法所得、没收非法财物、责令停产停业、暂扣或者吊销许可证、暂扣或者吊销执照、行政拘留等行政处罚决定不服的"，可以依法申请行政复议。

2. 行政强制措施

根据《行政强制法》第 2 条第 2 款的规定，"行政强制措施，是指行政机关在行政管理过程中，为制止违法行为、防止证据损毁、避免危害发生、控制危险扩大等情形，依法对公民的人身自由实施暂时性限制，或者对公民、法人或者其他组织的财物实施暂时性控制的行为"。行政强制措施的形式有限制公民人身自由、查封场所、查封设施或者财物、扣押财物、冻结存款或汇款等。《行政复议法》第 6 条第 2 项规定，公民、法人或者其他组织"对行政机关作出的限制人身自由或者查封、扣押、冻结财产等行政强制措施决定不服的"，可以依法申请行政复议。

3. 与行政许可、审批和登记有关的侵益行政行为

与行政许可、审批或者登记有关的侵益行政行为大致可分为两类：第一类是对行政许可、审批或者登记申请的拒绝或者不作为。行政许可、审批或者登记行为均属于依申请的行政行为，行政相对人提出申请后，行政机关拒绝其申请或者对其申请不予处理，则会侵害其合法权益。《行政复议法》第 6 条第 8 项规定，公民、法人或者其他组织"认为符合法定条件，申请行政机关颁发许可证、执照、资质证、资格证等证书，或者申请行政机关审批、登记有关事项，行政机关没有依法办理的"，可以申请行政复议。第二类是对行政许可、审批和登记行为的变更、终止、撤销或者撤回。授益行政行为会使行政相对人形成信赖利益。因此，这类行政行为一旦作出、送达、生效，一般不允许行政机关随意变更、终止、撤销或撤回。故《行政复议法》第 6 条第 3 项规定，公民、法人

或者其他组织"对行政机关作出的有关许可证、执照、资质证、资格证等证书变更、中止、撤销的决定不服的",可以依法申请行政复议。

4. 行政确认

行政确认也是一种典型的行政行为,主要指行政机关对土地、矿藏、水流、森林、山岭、草原、荒地、滩涂、海域等自然资源的所有权或者使用权的认定。对自然资源的所有权或使用权的确认既可能是行政裁决,也可能是行政特许。《土地管理法》第14条规定:"土地所有权和使用权争议,由当事人协商解决;协商不成的,由人民政府处理。单位之间的争议,由县级以上人民政府处理;个人之间、个人与单位之间的争议,由乡级人民政府或者县级以上人民政府处理。当事人对有关人民政府的处理决定不服的,可以自接到处理决定通知之日起三十日内,向人民法院起诉。"但这并不意味着,公民、法人或其他组织不能对此提起行政复议。《行政复议法》第6条第4项规定,公民、法人或者其他组织"对行政机关作出的关于确认土地、矿藏、水流、森林、山岭、草原、荒地、滩涂、海域等自然资源的所有权或者使用权的决定不服的",可以依法申请行政复议。

5. 侵犯合法经营自主权的行政行为

经营自主权,是指法人或其他组织自主经营,独立支配人事、财物、生产、销售等活动的权利。保护企业或其他组织合法权益不受行政机关的侵犯,是行政法治的主要任务之一。我国《宪法》第7条、第8条第3款、第11条第2款分别规定:"国有经济,即社会主义全民所有制经济,是国民经济中的主导力量。国家保障国有经济的巩固和发展。""国家保护城乡集体经济组织的合法的权利和利益,鼓励、指导和帮助集体经济的发展。""国家保护个体经济、私营经济等非公有制经济的合法的权利和利益。国家鼓励、支持和引导非公有制经济的发展,并对非公有制经济依法实行监督和管理。"因此,公民、法人或其他组织认为行政行为侵犯企业或其他组织的合法权益,不论其性质如何,都可以申请行政复议。《行政复议法》第6条第5项规定,公民、法人或者其他组织"认为行政机关侵犯合法的经营自主权的",可以依法申请行政复议。

6. 农业承包合同的变更或者废止决定

农业承包合同,是我国农业联产承包经营的主要法律形式。土地承包经营权是我国农民享有的重要权利,是生产和生活之本。《农村土地承包法》第5条规定:"农村集体经济组织成员有权依法承包由本集体经济组织发包的农村土地。任何组织和个人不得剥夺和非法限制农村集体经济组织成员承包土地的权利。"第8条规定:"国家保护集体土地所有者的合法权益,保护承包方的土地承包经营权,任何组织和个人不得侵犯。"为此,《行政复议法》第6条第6项专门规定,公民、法人或者其他组织"认为行政机关变更或者废止农业承包合同,侵犯其合法权益的",可以申请行政复议。

7. 行政征收、征用

行政征收是指行政机关向行政相对人强制性地收取税、费或其他私有财产的行政行为。行政征收有些是无偿的，有些是有偿的。前者如税收征收，后者如土地征收。行政征用是指行政机关出于公共利益的需要，强制性地占有和使用相对人的财产的行政行为。征用不是所有权的转移。使用完后，行政机关要返还被征用物。行政征收和行政征用在我国宪法和物权法等法律中都有规定。例如，《宪法》第10条第3款规定："国家为了公共利益的需要，可以依照法律规定对土地实行征收或者征用并给予补偿。"《物权法》第44条规定："因抢险、救灾等紧急需要，依照法律规定的权限和程序可以征用单位、个人的不动产或者动产。被征用的不动产或者动产使用后，应当返还被征用人。单位、个人的不动产或者动产被征用或者征用后毁损、灭失的，应当给予补偿。"不论行政征收还是行政征用，都要依法进行。公民、法人或其他组织认为行政机关行政征收或征用行为侵犯其合法权益的，可以申请行政复议。其实，《行政复议法》规定得更为宽泛。该法第6条第7项规定，公民、法人或者其他组织"认为行政机关违法集资、征收财物、摊派费用或者违法要求履行其他义务的"，可以申请行政复议。

8. 行政不作为

"行政不作为，是指行政主体以不作为的方式实施的行为。"① 行政不作为也可以说是行政主体不履行法定作为义务或者不如期履行法定作为义务的行为。行政不作为必须以行政主体及其工作人员负有行政法上的作为义务为前提条件。这种作为义务必须是现实的、特定的。所谓现实的，即作出行政行为的具体条件已经产生，行政主体必须立即履行。所谓特定的，是指这种义务是法律、法规、规章等规范性文件及其他行政处理决定针对具体场合所设定的，是可以直接实施的。行政主体不依法履行现实的、特定的法定义务，行政相对人或者利害关系人的权利就得不到保障或者实现。因此，《行政复议法》第6条第9项规定，公民、法人或者其他组织"申请行政机关履行保护人身权利、财产权利、受教育权利的法定职责，行政机关没有依法履行的"，可以申请行政复议。须注意的是，从字面上看，这里的行政不作为主要针对行政机关担负的保护公民、法人或其他组织人身权利、财产权利和受教育权利的职责。但从现行《行政诉讼法》的相关规定看，对这一条款可以从宽解释与适用。②

9. 与行政给付相关的侵益行政行为

行政给付是行政主体给行政相对人发放抚恤金、社会保险金、最低生活保障费等行政行为。抚恤金是公民因公或因病致残或死亡时，由本人或其家属依法领取的生活费

---

① 周佑勇：《行政法原论》（第三版），北京大学出版社2018年版，第188页。
② 《行政诉讼法》第12条第1款第6项规定，"申请行政机关履行保护人身权、财产权等合法权益的法定职责，行政机关拒绝履行或者不予答复的"，公民、法人或者其他组织可以提起行政诉讼，人民法院应当予以受理。

用。我国的抚恤金主要有两种：一种是遗属抚恤金，发放对象为革命烈士、因工牺牲或某些特殊原因死亡人员的家属；另一种是伤残抚恤金，发放对象是因工致伤、致残者本人。社会保险金是公民在失业、年老、疾病、生育、工伤等情况发生时，向社会保障机构申请发放的社会救济金。社会保险金包括养老保险金、失业保险金、医疗保险金、工伤保险金和生育保险金。目前，我国的社会保险制度正在建立之中，各项保险制度还不健全。最低生活保障费是向城镇居民发放的维持其基本生活需要的社会救济金。最低生活保障费制度是现代社会保障制度的重要组成部分，是维护社会稳定的经济基础。各地根据本地区的经济发达程度和生活水平确定一个最低生活保障线的标准，达不到最低生活保障线的，可以向有关行政机关申请发放最低生活保障费。无论是抚恤金、社会保障金，还是最低生活保障费，都是公民生活需要的社会保障，行政机关没有依法发放的，当事人可以申请行政复议。因此，《行政复议法》第6条第10项规定，公民、法人或者其他组织"申请行政机关依法发放抚恤金、社会保险金或者最低生活保障费，行政机关没有依法发放的"，可以申请行政复议。除此之外，如果行政机关变更、中止、终止、撤销或者撤回已经决定发放的行政给付，当事人不服的，也可以申请行政复议。

以上几种行政行为是可以申请复议的，但可以申请复议的不限于上述几种行政行为。《行政复议法》第6条第11项规定，公民、法人或者其他组织"认为行政机关的其他具体行政行为侵犯其合法权益的"，也可以申请行政复议。总之，申请复议，是公民享有的一项基本权利，只要是行政行为，只要是公民、法人或其他组织认为该行政行为侵犯了其合法权益的，都可以申请行政复议，除非法律明确规定了例外情形；反之，如果不是行政行为，则就不属于行政复议的事项，公民、法人或者其他组织不能对其申请复议，复议机关也不应受理此类申请。"孙长荣与吉林省人民政府行政复议不予受理决定案"① 可为读者提供一定的提示（详见本书第七章第一节）。

二、可附带申请审查的事项

附带审查，即申请人在请求审查行政行为合法性、合理性的同时，请求审查该行政行为所依据的规范性文件的合法性，行政复议据此附带地审查相关规范性文件合法性的行政救济与监督过程。《行政复议法》第7条规定，公民、法人或者其他组织认为行政机关的具体行政行为所依据的下列规定不合法，在对具体行政行为申请行政复议时，可以一并向行政复议机关提出对该规定的审查申请。这里的"规定"是指除行政法规、行政规章之外的其他规范性文件。这些"规定"包括：（1）国务院部门的规定；（2）县级以上地方各级人民政府及其工作部门的规定；（3）乡、镇人民政府的规定。

---

① 参见最高人民法院〔2015〕行提字第19号行政判决书。本案载于《最高人民法院公报》2016年第12期。本案相关介绍参见本书第七章第一节。

对上述行政规定申请审查时必须注意以下问题:

第一,对行政规定的复议申请是以对行政行为的复议申请为前提的。行政复议机关不直接受理申请人对行政规定提起的行政复议申请。行政相对人只有在对行政行为申请复议时,才能附带对其所依据的行政规定提出审查请求。

第二,对行政规定的申请范围只能是法律、法规、规章之外的其他规范性文件。申请人对行政行为依据的法律、法规、规章不服的,应当按照《立法法》第99条①和《行政诉讼法》第63条②的规定处理。

第三,对行政规定的申请内容仅限于该行为是否合法,而不包括合理性的问题。行政复议机关只能对行政规定的合法性进行审查,不审查它的合理性。合法性审查主要从三个方面进行:(1)行政规定的制定主体是否超越权限;(2)行政规定的实体内容是否与法律、法规和规章相冲突;(3)行政规定的制定过程是否符合法定程序。

1989年《行政诉讼法》没有明确规定人民法院对于规范性文件的附带审查制度。但现行《行政诉讼法》第53条规定:"公民、法人或者其他组织认为行政行为所依据的国务院部门和地方人民政府及其部门制定的规范性文件不合法,在对行政行为提起诉讼时,可以一并请求对该规范性文件进行审查。前款规定的规范性文件不含规章。"第64条规定:"人民法院在审理行政案件中,经审查认为本法第五十三条规定的规范性文件不合法的,不作为认定行政行为合法的依据,并向制定机关提出处理建议。"这种情形下,行政诉讼实践中发生的附带审查案例可以为理解行政复议附带审查制度提供参考。这里列举"丹阳市珥陵镇鸿润超市诉丹阳市市场监督管理局不予变更经营范围登记案"③作为参考资料。

◆ 丹阳市珥陵镇鸿润超市诉丹阳市市场监督管理局不予变更经营范围登记案

【案情概要】

原告丹阳市珥陵镇鸿润超市诉称:原告系已依法领取个体工商户营业执照的合法经营者。2015年2月5日,原告因拟增加蔬菜零售经营范围,书面向被告丹阳市市场监督

---

① 《立法法》第99条规定:"国务院、中央军事委员会、最高人民法院、最高人民检察院和各省、自治区、直辖市的人民代表大会常务委员会认为行政法规、地方性法规、自治条例和单行条例同宪法或者法律相抵触的,可以向全国人民代表大会常务委员会书面提出进行审查的要求,由常务委员会工作机构分送有关的专门委员会进行审查、提出意见。前款规定以外的其他国家机关和社会团体、企业事业组织以及公民认为行政法规、地方性法规、自治条例和单行条例同宪法或者法律相抵触的,可以向全国人民代表大会常务委员会书面提出进行审查的建议,由常务委员会工作机构进行研究,必要时,送有关的专门委员会进行审查、提出意见。有关的专门委员会和常务委员会工作机构可以对报送备案的规范性文件进行主动审查。"

② 《行政诉讼法》第63条规定:"人民法院审理行政案件,以法律和行政法规、地方性法规为依据。地方性法规适用于本行政区域内发生的行政案件。人民法院审理民族自治地方的行政案件,并以该民族自治地方的自治条例和单行条例为依据。人民法院审理行政案件,参照规章。"

③ 本案刊载于《最高人民法院公报》2018年第6期。

管理局申请变更登记。2015年2月16日，被告以原告距丹阳市珥陵农贸市场不足200米，不符合丹阳市人民政府丹政办发〔2012〕29号文件中"为规范经营秩序，菜市场周边200米范围内不得设置与菜市场经营类同的农副产品经销网点"的规定为由，决定对原告的变更申请不予登记。被告作为有行政执法权的国家行政机关，应当以国家的法律、行政法规和规章为执法依据。《个体工商户条例》《个体工商户登记管理办法》以及商务部《标准化菜市场设置与管理规范》等国家的法律规定均无类似经营限制，丹阳市人民政府文件不属于《立法法》规定的法律范畴。被告以该文件为依据，对原告的变更申请作出不予登记的行政行为，显然于法无据。故原告诉至法院，请求判决撤销被告对原告作出的变更登记驳回通知书，判令被告对原告经营范围中增加蔬菜零售项目的申请进行变更登记。

被告丹阳市市场监督管理局辩称：原告于2015年2月5日向被告提交个体工商户变更登记申请书，申请增加蔬菜零售经营范围。被告于2015年2月6日出具了个体工商户变更登记受理通知书。经对申请材料的相关实质内容进行核实，原告丹阳市珥陵镇鸿润超市距珥陵农贸市场不足200米，不符合丹阳市人民政府丹政办发〔2012〕29号《关于转发市商务局〈丹阳市菜市场建设规范〉的通知》中"为规范经营秩序，菜市场周边200米范围内不得设置与菜市场经营类同的农副产品经销网点"的规定。被告于2015年2月16日作出了个体工商户登记驳回通知书，决定对原告的变更申请不予登记。丹政办发〔2012〕29号文是丹阳市人民政府为了规范菜市场建设，促进长效管理而针对不特定人作出的规定，是一种规范性文件，符合国务院国发〔2014〕7号《关于印发注册资本登记制度改革方案的通知》和省政府2013年第63号《专题会议纪要》精神。镇江市人民政府镇政发〔2014〕12号《关于工商登记制度改革的意见（试行）》（五）也明确规定"菜市场周边200米范围内不得设置与菜市场经营类同的农副产品经销网点"。被告作为市政府组成部门，有法定义务执行丹阳市人民政府作出的基于有关城乡规划、商业网点布局等政策文件规定的特定区域、特定行业市场准入禁止性或限制性规定，故被告依据丹政办发〔2012〕29号文件对原告的申请作出的驳回决定符合法律规定。请求驳回原告的诉讼请求。

丹阳市人民法院一审审理查明：2015年2月5日，原告丹阳市珥陵镇鸿润超市向被告丹阳市市场监督管理局提交个体工商户变更登记申请书，申请在原个体工商户营业执照核准的经营范围内增加蔬菜零售项目，并提供了相关变更登记所需材料。2015年2月6日，被告向原告出具了个体工商户变更登记受理通知书，被告对申请材料进行审查，并赴原告经营场所实地调查核实，认定原告经营场所距丹阳市珥陵农贸市场不足200米。被告认为原告的申请不符合丹阳市人民政府丹政办发〔2012〕29号《关于转发市商务局〈丹阳市菜市场建设规范〉的通知》中"菜市场周边200米范围内不得设置与菜市场经营类同的农副产品经销网点"的规定，遂于2015年2月16日作出了（11810187）

个体工商户变更〔2015〕第 02160001 号个体工商户登记驳回通知书，决定对原告的变更申请不予登记。原告不服，诉至法院。

【裁判结果】

第一，撤销被告丹阳市市场监督管理局于 2015 年 2 月 16 日作出的（11310187）个体工商户变更〔2015〕第 02160001 号个体工商户登记驳回通知书；第二，被告丹阳市市场监督管理局于本判决生效后 15 个工作日内对原告丹阳市珥陵镇鸿润超市的申请重新作出登记。

【裁判理由】

丹阳市人民法院一审审理认为：根据《行政诉讼法》第 63 条第 1 款、第 3 款规定，人民法院审理行政案件，以法律和行政法规、地方性法规为依据，参照规章。《个体工商户条例》第 4 条规定，国家对个体工商户实行市场平等准入、公平待遇的原则。申请办理个体工商户登记，申请登记的经营范围不属于法律、行政法规禁止进入的行业的，登记机关应当依法予以登记。本案中，原告丹阳市珥陵镇鸿润超市申请变更登记增加的经营项目为蔬菜零售，不属于法律、行政法规禁止进入的行业，被告丹阳市市场监督管理局依法应当予以登记。但被告却适用丹阳市人民政府丹政办发〔2012〕29 号规范性文件中关于"菜市场周边 200 米范围内不得设置与菜市场经营类同的农副产品经销网点"的规定，以原告经营场所距珥陵农贸市场不足 200 米为由，对原告的申请作出不予登记行为。由于丹阳市政府的上述规定与商务部《标准化菜市场设置与管理规范》不一致，与《商务部等 13 部门关于进一步加强农产品市场体系建设的指导意见》第 7 项"积极发展菜市场、便民菜店、平价商店、社区电商直通车等多种零售业态"的指导意见不相符，也违反《个体工商户条例》关于对个体工商户实行的市场平等准入、公平待遇的原则。根据《行政诉讼法》第 53 条、第 64 条的规定，人民法院经审查认为地方人民政府制定的规范性文件不合法的，不作为认定行政行为合法的依据。据此，丹政办发〔2012〕29 号规范性文件不能作为认定被诉登记行为合法的依据。因此，被告对原告的申请作出不予登记的行政行为缺乏法律依据，依法应予撤销。

《最高人民法院公报》编者就本案撰写的裁判摘要指出：为从源头上纠正违法和不当的行政行为，我国行政诉讼法规定，人民法院在审理行政案件中，对行政行为所依据的规章以下规范性文件的合法性具有附带审查的职权。市场经营主体申请变更登记经营范围，市场监管部门依据地方政府文件规定不予办理，人民法院经审查认为该规范性文件相关内容违反上位法规定，存在限制市场公平竞争等违法情形的，该规范性文件不作为认定被诉行政行为合法的依据。市场经营主体起诉要求市场管理部门办理变更的，法院应予支持。

三、不得申请行政复议的事项

不得申请行政复议的事项,即虽然从行为性质看,也属于行政行为,但基于其特殊性,行政复议法特别排除在复议范围之外的事项。《行政复议法》第 8 条规定:"不服行政机关作出的行政处分或者其他人事处理决定的,依照有关法律、行政法规的规定提出申诉。不服行政机关对民事纠纷作出的调解或者其他处理,依法申请仲裁或者向人民法院提起诉讼。"据此,不能申请行政复议的事项主要包括下列两项:

(一)行政处分或者其他人事处理决定

行政处分是不同于行政处罚的特殊行政行为。行政处罚是行政主体对公民、法人和其他组织实施的尚不构成犯罪的违法行为的法律惩戒,属于外部行政行为。行政处罚的种类主要有警告、罚款、没收违法所得、暂停或者暂扣许可证与执照、吊销许可证与执照、拘留等。行政处分则是国家行政机关对违法、违纪的工作人员所给予的法律惩戒,属于内部行政行为。根据《公务员法》第 62 条的规定,行政处分的种类有:警告、记过、记大过、降级、撤职、开除。因此,行政处分与行政处罚具有较大的差异。

"其他人事处理决定"是指除行政处分之外,行政机关在内部人事管理活动中,对行政公务人员个人作出的诸如定级、考核、降职、免职、回避、晋级、增资、辞职、辞退以及退休等人事决定,也属于内部行政行为。

外部行政行为引起的争议与内部行政行为引起的争议在性质、内容等方面均有所不同,因此,在救济机关、救济路径、救济程序等方面都不一样。行政复议法旨在解决行政机关行使行政权过程中与行政相对人之间发生的行政争议,是为行政相对人及行政第三人提供的一项权利救济途径,或者说是解决外部行政行为争议的一项法律制度。因此,行政复议法将行政处分和其他人事处理决定引发的争议排除在行政复议范围之外,有一定的道理。但这并不是说行政公务人员的合法权益不受法律保护,而是应当按照其他路径进行保护。目前,对内部行政行为引起的争议应当按照公务员法规定的申诉和人事争议仲裁程序来处理。①

---

① 《公务员法》第 95 条规定:"公务员对涉及本人的下列人事处理不服的,可以自知道该人事处理之日起三十日内向原处理机关申请复核;对复核结果不服的,可以自接到复核决定之日起十五日内,按照规定向同级公务员主管部门或者作出该人事处理的机关的上一级机关提出申诉;也可以不经复核,自知道该人事处理之日起三十日内直接提出申诉:(一)处分;(二)辞退或者取消录用;(三)降职;(四)定期考核定为不称职;(五)免职;(六)申请辞职、提前退休未予批准;(七)不按规定确定或者扣减工资、福利、保险待遇;(八)法律、法规规定可以申诉的其他情形。对省级以下机关作出的申诉处理决定不服的,可以向作出处理决定的上一级机关提出再申诉。……公务员对监察机关作出的涉及本人的处理决定不服向监察机关申请复审、复核的,按照有关规定办理。"第 105 条规定:"聘任制公务员与所在机关之间因履行聘任合同发生争议的,可以自争议发生之日起六十日内申请仲裁。……当事人对仲裁裁决不服的,可以自接到仲裁裁决书之日起十五日内向人民法院提起诉讼。仲裁裁决生效后,一方当事人不履行的,另一方当事人可以申请人民法院执行。"

(二) 行政调解或者其他处理

行政调解，是指行政机关主持的，以法律、法规为依据，以自愿为原则，通过说服教育，促使民事争议双方互谅互让，达成协议的一种活动。它与民间调解和司法调解一同构成具有中国特色的调解制度。行政调解是解决民事争议的一种便捷方式，对解决民事争议、平息社会矛盾和维护安定团结等具有一定作用。但是，调解达成的协议本质上是双方当事人的意思表达，而非行政主体的意思表达，要依赖于双方当事人自觉自愿地遵守执行，行政主体不能强制要求当事人执行。因此，它并非严格意义上的行政行为，当事人对调解协议不服的，可以向法院提起诉讼或者向仲裁机构申请仲裁，而不能向上级行政机关申请复议。

所谓行政机关对民事纠纷作出的其他处理，是一个兜底条款，其含义并不确定。一般认为是行政机关参与的对民事纠纷作出的仲裁等，如劳动仲裁。《劳动法》第79条规定："劳动争议发生后，当事人可以向本单位劳动争议调解委员会申请调解；调解不成，当事人一方要求仲裁的，可以向劳动争议仲裁委员会申请仲裁。当事人一方也可以直接向劳动争议仲裁委员会申请仲裁。对仲裁裁决不服的，可以向人民法院提起诉讼。"第81条规定："劳动争议仲裁委员会由劳动行政部门代表、同级工会代表、用人单位方面的代表组成。劳动争议仲裁委员会主任由劳动行政部门代表担任。"从第81条的规定看，劳动争议仲裁委员会并不是纯粹的行政主体。因此，当事人对劳动争议仲裁委员会的仲裁决定不服的，只能就该劳动争议向人民法院提起民事诉讼。

在行政复议实践中，划分可复议的与不可复议的行政行为依然是一个比较复杂的问题，常常会引起纠纷。"杨一民诉成都市政府其他行政纠纷案"① 和"范根生诉浙江省嘉善县人民政府环保行政复议案"② 就是这方面的例证，可以帮助读者提升对这一问题的理解和认识。

◆ 杨一民诉成都市政府其他行政纠纷案

【案情概要】

1992年，原成都市第五中学（现成都列五中学）向原成都市教育委员会（现成都市教育局）报送了《关于对我校职工杨一民作除名处理的报告》，原成都市教育委员会于1992年12月23日作出成教发人〔1992〕78号批复，同意将原告杨一民作除名处理。2005年，杨一民以成都列五中学借口已对其作"除名处理"，不给其安排工作、发放工

---

① 本案刊载于《最高人民法院公报》2007年第10期。
② 2014年2月17日最高人民法院发布的保障民生典型案例之四。本案刊载于《最高人民法院公报》2014年第10期。

资，还强行收缴其住房，但长期不送达相关处理文书，侵犯其人身权、财产权为由，向成都市教育局申诉。2005年5月20日，成都市教育局办公室对杨一民作出信访回复，该回复认为原成都市教育委员会于1992年作出的《对成都市第五中学〈关于对我校职工杨一民作除名处理的报告〉的批复》符合法律规定。杨一民不服，向四川省教育厅申诉。四川省教育厅于2005年6月28日答复杨一民："已将上访材料转送成都市教育局，责成其按照当时的有关法律法规、政策规定和事实依据重新答复你本人。"2005年8月18日，成都市教育局办公室再次对杨一民作出信访答复，该答复载明："我们再一次对事实进行了调查核实。查明，1992年原成都市第五中学根据你的旷工事实向原成都市教育委员会报送的《关于对我校职工杨一民作除名处理的报告》和原成都市教育委员会于当年作出的《对成都市第五中学〈关于对我校职工杨一民作除名处理的报告〉的批复》符合川人发〔1984〕4号文件规定。"该信访答复已送达杨一民。2005年9月9日，杨一民就成都市教育局于2005年8月18日作出的信访答复向成都市政府申请行政复议，请求撤销或者确认该信访答复违法，并责令成都市教育局在一定期限内重新作出具体行政行为。同日，成都市政府以杨一民提出的行政复议申请不符合行政复议受理条件为由，根据行政复议法的相关规定，作出成府复不字〔2005〕第6号不予受理决定书，并于2005年9月13日送达杨一民。杨一民不服，向成都市中级人民法院提起行政诉讼，请求撤销成都市政府作出的不予受理决定。

【争议焦点】

原告杨一民因不服成都市教育局作出的信访答复，向被告成都市政府提出的行政复议申请，是否属于行政复议受理范围。

【裁判结果】

维持被告成都市政府作出的成府复不字〔2005〕第6号行政复议不予受理的决定。

【裁判理由】

本案经过两审审理结束。其中，二审法院四川省高级人民法院认为：《行政复议法》第12条规定："对县级以上地方各级人民政府工作部门的具体行政行为不服的，由申请人选择，可以向该部门的本级人民政府申请行政复议，也可以向上一级主管部门申请行政复议。对海关、金融、国税、外汇管理等实行垂直领导的行政机关和国家安全机关的具体行政行为不服的，向上一级主管部门申请行政复议。"第17条规定："行政复议机关收到行政复议申请后，应当在五日内进行审查，对不符合本法规定的行政复议申请，决定不予受理，并书面告知申请人；对符合本法规定，但是不属于本机关受理的行政复议申请，应当告知申请人向有关行政复议机关提出。"根据上述规定，成都市政府有权管辖当事人对其下属职能部门作出的具体行政行为不服申请行政复议的案件，对当事人提出的行政复议申请，经审查认为不符合行政复议法规定的受理范围的，有权作出不予受理决定。成都市政府于 2005 年 9 月 9 日收到杨一民递交的行政复议申请，经审查后以该申请不符合行政复议受理条件为由，作出了不予受理决定书，并于 2005 年 9 月 13 日送达杨一民。成都市政府作出该不予受理决定的程序合法。

《行政复议法》第 1 条规定："为了防止和纠正违法的或者不当的具体行政行为，保护公民、法人和其他组织的合法权益，保障和监督行政机关依法行使职权，根据宪法，制定本法。"第 2 条规定："公民、法人或者其他组织认为具体行政行为侵犯其合法权益，向行政机关提出行政复议申请，行政机关受理行政复议申请、作出行政复议决定，适用本法。"第 6 条规定："有下列情形之一的，公民、法人或者其他组织可以依照本法申请行政复议：（一）对行政机关作出的警告、罚款、没收违法所得、没收非法财物、责令停产停业、暂扣或者吊销许可证、暂扣或者吊销执照、行政拘留等行政处罚决定不服的；（二）对行政机关作出的限制人身自由或者查封、扣押、冻结财产等行政强制措施决定不服的；（三）对行政机关作出的有关许可证、执照、资质证、资格证等证书变更、中止、撤销的决定不服的；（四）对行政机关作出的关于确认土地、矿藏、水流、森林、山岭、草原、荒地、滩涂、海域等自然资源的所有权或者使用权的决定不服的；（五）认为行政机关侵犯合法的经营自主权的；（六）认为行政机关变更或者废止农业承包合同，侵犯其合法权益的；（七）认为行政机关违法集资、征收财物、摊派费用或者违法要求履行其他义务的；（八）认为符合法定条件，申请行政机关颁发许可证、执照、资质证、资格证等证书，或者申请行政机关审批、登记有关事项，行政机关没有依法办理的；（九）申请行政机关履行保护人身权利、财产权利、受教育权利的法定职责，行政机关没有依法履行的；（十）申请行政机关依法发放抚恤金、社会保险金或者最低生活保障费，行政机关没有依法发放的；（十一）认为行政机关的其他具体行政行为侵犯其合法权益的。"根据上述法律，可以申请行政复议的具体行政行为，是指行政主体在行使行政职权过程中，针对特定的行政相对人就特定的事项作出的、能够对行政相对人的权利义务产生法律效果的行为。本案中，上诉人杨一民申请行政复议的事项，是成都市教育局办公室针对杨一民的申诉作出的信访答复，该信访答复的内容仅是重申 1992 年原成都市第五中学报送的《关于对我校职工杨一民作除名处理的报告》和原成都市教育委员会于当年作出的《对成都市第五中学〈关于对我校职工杨一民作除名处理的报告〉的批复》均符合川人发〔1984〕4 号文件规定，并没有对杨一民的权利义务产生新的法律效果，属于行政机关对当事人不服具体行政行为提出申诉的重复处理行为，因而不是行政复议法所规定的可以申请行政复议的具体行政行为。

行政复议法规定了申请行政复议的期限，而当事人向有关行政机关申诉并没有相应的时效限制。如果将行政机关驳回当事人对具体行政行为提起的申诉的重复处理行为视为新的具体行政行为，则无论是否在法律规定的期间内，当事人都可以通过申诉启动行政复议程序,即"申诉—驳回申诉的重复处理行为—对该重复处理行为申请行政复议—行政复议或者再申诉"的重复循环,这样必将导致行政复议申请期限失去意义,影响行政行为的稳定性,影响行政机关依法行政。

综上,成都市教育局针对杨一民的申诉作出的信访答复,属于行政机关对当事人不服行政行为提出的申诉的重复处理行为,不属于行政复议的受理范围。成都市政府针对杨一民提出的行政复议申请作出的不予受理决定正确,杨一民关于其申请行政复议的事项符合行政复议受理条件的上诉理由不能成立。

本案判决后,《最高人民法院公报》编者就本案撰写的裁判摘要指出:行政机关驳回当事人申诉的信访答复,属于行政机关针对当事人不服行政行为的申诉作出的重复处理行为,并未对当事人的权利义务产生新的法律效果,不是行政复议法所规定的可以申请行政复议的行政行为。当事人不服行政机关作出的上述信访答复,申请行政复议,接受申请的行政复议机关作出不予受理决定,当事人不服该决定,诉请人民法院判决撤销该不予受理决定的,人民法院不予支持。这对于理解行政复议受案范围具有重要参考意义。

范根生诉浙江省嘉善县人民政府环保行政复议案

【案情概要】

范根生自2002年开始利用嘉善县干窑镇白龙潭60亩水域从事渔业养殖。2012年11月20日,范根生致信嘉善县环境保护局投诉河道污染严重、养殖业受损一事,要求职能部门认真履行职责,依法查处,弥补损失,并作出具体行政行为。信中反映2012年5月以来有人养殖生猪,开办餐具洗涤厂,所产生的污水排入河道,造成水质严重污染,养殖鱼类大量死亡。2012年11月21日,嘉善县环境保护局收到范根生的投诉信件。2012年12月31日,范根生向嘉善县人民政府申请行政复议,要求责令嘉善县环境保护局履行法定职责。2013年2月26日,嘉善县人民政府作出善政复决字〔2013〕5号行政复议决定认为,范根生以其向被申请人嘉善县环境保护局投诉反映问题后,嘉善县环境保护局未履行法定职责为由,申请行政复议属于行政复议受理范围。国务院《信访条例》第22条第2款规定,有关行政机关收到信访事项后,能够当场答复是否受理的,应当当场书面答复;不能当场答复的,应当自收到信访事项之日起15日内书面告知信访人。被申请人嘉善县环境保护局未提交证据证明对范根生信访事项的登记受理情况,应当认为被申请人嘉善县环境保护局已经受理该信访事项。《信访条例》第33条规定,信访事项应在受理之日起60日内办结;情况复杂的,可适当延长办理期限,但延长期限不得超过30日,并告知信访人延长理由。被申请人嘉善县环境保护局2012年11月21日收到信访申请,至2012年12月31日范根生申请行政复议之时,仍在《信访条例》所规定的办理期限内。《行政复议法实施条例》第16条第1款规定，公民、法人或者其他组织申请行政机关履行法定职责，行政机关未履行的，行政复议申请期限依照下列规定计算：有履行期限的，自履行期限届满之日起计算。故本案行政复议申请期限应当按照《信访条例》规定的履行期限届满之日起计算。据此，范根生申请行政复议不符合《行政复议法实施条例》第28条第4项规定，未在法定申请期限内提出。依照《行政复议法实施条例》第48条第1款第2项的规定，决定驳回范根生的行政复议申请。范根生不服该复议决定，向嘉善县人民法院诉称，嘉善县人民政府所作行政复议决定程序违法、认定事实和适用法律均错误，且导致其损失扩大，请求撤销善政复决字〔2013〕5号行政复议决定书，责令被告重新作出复议决定，判令被告赔偿其故意拖延期间所造成的损失。

【法院裁判】

嘉兴市中级人民法院于2013年5月21日作出〔2013〕浙嘉行初字第2号行政判决，判决撤销嘉善县人民政府善政复决字〔2013〕5号行政复议决定；嘉善县人民政府自本判决生效之日起在法定期限内重新作出具体行政行为；驳回范根生其他诉讼请求。范根生不服，向浙江省高级人民法院提出上诉。

浙江省高级人民法院经审理认为：本案是一起针对被上诉人嘉善县人民政府行政复议决定提起的诉讼案件。被上诉人认为上诉人向被申请人嘉善县环境保护局提出的投诉事项属于信访事项范畴，且被申请人在收悉投诉事项后亦未超过信访条例规定的办理期限，故上诉人径直申请行政复议不符合行政复议的受理条件，据此驳回上诉人的行政复议申请。因此，上诉人投诉事项是属于信访事项还是属于履行法定职责申请应为案件的审理重点。国务院《信访条例》第2条规定，信访人向各级人民政府、县级以上人民政府工作部门反映情况，提出建议、意见或者投诉申请的属于信访事项。《水污染防治法》第8条第1款规定，县级以上人民政府环境保护主管部门对水污染防治实施统一监督管理。该法第27条、第69条规定，环境保护主管部门和其他依照本法规定行使监督管理权的部门，有权对管辖范围内的排污单位进行现场检查；发现违法行为或者接到对违法行为的举报后不予查处的，或者有其他未依照本法规定履行职责的行为的，对直接负责的主管人员和其他直接责任人员依法给予处分。被申请人嘉善县环境保护局在其网站公布的工作职责（三）（六）亦明确，其承担监督管理大气、水体、土壤等事项的污染防治和环境保护行政执法检查工作。本案中，上诉人投诉认为，相关单位存在将生猪养殖和餐具消毒污水直接排放于河道的行为，造成水质严重污染，并致其养殖的鱼和珍珠蚌大量死亡，故要求被申请人履行职责、依法查处。从上诉人的投诉内容看并非《信访条例》规定的信访事项范畴，而系要求被申请人对污染河道的行为予以制止并依法进行查处，该请求事项属于被申请人的法定职责范围。因此，被上诉人嘉善县人民政府仍将上诉人的投诉事项界定为信访投诉，并依据《信访条例》规定认为上诉人的复议申请条件尚未成就，并据此驳回上诉人的行政复议申请，属于认定事实不清，证据不足，依法应予撤销并判令其重作。被上诉人的被诉具体行政行为虽然缺乏事实和法律依据，但该行为本身并未给上诉人带来物质利益的损害，故上诉人就此提出行政赔偿请求，缺乏事实和法律依据，依法不予支持。遂于2013年8月2日作出〔2013〕浙行终字第115号行政判决，驳回上诉，维持原判。

本案起诉的行政行为虽然是嘉善县政府的行政复议决定，但实质的争议焦点是嘉善县环保局是否依法履行了环境保护的法定职责。近年来，随着环保理念深入人心，人民群众针对违法排污、排气等环境违法行为的投诉举报不断增多。但一些对环境保护负有监督管理职责的行政机关依法履责意识淡薄，有的对群众的投诉举报或不予理睬，或拖延不办，有的则将群众的投诉举报作为一般信访事项转办了事，没有下文。本案终审裁判认为，上诉人投诉称相关单位将生猪养殖和餐具消毒污水直接排放于河道，造成水质严重污染，致其养殖的鱼和珍珠蚌大量死亡，故要求被申请人履行依法查处职责。从上诉人的投诉内容看并非《信访条例》规定的信访事项范畴，而系要求被申请人对污染河道的行为予以制止并依法进行查处，该请求事项属于被申请人的法定职责范围。因此，被上诉人嘉善县人民政府仍将上诉人的投诉事项界定为信访投诉，并依据《信访条例》规定认为上诉人的复议申请条件尚未成就，并据此驳回上诉人的行政复议申请，属于认定事实不清，证据不足，遂依法判决撤销并判令其重作。该裁判要旨要求环境保护行政主管机关正确区分行政相对人信访事项与履责申请，积极履行对环境违法行为监管查处的法定职责，具有典型意义。据了解，案件终审判决后，嘉善县环保局对相关违法排污企业进行了查处。

第三节　行政复议参加人

行政复议参加人是指与所争议的行政行为有利害关系，以自己的名义参加行政复议，并受行政复议决定约束的当事人及与当事人地位相似的人，包括申请人、被申请人和第三人。

一、申请人

1. 申请人的含义与特征

《行政复议法》第2条规定："公民、法人或者其他组织认为具体行政行为侵犯其合法权益，向行政机关提出行政复议申请，行政机关受理行政复议申请、作出行政复议决定，适用本法。"按照这一规定，行政复议申请人是认为行政行为侵害了其合法权益而向行政机关提出行政复议申请的公民、法人和其他组织。

申请人有三个基本特征：

第一，申请人应当是公民、法人或者其他组织，而不是行政主体。这里的公民其实应理解为自然人，即包括中华人民共和国公民、外国人和无国籍人；法人应包括企业法人、社团法人和机关法人。如果行政机关在行政程序中为行政相对人或第三人的，也可以成为行政复议的申请人。

第二，申请人应当是认为行政行为侵害了其合法权益的人。这里需要注意两点：其一，申请人是指主观上"认为"其合法权益受到侵害的人，并不要求侵害事实客观存在；其二，申请人不仅包括行政程序中的行政相对人，也包括行政程序中的利害关系人（行政第三人）。那种认为行政复议的申请人仅指行政程序中的行政相对人的观点是不能成立的。行政相对人不服行政行为，当然可以申请行政复议，成为行政复议的申请人。但是，行政程序的第三人也是受行政行为影响的人，如果对行政行为不服，自然应当成为行政复议的申请人。

第三，申请人必须是以自己的名义向行政复议机关提出申请的人，受他人委托向行政复议机关提出复议申请的人，如委托代理人，不属于申请人。

除此之外，《行政复议法实施条例》第6—8条还针对几种特殊情形就申请人作了以下特别规定：

第一，合伙企业申请行政复议的，应当以核准登记的企业为申请人，由执行合伙事务的合伙人代表该企业参加行政复议；其他合伙组织申请行政复议的，由合伙人共同申请行政复议。其他不具备法人资格的组织申请行政复议的，由该组织的主要负责人代表该组织参加行政复议；没有主要负责人的，由共同推选的其他成员代表该组织参加行政复议。

第二，股份制企业的股东大会、股东代表大会、董事会认为行政机关作出的行政行为侵犯企业合法权益的，可以以企业的名义申请行政复议。

第三，同一行政复议案件申请人超过5人的，应推选1至5名代表参加行政复议。

2. 申请人资格的转移

在一般情况下，申请人必须是认为其合法权益受行政行为侵害的人。但在特殊情况下，复议申请人的资格会发生转移。根据《行政复议法》第10条的规定，申请人资格转移的情形有两种：

第一，有权申请行政复议的公民在申请行政复议期限内死亡，其近亲属继受其行政复议申请人的地位，以自己的名义（而不必以死者的名义）直接申请行政复议。根据有关法律的规定，可以取代死亡的行政复议申请人申请行政复议的近亲属包括：配偶、父母、子女、兄弟姐妹、祖父母、外祖父母、孙子女、外孙子女及其他具有抚养、赡养关系的亲属。

第二，有权申请行政复议的法人或者其他组织终止的，承受其权利的法人或者其他组织可以作为行政复议申请人提出行政复议申请。

◆ 黄陆军等人不服金华市工商行政管理局工商登记行政复议案①

【案情概要】

东阳市开发总公司（以下简称"开发公司"）是由东阳市经济开发区管委会1993年2月18日全额投资成立的一家企业，其投资经东阳市人民政府东政办发〔1992〕279号、东阳市人民政府东政办发〔2007〕211号、东阳市国有资产管理委员会办公室东国资办〔2007〕826号批复同意。东阳白云内衣城有限公司（以下简称"内衣城公司"）2006年3月15日由开发公司投资23%、蒋伟锋等4名自然人投资51%、浙江华厦百兴贸易有限公司等2家法人投资26%而设立，2007年4月18日申请变更为东阳市世界贸易城有限公司（以下简称"世贸城公司"）。2009年6月18日又申请变更登记，其他股东所持股份全部转让给开发公司，世贸城公司成为法人独资一人有限公司，登记住所为东阳市世贸大道188号，主要从事市场开发、管理、经营等。东阳白云商业运营管理有限公司（以下简称"商管公司"）系由世贸城公司于2006年9月1日全额投资设立的一人有限公司，登记住所为东阳市世贸大道188号，主要从事企业管理咨询、物业服务等。

2006年11月至2009年9月，原告黄陆军等18人先后分别与内衣城公司、世贸城公司签订商品房买卖合同，购买世贸城商业用房，与商管公司签订业主商铺托管协议，或者与商管公司签订租赁协议，承租世贸城商铺。原告认为"世贸城采取种种软硬兼施手段，譬如停电、对一些商铺进行拆除改装，使业主无法经营"等，侵害原告合法权益。

2009年10月26日，黄陆军等18名原告向被告金华市工商行政管理局提出行政复议申请，对第三人东阳市工商行政管理局核准开发公司设立登记、内衣城公司设立和变更为世贸城公司登记、商管公司设立登记的行政行为不服，请求撤销第三人对开发公司注册登记的行政行为，撤销第三人对内衣城公司注册登记和变更为世贸城公司的行政行为，撤销第三人对商管公司的注册登记行政行为。

被告金华市工商行政管理局复议后认为，《企业国有资产法》第11条第2款规定："国务院和地方人民政府根据需要，可以授权其他部门、机构代表本级人民政府对国家

---

① 本案刊载于《最高人民法院公报》2012年第5期。

出资企业履行出资人职责。"开发公司是东阳市人民政府根据需要授权东阳市经济开发区管委会代表东阳市人民政府对其履行出资人职责而组建的国有企业，其设立符合《企业国有资产法》和《企业法人登记管理条例》相关规定，并不违法。开发公司根据公司法有关规定设立内衣城公司（后变更为世贸城公司），世贸城公司设立商管公司，其设立、变更均符合公司法规定。原告黄陆军等和有关公司发生民事合同关系。原告和三家公司登记之间没有行政法律关系，更没有强迫原告必须与上述公司发生民事合同关系。三家公司的设立（变更）登记行为不会导致原告必须与上述公司发生民事合同关系。原告称"世贸城采取种种软硬兼施手段，譬如停电、对一些商铺进行拆除改装，使业主无法经营"等，应受《民法通则》和《合同法》等法律法规调整，与公司的设立（变更）登记行为没有法律上的利害关系。原告认为公司的设立（变更）登记行为侵犯其合法权益，没有证据和依据。综上，原告与开发公司设立登记行为、内衣城公司设立和变更为世贸城公司登记行为、商管公司设立登记的行为，没有法律上的利害关系。被告遂于2009年12月18日作出金工商复字〔2009〕7号行政复议决定书，根据《行政复议法实施条例》第48条第1款第2项规定，决定驳回原告的行政复议申请。

【争议焦点】

本案一审的争议焦点是：原告黄陆军等18人与涉案公司的登记行为是否具有法律上的利害关系。

【裁判结果】

驳回黄陆军等18原告的诉讼请求。

【裁判理由】

本案经过两审审理结案。其中，二审判决理由如下：《行政复议法实施条例》第28条规定："行政复议申请符合下列规定的，应当予以受理：……（二）申请人与具体行政行为有利害关系；……"判断构成利害关系的要素有二：一是申请人的权益受到损害或有受到损害的现实可能性；二是权益损害与具体行政行为具有因果关系，即具体行政行为是因，权益损害是果。在本案中，上诉人黄陆军等以"世贸城采取种种软硬兼施手段，譬如停电、对一些商铺进行拆除改装，使业主无法经营"等为由申请行政复议，要求撤销涉诉公司的工商核准登记。对案件进行考量分析：第一，被上诉人东阳市工商行政管理局在对涉诉公司进行工商登记审查时，其按照公司法、企业登记相关法律、法规的规定，审查公司设立（变更）是否符合法定条件；第二，登记机关无法预见公司成立后作为市场主体，在与上诉人发生买卖、租赁民事合同后的侵权行为或侵权可能性；第三，登记机关没有对涉诉公司作为市场主体的民事侵权行为进行审查的法定义务；第四，本案上诉人主张的权益损害原因并不是涉诉公司工商登记行政行为，而是涉诉公司不履行合同或其他民事侵权行为；第五，撤销涉诉公司的工商核准登记，不能使上诉人的权益损害得到恢复。因此，上诉人所主张的权益损害与涉诉公司工商登记的具体行政行为不存在因果关系，上诉人与涉诉公司工商登记具体行政行为没有利害关系，故上诉人不具有申请复议的主体资格。涉诉公司经工商行政管理部门登记，作为市场主体与上诉人因购买或租赁发生了民事合同法律关系，双方享有合同权利与承担合同义务。双方因合同权益产生民事纠纷，应受合同法及相关民事法律调整，上诉人应通过民事诉讼寻求救济。综上，被上诉人金华市工商行政管理局受理上诉人的行政复议申请后，在实体审查中发现上诉人与具体行政行为没有行政法律利害关系，根据《行政复议法实施条例》第48条第1款第2项的规定驳回上诉人的行政复议申请，于法有据。金华市工商行政管理局作出金工商复字〔2009〕7号行政复议决定，从程序上驳回上诉人的行政复议申请，但在该决定中又对本案所涉公司核准登记的合法性作出了结论性意见，存在不妥之处，予以指出。金华市工商行政管理局作出的金工商复字〔2009〕7号行政复议决定结论正确。

本案判决表明，申请人资格的核心要件是与被审查行政行为有利害关系。《最高人民法院公报》编者就本案撰写的裁判摘要也体现了这一点：买卖、租赁民事合同一方当事人，与合同相对方因公司设立、股权和名称改变而进行的相应工商登记一般没有法律上的利害关系，其以合同相对方存在民事侵权行为为由申请行政复议的，行政复议机关可以不予受理。

二、被申请人

行政复议的被申请人，系指被申请复议的行政行为的作出者，即行政程序中的行政主体。认定行政复议被申请人时须注意如下几个方面：

第一，原则上，被申请人为行政程序中的行政主体，申请人不服谁作出的行政行为，谁就为被申请人。行政程序中的行政主体包括行政机关和法律法规授权的组织。相应的，行政复议被申请人也包括行政机关和法律法规授权的组织。申请人不服行政机关作出的行政行为，行政机关是被申请人；申请人不服法律法规授权的组织作出的行政行为，法律法规授权的组织是被申请人。

第二，两个或两个以上行政机关以共同名义作出同一行政行为的，共同作出行政行为的行政机关是共同被申请人。如工商局和烟草专卖局共同查处某烟草违法行为，如果因此引起行政复议，则工商局和烟草专卖局作为共同行政行为的行政机关，应当共同作为行政复议的被申请人。

第三，下级行政机关依照法律、法规、规章规定，经上级行政机关批准作出具体行政行为的，批准机关为被申请人。

第四，作出行政行为的行政机关被撤销的，行政复议被申请人分为以下几种情形：（1）行政机关被撤销后，其职权与其他行政机关的职权合并从而形成了一个新的行政机关的，应当以该新的行政机关为行政复议被申请人；（2）行政机关被撤销后，其职权被另一个行政机关接管的，应当以接管其职权的行政机关为行政复议被申请人；（3）行政机关撤销后，没有确定接管其职权的行政机关或者原职权不再存在的，应当以撤销该行政机关的行政机关作为行政复议被申请人。

第五，派出机关可以为被申请人，但派出机构不能为被申请人，即：（1）县级以上人民政府依法设立的派出机关作出的行政行为，该派出机关是被申请人；（2）政府工作部门依法设立的派出机构所作出的行政行为，设立该派出机构的政府工作部门为被申请人。（3）法律、法规对派出机构有授权，该派出机构以自己的名义作出行政行为的，该派出机构是被申请人。

第六，行政主体的代表人（公务员或其他工作人员）不能成为被申请人。行政行为虽然是通过特定的公务人员作出的，但这些人员的行为代表着所在行政主体的意志，而不是其个人的意志。因此，行政相对人不服行政主体工作人员在履行职责过程中作出的行政行为的，只能以该工作人员所在的行政主体作为行政复议被申请人，而不能以该工作人员为被申请人。

第七，行政主体的内部机构不能成为被申请人。行政机关为了更好地实施行政任务，在组织上，往往在内部设立诸多工作部门，如县公安局的治安科、户籍科等，而在工作上，往往将行政职权和任务分配给不同的部门，使其分头去完成。这些部门通常不具有独立的责任能力和行为能力，都是以所在行政主体的名义从事行政活动的，即便是以自己的名义从事行政活动，也不能成为被申请人。

第八，行政机关委托的组织不能成为被申请人。行政机关委托的组织作出的行政行为引起行政复议，委托的行政机关是被申请人，因为受委托的组织不具有行政主体资格。

三、第三人

行政复议第三人，系指与行政复议决定有利害关系，以自己的名义参加行政复议的人。行政复议第三人可以是行政程序中的行政相对人，也可以是行政程序中的行政第三人。如果行政程序中的行政相对人申请行政复议，则行政第三人就可能成为行政复议的第三人；如果行政程序中的行政第三人申请行政复议，则行政相对人就可能成为行政复议的第三人。行政复议第三人可以自己申请参加行政复议，也可以由行政复议机关通知参加行政复议。《行政复议法》第10条第3款规定："同申请行政复议的具体行政行为有利害关系的其他公民、法人或者其他组织，可以作为第三人参加行政复议。"《行政复议法实施条例》第 9 条规定："行政复议期间，行政复议机构认为申请人以外的公民、法人或者其他组织与被审查的具体行政行为有利害关系的，可以通知其作为第三人参加行政复议。行政复议期间，申请人以外的公民、法人或者其他组织与被审查的具体行政行为有利害关系的，可以向行政复议机构申请作为第三人参加行政复议。第三人不参加行政复议，不影响行政复议案件的审理。"

总体上，行政法律关系主体与行政复议法律主体之间的关系可以通过图 11-1 反映出来：

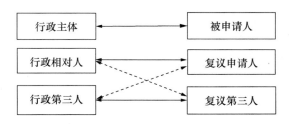

图 11-1　行政法律关系主体与行政复议法律主体的关系

图 11-1 表明，行政程序中的行政主体，在行政复议程序中始终为被申请人。但行政程序中的行政相对人和行政第三人，在行政复议程序中的地位可以替换：当行政相对人申请行政复议时，则行政第三人成为行政复议的第三人；当行政第三人申请行政复议时，则行政相对人就成为行政复议第三人。

在行政复议实践中，常常发生遗忘通知行政复议第三人参加行政复议程序的现象。"张成银诉徐州市人民政府房屋登记行政复议决定案"[①] 是这方面的典型案例。

◆ 张成银诉徐州市人民政府房屋登记行政复议决定案

【案情概要】

曹春义、曹春芳系兄妹关系。二人之父早逝，一直随其母曹陈氏居住在徐州市民安巷 31 号，该住处原为 3 间东草房和 1 间南草房。1954 年，张成银与曹春义结婚后迁入民安巷 31 号居住。1961 年左右，曹春芳出嫁，搬出民安巷 31 号。1986 年 1 月 30 日，曹陈氏去世。在曹陈氏与儿媳张成银及其家庭成员共同居住生活期间，民安巷 31 号的原住处经翻建和新建，先后形成了砖木结构、砖混结构的房屋计 7 间。其中砖混结构的 3 间东屋，是 1981 年 12 月以张成银的名字办理了第 2268 号建筑工程施工执照，在原 3 间东草房的基础上翻建而成。1988 年 5 月 31 日，张成银向徐州市房产管理机关提出为其办理民安巷 31 号的上述 7 间房屋产权和土地使用权登记的书面申请。徐州市鼓楼区房

[①] 参见江苏省高级人民法院〔2004〕苏高行字第 35 号行政判决书。本案刊载于《最高人民法院公报》2005 年第 3 期。

地产登记发证办公室根据张成银提交的申请材料,经调查后于 1988 年 9 月 28 日为张成银填发了鼓房字第 1741 号房屋所有权证,并加盖徐州市人民政府的印章,将 199.78 平方米的国有土地使用权登记为张成银使用。

此后,民安巷 31 号的房屋又历经 1991 年的新建、1994 年的扩建、1997 年的赠与和 1998 年的新建,徐州市房产管理机关经公告征询无产权异议后,相应为张成银办理了产权登记,颁发了房屋所有权证。徐州市土地管理局亦于 1996 年 12 月 3 日向张成银颁发了国有土地使用证。2002 年,张成银位于民安巷 31 号的房屋被依法拆迁。2003 年 10 月 28 日,曹春芳向徐州市人民政府申请行政复议,请求撤销 1988 年将民安巷 31 号房屋产权和土地使用权确权登记给张成银的具体行政行为。徐州市人民政府于 2004 年 4 月 29 日作出了徐政行决〔2004〕24 号行政复议决定:确认徐州市房地产管理局(被申请人徐州市房产管理局前身)将民安巷 31 号房屋产权及国有土地使用权确权给张成银的具体行政行为违法。

【争议焦点】

本案争议焦点之一是,张成银没有参加行政复议,是否属于违反法定程序。

【裁判结果】

撤销徐州市人民政府于 2004 年 4 月 29 日作出的徐政行决〔2004〕24 号行政复议决定。

【裁判理由】

本案经过两审审理结案。二审法院江苏省高级人民法院认为:

第一,本案所涉及的鼓房字第 1741 号房屋所有权证虽然是徐州市人民政府 1988 年 9 月颁发的,但依据此后相关法律和规章的规定,徐州市人民政府不再具有颁发房屋所有权证的职权。曹春芳申请复议时,徐州市颁发房屋所有权证的职权已由徐州市房产管理局行使,故徐州市人民政府以前颁发房屋权证行为的法律后果应由现在的颁证机关徐州市房产管理局承担。曹春芳不服颁发鼓房字第 1741 号房屋所有权证行为,提出申请复议,徐州市房产管理局应作为被申请人,一审判决认定徐州市人民政府对曹春芳的复议申请有复议管辖权是正确的。

第二,行政复议法虽然没有明确规定行政复议机关必须通知第三人参加复议,但根据正当程序的要求,行政机关在可能作出对他人不利的行政行为时,应当专门听取利害关系人的意见。本案中,复议机关审查的对象是颁发鼓房字第 1741 号房屋所有权证行为,复议的决定结果与现持证人张成银有着直接的利害关系,故复议机关在行政复议时应正式通知张成银参加复议。本案中,徐州市人民政府虽声明曾采取了电话的方式口头通知张成银参加行政复议,但却无法予以证明,而利害关系人持有异议的,应认定其没有采取了适当的方式正式通知当事人参加行政复议,故徐州市人民政府认定张成银自动放弃参加行政复议的理由欠妥。在此情形下，徐州市人民政府未听取利害关系人的意见即作出于其不利的行政复议决定，构成严重违反法定程序。

第三，根据行政复议法和民事诉讼法的有关规定，复议机关在行使行政复议职权时，应针对申请行政复议的具体行政行为的合法性与适当性进行审查，有关民事权益的纠纷应通过民事诉讼程序解决。本案中，徐州市人民政府所作的复议决定中，直接对有关当事人争议的民事权利予以确认的行为，超越了复议机关的职权范围，缺乏法律依据，应予以撤销。

张成银案反映出，行政复议第三人参加行政复议是一种程序性权利，是否愿以第三人的身份参加复议，权利主体对此享有选择权，可以行使权利，也可以放弃权利。但是作为复议机关必须以适当的方式通知第三人参加复议，如果没有通知与行政复议结果有利害关系的第三人参加行政复议，则不符合正当程序原则，构成严重违法，应予撤销。

第四节 行政复议机关及其管辖

一、行政复议机关

行政复议机关，即享有行政复议职权，受理行政复议案件，主持行政复议程序，作出行政复议决定的行政主体。要注意区别行政复议机关与行政复议机构的概念。根据《行政复议法》第3条的规定，依照行政复议法履行行政复议职责的行政机关为行政复议机关，行政复议机关负责法制工作的机构为行政复议机构，行政复议机构具体办理行政复议事项。这就是说，行政复议机构为行政复议机关的内设机构，行政复议机关是行政复议的权力和责任主体，行政复议机构则是行政复议的代表和行为主体。行政复议机构只能以行政复议机关的名义从事行政复议活动、作出行政复议决定，其行为的后果由行政复议机关承担。

行政复议机构主要履行下列职责：（1）受理行政复议申请；（2）向有关组织和人员调查取证，查阅文件和资料；（3）审查被申请复议行政行为的合法性与适当性，拟订行政复议决定；（4）处理或者转送对有关行政规范的审查申请；（5）对行政机关违反行政复议法规定的行为提出处理建议；（6）办理因不服行政复议决定提起行政诉讼的应诉事项；（7）法律、法规规定的其他职责。

二、行政复议管辖

行政复议的管辖，是指行政复议机关受理行政复议案件的权限与分工。它决定了两个方面的问题：第一，行政复议申请人不服行政行为时向哪一个行政复议机关申请复议；第二，行政复议机关接到行政复议申请时对哪些案件应当受理，哪些不应受理。行政复议管辖的总体原则是：由作出行政行为的行政主体的上级行政机关（包括政府或主管部门）或者主管部门来审查，但也有一些例外。了解和学习行政复议管辖制度时，除了把握这一原则，还须注意例外性特别规定。行政复议法根据行政主体的特点，对行政复议管辖作了如下规定：

第一，对县级以上人民政府工作部门作出的行政行为的复议管辖。《行政复议法》第12条规定，对县级以上地方各级人民政府工作部门作出的行政行为不服的，由申请人选择，可以向该部门的本级人民政府申请行政复议，也可以向上一级主管部门申请行政复议。但是，对海关、金融、国税、外汇管理等实行垂直领导的行政机关和国家安全机关的行政行为不服的，只能向上一级主管部门申请行政复议。

第二，对地方各级人民政府作出的行政行为的复议管辖。《行政复议法》第13条规定，对地方各级人民政府作出的行政行为不服的，向上一级地方人民政府申请行政复议。但是，对省、自治区人民政府依法设立的派出机关所属的县级地方人民政府作出的行政行为不服的，向该派出机关申请行政复议。

第三，对国务院部门或者省、自治区、直辖市人民政府作出的行政行为的复议管辖。《行政复议法》第14条规定，对国务院部门或者省、自治区、直辖市人民政府的行政行为不服的，既可以向作出该行政行为的国务院部门或者省、自治区、直辖市人民政府申请行政复议，也可以向国务院申请裁决。如果向作出该行政行为的国务院部门或者省、自治区、直辖市人民政府申请行政复议，对行政复议决定不服的，可以向人民法院提起行政诉讼。但是，向国务院申请裁决的，国务院作出的裁决为最终裁决。

第四，对派出机关和派出机构作出的行政行为的复议管辖。《行政复议法》第15条第1项和第2项规定，对县级以上地方人民政府依法设立的派出机关的行政行为不服的，向设立该派出机关的人民政府申请行政复议；对政府工作部门依法设立的派出机构依照法律、法规或者规章规定，以自己的名义作出的行政行为不服的，向设立该派出机构的部门或者该部门的本级地方人民政府申请行政复议。

第五，对法律、法规授权的组织作出的行政行为的复议管辖。《行政复议法》第15条第3项规定，对法律、法规、规章授权的组织作出的行政行为不服的，分别向直接管理该组织的地方人民政府、地方人民政府工作部门或者国务院部门申请行政复议。

第六，对共同行政行为的复议管辖。《行政复议法》第15条第4项规定，对两个或者两个以上行政机关以共同的名义作出的行政行为不服的，向其共同上一级行政机关申请行政复议。

第七，对被撤销行政机关作出的行政行为的复议管辖。对被撤销的行政机关在撤销前所作出的行政行为不服的，向继续行使其职权的行政机关的上一级行政机关申请行政复议。

除了上述管辖规定，行政复议法还规定了指定管辖和移送管辖。所谓指定管辖，是指两个或两个以上的行政机关就某一复议案件的管辖相互推诿或相互争夺管辖权时，由其共同上一级机关指定管辖机关的制度。可见，引发行政复议管辖争议的根源主要有两种：一是法律对复议案件管辖权的规定不明确；二是对复议管辖权的相关规定在理解上有分歧。移送管辖是指行政复议机关受理行政复议案件后发现对该案件无管辖权时，将案件移送给有管辖权的复议机关审查的制度。移送管辖主要在两种情形下发生：其一是同级政府两个不同部门之间的移送和两个同级人民政府之间的移送；其二是上下级复议机关之间的移送。

第五节　行政复议程序

行政复议程序是行政复议主体审查行政复议案件和复议参加人参与行政复议活动的方式、步骤、顺序和时限，主要包括申请、受理、审理和决定等内容。

一、行政复议申请

行政复议的申请是指公民、法人或其他组织依法向行政复议机关提出请求，要求对被申请复议的行政行为进行审查并作出决定的行为。行政复议是依申请的行政行为，没有申请人的申请，整个行政复议就不可能启动。行政复议不是任何人都可以申请的，也不是可以在任何条件下以任何方式启动的，故而有行政复议的时效、条件、方式等制度。

（一）申请期限

申请期限，是申请人申请行政复议的时限。超过该时限，则复议机关不予受理。《行政复议法》第9条规定：公民、法人或者其他组织认为行政行为侵犯其合法权益的，可以自知道该行政行为之日起60日内提出行政复议申请；但是法律规定的申请期限超过60日的除外。因不可抗力或者其他正当理由耽误法定申请期限的，申请期限自障碍消除之日起继续计算。知道之日是指了解行政行为内容之时，当场交付的按照交付的时间计算，其他方式送达的按照送达的具体方式计算。

在实践中，期限的计算是最容易发生争执的问题之一。为此，《行政复议法实施条例》第15条和第16条规定，行政复议申请期限的计算遵循下列规定：

（1）当场作出行政行为的，自行政行为作出之日起计算；

（2）载明行政行为的法律文书直接送达的，自受送达人签收之日起计算；

（3）载明行政行为的法律文书邮寄送达的，自受送达人在邮件签收单上签收之日起

计算;没有邮件签收单的,自受送达人在送达回执上签名之日起计算;

(4) 行政行为依法通过公告形式告知受送达人的,自公告规定的期限届满之日起计算;

(5) 行政机关作出行政行为时未告知公民、法人或者其他组织,事后补充告知的,自该公民、法人或者其他组织收到行政机关补充告知的通知之日起计算;

(6) 被申请人能够证明公民、法人或者其他组织知道行政行为的,自证据材料证明其知道行政行为之日起计算;

(7) 行政机关作出行政行为,依法应当向有关公民、法人或者其他组织送达法律文书而未送达的,视为该公民、法人或者其他组织不知道该行政行为。

此外,计算行政复议期限还须注意以下几点:

第一,申请行政机关履行法定职责,行政机关未履行的,行政复议申请期限依照下列规定计算:有履行期限规定的,自履行期限届满之日起计算;没有履行期限规定的,自行政机关收到申请满60日起计算。但是,公民、法人或者其他组织在紧急情况下请求行政机关履行保护人身权、财产权的法定职责,行政机关不履行的,行政复议申请期限不受上述限制。

第二,公民、法人或者其他组织不服具体行政行为,在法定行政复议申请期限内向人民法院直接提起行政诉讼,人民法院依法裁判应当先申请行政复议、对行政复议决定不服再向人民法院提起行政诉讼,公民、法人或者其他组织申请行政复议时已经超过法定行政复议申请期限的,行政复议机关可以根据《行政复议法》第9条第2款的规定处理,即:公民、法人或者其他组织提起行政诉讼到人民法院生效裁判送达之日的时间,不计入法定行政复议申请期限。[1]

第三,由于作出具体行政行为的行政机关没有向申请人依法告知行政复议权利及行政复议机关名称,致使申请人在法定期限内向无权受理的行政机关提出行政复议申请,接到行政复议申请的机关又没有及时将该案移送,申请人申请行政复议期限因此被耽误的,属于《行政复议法》第9条规定的"其他正当理由"情形。[2]

(二) 申请条件

申请人提出行政复议申请应符合以下条件:第一,申请人是认为行政行为侵犯其合法权益的行政相对人;第二,有明确的被申请人;第三,有具体的复议请求和事实根

---

[1] 参见《国务院法制办公室对湖北省人民政府法制办公室〈关于人民法院裁决应当"复议前置"当事人申请行政复议时已超过期限的复议申请是否受理的请示〉的复函》(国法函〔2003〕253号)。

[2] 参见《国务院法制办公室对〈甘肃省人民政府法制办公室关于《中华人民共和国行政复议法》第九条有关问题的请示〉的复函》(国法函〔2004〕296号)。此外,关于被征地农民"知道"征收土地决定的认定,《国务院法制办公室关于认定被征地农民"知道"征收土地决定有关问题的意见》(国法〔2014〕40号)作了详细规定,学习时可以参照。

据；第四，属于依法可申请行政复议的范围；第五，相应行政复议申请属于受理行政复议机关管辖；第六，符合法律法规规定的其他条件。

在行政复议实践中，有当事人在不具备条件的情形下反复申请复议的现象，也值得重视。"杨吉全诉山东省人民政府行政复议案"① 便是这方面的典型。

◆ 杨吉全诉山东省人民政府行政复议案

【案情概要】

杨吉全不服山东省青岛市市南区法律援助中心作出的不予法律援助决定，向青岛市市南区司法局提出异议。该局作出答复意见，认为该不予法律援助决定内容适当。杨吉全对该答复意见不服，向青岛市司法局申请行政复议。该局于2013年10月23日告知其所提复议申请已超过法定申请期限。杨吉全不服，向青岛市人民政府申请行政复议。该府于2013年10月30日告知其所提行政复议申请不符合行政复议受案条件。杨吉全不服，向山东省人民政府申请行政复议。山东省人民政府于2013年11月18日对其作出不予受理行政复议申请决定。杨吉全不服，提起行政诉讼，请求撤销该不予受理决定，判令山东省人民政府赔偿损失。

【裁判结果】

山东省济南市中级人民法院一审判决驳回杨吉全的诉讼请求。山东省高级人民法院二审判决驳回上诉，维持一审判决。杨吉全向最高人民法院申请再审，最高人民法院裁定予以驳回。

最高人民法院认为：行政复议和行政诉讼并称行政争讼制度，它们不仅共享重要的适法条件和法律标准，而且也服务于共同的目标：对行政行为的合法性进行审查，并且解决行政争议。申请行政复议和提起行政诉讼是法律赋予公民、法人或者其他组织的权利，他们既可以选择行政复议，也可以选择行政诉讼，还可以在选择行政复议之后再行提起行政诉讼，除非法律规定行政复议决定为最终裁决。再审申请人杨吉全就是先选择行政复议，对行政复议决定不服提起了本案诉讼。但再审申请人的问题在于，他在提起行政诉讼之前，针对同一事由连续申请了三级行政复议：先是就青岛市市南区司法局所作答复意见向青岛市司法局申请复议；然后就青岛市司法局所作行政复议决定向青岛市人民政府申请复议；再就青岛市人民政府所作行政复议决定向本案再审被申请人山东省人民政府申请复议。这种主张权利的方式显然违反了国家对于行政复议和行政诉讼衔接的制度安排。《行政复议法》第5条规定："公民、法人或者其他组织对行政复议决定不

---

① 参见最高人民法院〔2016〕最高法行申2976号行政裁定书。本案为最高人民法院行政审判十大典型案例（第一批）之十。

服的,可以依照行政诉讼法的规定向人民法院提起行政诉讼,但是法律规定行政复议决定为最终裁决的除外。"法律并没有规定对行政复议决定不服还可以向其上一级行政机关再次申请行政复议。由此可知,我国实行的是一级复议制度。对于明显违反甚至是一再违反一级复议制度的申请,行政复议机关可以在口头释明之后不作任何处理;申请人对此不服提起行政诉讼的,人民法院可以不予立案,或者在立案之后裁定驳回起诉。本案中,再审被申请人仍然正式作出不予受理复议申请决定,这种不厌其烦的耐心和依法行政的意识值得钦佩。原审法院判决驳回再审申请人的诉讼请求,亦是对再审被申请人合法处置的正当支持。但是,这种支持显然还不够到位。对于一个毫无事实根据和法律依据的指控,即使最终判决被告胜诉,也是对被告的不公平,因为将他们传唤到法院应诉本身已经使他们承受了不应承受的花费和压力。固然,从救济权利、监督权力的制度功能出发,行政诉讼可以适度向原告倾斜,以求得他们与公权力机关的实质平衡,但在任何一个发达的司法制度中,以牺牲被告的利益为代价考虑原告的利益,都是有失公允的。因此本院认为,对于此类明显违背行政复议制度、明显具有任性恣意色彩的反复申请,即使行政复议机关予以拒绝,也不应因形式上的"不作为"而将其拖进一个没有意义的诉讼游戏当中。鉴于本案已经实际走完诉讼程序,一、二审法院经实体审理后亦未支持再审申请人的诉讼请求,本案便没有必要通过审判监督程序提起再审后再行裁定驳回起诉。但本院所阐述的法律原则,可以供将来处理同类起诉时参考。

(三) 申请方式与申请材料

申请人申请行政复议,可以书面申请,也可以口头申请;口头申请的,行政复议机关应当当场记录申请人的基本情况、行政复议请求、申请行政复议的主要事实、理由和时间。申请人书面申请行政复议的,可以采取当面递交、邮寄或者传真等方式提出行政复议申请。有条件的行政复议机构可以接受以电子邮件形式提出的行政复议申请。

申请人采取书面方式向行政复议机关申请行政复议时,所递交的行政复议申请书应当载明下列内容:(1)申请人的基本情况,包括:公民的姓名、性别、年龄、身份证号码、工作单位、住所、邮政编码;法人或者其他组织的名称、住所、邮政编码和法定代表人或者主要负责人的姓名、职务;(2)被申请人的名称;(3)行政复议请求、申请行政复议的主要事实和理由;(4)申请人的签名或者盖章;(5)申请行政复议的日期。

虽然行政诉讼法规定,一般情形下,由被申请人承担证明责任,申请人申请时不用提供证据材料,但有两种例外情形:第一,如果认为被申请人不履行法定职责的,申请人应提供曾经要求被申请人履行法定职责而被申请人未履行的证明材料;第二,如果申请行政复议时一并提出行政赔偿请求的,应当提供受行政行为侵害而造成损害的证明材料。

此外，由于行政复议可以对行政行为依据的规范性文件进行附带审查，申请人认为具体行政行为所依据的行政规定不合法的，可以在对具体行政行为申请行政复议的同时一并提出对该行政规定的审查申请；申请人在对具体行政行为提出行政复议申请时尚不知道该具体行政行为所依据的行政规定的，可以在行政复议机关作出行政复议决定前向行政复议机关提出对该规定的审查申请。

二、行政复议受理

行政复议的受理是指复议申请人提出复议申请后，行政复议机关经审查认为符合条件而决定立案审理的活动。行政复议机关受理行政复议申请，应注意做好以下工作：

第一，及时受理行政复议申请。《行政复议法》第 17 条规定，行政复议机关收到行政复议申请后，应当在 5 日内进行审查，对不符合行政复议法规定的行政复议申请，可作出不予受理决定，并书面告知申请人；对符合行政复议法规定，但是不属于本机关受理的行政复议申请，应当告知申请人向有关行政复议机关提出。若复议机关既没有决定不予受理，也没有告知申请人向有关复议机关提出复议申请，行政复议申请自行政复议机关收到之日起即视为受理。《行政复议法》第 20 条还规定，公民、法人或者其他组织依法提出行政复议申请后，行政复议机关无正当理由不予受理的，上级行政机关应当责令其受理；必要时，上级行政机关也可以直接受理。

第二，及时移转行政复议申请。《行政复议法》第 15 条第 2 款规定，行政复议申请人对派出机关、派出机构、法律法规授权的组织作出的行政行为以及共同行政行为、被撤销的行政机关作出的行政行为不服的，除了可以按照相关规定向有管辖权的行政复议机关提出复议申请外，申请人也可以向行政行为发生地的县级地方人民政府提出行政复议申请。接受这种行政复议申请的县级地方人民政府，应当自接到该行政复议申请之日起 7 日内，转送有关行政复议机关，并告知申请人。

有两点需要特别注意：

第一，法律、法规规定应当先向行政复议机关申请行政复议、对行政复议决定不服再向人民法院提起行政诉讼的，行政复议机关决定不予受理或者受理后超过行政复议期限不作答复的，公民、法人或者其他组织可以自收到不予受理决定书之日起或者行政复议期满之日起 15 日内，依法向人民法院提起行政诉讼。

第二，行政复议期间具体行政行为不停止执行，但也有例外。对此，《行政复议法》第 21 条和《行政强制法》第 39 条作了规定。根据这两个法律文件的规定，下列情形下，可以例外停止或中止执行：（1）被申请人认为需要停止执行的；（2）行政复议机关认为需要停止执行的；（3）申请人申请停止执行，行政复议机关认为其要求合理，决定停止执行的；（4）当事人履行行政行为确有困难或者暂无履行能力的；（5）第三人对执行标的主张权利，确有理由的；（6）执行可能造成难以弥补的损失，且中止执行不损害公共利益的。

三、行政复议审理

（一）审理行政复议案件的准备

第一，送达行政复议书副本，并限期提出书面答复。行政复议机关应当自行政复议申请受理之日起7日内，将行政复议申请书副本或者行政复议申请笔录复印件发送被申请人，要求被申请人自收到申请书副本或者行政复议申请笔录复印件之日起10日内，向行政复议机关提出书面答复，并提交当初作出具体行政行为的证据、依据和其他有关材料。

第二，确定复议人员。行政复议机构审理行政复议案件，应当由2名以上行政复议人员参加。复议人员不得与复议案件有利害关系。复议机关同时又是被申请人的，原行政行为的直接责任人员不得担任本案的复议人员。

第三，更换或者追加复议参加人。复议人员如果发现复议申请人或被申请人不符合条件的，应当及时予以更换；如果发现必要共同复议申请人和符合第三人条件的相对人或行政主体未参加复议的，则应通知其参加复议。

第四，调查取证，收集证据。在行政复议过程中，被申请人不得自行向申请人和其他有关组织或者个人收集证据。申请人和第三人可以在行政复议过程中收集证据，收集证据有困难的，可以申请行政复议机构调查。行政复议机构认为必要时，可以实地调查核实证据。

第五，确定复议案件的审理方式。行政复议原则上采取书面审查的办法，但是申请人提出要求或者行政复议机构认为有必要时，可以向有关组织和个人调查情况，听取申请人、被申请人和第三人的意见。对重大、复杂的案件，申请人提出要求或者行政复议机构认为必要时，可以采取听证的方式审理。

（二）审查的主要内容

行政复议机关对于被申请行政行为的审查与行政复议机构所承担的职责紧密相关。《行政复议法》第3条第3项规定，行政复议机构的职责包括，审查被申请行政复议的行政行为是否合法与适当，拟订行政复议决定。可见，行政行为的合法性和合理性是行政复议审查的主要内容。从《行政复议法》第28条的规定看，行政行为的合法性审查主要包括以下几个方面：行政行为依据的事实是否清楚、认定事实的证据是否充分、适用法律是否正确、作出行政行为的程序是否合法、行政主体是否超越职权、行政主体是否滥用职权，以及行政行为是否明显不当。这与人民法院对于行政行为合法性的审查内容基本相同。① 这里需要特别注意三个方面的事项：

第一，对于证据充分性的审查，除了参照行政诉讼法规定的证据规则外，还需注意《行政复议法》第 24 条的规定，即："在行政复议过程中，被申请人不得自行向申请人和其他有关组织或者个人收集证据。"这并不是说，在行政复议过程中，被申请人不能自行向申请人和其他有关组织或者个人收集证据，而是说，在行政复议过程中，被申请人自行向申请人和其他有关组织或者个人收集的证据，不能作为证明原行政行为合法性的根据。

第二，对于行政行为所依据的法律依据，《行政复议法》第 27 条规定："行政复议机关在对被申请人作出的具体行政行为进行审查时，认为其依据不合法，本机关有权处理的，应当在三十日内依法处理；无权处理的，应当在七日内按照法定程序转送有权处理的国家机关依法处理。处理期间，中止对具体行政行为的审查。"实际操作中应分两种情形来处理：

（1）如果申请人或者复议机关认为行政行为所依据的规章与上位法律、法规相抵触的，应按照《立法法》第 97 条的规定予以处理。《立法法》第 97 条规定：国务院有权改变或者撤销不适当的部门规章和地方政府规章；地方人民代表大会常务委员会有权撤销本级人民政府制定的不适当的规章；省、自治区的人民政府有权改变或者撤销下一级人民政府制定的不适当的规章。按此规定，申请人或者行政复议机关认为部门规章或地方规章可能与上位法相抵触时，行政复议机关应当按照上述规定提请相应的机关予以审查，而后根据审查结论处理行政复议案件。

（2）如果申请人或者行政复议机关认为行政法规或者地方法规与宪法或法律相抵触的，应按照《立法法》第 99 条的规定处理。《立法法》第 99 条第 1 款、第 2 款规定："国务院、中央军事委员会、最高人民法院、最高人民检察院和各省、自治区、直辖市的人民代表大会常务委员会认为行政法规、地方性法规、自治条例和单行条例同宪法或者法律相抵触的，可以向全国人民代表大会常务委员会书面提出进行审查的要求，由常务委员会工作机构分送有关的专门委员会进行审查、提出意见。前款规定以外的其他国家机关和社会团体、企业事业组织以及公民认为行政法规、地方性法规、自治条例和单行条例同宪法或者法律相抵触的，可以向全国人民代表大会常务委员会书面提出进行审查的建议，由常务委员会工作机构进行研究，必要时，送有关的专门委员会进行审查、提出意见。"按此规定，申请人或者行政复议机关认为行政法规或者地方法规与宪法或法律相抵触的，行政复议机关应当提交全国人大常委会进行审查，而后根据审查结论予

---

① 《行政诉讼法》第 70 条规定："行政行为有下列情形之一的，人民法院判决撤销或者部分撤销，并可以判决被告重新作出行政行为：（一）主要证据不足的；（二）适用法律、法规错误的；（三）违反法定程序的；（四）超越职权的；（五）滥用职权的；（六）明显不当的。"

以处理。

第三，对于行政行为所依据的规范性文件，包括国务院部门的规定、县级以上地方各级人民政府及其工作部门的规定以及乡、镇人民政府的规定，虽然属于行政复议机关附带审查的范围，但不等于任何行政复议机关对任何规范性文件都有审查权。基于行政机关之间的上下级隶属关系，下级行政复议机关对上级行政机关作出的规范性文件一般没有合法性审查权。故《行政复议法》第26条规定，申请人在申请行政复议时，一并提出对行政行为所依据的规范性文件的审查申请的，行政复议机关对该规定有权处理的，应当在30日内依法处理；无权处理的，应当在7日内按照法定程序转送有权处理的行政机关依法处理，有权处理的行政机关应当在60日内依法处理。处理期间，中止对具体行政行为的审查。

（三）行政复议的撤回、中止与终止

1. 行政复议的撤回

行政复议的撤回，一方面指行政复议申请人撤回行政复议申请，以终结行政复议程序的行为；另一方面指行政复议法规定的有关申请人撤回行政复议申请的制度。后者由撤回的条件、撤回的程序和撤回的后果等内容组成。原则上，行政复议申请人是可以通过撤回行政复议申请从而终结行政复议程序的。不过，申请人需说明撤回的理由并经行政复议机关同意。行政复议一经撤回，行政复议程序便告终止；申请人一般不得再以同一事实和理由提出行政复议申请；被申请人也不得变更其行政行为。《行政复议法》第25条规定："行政复议决定作出前，申请人要求撤回行政复议申请的，经说明理由，可以撤回；撤回行政复议申请的，行政复议终止。"另外，《行政复议法实施条例》第38条规定："申请人在行政复议决定作出前自愿撤回行政复议申请的，经行政复议机构同意，可以撤回。申请人撤回行政复议申请的，不得再以同一事实和理由提出行政复议申请。但是，申请人能够证明撤回行政复议申请违背其真实意思表示的除外。"第39条规定："行政复议期间被申请人改变原具体行政行为的，不影响行政复议案件的审理。但是，申请人依法撤回行政复议申请的除外。"

2. 行政复议的中止

行政复议的中止，是指行政复议期间发生特定情形，影响行政复议案件审理，从而暂时停止行政复议程序，待相关情形消除后，恢复行政复议程序的制度。《行政复议法实施条例》第41条规定，有下列情形之一的，行政复议程序可以中止：第一，作为申请人的自然人死亡，其近亲属尚未确定是否参加行政复议的；第二，作为申请人的自然人丧失参加行政复议的能力，尚未确定法定代理人参加行政复议的；第三，作为申请人的法人或者其他组织终止，尚未确定权利义务承受人的；第四，作为申请人的自然人下落不明或者被宣告失踪的；第五，申请人、被申请人因不可抗力，不能参加行政复议的；第六，案件涉及法律适用问题，需要有权机关作出解释或者确认的；第七，案件审理需要以其他案件的审理结果为依据，而其他案件尚未审结的；第八，其他需要中止行政复议的情形。行政复议中止的原因消除后，应当及时恢复行政复议案件的审理。行政复议机构中止、恢复行政复议案件的审理，应当告知有关当事人。

3. 行政复议的终止

行政复议的终止，是指在行政复议期间，发生使行政复议程序无法继续进行或继续进行没有实际意义的情形时，永远停止行政复议程序的制度。《行政复议法实施条例》第42条规定，行政复议期间有下列情形之一的，行政复议终止：第一，申请人要求撤回行政复议申请，行政复议机构准予撤回的；第二，作为申请人的自然人死亡，没有近亲属或者其近亲属放弃行政复议权利的；第三，作为申请人的自然人死亡，或者作为申请人的自然人丧失参加行政复议的能力，致行政复议程序中止，其近亲属在60日后不能确定是否参加行政复议的；第四，作为申请人的法人或者其他组织终止，其权利义务的承受人放弃行政复议权利的；第五，作为申请人的法人或者其他组织终止，致行政复议程序中止，60日后不能确定权利义务承受人的；第六，申请人与被申请人依照相关规定，经行政复议机构准许达成和解的；第七，申请人对行政拘留或者限制人身自由的行政强制措施不服申请行政复议后，因申请人同一违法行为涉嫌犯罪，该行政拘留或者限制人身自由的行政强制措施变更为刑事拘留的。

四、行政复议决定

行政复议决定，是指行政复议机关对案件进行审理后，就被复议的行政行为的合法性、合理性作出的决断。《行政复议法》第31条第1款规定："行政复议机关应当自受理申请之日起六十日内作出行政复议决定；但是法律规定的行政复议期限少于六十日的除外。情况复杂，不能在规定期限内作出行政复议决定的，经行政复议机关的负责人批准，可以适当延长，并告知申请人和被申请人；但是延长期限最多不超过三十日。"

（一）行政复议决定的种类

行政复议机关审查被申请复议的行政行为后，要根据不同的情形作出不同的复议决定。这些复议决定主要有以下几种：

1. 维持决定

维持决定，即保持被复议行政行为的既有内容和已有效力不变。被复议行政行为认定事实清楚、证据确凿、适用法律正确、程序合法、内容适当时，可以采用这种决定方式。《行政复议法》第28条第1款第1项规定，"具体行政行为认定事实清楚，证据确凿，适用依据正确，程序合法，内容适当的，决定维持"。

2. 履行决定

复议机关经过审查，认为被申请人不履行法定职责或者拖延履行法定职责的，可以作出责令被申请人在一定期限内履行法定职责的决定。这种复议决定主要适用于行政机关应作为而不作为或者拖延作为的案件。它的适用条件是：第一，复议申请人要求被申请人作出某种行政行为，有事实根据与法律依据；第二，被申请人有义务作出该行政行为；第三，被申请人未作出有关具体行政行为，并且无正当理由。并非对所有的不履行、拖延履行法定职责的行政行为，都适用履行决定；只有在履行行政职责仍有必要时，才能适用这种决定。

3. 变更决定

行政复议机关经过对具体行政行为的审查，认为该具体行政行为违法或不当的，可以改变原行政行为。变更决定以不撤销原行政行为为前提，只是改变了行政行为的部分内容。《行政复议法实施条例》第47条规定："具体行政行为有下列情形之一，行政复议机关可以决定变更：（一）认定事实清楚，证据确凿，程序合法，但是明显不当或者适用依据错误的；（二）认定事实不清，证据不足，但是经行政复议机关审理查明事实清楚，证据确凿的。"

4. 撤销决定

复议机关审查行政行为后，认为行政行为违法又不能通过其他方法补救的，可以作出撤销决定。撤销决定，旨在废除行政行为的效力。行政行为一旦撤销，其效力恢复到生效之前的状态。撤销决定可以全部撤销，也可以部分撤销；可以简单撤销，也可以撤销并责令重新作出具体行政行为。撤销决定主要适用于四种情形：第一，主要事实不清、证据不足；第二，适用依据错误；第三，违反法定程序；第四，超越或者滥用职权的。除了这几种情形，《行政复议法》第28条第1款第4项还规定："被申请人不按照本法第二十三条[①]的规定提出书面答复、提交当初作出具体行政行为的证据、依据和其他有关材料的，视为该具体行政行为没有证据、依据，决定撤销该具体行政行为。"

5. 确认决定

复议机关经过审查，认为行政机关不履行法定职责构成行政不作为，但作出履行决定又没有实际意义，或者虽然行政行为违法，但又不宜作出撤销决定或者变更决定的，可以确认该行政行为违法。确认决定只是确认被诉行政行为的违法性，没有给不履行法定职责的行政机关设置履行的义务，也没有废除被诉违法行政行为的既有效力，原行政

[①] 《行政复议法》第23条规定："行政复议机关负责法制工作的机构应当自行政复议申请受理之日起七日内，将行政复议申请书副本或者行政复议申请笔录复印件发送被申请人。被申请人应当自收到申请书副本或者申请笔录复印件之日起十日内，提出书面答复，并提交当初作出具体行政行为的证据、依据和其他有关材料。申请人、第三人可以查阅被申请人提出的书面答复、作出具体行政行为的证据、依据和其他有关材料，除涉及国家秘密、商业秘密或者个人隐私外，行政复议机关不得拒绝。"

行为形成的法律秩序继续维持。

6. 重作决定

复议机关决定撤销或者确认该行政行为违法的，可以责令被申请人在一定期限内重新作出行政行为，此即为重作决定。许多行政复议的申请人所追求的目的并不是撤销违法的行政行为，而是作出合法的行政行为。这种情形下，单纯撤销违法行政行为并不能真正实现申请人的愿望，但基于职权划分，行政复议机关又不宜作出变更决定，此时就有必要在作出撤销决定的同时作出重作决定，要求原行政机关在一定的期限内重新作出与原行政行为不同的行政行为。《行政复议法》第28条第2款规定："行政复议机关责令被申请人重新作出具体行政行为的，被申请人不得以同一的事实和理由作出与原具体行政行为相同或者基本相同的具体行政行为。"

7. 赔偿决定

公民、法人或其他组织在申请行政复议时一并提出行政赔偿请求，行政复议机关认为其请求成立的，可在作出撤销、变更决定的同时，作出赔偿决定。赔偿决定，即要求被申请人对其违法行政行为给申请人造成的损害予以赔偿。赔偿决定可以单独作出，也可以同其他决定一并作出。《行政复议法》第29条规定："申请人在申请行政复议时可以一并提出行政赔偿请求，行政复议机关对符合国家赔偿法的有关规定应当给予赔偿的，在决定撤销、变更具体行政行为或者确认具体行政行为违法时，应当同时决定被申请人依法给予赔偿。申请人在申请行政复议时没有提出行政赔偿请求的，行政复议机关在依法决定撤销或者变更罚款，撤销违法集资、没收财物、征收财物、摊派费用以及对财产的查封、扣押、冻结等具体行政行为时，应当同时责令被申请人返还财产，解除对财产的查封、扣押、冻结措施，或者赔偿相应的价款。"

8. 驳回决定

驳回决定，即驳回申请人的复议请求。驳回决定主要适用于两种情形：第一，申请人认为行政机关不履行法定职责申请行政复议，行政复议机关受理后发现该行政机关没有相应法定职责或者在受理前已经履行法定职责的；第二，受理行政复议申请后，行政复议机关发现该行政复议申请不符合《行政复议法》和《行政复议法实施条例》规定的受理条件的。

（二）行政复议决定书的制作

行政复议机关作出行政复议决定，应当制作行政复议决定书。行政复议决定书应载明下列事项：第一，申请人的姓名、性别、年龄、职业、住址（申请人为法人或者其他组织者，则为法人或者组织的名称、地址、法定代表人姓名）；第二，被申请人的名称、地址、法定代表人的姓名、职务；第三，申请行政复议的主要请求和理由；第四，行政复议机关认定的事实、理由，适用的法律、法规、规章和具有普遍约束力的决定、命令；第五，行政复议结论；第六，不服行政复议决定向法院起诉的期限（如为终局行政复议决定，则为当事人履行的期限）；第七，作出行政复议决定的年、月、日；第八，行政复议决定书由行政复议机关的法定代表人署名，并加盖行政复议机关的印章。

（三）行政复议决定书的送达

行政复议决定作出后，必须送达给诉讼参加人。行政复议决定书一经送达，即发生法律效力。除法律规定的终局行政复议决定外，申请人对行政复议决定不服的，可以在收到行政复议决定书之日起15日内，或法律法规规定的其他期限内，向人民法院提起行政诉讼。申请人逾期不起诉，又不履行行政复议决定的，对于维持具体行政行为的行政复议决定，由被申请人依法强制执行或者申请人民法院强制执行；对于变更具体行政行为的行政复议决定，由行政复议机关依法强制执行或者申请人民法院强制执行。被申请人不履行或者无正当理由拖延履行行政复议决定的，行政复议机关或者有关上级行政机关应当责令其限期履行，对直接负责的主管人员和其他直接责任人员依法给予警告、记过、记大过的行政处分；经责令履行仍拒不履行的，依法给予降级、撤职、开除的行政处分。

第六节　行政复议中的和解与调解

一、行政复议中的和解

争议双方当事人自行和解是解决纠纷的最有效、最简捷的方法。行政复议和解是申请人与被申请人之间达成解决纠纷协议的一种方法。行政复议申请人对裁量性行政行为的适当性不服申请行政复议的，申请人与被申请人可以就该裁量性行政行为的适当解决方案进行和解。申请人与被申请人在行政复议决定作出前自愿达成和解的，应当向行政复议机构提交书面和解协议。但是，和解内容不得损害社会公共利益和他人合法权益，否则，行政复议机构不能准许。

二、行政复议中的调解

行政复议机关对于行政复议案件，除了依法作出决定外，还可以进行调解。但是，行政复议机关并不是在任何条件下都可以进行调解的，也不是任何行政复议事项都可以调解的。行政复议机关只有在行政复议参加人自愿、同意的前提下对两种行政复议事项可以依法予以调解：第一，公民、法人或者其他组织对行政机关行使法律、法规规定的自由裁量权作出的具体行政行为不服申请行政复议的；第二，当事人之间的行政赔偿或者行政补偿纠纷。

当事人经调解达成协议的,行政复议机关应当制作行政复议调解书。调解书应当载明行政复议请求、事实、理由和调解结果,并加盖行政复议机关印章。行政复议调解书经双方当事人签字,即具有法律效力。调解未达成协议或者调解书生效前一方反悔的,行政复议机关应当及时作出行政复议决定。

思考题

1. 简述行政复议的概念,行政复议与行政诉讼、行政赔偿之关系。
2. 简述行政复议的事项范围。
3. 简述行政复议的管辖。
4. 简述行政复议申请人、行政复议第三人与行政相对人、行政第三人之间的关系。
5. 简述行政复议决定的种类及其适用条件。
6. 简述行政复议调解的条件。

拓展研读案例

1. 白光华不服天津市劳动教养管理委员会劳动教养决定案[①]

本案裁判摘要:《劳动教养试行办法》第12条第2款规定,"被决定劳动教养的人,对主要事实不服的,由审批机关组织复查"。这里的"复查"应当理解为原审批机关对劳动教养决定进行重新审查,而不能理解为或者视为行政复议。我国现行法律、法规没有规定不服劳动教养决定的行政诉讼案件必须经过行政复议的前置程序,当事人不服劳动教养决定的,有权根据行政复议法的规定,自由选择申请行政复议或者直接向人民法院提起行政诉讼。

2. 临清市鲁信面粉有限公司诉山东省人民政府行政复议决定案[②]

本案裁判要旨:行政复议机关未向有利害关系的第三人送达《第三人参加行政复议通知书》,在未听取利害关系人意见的情况下作出对其不利的行政复议决定,违背程序正当原则,构成违反法定程序或滥用职权(程序滥用),依法应予撤销。

3. 彭淑华诉浙江省宁波市北仑区人民政府工伤行政复议案[③]

本案裁判要旨:行政复议机关拟作出对利害关系人不利影响行政复议决定的,应当

---

① 本案刊载于《最高人民法院公报》2007年第3期。
② 参见山东省高级人民法院〔2011〕鲁行终字第40号行政判决书。另参见最高人民法院行政审判庭编:《中国行政审判案例》(第4卷),中国法制出版社2012年版,第131—135页。
③ 参见浙江省宁波市中级人民法院〔2006〕甬行终字第78号行政判决书。另参见最高人民法院行政审判庭编:《中国行政审判指导案例》(第1卷),中国法制出版社2010年版,第99—104页。

按照正当程序原则的要求，采取适当方式通知利害关系人参加行政复议。行政复议机关未通知利害关系人参加行政复议，直接作出对利害关系人不利影响的行政复议决定的，构成违反法定程序，依法应当撤销。

4. 潘冬明等360人诉浙江省人民政府履行行政复议法定职责案①

本案裁判要旨：第一，行政复议机关要求复议申请人提供与被申请具体行政行为有利害关系的证明材料，属于《行政复议法实施条例》第29条所规定的"申请材料不齐全或者表述不清楚"的补正范围，可以通知申请人予以补正。第二，在申请人书面回复认为不需要提供时，即申请人与复议机关对此存有争议的情况下，行政复议机关不能再作视为放弃行政复议申请处理。

5. 伊尔库公司诉无锡市工商局工商行政处罚案②

本案裁判摘要：扣留、查封与行政处罚是各自独立的具体行政行为。行政机关已经向行政管理相对人告知了复议权、诉讼权以及起诉期限，而行政管理相对人在法定期限内对扣留、查封不行使复议或起诉的权利，却在请求撤销行政处罚决定的行政诉讼中指控扣留、查封违法的，根据行政管理相对人的诉讼请求，人民法院只审查行政处罚行为的合法性。

拓展研读文献

1. 王春业：《行政复议受案范围负面清单模式之建构》，载《法商研究》2017年第4期；
2. 熊樟林：《土地征收决定不是终裁行为——以行政复议法第30条第2款为中心》，载《法学研究》2017年第3期；
3. 林泰：《结构主义视域下行政复议与行政诉讼关系新论——兼论二元发展关系下行政复议制度的重构》，载《法学评论》2016年第2期；
4. 贺奇兵：《行政复议申请人资格标准的基本定位——基于行政复议与行政诉讼目的差异的视角》，载《法学》2015年第12期；
5. 余凌云：《论行政复议法的修改》，载《清华法学》2013年第4期；
6. 赵银翠：《行政复议和解制度探讨》，载《法学家》2007年第5期；

---

① 参见浙江省杭州市中级人民法院〔2010〕杭行初字第20号行政判决书。另参见最高人民法院行政审判庭编：《中国行政审判指导案例》（第1卷），中国法制出版社2010年版，第78—84页。
② 本案刊载于《最高人民法院公报》2006年第3期。

7. 张淑芳：《规范性文件行政复议制度》，载《法学研究》2002 年第 4 期；

8. 张玉印主编：《行政复议典型案例剖析》，江西人民出版社 2015 年版；

9. 王青斌：《行政复议制度的变革与重构——兼论〈行政复议法〉的修改》，中国政法大学出版社 2013 年版；

10. 张越：《行政复议法学》，中国法制出版社 2007 年版。